中國古代 金文의 이해

殷商兩周 靑銅器 金文 100選 해설

박원규 · 최남규 공저

신아사

책을 펴내며

금문은 필사본과 다른 실질적 역사적 자료다. 역사, 예술, 문학, 문자 등 모든 학문과 직접적인 관련이 있다. 중후한 서풍은 서예가에게 인기가 많다.

은상시기부터 전국시기까지 금문 100여 편을 주석하였다. 서예가들은 二玄社에서 발행한 ≪中國書法選Ⅰ·甲骨文金文≫ 중의 금문을 주로 참고하곤 한다. 이현사가 수록하고 있는 金文銘文 95편을 모두 주석하였고, 이외에도 ≪王子午鼎≫·≪鄂君啓節≫·≪侯馬盟書≫ 등 20여 편을 추가하였다. 체제와 순서는 二玄社의 순서와 완전히 같지는 않다. 시기에 따라 「Ⅰ. 殷商時期」·「Ⅱ. 西周時期」·「Ⅲ. 東周時期」로 나누었고, 「은상시기」의 금문은 다시 「專名」과 「記事」명문으로 나누었다. 19편의 「專名」은 내용에 따라 다시 「토템·기물주」, 「족명」, 「제사대상」, 「족명·제사대상」 등 네 종류로 나누었고, 각 종류를 한 편으로 셈하여 4편으로 간주하였기 때문에, 전체 편수는 모두 115편이다.

금문에 대한 전반적인 내용은 「금문에 대하여」에서 살펴보았다. 容庚의 저서 ≪金文編≫은 자형을 이해하는데 없어서는 안 될 주요한 참고서이다. 「≪금문편≫에 대하여」에서, 금문의 역대 주요 연구 저서와 ≪금문편≫의 전반적인 내용·체제·문제점에 대하여 살펴보았고, 「西周 金文의 異體字에 대하여」는 금문의 이체자 현상을 분석하였다. 이 세 편 문장이 본 책의 실질적인 序文이기도 하다.

이 책을 2005년부터 본격적으로 준비했으니, 상당히 숙고한 셈이다. 하지만 아직도 두렵고 떨린다. 앞으로 계속 공부하고 보충해 나가겠다. 많은 채찍 부탁드린다.

과찬과 격려를 아끼지 않으시고, 앞으로 모든 저서를 기꺼이 출판해 주시기로 약속하신 신아사 정현걸 대표님과 직원 여러분께 감사드린다.

많은 사람이 고생했다. 스캔, 교정, 도와주신 모든 분들께 진심으로 다시 한번 감사드린다.

2009년 7월 夏

차 례

머리말 • 3

일러두기 • 11

金文에 대하여 • 17

≪金文編≫에 대하여 • 61

西周 金文의 異體字에 대하여 • 83

Ⅰ. 殷商時期

專名銘文

1. 「토템」·「기물주」

1-1 鼎(牛鼎) • 105

1-2 鼎 • 107

1-3 婦好三連甗 • 109

2. 「족명」

2-1 鼎(亞矣方鼎) • 110

2-2 方鼎(𡴘旅方鼎) • 112

2-3 斝 • 114

2-4 尊 • 116
2-5 爵(鄕宁爵) • 118
2-6 盉(亞若癸鼎) • 120
3.「제사대상」
3-1 司母戊方鼎 • 122
3-2 祖諸父戈 • 123
4.「족명」「제사대상」합용
4-1 祖乙卣(且乙卣) • 125
4-2 父癸方鼎 • 126
4-3 父丁觚 • 127
4-4 父丁簋(射獸父丁簋) • 129
4-5 父辛尊(取父辛尊) • 130
4-6 子 父乙卣(子罷父乙卣) • 131
4-7 卣(黿作從彝尊) • 132
4-8 作父乙卣(䜌作父乙卣) • 134
記事銘文
5. 卣(([illegible]卣) • 136
6. 四祀卬其卣 • 137
7. 六祀卬其卣 • 141
8. 麇婦觚 • 143

9. 小子夫尊(小子夫貝尊) • 146
10. [illegible]簋(鳳作祖癸簋) • 148
11. 小臣邑斝 • 149
12. [illegible]簋([illegible]作父乙簋) • 151
13. 宰椃角 • 155
14. 小臣艅犧尊(小臣俞犀尊) • 158
15. 小子省卣 • 160
16. 小子畬卣 • 162
17. 鼓角(敼作父癸角) • 165
18. 作父己簋 • 166
19. [illegible]卣(毓祖丁卣) • 168
20. 尹光鼎(邐方鼎) • 171
21. 方鼎([illegible]方鼎) • 175
22. 寢孳方鼎 • 178
23. 夒觶([illegible]作祖辛觶) • 181
24. 戍嗣子鼎(戍𤔲鼎) • 182

Ⅱ. 西周時期

西周早期

25. 利簋 • 187
26. 𢓊卣(保卣) • 190
27. [illegible]尊(何尊) • 193
28. 德方鼎 • 200
29. 乃孫作且己鼎(乃孫作祖己鼎) • 202
30. 宜侯夨簋 • 203
31. 麥方鼎 • 209
32. 簋(周公簋 · 邢侯簋)(榮作周公簋) • 211

33. 小臣宅簋 • 214
34. 獻簋 • 216
35. 大盂鼎 • 219
36. 令方彝(夨令方彝) • 231
37. 令簋(作冊夨令簋) • 238
38. 令鼎 • 242
39. 召尊 • 245
40. 䋣卣(叔簋) • 249
41. 過伯簋 • 252
42. 作冊䰧卣(作冊䰧父乙尊) • 253
43. 士上卣 • 255
44. 鳴士卿尊(鳴士卿尊) • 258

西周中期

45. 豊尊(豊作父辛尊) • 261
46. 班簋 • 263
47. 衛盉(裘衛盉) • 270
48. 九年 衛鼎(九年 裘衛鼎) • 274
49. 牆盤(史牆盤) • 281
50. 曶鼎(曶鼎) • 295
51. 𠑇匜(𠑇匜) • 306
52. 賢簋 • 310
53. 貉子卣 • 312
54. 大克鼎 • 314
55. 伯公父簋 • 320
56. 𪓐鐘 • 323
57. 十二年 大簋蓋(大簋蓋) • 325

西周晚期
58. 鄂侯馭方鼎(鄂侯鼎) • 328
59. 㝬簋 • 331
60. 㝬鐘(宗周鐘) • 336
61. 多友鼎 • 341
62. 矢人盤(散氏盤) • 348
63. 史頌簋 • 356
64. 毛公鼎(㾓鼎) • 358
65. 虢季子白盤 • 374
66. 頌鼎 • 377
67. 兮甲盤 • 383

Ⅲ. 東周時期
鄀
68. 鄀䙴鼎(宗婦鼎) • 391
69. 鄀䙴盤(宗婦盤) • 393
秦
70. 秦公簋 • 395
71. 秦公鎛 • 400
72. 秦公鐘 • 406
73. 商鞅方升(秦始皇廿六年 詔書) • 408
74. 新郪虎符 • 414
齊
75. 𬯀鎛(齊侯鎛) • 416
76. 侯氏𦈡(國差𦈡) • 423
77. 陳純釜 • 427
78. 齊陳曼簠 • 429
79. 陳侯因資敦 • 431

80. 十四年陳侯午敦 • 434

曾
81. 曾姬無卹壺 • 437
82. 曾侯乙編鐘 • 439

魯
83. 魯伯愈父匜 • 446

鄭
84. 哀成叔鼎 • 448

鄀
85. 鄀公平侯鼎 • 451

楚
86. 王孫遺者鐘 • 453
87. 掷陵君鑑 • 462
88. 楚王酓忎鼎 • 465
89. 王子午鼎 • 468

徐
90. 徐(䋣)鼎(徐郊尹鼎) • 473

中山
91. 中山王譻鼎 • 477
92. 中山王譻方壺 • 491
93. 中山侯鉞 • 510

晉
94. 緐書缶(欒書缶) • 513
95. 鄂君啓節(鄂君啓節) • 516
96. 侯馬盟書 • 528

丕
97. 丕伯罍(邳伯缶) • 532

蔡
98. 蔡侯𩁹盤 • 535

吳
99. 吳王光鑑 • 544

越
100. 越王者旨於賜矛(戉王者旨於賜矛) • 548

주요참고문헌 • 550

일러두기

一. 본문은 二玄社(이현사) ≪中國書法選 Ⅰ. 甲骨文金文≫(1990年 12月)에서 수록한 銘文(명문)을 기본 대상하되, 이외에도 임의적으로 20편을 추가하여 ‘Ⅰ. 殷商(은상)시기’·‘Ⅱ. 西周시기’와 ‘Ⅲ. 東周시기’로 각각 분류하였다. 그 중 二玄社의 殷商銘文 중 專名銘文(전명명문 : 族徽 혹은 圖形文字)은 19편이나 명문이 짧기 때문에 명문의 내용에 따라 ‘「토템」「기물주」’·‘「족명」’·‘「제사대상」’과 ‘「족명」「제사대상」 합용’ 등 네 편으로 나누고, 이외의 記事 내용부터는 각각 한편으로 간주하기로 한다. 또한 西周銘文은 早期·中期와 晩期로 나누고, 東周銘文은 나라별로 나누어 배열하기로 한다.
器物(기물)의 명칭은 이현사를 따르기로 하나, ≪殷周金文集成≫과 다른 경우는 괄호 안에 표기하기로 한다. 이외에 별칭들은 ‘異名(이명)’에서 설명하기로 한다.
殷商시기의 專名銘文에 대해서는 학자마다 의견이 분분하기 때문에 ≪金文詁林附錄≫(李孝定·周法高·張日昇 編著 ; 홍콩 中文大學出版社, 1977年 4月)에 소개된 내용을 주로 참고하기로 한다.

一. 【명문참고】는 ≪二玄社≫·≪殷周金文集成≫(≪集成≫ ; 中國社會科學院考古硏究所)·≪商周靑銅器銘文選≫(≪銘文選≫ ; 馬承源)·≪三代吉金文存≫(≪三代≫ ; 羅振玉)과 ≪金文總集≫(≪金文總集≫ ; 嚴一萍) 등의 저서에서 수록한 명문의 해당번호를 가리키고, 이 외에 출처는 따로 밝히기로 한다.

一. 【소개】는 ≪集成≫의 <銘文說明>과 ≪銘文選≫ 등을 참고하여 명문과 관련된 ‘異名’·‘출토’·‘크기’·‘시기’와 ‘소장’ 등에 대한 내용을 소개하기로 한다.

一. 【주요참고문헌】은 명문을 이해하거나 전체적인 문장 내용을 파악하는데 이용한 주요 참고자료이다. 종합적으로 정리 풀이한 책을 주로 참고하기로 하며, 세세한 연구 논문은 생략하기로 한다. 예를 들어 ≪古文字硏究≫(中華書局)에 발표된 전문 연구논문은 본문에서 언급한 참고문헌들이 이미 인용하고 있기 때문에 일일이 나열하지 않기로 하며, 저작자와 해당 출판사 등에 관한 사항은 '참고문헌'에 수록하기로 한다.

一. 【해석】은 우리말 풀이이다.

一. 【석문】은 銘文(명문)의 隷定(예정)이다. 주로 ≪金文引得・殷商西周卷≫과 ≪金文引得・春秋戰國卷≫(廣西敎育出版社 ; 2001년 10월)을 따르기로 한다. 따라서 釋文(석문) 뒤의 숫자는 ≪金文引得≫의 '釋文編號(석문편호)'를 가리키며, ≪金文引得≫에 보이지 않는 경우에는 다른 문헌들을 참고하여 예정하기로 한다. 본문이 ≪金文引得≫과 예정을 달리하는 경우와 잘못 예정한 경우는 해당되는 문자를 '< >'로 표기하며, 전체적으로 예정을 달리하는 경우엔 '본문'이라 표기하기로 한다. 이외에도 필요에 따라서는 ≪殷周金文集成引得≫(張亞初 編著 ; 中華書局, 2001年 7月)을 참고하기로 한다.

一. 【금문편】은 ≪금문편≫(容庚 編著)의 문자에 대한 이해와 예정, 탁본 명문이 잘 보이지 않는 경우를 참고하기 위한 것이다. 예를 들어 '(貝)'의 "≪금문편≫ '1000, 貝'(428~429쪽) 참고"는, '貝'자는 ≪금문편≫의 正編 중 1000번째에 해당되며 쪽수는 428과 429쪽이다. 이외에 ≪금문편≫에 수록하지 않은 명문은 ≪古文字類編≫(高明)・≪戰國古文字典≫(何琳儀, 1998)나 ≪金文常用字典≫(陳初生, 1987) 등을 참고하기로 한다.

一. 【설명】은 명문의 내용 파악과 문자를 이해하는데 도움이 될 만한 내용이다. 학자마다 의견을 달리하는 경우는 각 견해와 銘文 내용 등을 고려하여, 본문이 옳다고 판단되는 내용을 소개하기로 한다. 해당되는 낱말은 석문에서 ')'번호를 사용하여 표시하기로 한다.

一. 설명하는 순서는 【명문참고】・【소개】・【주요참고문헌】・【석문】・【해석】・【설명】과 【금문편】으로 하되, 경우에 따라서는 생략되는 항목도 있다.

一. 【석문】 중에 사용하는 각종 부호는 아래와 같다.

□ : 탁본의 명문이 마손(磨損 ; 마모)되어 보이는 않는 경우.

[ ] : 비록 마손(磨損 ; 마모)되어 잘 보이지 않으나, 문맥상 보충할 수 있는 경우.

( ) : 현재 通用(통용)될 수 있는 字.

< > : 인용하는 참고문헌이 본 문장의 예정과 다른 경우. 혹은 잘못 인식된 경우

(< >) : 통용되는 자가 ≪金文引得≫과 다른 경우.

≪≫ : 두 자를 한 자로 혹은 한 자를 두 자로 잘못 예정한 경우. 예를 들어, 【方鼎(𢆶旅方鼎)】 중의 '𢆶旅'자를 본문은 '≪旅≫'로 예정한다.

[< >] : 명문이 마손되어 잘 보이지 않고, 본문과 예정을 달리하는 경우.

一・청동기 기물의 사진은 ≪中國青銅器全集≫(文物出版社)・≪中國青銅器圖錄≫(中國商業出版社)・≪中國文物精華大辭典≫(上海辭書出版社)・日本 ≪書跡名品叢刊・金文集≫(二玄社刊)・≪兩周金文辭大系圖錄考釋≫(郭沫若)과 ≪西周銅器斷代≫(陳夢家) 등을 참고하기로 한다.

참 고

西周(BC1046~BC771)의 제왕의 연대는 학자마다 의견을 달리하고 있으나, ≪現代漢語辭典≫(商務印書館)을 참고하면 아래와 같다.

商(BC1600~BC1046)

● 商前期(BC1600~BC1300)

湯→太丁→外丙→中壬→太甲→沃丁→太庚→小甲→雍己→太戊→中丁→外壬→下亶甲→祖乙→祖辛→沃甲→祖丁→南庚→陽甲→盤庚(殷으로 천도하기 이전까지)

商代後期(BC1300~BC1046)

王	在位期間	元年 干支	年代
盤庚(殷으로 천도 후)			
小辛	50		BC1300
小乙			
武丁	59		BC1250
祖庚			
祖甲			
廩辛	44		BC1191
庚丁			
武乙	35	甲寅	BC1147
文丁	11	己丑	BC1117
帝乙	26	庚子	BC1101
帝辛	30	丙寅	BC1075

周(BC1046~BC256)

● 西周(BC1046~BC771)

王	在位期間	元年 干支	年代
武王(姬發)	4	乙未	BC1046
成王(~誦)	22	己亥	BC1042
康王(~釗zhāo)	25	辛酉	BC1020
昭王(~瑕xiá)	19	丙戌	BC995
穆王(~滿)	55	乙巳	BC976
共(恭)王(~繄扈)	23	己亥	BC922
懿yì王(~囏jiān)	8	壬戌	BC899
孝王(~辟方)	6	庚午	BC891
夷王(~燮)	8	丙子	BC885
厲王(~胡)	37	甲申	BC877
共和	14	庚申	BC841
宣王(~靜)	46	甲戌	BC827
幽王(~宮湦)	11	庚申	BC781

● 東周(BC770~BC256)

王	在位 其間	元年 干支	年 代
平王(姬宜臼)	51	辛未	BC770
桓王(~林)	23	壬戌	BC719
莊王(~佗)	15	乙酉	BC696
釐王(~胡齊)	5	庚子	BC681
惠王(~閬)	25	乙巳	BC676
襄王(~鄭)	33	庚午	BC651
頃王(~壬臣)	6	癸卯	BC618
匡王(~班)	6	乙酉	BC612
定王(~瑜)	21	乙卯	BC606
簡王(~夷)	14	丙子	BC585
靈王(~泄心)	27	庚寅	BC571
景王(~貴)	25	丁巳	BC544
悼王(~猛)	1	辛巳	BC520
敬王(~匄)	44	壬午	BC519
元王(~仁)	7	丙寅	BC475
貞定王(~仁)	28	癸酉	BC468
哀王(~去疾)	1	庚子	BC441
思王(~叔)	1	庚子	BC441
考王(~嵬)	15	辛丑	BC440
威烈王(~午)	24	丙辰	BC425
安王(~驕)	26	庚辰	BC401
烈王(~喜)	7	丙午	BC375
顯王(~扁)	48	癸丑	BC368
愼靚王(~定)	6	辛丑	BC320
赧王(延)	59	丁未	BC314

위의 표에서 東周(BC770~BC256)는 周(주)가 秦(진)에게 망한 周 赧王(난왕) 59년(BC256)까지를 東周의 마지막 해로 보고 있으나, 周나라 이외에 다른 나라가 아직 멸망하지 않다가 秦王 正이 26年(BC221)에 中國을 통일하였기 때문에 일반적으로 BC221까지를 말한다. 東周는 일반적으로 다시 春秋시기(BC770~ BC476)와 戰國시기(BC475~BC221)로 나눈다.

시기 구분이 필요한 경우, 商代에서 秦나라 통일하기 이전까지를 아래와 같이 아홉 단계로 구분하기로 한다.

1. 商代前期(BC1600~BC1300年) : 成湯(성탕)이 夏(하)를 멸한 후부터 盤庚(반경)이 殷(은)으로 遷都(천도)한 시기까지
2. 商代後期(BC1300~BC1046年) : 盤庚이 遷都한 때부터 殷紂(은주)가 멸망한 때까지
3. 西周早期(BC1046~BC995年) : 武王(무왕)이 殷紂를 멸한 후부터 昭王(소왕)까지
4. 西周中期(BC995~BC885年) : 穆王(목왕)에서 夷王(이왕)까지
5. 西周晚期(BC885~BC771年) : 厲王(이왕)에서 幽王(유왕)까지
6. 春秋前期(BC771~BC651年) : 周 平王(평왕)에서 周 惠王(혜왕)까지
7. 春秋後期(BC651~BC453年) : 周 襄王(양왕)에서 周 敬王(경왕)까지
8. 戰國前期(BC453~BC368年) : 周 貞定王(정정왕)에서 周 烈王(열왕)까지
9. 戰國後期(BC368~BC221年) : 周 顯王(현왕)에서 秦王(진왕) 政(정) 26年

金文에 대하여

Ⅰ. **金文과 靑銅器**
- (1) 金文의 명칭과 靑銅器
- (2) 靑銅器의 종류
  - ① 食器 ② 酒器 ③ 水器
  - ④ 樂器 ⑤ 兵器 ⑥ 生產工具

Ⅱ. **金文의 체제**
- (1) 명문의 위치
- (2) 款의 형식

Ⅲ. **金文의 내용**
- (1) 商代시기
- (2) 西周시기
- (3) 東周시기

Ⅳ. **金文의 書體**
- (1) 殷商시기
- (2) 西周初期
- (3) 西周中期
- (4) 西周晚期
- (5) 春秋戰國시기

Ⅰ. 金文과 靑銅器(청동기)

(1) 金文의 명칭과 靑銅器

金文이란 殷商(은상)・兩周(양주)시기와 秦漢(진한)시기의 청동기 위에 새겨진 문자를 가리키며, 금속을 총칭하여 '金'이라 한다.

靑銅器는 그 용도에 따라 크게 禮器(예기)와 樂器(악기)로 나눌 수 있다. 鼎(솥)이 禮器를 대표할 수 있고, 鐘(종)이 樂器를 대표할 수 있다. 따라서 金文을 鐘鼎文(종정문)이라고도 하며, 款識(관지)를 추가하여 鐘鼎款識文字(종정관지문자)라고도 한다. '款'이란 양각이나 혹은 기물의 내부에 새겨진 문자를 말하고, 識(지)는 음각이나 혹은 외부에 새겨진 문자를 말한다.

청동기는 주로 祭祀(제사)를 지낼 때 宗廟(종묘)에서 사용하는 기물이다. 따라서 靑銅器를 또한 彝器(이기)라고도 칭한다. '彝'는 종묘에서 사용하는 祭器의 총칭이다.[1] 그래서 금문을 彝器文字 혹은 彝器款識라고도 한다.

金石에 새겨진 문자를 '銘(명)'이라 하기 때문에 靑銅器銘文이라고 부르며, 銘文

---

1) 갑골문은 '彝'자를 '[illegible]'・'[illegible]'・'[illegible]'・'[illegible]'・'[illegible]' 등으로, 금문은 '[illegible]'・'[illegible]'・'[illegible]'・'[illegible]'・'[illegible]' 등으로 쓴다. 두 손으로 제사 지낼 희생물 닭이나 새를 받쳐 들고 있는 형상이다. '[illegible]'나 '[illegible]'는 닭이나 새의 두 날개를 묶은 모습으로 후에 '糸'로 변했고, 부리 앞의 '[illegible]'이나 '[illegible]'은 鬱鬯을 표시하고, 후에 '米'로 변했다(李孝定, ≪甲骨文集釋≫ 13卷, 3889~3895쪽 참고).

중 "昜(賜)吉金(좋은 청동을 하사하다)" 혹은 "擇其吉金(좋은 청동을 선택하다)"라는 구절이 보이기 때문에 吉金文字(길금문자)라고도 한다. '吉金(길금)' 중의 '吉'은 '吉祥(길상)·吉利(길이 : 상스럽다)'와 '결실하다'나 '견고하다'의 의미이다. 즉 '吉金'이란 '견고하고 질 좋은'이라는 뜻이다.

'吉金文字'를 줄여서 '金文'이라 하고, '金文'이 가장 일반적인 명칭이다.

≪逸周書·考德≫·≪左傳≫·≪管子≫나 ≪史記≫ 중에 燧人氏(수인씨)·神農氏(신농씨)·皇帝(황제)·蚩尤(치우) 등 중국 고대 인물이 銅(동)을 사용하여 기구를 만들었다는 기록들이 보인다. 지금까지 출토된 문물 중에서는 甘肅省 馬家窑(감숙성 마가요)와 馬廠(마창)文化에서 발견된 두 개의 靑銅刀가 가장 이른 시기의 것으로 약 오천년에서 사천삼백년 전에 것으로 추증된다. 이외에도 신석기 시기의 齊家(제가)文化와 火燒溝(화소구)文化의 유적지에서 靑銅(청동)·黃銅(황동)과 紅銅(홍동) 등의 청동문물이 발견되었고, 夏代(하대) 문물 중에는 二里頭문화 유적지에서 다양한 청동기물들이 발견되었다. 그러나 이때까지는 아직 청동기에 銘文이 발견되지 않았다.

≪網格紋鼎≫2)

≪七角星紋鏡≫3)

商代에 이르러 청동기는 제련기술이나 조형공예 혹은 장식무늬 등 각 방면에서 상당히 높은 수준에 이르게 되었다. 前期에는 鼎(정)·鬲(력)·甗(언)·簋(궤)·斝(가)·觚(고)·盉(화)·盤(반)·卣(유)·爵(작)·尊(준)이나 罍(뢰)와 같은 기물이 있으며, 장식무늬는 饕餮紋(도철문 ; 獸面紋)이 주를 이루며, 명문은 매우 적다.

2) 1987년 河南偃師二里頭出土, 이 청동기는 二里頭文化 청동기로 中國靑銅器時代의 기물 중 가장 빠른 것 중에 하나다. 中國社會科學院考古硏究所에 소장.

3) 1977년 靑海貴南尕馬台에서 출토된 齊馬文化期(신석기시대)의 銅鏡. 靑海省文物考古隊에 소장.

≪獸面紋爵≫4)

商代 後期는 前期보다 종류가 더욱 다양해져 盂(우)・角(각)・壺(호)・觥(굉)・匕(비)・勺(작)・鐃(요)・冑(주)・鏟(산)・鏡(경)・豆(두)・觶(치)・俎(조)・軛(액) 등과 같은 기물들이 출현하였고, 40자 이상의 긴 명문도 있다.

周代는 수적으로나 질적・양적 면에서 商代보다 장족의 발전을 하였고, 명문이 있는 청동기의 숫자가 훨씬 많아졌으며, 명문의 자수도 百字가 넘는 장편이 많이 보인다.

사회적으로 대 변혁기에 해당되는 춘추시대는 諸侯(제후)나 卿大夫(경대부)가 제작한 청동기가 많아졌고, 문자 또한 장식성이 강하며, 기물의 표면에 새긴 것이 많으며, 中期에는 鳥蟲書(조충서)와 錯金書(착금서)가 등장하기 시작하였다.

戰國(전국)시기는 제련기술이 더욱 발전하여, 鐵器(철기)가 이미 보편적으로 사용됨에 따라 일상생활용품이나 병기들이 주로 제작되었고, 청동기는 이미 쇠퇴기에 접어들었다. 이 시기의 청동기물은 주로 錢幣(전폐)・璽印(새인)이나 符節(부절) 등과 같은 작은 물건들이 주를 이루었고, 銘文의 형태는 길고 가느다란 문자가 주를 이루며, 장편으로 된 명문도 그다지 많지 않게 되었다.

(2) 靑銅器의 종류

청동기의 종류는 매우 다양하다. 여기에서는 서주의 청동기를 食器(식기)・酒器(주기)・水器(수기)・樂器(악기)・兵器(병기)와 生産用具(생산용구) 등으로 나누어 살펴보기로 한다.

4) 1955년 河南鄭州 百家莊에서 출토(河南市鄭州博物館藏)된 商代早期의 청동기.

① 食 器

식기로는 음식물을 만들 때 사용하는 鼎(정)·鬲(력)·甗(언)·敦(대) 등과 음식물을 담는 것은 簋(궤)·豆(두)·簠(보)·盨(수) 등이 있다.

鼎(정) 중에는 아랫 배가 원형이고, 다리가 세 개이며, 귀가 두 개인 것이 많고, 상대적으로 四足方鼎은 그 수량이 비교적 적다. 鼎은 원래 종묘의 제사이며, 商周시기에 와서는 보편적인 식기로 사용되었을 뿐만 아니라, 왕의 권위를 상징하여 궁전에는 傳國(전국)의 儀器(의기)의 의미로 좋은 鼎을 놓았다. ≪司母戊方鼎≫은 무게가 무려 875kg이나 되는 점을 미루어 볼 때, 정이 권력이나 왕권을 상징한다는 의미를 짐작할 수 있다. 鼎은 또한 천자자리를 이어받는 상징이 되기도 했다. 중국어로 '問鼎(문정)'이란 '남의 제위(권력)를 노리다', 즉 '簒權(찬권)할 야심이 있다'는 의미로, 강대해진 초나라가 周의 국경에서 주 왕실에 놓여있는 청의 크기와 무게를 묻는데서 유래한 말이다[5].

鬲(력)은 鼎과 유사하나, 일반적으로 입이 크고 세 개의 구멍이 있는 다리와 두 개의 귀가 달려 있다.

≪亘鬲≫[6)]

≪獸面紋鬲≫[7)]

5) "定王使王孫滿勞楚子, 楚子問鼎之大小輕重焉……桀有昏德, 鼎遷于商, 載祀六百. 商紂暴虐, 鼎遷於周(주나라 천자인 定王이 왕손 滿으로 하여금 초나라 군주를 위로케 하니, 초나라 군주는 왕손 만에게 천자를 상징하는 鼎의 크기와 무게를 묻는 것이었다.……하나라 桀王이 악독하자, 鼎은 상나라로 넘어가 육백년이 지났다. 그러다가 주나라 紂王 포악하여 구정은 주나라로 넘어가게 되었다.)."(≪左傳·宣公三年≫).

6) ≪戊鬲≫이라고도 한다. 商早期의 기물. 높이 23㎝, 口徑 15.4㎝. 中國歷史博物館所藏.

7) 외벽에 두 개의 '目' 모양의 장식이 있는 三足 甗. 미국 Sanfrancisco 아시아 藝術博物館 所藏. 높이 15.2㎝.

甗(언)은 아래는 鬲(력)으로 물을 끓이는 부분이고, 위 부분은 甑(증)으로 삶을 물건을 넣는 부분으로 되어 있는 시루다. 鬲과 甑 두 분을 분리할 수 있는 것도 있다. ≪婦好三連甗≫은 鬲이 하나로 연결되어 있고, 甑 부분이 세 개로 되어 있으며, 서로 분리할 수 있게 되어 있다.

≪婦好分體甗≫8)

≪好甗≫9)

敦(대)는 蓋(덮개)나 器(몸통)가 둥글고, 다리는 鼎보다는 상대적으로 짧다. 敦는 簋(궤)의 일종이었으나, 簋보다는 긴 형태를 후에 따로 분리하여 敦라고 칭한 것으로 보인다. ≪十四年陳侯午敦≫·≪鑲嵌幾何紋敦≫나 ≪鳥鈕雷紋高足敦≫ 등이 있다.

8) 商代晚期 기물. 1976년 河南安陽小屯五號墓에서 출토. 높이 35.3㎝, 中國社會科學院考古硏究所藏. 甑과 鬲을 분리할 수 있게 되어 있는 시루.

9) 商代晚期 기물. 1976년 河南安陽小屯五號墓에서 출토. 높이 76.1㎝, 口徑 46.4㎝, 中國社會科學院考古硏究所藏. 甑과 鬲을 분리할 수 없게 된 시루.

≪鑲嵌幾何紋敦≫10)

≪鳥鈕雷紋高足敦≫11)

簋(궤)자를 '𣪘(궤)'·'軌(궤)'·'匭(궤)'·'杌(구)'로 쓰기도 한다. 鼎과 같이 귀족의 지위 등급을 표시하는 禮器이다. 제기를 사용할 때 천자는 九鼎과 八簋를, 諸侯는 七鼎과 六簋를, 卿大夫는 五鼎과 四簋를, 元士는 三鼎과 二簋를 사용했다 한다. 簋는 일반적으로 黍稷(서직)을 담는 祭器로, 商代부터 東周까지 사용하였다. ≪설문해자≫는 "黍稷方器也(黍稷을 담는 네모 형 용기)"이며, '匭(궤)'나 '杌(구)'자로 쓰기도 한다고 풀이하고 있다. 簋는 모양은 매우 다양하나, 일반적으로 크게 두 종류로 나눌 수 있다. 첫째는 초기에 보이는 형태로, 입이 크고, 배는 원형이며, 손잡이나 귀가 있고, 다리는 둥근 원형이며 밑에 네모난 좌대가 덧붙여져 있다. 예를 들어 ≪利簋≫·≪宜侯夨簋≫·≪小臣宅簋≫나 ≪秦公簋≫ 등이 있다. 둘째는 후기에 주로 보이는 형태로, 첫 번째 형태에 세 개의 짐승무늬 다리가 달려 있는 형태다. 예를 들어 ≪班簋≫나 ≪瓦壟紋三足簋≫ 등이 있다.

≪瓦壟紋三足簋≫12)

10) 戰國早期기물. 1974년 湖北省에서 출토. 높이 22.8cm, 口徑 17.5cm, 湖北省博物館 所藏.
11) 戰國早期 기물. 1966年 河北 陽原 九溝村에서 출토. 높이 16.3cm, 口徑 12.2cm. 河北省 文物研究所 所藏.
12) 春秋晩期 혹은 戰國早期 기물. 1936년 河南輝縣에서 출토. 높이 22.4cm, 口徑 29.5cm. 河南省 博物館 所藏.

豆(두)는 고기나 채소 요리를 담는 용기로, 아래 부분이 긴 형태이다. 기물의 형태도 '豆'자의 모양 유사하다.

≪錯紅銅龍紋豆≫13)

簠(보)는 일종의 밥을 담는 용기다. '甫(보)'・'簠(보)'・'笛(보)'・'鋪(보)'나 '匿(보)' 등으로 쓰기도 한다. 예를 들어 ≪齊陳曼簠≫나 ≪龍耳簠≫ 등이 있다.

≪龍耳簠≫14)

이외에 盨(수)는 簍數(구수)라고도 하며, 일반적으로 黍(서)・稷(직)・稻(도)・粱(량)으로 지은 밥을 담는 제기 중의 하나다. 簋(궤)의 일종으로 취급하기도 한다.

≪伯多父盨≫15)

13) 春秋晩期 기물. 1980년 河北新樂中同村에서 출토. 높이 24.4㎝, 盤徑 16.2㎝, 河北省文物硏究所 所藏.
14) 西周晩期 기물. 1963년 山東省 肥城 小王莊에서 출토. 높이 17.5㎝. 山東省 博物館 所藏.

② 酒 器

酒器로는 爵(작)・角(각)・斝(가)・觚(고)・兕觥(시굉)・尊(준)・卣(유)・盉(화)・方彝(방이) 등과 물도 같이 담을 수 있는 罍(뢰)와 壺(호) 등이 있다.

爵(작)은 다리가 셋이고, 앞 부분에 술을 따르는 곳이 있으며, 뒤에는 뾰쪽하고 긴 꼬리가 있다. 또 윗부분에 하나 혹은 두 개의 柱(주 ; 기둥)가 있고, 옆에는 손으로 움켜 쥘 수 있는 손잡이가 있다.

斝(가)는 爵과 비슷하나 좀 크고, 배 모양이 鬲과 유사하다.

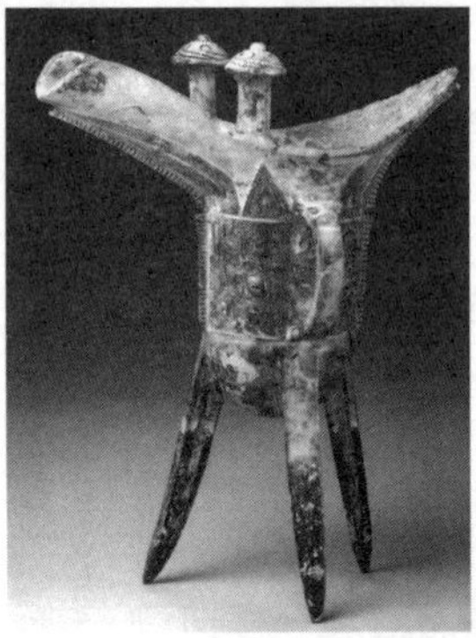

≪子韋爵≫16)

≪子漁斝≫17)

尊(준)은 酒器의 총칭으로 쓰이기도 한다. 일반적으로 입이 크고, 方形(방형)과 圓形(원형)이 있으며, 西周 이후에는 원형이 많다.

≪亞䝞尊≫18)

---

15) 西周晩期 기물. 1976년 섬서성 부풍현 운당촌에서 발굴. 높이 21.5㎝, 口長 17×25㎝. 周原博物館 所藏.

16) 商代晩期 기물. 河南 安陽에서 출토되었다고 전함. 미국 Boston 미술박물관 소장. 높이 20.5㎝. 銘文 ''가 새겨져 있다.

17) 商代晩期 기물. 1977년 河南 安陽 小屯 18號 묘에서 출토. 높이 36.7㎝, 구경 32.8㎝. 中國社會科學院考古研究所 소장. 銘文 ''가 새겨져 있다.

이외에도 彝(이)·罍(뢰)·壺(호)·卣(유)·盉(화)·觥(굉)·觚(고)와 觶(치)의 예를 하나씩 들면 아래와 같다.

≪婦好偶方彝≫19)

≪蝸身獸紋罍≫20)

≪父乙觶≫21)

≪鄕宁壺≫22)

18) 商代晩期 기물. 河南 安陽에서 출토되었다고 전함. 높이 30.5㎝, 口徑 23.2㎝. 미국 弗利爾 박물관 소장.
19) 商代晩期 기물. 1976년 河南 安陽 小屯 5號묘에서 출토. 높이 60㎝, 길이 88.2㎝. 中國社會科學院 考古硏究所 所藏.
20) 西周早期 기물. 높이 44.5㎝, 口徑 16.5㎝. 遼寧喀左 北洞村에서 발견. 遼寧省 博物館 소장.
21) 商代晩期 기물. 높이 17.8㎝. 상해박물관 소장.
22) 商代晩期 기물. 河南 安陽 小屯에서 발견되었다고 전함. 미국 샌프란시스코 아시아예술박물관 所藏. 높이 33㎝. 銘文 ''이 새겨져 있다.

≪獸面紋卣≫23)

≪馬永盉≫24)

≪司母辛觥≫25)

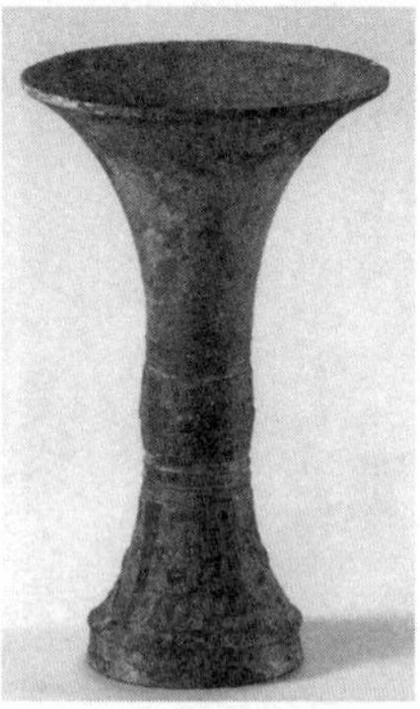

≪祖己觚≫26)

③ 水 器

물을 담는 水器로는 盤(반) · 匜(이) · 盂(우) · 鑑(감) · 缶(부) · 瓿(부) · 盆(분)과 斗(두 : 주) 등이 있다.

盤(반)은 얼굴을 씻을 때 사용하는 기물이다. 匜(이)는 손을 씻을 때 물을 따르는 용기이다. '盂(우)'자를 '杅(우)'자로 쓰기도 하며, 물그릇의 일종이다. ≪說文解字≫는 '鑑(감)'자를 "大盆也(큰동이)"라고 설명하고 있다. '監(감)'자와 '鑑'자는 동원자로

23) 商代晩期 기물. 河南 安陽 小屯에서 발견되었다고 전함. 미국 샌프란시스코 아시아예술박물관 所藏. 높이 37.7㎝.

24) 商代晩期 기물. 河南 安陽 小屯에서 발견되었다고 전함. 높이 25.1㎝. 중국역사박물관 소장.

25) 商代晩期 기물. 1976년 河南 安陽 小屯에서 발견. 높이 36.5㎝. 中國社會科學院考古硏究所 所藏.

26) 商代晩期 기물. 1970년 安陽 孝民屯에서 발견. 높이 23.8㎝, 口徑 13.6㎝. 中國社會科學院 考古硏究所 所藏.

거울이 없었을 때, 銅鏡(동경) 같은 기능을 할 수 있다해서 '거울'의 의미로 쓰이기도 한다. 주로 목욕을 할 때 사용했던 용기다. 缶(부)는 술을 담는 尊缶(준부 : 酒器)와 물을 담는 浴缶(욕부 : 水器)로 사용된다. 尊缶는 ≪䜌書缶(欒書缶)≫ 등이 있고, 浴缶는 ≪倗缶≫ 등이 있다.

≪齊縈姬盤≫27)

≪兩頭龍紋盆≫28)

≪齊侯盂≫29)

≪夔鳳紋鑑≫30)

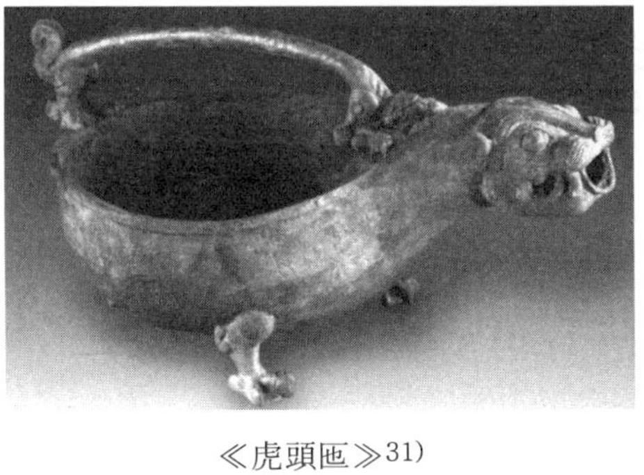

≪虎頭匜≫31)

≪倗缶≫32)

27) 春秋中期 기물. 높이 15.5㎝, 口徑 50㎝. 故宮博物館 소장. 이 기물은 시집갈 때 가지고 가는 혼수품 중의 하나이다.
28) 春秋早期 기물. 높이 14㎝, 口徑 31㎝. 山東省 臨淄齊國古城 博物館 所藏.
29) 春秋晚期 기물. 1957년 河南 洛陽에서 출토. 높이 43.5㎝, 口徑 75㎝. 河南省 洛陽市 博物館 所藏.
30) 春秋晚期 기물. 1988년 山西太原金勝村 출토. 높이 42.4㎝, 口徑 70.6㎝. 山西省 考古研究所 소장.

瓿(부)를 瓮(옹) 혹은 甂(변)이라고도 한다. ≪說文解字≫는 '瓿'를 "瓿, 甂也('瓿', '甂'이다.)"라 설명하고 있고, '甂(변)'자에 대해서는 "甂, 似小瓿, 大口而卑, 用食(작은 항아리로 입 모양은 넓고 아래로 쭉 내려온 형태로 음식을 담는 용기)"이라 설명하고 있다. ≪方言≫은 "甀(추), 瓮(옹), 瓿(부), 甊(루), 甖(앵)也"라고 설명하고 있다. 위의 설명 으로 보아 瓿는 瓮이나 甂(변) 크기에 차이가 없으나, 방언으로 인하여 다양한 명칭이 있게 된 것으로 보인다. 기물로는 ≪三羊獸瓿≫ 등이 있다.

≪三羊獸瓿≫33)

斗(두 : 주)는 술이나 물을 푸는데 사용하는 용기다. 斗는 容量(용량)을 측정하는 容器(용기)와 구별하기 위하여 '枓(주)'로 쓰기도 한다.

≪獸面紋枓≫34))

31) 春秋晚期 기물. 높이 18.8㎝, 길이 35.8㎝. 1988年 山西太原金勝村 출토. 山西省 考古研究所 소장.
32) 春秋晚期 기물. 높이 39.6㎝, 口徑 23.5㎝. 1978年 河南淅川下寺3號墓에서 출토. 河南省淅川縣博物館 所藏.
33) 春秋晚期 기물. 높이 52㎝. 口徑 41.3㎝. 故宮博物館 소장.
34) 西周中期 기물. 1976年 陝西省 扶風莊 自家村에서 출토. 周原文物管理所 소장.

④ 樂 器

청동기 중 악기는 鐘(종)·鐃(요)·鉦(정)·鎛(박)·鐸(탁)·鈴(영)·鼓(고)·錞于(순우)·鉤鑃(구조) 등이 있다.

鐃(요)를 執鐘(집종)이라고도 하며, 鉦(정)이나 鈴(영)과는 모양이 비슷하나, 鈴보다는 크고 鉦보다는 작다. ≪설문해자≫는 '鐃'에 대하여 "小鉦也(작은 징이다)"라고 설명하고 있다. 鐸(탁)은 鐃보다 작은 타악기이다.

≪變形獸面紋鐃≫[35]

≪配兒鉤鑃≫[36]

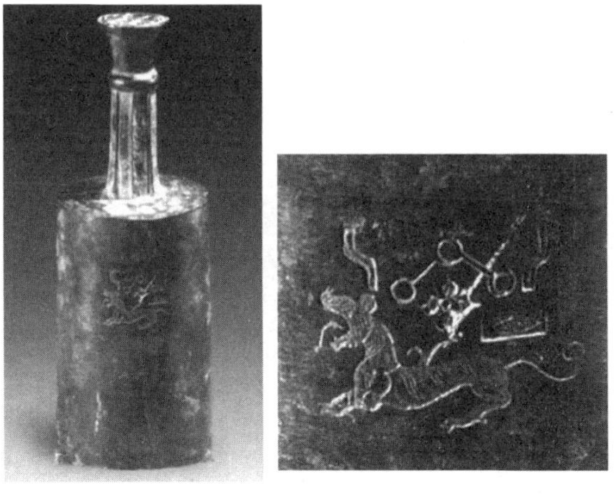

≪虎紋鉦≫[37]

≪卷龍紊鐸≫[38]

35) 春秋時期 기물. 높이 84㎝, 鼓間 45㎝, 銑間 63.5㎝. 1977년 湖南 寧鄕縣에서 출토. 湖南省博物館 소장.
36) 春秋晩期 기물. 높이 40㎝, 銑間 15.4㎝, 鼓間 12㎝. 1977년 浙江 紹興 狗頭山에서 출토.
37) 西周 기물. 높이 42㎝.

鼓(고)와 錞于(순우)는 고대 타악기 중의 하나로, 이 두 악기를 같이 합주한 것으로 보인다.

≪獸面紋鼓≫39)

≪人面紋錞于≫40)

鎛(박)은 紐鐘(뉴종)과 형태가 유사하나, 형체가 특별히 크다. '鎛'을 '鑮(박)'으로 쓰기도 한다. ≪說文解字≫는 "鑮, 大鐘, 淳于之屬, 所以應鐘磬也(鑮은 큰 종으로, 淳于의 일종이다. 이 악기는 鐘磬(종경)과 같이 합주되는 악기이다)"라 설명하고 있다. ≪𪓐鎛(齊侯鎛)≫ 등이 있다.

⑤ 兵 器

兵器는 戈(과)·矛(모)·戟(극)·鉞(월)·刀(도)·劍(검)·鏃(촉)과 冑(주) 등이 있다.

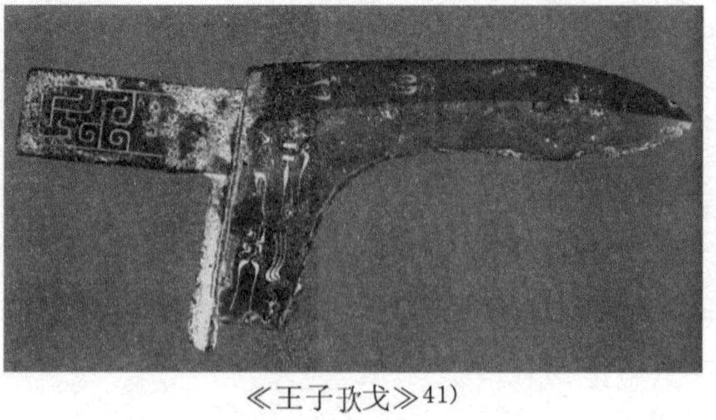

≪王子孜戈≫41)

38) 春秋早期 기물. 높이 16㎝, 長徑 11㎝, 短徑 8.5㎝. 陝西鳳翔大辛村 출토. 陝西鳳翔縣 文化館 소장.
39) 商代後期. 높이 75.5㎝, 鼓面直徑 38㎝. 1972년 湖北省崇陽에서 출토. 湖北省博物館 소장.
40) 春秋晚期 기물. 높이 43㎝, 肩長徑 26.5㎝, 口長徑 20.8㎝. 1985년 江蘇 丹徒에서 출토. 鎭江박물관 소장.

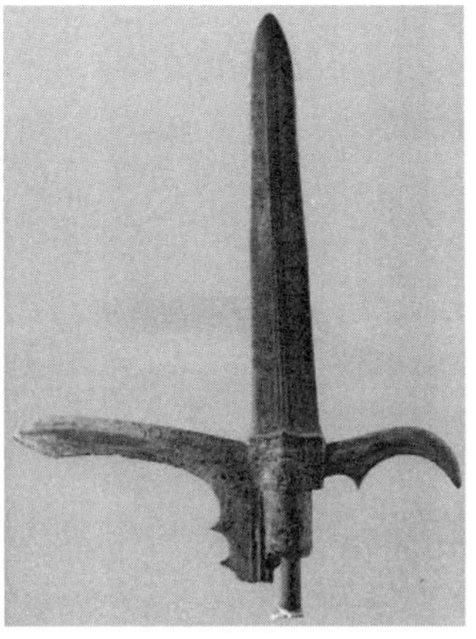

≪鉤內戟≫42)

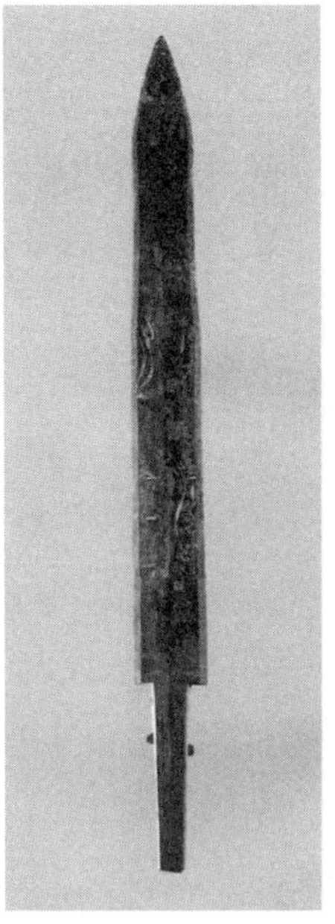

≪繁陽劍≫43)

≪矛≫44)

≪獸面紋冑≫45)

41) 春秋晩期 기물. 길이 16㎝. 1961년 山西 萬榮後士廟村 출토. 山西省博物館 소장.
42) 戰國中期 기물. 길이 34㎝, 넓이 28㎝. 1965년 河南 南陽市에서 출토. 河南省 南陽市博物館 소장.
43) 戰國晩期 기물. 길이 45㎝. 1974년 河南 洛陽 凱旋路 출토. 河南省 洛陽 文物工作隊 소장.
44) 商代晩期 기물. 길이 26㎝. 1976년 河南 安陽 孝民屯에서 출토. 中國社會科學院考古研究所 소장.

⑥ 生産工具

生産工具(생산용구)는 일상생활에서 사용하는 청동기 기물로 鏡(경)·帶鉤(대구)·盞燈(잔등)·牌(패)·鏟(산)이나 錛(분) 등이 있다.

≪鏟≫[46]

≪錛≫[47]

위의 분류는 일반적인 특징에 따른 것이다. 같은 용기라고 해도 술을 담는 그릇으로 쓰면 酒器이고, 물을 담는 용기면 水器가 될 수 있다. 칼 또한 요리를 할 때 사용하면 일상용구이지만, 사람을 해치는 무기로도 사용될 수 있다.

商代의 禮樂器 중에 酒器가 가장 많고, 그 다음으로 食器와 水器 순이며, 악기는 매우 적게 보인다. 酒器 중에는 觚(고)와 爵(작)이 가장 많다. 周代에는 食器가 주를 이루며, 酒器가 그 다음으로 많다. 그 중에서도 鼎(정)·簋(궤)·盤(반)·匜(이)와 壺(호)가 가장 많다.

西周時期의 주요 기물들을 역사적으로 살펴보면 아래와 같다.[48]

45) 商代後期 기물. 높이 187㎝. 1989년 江西省 新干에서 출토. 江西省博物館 소장.
46) 商代晚期 기물. 길이 21.2㎝. 1960년 河南安陽에서 출토. 中國社會科學院考古硏究所 소장.
47) 商代晚期 기물. 길이 9.7㎝. 1980년 河南安陽에서 출토. 中國社會科學院考古硏究所 소장.
48) ≪中國靑銅器全集5·西周1≫ 중 序文에 해당하는 吳鎭烽<岐周宗周和成周地區靑銅器槪述> 18~19쪽 참고.

	鼎	雙耳簋	方座簋	甗
西周早期	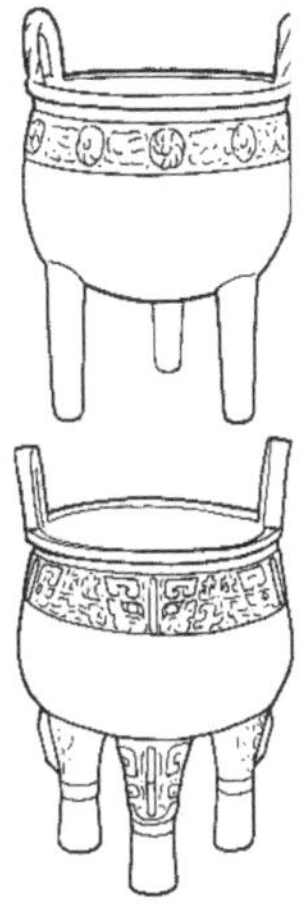		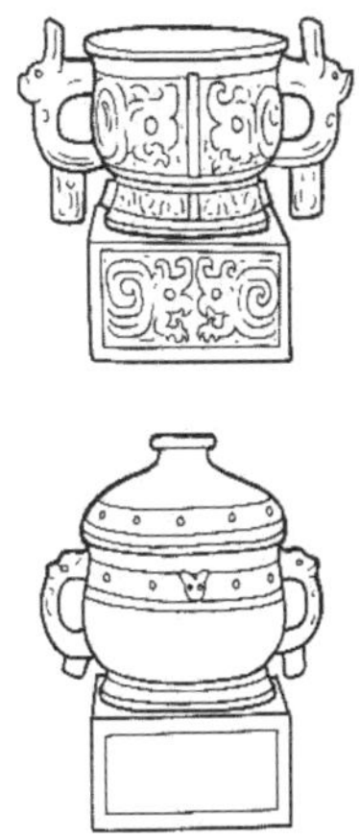	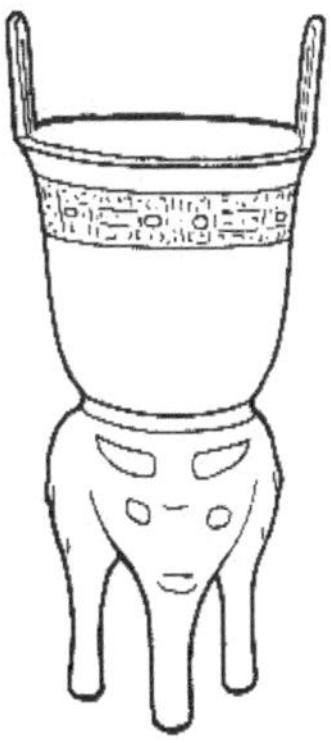
西周中期	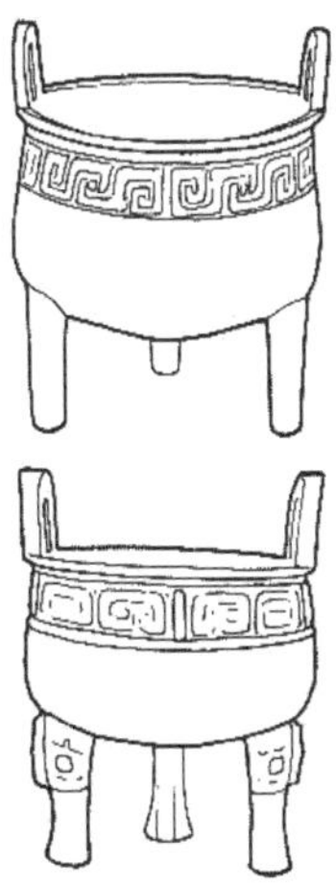	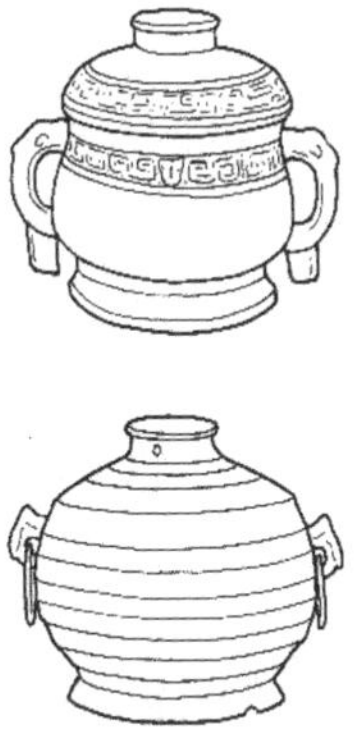		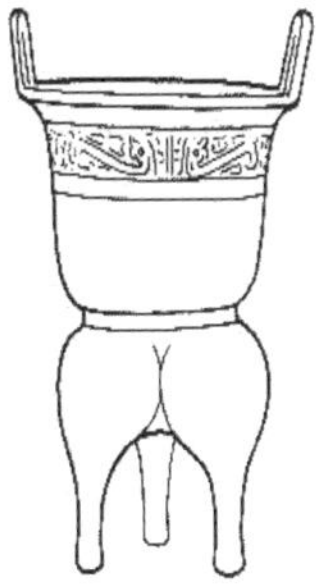
西周晚期	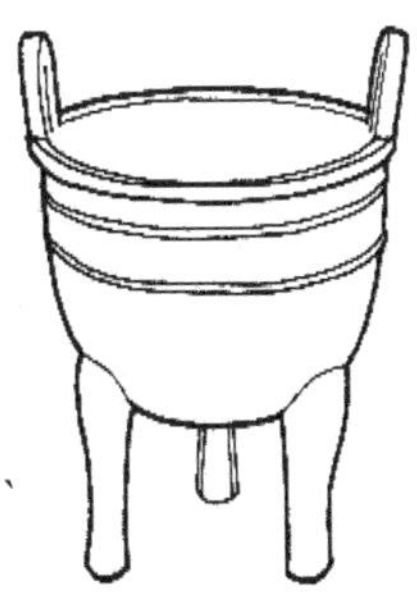		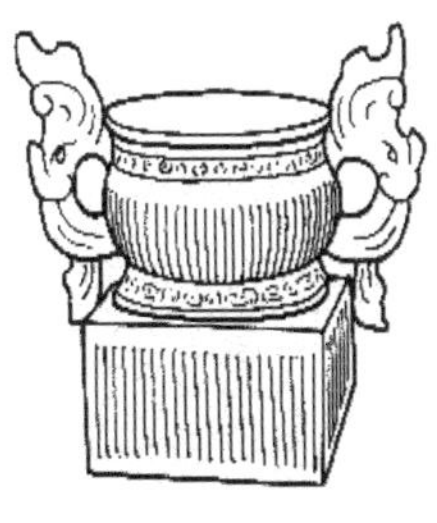	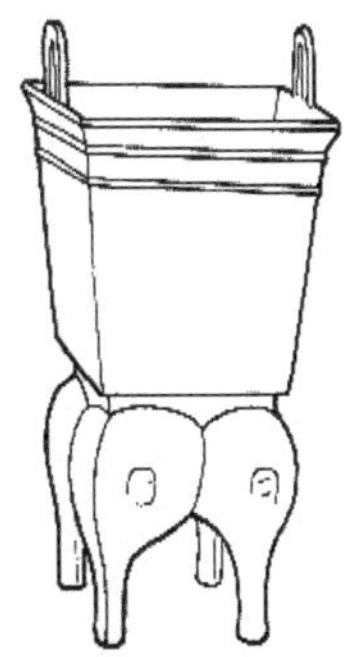

	壺	盉	卣	尊
西周早期	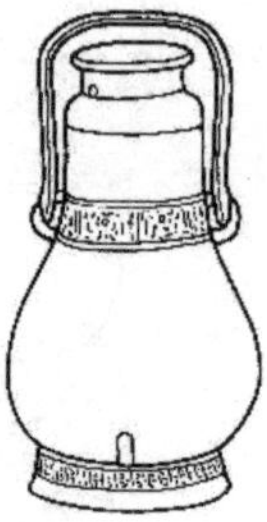		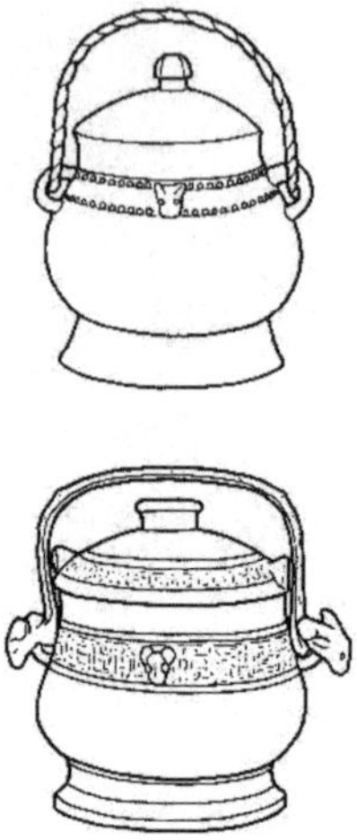	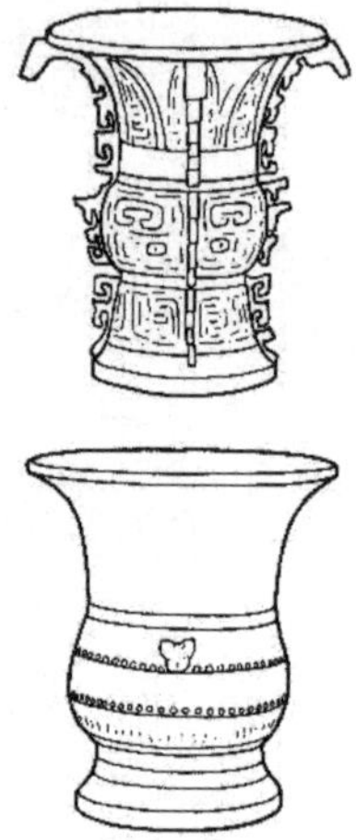
西周中期	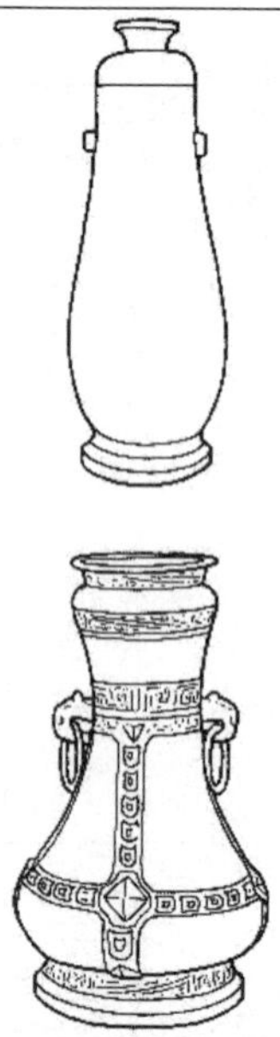			
西周晚期				

Ⅱ. 金文의 體制

(1) 명문의 위치

청동기 명문은 鑄型(주형)으로 주조를 하거나, 혹은 칼로 새긴다. 商代와 西周 시기의 명문은 오목한 陰刻(음각)으로 주조한 것이 대부분이며, 볼록한 형태의 양각은 많지 않다.

명문이 새겨진 위치는 시대나 기물의 종류에 따라 약간씩 다르다. 시기적으로, 商代와 周代는 일반적으로 내벽에 새겨진 것이 많은 반면, 春秋戰國 시기는 기물의 바깥쪽에 새겨져 있는 것이 많다.

鼎(정)은 안쪽 뒷벽에 새겨진 것이 많지만, ≪毛公鼎≫처럼 문자가 많은 경우, 양 옆에 대칭적으로 새겨진 것도 있고, 바깥쪽 테두리 부분에 새겨진 것도 있다(≪黃夫人鼎≫). 鬲(력)은 귀가 있는 것은 내벽에(≪作冊兄鬲≫), 귀가 없는 것이면 입 둘레(≪郳伯鬲≫)·입 둘레의 안쪽 바로 아래(≪呂王鬲≫)나 혹은 밖의 위쪽 테두리 부분에 주로 새겨져 있다. 盤(반)은 안쪽 바닥에 새겨져 있는 것이 보통이다(≪牆盤(史牆盤)≫).

≪黃夫人鼎≫49)

≪作冊兄鬲≫50)

49) 春秋初期 기물. 높이 24.2㎝, 口徑 25.3㎝. 1983년 河南 光山 寶相寺 출토. 河南省信陽地區文物管理委員會 소장.

50) 商代後期 기물. 높이 22.4㎝. 1987년 하남 안양 郭家莊에서 발견. 中國社會科學院考古研究所 소장.

≪郳伯鬲≫51)

≪呂王鬲≫52)

≪黃夫人鬲≫53)

尊(준)의 명문은 일반적으로 내부 아래에 새겨져 있거나(≪何尊≫), 외부의 아래에 새겨져 있으며(≪彊季尊≫), 또는 외부의 몸체나 덮개에 새겨져 있는 것도 있다(≪盠駒尊≫). 爵(작)·斝(가)와 角(각)은 덮개, 입구의 안쪽 아래, 안쪽의 밑부분, 柱(주)의 바깥이나 손잡이(鋬 : 반)의 안쪽 맞은 편에 새기는 등 다양하다.

≪彊季尊≫54)

≪爻爵≫55)

51) 西周晚期 기물. 높이 11.3㎝. 中國歷史博物館 소장.

52) 西周晚期 기물. 높이 12.5㎝. 上海博物館 소장.

53) 春秋初期 기물. 높이 11㎝, 口徑 13.8㎝. 1983년 河南 光山 寶相寺 출토. 河南省信陽地區文物管理委員會 소장.

54) 西周中期 기물. 높이 22.1㎝, 口徑 19.1~19.5㎝. 陝西 寶鷄 竹園溝 4號 묘에서 발견. 寶鷄市 박물관 소장.

55) 商代晚期 기물. 높이 20.1㎝. 上海博物館 소장. 손잡이 안쪽 몸체에 명문이 새겨져 있다.

≪父乙爵≫56)

≪司㚸母斝≫57)

≪盠駒尊≫58)

觚(고)는 일반적으로 卷足(권족)의 안에, 盂(우)와 卣(유)는 뚜껑 아래(≪古父己卣≫), 觶(치)와 壺(호)는 안쪽이나 바깥쪽에 명문을 새긴다.

≪古父己卣≫59)

≪孫叔師父壺≫60)

56) 商代晚期 기물. 높이 23.5㎝. 하남 안양에서 출토되었다고 전함. 미국 샌프란시스코 아시아 박물관 소장. 명문이 덮개에 새겨져 있다.

57) 商代晚期 기물. 높이 65.7㎝, 口徑 30.7㎝. 1976년 河南 安陽 小屯 5호 묘에서 발견. 中國社會科學院考古 硏究所 소장. 입구 아랫 내벽에 명문이 새겨져 있다.

58) 西周 中期 기물. 높이 23.4㎝, 口徑 34㎝. 1955년 陝西郿縣李村에서 발견. 中國歷史博物館 소장. 바깥 앞 몸체 부분과 뚜껑에 명문이 새겨져 있다.

59) 西周早期 기물. 높이 33.2㎝, 口徑 15.7㎝. 上海博物館 소장. 명문이 뚜껑 아래 새겨져 있다.

60) 春秋中期 기물. 높이 32.4㎝. 일본 根津美術館 소장. 기물의 바깥 목 둘레에 새겨져 있다.

≪小巨單觶≫61)

≪父庚觶≫62)

≪佰戔飮壺≫63)

≪旅父乙觚≫64)

이외에 명문은 기물의 형태에 따라 다양한 위치에 새겨져 있다.

아래 그림은 淸代 馮雲鵬(풍운붕)의 ≪金石索≫에서 금문의 위치를 잘 보일 수 있게 모사해 놓은 것이다. 爵(작)을 예로 들어 살펴보면 아래와 같다.65)

---

61) 西周成王 시기 기물. 높이 13.8㎝, 口徑 9.3~11.6㎝. 상해박물관 소장. 안쪽에 벽에 명문이 새겨져 있다.

62) 西周早期 기물. 높이 14.9㎝, 口徑 7.6㎝. 상해박물관 소장. 안쪽 바닥에 새겨져 있다.

63) 西周穆王 시기 기물. 높이 11㎝, 口徑 14.5㎝. 陝西扶風莊白村에서 출토. 扶風縣박물관 소장. 안쪽 바닥에 새겨져 있다.

64) 西周早期 시기 기물. 높이 25.2㎝, 口徑 13.2㎝. 1976년 陝西扶風莊白村에서 출토. 扶風縣박물관 소장. 卷足 內에 새겨져 있다.

65) 淸 馮雲鵬 ≪金石索≫(書目文獻出版社, 1996年 제일판), 4~5쪽.

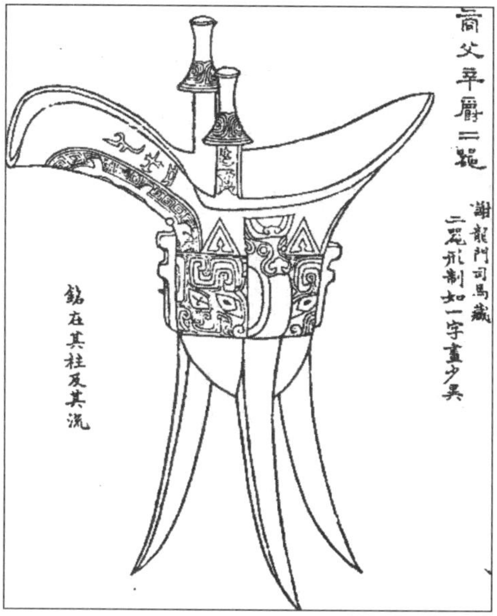

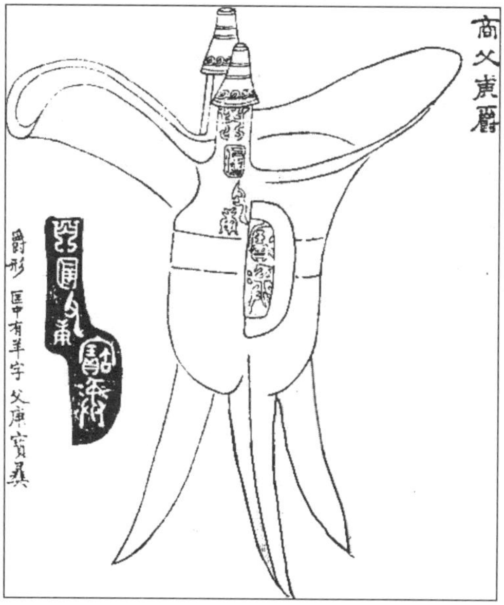

(2) 行款(행관)의 형식

명문은 일반적으로 위에서 아래로 내려 쓰는 것이 보통이다. 행은 오른쪽에서 왼쪽으로 쓰는 것(左行)이 일반적이나, ≪緐書缶(欒書缶)≫나 ≪湯叔盤≫과 같이 오른쪽으로(右行) 쓰여진 것도 있다. 그러나 左行(좌행)과 右行(우행)의 두 형식을 병행한 경우도 있다. 예를 들어, ≪仲作好旅彝卣≫는 몸체의 명문은 左行으로 되어 있으나, 뚜껑은 우행으로 되어 있다.[66] ≪向卣≫는 몸체는 右行으로 되어 있으나, 덮개는 左行으로 되어 있다.

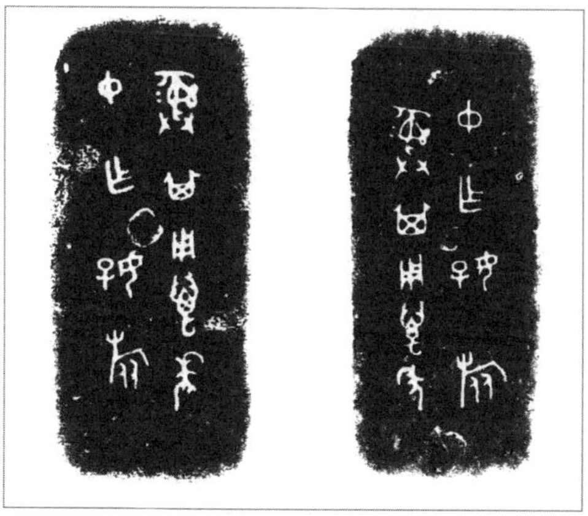

≪仲作好旅彝卣≫

66) ≪殷周金文集成≫ 第10冊, 279쪽(5341・1~5341・2) 참고.

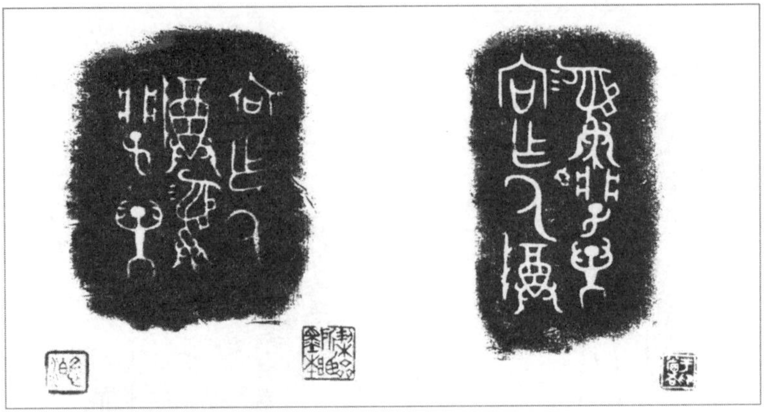

≪向卣≫67)

명문 모두가 좌행이나 각 행의 마지막 자만 우행인 경우도 있으며(≪齊陳曼簠≫), 중간의 일부의 자들만 우행으로 새겨진 것도 있다(≪十二年 大簋蓋(大簋蓋)≫). ≪令方彝(矢令方彝)≫의 蓋銘(개명 ; 뚜껑 명문)과 器銘(기명 ; 몸체 명문)을 서로 비교해 보면, 蓋銘은 '雋冊(준책)' 중 '冊'자의 방향을 바뀌어 쓰고 있다.

≪矢令方彝≫68)

67) ≪殷周金文集成≫ 第十冊, 235쪽(5250 · 1~5250 · 2).
68) ≪殷周金文集成≫ 第十六冊, 37쪽(9901 · 2).

≪伯多壺≫69)

≪湯叔盤≫70)

이외에도 문자의 위치 순서를 다르게 안배하는 경우도 있다. 族徽文字(족휘문자)는 앞부분이나 마지막 부분에 단독적으로 놓거나 혹은 아랫부분에 놓은 것이 일반적이지만, ≪小子省卣≫는 ''를 두 번째 행 첫 번째 자리에 놓고 있다. ≪伯多壺≫의 '用(용)'자는 제일 마지막에 놓여야 하는데, 두 번째 행의 '壺(호)'자 아래 놓고 있다. ≪湯叔盤≫의 '用之'는 제일 마지막 위치에 놓여야 하는데, 두 번째 행 끝에 놓고 있다. '初'자는 첫 행의 왼쪽 옆에 단독적으로 쓰여져 있는데, 이는 후에 추가한 듯으로 보인다.

Ⅲ. 金文의 내용

(1) 商代시기

상대 前期의 청동기에는 명문이 거의 새겨져 있지 않고, 後期에 이르러 점점 많아지고는 있으나, 그 숫자는 周代와는 비할 바가 못 된다.

商代의 명문은 내용상으로 크게 專名(전명)명문과 記事(기사)명문으로 나눌 수 있다.

첫째, 專名명문은 部族(부족)의 명칭이나 기물 소유자의 이름을 표시하거나 혹은

69) ≪殷周金文集成≫ 第15冊, 189쪽(9613). ≪殷周金文集成引得≫ : 『今伯多人非壺, 子孫永用』(142쪽)
70) ≪殷周金文集成≫ 第16冊, 157쪽(10155). ≪殷周金文集成引得≫ : 『唯正月初吉壬午, 埜(棠)湯叔伯氏茬鑄其尊, 其萬年無疆, 子子孫孫, 永寶用之.』(153쪽)

제사하는 대상 등을 표시한다. 부족이나 기물 소유자의 명칭은 '牛'·'虎'·'魚'·'羊'·'鹿'과 '黿' 등과 같은 토템을 표시하거나, 혹은 ''·''·'' 등과 같이 특수한 물건이나 행위동작들을 표현하는 명문으로 표시하는 경우, '婦好(부호)' 등과 같이 이름을 쓰는 경우도 있다. 祭祀者를 기록하는 경우는, ≪祖諸父戈≫와 같이 '且(祖)日乙'·'大父日癸'·'大父日癸'·'中父日癸'·'父日癸'·'父日辛'·'父日己' 등을 紀錄하거나, ≪司母戊鼎≫과 같이 제사를 지내는 대상인 '司母戊'를 표시하는 경우가 있다. 이러한 명문들은 다른 명문에 비하여 매우 단순한 형태를 취하며, 표지를 나타내거나 혹은 어떤 일을 기념하기 위해 주조한 경우가 대부분이다. 이러한 專名명문은 그 형식이 점점 복잡해져 몇 가지 내용들을 동시에 종합적으로 표시하는 경우도 있다. 예를 들어, '子䋣父乙'(≪子父乙卣≫)71)나 '㕚父辛'(≪父辛尊≫)72) 중의 앞 내용은 기물 주인이나 씨족 이름이고, 뒷 부분은 제사를 지내는 선조를 가리킨다.

두 번째, 記事(기사)명문은 帝乙이나 帝辛 시기에서 주로 보이며, 40여 자가 되는 긴 명문도 있다. 내용은 기물을 제작하게 된 이유와 시간, 제사나 賞賜(상사)에 대한 내용들을 기록하고 있다. 예를 들어 "丙午, 王商(賞)戍嗣貝廿朋, 才(在)䦨(闌)宔(丙午 일에 王이 戍官 嗣에게 貝 二十朋을 闌 지방의 宮室 宔에서 하사하다)"(≪戍嗣子鼎(戍嗣鼎)≫)와 "乙子(巳), 王曰：障(尊)文武帝乙宜. 才𥁕(召)大廊(庭). 冓(遘)乙羽(翌)日(乙巳 일에 商王 帝辛은 '文武 帝乙에게 술과 안주를 바치는 宜祭를 거행하여라'라고 했다. 제사는 召大庭에서 거행하였는데, 이 날은 先王 太乙에게 翌祭를 올리는 날이기도 한다)"(≪四祀𠨘其卣≫) 등이 있다. 이외에도 "隹(唯)王來正(征)人方(때는 왕이 人方을 정벌하고 돌아오는 시기)"(≪小臣艅犧尊(小臣俞犀尊)≫)과 같이 征伐한 내용을 기록하고 있는 경우도 있다. 그러나 殷商(은상) 명문은 西周에 비하여 記事내용이 다양하지 않다.

상대 후기의 글자체나 문장형식은 갑골문과 근접하다. ≪四祀𠨘其卣≫는 뚜껑과 안쪽 바닥에 '亞{獏}父丁'의 명문이 새겨져 있는데, '亞{獏}'은 기물 주인의 씨족명이고, '父丁'은 제사를 지내는 조상이다. 기물의 아래쪽 발 안쪽에 8행의 42자에 달하는 명문이 새겨져 있다. 商王이 文武帝乙에 대해 제사지내는 것과 𠨘其가 왕으로부터 상을 받은 사실을 "乙酉, 王才(在)梌, 𠨘𠀠(其)易(賜)貝, 才(在)亖(四)月. 隹

71) 내용은 "子既(既)가 부친 乙에게 제사드릴 때 사용하는 술통 卣를 만들다."이다.
72) 내용은 "㕚 씨족이 父親 辛에게 제사하기 만든 기물"이다.

(唯)王亖(四)祀. 羽(翌)日"73)과 같이 기록하고 있다. 文武帝乙은 帝辛(제신)의 부친인 帝乙을 말하며, 이 기물은 帝辛4년에 제작된 것이다.

(2) 西周시기

西周의 금문은 분량이나 내용 체제 등 각 방면에 있어 최고의 극성기이다. ≪𠕋尊(何尊)≫은 12行 119字, ≪大盂鼎≫은 19行 291字, ≪大克鼎≫은 28行 290字, ≪矢人盤(散氏盤)≫은 19行 305字, ≪曶鼎(智鼎)≫은 24行 380字, ≪毛公鼎(𢉖鼎)≫은 32行 479字 등과 같이 그 분량이 긴 것들이 많다. ≪毛公鼎(𢉖鼎)≫은 479자로 현재 발견된 명문 중 가장 글자가 많다. 西周 명문은 대략적으로 아래의 내용들을 포함하고 있다.74)

① 頌 祖

'頌祖(송조)'란 조상을 歌功頌德(가공송덕)함을 말한다. ≪牆盤(史牆盤)≫은 선조들을 찬양하는 전형적인 명문 중의 하나이다. 전반부에서는 먼저 先王인 文王・武王・成王・康王・昭王(소왕)과 穆王(목왕) 등 七代 帝王의 이룩한 위대한 업적을 찬양하고, 후반부에서는 史牆(사장) 자신의 四代 先祖인 高祖・乙祖・祖辛과 文考乙公의 업적을 찬양하고 있다. 이외에도 ≪大克鼎≫은 膳夫克(선부극)의 祖父인 師華父(사화부)를 찬양하고 있다.

② 祭 祀

신이나 조상에게 지내는 제사는 周代사람들에게는 중요한 일 중의 하나이었다. 제사는 국가의 안녕이나 개인의 생존과 밀접한 관계가 있다고 믿었기 때문에, 이와 관련된 銘文이 상당히 많다. 예를 들어, ≪我方鼎≫은 禦祭(어제)와 礿祭(약제)를 지내며, 제사를 마친 후에 제육과 조개를 하사품으로 받았다는 내용을 기록하고 있다.75)

73) 내용은 "乙酉 일에 王은 槐地에서 𠨘其에게 貝를 하사하였다. 이때는 四月이며, 商王 帝辛이 재위한지 四年 되는 해로 翌祭를 거행하는 날이다."이다.

74) 명문은 여러 내용을 동시에 포함하는 경우가 많다.

75) ≪金文今譯類檢・殷商西周卷≫ 389~390쪽 ; ≪中國古文字讀本~商周金文≫ 29~30쪽 ; ≪集成≫ '5・2763' 참고.

③ 封 分

≪左傳·定公四年≫에서는 周의 成王이 康叔(강숙)을 제후로 봉하면서 “命以康誥而封于殷墟(康誥로써 명하여 은허의 제후로 봉한다)”라고 했다. 금문 중에는 이와 같은 封分(봉분)에 관한 내용들이 상당히 많다. ≪宜侯夨簋≫는 康왕이 虞(虡)侯인 夨(측)에게 “医(侯)于宜, 昜(賜)鬯一卣(너에게 宜 지방의 제후로 봉함과 동시에 너에게 담가놓은 술과 이를 퍼낼 수 있는 商에서 획득한 祭器를 하사한다)”라며 봉하고 있다. ≪宜侯夨簋≫는 의후에게 宣지방의 제후로 봉함과 동시에 하사한 물품·병사·하인들의 숫자에 관하여 상세하게 기록하고 있다.

④ 征 伐

≪墨子·魯問篇≫이 “攻其鄰國, 殺其民人, 以爲銘于鐘鼎, 傳遺後世子孫(이웃나라를 침범하고, 인민들을 살해한 일을 鐘鼎에 기록하여 후세 자손들에 전해준다)”라고 기록하고 있듯이, 고대사회에서는 전쟁이 매우 빈번하게 발생했을 뿐만 아니라, 또한 매우 중대한 일 중의 하나였다. ‘征伐(정벌)’을 기록한 명문은 전쟁이 일어난 장소, 시간, 戰績(전적) 등 상당히 상세하게 기록하고 있다.

1976년에 陝西省(섬서성)에서 발견된 ≪利簋≫는 무왕이 상나라를 정벌하였으며, 紂王(주왕)을 정벌한 날이 甲子日임을 “珷(武)征商, 隹(唯)甲子早歲鼎. 克䎽(昏), 夙(夙)又(有)商. (무왕이 商을 정벌하고, 이 때는 甲子日로 歲星이 마침 출현한 시기다. 전쟁에서 昏主인 紂를 정벌하고 상을 계승하였다)”라고 기록하고 있는데, 이는 ≪尙書≫와 ≪逸周書≫의 문헌기록과 완전히 일치한다.

≪兮甲盤≫은 兮甲(혜갑)이 왕을 따라 玁狁(험윤)을 정벌하고 전공을 세워, 왕이 兮甲에게 말 네 필과 준마와 수레를 하사함과 동시에, 그를 成周 사방의 제후들과 淮夷(회이) 지역의 조세를 관리하도록 명령한 내용을 서술하고 있다.76) 이러한 금문의 내용은 서주 후기의 정치와 경제 실상을 이해하는데 매우 중요한 자료다.

≪多友鼎≫은 험윤이 京師를 침범하자 왕이 武公에게 추격할 것을 명하고, 武公이 多友에게 서쪽을 추격할 것을 명령하여, 그 결과 많은 전쟁 노획물을 획득했었음을 기록하고 있다.

76) ≪積微居金文說≫ : “이 명문을 읽으면 당시 주왕실의 정치적 부패와 군대 기강의 해이함을 엿볼 수 있게 된다. 왕이 험윤을 정벌하고서 혜갑에게 특명을 내려 성주 지역의 각국 제후들과 회이 지역의 전운을 관리하도록 한 것은 백성과 신하들 그리고 夷人들이 생산물들을 숨겨 저장해 놓고서 왕실로 轉運하기를 꺼려 했었기 때문이다. 그러면 왜 전운하기를 꺼려 했을까? 이것은 탐관오리들의 전횡과 군인들의 약탈 때문이었다.” (中華書局, 21쪽 참고)

이외에도 ≪令簋(作冊矢令簋)≫와 ≪過伯簋≫는 周王이 楚荊(초형)을, ≪班簋≫는 東國을, ≪虢季子白盤≫은 玁狁(험윤)을, ≪翏生盨≫77)와 ≪禹鼎≫78)은 淮夷(회이)를 정벌하는 내용을 서술하고 있다.

⑤ 詔 命

'詔命(조명)'명문은 周王이 신하나 백성들에게 명령이나 훈계 등을 하달하는 내용으로, ≪尙書≫ 중의 ≪召詔≫·≪酒誥≫·≪顧命≫이나 ≪文侯之命≫의 내용과 형식이 유사하다. ≪大盂鼎≫은 康王이 大臣 盂(우)에게 책명을 내리는 내용이고, ≪𣄰尊(何尊)≫은 왕이 小子 何에게 내리는 詔命을 기록하고 있다.

⑥ 賞 賜

주나라 왕이나 主公이 신하나 백성들에게 賞賜(상사)를 한다는 것은 받는 자에게는 대단히 영광스런 일 중에 하나다. 청동기의 대부분이 기물 소유주의 공적을 기리기 위해 제작한 것이기 때문에, 그 명문들은 일반적으로 기물의 소유주가 어떤 일에 있어서 공적이 있고, 그로 인해서 군주에게 어떤 포상을 받았는지를 기록한다. 명문에는 하사를 한 날짜나 배경, 그리고 물품과 노예들에 관하여 자세하게 기록하는 경우가 많다. ≪大盂鼎≫에는 周王이 노예 2720여 명을 하사한 내용이 기록되어 있다. ≪天亡簋≫79)는 道光 말년에 모공정과 함께 陝西省(섬서성) 岐山(기산)에서 발견되었는데, 이 명문은 무왕이 문왕의 제사를 지낼 때 천망이 제사를 도와 준 공로로 포상을 받고서, 기물을 주조하게 되었다는 사실을 기록하고 있다.

⑦ 冊 命

주나라 왕이나 제후들이 신하를 임명하거나 관작을 수여할 때에는 항상 책명을 거행하였다. 임명을 받는 사람은 청동기를 주조하여 책명의 경과를 상세히 기록하고 기념으로 삼았다.

≪膳夫山鼎≫의 내용은 주왕이 周의 圖室(도실)에 앉아 있고, 南宮으로 하여금 膳夫山(선부산)을 불러 문안으로 들게 하여, 中廷(중정)에 세워두고 얼굴을 북쪽으로 향하게 하였다. 그리고 왕이 사관에게 명령하여 冊書(책서)를 읽게 하고 膳夫山로 하여금 賢臣을 관리하도록 명령을 내리며, 그에게 玄衣·수레와 복식을 하사하였다. 膳夫山은 冊書를 받은 뒤 물러나와 이에 대한 감사를 표시하고 瑾璋(근장)

77) 西周 厲王시기의 명문. ≪商周青銅器銘文選三≫ 290~291쪽.
78) ≪中國古文字讀本~商周銘文≫ 215~220쪽 ; ≪集成≫ '5·2833'.
79) ≪中國古文字讀本~商周銘文≫ 34~38쪽 ; ≪集成≫ '8·4261' ; ≪金文今譯類檢≫ 167~169쪽.

등을 헌상하였다.80)

이외에도 ≪頌鼎≫에는 왕이 頌(송)에게 시장을 관리하도록 하는 冊命을 내리는 과정이 자세히 설명되어 있다.

⑧ 土地交易

≪衛盉(裘衛盉)≫와 ≪九年 衛鼎(九年 裘衛鼎)≫은 토지 교역에 관한 내용을 서술하고 있다. 裘衛(구위)는 주나라 때 가죽 생산을 담당하는 관리로, ≪周禮≫의 司裘(사구)이다. 이 명문 중에는 그와 矩伯(구백) 간에 있었던 세 차례의 교역에 관한 내용을 서술하고 있다. 토지와 토지를 교환하기도 하고, 토지와 토지에서 수확한 물품을 裘衛의 털가죽・피혁과 교환하기도 하였다. 내용 중에 "隹(唯)三年 三月 既生霸壬寅. 王爯旂于豊. 矩白(伯)庶人取堇(瑾)章(璋)于裘衛, 才(裁)八十朋 氒賓(貯)㠱(其)舍田十田. 矩或(又)取赤虎(琥)兩麀桒(韍)兩桒(韍)鞈一, 才(裁)卄朋, 㠱(其)舍田三田 왕재위(三年, 三月 既生霸 기간 중의 壬寅 일에, 왕은 豊에서 깃발을 세웠다. 矩伯의 관리인은 裘衛로부터 八十朋의 가치에 해당되는 瑾(근)과 璋(장)을 취하고, 그 댓가로 矩伯은 裘衛에게 땅 十田을 주었다. 矩伯은 또한 裘衛로부터 이십 朋에 해당되는 호피 두 장과 麀의 가죽으로 만든 蔽膝(폐슬) 두 장과 장식무늬가 있는 슬갑(膝甲) 한 장을 가져오는 댓가로, 땅 三田을 주었다.)"라는 기록이 있다. 서주 때 왕은 大閱禮典(대열예전)을 거행할 때 커다란 깃발을 세워 제후와 신하들에게 알현할 수 있도록 하였다. 矩伯은 구위로부터 왕을 알현할 때 필요한 몇 가지 필수품을 구입했다. 瑾璋을 구입하는데 조개화폐로 80붕이고, 토지로 환산할 경우 밭 10전에 해당되며, 호랑이 가죽과 암사슴가죽과 문식이 새겨진 슬갑은 조개화폐로 환산할 경우 20붕으로 이를 토지로 환산하면 밭 3전 해당되는 가격이다. 이러한 사실은 토지가 당시 이미 전매가 가능했으며, 화폐로 계산된 가격이 존재하고 있었다는 것을 증명해주고 있다. 이 청동기 명문은 중국 고대경제사를 연구하는데 중요한 자료이다.

이외에도 토지의 교역 명문은 ≪師永盂≫81)가 있고, 토지의 전매와 양도를 서술한 명문은 ≪散氏盤≫ 등이 있다. 이는 고대의 토지제도를 알 수 있는 매우 소중한 자료이다.

80) ≪金文今譯類檢・殷商西周卷≫ 445~446쪽 참고.

81) ≪銘文選三≫ 141~142쪽 ; ≪集成≫ '16・10322' ; ≪中國古文字讀本~商周金文≫ 161~163쪽 ; ≪金文今譯類檢≫ 677~679쪽.

⑨ 訴 訟

소송은 법률사무에 관한 내용이다. 고대 법률제도를 이해할 수 있는 중요한 자료이다. 가장 유명한 예로는 ≪曶鼎(㽙鼎)≫이 있다.

≪𠑇匜(㑇匜)≫는 陝西省(섬서성) 岐山縣(기산현) 董家村(동가촌)에서 발견되었다. 器名 6행과 蓋銘 7행 등 모두 157자가 새겨져 있다.[82] 伯揚父(백양부)가 牧牛(목우)의 죄상을 선고하는 내용에 대해 기술하고 있다. 牧牛가 관리와 소송을 벌여 서약을 위반한 죄가로 채찍 1천대와 墨刑(묵형)에 처해져야 마땅하나 감형을 얻어 채찍 5백대와 나머지는 벌금 삼백렬(약 二千兩)로 대체하기로 했으며, 牧牛는 다시 서약을 한 후 벌금을 지불했다는 내용이다.

위에서 언급한 내용 이외에도 饗宴(향연)・朝覲(조근)・田獵(전렵)・外交・婚姻(혼인)이나 盟約(맹약) 등 매우 다양한 내용을 포함하고 있다. 당시 상류층 사회에서 발생하는 모든 일을 명문에 기록하고 있다고 할 수 만큼 풍부하다. 고대 官制(관제)에 대하여 淸代이전 학자들은 일반적으로 주로 ≪周禮≫를 참고하였으나, ≪西周金文官制硏究≫(張亞初・劉雨, 中華書局, 1986년)는 郭沫若 ≪周官質疑≫ 등을 참고하고, 각종 금문을 참고하여 西周 職官(직관) 213종을 종합정리하고 있다. 서주 금문은 중국 고대 사회와 고대문화를 연구하는 매우 중요한 자료이다.

(3) 東周시기

周나라는 厲王(여왕) 때 왕권이 땅에 떨어지고 쿠데타가 일어나, 왕이 13년 간 다른 나라로 망명하고, 共伯和(공백화)라는 귀족이 실권을 잡아 共和시기라는 불리는 시기를 맞기도 하였다. 이 시기를 共和시대라 하며, 共和國이라는 말이 여기서 유래되었다. 厲王이 죽고 난 다음 宣王(선왕)이 鎬京(호경)으로 도읍지를 옮기고 재도약을 시도하였지만, 이미 민심을 잃고 쇠약해져 갔다. ≪毛公鼎≫이 이 시기에 제작된 것으로 보인다. 宣王의 아들 幽王(유왕)은 犬戎(견융)족의 침입을 받아 큰 타격을 입었고, 平王(太子 宜臼) 때는 결국 鎬京을 버리고 동쪽인 BC770년에 洛邑(낙읍)으로 천도하였다. 이때부터 秦이 전국을 통일한 BC221년까지를 東周라 한다. 東周는 다시 春秋와 戰國시기로 나눈다. 春秋는 공자가 지었다는 魯나라 연대기 ≪春秋≫에서 유래하였다. ≪春秋≫는 魯 隱公(은공) 1年(BC722)부터 哀公(애공)

82) ≪銘文選≫ '258', ≪集成≫ '16・10285'. ≪中國古文字導讀~商周金文≫(王輝), 176~181쪽 참고.

14년(BC481年)까지의 12제후의 기록이지만, 일반적으로 平王이 동천한 시기부터를 춘추시기의 시작으로 본다.[83)]

戰國시기는 이미 철기시대이기 때문에 禮樂器(예악기)의 수량이 줄어들고, 반면에 兵器가 많이 제작되었다. 명문도 戰國중기부터는 '物勒工名(물륵공명 : 제작자의 이름 새김)'가 많아져, 督造官吏(독조관리)나 制造工匠(제조공장)의 이름 등을 새기기도 하였다. 字數 또한 서주명문에 비하여 상당히 짧아졌다. 기물의 종류는 ≪中山侯鉞≫과 같은 兵器, ≪商鞅方升(秦始皇卄六年 詔書)≫과 같은 量器(양기), ≪新郪虎符≫와 같은 兵符(병부), ≪鄂君启節≫과 같은 金節, ≪侯馬盟書≫와 같은 맹서, ≪曾侯乙編鐘≫과 같은 樂器 등 매우 다양하다.

婚姻에 관한 내용으로는 시집가는 여자에게 주기 위해 만든 혼수품 媵器(잉기)가 있다. 잉기의 종류는 세수와 목욕에 사용되는 盤(반)과 匜(이)가 가장 많다. 1955년 5월 安徽省(안휘성) 壽縣(수현) 蔡侯墓(채후묘)에서 출토된 ≪蔡侯𩰫盤≫은 채나라 昭侯 원년에 大孟姬(태맹희)가 吳王에게 시집갈 때 혼수품으로 제작한 것이다. 이 명문을 통하여 당시의 채나라와 오나라 양국간의 정치관계를 이해할 수 있다.

銘文 중에는 ≪曾侯乙編鐘≫이나 ≪中山王䜭方壺≫ 등과 같이 매우 긴 것도 있다. ≪中山王䜭方壺≫와 ≪中山王䜭鼎≫은 중산왕이 燕나라를 정벌했던 전쟁에 관한 일을 서술하고 있다. "含(今)盧(吾)老賈(賙)親(親)率參(參)軍之衆(衆), 㠯(以)征不宜(義)之邦, 敿(奮)桴晨(振)鐸闢启封(封)疆, 方譽(數)百里, 剌(列)城譽(數)十克僮(敵)大邦.(작금 나의 대신 賙(주)는 친히 三軍의 군대를 이끌고, 不義의 나라들을 정벌하기 위하여 戰鼓(전고)의 북을 울려 다른 封侯國 수백 里의 지역과 수십개의 성을 점령하는 등 大國들과 능히 匹敵할 수 있었다.)"라고 기록하고 있는데, 이 문체는 ≪戰國策≫이나 ≪史記≫와 유사하다.

명문을 새기는 방법은 戰國시기는 이전과 다른 형태를 취하고 있다. 戰國 이전의 명문은 일반적으로 주조하는 반면, 戰國 이후는 칼로 새기거나, 혹은 새기고 난 다음에 착금하기도 하였다. 착금한 예로 ≪䜌書缶(欒書缶)≫ 등이 있고, 기물을 만든 후에 새긴 것으로는 ≪左關鉌≫ 등이 있다.

---

83) 戰國시기의 상한선에 대하여 晉나라가 趙·韓·魏의 세 나라로 분리된 해인 BC453년으로 보는 說(貞定王 十六年), 이들의 나라가 정식으로 제후의 나라로 인정받은 BC403년으로 보는 說(周威烈王 二十三年) 이외에도, BC475년 說(周 元王 元年), BC468년 說(周 貞定王 元年) 등 매우 다양하다. 중국 문자 자료와 역사의 연대와는 별개의 문제일 수 있고, 시기상으로 상당히 큰 차이를 보일 수도 있다. 따라서 본문은 중국문자 발전이해를 위한 중국 각 시대를 구별하는 것이기 때문에 일반적으로 많이 언급이 되어지는 周왕을 기준으로 하여 元王 元年인 BC475년의 說을 따르기로 한다.

≪左關鉌≫[84]

문자의 형태도 이전에 보이지 않았던 장식체인 鳥蟲書(조충서)·蝌蚪文(과두문)나 蚊脚書(문각서) 등이 있다. 이는 한국의 민화 중의 하나인 문자도와 유사한 장식문자라고 할 수 있다.

('孝''忠'문자도)[85]

84) 戰國 早期 기물. 1857년에 山東 膠縣 靈山衛古城에서 출토. 齊나라 量器 중의 하나. ≪陳純釜≫의 십분의 일 되는 용량으로 斗에 상당한다. 上海博物館 所藏.

85) ≪문자도≫ (유홍준·이태호, 태원사, 1993년 9월), 24쪽 참고.

Ⅳ. 金文의 書體

서체의 유형적 구별로는 銘文(명문)을 일반적으로 大篆(대전 : 籒文)이나 古籒(고주)라고도 칭한다. 그러나 이러한 칭호보다는 金文은 금문만이 가지는 독자적인 형체와 역사적 배경을 지니고 있기 때문에 그냥 金文이라고 부르는 것이 옳겠다. 왜냐하면, 大篆(대전) 혹은 籒文(주문) 등에 대한 정의에 대해서도 아직 완전한 일치를 보이지 못한 상태이기 때문이다. 그래서 청동기 銘文을 총체적으로 금문이라 칭하고, 이를 다시 역사적으로 세분해야 되는 경우엔 殷商(은상)시기 금문, 西周금문, 東周금문, 秦漢(진한)금문 등으로 칭하면 될 것이다. 아래에서는 시기에 따라 금문 서체의 변천 특징에 대하여 간략하게 살펴보기로 한다.

(1) 殷商時期

商代 청동기 銘文은 상대적으로 그 숫자가 적다. 한 자 혹은 두 자의 도형문자로 되어 있는 경우도 있으며, ≪小子𧊒卣≫와 같이 40여 자가 넘는 경우도 있다.

다른 시기의 명문과 비교하여, 商代의 銘文 서체의 특징은 크고 네모나면서, 필획은 굵고, 行間(행간)은 疏遠(소원)하다고 할 수 있다.[86]

이를 다시 세분한다면, 商代 명문의 특징을 두 종류로 나눌 수 있다. 첫째는 筆勢(필세)가 雄建(웅건)하고, 形體는 풍만하며, 필획의 처음과 끝이 뾰족하고, 가운데는 두텁다. 예를 들면, ≪司母戊方鼎≫이나 ≪小臣艅犧尊(小臣俞犀尊)≫의 명문이 있다.

두 번째, 筆勢는 전체적으로 골기가 있으면서 힘이 있고, 필획은 양쪽 끝이 뾰족하지 않으면서 중간에 풍만한 획이 비교적 적다. 商代晚期의 명문들은 대부분 이러한 특징을 지니고 있다. 예를 들면, ≪小子𧊒卣≫나 ≪戍嗣子鼎(戍𠟭鼎)≫ 등이 있다.

(2) 西周早期(武王~成王~康王~昭王)

西周早期(BC1046~BC995年)는 일반적으로 武王이 殷紂(은주)를 멸한 후부터 昭王(소왕)까지를 가리킨다.

86) 馬乘源은 ≪中國青銅器≫에서 商代 명문의 특징을 총체적으로 "總的說來銘文字體比較長方, 筆道雄勁遒美, 行氣疏密有致, 結體嚴謹, 情勢凝重, 各篇都有自己的風韻"라고 설명하고 있다. (383쪽)

商代말기부터 西周早期의 청동기는 수량과, 銘文의 자수가 많아짐에 따라 명문의 書體(서체)도 상당히 다양한 양상을 보이고 있다. 이 시기의 서체는 전체적으로 가지런하여 균형잡힌 아름다운 미적 특징을 지니고 있으며, 필획은 양쪽 끝이 露鋒(노봉)이고, 문자의 결구는 매우 嚴謹(엄근)하고, 行款章法(행관장법)은 자유분방하다. 이 시기의 기물은 상대의 전통을 이어 받아, 무늬는 번잡하고 화려하며, 매우 정교하고 아름답다. 명문 또한 상당히 길어졌고, 글자의 필획은 대부분 波磔(파책 : 삐침)의 느낌을 현저하게 보이고 있으며, 기세 또한 중후하다.

문자의 형태도 특징이 있다. 예를 들어, '(宗)'(≪征卣(保卣)≫ · '(宅)'(≪㓨尊(何尊)≫) · '(寶)'(≪德方鼎≫) 등과 같이 '宀'의 형태는 양 끝이 각을 형성하고 있다. '(貝)'(≪㓨尊(何尊)≫) · ''(≪麥方鼎≫) · ''(≪戍嗣子鼎(戍䣄鼎)≫) 등과 같이 '貝'자는 아랫부분 두 획을 안쪽으로 구부려진 형태로 쓴다. '公'자는 윗부분의 두 획이 위에서 아래로 내려와 '口'와 연결된 형태인, '(公)'(≪㓨尊(何尊)≫)나 ''(≪獻簋≫) 등과 같이 쓴다. 이외에도 '于'자는 복잡한 형태인 ''로 쓰거나, '文'자는 중간에 '心'을 추가하여 ''으로 쓰거나, '文王'과 '武王'은 합체자 형식인 ''과 ''으로 쓴다.

西周早期 시대의 금문은 서체의 풍격에 따라 대략적으로 세 종류로 나눌 수 있다. 첫째는 瑰異凝重(괴이응중 : 기이하고 아름다우면서도 중후한 느낌을 지님)한 풍격이다. 成王시기의 ≪㓨尊(何尊)≫[87]과 ≪濬辭土逘簋≫나[88], 康王시기의 ≪大盂鼎≫[89] 등이 이러한 풍격을 지니고 있다 할 수 있다. 이 중에서도 ≪大盂鼎≫이 대표적이다. 필획은 대체적으로 두텁고 장중하며, 자형의 크기는 크고 작게 자연스럽게 조정하였고, 가로행은 매우 자유스럽게 안배하고 있다.

87) ≪集成≫의 '11 · 6014'를 참고할 수 있고, 馬乘源은 ≪商周青銅器銘文選 · 二≫에서 西周 成王 시기의 명문으로 보고 있다(20~22쪽).

88) ≪集成≫의 '7 · 4059'를 참고할 수 있고, 馬乘源은 ≪商周青銅器銘文選 · 二≫에서 西周 成王시기의 명문으로 보고 있다(19~20쪽). 이 簋는 혹은 ≪康侯簋≫나 ≪濬辭徒逘簋≫로 칭하기도 한다.

89) ≪商周青銅器銘文選二≫ 37~41쪽 참고.

≪何尊≫

≪沬嗣徒遙簋(康侯簋)≫

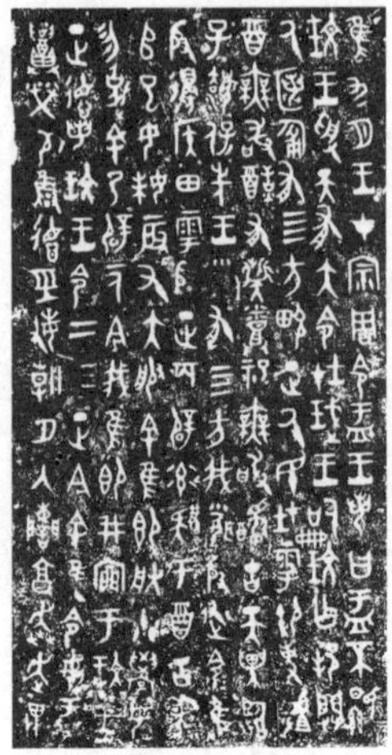

≪大盂鼎≫의 일부

둘째, 雄奇恣放(웅기자방 : 웅건하면서도 호방한 느낌을 지님)한 풍격이다. 成王(성왕)시기의 ≪保卣≫, 康王(강왕)시기의 ≪作冊大鼎≫[90], 昭王(소왕)시기의 ≪令簋≫ 등이 이러한 풍격을 지니고 있다. 이러한 풍격은 상대 후기의 명문과 유사하며, 전체적으로 화려하고 행간이 매우 자유스러워 호방한 느낌을 갖게 한다. 일부 자형 중에는 필획 중간이 풍만하게 추가되어 있고, 波磔(파책)이 명백하게 나타나고 있어, 이를 '波磔體(파책체)'라 칭하기도 한다.

≪保卣≫

≪作冊大鼎≫

≪令簋≫

90) 도판은 ≪三代吉金文存≫ '4 · 20 · 2' 참고. 唐蘭의 ≪西周青銅器銘文分代史徵≫은 이 명문을 成王시기의 것으로 보고 있다.(136~138쪽 참고)

셋째는 質朴平實(질박평실 : 질박하면서도 담담한 느낌을 지님)한 풍격이다. 武王 시기의 ≪利簋≫와 ≪天亡簋≫[91]가 이러한 특징을 지니고 있다. 字體가 평이하고 질박하여 고풍스러우며, 두터운 필획이 추가되어있지 않는 일률적인 필획으로 구성되어 있다. 露鋒(노봉)도 거의 없으며, 속도를 빨리하여 쓴 듯한 느낌이 있다. 이러한 특징은 西周中期에 더욱 발전하였다.

≪利簋≫

≪天亡簋≫

(3) 西周中期(穆王 · 恭王 · 懿王 · 孝王 · 夷王)

西周中期(BC995~BC885年)는 穆王(목왕)에서 夷王(이왕)까지를 말한다.

西周中期의 명문 중 穆王시기까지는 아직도 西周早期의 특징을 계승하여 波磔體(파책체)나 필획 중 두터운 획이 있고, 양쪽 끝이 뾰족한 필획이 있는 경우도 있다. 그러나 恭王시기 이후, 이러한 풍격은 사라지고, 中期시기의 특징인 필획이 일률적이고, 부드럽고 직선적인 것보다 타원적인 획들이 많아졌다.

이 때의 청동기는 文飾(문식)이 점차 간단하고 소박해진 반면, 명문은 점차 장편화되었다. 명문은 책명이 많고, 주왕이 신하들에게 내린 봉분과 하사품 등에 관한 내용들을 주로 서술하고 있어, 관료제도와 계급제도를 연구할 수 있는 중요한 자료들이다. 한편 금문의 형식은 고정된 격식을 갖추고 있으며, 문자 또한 매우 규칙적

91) ≪天亡簋≫은 ≪大豐簋≫ 혹은 ≪朕簋≫라고 칭하기도 한다. 馬乘源 ≪銘文選二≫ 14~15쪽 참고.

이고 가지런하다.

문자의 형태도 商代와 西周早期와는 다소 다르게 발전하였다. 예를 들어, '王'자는 '王'이나 '王'의 형태에서 '王(이)'나 '王'의 형태변화와 같이, 아래 검은 부분이 상당히 작아졌다. '宀'은 처마 부분 '宀' 형태가 '宀'과 같이 좌우 양 끝이 원형형태로 변하였다. '于'자는 '于'자에서 '于'의 형태로 쓰고, '公'자는 '公'의 형태에서 '公'의 형태로 변화하였다.

서주중기의 금문의 풍격은 그 특징에 따라 크게 세 종류로 분리할 수 있다.

첫째, ≪㦰方鼎≫[92]과 같이 早期의 풍격이 아직도 남아 있는 품격이다. '乙'자나 '才(在)' 혹은 '王'자와 같이 수식성의 두터운 필획이 보이나, 초기에 보였던 과장되며, 웅건하고 괴이한 풍격은 보이지 않는다.

≪㦰方鼎一≫ ≪㦰方鼎二≫

둘째, 과장되지 않고 소박하며, 波捺(파날 : 삐침, 파임)이 없고 양쪽 끝이 마치 '둥근 젓가락' 같아 '玉箸體(옥저체)'라고도 칭하는 풍격이다. 이러한 풍격은 서주중기에 자주 보이며, 恭王시기부터 春秋시기까지도 이러한 풍격을 보이고 있다. 恭王시기의 ≪牆盤≫[93]과 ≪衛盉≫[94], 懿王시기의 ≪師虎簋≫[95], 孝王시기의 ≪大克

92) ≪㦰方鼎一≫은 ≪集成≫의 '5·2789' 도판 참고. ≪㦰方鼎二≫는 ≪集成≫ '5·2824' 도판 참고. 馬乘源≪商周青銅器銘文選二≫ 116~118쪽 참고.

93) ≪商周青銅器銘文選三≫ 153~158쪽과 ≪西周青銅器銘文分代史徵≫ 448~459쪽 참고.

94) ≪商周青銅器銘文選三≫ 127~128쪽과 ≪西周青銅器銘文分代史徵≫ 462~463쪽 참고.

95) ≪商周青銅器銘文選三≫ 167~168쪽 참고 ; ≪三代吉金文存≫ 9·29 ; ≪集成≫ 8·4316.

鼎≫96) 등이 이러한 풍격을 지니고 있다.

≪師虎簋≫

셋째, 비교적 규칙없이 자유스럽게 쓴 자유분방한 풍격이다. 穆公(목왕)시기의 ≪強伯盤≫97), 恭王시기의 ≪九年衛鼎≫이나 ≪十五年趞曹鼎≫98) 등이 이러한 풍격을 지니고 있다.

≪十五年趞曹鼎≫

96) ≪商周青銅器銘文選三≫ 215~217쪽 참고.
97) ≪集成≫ '16・10064' 참고.
98) ≪集成≫ '7・2784'；≪商周青銅器銘文選三≫ 142~143쪽 참고.

≪十五年趞曹鼎≫의 명문은 行款(행관)과 자형이 매우 자유롭게 안배되어 있다.

(4) 西周晩期

西周晩期(BC885~BC771年)는 厲王(여왕)에서 幽王(유왕)까지를 말한다.

이 시기에 이르러 글자체는 새로운 변화를 보이기 시작한다. 예를 들어, ≪虢季子白盤≫은 문자가 네모 반듯하고 가지런하며, 이후 진나라 사람들이 사용한 문자의 특징을 보이고 있다. 이와 같은 書體는 ≪說文解字≫의 籒文(주문)과 유사하다.[99]

西周晩期에는 字形이 대체적으로 규범화 되어가고 있다. 예를 들어, '王'자의 아래 가로 획은 이미 하나의 직선 획처럼 변하였고, '其'자는 ''형과 같이 위의 두 귀를 비스듬하게 쓰고, 아랫부분에 '丌'部를 추가하여 사용하기도 하며, '宀'은 '(康)'이나 '(家)'자 등과 같이 양쪽 옆이 각이 없는 타원형 형태의 획으로 변했다.

西周晩期의 금문은 그 풍격에 따라 크게 세 종류로 나눌 수 있다.

첫째, 厲王시기의 ≪㝬簋≫[100]나 宣王시기의 ≪毛公鼎≫[101]은 西周中期의 두 번째 종류의 풍격과 유사하다. 이러한 풍격은 금문 중 가장 규범적이고 전형적이며 성숙된 명문이라 할 수 있다. ≪㝬簋≫는 ≪大克鼎≫의 자형과 유사하면서도 무겁고 朴實(박실)한 느낌이 드는 명문이다.

둘째, ≪虢季子白盤≫ 등과 같이 의도적으로 미적인 조형을 가미한 듯한 풍격이다. 행간이 넓고 자형은 매우 조밀하게 구성되어 있어, 다른 명문에 비하여 書卷氣(서권기)가 있어 보인다. 이러한 풍격은 春秋始期의 명문인 ≪秦公鎛≫·≪秦公簋≫나 ≪石鼓文≫ 등에 직접적인 영향을 주었다.

셋째, 中期의 세 번째의 종류를 계승하여 자유분방한 풍격을 지니고 있다. 이러한 풍격으로는 ≪散氏盤≫과 ≪此簋≫[102] 등이 있다.

---

99) ≪古文字學 첫걸음≫ 李學勤 著 하영삼 옮김(동문선), 122쪽 참고.
100) ≪商周青銅器銘文選三≫ 277~278쪽 참고.
101) ≪兩周金文辭大系圖錄考釋≫ 135~139쪽과 ≪商周青銅器銘文選三≫ 316~320쪽 참고.
102) ≪集成≫ 8·4303~4310.

≪此簋≫ ; ≪集成≫ 8・4307)

(5) 春秋戰國時期

殷周(은주)시기에는 주왕실의 대신과 관리들이 청동기를 주로 제작하였고, 제후국의 청동기 금문은 비교적 적다. 春秋시기 平王이 東遷(동천)한 후에는 왕권이 극히 약해지고 列國들의 세력이 커짐에 따라 각 열국마다 각각의 특징을 띠게 되었다. 따라서 어떤 명문은 지방색이 너무 뚜렷하여 그 자형이 괴상하고, 문구 해석이 어려운 경우가 있다. 춘추제후국 중 晉鄭齊楚(진정제초) 명문이 비교적 중요하며, 이 중 秦나라 청동기는 자형의 변화와 器形의 발전에 있어 비교적 보수적이다. 즉 秦國은 宗周國(종주국)답게 전통적인 색채를 띠며, 자체가 方正하고 가늘고 강한 풍격을 지니고 있다. ≪鄁嫛鼎(宗婦鼎)≫[103]・≪秦公鐘≫과 ≪秦公簋≫[104]가 대표적이라 할 수 있다.

춘추시대 후기, 남방의 徐吳越楚(서오월초) 나라들은 공예기술이 비약적으로 발전하여 예술적으로 매우 수준 높은 기물들을 생산하였다. 명문 또한 규정적이고 미려하며, 동시에 韻(운)을 사용하는 엄격한 문장형식을 갖추고 있다.

춘추중기부터는 화려하고 번잡한 장식이 유행하기 시작했으며, 홍동이나 금은을 상감하는 기교들도 유행하기 시작하였다. 북방의 晉나라에서는 일종의 특수한 글자

103) ≪商周青銅器銘文選四≫ 603~604쪽 참고.
104) ≪商周青銅器銘文選四≫ 609~610쪽과 605~607쪽 참고.

인 과두문이 출현하였다. 예를 들어, ≪智君子鑑≫ 등이 있다. 남방에서는 필획이 가늘고 처음과 끝의 두께가 같은 글자체가 자주 보이고, 鳥蟲書(조충서)의 장식체가 있다.

戰國시기는 각 열국에 따라 독특한 특징을 더욱 더 지니게 되었을 뿐만 아니라, 字體도 많은 異體字(이체자)들이 생기게 되었다. 황하하류 지역 齊·魯·中山·徐와 許 나라에서는 세로가 길고 수려한 서체가 유행하였다. 예를 들어 ≪𪒠鎛(齊侯鎛)≫105)과 ≪王孫遺者鐘≫106)은 세로가 긴 획 끝을 구부려 쓰고, ≪齊陳曼簠≫107)나 ≪陳純釜≫108)는 양쪽 끝 획을 뾰족하게 쓰고, ≪中山王譻鼎≫이나 ≪中山王譻壺≫109) 등은 ≪𪒠鎛(齊侯鎛)≫과 ≪齊陳曼簠≫의 특징을 결합하여 세로의 긴 획에 점의 수식을 추가하여 쓰고 있다.

戰國 列國 중 남방 지역은 황하유역 열국처럼 세로획이 긴 특징을 지니고 있다. 즉 ≪中山王譻鼎≫의 명문은 마지막 획 부분만을 길게 늘어트려 쓰고, ≪曾侯乙編鐘≫110)은 전체적으로 획을 구부려 길게 쓰고 있는 특징을 지니고 있다. ≪王孫遺者鐘≫과 ≪吳王光鑑≫은 가늘고 긴 획을 사용하고 하고 있으나, ≪曾侯乙編鐘≫에 비해서는 비교적 자유스러운 특징을 지니고 있다. ≪蔡侯𩏂盤≫111)은 필획이 길면서도 강건하고 종횡이 매우 가지런하게 맞춰 쓰고 있는 특징을 지니고 있다. 춘추중기 이후에는 ≪王子午鼎≫112)과 같이 鳥蟲書의 장식성이 강한 서체가 출현하였다.

이외에도 錯金(착금)형식으로 쓰여진 晉國의 ≪䜌書缶(欒書缶)≫113)와 ≪鄂君啓節(噩君啓節)≫114)은 독특하면서도 얌전한 느낌을 풍격을 지니고 있으며, ≪鄂君啓節≫은 획 중간에 검은 점을 장식적으로 추가하고 있다. ≪商鞅方升(秦始皇卄六年詔書)≫115)이나 ≪新郪虎符≫116), 혹은 量(양)·權(권) 등과 같은 도량형 詔書

---

105) ≪商周青銅器銘文選四≫ 533~535쪽 참고.
106) ≪商周青銅器銘文選四≫ 427~428쪽 참고
107) ≪兩周金文辭大系圖錄考釋≫ 216쪽과 ≪商周青銅器銘文選四≫ 557쪽 참고.
108) ≪兩周金文辭大系圖錄考釋≫ 223쪽과 ≪商周青銅器銘文選四≫ 555~556쪽 참고.
109) ≪商周青銅器銘文選四≫ 567~577쪽 참고.
110) ≪商周青銅器銘文選四≫ 456~457쪽 참고. 이 기물은 1977년 湖北省 隨縣에서 140여 점의 청동기가 출토되었는데, 그 중 걸게가 있는 編鐘 64점에 모두 2천8백여 자에 달하는 악보와 관련된 명문이 새겨져 있다.
111) ≪商周青銅器銘文選·四≫ 393~396쪽 참고.
112) ≪商周青銅器銘文選·四≫ 423~424쪽 참고.
113) ≪商周青銅器銘文選四≫ 586~587쪽 참고.
114) ≪商周青銅器銘文四≫ 432~435쪽 참고.
115) ≪商周青銅器銘文選四≫ 612쪽 참고.
116) ≪商周青銅器銘文選四≫ 613쪽 참고.

(조서)는 秦나라 篆書(전서) 즉 小篆(소전)의 풍격을 지니고 있다. 도량형 청동기는 일반적으로 주조한 다음 칼로 자유스럽게 쓰고 있기 때문에 자형은 전체적으로 네모난 형태이고, 행간은 자유스럽다. 이 시기는 청동 기물을 대중적이고 대량적으로 주조하고 자유스럽게 새겼기 때문에 서체의 특징 또한 매우 자유분방하다.

戰國 후기는 청동기의 장식이 간단하고 소박하게 변하였고, 무늬가 없는 무 바탕의 기물을 숭상하게 되었다. ≪中山王嚳鼎≫나 ≪中山王嚳壺≫와 같은 극소수의 청동기를 제외하고는, '物勒工名(물륵공명)'의 격식이 대부분을 차지하여 단지 기물의 제작자와 감독관의 이름만을 기록하였고, 글자체 역시 거칠어졌다. 문자는 주조한 것보다 대부분 새기는 방법을 사용하고 있다.

금문 연구의 시대 하한선은 대체로 漢代로 보고 있다.

≪금문편≫에 대하여[1)]

Ⅰ. 금문의 자료와 고석에 관한 공구서
Ⅱ. ≪금문편≫에 대하여
Ⅲ. 四版≪金文編≫의 체제상 문제점 제고
1. 彝器 명칭의 혼용
2. '重見'인 자를 표기하지 않는 경우
3. 같은 자를 두 곳에 잘못 수록한 경우
4. 銘文을 잘못 摹寫(모사)한 경우
5. ≪附錄≫ 중 銘文을 서로 다르게 쓰는 경우
Ⅳ. 金文字典 편집에 대한 재고

Ⅰ. 금문의 자료와 고석에 관한 공구서

商周의 금문에 대한 기록으로는 ≪漢書≫와 ≪後漢書≫ 등을 비롯하여, ≪說文解字≫<序>의 "郡國亦往往于山川得鼎彝, 其銘卽前代之古文(군국에서 왕왕 산천에서 鼎(정)과 彝器(이기)를 얻었는데 이 명문은 전대의 고문이다)"과 같은 내용으로 보아 漢代에 이미 발견된 것으로 보인다. 그러나 宋代에 들어서야 비로소 금문을 전문적인 연구하는 '金石學(금석학)'이 출현하였다. 劉敞(유창)의 ≪先秦古器圖≫를 시작으로 歐陽修(구양수)의 ≪集古錄≫과 呂大臨(여대림)의 ≪考古圖≫, 薛尙功(설상공)의 ≪歷代鐘鼎彝器款識法帖≫, 王俅(왕구)의 ≪嘯堂集古錄≫, 王黼(왕보)가 편찬한 ≪宣和博古圖≫, 趙明誠(조명성)의 ≪金石錄≫ 등이 송대의 금문 저서 중 비교적 후세에 영향을 끼친 저서이다.

청대부터는 대량으로 문물들이 발견되어 금문의 연구는 장족의 발전을 하였다. 비교적 중요한 저서로는 ≪西淸古鑑≫과 ≪寧壽鑒古≫ 등 약 30종이 있다. 이들은 기물의 도형에 銘文과 考釋(고석)을 덧붙인 것과 단지 銘文만을 수록한 것이 있다.

1937년에 출판된 羅振玉(나진옥)의 ≪三代吉金文存≫ 二十卷은 이전에 보지 못했던 4천8백여 건의 방대한 銘文 탁본을 소개하고 있어, 금문 연구에 지대한 영향을

1) 본 문장은 <容庚四版≪金文篇≫의 체제상 문제점 연구>(≪중국인문과학≫ 제35집, 2007년) 논문을 재편집한 것임.

끼쳤다. 이 책은 1983년에 중화서국에서 다시 출판하였는데, 뒤편에 孫稚雛(손치추)의 <三代吉金文存辨證>이라는 문장이 추가되어 있다. 이 이후로 容庚(용경)・于省吾(우성오)・商承祚(상승조)・劉體智(유체지)・陳夢家(진몽가)와 徐中舒(서중서) 등이 금문자료들을 편집하여 출판하였다.2)

금문의 자료 중 현재 가장 영향력 있는 저서는 1984년에 中國社會科學院考古硏究所가 편찬한 ≪殷周金文集成≫이다. 이 ≪集成≫은 모두 18冊으로 되어 있으며, 第一冊은 1984년 8월에 출간되었고, 第18冊은 1994년 12월 출간되었다. 이 책은 모두 11983의 명문 탁본을 수록하고 있는데, 이는 중국이외의 해외를 포함하여 이른바 1980년대까지 볼 수 있는 모든 명문은 모두 수록하고 있다고 볼 수 있다. 매 冊 뒤편에 각 명문의 출처와 기물의 문자 수, 기물의 형태들을 설명하고 있어 매우 유용한 참고자료이다. 석문과 명문에 대한 색인은 ≪殷周金文集成引得≫(中華書局)과 ≪金文引得≫의 <殷商西周卷><春秋戰國卷>(廣西敎育出版社)을 참고할 수 있다.

銘文의 고석 연구는 吳大澂(오대징)・王國維(왕국유)・郭沫若(곽말약)・唐蘭(당란)・于省吾(우성오)와 楊樹達(양수달) 등이 가장 많은 연구성과를 내놓았다고 할 수 있다.3)

금문의 자형를 연구하는 공구서로는 容庚(용경)의 ≪金文編≫, 周法高(주법고)의 ≪金文詁林≫과 ≪金文詁林附錄≫, 高明(고명)의 ≪古文字類編≫, 徐中舒의 ≪漢語古文字字形表≫, 陳初生의 ≪金文常用字典≫, 戴家祥의 ≪金文大字典≫과 王文耀(왕문요) ≪簡明金文辭典≫ 등을 들 수 있다.

周法高가 主編하고 張日昇(장일승)・徐芷儀(서지의)와 林潔明(임결명) 등이 편찬한 ≪金文詁林≫은 1967에 준비를 시작하여 1974년에 완성하고, 1975년에 홍콩 中文大學출판사에서 출판하였다. 이 책은 丁福保(정복보)의 ≪說文解字詁林≫의 체제를 모델로 삼고, 容庚 三版 ≪금문편≫을 근거로 하여 모두 14권으로 분류하고 1894자를 표제자(올림자)로 취하고 있다. "以字爲綱, 附諸家之說于下(자를 강목으로 삼

2) 容庚≪頌齋吉金圖錄≫(1933年), ≪海外吉金圖錄≫(1933年), ≪殷周靑銅器通論≫(1958年). 于省吾≪雙劍誃古金圖錄≫(1933年), ≪商周今文錄遺≫(1957年). 商承祚≪十二家吉金圖錄≫(1935年) . 劉體智≪善齋吉金錄≫(1934年). 陳夢家≪海外中國靑銅器圖錄≫. 이상의 저서들은 孫稚雛의 ≪金文著錄簡目≫(中華書局, 1981年 第一版)을 참고함.

3) 吳大澂≪說文古籒補≫, ≪字說≫≪愙齋集古錄≫. 王國維≪觀堂集林≫<觀堂吉金文考釋五種>, 郭沫若≪殷周靑銅器銘文硏究≫(1931年), ≪金文叢考≫(1932年), ≪古代銘刻匯考≫(1933년), ≪古代銘刻匯考續編≫(1934년), ≪西周金文辭大系考釋≫(1935年). 唐蘭의 금문연구논문은 1995年 紫禁城出版社에서 출판한 ≪唐蘭先生金文論集≫에 대부분 수록되어 있다. 于省吾 ≪雙劍誃吉金文選≫(1934年), 楊樹達≪積微居金文說≫(1959年).

고, 각 학자들이 학설을 그 자 아래 수록하였다)"라고 凡例(범례)에서 밝혔듯이, 1894자 아래 1970년대까지 수집된 자료들을 수록하고, 또 작자의 의견을 밝히는 '按語品評(안어품평)'이 있다. 또한 매자마다 銅器名(동기명)과 해당되는 文句를 수록하다. ≪金文詁林≫의 銘文句는 郭沫若(곽말약)의 ≪兩周金文辭大系考釋≫과 ≪文士論集≫, 容庚(용경)의 ≪商周彝器通考≫, 于省吾(우성오)의 ≪雙劍誃吉金文選≫, 吳闓生(오개생)의 ≪吉金文錄≫, 羅振玉(나진옥)의 ≪貞松堂集古遺文≫ ≪補遺≫≪續補≫, 陳夢家의 ≪西周銅器斷代≫ 등을 참고로 하고 있다. 周法高(주법고)는 ≪金文詁林≫에 이어 李孝定(이효정)과 張日昇(장승일)이 편저한 ≪金文詁林附錄≫을 1977년에 홍콩 中文大學에서 출판하였다. 앞 부분에 색인을 추가해 놓고 있어 사용하기에 편리하다. 周法高(주법고)는 1981년에 다시 臺灣歷史語言硏究所에서 ≪金文詁林≫을 보충하여 ≪金文詁林補≫ 8冊을 출간하였다. ≪補≫는 모두 300여 자를 추가하고 있다. 周法高의 ≪金文詁林≫은 三版을 수정하여 四版≪金文編≫을 편찬하는데 중요한 근거를 되었을 뿐만 아니라, 三版≪金文編≫의 오류를 제시하였고, 풍부한 금문 자료를 제공하고 있어, 금문을 연구하는 학자는 반드시 갖추어야 할 필독서이다. 이외에 ≪甲骨文字集釋≫의 저자인 李孝定은 ≪金文詁林讀後記≫(1982년)를 臺灣歷史硏究所에서 출간하였다. 이는 ≪金文詁林≫의 '李孝定 按語'와 같은 역할을 하기 때문에, ≪金文詁林≫의 이해에 적잖은 도움이 된다.

아래에서는 금문의 공구서인 陳初生(진초생)의 ≪金文常用字典≫, 戴家祥(대가상)의 ≪金文大字典≫과 王文耀(왕문요)≪簡明金文辭典≫ 등을 간략하게 소개하기로 한다.

陳初生(진초생) 편찬의 ≪金文常用字典≫은 曾憲通(증헌통)이 감수하여 1987년 陝西人文出版社에서 출간되었다. 이 책은 상용자의 音과 뜻이 명확한 1천여 單字를 ≪說文解字≫의 배열순서에 따라 수록하고 있다. 먼저, 해당되는 자를 제일 앞에 正書(楷書)로 배열하고, ≪說文≫의 正篆(정전), 漢語拼音(한어병음), 同音字(동음자), 反切(반절), 上古音(상고음)의 韻部(운부)·聲紐(성뉴)와 聲調(唐作藩≪上古音手冊≫을 참고함) 등을 수록하고 있다. 그 다음 명문의 각종 형체를 소개하고, '析形'과 '釋義'라는 항목에서 字體의 형태와 의미의 용법을 설명하고 있다. 하지만 문제점도 적지 않게 지적되고 있다. 예를 들어 ≪蔡侯驧盤≫의 '(祐)'자를 ≪금문편≫이 '0020 祭'(11쪽)자 아래 수록하고 있는 것과 같이 ≪金文常用字典≫도 여전히 '祭'(20쪽)자 아래 수록하고 있다. 그럼에도 불구하고, 銘文(명문) 자체의 역사적 변화

와 의의를 간략하고 일목요연하게 이해할 수 있는 중요한 공구서임에 틀림없다.

戴家祥(대가상)이 主編한 ≪金文大字典≫은 1995년에 學林出版社에서 출판되었다. 이는 5670여 쪽에 달하는 방대한 책으로, ≪鄂君啓節≫의 경우에만 摹寫本(모사본)을 참고하고 다른 탁본은 영인해서 오려 붙여 편집하고 있다. 원 형태를 참고할 수 있다는 면에서 아주 훌륭한 자료가 될 수 있다. 그러나 탁본이 잘 보이지 않는다거나, 殘泐(잔륵 : 부식된 부분)한 부분들은 여전히 어떤 형체인지 확인할 수 없어 답답함을 금할 수 없다. 하지만 羅振玉(나진옥)의 ≪三代吉金文存≫・郭沫若(곽말약)의 ≪兩周金文辭大系圖錄≫・于省吾의 ≪商周金文錄遺≫과 巴納(N. Benard)・張光裕(장광유)의 ≪中日歐美澳紐所見所拓所描金文匯編≫ 이외에도 새로 발견된 上海博物館 청동기의 자료와 ≪陝西出土商周青銅器≫의 자료를 참고하고 있어 ≪금문편≫보다 내용이 훨씬 풍부하다. 다만 ≪殷周金文集成≫과 같은 풍부한 자료집을 이용하지 않고 있는데, 만약에 ≪金文大字典≫의 탁본 형식과 ≪金文編≫의 모사 형식을 같이 병행한다면, 우리에게 아주 유용한 자료가 될 것이다. 앞으로 곧 멀지 않아 이러한 형식의 금문자전이 출현하기를 기대한다.

王文耀(왕문요)의 ≪簡明金文辭典≫은 1994년 上海辭書출판사에서 출판한 것이다. 이 책은 청동기 명문 중에 상용되는 單字나 合成詞 혹은 人物・典章制度・國名과 地名 등 모두 1975개의 단어를 소개하고 있다. 금문을 학습하기 위해서는 單字의 이해이외에도 각종 명문의 用語와 내용에 대한 이해가 선행되어야 한다. 이 책은 두 자 혹은 네 자 등으로 이루어진 명문을 설명하고 있어 문맥전체를 파악하는데 도움이 되는 공구서이다.

이외에도 ≪金文人名匯編≫(吳鎭烽 編, 中華書局, 1987년), ≪古文字詁林≫共12冊(上海敎育出版社), 전문 古文字 연구잡지인 ≪古文字硏究≫, 青銅器의 기물을 컬러 인쇄한 문물출판사의 ≪中國青銅器全集≫共16卷(2005년 7월 제2차), 郭沫若의 ≪兩周金文辭大系考釋・圖錄≫(≪郭沫若全集≫), ≪金文今釋類檢(殷商西周卷)≫(廣西敎育出版社), 馬乘源(마승원)의 ≪商周青銅器銘文選≫全四冊, 唐蘭의 ≪西周青銅器銘文分代史徵≫, 陳初生 등의≪商周古文字讀本≫(語文出版社), 陳夢家의 ≪西周銅器斷代≫(中華書局), 王煇(왕휘)의 ≪中國古文字導讀-商周金文≫(文物出版社, 2006년 1월), 崔恒昇(최항승) ≪安徽出土金文訂補≫(黃山書社), 何琳儀(하림의)의 ≪戰國古文字典≫(中華書局), 湯餘惠(탕여혜) 主編의 ≪戰國文字編≫(福建人民出版社) 등이 금문 연구에 중요한 참고서이다.

금문의 官制・語法과 斷代(단대) 연구에 관한 전문연구 서적 등 이외에도 매우 많으나 여기서는 생략하기로 한다.

Ⅱ. ≪금문편≫에 대하여

容庚(용경)의 ≪金文編≫은 명실상부한 중국 최초의 金文字典이라 할 수 있다.[4) 1922년 羅振玉(나진옥)의 격려에 힘을 얻어, 1924년 초고를 완성하고 1925년 제1판 ≪金文編≫을 출간하였다. 올림자(表題字) 1382와 부록 924자를 수록하고 있으며[5), 羅振玉・王國維(왕국유)・馬衡(마형)・鄧爾雅(등이아)와 容庚(용경) 자신의 서문을 싣고 있다. 그러나 현재는 이 초판을 구해보기 어렵다. 하지만 徐文鏡(서문경)이 편찬한 ≪古籀匯編≫(1934年)에는 王立名(왕입명)의 ≪鐘鼎字源≫・吳大澂(오대징)의 ≪說文古籀補≫・丁佛信(정불심)의 ≪說文古籀補補≫・容庚의 ≪金文編≫・羅福頤(라복이)의 ≪古璽古文字徵≫과 商承祚(상승조)의 ≪殷墟文字類編≫에서 수록한 문자들을 오려 붙이는 방법으로 편집하고 있기 때문에, 초판 ≪金文編≫의 正編 문자들을 확인할 수 있다.

≪金文編≫은 금문학에 새로운 이정표를 세웠다. 初版이 나오자 금석학계 뿐만 아니라, 서예가와 전각들에게 대단한 환영을 받게 되었다. 中央硏究院歷史語言硏究所는 容庚에게 增訂本(증정본)을 편찬하도록 청하여, 初版이 출간된 지 14년 만에 第二版이 1939년에 출판되었다. 이 14여년 동안 容庚은 그동안 보지 못했던 새로운 銅器와 銘文을 수집하였고, 문자학자인 徐中舒(서중서)・于省吾(우성오)・唐蘭(당란)・商承祚(상승조) 등과 서로 학술교류를 하였으며, 1934년에는 容庚・徐中舒・董作賓(동작빈)・商承祚 등 12명이 '考古學社'라는 학술단체를 조성하여 ≪考古學社社刊≫[6)을 간행하기도 하였다. 또한 그 동안에 郭沫若(곽말약)・容庚・于省吾・徐中舒・唐蘭・商承祚・吳其昌(오기창)・柯昌濟(가창제)・劉節

4) 宋代의 ≪考古圖釋文≫은 ≪考古圖≫(1099年)에 수록된 명문만을 편집한 것이고, 淸 吳大澂 ≪說文古籀補≫(초판, 1883年)는 금문 이외에도 璽文・陶文・石鼓文과 貨幣文 등까지 포함시키고 있다.

5) 趙誠 ≪二十世紀金文硏究述要≫ : "据初版本≪金文編≫容氏≪序言≫, 是書正編共收字頭1382字(然据初版本字頭統計, 僅得1360字, 如果不算重出, 實爲1338字, 不知何故), 比增補本≪說文古籀補≫所收的1038個金文字頭, 多了299字, 應該是1895年至1924年30年間新釋之字, 其中有一部分實爲容氏所釋"(120쪽). 따라서 표제자(올림자)에 번호가 없기 때문에 실제 통계숫자에는 차이가 있을 수 있다.

6) 후에 ≪考古≫ 혹은 ≪考古社刊≫으로 칭한다.

(유절)·陳夢家(진몽가)·張政烺(장정랑)이나 孫海波(손해파) 등은 금문에 관한 전문 연구 논문과 저서를 상당히 많이 발표하였다. 따라서 第二版≪금문편≫은 20년대에서 30년대 전후의 금문연구성과의 축적물이라고 할 수 있다. 第二版의 올림자(표제자)는 모두 1804자[7]로 초판보다 무려 422개를 증보하고 있다. 1895년에 완성된 ≪說文古籒補≫(增訂本)는 금문 표제자(올림자) 1093개를 수록하고 있는데, 이가 송대에서 청대까지의 금문 연구성과물이라 한다면, 第一版과 第二版의 ≪金文編≫은 1896에서 1938년까지의 약 40년간의 연구성과물이라 할 수 있다.

第三版 ≪金文編≫은 1959년에 출간되었다. 第二版이 출간되고 20년만이다. 그러나 증가된 正字 숫자상으로만 본다면 90여개이다. 422개의 第二版이나 526개의 第四版의 증정본에 비한다면 매우 적은 숫자라 할 수 있다. 그러나 第三版 ≪金文編≫은 ≪金文詁林≫·≪金文詁林補≫·≪金文詁林附錄≫의 底本(저본)으로 사용되는 등[8] 상당히 세인의 주목을 받았다.

7) ≪金文編·自序≫(≪金文編≫, 容庚編著, 張振林·馬國權摹補, 中華書局, 1985年), 22쪽 참고.

8) ≪漢語文字學史≫(黃德寬·陳秉新共著, 河永三옮김)는 ≪金文詁林≫의 평가를 다음과 같이 하고 있다 : 금문의 고석에 대한 다른 연구자들의 성과를 함께 모아 놓아 고문자 연구에 있어서 매우 중요한 의미를 지니는 도구서로서는 周法高가 주편한 ≪金文詁林≫을 들어야만 할 것이다. 이 책은 周法高 자신이 "기획·감독·수집 및 자료의 선택"까지 맡고, 그에 연구생인 張日升·徐芷儀·林潔明 등이 나누어 편찬 작업을 하여, 총 7여 년 동안의 작업 끝에 1975년에 완성되어 홍콩의 중문대학에서 출판되었다. 책 전체는 15책에 이르는 정편 14권과 부록 1책을 더하여 총 16책으로 9700여 쪽에 달한다. 正編에서는 容庚의 제 3차 수정본 ≪金文編≫의 정편의 수록된 1894자를 대상으로 삼았으며, 丁福保의 ≪說文解字詁林≫의 체제를 따라 "올림자를 중심으로 하여 각 연구자들의 견해를 함께 모아 놓았다."(≪金文詁林補·序≫) 다만 ≪說文詁林≫과 차이점은 ≪說文詁林≫에서는 다른 연구자들의 견해만을 모아 놓았을 뿐, 자신의 견해는 밝히지 않았는데 반해 ≪金文詁林≫에서는 각 전문가의 견해를 달아 놓은 뒤 자신의 평어까지도 덧붙여 놓음으로써 "이 책의 나오기 전의 周法高 자신의 저작인 ≪金文零釋≫에 수록된 약 10만 자의 대부분이 이 책에 수록되게 되었으며, 다시 덧보탠 자신의 몇몇 평어도 실리게 되었다. 張日升의 평어가 8만자 정도가 실렸으며, 林潔明의 평어는 약 3만 자 정도, 徐芷儀의 ≪<金文編>刊誤≫ 약 5천여 자도 함께 실렸다."(≪金文詁林·序≫) 저자의 평어에서는 다른 사람들의 견해에 대해 품평을 하면서 하나로 절충을 했는데. 정곡을 찌르는 견해도 상당히 많았다. 매 올림자 아래에다 출처를 밝혔으며, 해당글자가 포함된 문구도 함께 실었다. 이러한 체제는 그 넓디넓은 책의 바다 속에서 일일이 찾아야하던 수고를 덜어줌으로써, 배우는 이들에게 많은 편의를 제공해 주고 있다. 周法高는 또 李孝定·張日升 등과 함께 ≪金文詁林附錄≫ 상하권(1권으로 합권)을 편찬하여 1977년 홍콩 중문대학에서 출판했다. 이 책에서는 容庚의 제3차 수정본 ≪金文編≫의 부록의 편찬에 따라서 각 연구자들의 학설을 비롯해서 해당글자가 포함된 청동기 명문의 문장을 달아놓았는데, 일반적으로는 李孝定의 평어를 덧붙여 놓았으며, 체제는 정편과 거의 동일했다. 첫 권에서는 자형 색인이 있어 검색의 도움을 주고 있다. 周法高는 이외에도 ≪金文詁林補≫ 14권을 찬술했는데, 부록과 보유 및 별책을 합하여 모두 8책으로 만들어 1981년 대만의 중앙연구원역사언어연구소에서 출판했다. "≪正編≫은 容庚의 제 3차 수정본 ≪金文編≫에 수록된 글자를 대상으로 삼았으며, ≪補編≫에서는 300여자를 더 실었다."(≪金文詁林補·序≫) 체제는 정편과 대체로 비슷했으나, 다만 편집의 효율을 위해 周法高가 직접 편찬했으며, 평어도 모두 周法高의 것을 달았다. ……≪金文詁林≫은 현재 금문의 연구성과를 모아 놓은 것 중에서 가장 자세하고, 사용 가치가 가장 높은 도구서

1985년에 三版을 수정하여 四版이 출간하였다. 1983년 三月 6日에 四版이 출판되기 이전에 容庚이 사망하자, 그의 제자 張振林(장진임)과 馬國權(마국권)이 원책을 모방하여 보충 출판하였다. 張振林은 ≪金文編≫四版 <後記>에서 修訂 원칙에 대하여 아래와 같이 밝히고 있다.

> 我的修訂意見主要如下：一・按原有體例不變；二・第三版原文及先生(指容庚)新增補內容, 可不更動者盡可能不動, 需更動者, 必具充分證據, 請先生親自審改；三・每張銘拓逐字校核, 新錄重文從嚴, 原則上只選新的異構, 非特殊用法不引文句, 控制篇幅, 不超越一千五百頁……可作斷代標準器的重要銘文和書體特異者, 重文甚少者, 錄取重文時可酌情放寬些；四・需要選錄新拓及新的考釋文字時, 均請先生過目定奪；五・立卽向各地有關單位發函徵集縮小發表的銘文原拓和新銘拓；六・新版改用繁體楷書重寫(수정할 때 고려된 사항은 다음과 같다. 첫째, 원래의 體例는 변동하지 않고 그대로 한다. 둘째, 三版≪金文編≫과 容庚선생님이 새로이 보충한 것 중에서 변경시키지 않아도 되는 것은 될 수 있으면 변경하지 않았으나, 변경이 필요한 부분은 충분한 증거자료를 확보한 후, 容庚선생님에게 직접 심사숙고하여 고치도록 하였다. 셋째, 매 장 銘文 탁본은 한 자 한 자를 대조 검토한 후, 새로운 重文은 매우 신중하게 선택하였고, 추가된 重文은 새로운 형태만을 선택하고, 만약에 특수한 용법이 아니면 그 文句를 인용하지 않았다. 이렇게 하여 천오백 페이지가 넘지 않도록 편폭을 조정하였으며, 斷代의 표준이 될 수 있는 중요한 명문이거나 혹은 서체가 특이한 자이면서 重文이 매우 적은 항목은 상황을 고려하여 약간씩 확대하여 취록하였다. 넷째, 새로운 탁본을 선택하거나 문자의 考釋이 필요한 경우는 容庚선생님에게 직접 눈으로 확인하고 결정하도록 하였다. 다섯째, 각지 소속 기관에 연락하여 축소 발표한 銘文의 原拓本이나 새로운 銘文 탁본을 수집하였다. 여섯째, 四版에서는 楷書 繁體字로 다시 고쳐 썼다.[9])

增版(증판)마다 전체적인 체제는 변경되지 않았으나 문자의 이동과 증가는 적지 않다. 張振林은 四版 ≪金文編≫ 後記에서 문자 수에 대하여 아래와 같이 언급하였다.

> 今按謄淸後的定稿統計：引用器目共三九0二器, 正編字頭二四二0號, 重文一九三五七個, 附錄一三五二文, 重文一一三二個. (정서한 후 통계를 내보니, 인용된 器物은 모두 3902개이고, 正文(正編의 標題字)은 2420개이고, 重文은 모두 19357개이고, 부록은 1352개이고, 부록의 重文은 1132개이다.)[10])

위의 각 版本에서 언급한 문자의 숫자를 표를 이용하여 알기 쉽게 표시하면 아래와 같다.

중의 하나임을 부인할 수 없다. (東文選, 2000년, 374~375쪽 참고)

9) ≪金文編≫ 1502~1503쪽 참고.

10) ≪金文編≫ 1504쪽. 張振林은 '附錄은 모두 1352개'라고 밝히고 있는데, ≪金文編≫≪附錄下≫ 뒤에 "附錄二卷共一千三百五十一文"이라고 쓰고 있는 것으로 보아 張氏가 '一'을 '二'로 잘못 알고 있음을 알 수 있다.

	第一版 (1925年)	第二版 (1939年)	第三版 (1959年)	第四版 (1985年)
正 文	1382	1804	1894	2420
附 錄	924	1165	1199	1351 (610+741)
正文 增加數		422	90	526

문자적 숫자의 증가와 楷書(해서) 繁體字(번체자)로 고쳐 쓴 것 이외에도 <附錄 · 上下>의 각 항의 문자마다 번호를 붙여, 번호가 없었을 때 생기는 혼란을 없애주고 있다.

第四版 ≪金文編≫은 容庚의 60여년 동안 금문학자들의 연구 성과들을 수렴하여 수정과 수정을 거듭한 결과물이다. 그러나 새로운 자료들의 발견과 끊임없는 연구로 第四版 ≪金文編≫에 대한 校訂增補(교정증보)에 대한 결과물들이 꾸준히 발표되고 있다. 그 중 陳漢平(진한평)의 ≪金文編訂補≫(1993년 中國社會科學出版社), 董蓮池(동연지)의 ≪金文編校補≫(1995년 東北出版社), 嚴志斌(엄지빈)의 ≪四版金文編校補≫(2001년 吉林大學出版社) 등을 들 수 있다. 이들은 80년대 후반으로부터 발표된 자료를 토대로 ≪金文編≫에 대한 나름대로의 의견을 제기하고 校訂增補하고 있어 ≪金文編≫ 이해에 좋은 참고자료가 되고 있다.[11)]

第三版 ≪金文編≫의 체제상의 문제에 대해서 徐莅儀(서지의)의 ≪金文編札記≫는 일곱 항목으로 나누어 언급하고 있다.[12)] 그 중 '每字下器名與器目所引器名前後不一致'(글자 아래 기명과 목록 중의 기명이 불일치하는 경우)와 같은 체제상의 지적을 받아들여 第四版에서 이미 수정하였다. 그럼에도 불구하고 第四版 ≪金文編≫은 여전히 약간의 체제상의 문제점을 발견할 수 있다.

아래에서는 그동안 본인이 第四版≪金文編≫을 참고하면서 발견한 몇 가지 체제상의 문제점들을 살펴보고자 한다.

---

11) 본인은 1992년에 이미 <容庚≪金文編≫三版與四版之比較>(≪東海大學中文學報≫ 第10期, 1992年 8月, 133~143쪽)라는 논문을 발표한 적이 있다. 이 논문에서는 三版과 四版을 비교, ≪金文詁林≫(三版의 底本)이 사용한 부호들을 이용하여, 그 차이점을 여덟 가지로 나누어 살펴보았었다. 그러나 이 논문은 다시 비교항목만을 나열하고, 그 시비여부에 대해서는 언급하지 않았으며, 2000년에 ≪容庚<金文編>三版과 四版의 비교연구(分隸 문자에 대한 고찰)≫(≪中國人文科學≫第二十一輯, 중국인문학회, 2000년 12월)이란 논문에서 「三版은 한 항목이나, 四版에서는 두 항목 이상으로 分隸한 문자」에 대해서만 그동안 연구 성과를 종합하여 第四版≪金文編≫의 타당성에 대하여 살펴보았다.

12) ≪金文詁林 · 附冊≫ 737~774쪽 참고.

Ⅲ. 四版 ≪金文編≫의 체제상 문제점 제고

1. 彝器 명칭의 혼용

① 戜 鼎

≪金文編采用彝器目錄≫(이하 ≪器目≫로 간칭하기로 함)의 네 번째 ≪鼎≫ 항목에 모두 749器를 나열하고 있다. 그 중에 ≪戜鼎≫과 관련된 彝器(이기)는 '戜鼎, 5字, 陜(二)101'(1317쪽)·'戜方鼎, 65字, 陜(二)99'(1329쪽)과 '戜鼎, 116字, 陜(二)100'(1330쪽) 등이 있다.[13] ≪殷周金文集成≫을 참고하여 해당되는 명문을 살펴보면 아래와 같다.[14] '戜鼎, 5字, 陜(二)101'은 ≪集成≫의 '4·2074'에 해당되고, '戜方鼎, 65字, 陜(二)99'는 '5·2789'에 해당되고, '戜鼎, 116字, 陜(二)100'은 '5·2824'에 해당된다.

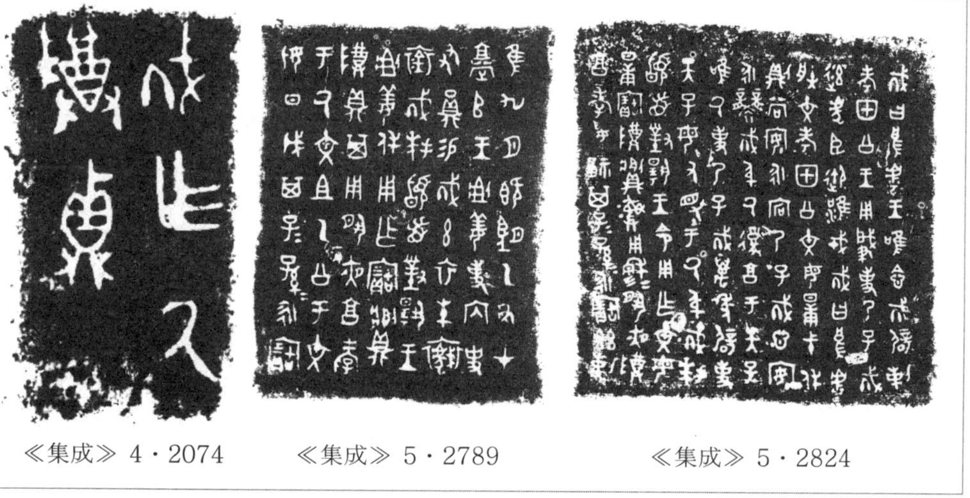

≪集成≫ 4·2074　≪集成≫ 5·2789　≪集成≫ 5·2824

그러나 第四版 ≪金文編≫은 명문 아래 이들 세 器物 '名稱(명칭)'을 구별없이 쓰는 경우가 있다. 예를 들어, ≪器目≫에서는 ≪戜方鼎≫이라 칭하면서도, '內'(0861, 366쪽)[15]·'朱'(0927, 394쪽)·'臺'(1062, 449쪽)·'拜'(1933, 775쪽)·'揚'(1941,

13) ≪陜≫이란 陜西省考古研究所編 ≪陜西省出土商周青銅器三冊≫을 가리킨다.

14) ≪殷周金文集成≫ 中國社會科學院考古研究所編, 中華書局, 1984. 8~1994. 12, 第一版. 이하에서는 ≪集成≫으로 간칭하기로 한다. ≪殷周金文集成≫은 모두 18冊으로 되어 있는데, 第一冊은 1984년 8월에 출간되었고, 第18冊은 1994년 12월 출간되었다. ≪集成≫의 숫자는 '冊'과 해당되는 탁본의 번호를 가리킨다.

780쪽)과 '自'(2312, 936쪽) 등은 모두 '戜鼎'이라 칭하고 있다. 이들 기물이 동시에 출현하는 경우, 예를 들어 '戜'(2046, 829쪽)자 아래에서는 '戜方鼎'과 '戜鼎'을 둘 다 인용하고 있으나, 명칭을 구별없이 사용하고 있어 어떤 기물을 지칭하는지 알 수 없다. 5자≪戜鼎≫과 116자≪戜鼎≫의 '戜'자의 형태는 서로 같지 않기 때문에 더욱 그렇다.

('戜', ≪戜鼎 · 5字≫)16)

('戜', ≪戜鼎 · 116字≫)17)

≪金文編≫, 829쪽

≪금문편≫의 '戜'(2045, 829쪽)자 항목에 수록되어 있는 명문 중 ≪戜方鼎≫이라고 지칭하고 있는 銘文 ''자는 ≪金文編≫<器目>이 소위 말하는 기물 ≪戜方鼎≫에 보이지 않고 ≪戜鼎≫ 중의 하나이고, ≪金文編≫이 ≪戜鼎≫이라고 수록한 ''은 <器目>의 ≪戜方鼎≫에 해당된다. 이와 같이 ≪金文編≫은 기물명칭을 서로 혼동하여 사용하고 있다. 따라서 ≪戜鼎≫을 ≪五字戜鼎≫ 혹은 ≪一一六字戜鼎≫ 등과 같이 구별하여 칭하는 것이 옳겠다.

② 弴伯盤

≪弴伯盤≫는 ≪器目≫(1421쪽)에 '5字, 文物 76 · 4'와 '6字, 文物 76 · 4' 두 器物이 수록되어 있다. '5字, 文物 77 · 2'는 ≪集成≫의 '16 · 10063'에 해당되고, '6字, 文物 76 · 4'는 '16 · 10064'에 해당된다.

15) '0861, 366쪽'은 第四版≪金文編≫<正編>의 문자 編號와 해당하는 명문이 수록된 쪽수를 가리킨다. 이하 仝.
16) ≪금문편≫의 '戜鼎, 5字, 陜(二)101'에 해당됨.
17) ≪금문편≫의 '戜鼎, 116字, 陜(二)100'에 해당됨.

≪集成≫ 16・10063

≪集成≫ 16・10064

張亞初(장아초) 주편의 ≪殷周金文集成引得≫은 "彊伯乍(作)用盤(盤)"(10063)과 "彊伯乍(作)般(盤)燮(鎜)"(10064)이라고 釋文하고 있다. 四版 ≪금문편≫ '桊'(0922, 393쪽)[18]・'般'(1427, 611쪽)과 ≪附錄下≫의 '537, 1260쪽'의 첫 번째 자 ''은 '6字, 文物 76・4'에 해당되고, '537, 1260쪽'의 네 번째 자 ''는 '5字, 文物 77・2'의 명문에 해당된다. 문자의 형태가 다르기 때문에 구별하여, 앞에서 제기하였던 ≪𢦏鼎≫처럼 ≪五字彊伯盤≫나 ≪六字彊伯盤≫으로 구별하여 쓰는 것이 좋겠다.

③ 衛 鼎

≪器目≫ 중에 ≪衛鼎≫은 '≪衛鼎≫, 21字, 考古74・1拓本'(1326쪽)과 '≪衛鼎≫ 32字, 代4・15'(1328쪽) 두 彝器(이기)가 있다. 이 중 '≪衛鼎≫, 21字, 考古74・1拓本'은 ≪集成≫의 '5・2616'에 해당되고, '≪衛鼎≫ 32字, 代4・15'는 '5・2733'의 탁본에 해당된다.

18) 이 자는 '鎜'(2233, 913쪽)자에서 '桊字重見'라고 설명하고 있다.

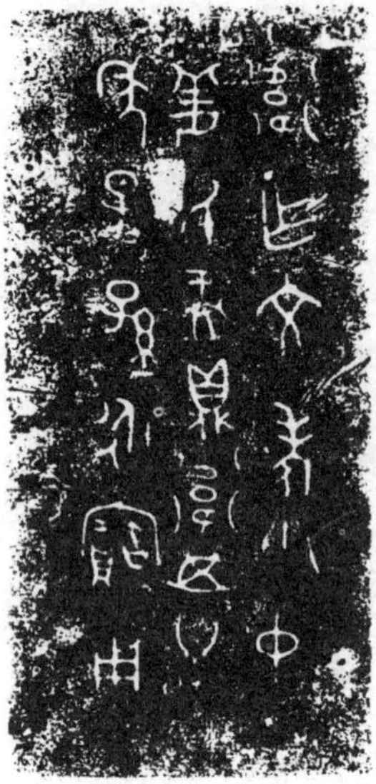

≪衛鼎≫(≪集成≫, 5 · 2616)

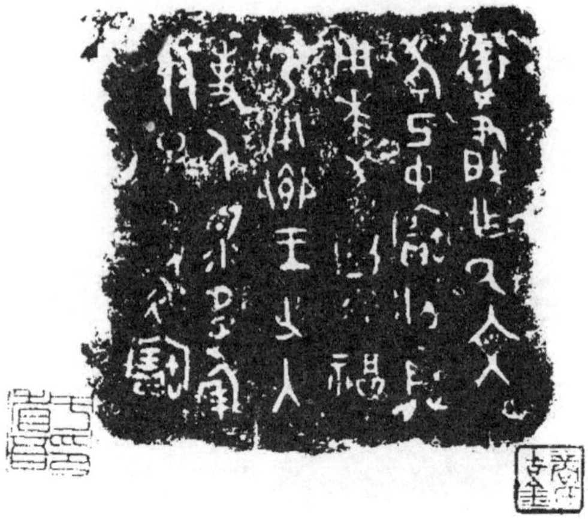

≪衛鼎≫(≪集成≫, 5 · 2733)

≪金文編≫은 '小'(0103, 43쪽) · '中'(0057, 30쪽) · '盂'(0784, 338쪽) · '姜'(1949, 786쪽) · '氏'(2026, 815쪽)자 등에서는 ≪衛鼎≫이라 하고, '衛'(0292, 122쪽)자에서는 ≪廿一字衛鼎≫라고 칭하여 명칭상의 일치를 보이지 않고 있다. 또한 예를 들어, '中'자는 '21자'≪衛鼎≫과 '32자'≪衛鼎≫에 모두 보이기 때문에, ≪金文編≫처럼 ≪衛鼎≫이라고만 한다면 어떤 ≪衛鼎≫을 가리키는 것인지 직접 원 탁본을 확인하지 않으면 알 수 없다.

2. '重見'인 자를 표기하지 않는 경우

≪金文編≫은 '重見(중견)'인 자에 대하여 ≪凡例≫에서 "說文序云 : 「倉頡之初作書, 蓋依類象形, 故謂之文, 其後形聲相益, 卽謂之字. 字者言孳乳而浸多也.」故知古人造字, 初有獨體之文, 孳乳而爲合體之字. 其見于金文者, 文多而字少, 如各爲格, 乍爲作, 絲爲鑾旂之鑾, 又爲蠻夏之蠻, 皆竟稱孳乳爲某, 分隷兩部, 注明某字重見"라고 설명하고 있다.[19] '重見'자에 대한 설명을 '元'자와 '不'자의 예를

19) ≪金文編≫ 1~2쪽. "≪說文 · 序≫는 '倉頡이 처음 문자를 만들 때에는 대개 모양의 유사함에 의거하여 그 형체를 본떴기 때문에 文이라고 하였다, 그 후 文의 형체와 음성이 서로 합쳐져 글자를 이루었는데, 이를 字라 하였다. 字란 새로 파생되어 점점 많아진다는 것을 말한다'라 했다. 이로써 옛 사람들이 문자를 만들 때, 처음에는 獨體인 文이 있었고, 후에 파생되어 合體인 字가 있다는

들어 설명하면 아래와 같다.

元(0002, 1~3쪽) : 元, 說文, 始也. 从一从兀. , 高景成云乃元字初文與兀爲一字. ≪兀作父戊卣≫. 兀字重見.

兀(1432, 614쪽) : 兀, , ≪兀作父戊卣≫.

不(1894, 761~763쪽) : 不, , 孳乳爲丕, 大也. ≪天亡簋≫, 丕顯考文王 ; …… , 孳乳爲邳國名, ≪邳伯罍≫.

丕(0004, 5쪽) :  不从一, ≪頌鼎≫, 不字重見.

邳(1055, 448쪽) : , 不从邑, ≪丕伯罍≫, 不字重見.

위의 예문들로 보아 '重見'자는 '元'과 '兀'과 같이 원래 같은 자이거나, '不'와 같이 의미의 용법이 '孳乳(자유 : 의미의 확대)'되어 올림자(표제자)를 두 개 이상의 갖는 경우라는 것을 알 수 있다. 그러나 이와 같은 '重見'인 자에도 '某字重見'이라 주석을 달지 않는 글자가 상당수에 달한다. ≪中山王䜌鼎≫ · ≪中山王䜌壺≫와 ≪䖵壺≫에 이러한 예들이 주로 보이고 있는데, 이는 아마도 四版에서 새로이 추가하였고, 다양한 용법으로 사용되며, 다른 금문에서 보이지 않는 形體들이 많기 때문인 것으로 보인다.

①

(炏+心)(1763, 724쪽) : , ((炏+心)) 說文所無, ≪中山王䜌鼎≫, 憂(炏+心)邦家, 義如勞.

(2215, 902쪽) : , ()≪中山王䜌鼎≫, 以憂(炏+心)邦家.

②

(巛+心)(1758, 723쪽) : , (巛+心), 說文所無, 讀爲順, ≪中山王䜌鼎≫, 敬(巛+心)天德. , ≪中山王䜌壺≫, 不顧逆順. , 又讀爲訓, ≪中山王䜌壺≫, 是又𣏟德遺(巛+心).

것을 알 수 있다. 金文에는 文이 많으나, 字는 적다. 예를 들어, '各'자가 '格'의 용법, '乍'는 '作'의 용법으로, '䜌'은 鑾旂의 의미인 '鑾'자의 용법이나 蠻夏의 의미인 '蠻'의 용법으로 사용된다. 따라서 이들 문자를 모두 '孳乳爲某'라 설명하면서, 두 곳에 각각 분리하여 수록하고, '某字重見'라고 설명을 가하기로 한다."

㥧(1477, 627쪽) : , (順)從心, ≪中山王譽壺≫, 不顧逆順.

③

逮(0251, 107쪽) : , 逮, 說文所無, 義如使, ≪中山王譽壺≫, 學孯逮能. , ≪中山王譽鼎≫.

使(1345, 567쪽) : , 使, 從辵, ≪中山王譽鼎≫, 使智社稷之賃.

④

遉(0263, 108쪽) : , 遉, 說文所無, 讀作覆. ≪中山王譽鼎≫, 五年遉吳. , ≪蚉壺≫, 又讀作复.

復(0266, 111쪽) : , (复)≪蚉壺≫.

覆(1287, 548쪽) : , 覆, 從辵. ≪中山王譽壺≫, 五年遉吳. 遉字重見.

⑤

遮(0263, 109쪽) : , 遮, 說文所無, 玉篇遮匝也. ≪中山王譽壺≫. 齒張(長)於遮同, 義如會盟也. , ≪蚉壺≫, 其遮如林. ≪詩・大明≫作其旝如林.

旝(1102, 462쪽) : , 旝, ≪詩・大雅・大明≫其會如林, 說文作旝. ≪蚉壺≫, 其遮女林, 從辵.

⑥

覩(1453, 621쪽) : , 覩, 說文所無, ≪中山王譽鼎≫, 覩弇夫猎.

叡(0662, 279쪽) : , 叡, 從睿從見. ≪中山王譽鼎≫.

⑦

(0653, 273쪽) : , 放, 孳乳爲倣. ≪中山王嚳壺≫, 隹朕所倣.

위에서 제시된 예들을 통하여 ≪金文編≫의 체제와 어긋나는 점들을 지적하면 다음과 같다.

①의 예문은 먼저 ‘ ’자가 ‘惄’자 이외에 ‘㑻(노)’자에도 보이기 때문에, ‘㑻’자 설명 부분 끝에 ‘惄字重見’이라는 구절을 추가하여야 하며, ≪中山王嚳鼎≫의 인용구 “悥惄邦家”는 “以悥惄邦家”로 통일할 필요가 있다.

②의 ‘ ’자는 ‘巡’과 ‘順(순)’에 모두 보이기 때문에, ‘順’자 설명 부분에 ‘巡字重見’이라는 구절을 추가하여야 하며, ‘ , 又讀爲訓’라고 하였기 때문에 ‘訓(훈)’자를 올림자로 삼아야 한다.

③은 ‘ ’자가 ‘逮’와 ‘使(사)’에 보이기 때문에 ‘使’자 설명부분에 ‘逮字重見’을 추가하여야 한다.

④는 ‘ ’자는 ‘退’ 이외에도 ‘覆(복)’과 ‘复(복)’ 등에도 보이기 때문에 ‘覆’자의 ‘退字重見’의 설명을 ‘复’에도 추가하여야 한다. ‘覆’자의 器物名 ≪中山王嚳壺≫는 ≪中山王嚳鼎≫의 잘못이다.

⑤는 ‘ ’자가 ‘逾’와 ‘旝’에 보이기 때문에 ‘旝’자의 설명부분에 ‘逾字重見’을 추가하여야 하고, ≪詩經・大明≫ 구절 중의 ‘會’와 ‘旝’를 하나로 통일하는 것이 바람직하다.

⑥은 ‘ ’가 ‘覩’과 ‘叡(예)’에 보이기 때문에 ‘叡’자의 설명부분에서 ‘覩字重見’을 추가하여야 한다.

⑦은 ‘ , 孳乳爲倣’라고 하였기 때문에 올림자에 ‘倣(방)’자가 있어야 한다. 예를 들어, 올림자 ‘(解)’자 아래 ≪中山王嚳鼎≫의 ‘ ’(0705, 293쪽)자를 제시하

고 '孳乳爲懈'자 하였기 때문에, 올림자 '懈(해)'자(1742, 720쪽) 아래 ≪中山王䁗鼎≫의 ''을 제시하고 '解字重見'이라고 하였다.

이외에도 ''(斁 : 역)'(0527, 217쪽)자 아래 ≪欒書缶≫의 ''자와 ≪中山王䁗壺≫의 ''자를 수록하고 "睪擇爲一字"라고 설명하고 있으나, '擇(택)'(1937, 77쪽)에 ≪沇兒鐘≫의 ''자만 수록하고 있고, '睪(0400, 159쪽)'에서도 ≪欒書缶≫와 ≪中山王䁗壺≫ 중의 '從攴'자는 수록하지 않고 있다. 이 경우도 '元'과 '兀'자의 경우처럼 ''자를 '擇'이나 '睪'자 아래 수록하고 '斁字重見'이라고 해야 한다.

3. 같은 자를 두 곳에 잘못 수록한 경우

'같은 자를 두 곳에 잘못 수록한 경우'는 각각 다른 두 곳의 올림자 아래 동일한 자가 수록되어 있는 경우를 말한다. 이는 아직 확실하게 어떤 자라는 것을 결정하지 못한 상태에서 배열하였기 때문에 생겨난 오류이거나 혹은 그동안 알 수 없다고 하여 ≪부록≫에 수록하였던 문자를 '正編(정편)'으로 옮기는 과정에서 생긴 편집상의 오류인 것으로 보인다.

'宔'(1233, 536쪽)자 아래 ≪宔父戊方彝≫의 ''자와 ≪宔鼎≫의 ''를 이미 수록하고 있는데도, ≪附錄上≫ '545'(1153쪽)에도 중복 수록하고 있다.[20)]

''(堂)'자 아래 ≪㦰方鼎≫의 ''자와 ≪㦰簋≫의 ''자를 수록하고 "說文籒文堂作小異, 孳乳爲鄌"라고 설명하고 있다. 그러나 이 자는 ≪附錄下≫ '554'에 수록되어 있으며, 동시에 "唐蘭釋堂(당란은 '堂'으로 해석한다)"이라 설명하고 있다.[21)]

≪九年衛鼎≫의 ''자를[22)] ''(爲)'(0440, 175쪽)와 ''(卓)'(1367, 576쪽)에 각각 수록하고 있다. 모사한 형태가 약간은 다르나, 같은 자가 분명하다.

---

20) 陳漢平≪金文編訂補≫도 이미 이 점을 지적하고 있다 : "本號(≪附錄上≫ 545號)所收金文二體于正編第1233號宔字下所收第三四體重出, 編排欠妥."(179쪽)

21) 陳漢平≪金文編訂補≫도 이미 이 점을 지적하고 있다 : "此二字已收入正編2171號堂字下及1062號鄌字下, 此處當刪."(237쪽)

22) 日本 二玄社 ≪中國法書選1・甲骨文金文≫의 탁본을 참고함(46쪽). ≪集成≫은 ''과 같다(5・2831).

0440  : (爲)≪九年衛鼎≫.

1367  : (卓) ≪九年衛鼎≫.

물론 이 자를 '爲(위)'자로 해석하거나 혹은 '卓(탁)'자로 해석하지만,23) 둘 중에 하나를 선택하여야 한다.

4. 銘文을 잘못 摹寫(모사)한 경우

≪金文編≫이 모사하고 있는 명문이 원 탁본의 형태와 다른 경우를 발견할 수 있다. 물론 원 탁본이 잘 보이지 않는 경우는 어쩔 수 없다 해도 확연하게 확인할 수 있는 명문은 원래의 형태에 유사하게 모사해야 한다. 아래에서는 ≪㡿鼎≫·≪九年衛鼎≫과 ≪五祀衛鼎≫의 명문을 예를 들어 잘못 모사한 경우를 살펴보기로 한다.

≪金文編≫이 '0542 肞'(221쪽)자 아래 모사한 ≪㡿鼎≫의 형태와 ≪集成≫ 중에 수록된 ≪㡿鼎≫의 형태와는 다르다. 즉 왼쪽 부분이 '月'의 형태로 모사하고 있으나, '𦣞'자의 형태이다.24) 이 자는 '𢼄(嬰)'로 예정할 수 있다.

(≪金文編≫ ; '肞(0542)', 221쪽) (≪集成≫, 5·2803, 230쪽)

≪金文編≫이 ≪九年衛鼎≫을 수록한 명문 중 '逆'(0217, 96쪽)자의 모사 형태가 다르다. 아마도 ≪五祀衛鼎≫의 '逆'자를 잘못 인식한 것으로 보인다.

(≪金文編≫, '逆(0217)', ≪九年衛鼎≫, 96쪽) ; (≪九年衛鼎≫, '逆', ≪集成≫, 5·2831, 230쪽) ; (≪五祀衛鼎≫, '逆', ≪集成≫, 5·2832, 230쪽)

이외에도 ≪五祀衛鼎≫을 모사한 명문 중에 '南'자의 형태가 유사하지 않다.

23) ≪金文今釋類檢(殷商西周卷)≫ 447~448쪽. ≪商周靑銅器銘文選三≫ 136~138쪽. ≪西周靑銅器銘文分代史徵≫ 464~468쪽 등 참고.

24) '𦣞'가 편방으로 사용되는 경우는 ≪金文編≫의 '姬'자(1950, 787~790쪽)를 참고할 수 있다.

(≪金文編≫≪五祀衛鼎≫, '南(0979), 420쪽) ; ('南', ≪五祀衛鼎≫, ≪集成≫, 5・2832, 230쪽)

≪金文編≫의 모사는 전체적으로 매우 정교하나, 위와 같이 약간의 문제점도 지니고 있다.

5. ≪附錄≫ 중 銘文을 서로 다르게 쓰는 경우

≪금문편≫ 중 같은 銘文(명문)을 隷定(예정)하여 사용하거나, 혹은 예정하지 않고 원형 그대로 사용하는 경우가 있다. ≪부록≫에 수록하고 있는 銘文은 사실상 '隷定'할 수 없는 銘文이지만, 器名이나 인용구에서는 隷定하여 사용하는 경우가 있다. ≪金文編≫은 ≪凡例≫에서 "圖形文字之未識者爲附錄上, 形聲之未識者, 偏旁亂于隷定者, 考釋猶待商権者, 爲附錄下"[25]라 밝히고 있듯이 ≪附錄下≫의 명문은 사실상 예정할 수 없는 자이다.

≪부록하≫ '301'(1219쪽)

① ≪金文編≫은 ≪부록하≫ '301'(1219쪽)에 아래와 같은 문자들을 수록하고 있다.

≪王子午鼎≫의 ''자의 인용구를 "韓睶屖"으로 쓰고 있으나, '(韓)'(0405, 161쪽)자 아래의 ≪王子午鼎≫의 인용구에서는 "𠷎韓睶屖"으로 쓰고 있다. 즉 ''자를 '𠷎'자로 예정하고 있는 셈이다. 만약에 '𠷎'로 예정하고자 한다면, 각 학자의 견해를 참고하여 ≪正編≫ '1138 凾' (486쪽)나 '1190 宏'(514쪽)자나 혹은 '𩋟'자로 예정할 수 있다.

② ≪금문편≫은 ''자를 ''으로 쓰거나 혹은 '𡨦'으로 쓰고 있다. ≪附錄下≫(422, 1240쪽) ''자 아래 器銘을 ≪婦

25) "아직도 인식할 수 없는 圖形文字의 銘文은 ≪附錄上≫에 수록하고, 아직도 인식할 수 없는 形聲字로, 偏旁을 隷定하기가 어려워 考釋에 아직도 문제가 있는 명문은 ≪附錄下≫에 수록하기로 한다."(≪凡例≫ 2쪽)

爵≫로 쓰고 있으나, ≪器目≫에서는 ≪𣪘婦爵≫ (1377쪽)과 ≪𣪘婦觚≫(1396쪽)와 같이 모두 '𣪘'로 쓰고 있다.[26] ≪金文編≫≪附錄下≫ '400'(1136쪽)의 '[illegible]'자는 器名으로 ≪𣪘婦爵≫과 ≪𣪘婦觚≫를 소개하고 있다.[27] ≪三代吉金文存≫에서 수록하고 있는 탁본을 살펴보면 아래와 같다.

≪𣪘婦爵≫五字 ; ≪代≫16 · 36[28]　　≪부록하≫ '400', 1236쪽

≪𣪘婦觚≫ ; ≪代≫14 · 31[29]

26) '[illegible]' : '[illegible]'자를 '𨐨'이나 '辟' 이외에도 '刊' · '化'이나 '于'로 해석하는 경우도 있으나, 赤塚忠은 '邗'로 예정하고 '媥'의 통가자라고 설명하고 있다(≪금문고림부록≫ 2081~2082쪽). ≪금문편≫의 '1514'(648~649쪽)에서 수록된 '辟'자는 모두 '口'가 포함되어 있고, '辛'부분이 '[illegible]'와는 다르다.
27) 그러나 赤塚忠은 갑골문을 참고하여 '麇'으로 예정하고 있다(≪금문고림부록≫ 2119~2120쪽). 아랫부분이 '禾'인지 '乇'인지 확신할 수 없기 때문에, 갑골문에 '麇族'이 있는 것 등을 참고하여 '麇'로 예정할 수 있다.
28) ≪金文編≫≪器目≫ 1377쪽. ≪代≫는 羅振玉의 ≪三代吉金文存≫을 가리킨다.

③ ''자를 ≪부록하≫ '539, 1260쪽'에 수록하면서도, 이 기물을 소개할 때는 '強'로 예정하여 쓰고 있다.

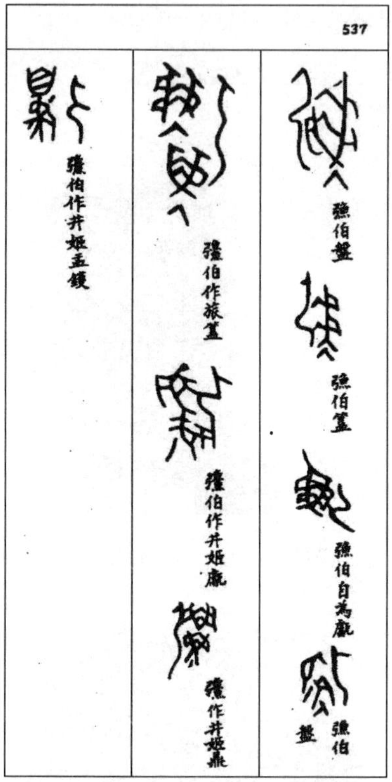

Ⅳ. 金文字典 편집에 대한 재고

≪金文編≫은 약 80년간의 연구 성과물이다. 1925년부터 새로운 자료와 연구 성과를 계속해서 추가하여, 갈수록 방대해졌고 정밀해졌다. 그럼에도 불구하고, 약간의 체제상의 모순점을 지니고 있는데, 이는 옥의 티가 아닐 수 없다.

앞에서도 이미 언급하였듯이, 銘文 考釋(고석)에 대해서는 이미 많은 학자들이 각자의 의견들을 제시하였고, 第五版 편집에도 이러한 성과가 반영될 것으로 보인다.

29) ≪金文編≫≪器目≫ 1396쪽.

考釋上(고석상)의 문제는 금석학을 전공하는 학자라면 누구나 관심을 두고 끊임없이 연구하는 주 대상이지만, 반면에 체제상의 문제는 가장 기본적으로 갖추어야 할 필수적인 조건임에도 불구하고 상대적으로 그다지 관심을 보이지 않았던 게 사실이다. 체계문제가 일차적으로 먼저 해결되어야 만이 신뢰를 줄 수 있는 완벽한 金文字典이 될 것이다. 이후에 容庚의 제자 혹은 다른 학자들에 의하여 수정되어진다면, 考釋 부분과 같이 본문이 제시된 문제들이 반영되기를 기대해 본다.

아래에서는 그동안 ≪金文編≫을 사용하면서 불편했던 점, 세 가지만 제기하고자 한다. 향후 ≪金文編≫이 재수정 될 때 이 내용들이 보완이 된다면 우리가 더욱 더 편리하게 이용할 수 있기 때문이다.

첫째, ≪금문편≫에서 해당되는 명문을 찾기가 쉽지 않다. 현재 ≪金文編≫ 뒷부분에 총 획수를 이용하여 검색할 수 있는 ≪金文編檢字≫가 있어 검색에 도움이 되고 있다. 그러나 쉽게 찾을 수 있는 명문이거나 ≪金文編≫에 아주 익숙한 독자라면 별 문제가 없지만, 학자들마다 예정을 달리하거나 자주 보이지 않는 명문들을 검색할 때는 어려운 점이 많다. 특히 '無筆劃(필획화할 수 없는 도형문자)'의 명문들은 검색이 매우 불편하다. 그래서 ≪殷墟甲骨刻辭類纂≫(姚孝遂 主編, 1989年 中華書局)에서 사용하고 있는 방법과 같이 '金文'의 部首表를 따로 만들어 이 부수표에 맞춰 검색표를 편집했으면 한다. ≪殷墟甲骨刻辭類纂≫은 150여 종의 갑골문 부수를 정하고, 그 부수에 따라 다시 ≪字形總表≫에서 해당하는 刻辭(각사)를 모사하고 그 아래 예정문자를 수록하고 있어 검색이 상당히 용이하다.

둘째, ≪金文編≫은 銘文을 모두 모사하고 있다. 이는 명문 이해에 큰 도움이 된다. 그러나 이 점은 장점이면서 또한 원 명문의 상태를 확인할 수 없는 단점이 되기도 한다. 따라서 원 탁본 명문을 그 옆 부분에 부착하여 상태를 확인할 수 있게 한다면, 훌륭한 자료가 될 수 있을 것이다. 戴家祥(대가상)이 主編한 ≪金文大字典≫(1995년에 學林出版社)은 5670여 쪽에 달하는 방대한 책으로, ≪鄂君啓節≫의 描寫本(모사본)과 같이 소수 명문 외에 모두 탁본을 영인해서 편집하고 있다. 그러나 탁본이 잘 보이지 않는다거나, 부식된 부분들은 여전히 어떤 형체인지 확인할 수 없어 답답함을 금할 수 없다. 만약에 ≪金文編≫이 모사한 명문 옆에 ≪金文大字典≫의 탁본 명문이 참고가 된다면, 금문 연구에 적지 않은 도움이 되리라 믿는다.

셋째, ≪采用彝器目錄≫에 번호를 추가하고, ≪集成≫의 출처를 밝혀준다면, 원 拓片(탁편)을 확인하는데 도움이 될 것이다.[30]

≪金文編≫은 이미 역사에 남을 만한 저서다. 어떤 저서이던 문제점이 없을 수는 없다. 다만 미미한 오류들로 인하여 가치가 조금이라도 손상이 된다면 애석한 일이 아닐 수 없기 때문에 앞으로 위에서 제기된 문제점들이 고려되어 졌으면 한다.

容庚先生 遺像

30) ≪集成≫은 현재까지는 金文總集 중에서 가장 많은 금문을 수록하고 있으며, 가장 권위가 있다. 약 11980여 건을 수록하고 있고, ≪金文編≫은 모두 3902器를 수록하고 있다.

西周 金文의 異體字에 대하여*

Ⅰ. 異體字(이체자)에 대하여

Ⅱ. 西周 同一 青銅器의 蓋銘(개명) 器銘(이명) 이체자

1. 筆劃(필획)의 활용
   ① 필획을 추가한 경우
   ② 필획을 생략한 경우
   ③ 필획의 방향이 다른 경우
   ④ 필획의 굴곡 정도가 다른 경우
   ⑤ 필획의 위치가 다른 경우

2. 字符(자부)의 활용
   ① 자부를 추가한 경우
   ② 자부를 생략하는 경우
   ③ 자부의 위치가 다른 경우
   ④ 서로 다른 자부를 사용하는 경우
   ⑤ 동일한 자부의 訛形(와형)

3. 僞作(위작)으로 문자의 풍격이 다른 경우

4. 문장의 순서가 서로 다른 경우

Ⅰ. 異體字(이체자)에 대하여

金文(금문)은 이체자 아주 많다. 금문은 같은 자일지라도 몇 수십 개의 이체자가 있을 수가 있다. 예를 들어, 容庚≪金文篇≫의 '0979 南'(420쪽)자는 모두 35개의 銘文(명문)을 수록하고 있다. 이들 각각의 형태를 자세히 살펴보면 거의 모두 약간씩의 차이가 있다. 따라서 이들은 35개의 '南'자의 이체자인 셈이다.

금문 중 한 기물은 일반적으로 뚜껑과 몸체로 이루어져 있다. 뚜껑과 몸체에 기록된 명문은 문자와 내용이 완전

* 본 문장은 <西周 同青銅器 중 蓋銘器銘 異文 研究>(≪중국인문과학≫ 제42집, 2009년) 논문을 재편집 한 것임.

히 같은 경우가 대부분이다. 뚜껑에 기록된 금문을 '蓋銘(개명)'이라 하고, 몸체에 쓰여진 금문을 '器銘(기명)'이라 한다. 그런데 같은 기물이나 혹은 한 세트로 이루어진 기물의 명문은 일반적으로 같은 내용이고, 동일인에 의하여 기록되어진 명문임에도 불구하고 서로 다른 異體字(이체자)를 사용하는 경우가 있다. 이는 매우 흥미있는 일이 아닐 수가 없다. 원래의 기물을 후에 모방하여 제작한 명문은 그 풍격의 차이를 확연하게 다르겠지만, 동일한 형태를 같은 시기 동일인이 다르게 쓰는 異體字 현상은 각각 다른 사람에 의하여 기록되어진 異體字보다는 當時 문자 호용 현상을 더욱 섬세하게 관찰할 수 있다.

異體字(이체자)는 '或體(혹체)'·'重文(중문)'·'別字(별자)'·'別體(별체)'·'別體字(별체자)'·'異文(이문)'·'字體之異(자체의 다름) '·'訛體(와체)'·'訛字(와자)'·'謬體(유체)'·'繆體(무체)'·'俗字(속자)'·'俗體(속체)' 등으로 칭하기도 한다. 일반적으로 '古作某(고작모)'·'今作某(금작모)'·'亦作某(역작모)'·'通用某(통용모)'·'或作某(혹작모)'·'同某(동모)'·'與某同(여모동)'·'本作某(본작모)'·'又作某(우작모)'·'某書作某(모서작모)'·'俗作某(속작모)'·'本又作某(본우작모)'·'本或作某(본혹작모)'와 혹은 '或從某(혹종모)'·'篆作某(전작모)'·'古文某(고문모)'·'古文作某(고문작모)'·'古文從某(고문종모)'·'某或從某省(모혹종모생)' 등의 용어를 사용하여 자와 자의 이체자 관계를 설명한다. 그러나 이러한 용어는 꼭 이체자만을 가리키는 설명이 아니라, 이 중에는 '通假字(통가자)'·'同源字(동원자)'·'古今字(고금자)'·'俗字(속자)'에 관한 내용을 포함하기도 한다. 이는 그동안 개념에 대한 명확한 이해가 없었기 때문이다.

段玉裁(단옥재)는 ≪說文解字注≫에서 일찍부터 ≪說文解字≫의 '脃(취)'자와 '膬(취)'자를 '異體'라는 용어를 사용하여 설명하고 있다.[1] '脃(취)'자와 '膬(취)'자의 俗字는 '脆(취)'이다. 그러나 일반적으로 '이체자'라는 명칭을 사용하여 이체현상을 설명하고, 이를 문자화 정리에 이용하기 시작한 것은 1954년에 ≪漢字簡化方案草案≫에 딸린 ≪擬廢去的400個異體字表草案≫와 1955년에 ≪第一批異體字整理表≫가 발표되고서부터라고 할 수 있다. 하지만 아직도 학자마다 이체자에 대한 정의가 꼭 일치하는 것만은 아니다. 아래에서는 1950년대 이후 발표된 문장 중 이체

1) "脃, 小耎易斷也. 從肉, 絶省聲.('脃'자는 연하고 자르기 쉬운 고기의 의미이다. 肉과 絶자 중의 일부를 생략한 부분을 음성부분으로 한 형성자이다.)". "膬, 耎易破也. 從肉毳聲.('膬'자는 연하고 자르기 쉬운 고기의 의미이다. 의미부분이 '肉'이고 음성부분이 '毳'인 형성자이다.)". "脃·膬, 蓋本一字異體, ≪篇≫·≪韻≫皆云脃同膬.('脃'자와 '膬'자는 본래 같은 자인 이체자이다. ≪玉篇≫과 ≪廣韻≫은 모두 脃자와 膬자는 같다라고 하고 있다.)"(湯可敬, ≪說文解字今釋≫, 585 쪽 재참고.)

자에 관한 정의에 대해 살펴보고, 본문이 의미하는 이체자의 범위에 대하여 살펴보기로 한다.[2)]

각 학자의 異體字에 대한 정의들은 異體字의 別稱(별칭), 異體字의 중의 '體(체)'자의 함의, 異體字에 대한 광의와 협의적 개념, 이체자의 내부적 조건 등이 서로 다름을 알 수 있다.

첫째, 異體字(이체자)의 별칭은 '俗體(속체)·古體(고체)·或體之類(혹체의 일종)'·'也稱或體(혹체라고도 칭함)'·'包括古今字(고금자를 포괄함)·正俗字(정속자)·本字和借字等(본자와 가차 등)'·'多形字(다형자)' 등이 있다. 따라서 '俗體'·'古體'·'或體(혹체)'·'帖體(첩체)'·'古今字'·'正俗字'·'本字和借字(본자와 가차)'·'多形字'와 이체자의 관계를 살펴볼 필요가 있다.

먼저 '古今字(고금자)'는 과거와 현재의 형태가 다른 歷時(역시)적 관계를 표시하는 반면, 이체자는 書寫(서사) 과정 중에 발생한 '一字多形(일자다형)' 현상을 말한다. 古今字는 또한 문자의 의미도 부분적으로 같을 수 있으나, 완전히 같은 것은 아니다. 古字가 今字를 대신하여 사용할 수 있으나, 今字가 古字를 대신할 수는 경우가 없다. 예를 들어, 古字 '辟(벽)'자는 '避(피)'·'闢(벽)'·'嬖(폐)'·'譬(비)' 등의 의미로 사용된다.[3)] 이 예문 중 '辟'자는 今字 '避'·'闢'·'嬖'·'譬'에 대한 古字이다. 일반적으로 今字는 古字에 偏旁(편방)을 추가하거나 일부를 바꾸어 자형이 상호 관련이 있는 반면, 이체자는 形符(형부)나 聲符(성부)를 변환하거나 편방의 위치가 바뀌거나, 혹은 예변이나 와변으로 인하여 문자의 형태가 완전히 바뀌기도 한다.

'本字(본자)'와 '借字(차자)'는 '正字(정자)'와 '假借字(가차자)'의 관계로, '本字'는 본래의 의미대로 사용된 것이고, '假借字'는 본 의미가 아니 다른 의미로의 쓰임을 말한다.

≪說文解字≫는 '俗體(속체)'·'古體(고체)'·'或體(혹체)' 등을 '俗作某(속작모)'·

2) 각 학자의 이체자에 대한 정의는 呂永進의 ≪異體字的概念≫에서 인용하고 있는 ≪漢語大詞典≫·周祖謨≪中國大百科全書·言語文字≫·≪辭海≫·王今錚·王綱 等 ≪簡明語言學詞典≫·裘錫圭≪文字學概要≫(商務印書館, 1988년)·蘇培成≪現代漢字學綱要≫·劉又辛≪漢語漢字問答≫·蔣善國≪漢字學≫(上海敎育出版社, 1987년)·≪現代漢語詞典≫·洪成玉≪古今字≫·李圃≪異體字字典≫(學林出版社, 1997년)·郭錫良 等≪古代漢語≫·朱振家≪古代漢語≫·吳慶峰≪古代漢語≫·黃伯榮≪現代漢語≫·辛介夫≪略談漢字在書寫方面的分岐現象≫(≪銀川師專學報≫1987. 1)·王力≪古代漢語≫(中華書局, 171쪽) 등의 문장을 참고하기로 한다.(張書岩 主編, ≪異體字硏究≫, 商務印書館 34~36쪽.)

3) 王力, ≪古代漢語≫, 168~169쪽 참고.

'古文(고문)'·'或作某(혹작모)' 등이란 용어를 사용하여 설명하고, 이를 총칭하여 '重文(중문)'이라고도 한다. 이들 '俗體'·'古體'·'或體'는 이체자 중 각각의 내부적 특징을 지니고 있으나, 이들은 자주 歷時(역시)의 광의적 이체자자까지도 포함하기도 한다.

'多形字(다형자)'란 한 자가 여러 가지 형태로 표현되어 지는 것을 말한다. 그러나 이러한 개념은 共時의 협의적 개념과 歷時의 광의적 개념의 이체자를 모두 포함한다.

둘째, '異體(이체)' 중의 '體'자는 '形體(형체)'·'寫法(사법)'·'字形(자형)'·'外形(외형)'·'文字符號(문자부호)'·'字(자)'·'書寫形式(서사형식)'·'結構(결구)' 등의 의미를 타내기도 한다. '體'는 문자의 외부적인 형식을 나타내기 때문에 어느 용어를 사용하여 그 개념을 설명하여도 무방하나, 동일 시기의 두 판본의 비교를 통하여 이체자의 이동을 파악할 때, 이체자는 단지 '結構'나 '字形'만을 가리키는 것이 아니라, 필획의 방향, 수식 등 세세한 부분까지도 이체자의 내부규칙에 포함되기 때문에 '書寫形式(서사형식)'이란 개념이 적절한 표현이라 하겠다.

셋째, 狹義(협의)와 廣義(광의)적 차이, 또는 共時(공시)와 歷時(역시)적인 개념의 차이가 있다. 즉 광의는 今字體와 古字體의 관계를 가리키며, 협의는 문자 발전 중 동일 시대의 이체자를 가리킨다.

넷째, 이체자의 정의 중 내부적 조건은 '用法完全相同(용법이 완전히 같음)'·'可在任何語言環境中互相替換, 而語意絲毫不變(임의적 환경에서 서로 바꾸어 사용되어도 의미가 전혀 변하지 않는 것)'·'音義完全相同(음성과 의미가 완전히 같음)'·'音義完全相同, 在任何情況下都可以互換而不産生歧義(음성과 의의가 완전히 같아 서로 바꾸어 사용하여도 의미가 달라지지 않음)'와 같아야 한다.

異體字(이체자)의 종류는 발생하게 된 원인에 따라 몇 종류로 나눌 수 있다.

첫째, 같은 의미로 두 형태 이상의 문자가 만들어졌으나, 후에도 분화되지 않는 경우가 있다. 예를 들어, '淚(누)'와 '泪(누)', '睹(도)'와 '覩(도)', '徧(편)'과 '遍(편)' 등이 있다. 둘째는 처음엔 의미가 서로 달랐으나, 사용될 때는 실질적으로 같은 경우. 예를 들어, '散(산)'과 '㪚(산)', '罪(죄)'와 '辠(죄)', '颿(범)'와 '帆(범)' 등이 있다. 셋째는 隷變(예변)이나 隷定(예정)한 형태가 달라서 생기게 된 이체자가 있다. 예를 들어, '宜(의)'와 '宐', '宿(숙)'과 '㝛', '更(경)'과 '叓' 등이 있다. 넷째는 필획의 차이에 따라 발생된 이체자가 있다. 다섯째는 문자가 기록하는 과정에서 와전되는 경우가 있다.

이상의 이체자 종류는 실질적으로 이체자는 크게 두 가지로 나눌 수 있음을 알 수 있다. 하나는 형태의 구조를 달리한 '異構字(이구자)'와 형태를 필사하는 과정에서 발생하게 된 '異寫字(이사자)'로 나눌 수 있다.

'異構字(이구자)'는 구조를 달리하거나 혹은 다른 字部들을 사용한 이체자를 말한다. '羴(전 ; shān,xiān)'자는 회의자이고, '羶(전)'은 형성자인 경우와 같이 六書 중 각기 다른 방식을 사용하기도 하고, 회의자인 '尘'과 '塵(티끌 진 ; chén)'자는 동일한 六書 방법이나 편방이 각각 다른 경우이고, 형성자인 '胑(사지 지 ; zhī)'와 '肢'자는 각기 다른 聲符를 쓰거나, 위치가 달리하여 '群(군)'자를 '羣'으로 쓰는 異構字에 해당된다.

'異寫字(이사자)'는 書寫 과정에서 필획을 달리 씀으로 인하여 발생하게 된 이체자를 말한다. '異構字'와 다른 점은 구조의 異同을 명확하게 설명할 수 없는 필사자의 개인적 습관에 의한 이체자를 말한다. 예를 들어, '亞'자는 중간 종획을 연결하여 쓰기도 하며, '集(집)'자는 字符 '隹'를 편방의 일부 필획을 세 번 중복하여 쓰기도 하고, '普'자는 隷定(예정)하는 과정에서 이체자가 발생하여 '暜'으로 쓰기도 한다. 이러한 현상은 역사적으로 篆書(전서)에서 隷書(예서)로의 변화하는 과정 중에서 주요하게 나타나는 '改曲爲直(곡선의 직선화)'·'省略(생략)'·'偏旁變形(편방의 변형')·'偏旁混同(편방의 혼동)'과도 밀접한 관계가 있다.[4)]

본문에서는 異體字 중 筆劃(필획)의 굵기, 완급, 장단, 강약 등은 분석 대상에서 제외하기로 하며, 다른 필획을 추가하거나, 필획의 방향을 달리하거나 하는 등등의 문자 형태와 문장이 다른 경우를 분석대상으로 한다. 또한 원기물의 명문을 탁본하는 과정에서 야기된 異同이나 기물의 殘泐(잔륵 ; 기물의 마모) 등으로 인하여 생겨난 형태의 異同(이동)은 생략하기로 한다. 異體字 중 여러 현상이 동시에 포함되어 있는 경우엔 그 중 비교적 두드러진 현상을 기준으로 하여 분류하고 부차적인 현상은 문자를 설명하는 과정에서 설명하기로 한다. 예를 들어, '謎(치)'자 중 ≪小臣謎簋Ⅱ≫蓋銘 ''자는 字符 '言'을 다른 명문과 달리 하단에 놓기 때문에 '字符의

4) 裘錫圭(구석규)는 ≪古文字概要≫에서 이체자의 정의를 "異體字就是彼此音義相同而外形不同的字. 嚴格地說, 只有用法完全相同的字, 也就是一字的異體, 才能稱爲異體字. 但是一般所說的異體字往往包含只有部分用法相同的字. 嚴格意義的異體字可以稱爲狹義異體字, 部分用法相同的字可以稱爲部分異體字, 二者合在一起就是廣義的異體字."라고 내리고, '狹義異體字之間在結構上或形體上的差別的性質'을 근거로 하여, 여덟 종류로 나누었다.(≪古文字概要≫, 205~208쪽 참고.)

위치가 다른 경우'로 분류하였다. 하지만 이 자는 '辵' 중 '止'를 생략하여 쓰거나, 혹은 ≪小臣謎簋 I≫ 器銘 ''는 '來' 아랫부분에 횡획을 추가하여 쓰기도 한다. 본문은 비교적 확연히 드러나는 현상인 '字符의 위치가 다른 경우'에 이 자를 분류하고 설명하기로 한다.5)

청동기 중의 '異體字'를 분석하는 연구는 그다지 많지 않다. 異體字의 연구를 통하여 西周시기의 異體字의 현상, 기물 제작자의 오류, 同意의 字符 호환, 문장의 異同 등을 연구할 수 있어, 명문 이해에 중요한 영향을 미친다.

본문은 ≪殷周金文集成≫이 수록하고 있는 11983의 모든 명문 탁본을 연구대상으로 하지 않고,6) 대만고궁박물관이 소장하고 있는 西周시기의 동일한 青銅器 중 蓋銘(개명)器銘(기명)이 모두 있는 ≪作冊大方鼎≫·≪小臣謎簋≫·≪夨令方尊≫·≪夨令方彝(蓋)(器)≫·≪𪓐簋≫·≪賢簋≫·≪大鼎≫·≪追簋≫·≪睿卣(睿父辛卣)≫·≪𩲃父卣≫·≪鴈公卣≫·≪辨簋≫·≪伯定盉≫·≪蘇公子簋≫ 등과 이 銘文이 다른 곳에 소장하고 있는 동일한 명문의 異體字를 비교하여 금문의 이체자를 이해하도록 한다.7)

Ⅱ. 西周 同一 青銅器의 蓋銘(개명)器銘(이명) 이체자

청동기의 명문은 몸체나 뚜껑 중에 새기는 것이 일반적이고, 혹은 같은 내용을 몸체와 뚜껑에 각각 새기는 경우가 있다. 예를 들어, ≪豊卣≫는 몸체와 뚜껑에 각각 같은 내용의 명문이 새겨져 있다.8)

5) 대만고궁박물관에 ≪小臣謎簋≫가 모두 두 개가 있는데, 각 기물마다 蓋와 器에 銘文이 있다. 동일한 내용 네 개의 명문 중에서 ≪小臣謎簋≫'II'의 蓋의 書風이 나머지 세 개의 명문과 상당히 다르다. 명문 중에서도 '懋(무)'·'以(이)'·'征(정)'·'遣(견)'·'眉(미)'·'臣(신)'·'謎(치)'·'貝(지)' 자등은 字形이 서로 다르다.

6) ≪殷周金文集成≫은 1984년에 中國社會科學院考古研究所가 編纂하였다. 이 ≪集成≫은 모두 18冊으로 되어 있다. 第一冊은 1984년 8월에 출간되었고, 第18冊은 1994년 12월 출간되었다. 이 책은 모두 11983의 명문 탁본을 수록하고 있다. 이는 중국이외의 해외를 포함하여 이른바 1980년대까지 볼 수 있는 모든 명문은 모두 수록하고 있다고 볼 수 있다. 매 冊 뒤편에 각 명문의 출처와 기물의 문자 수, 기물의 형태들을 설명하고 있어 매우 유용한 참고자료이다. 석문과 명문에 대한 색인은 ≪殷周金文集成引得≫(中華書局)과 ≪金文引得≫의 <殷商西周卷><春秋戰國卷>(廣西教育出版社)을 참고할 수 있다.

7) 대만고궁박물관이 소장하고 있는 西周 金文은 ≪故宮西周金文錄≫(國立故宮博物院編輯委員會編輯, 2001年)을 참고하기로 한다.

8) 1976년 陝西省 扶豊縣에서 ≪豊卣≫·≪豊尊≫·≪旂觥≫·≪牆盤≫·≪㾱鐘≫ 등이 발견되

≪豐卣≫

≪蓋銘≫

≪器銘≫

같은 청동기 중 뚜껑에 새겨진 蓋銘(개명)과 몸체에 새겨진 器銘(기명)은 일반적으로 내용과 문자의 형태는 대부분이 같다. 또한 여러 개의 청동기에 같은 내용을 새기는 경우가 있다. 이는 祭器(제기)를 용도에 따라 세트로 만들거나 혹은 같은 모양의 청동기를 여러 개 만들기 때문이다. 예를 들어, ≪作冊大方鼎Ⅰ≫·≪作冊大方鼎Ⅱ≫가 있다[9]. 청동기의 주인이 청동기를 만드는 장인에게 새기고자 하는 내용을 건네 주면, 이를 장인이 뚜껑과 몸체에 그대로 새겨 넣기 때문에 대부분 器銘과 蓋銘의 문자의 형태가 같다. 그러나 같은 내용의 蓋銘과 器銘의 문자 형태가 같지 않은 경우를 종종 발견할 수 있다.

었다. 그 중 ≪豐卣≫와≪豊尊≫은 같은 내용이다. ≪豐卣≫의 蓋銘은 ≪殷周金文集成≫의 10.5403.1, 器銘은 ≪殷周金文集成≫10.5403.2 참고. ≪豐卣≫는 현재 陝西省周原博物馆이 所藏하고 있다. 높이 21cm. 口纵 11.2cm. 口横 7.8cm. 腹深 12cm 무게 2500g이다. 釋文은 "隹(唯)六月既生霸乙卯, 王才(在)成周, 令豊窽(殷)大矩. 大矩易(賜)豊金貝, 用乍(作)父辛寶障(尊)彝. 𪚥.(六月 既生霸 乙卯일에 王은 成周에서 大矩를 조견하라하였다. 大矩가 豊에게 金銅과 貝를 하사하자 이를 기념하기 위하여 先考 父辛을 위하여 보배스러운 尊彝(준이)를 만들다.)"이다. '殷(은)'은 周代 사신을 파견하여 접견하는 禮인 '殷眺(覜 : 조)'의 의미이다.

9) ≪作冊大方鼎≫은 1928년 중국 河南省 洛陽에서 출토되었다. 이 때 출토된 기물은 ≪作冊令方鼎≫과 ≪作冊令方尊≫을 비롯한 令器組와 臣辰器組 등이 있다. 이 ≪作冊大方鼎≫을 ≪大作且丁鼎≫·≪大鼐≫·≪作冊大鼐≫·≪公束鼎≫·≪作冊大伯鼎≫이나 혹은 ≪作冊大鼎≫이라고도 부른다. ≪作冊大方鼎≫ 'Ⅱ'가 'Ⅰ'에 비하여 네 번째 줄 '公'자 한 자가 적다. 문자 중에는 '鼎(정)'·'隹(유)'·'既(기)'·'覇(패)'·'賞(상)'·'馬(마)'·'揚(양)'·'皇(황)'과 '保(보)'자 등은 크기나 모양이 차이가 있다. ≪作冊大方鼎Ⅰ≫의 銘文은 8行 41자, ≪作冊大方鼎Ⅱ≫의 명문은 8행 40자이다.

異體字(이체자)는 일반적으로 문자의 형체만을 분석대상으로 하지만, 본문은 '문장'도 포함하기로 한다. '형태'란 같은 자이나 字符(자부 ; 文字의 要素)의 위치 · 생략 · 추가 등등의 방법을 사용하여 다르게 쓰는 경우를 말하고, '문장'이란 字符의 異同이 아닌 문장의 형식을 말하는 것으로, 문자를 누락하거나 추가하여 문장의 내용이 달라지는 경우를 말한다. 이체자 중에는 동일한 자가 방향이 바꾸어 쓰는 경우도 있다.

≪大簋≫는 異體字 중 총체적으로 필획의 방향을 좌우로 바꿔 쓰고 있다. ≪大簋≫의 <器1>과 <器2>는 '遙(요)'자를 각각 ''와 ''[10])로, '敢(감)'자는 ''과 ''으로, '刺(자)'자는 ''와 ''로, '霸(패)'자는 ''와 ''로, '師(사)'자는 ''와 ''로, '召(소)'자는 ''와 ''로, '䭫(계)'자는 ''와 ''로, '休(휴)'자는 ''와 ''로, '永(영)'은 ''와 '' 등으로 쓰고 있다.[11])

동일한 青銅器(청동기) 중 蓋銘(개명)器銘의 異體字(이체자)는 주로 필획과 字符의 활용으로 인해 나타난 현상이다. 아래에서는 필획과 자부의 활용을 다시 다섯 가지로 각각 세분하고, 이외에도 僞作(위작)으로 문자의 풍격이 달라지고, 문장의 순서를 달리 쓰는 경우를 설명하기로 한다.

1. 필획의 활용

① 필획을 추가한 경우

西周시기 동일한 青銅器의 蓋銘器銘 異體字 중, 같은 자이나 일부의 필획을 추가하는 경우가 있다. ≪作冊大方鼎≫중 '鼎(정)'자를 ≪作冊大方鼎Ⅰ≫은 ''으로 쓰고, ≪作冊大方鼎Ⅱ≫은 ''으로 쓴다. ≪Ⅰ≫의 '鼎'자 중간 부분에 필획을 추가하고 있다. '隹(唯 ; 유)'자는 ≪作冊大方鼎Ⅰ≫은 ''으로 쓰나, ≪Ⅱ≫은 머리 부분에 점을 추가하여 ''으로 쓴다. 筆劃(필획)과 字符는 서로 다른 개념이다. 필획이란 문자의 자형을 이루는 라인(線)이나 점을 가리키는 것으로 독립적 의의를

10) 자형은 ≪금문편≫ ≪부록하≫ '060'(1177쪽) 참고.

11) ≪大簋≫는 ≪十二年大簋蓋≫ · ≪大簋蓋≫라고도 칭하며, 명문은 12行 108字이고, 重文 2字이다. 이 기물은 西周 夷王 때의 것이며, 현재 중국역사박물관이 소장하고 있다. 銘文은 ≪殷周金文集成≫'8 · 4299' · '8 · 4299'와 ≪三代吉金文存≫ '09 · 25 · 2'와 '09 · 26 · 1' 참고.

지니지 못한다. 반면에 字符는 문자의 부분 형태로서 독립적 의의를 지닌다. 필획을 추가한 경우는 이외에도 아래와 같은 경우가 있다.

<table>
<tr><td colspan="2" rowspan="2">矢令方尊[12]</td><td colspan="2">矢令方彝</td><td rowspan="2"></td></tr>
<tr><td>蓋</td><td>器</td></tr>
<tr><td colspan="2"></td><td></td><td></td><td>‘’자는 字符 ‘昜(양)’ 윗부분에 점이 첨가되어 있다.[13]</td></tr>
<tr><td colspan="4">䵼簋</td><td rowspan="2"></td></tr>
<tr><td colspan="2">蓋</td><td colspan="2">器</td></tr>
<tr><td colspan="2"></td><td colspan="2"></td><td>‘對(대)’자는 왼쪽 상단 부분을 세 개의 횡획으로 쓰고 있다.[14]</td></tr>
<tr><td colspan="4">≪追簋≫</td><td></td></tr>
<tr><td colspan="2">北京故宮</td><td colspan="2" rowspan="2">臺灣故宮</td><td rowspan="2"></td></tr>
<tr><td>蓋</td><td>器</td></tr>
<tr><td></td><td></td><td colspan="2"></td><td>臺灣故宮(대만고궁) 銘文 ‘’는 오른쪽 윗부분에 필획을 추가하여 쓰고 있다.[15]</td></tr>
<tr><td colspan="4">寠卣(寠父辛卣)</td><td></td></tr>
<tr><td colspan="2">蓋</td><td colspan="2">器</td><td></td></tr>
<tr><td colspan="2"></td><td colspan="2"></td><td>器銘은 아랫부분에 수식 점을 추가하고 있다.[16]</td></tr>
</table>

② 필획을 생략한 경우

‘䲨(우)’자는 의미부분이 ‘鹵(노 ; lǔ)’이고 음성부분이 ‘禺(우 ; yú)’이다. ≪小臣謎簋≫에서는 東夷(동이)의 지명인 ‘五䲨’로 쓰고 있다. ‘䲨’자를 ≪小臣謎簋 I ≫

12) ≪矢令方尊≫은 1929년 河南省 洛陽邙山 馬坡에서 출토되었으며, ≪作冊令方尊≫이라고도 한다. 이외에도 同銘으로 ≪作冊令方彝≫(혹은 ≪矢方彝≫, ≪令彝≫, ≪矢作父丁彝≫, ≪作冊令彝≫, ≪矢令方彝≫, ≪令方彝≫이라고도 부른다.)가 있다. ‘周公子明保’는 周文公旦의 孫子인 君陳의 아들이 아닌가 한다(唐蘭). 明保가 尹이라는 직책을 맡고 난 후로 明公이라 불렀다. 明保와 明公 이외에도 明伯이라 칭하기도 한다. 周公은 세습직위로써 周公이 죽고 난 후 君陳이 세습하였다. 이 명문은 昭王 초기에 일어난 사건을 기록한 것이다. 明公이 ‘尹’이라는 당시 최고의 직위를 임명된 후 행한 禮節을 기록한 것이다. ‘尹’은 ‘君’자와 같은 자로 당시의 尹으론 君奭과 君陳이 있다. 明保는 팔월에 명을 받고 卿士僚를 접견하고 이 개월의 준비기간을 걸쳐 시월에 成周에서 취임하였다. ‘十月月吉癸未’은 BC1007년에 해당되고, 周歷 10월은 壬午朔이기 때문에 癸未는 二日이다. 昭王 七年 때의 일이다. 銘文은 10행 187자이다.

13) ≪金文篇≫ ‘1941 揚’(778쪽) 참고.

14) 陳初生, ≪金文常用字典≫, 274~275쪽 참고. 자형은 ≪金文篇≫ ‘0136 對’(155쪽) 참고.

15) ≪金文篇≫ ‘0714 簋’(296쪽) 참고.

16) ≪金文篇≫ ‘2370 辛’(972쪽) 참고.

蓋銘은 ‘’로 쓰고 器銘은 ‘’로 쓰며, ≪小臣謎簋Ⅱ≫ 蓋銘은 ‘’로 쓰고, 器銘은 ‘’로 쓴다. ≪小臣謎簋Ⅱ≫ 蓋銘 ‘’자는 ‘㯱’를 생략한 형태로 쓰고 있다.17)

小臣謎簋Ⅰ		小臣謎簋Ⅱ		
蓋	器	蓋	器	
		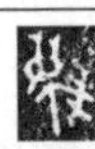		≪Ⅱ≫의 字素 ‘目’ 중 點이 생략되어 있다.18)
				≪Ⅱ≫의 ‘日’ 중 가운데 한 획이 생략되었다.

矢令方尊	矢令方彝		
	蓋	器	
			≪矢令方尊≫의 銘文은 ‘口’로 쓰고 있다.19)

䰜簋		
蓋	器	
		器銘 字符 ‘貝’ 중 가운데 획이 생략되어 있다.20)

③ 필획의 방향이 다른 경우

‘辨(변 ; biàn)’자를 ≪辨簋一≫은 ‘’으로 쓰고, ≪辨簋二≫는 필획의 방향을 오른쪽으로 하여 ‘’으로 쓰며, ‘作(작)’자는 ≪辨簋一≫은 ‘’으로 쓰고, ≪辨簋二≫는 ‘’으로 쓴다.21)

17) ≪金文篇≫ ‘1902 䣒’(766쪽) 참고.

18) ≪小臣謎簋≫ 중 ‘蔑曆(멸력)’은 상용사로 ‘공적을 찬양하고 격려하다’의 의미이다. ‘(蔑)’자는 의미부분이 ‘首’이고 음성부분이 ‘伐’이다. 따라서 ‘공적을 찬미하다’의 의미인 ‘伐’과 통용된다. ‘曆’은 ‘歷’나 ‘勵의 의미이다. ‘蔑曆’은 金文에서 상용되는 단어로 天子나 大臣이 신하의 공적을 칭송하고 찬미하는 의미로 쓰인다. 혹은 ‘蔑’자는 ‘勉(면)’과 통하고, ‘曆’자는 ‘勵(려)’와 통하며, ‘勉勵’는 ‘격려하다’는 뜻이다. ≪彸卣(保卣)≫는 “蔑曆于保, 昜(賜)賓.(成王은 大保의 공적을 褒賞하고 물품을 하사하였다.)”으로 쓰며, 이 단어는 ≪牆盤(史牆盤)≫ 등에도 보인다. ≪金文篇≫ ‘0614 蔑’(260쪽) 참고 ; ≪金文篇≫ ‘0734 曆’(313쪽) 참고..

19) ≪金文篇≫ ‘0659 敢’(276쪽) 참고.

20) ≪金文篇≫ ‘1200 寶’(516쪽) 참고.

21) ≪伯定盉≫ 역시 ‘作’자를 蓋銘은 ‘’으로 쓰고, 器銘은 ‘’으로 쓴다.

小臣謎簋 I		小臣謎簋 II		
蓋	器	蓋	器	
				≪ I ≫의 蓋銘과 ≪ II ≫의 器銘의 자형은 오른쪽 방향으로 한 방향을 유지하는 반면, ≪ I ≫의 器와 ≪ II ≫의 蓋의 자형은 오른쪽에서 왼쪽으로 방향을 전환하고 있다.
				≪ I ≫의 器銘 중 '止'의 아래 획이 오른쪽에서 왼쪽을 향하고 있다.
矢令方尊		矢令方彝		
		蓋	器	
				≪矢令方彝≫蓋銘 '公'자는 윗부분 필획의 방향이 안쪽을 향하고 있다.
				''자의 오른쪽 자부 '水'의 필획방향은 오른쪽을 향하고 있다.[22]
𤔲簋				
蓋		器		
				''자의 '手(又)'부분이 오른쪽을 향하고 있고, 중간 '口'의 가운데 종획이 생략되어 있다.[23]

④ 필획의 굴곡 정도가 다른 경우

≪作冊大方鼎≫ 중 ≪作冊大方鼎 I ≫은 ''으로 쓰고, ≪作冊大方鼎 II ≫은 ''로 쓴다.[24] ≪作冊大方鼎 I ≫의 왼쪽 아랫부분 필획 구부러짐이 ≪作冊大方鼎 II ≫에 비하여 심하다. '賞(상)'자를 ≪作冊大方鼎 I ≫은 ''으로 쓰고, ≪作冊大方鼎 II ≫은 ''으로 쓴다. 중간 부분 중 ≪作冊大方鼎 I ≫의 필획은 직선이고, ≪作冊大方鼎 II ≫은 상향성 곡선이다. 또한 '皇(황)'자를 ≪作冊大方鼎 I ≫은 ''으로 쓰고, ≪作冊大方鼎 II ≫은 아래 필획을 곡선으로 하여 ''으로 쓴다. '馬(마)'자를 ≪作冊大方鼎 I ≫은 ''으로 쓰고, ≪作冊大方鼎 II ≫은 ''으로 쓴다.

22) ≪金文常用字典≫(陳初生)은 '朝'자를 오른쪽 字符를 "爲水及其變形.('水'와 그 변형)"이라고 설명하고 있다(679쪽). ≪金文篇≫ '1099 朝'(460쪽) 참고.

23) 商承祚(상승조)이나 吳大澂(오대징) 등은 모두 '史'·'吏'·'使'·'事'자는 원래 같은 자라고 설명하고 있다.(≪古文字詁林≫, 第三冊, 463~489쪽 참고) ≪金文篇≫, '0472 事'(198쪽) 참고.

24) ≪金文篇≫, 0828 旣'(353쪽) 참고.

아래 몸체 부분의 휨 정도가 다르다.

小臣謎簋 I		小臣謎簋 II		
蓋	器	蓋	器	
				≪II≫의 蓋銘 '東(동)'자의 상하 필획의 방향이 다른 명문과 다르다.
				≪I≫의 器 ''자는 다른 '夷(이)'자와는 달리 윗부분 ''를 먼저 쓴 것으로 보인다.25)
				'海'자 중 ≪II≫蓋銘은 '每(매)'의 아랫부분을 다른 명문에 비하여 굴곡하여 쓰고 있다.26)
矢令方尊		矢令方彝		
		蓋	器	
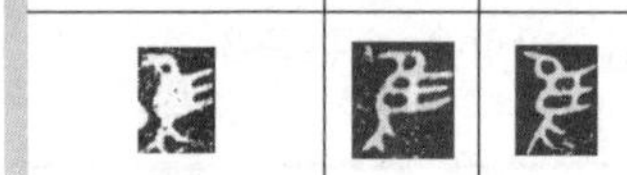				''자는 윗부분과 아래 다리 부분을 서로 연결하여 쓰지 않고 있다.
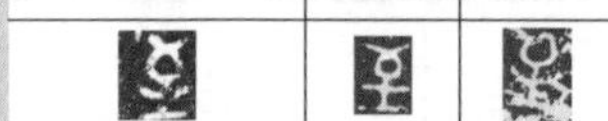				≪矢令方彝≫의 蓋銘 '' 중간 필획이 직선이다.
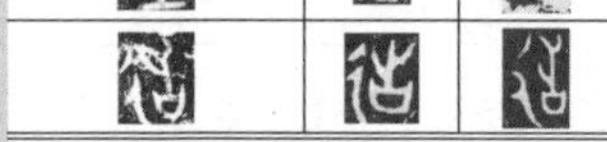				'䢔(𢓊)'자 중 ''자는 字素 '彳'을 곡선으로 쓰고 있다.27)
䨻簋				
蓋		器		
				''자의 횡획을 직선으로 쓰고 있다.
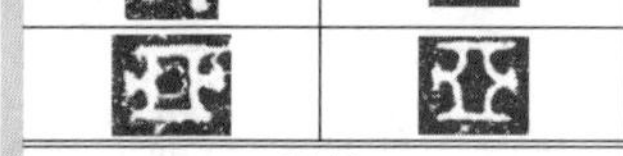				''자의 중간 횡획이 굴곡이 있다.
≪辨簋≫				
≪辨簋一≫		≪辨簋二≫		
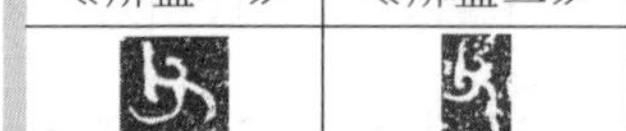				''의 오른쪽 필획이 왼쪽으로 휘어져 있다.

25) ≪金文篇≫ '1410 尸'(602쪽). ≪金文常用字典≫은 '尸'자에 대하여 "爲夷之初文(夷자의 초문이다.)"이라고 설명하고 있다(821쪽).

26) ≪金文篇≫ '1801 海'(733쪽) 참고.

27) '䢔'자를 馬乘源은 '𢓊'의 의미, 즉 '出'로 풀이하고 있다(≪商周青銅器銘文選≫, 68쪽). 唐蘭은 '誕'의 용법으로 풀이하고 있다.(≪西周青銅器銘文分代史徵≫, 中華書局, 204쪽) ≪征卣(保卣)≫에 '征'자가 있는데, '延'자와 같은 자이며, 이 자는 '延'자와 같은 자로 갑골문에서는 접속사인 '廼' 등과 같은 용법으로 쓰이기도 하며, '延'자는 '誕'자와 통하여, 助詞의 용법으로 쓰이기도 한다. "誕彌厥月, 先生如達(임신이 만삭되니 순탄하게 순산하네)"(≪詩經·大雅·生民≫)의 구절 중의 '誕'은 文頭에서 조사용법으로 사용되고 있다. ≪德方鼎≫에도 이 자가 보이고 있다. 이외에도 부사의 용법으로 사용된다.≪宜侯夨簋≫에 "'征(延)省東或(國)圖"라는 구절이 있는데, '征(延)'은 계속해서'·'연속해서'의 의미이다. ≪금문편≫은 ≪夨方簋≫의 銘文 ''와 ''을 수록하고 이 자를 '0278 䢔'(116쪽)으로 예정하며 "說文所無, 楊樹達云義如遂(說文解字에 없는 자로 楊樹達은 의미는 '遂'자와 같다)"라고 설명하고 있다(116쪽). 본 銘文은 ≪금문편≫이 부사의 용법으로 풀이한 '계속해서'의 의미와 유사하다. ≪征卣(保卣)≫와 ≪德方鼎≫은 '口'를 생략하여 '

⑤ 필획의 위치가 다른 경우

'伐(벌)'자를 ≪小臣謎簋Ⅰ≫ 蓋銘은 ''으로 쓰고 器銘은 ''으로 쓰며, ≪小臣謎簋Ⅱ≫ 蓋銘은 ''으로 쓰고, 器銘은 ''으로 쓴다. ≪小臣謎簋Ⅰ≫ 蓋銘 ''자는 오른쪽 '戈' 중의 횡획이 人頸(인경)의 두 획 아래에 놓여 있다.[28]

2. 자부의 활용

① 자부를 추가한 경우

문자의 독립적 요소를 추가한 경우를 말한다.

'覇(패)'자를≪作冊大方鼎Ⅰ≫은 ''으로 쓰고, ≪作冊大方鼎Ⅱ≫은 ''으로 쓴다. 字符 '革(혁)' 부분 중 '口' 원형을 추가하고 있다. '逵(솔)'를 ≪小臣謎簋Ⅰ≫의 蓋銘은 ''로 쓰고, 器銘은 ''로 쓴다. ≪小臣謎簋Ⅱ≫의 蓋銘은 '逵'자를 ''으로 쓰고, 器銘은 ''으로 쓴다. ≪小臣謎簋Ⅰ≫의 器銘 중 '止'의 방향이 나머지 세 자와 다르고, 점의 숫자가 상호 다르며, ≪小臣謎簋Ⅱ≫의 蓋銘는 '亍(촉)' 변이 더 추가되어 있다.[29] ≪芮太子伯壺≫ 蓋銘 '子'자 아래 重文符號없이 '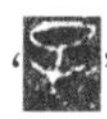'으로 쓰나, 蓋銘은 「=」를 추가하여 ''로 쓴다.

② 자부를 생략하는 경우

'唯(유)'자를 ≪小臣謎簋Ⅰ≫의 蓋銘은 ''으로 쓰고 器銘은 ''으로 쓰며, ≪小臣謎簋Ⅱ≫의 蓋銘은 ''으로 쓰고, 器銘은 ''으로 쓴다. '唯'자 네 개의 명문 형태는 약간씩 다르며, ≪小臣謎簋Ⅱ≫만이 '口'를 생략하고 '隹'로 쓰고 있다. ≪小臣謎簋Ⅰ≫의 蓋는 '辵'을 생략하고 ''으로 쓰고 있으나, 나머지는 모

(征)'으로 쓰고 있다. 이 자를 ≪금문편≫은 '0289 延'(119~120쪽)으로 예정하고, '0290 延'(120쪽) 아래 ≪康侯簋≫의 명문을 인용하고 "延字重見"이라 설명하고 있다. ≪금문편≫은 '征'·'延'·'延'과 '誕' 자를 같은 보고 있지만, 이들의 자와 '徣'자와의 관계에 대해서는 언급하지 않고 있으나, 사실상 같은 자이다. 금문에서는 주로 부사나 발어사의 용법으로 사용된다. 본문은 唐蘭의 주장을 따르기로 한다.

28) 陳初生≪金文常用字典≫은 '伐(벌)'자를 설명하면서 李孝定의 ≪甲骨文字集釋≫을 인용하여 "李孝定謂象戈刃加人頸, 擊之義也, 非人持戈.(李孝定은 창 날이 사람의 목을 치고 있는 형상이다. 사람이 창을 들고 있는 형상이 아니다.)"라고 설명하고 있다(724쪽).

29) ≪금문편≫ '202 逵'(91쪽) 참고.

두 '口'와 '辵'을 추가하여 ''・''・''으로 쓰고 있다.[30] '遣(견)'은 금문에서 '派遣(파견)하다'・'인솔하다'나 '출발하다'의 의미로 쓰인다.

<table>
<tr><td rowspan="2">矢令方尊</td><td colspan="2">矢令方彝</td><td rowspan="2"></td></tr>
<tr><td>蓋</td><td>器</td></tr>
<tr><td></td><td></td><td></td><td>≪矢令方彝≫器銘은 '周(주)'자 중 '口'를 생략하여 쓰고 있다.</td></tr>
<tr><td colspan="3">䚵簋</td><td rowspan="2"></td></tr>
<tr><td>蓋</td><td colspan="2">器</td></tr>
<tr><td></td><td colspan="2"></td><td>𧹞(賜)자 중 蓋銘 ''자는 '止(지)'를 생략하고 있다.[31]</td></tr>
<tr><td colspan="3">芮太子伯壺</td><td rowspan="2"></td></tr>
<tr><td>蓋</td><td colspan="2">器</td></tr>
<tr><td></td><td colspan="2"></td><td>'寶(보)'자 중 器銘은 '貝(패)'를 생략하고 있다.</td></tr>
</table>

③ 字符의 위치가 다른 경우

'保(보)'자를 ≪作冊大方鼎Ⅰ≫은 ''으로 ≪作冊大方鼎Ⅱ≫은 ''로 쓴다. 字符 '人'의 위치가 다르고, 필획의 방향이 왼쪽을 향하는 것에서 오른쪽을 향하는 것으로 바뀌었다. '謎(치)'자는 ≪小臣謎簋≫에서 小臣 謎의 인명으로 쓰이고 있다.[32] '謎'자를 ≪小臣謎簋Ⅰ≫ 蓋銘은 ''로 器銘은 ''으로 쓰며, ≪小臣謎簋Ⅱ≫蓋銘은 ''로 器銘은 ''로 쓴다. 이 중 ≪小臣謎簋Ⅱ≫蓋銘 ''자는 字符 '言'을 하단에 놓고 '着' 중 '止'를 생략하여 쓰고 있다. '謎'자를 ≪小臣謎簋Ⅰ≫ 器銘 ''자는 '來' 아랫부분에 횡획을 추가하여 쓰고 있다.

30) 馬承源은 '遭'로 예정하고 '遣(견)'자의 繁體(번체)라고 설명하고 있다(≪商周青銅器銘文選三≫, 50쪽). 자형은 ≪金文編≫ '0226 遣'(99쪽) 참고.

31) ''자에 대해서는 의견이 매우 분분하다. '𧹞(賜)' 이외에도 '債'・'賦'・'貸' 등으로 풀이하기도 한다. 馬承源은 '𧹞(賜)'은 금속화폐인 '鍰(무게 단위 환 ; huǎn,huán,huàn)'으로 보고 있다.(≪古文字研究≫, 12輯) ≪揚簋≫등에도 "取賜若干寽.(약간의 금속화폐 鋝을 취하다.)"라는 구절이 보인다.

32) '小臣'은 관직 명칭이고, '謎'은 이름이다. '謎'자는 음성부분이 '逨'로 '誺(모를 치 ; chī)'자와 통한다.

夨令方尊	夨令方彝		
	蓋	器	
33)			이 자는 族徽(족휘) 문자이다. 字符를 좌우나 상하로 안배하여 다르게 쓰고 있으며, 놓인 위치 또한 다르다. 尊器(준이)는 오른쪽 아래에 있고, ≪夨令方彝≫ 蓋는 왼쪽 하단에 단독적으로 놓여 있고, 器는 왼쪽 아래 문자들 아래 놓여 있다. 아마도 ≪夨令方尊≫과 ≪夨令方彝≫ 器는 먼저 족휘 문자를 수록하고 난 다음에 명문을 기록한 것으로 보인다.

大鼎34)		
臺灣所藏	北京所藏	
		'月'의 위치가 좌우 다르다.

追簋(北京故宮)35)		
蓋	器	
		'旂(祈 ; 기)'자 중 '斤'의 위치가 각각 다르다.36)

𤼈簋		
蓋	器	
		重文符號(중문부호)의 위치가 다르다.

伯定盉		
蓋	器	
		'缶(부)'의 위치가 서로 다르다.

33) '麌冊' 중 '(麌)'자는 '雋(준)' 혹은 '巂'으로 예정하기도 한다. ≪금문편≫ ≪부록상≫ '188'(1075쪽) 참고.

34) ≪大鼎≫은 모두 세 개가 있다고 전한다. 그 중 하나는 북경고궁박물관이 소장하고 있고, 다른 하나는 대만 고궁박물관이 소장하고 있다. 다른 하나는 ≪西淸古鑑≫(2.19)에 수록되어 있으나, 지금은 그 행방을 알 수 없다. 고궁박물관 소장 명문은 陳佩芬 ≪夏商靑銅器硏究≫(上海古籍出版社, 193쪽) 참고.

35) ≪大簋≫는 혹은 ≪追叔簋≫·≪追簋蓋≫·≪追乍皇且考簋≫이라고도 칭한다. 대만고궁 박물관에 몸체 하나를 포함하여 모두 여섯 개가 있다. 북경고궁박물관에 두 개가 있는데, 그 중에 하나는 뚜껑만 있고, 하나는 뚜껑과 몸체가 모두 있다. 다른 하나는 미국 LA 아시아 박물관에 소장되어 있고, 나머지는 日本書道박물관에 소장되어 있다. 북경고궁박물관 소장의 명문은 陳佩芬, ≪夏商靑銅器硏究≫, 上海古籍出版社, 171쪽 참고.

36) ≪追簋≫의 '旂(祈)匃'를 ≪頌鼎≫도 '旂(祈)匄'으로 쓰고 있다.'(匃)'자는 '匄(빌 개 ; gài)'의 이체자로 '丐(개)'의 의미로 쓰인다. ≪金文編≫은 '2061 匃'(840쪽)에서 "經典皆作介爲之. 詩七月以介眉壽.(經典에서는 '介'자로 가차되어 사용된다. ≪詩經·七月≫은 '장수를 기원하다(以介眉壽).'로 쓰고 있다.)"라고 설명하고 있다. '用匃'는 '기원하다'의 의미. '匄(개)'자에 대하여 ≪說文解

④ 서로 다른 자부를 사용하는 경우

‘懋(무)’자를 ≪小臣謎簋Ⅰ≫의 蓋銘은 ‘’으로 쓰고, 器銘는 ‘’으로 쓰고, ≪小臣謎簋≫Ⅱ의 개명은 ‘’으로 쓰고, 기명은 ‘’으로 그 자형이 약간씩 다르다. ‘’은 자부 ‘矢’를 쓰고, ‘’은 ‘土’를 쓰고 있으며, 아래 ‘心’의 형태도 또한 약간 다르다.37)

⑤ 동일한 자부의 訛形(와형)

‘歸(귀)’자를 ≪小臣謎簋Ⅰ≫의 蓋銘은 ‘’으로 器銘은 ‘’으로 쓰며, ≪小臣謎簋Ⅱ≫의 蓋銘은 ‘’으로 쓰고, 器銘은 ‘’으로 쓴다. ≪小臣謎簋Ⅱ≫의 蓋銘 ‘’는 字符 ‘帚(추)’의 윗부분을 방향을 달리하여 오른쪽으로 향하게 쓰고, 아랫부분 역시 형태가 다른 명문과 다르다.38) 이외에도 ≪芮太子伯壺≫는 ‘亨(亯 ; 형)’자를 蓋銘은 ‘’으로 쓰나, 器銘은 아랫부분을 변형하여 ‘’으로 쓴다.39)

龖簋				
蓋		器		
				蓋銘 ‘易’의 아래 발 모양이 器銘과 다르다.40)
賢簋41)				
上海一 蓋銘	上海一 器銘	上海二 蓋銘	臺灣故宮 器銘	
				上海二의 蓋銘과 臺灣故宮(대만고궁) 器銘은 ‘亍(촉)’을 두 점으로 쓰고 있다.
麩父卣				
蓋		器		
				蓋銘의 ‘廾(공)’이 變形되었다.42)

字≫는 ‘气也’라고 설명하고 있다(≪說文解字今釋≫, 1814쪽). ‘气’는 ‘乞’과 통하여 ‘기원하다’나 ‘바라다’라는 의미로 쓰인다.

37) ≪金文篇≫ ‘1732 懋’(718쪽) 참고.

38) ≪金文篇≫ ‘0193 歸’(85쪽) 참고.

39) ≪金文常用字典≫은 吳大澂(오대징)의 주장을 참고하여 “吳大澂爲象宗廟之形. ……隷變爲享.(吳大澂은 宗廟의 형상이다라고 설명하고 있다. ……예서는 享(형 ; 향)으로 쓴다).”라고 설명하고 있다(594쪽). 古文에서는 ‘亨’과 ‘享’은 같은 자이다. 高亨≪周易古經今注≫는 ≪周易≫‘乾卦’「乾, 元亨」구절에서 ‘亨’자에 대하여 “‘亨’은 제사를 지낸다는 뜻의 ‘享’이다. ≪說文≫‘’은 “올리다의 뜻인 獻이다. 高의 생략된 글자 모양으로 되어 있으며, 앞으로 나아가 물건을 잡는 형상이다.”라고 설명하였고, 篆文에서는 ‘’으로, 隷書는 享 혹은 亨으로 썼으니, 亨과 享은 사실상 한 글자인 것이다.“라고 설명하고 있다.(高亨 주해, 김상섭 역, ≪高亨의 周易≫, 예문서원, 84쪽 재인용) ≪金文篇≫ ‘0882 亯’(377쪽).

3. 僞作(위작)으로 문자의 풍격이 다른 경우

銘文(명문)은 후에 僞作(위작)하는 경우가 종종 있다. 위작이 매우 정밀한 경우는 구별이 쉽지 않은 경우도 있다. ≪蘇公子簋≫는 대만 중앙박물관이 소장하고 있다. 이 기물은 蓋銘과 器銘이 있으나, 蓋銘은 僞作으로 인하여 器銘의 문자와 풍격이 다르다.43)

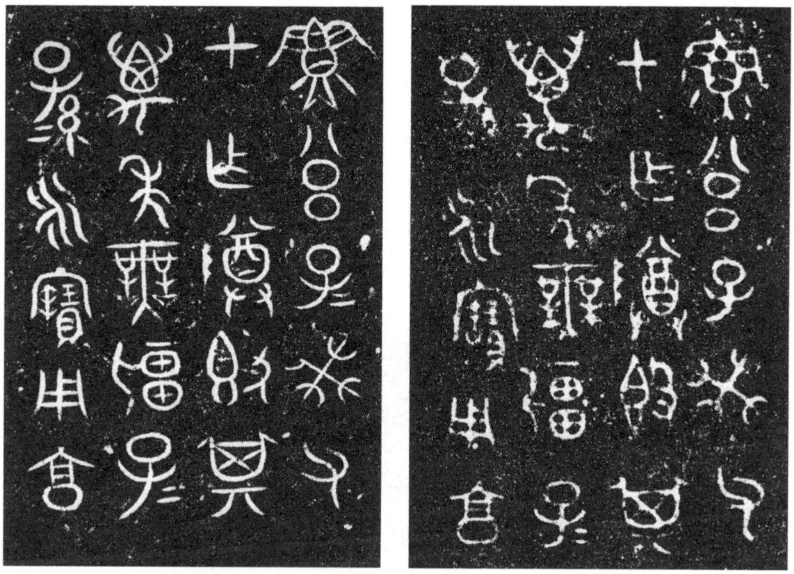

≪蓋≫ ≪器≫

40) '揚(양)'자는 금문에서 상용되는 찬양하는 의미이다.≪尙書・說命≫은 "敢對揚天子之休命.(감히 천자의 훌륭한 명을 찬양하다.)"이라 했고, ≪大雅・江漢≫은 "對揚王休.(왕의 위대한 은덕을 찬양하다)."이라 했다. '對(대)'는 '은덕에 화답하다'의, '揚(양)'은 '發揚하다'의 의미로, 金文에서는 일반적으로 두자가 함께 쓰여 '受賜者가 賞賜者를 은덕을 찬양하다'라는 뜻으로 쓰인다. 그러나 ≪畓生簋≫의 "畓生敢對天子休"와 같이 '揚'을 생략하고 '對' 한 자만을 쓰거나, ≪守宮尊≫의 "守宮揚王休"와 같이 '揚'자만을 쓰거나, 혹은 ≪梁其鐘≫의 "梁其敢對天子不顯王揚"과 같이 '對'를 앞에 쓰고 '揚'을 뒤에 쓰거나, ≪趩簋≫의 "揚王休對"와 같이 '揚'을 앞에 쓰고 '對'를 뒤에 쓰기도 한다. ≪廣雅・釋詁≫는 "對, 揚也"라고 설명하고 있다.(≪金文常用字典≫, 274쪽 참고) '揚'자의 자형은 ≪金文編≫, '1941 揚'(778쪽) 참고.

41) ≪賢簋≫는 ≪賢彝衛公叔簋≫이라고도 칭한다. 상해박물관에 하나의 器와 두 개의 蓋가 있고, 대만 고궁박물관에는 하나의 器가 있다. 대만 고궁박물관이 소장하고 있는 기물은 형태와 장식 무늬 등으로 보아 후에 상해박물관의 기물을 보고 새로 僞作한 것으로 보인다.(陳佩芬, ≪夏商青銅器研究≫, 上海古籍出版社, 327쪽) ≪賢簋≫ 중 <上海>는 상해박물관 소장을 말하고, <臺灣故宮>은 대만 고궁박물관 소장을 말한다.

42) ≪金文編≫ '2122 彝'(864쪽) 참고.

43) ≪故宮西周金文錄≫, 圖片 97 참고.(國立故宮博物院編輯委員會編輯, 2001年). ≪三代吉金文存≫은 '8.12.3'에, ≪殷周金文集成≫은 '7~4015'에 수록하고 있다.

내용은 「穌(蘇)公子癸父甲作尊簋, 其萬年無疆, 子子孫孫永寶用享.(蘇(소)의 公子 癸父 甲은 존귀한 궤를 만들어 장수하기를 기원한다. 자손들은 영원히 소중하게 간직하고 사용할지라.)」이다. 銘文은 모두 4행 22자이다. 蓋銘(개명)은 僞作(위작)으로 器銘(기명)과 상당히 다르다. 蓋銘의 '公子' 중의 '子'는 僞作으로 인하여 중문부호 '='를 잘못 추가하여 쓰고, '簋(궤)'자 중 '殳(수)()', ''자 중 전갈의 머리 부분, '(禾)'자 중 상단 점 부분, '無(무)'자 중 ''의 아랫부분, '(彊 ; 강)'자 중 '畺(강)'의 횡획, '(永 ; 영)'자 중 오른쪽 획, '(寶 ; 보)'자 중 '缶(부)'의 아랫부분 등을 蓋銘은 일반적인 형태와는 다르게 쓰고 있다.

≪兩周金文辭大系圖錄考釋≫이 수록하고 있는 ≪蘇公子簋≫의 명문은 아래와 같다.

≪圖錄 281쪽≫44)

44) ≪三代吉金文存≫은 '8.12.2'에, ≪殷周金文集成≫은 '7-4014'에 수록하고 있다. ≪殷周金文集成≫은 이 자료는 "瞿穎山舊藏(攈古錄)"이라고 설명하고 있다.

4. 문장의 순서가 서로 다른 경우

내용은 같은데, 문자를 추가하거나, 혹은 누락하거나 생략하여 문장의 순서를 바꾸어 쓰는 경우가 있다. ≪芮太子伯壺≫는 蓋銘과 器銘의 문장 순서가 다르다.45)

≪蓋≫　　≪器≫

이 명문의 내용은 아래와 같다.

(蓋銘)

內(芮)大子白(伯)作
鑄寶壺, 萬
子孫永用亨.

(器銘)

內(芮)大子
白(伯)作鑄
寶壺, 永亨
子=孫用.46)

45) ≪故宮西周金文錄≫圖片 '118'. ≪三代吉金文存≫은 蓋銘을 '12.13.7'에 器銘은 '12.14.1'에 수록하고, ≪殷周金文集成≫은 蓋銘을 '15~9645.1'에, 器銘을 '15~9645.2'에 수록하고 있다.

器銘과 蓋銘의 내용은 같으나, 문자의 자형이나 순서가 다르다. ‘ ’(作 ; 작)’ · ‘ ’(孫 ; 손)’이나 ‘ ’(永 ; 영)’이나 ‘ ’(用 ; 용)’자 등은 일반적인 형태인 ‘ ’ · ‘ ’ · ‘ ’ · ‘ ’와는 방향이 반대다. 蓋銘은 다섯 자씩 맞추어 세 줄로 쓰고 있으나, 器銘은 세 자씩 네 줄로 맞추어 쓰다가 ‘亨’자를 가운데 아래 놓고 있다. 이는 아마도 적절한 안배하기가 곤란하였거나, 마침 공간이 있어 마지막으로 아래 가운데에 써 넣었거나, 혹은 기물을 제작하는 사람이 신중하게 처리하지 못해서 생겨난 현상인 것으로 보인다. 蓋銘은 器銘보다 ‘ ’(萬)’자 한 자가 더 있다. 蓋銘 ‘ ’(子)’자 아래 重文부호 ‘=’가 없으나, 器銘 ‘ ’(子)’에는 있고, 蓋銘은 ‘亯(형)’자를 ‘ ’으로 쓰고, 器銘은 ‘ ’으로 쓰고 있다. 기원하는 내용에 쓰이는 ‘萬(만)’자는 일반적으로 “其萬年”의 형식으로 쓰여 장수를 기원한다. ≪魯伯大父簋≫나 ≪諆季獻盨≫은 “其萬年, 字=孫=永寶用”이나 “其萬年, 字=孫=永寶用亨”으로 쓴다. 따라서 ‘萬’은 “其萬年”의 축약형식으로 보인다. ‘永亨子=孫用’을 蓋銘은 “萬子孫永用亨”으로 쓰고 있다. 일반적인 문장 형식으로 보아 개명의 내용을 잘못 쓴 것으로 보인다.

위에서 분석한 축자 비교 이외에도 종합적 비교가 필요하다. 예를 들어, ≪小臣謎簋 I ≫의 개명과 기명, ≪小臣謎簋 II ≫의 개명과 기명 중 상호 전체적인 비교를 통하여, ≪小臣謎簋 II ≫의 개명이 다른 명문에 비하여 다른 형태가 좀 더 많음을 알 수 있다.(‘필획을 생략한 경우’ 참고)

같은 기물에 새겨진 명문은 모두 같은 내용으로 이해하고, ‘색인’을 편집하거나 釋文(석문)하는 경우에 세심한 주위를 기울이지 않아, 오기하는 경우가 있기 때문에 주의를 해야 한다.

동일한 青銅器의 異體字현상은 蓋銘(개명)과 器銘(기명)의 상호 비교 이외에, 同篇(동편) 중의 異體字 연구와 더 나아가 西周(서주)와 東周(동주) 등 동일 시기의 전체 명문의 異體字 현상 연구 또한 필요하겠다. ≪金文篇≫과 같은 자전을 이용한 동일 시기의 異體字와 異體字의 역사적 연변 관계도 앞으로 상당히 필요한 연구과제 중에 하나이다.

46) 내용은 “芮大子伯(예태자백)은 소중한 壺를 만들다. 장수하기를 기원하고 만년 대대로 자손들은 영원히 간직하고 제사를 지내는데 사용할 지어라”이다. ≪殷周金文集成引得≫(中華書局)은 蓋銘과 器銘을 모두 “内(芮)大(太)子白, 乍(作)鑄寶壺, 邁(萬)子孫永用亨.”(143쪽)으로 석문하고 있으나, 器銘은 ‘萬’자가 없기 때문에 ≪殷周金文集成引得≫은 蓋銘과 器銘를 분리하여 석문하여야 한다.

I·殷商時期

I 殷商時期

專名銘文

1. 「토템」·「기물주」

1-1 【鼎(牛鼎)】

【명문참고】

二玄社 1 ; 集成 3 · 1104 ; 三代 02 · 02 · 7-8 ; 總集 01 · 0020

【소개】

크기 : 높이 31㎝.

명문 : 蓋器銘 2字(器와 蓋에 각 한 자씩).

시기 : 商代晩期 혹은 西周早期.

소장 : 미국 필라델피아(Philadelphia) Pennsylvania대학 박물관.

【주요참고문헌】

≪金文詁林≫(周法高 主編), 第二冊, 0096條(520~521쪽).

≪金文詁林附錄≫(周法高・李孝定 編著), 2182條(478쪽).

【석문】

牛. (2965)

설 명

이 기물은 '牛'族의 祭器이다.

''자와 ''자는 소의 머리 부분을 형상화하고 있는 '牛'자이다. 갑골문은 ''・'' 등으로 쓰고, 금문은 ''・'' 등으로 쓰기도 하는데, ''자를 더욱 간략하게 쓴 형태다. '牛'자의 도형문자는 '' 등이 있다.

이러한 문자를 '圖形文字(도형문자)' 혹은 '族徽文字(족휘문자)'라고 부른다. 도형문자는 商周시기의 族氏・方國・地名・人名과 祭名 등을 나타내며, 이는 토템・조상・자연・靈物(영물) 등을 숭배하는 사상의 표현이기도 하다.

아래는 '龜'・'鳥'・'兎'・'鹿'・'虎'와 '魚'의 銅器文飾(동기문식)과 圖形문자를 대조한 것이다(윗부분은 동기문식이고, 아랫부분은 도형문자이다).

'虎' '鹿' '兎' '鳥' '龜' '魚'

단지 씨족을 강조하기 위해서 모사한 일종의 '장식글자(美術字)'에 해당되는 것으로 원시적인 모습의 상형문자와는 다르다. 때문에 '도형문자'라고 할 수 없다고 주장하는 학자도 있다. 하지만 고문자의 기원은 사물을 객관적으로 모사하는 것에서 비롯된 것이고, 商周청동기 중의 文飾과 圖形文字는 밀접한 관계가 있고, 갑골문과 금문의 '도형문자'가 또한 밀접한 관계가 있기 때문에 이를 '도형문자'라고 할 수 있다.

아래 도편은 갑골문과 금문의 도형문자 비교이다(윗부분은 갑골문이고, 아랫부분은 금문이다).

'若' '鼎' '馬' '伐' '龍' '卽' '自' '車' '鼓' '舌'

이외에도 동물의 도형문자는 아래와 같은 것이 있다.

'馬' '羊' '虎' '象'

금문편

'' : ≪金文編≫≪附錄上≫, '204'(1079쪽) 참고.

1-2 【鼎】

【명문참고】

二玄社 2.

【소개】

異名 : 戈鼎.

【주요참고문헌】

≪금문편≫, 容庚, 820~821쪽.

【석문】

戈.

설 명

이 기물 鼎(정)은 ≪集成≫에 보이지 않는다.

≪금문편≫은 여러 형태의 '戈'자를 소개하고 있다.

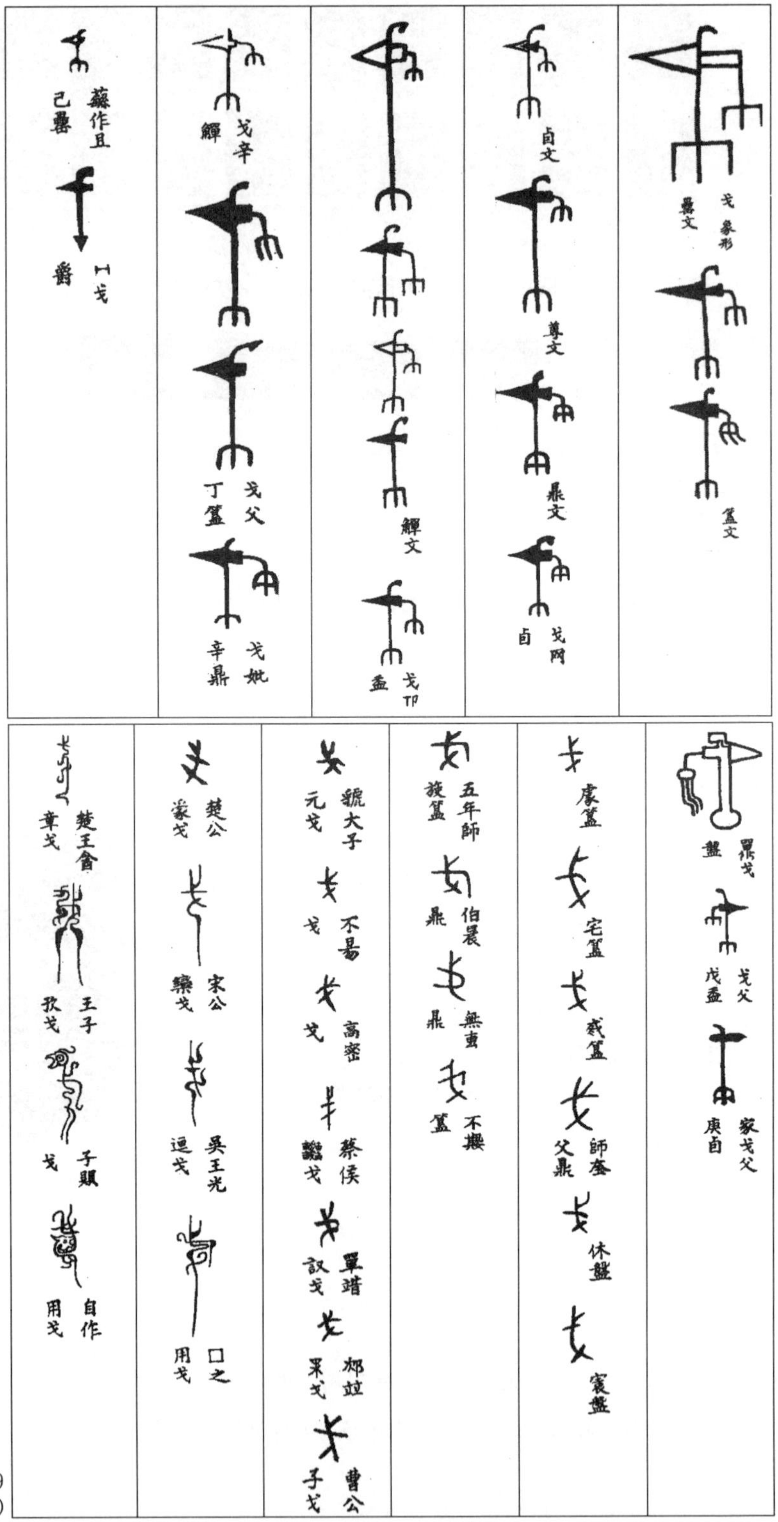

≪금문편≫, '2029 戈'(820~821쪽)

위의 문자들은 창의 모양을 형상화하고 있다. 고대의 창은 여러 형태가 있으나, 가장 일반적인 형태는 옆 그림과 같다.

1-3 【婦好三連甗】

【명문참고】

二玄社 17 ; 集成 3·793 ; 銘文選 3·3 ; 總集 02·1562-1565.

【소개】

출토 : 1976년 봄에 河南省 安陽市 小屯村 殷墟 五號 묘에서 출토.
명문 : 1行 2字.
기물 : 높이 68㎝ ; 길이 103.7㎝.
시기 : 商代 後期
소장 : 중국역사박물관 소장.

【주요참고문헌】

馬乘源 主編, ≪商周青銅器銘文選三≫, 2~3쪽.

【석문】

婦好(2843)

【기물】

≪婦好三連甗≫

설 명

이 명문은 '帚(婦)'와 '好攵(好)'로 이루어져 있다.

갑골문자에 婦好(부호)라는 이름이 보인다. 武丁(무정)의 68명 배우자 가운데 한 사람이다. 婦好는 지위가 상당히 높았던 것으로 보인다. 1976년에 발견된 婦好묘에서 부호라는 명문이 새겨진 기물이 60여 점 발견되었고, 后辛(후신)이라는 명문도 5점 이상 보인다.

2. 「족 명」

2-1 【鼎(亞矣方鼎)】

【명문참고】

二玄社 3 ; 集成3・1432 ; 三代 02・07・11 ; 總集 01・0162

【소개】

異名 : 亞唉方鼎.

출토 : 安陽에서 출토되었다고 전함.

소장 : 日本 나라(奈良) 寧樂美術館.

【주요참고문헌】

≪金文詁林附錄≫, 298~326쪽.

＜亞矣族銅器研究＞, ≪古文字研究≫ 第二十五輯, 何景成, 148~155쪽.

【석문】

亞矣＜唉＞(5485)

설 명

‘亞矦’를 ‘亞唉’라고도 쓰며, ‘衢唉(구애)’라고도 읽는다. 그러나 ‘亞’는 장식성 부호이기 때문에 문자적 의미는 없다. ≪금문편≫은 위의 문자와 함께 아래 도형문자를 수록하고 있다.

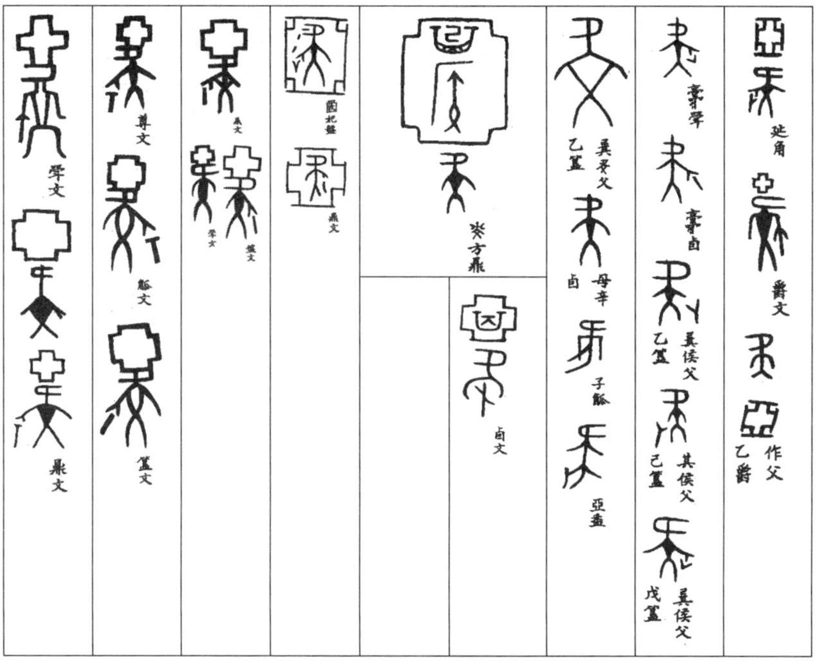

≪금문편・부록상≫, ‘129’(1056~1057쪽)

위 ≪금문편・부록≫에서 소개하고 있는 문자는 ‘’나 손 부분에 막대모양을 추가하여 ‘’ 등으로 쓰기도 한다. ‘’자에 대해서는 학자마다 의견이 분분하다. ‘㫃’・‘旲’・‘㒞’・‘交’・‘燕’이나 ‘疑’ 등으로 해독하기도 하나 본문은 ‘唉(애)’자로 해석하기로 한다. ‘’자가 손에 물건을 추가하여 ‘’자로 쓰는 것은 ‘矣’자가 후에 ‘唉’・‘疑(의)’ 혹은 ‘擬(의)’자 등으로 분화된 것과 같은 현상이다.

‘’자의 음과 의미에 대해서도 의견이 분분하다. ‘亞室(아(구)실 : 궁실)’・‘黻(불 : 폐슬)’・‘界畵(계화 : 경계선)’・‘押印(압인)’・‘爵稱(작칭)’・‘諸侯地位(제후지위)’・‘文飾(문식)’이나 ‘徒衆(도중 : 무리)’ 등의 의미라고 주장하기도 한다. ≪尙書・牧誓≫에 “司徒・司馬・司空・亞旅・師氏” 등의 관명이 기록되어 있는데, ‘亞旅’은 ‘上大夫’로 군사를 다스리는 장관을 가리키며, ‘亞’와 ‘旅’는 모두 ‘多’ 혹은 ‘衆’의 의미가 있다. 그러나 '亞'형을 추가하기도 하고, 생략하는 것으로 보아 단지 장식성에 불과하고 다른 의미가 없는 것으로 보인다(≪圖形與文字-殷金文硏究≫, 朱歧祥, 里仁書局引行, 27쪽).

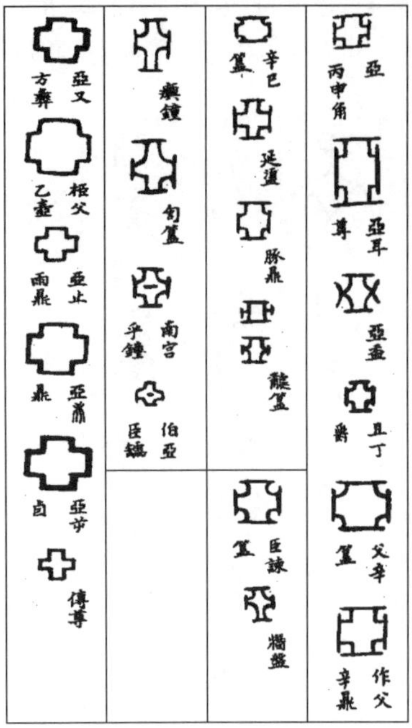

≪금문편≫, '2348'(946~947쪽)

''자의 음은 '途(도)'나 '徒(도)'로 읽어야 한다고 주장하기도 하나, ≪說文解字≫의 '壼(곤)'에 대한 ", 宮中道, 從囗, 象宮垣 · 道 · 上之形(자는 宮中의 도로라는 의미이다. '囗'은 궁중의 담 · 도로 · 지붕 등을 형상화한 것이다)"과 ≪爾雅 · 釋宮≫의 "四達謂之衢(네거리가 서로 통달하는 것을 衢라 한다)"라는 구절 등을 참고하여 '衢(구)'로 읽기도 한다. 그러나 장식성의 부호이기 때문에 음가를 따로 부여할 필요는 없을 것 같다. '壼'자는 '壺'자와 아랫부분이 다르다. '壼'자 중 윗부분 ''은 지붕을 형상화한 것이고, 아랫부분 ''은 사거리 모양인 ''의 형상이다.

그러나 ''형이 단독적으로 출현하는 경우는 ≪금문편≫은 '亞'자로 인식하고 있다.

≪方鼎(嬰方鼎)≫과 ≪矦簋(父乙簋)≫ 등은 遼寧省(요녕성)에서 발견되었다. 이 지역은 周代의 燕國에 해당된다. '㠱矦'族은 이 지역 근방에서 주로 활동한 것으로 보인다.

2-2 【方鼎(㚔旅方鼎)】

【명문참고】

二玄社 4；集成 3・1371.

【소개】

異名：旅方鼎.

명문：1자.

시기：殷商.

소장：미국 뉴욕(New York) Brooklyn 박물관.

【참고문헌】

≪金文編≫, 464~470쪽.

≪金文詁林≫, 7・0897.

【석문】

㚔旅≪旅≫(3013)

설 명

이 자의 윗부분 ''를 '㚔'로 보고 '㚔旅'로 해석하는 경우도 있으나, 본문은 ''를 깃대의 일부로 보고, '旅(여)'자로 해석하기로 한다. ≪금문편≫도 이 자를 '旅'로 보고 있다. '旅'자는 사람이 깃발 아래 모여 있는 모양이며, 마차가 추가된 것도 있다.

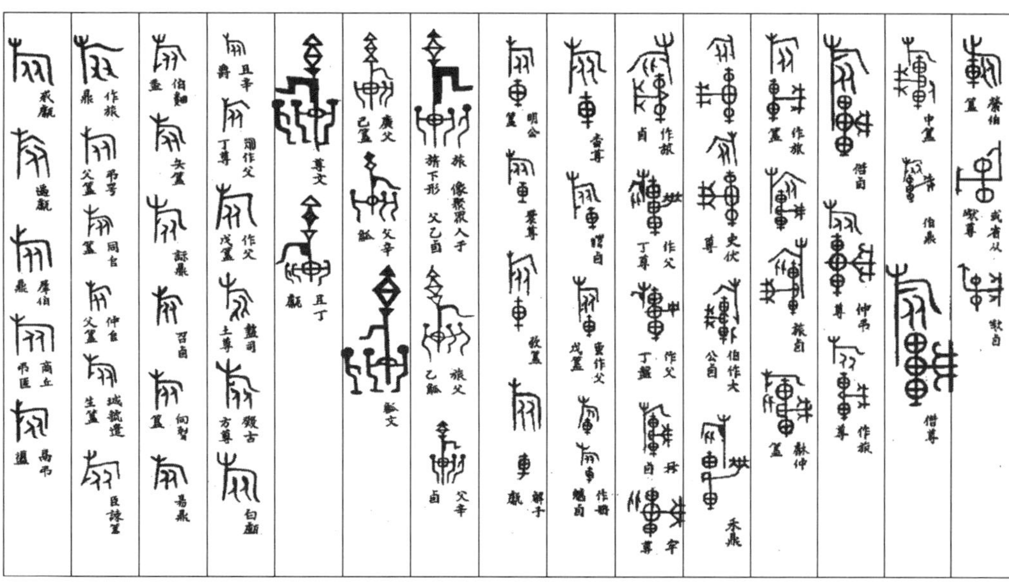

≪금문편≫, '1108旅'(464~470쪽)

≪설문해자≫는 '旅(여)'자에 대하여 "[seal-script glyph], 軍之五百人爲旅. 从㫃, 从从, 从, 俱也. [seal-script glyph], 古文旅. 古文以爲魯衛之魯(군대에서 오백 명을 단위로 하여 旅라 한다. '㫃'와 '从'으로 이루어진 회의자이다. '从'은 많은 사람이 같이 있음을 의미한다. '[seal-script glyph]'자는 고문의 旅이며, 魯衛(노위)의 魯자로 가차되어 사용된다)."라고 설명하고 있다. 고문 '[seal-script glyph]' 중의 '[seal-script glyph]' 부분은 금문 중의 '[seal-script glyph]' 부분이 변한 것이다.

2-③ 【[seal-script glyph]斝】

【명문참고】

二玄社 5.

【소개】

異名：眲庚斝.

【주요참고문헌】

≪금문고림부록≫, 1127~1135쪽.

≪금문편≫＜부록상＞, 1160~1161쪽.

【석문】

眲庚.

설 명

≪集成≫은 이 명문을 수록하지 않고 있다.

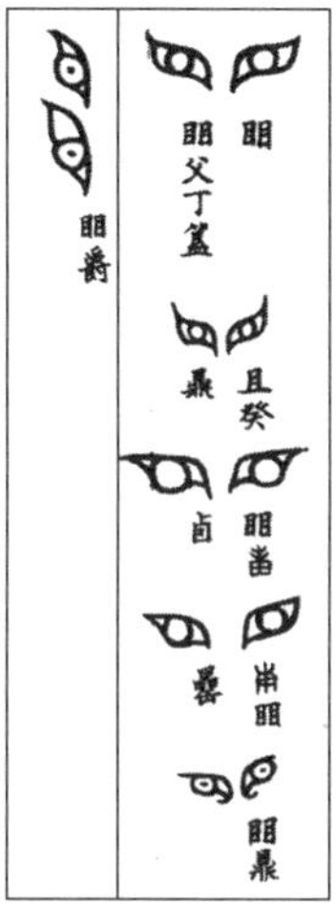

≪금문편≫, '0583 䀠'(237쪽)

위의 금문은 '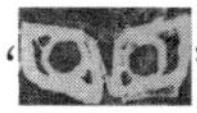'과 '' 두 부분으로 되어 있다. '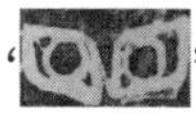'는 두 개의 '目'이 서로 맞대고 있는 모양으로 '䀠(구)이다. ≪설문해자≫는 '䀠'자에 대하여 "左右視也. 从二目. 讀若瞿, 又若良士瞿瞿(좌우는 바라보는 형태다. 두 개의 目으로 이루어진 회의자이다. 음은 '拘(구)'와 유사하다. 혹은 '良士瞿瞿'의 '瞿(구)'와 같다)"라고 하고 있다.

≪금문편≫≪부록상≫ '581'(1160~ 1161쪽)은 '' 문자들을 아래와 같이 수록하고 있다. 아랫부분 ''을 '丙'으로 해석하여 '庚丙(경병)'이라고 주장하고 있는 학자도 있으나, 악기의 받침대 모양이기 때문에 합문이 아니라 단독의 한 자, 즉 '庚(경)'자로 보는 것이 타당하다 하겠다(郭沫若).

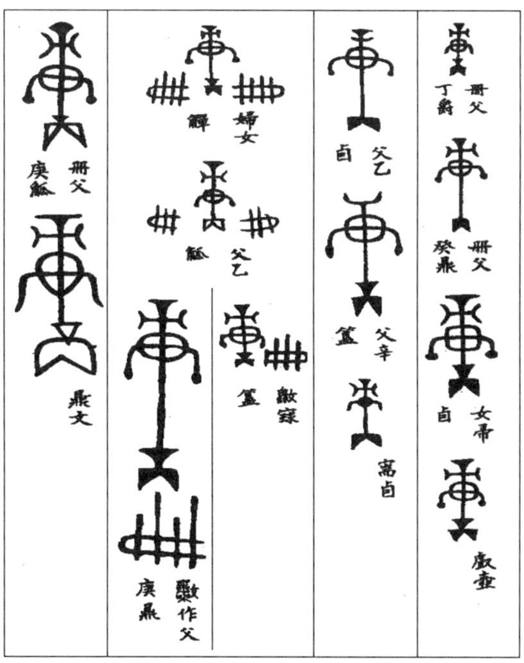

≪금문편 · 부록상≫ '581 庚'(1160~1161쪽)

≪금문편≫,
'2368'(969~971쪽)

≪금문편≫은 '政(正編)'에 '庚(경)'자가 있다. ≪부록≫에서 소개되고 있는 '庚'자와는 받침대부분만 다를 뿐, 모두 양쪽 귀를 흔들어 소리를 나게 하는 악기의 모습을 형상화하고 있다. '正文'에 보이는 '庚'자가 좀 더 간화된 형태다.

2-[4] 【𫹉尊】

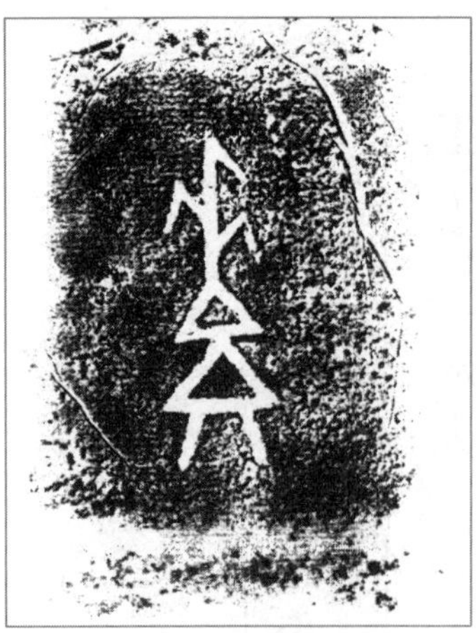

【명문참고】

二玄社 9 ; 集成 11·5500.

【소개】

異名 : 稽尊.

시기 : 殷商.

소장 : 일본 도쿄(東京) 마츠오카(松岡) 美術館.

【참고문헌】

≪金文詁林附錄≫, 572~576쪽.

【석문】

<稽>(2420)

설 명

이 자는 윗부분이 '禾(화)'이고, 아랫부분이 '亯(형 : 향)'이다. ≪說文解字≫는 '亯' 자에 대하여 "獻也. 從高省, 曰象進孰物形. ……, 篆文亯('바치다'라는 의미이다. '高'자의 일부가 생략된 형태다. '曰'은 제사상에 올리는 익힌 음식의 형태이다. 篆文은 ''로 쓴다)"로 설명하고 있다. 그러나 갑골문은 '亯'자를 ''·''으로 쓰고, 금문은 ''·'' 등으로 쓰는 것으로 보아 宗廟(종묘)의 모양을 형상화한 것으로 보인다. '' 부분도 宗廟의 형상과 유사하다. 이 자는 의미부분이 '禾'이고 음성부분이 '亯(형 : 향)'인 '稾'이다. ≪금문편≫은 ''과 유사한 형태들을 ≪부록≫에 수록하고 있다.

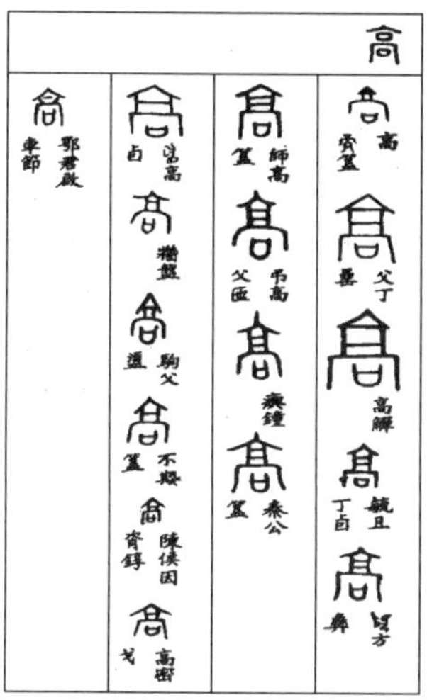

≪금문편≫, '0874 高'(374쪽)

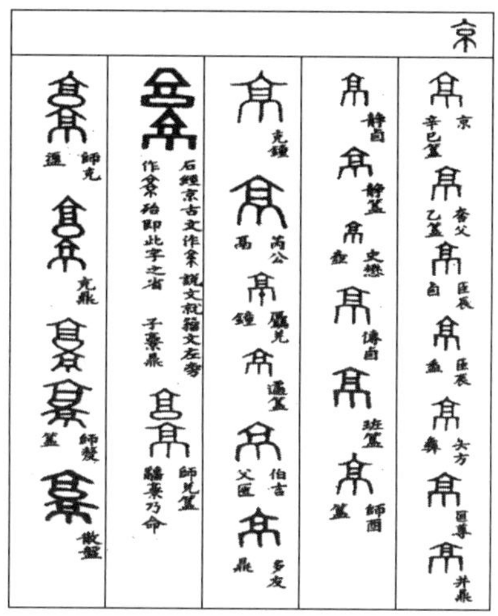

≪금문편≫, '0880 京'(376~367쪽)

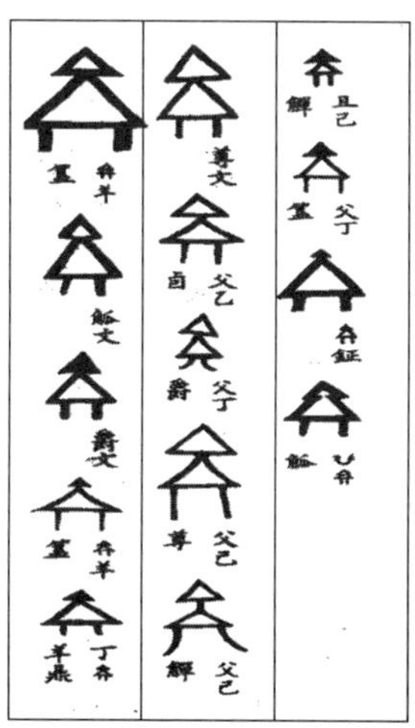

≪금문편·부록·상≫, (1093~1094쪽)

'□'族의 기물로는 ≪□且己尊≫ 등이 있다.

≪集成≫ 11.5604, ≪□且己尊≫

2-5 【□爵(鄉宁爵)】

【명문참고】

二玄社 10 ; 集成 13.8175 ; 總集 05.3709.

【소개】

시대 : 殷商.

소장 : 일본 도쿄(東京) 마츠오카(松岡) 美術館.

【주요참고문헌】

≪금문편≫, 1051쪽.

≪금문고림부록≫, 257, 2105쪽.

【석문】

卿宁(3069).

설 명

이 자에 대한 해석은 매우 분분하다. 한 자로 인식하여 '𨞰'으로 예정하거나 혹은 '卿宁' · '鄕宁' 등으로 예정하기도 한다. 이 기물은 卿族(경족)과 宁族(저족)이 함께 주조한 祭器이다.

≪금문편≫은 ''자와 같은 자를 다음과 같이 소개하고 있다.

≪금문편 · 부록상≫, '122'(1051쪽)

윗부분은 두 사람이 음식을 앞에 놓고 향연하는 모습으로 '卿(경)'자의 형상이고, 아랫부분은 앉는 자리나 계단인 '宁(저)'자의 형상하고 있는 것으로 보인다. 하지만 어떤 자인지 확신할 수 없는 자이다. 이 자를 단독자로 본다면 '𨞰'로 예정할 수 있고, 두 자로 본다면 '卿宁(경저)'로 예정할 수 있을 것이다. '' 부분은 '(卿)'자와 유사하고, '' 부분은 '宁'자와 같으며, 또한 이 두 자 사이에 '父癸(부계)' 등이 삽입되어 있기 때문에 본문은 '卿宁'자로 예정하기로 한다.

아래는 ≪금문편≫에 수록된 '卿'(645~646쪽)과 '宁'(946쪽)자이다.

≪금문편≫, '2347 宁'(946쪽)

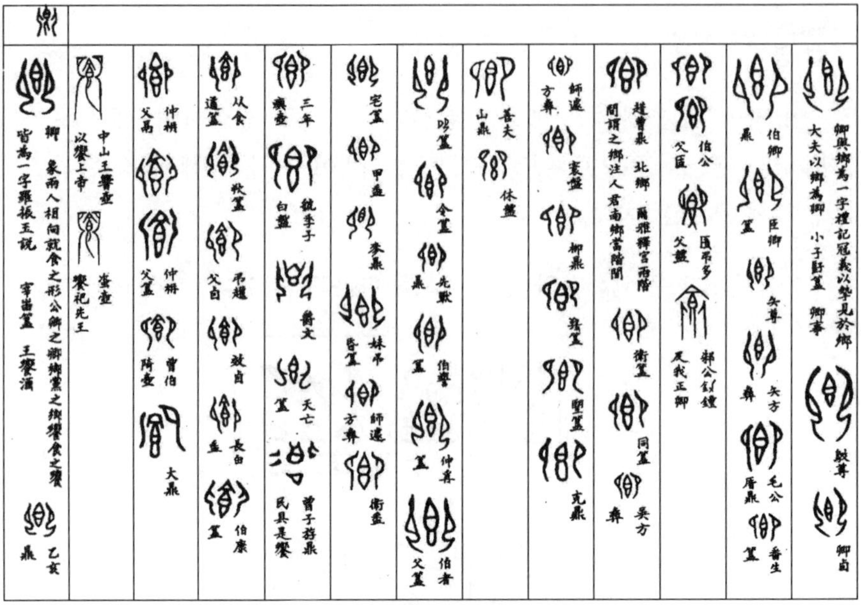

≪금문편≫, '1511卿'(645~647쪽)

이 족속과 관련 있는 기물은 ≪殷周金文集成≫ 중 '辛·卿宁'(07163)·'卿宁·癸'(01700)·'卿·癸·宁'(01701)·'卿·乙·宁'(01699)와 '卿·父癸·宁'(03337) 등이 있다. '卿'과 '宁'자를 붙여 쓰거나 나누어 쓰는 것으로 보아, '卿'族과 '宁'族이 함께 만든 제기로 보인다(朱歧祥, 2004年, 35쪽 참고).

2-6 【盂(亞若癸殷)】

【명문참고】

二玄社 13 ; 集成 6・3713 ; 三代 06・40・2 ; 總集 03・2281.

【소개】

명문 : 7자.

시대 : 殷商.

소장 : 미국 The Minneapolis Institute of Art, Minneapolis, Minnesota.

【주요참고문헌】

≪古文字詁林≫ 第一冊, 525~534쪽.

【석문】

亞{若癸𠂤(師)乙受丁旓乙止}(≪金文引得≫, 3779)

亞若癸受丁旅乙㳅𠂤(師). (≪金文集成引得≫, 6・3713)

亞若癸𠂤乙受丁旅乙(본문)

【해석】

亞若・亞癸・亞𠂤・亞受・亞旅 族이 그 조상 癸・乙・丁과 乙을 각각 기념하기 위하여 만든 祭器.

설 명

'亞若癸'에 대한 명문이 다소 보이지만, 이에 대한 예정이나 해석에 대해서는 아직도 확실치 않다. ≪金文引得≫이 '旓乙止'라고 예정하고 있는 구절을 劉心源(유심원)은 '遊(유)'자로 해석하고, 의미는 旅祭의 뜻이라고 설명하기도 한다(≪金文詁林≫ 7卷, 4233~4265쪽, 참고). '受(수)'자는 ≪受父乙卣≫에서 族名으로 쓰인다(≪甲骨金文字典≫, 315쪽). '亞若癸'와 관련된 금문 문장은 아래와 같다(≪殷周金文集成引得≫, 1111쪽 참고).

亞若癸受丁旅乙㳅𠂤(師)(4.2400)
亞若癸受丁旅乙㳅𠂤(師)(4.2402)
亞若癸受丁旅乙㳅𠂤(師)(6.3713)
亞若癸受丁旅乙父甲(4.2401)
亞旅止乙受若癸𠂤(師)(11.5937)
亞受旅乙㳅若癸𠂤(師)乙(11.5937)
亞若癸乙𠂤(師)受丁㳅旅(12.7308)
亞若癸乙𠂤(師)受丁㳅旅(12.7309)
亞若癸乙𠂤(師)受丁旅㳅(16.9886)
亞若癸乙𠂤(師)受丁旅㳅(16.9887)
亞若癸冉(12.6430)
亞若癸, 亞旅乙止(㳅)(17.11114)

내용이 같음에도 불구하고 ≪集成引得≫은 예정을 각각 달리하고 있다. 이 명문은 앞으로 좀 더 많은 연구가 필요하다. 하지만 朱歧祥(주기상)은 ≪圖形與文字-殷金文硏究≫에서 "以上由02402至03713等八器爲同一組內容的異文. 彼此的位置和部件稍有出入, 但讀法都應是：亞若癸·自乙·受丁·旅乙. 此乃指「亞若癸」「亞自乙」「亞·受丁」「亞旅乙」四家族分別爲紀念其祖先某癸·某乙·某丁·某乙而聯合鑄造的彝器之省文. 其中的05937·05938二器的受形下宜缺一「丁」字(이상에서 제시한 02402에서 03713의 기물 여덟 개는 문자의 배열 형식은 다르나 모두 동일한 내용을 기록한 기물이다(기물은 02402, 02400, 07308, 07309, 09887, 05937, 05938, 03713, 02401 등 여덟 개를 가리킨다). 문자의 위치와 문자의 형태가 약간씩은 다르나 '亞若癸·自乙·受丁·旅乙'로 釋文하여야 옳다. 그 내용은 '亞若癸''亞自乙''亞·受丁''亞旅乙' 등 네 족속이 그 조상 癸·乙·丁·乙을 기념하기 위하여 만든 기물이다. 그 중에서 05937과 05938의 기물은 「丁」자가 빠져 있다.)"라고 설명하고 있다(37쪽).

본문은 잠시 朱歧祥의 주장을 따르기로 한다.

3. 「제사대상」

3-[1] 【司母戊方鼎】

【명문참고】

二玄社 15 ; 集成 4・1706 ; 銘文選 1・1 ; 總集 01・0516.

【소개】

異名 : 司母戊鼎 ; 母戊方鼎 ; 后母戊方鼎.

발견 : 1938년 河南省 安陽市 殷墟武官村에서 출토.

명문 : 2行 3자.

크기 : 높이 233㎝ ; 입구의 縱(종) 78㎝, 横(횡) 110㎝.

시기 : 商 文武丁.

소장 : 중국역사박물관.

【주요참고문헌】

馬乘源 主編, ≪商周青銅器銘文選三≫, 1쪽.

【석문】

司母戊(3289)

【해석】

商王 文武丁이 戊(무)일날 제사 드리는 어머니를 위해 만든 솥(鼎)이다.

설 명

'司'자를 '后'로 이해하거나, '司母戊(사모무)'를 '姛戊(사무)'로 해석하는 경우도 있다. ≪殷契粹編≫(郭沫若) "司母大室"이란 구절을 참고하여 '司母戊'로 예정하기로 한다. "司母大室" 중의 '司室'은 '祠室'로, 조상에게 제사 드리는 장소를 말한다.

3-[2] 【祖諸父戈】

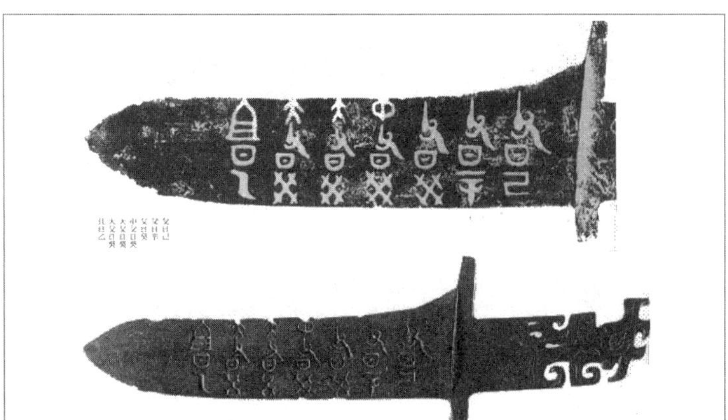

【명문참고】

二玄社 16；集成 17・11403；銘文選 1・20；三代 19・20・2；總集 10・7575.

【소개】

異名：六父戈；祖日乙戈.

출토：大祖諸祖戈・大兄諸兄戈와 함께 河北省易州에서 出土.

명문：7行 24字.

길이：27.6㎝.

소장：중국 遼寧省博物館.

【주요참고문헌】

≪商周青銅器銘文選三≫, 12~13쪽.

≪殷墟卜辭綜述≫, 陳夢家, 499쪽.

≪中國青銅器研究≫, ＜商代勾兵中的瑰寶＞, 馬乘源, 308~312쪽.

【석문】

且(祖)日乙. 大父日癸. 大父日癸. 中父日癸. 父日癸. 父日辛. 父日己(5642)

【해석】

日干 乙이라고 하는 祖父의 廟號.(이 조부의 아들이 여섯 분이다.) 日干이 癸인 大父가 둘, 中父 한 명과 한명 父가 있으며, 日干이 辛과 己인 父가 각각 한명이다.

설 명

이 명문 이외에도 조상 격에 해당되는 ≪大祖諸祖戈≫와 다음 세대격인 ≪大兄諸兄戈≫가 있다. 이 세 戈(과)를 합하여 "商三句兵(상삼구병)"라고 한다.

≪大祖諸祖戈≫

≪大兄諸兄戈≫

4. 「족명」「제사대상」합용

4-[1] 【祖乙卣(且乙卣)】

【명문참고】

二玄社 6；集成 10· 4890；三代 12·46·1-2；總集 07·5108.

【소개】

異名：族且乙卣.

명문：3자.

시대：殷商.

소장：일본 東京 네즈(根津) 美術館.

【주요참고문헌】

≪금문편≫＜부록·상＞, 1026쪽.

≪금문고림부록≫, 94~96쪽.

【석문】

族[1]且[2]乙(2480)

【해석】

族氏族은 先祖 乙에게 제사를 올리기 위하여 이 술통 卣(유)를 만들다.

설 명

1) '族' : ''자는 의견이 분분하나, 깃발(㫃)과 사람(大)으로 이루어진 '族'으로 예정하기로 한다. 갑골문을 참고하여 '族'의 의미를 '旅(여)'로 보기도 하지만,

음과 의미에 대해서는 아직 확실한 결론을 내리기에는 자료가 부족하다. 잠시 '族'으로 예정하기로 한다. '族'은 族名(족명)이다.

2) '且' : '且'자는 남자의 생식기를 형상한 것이라고 주장하는 학자도 있으나, 神主의 位牌(위패) 모양을 형상화한 것으로 보인다. '祖(조)'자의 이체자다.

4-2 【父癸方鼎】

【명문참고】

二玄社 6.

【주요참고문헌】

≪금문편≫, 113~114쪽.

【석문】

得[1]父[2]癸[3].

【해석】

得 씨족은 부친 癸(계)에게 제사 드리는 솥을 만들다.

설 명

이 명문은 ≪集成≫에 보이지 않고 있다.

1) '得' : ' '자는 '行'·'貝'·'手'로 이루어진 회의자로, 길에서 손으로 '貝'

를 얻었음을 나타낸다. ≪금문편≫이 수록하고 있는 '得(득)'자는 다음과 같다.

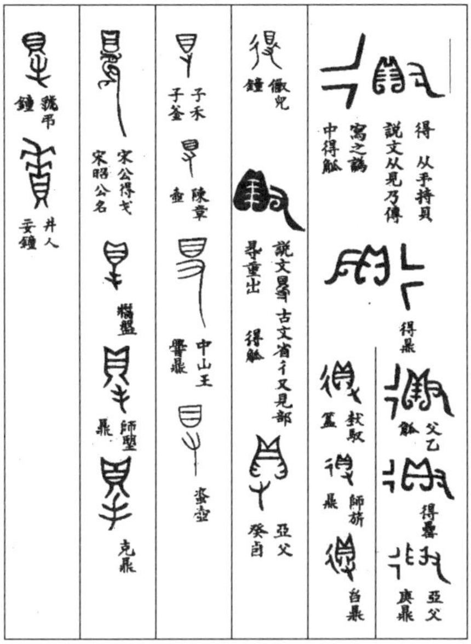

≪금문편≫, '0274 得'(113~114쪽)

2) '父' : '父'는 남자가 손으로 '돌 도끼(石斧)'를 들고 있는 모습이다. 도끼를 들고 작업을 하는 일은 남자의 일이고, 또한 가장이 하는 일이기 때문에 父母의 父의 의미로 확대되었다.

3) '癸' : '癸(계)'자는 갑골문에도 보이며, 이 자를 화살과 연관시켜 설명하는 경우도 있으나, 확실하지 않다.

4-③ 【 父丁觚】

【명문참고】

二玄社 8.

【소개】

異名 : 父丁觚.

【주요참고문헌】

≪金文編・부록상, 101≫, 1046쪽.

≪金文詁林附錄≫, 226쪽.

【석문】

健父丁.

【해석】

健 씨족이 父親인 丁에게 제사드리는 술잔 觚(고)를 만들다.

설 명

이 명문은 ≪集成≫에 보이지 않고 있다. ''자와 유사한 형태는 ≪金文編・부록상, 101≫에 ''이 보인다. ''자 중 '' 부분을 ≪四版金文編校補≫(嚴志斌)는 '健(건)'자로 보고 있다(吉林大學出版社, 2001年, 19~20쪽). 참고할 만하다.

이 명문은 ≪集成≫에 보이지 않으나, ''자와 관련된 명문은 ≪父丁爵≫ 등이 있다.

(≪集成≫ 14・8896 ; ≪父丁爵≫)

4-④ 【父丁簋(射獸父丁簋)】

【명문참고】

二玄社 11 ; 集成 14・8904 ; 三代 16・10・4 ; 總集 05・3823.

【소개】

시기 : 殷商.

소장 : 日本 효고현(兵庫縣) 구로카와(黑川) 古文化硏究所.

【석문】

射獸≪䠶≫父丁(0848)

【해석】

䠶족이 父親인 丁에게 제사를 드리기 위해 簋(궤)를 만들다.

설 명

'射獸≪䠶≫' 자는 '射'와 '犬'으로 되어 있다. 사냥과 관련이 있는 씨족으로 추측된다. 음성부분이 '射(사)'이고 의미부분이 '犬'일 가능성이 높다. '射'가 음성부분으로 사용되는 예로는 '(榭)'가 있다. 따라서 이 자를 '䠶'로 예정할 수 있다.

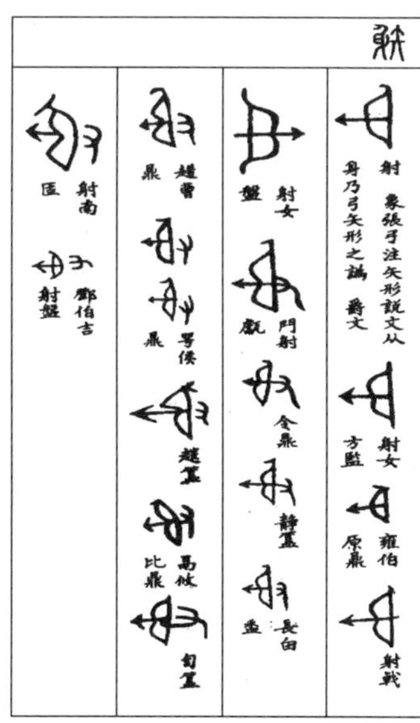

≪금문편≫, '0868 射'(369~370쪽)

4-5 【父辛尊(汈父辛尊)】

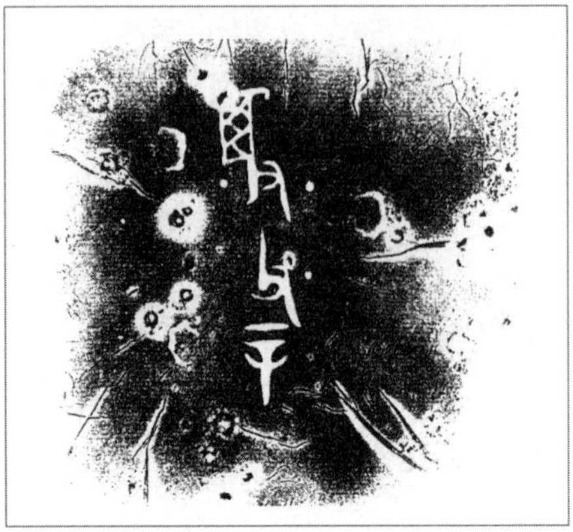

【명문참고】

二玄社 12 ; 集成 11 · 5656.

【소개】

시기 : 商代晚期 혹은 西周 早期.

소장 : 일본 京都 구로카와(黑川)古文化硏究所.

【주요참고문헌】

≪金文詁林附錄≫, 539쪽.

≪金文編訂補≫, 陳漢平, 중국사회과학출판사, 1993년, 177쪽.

【석문】

汈父辛(0521)

【해석】

汈 씨족이 父親 辛에게 제사드리기 위해 樽(준)을 만들다.

설 명

''자는 손('手')으로 칼('刀')을 잡고 있는 형태로 '汈'로 예정할 수 있다. ''자를 문신을 새기는 칼 종류의 形具(형구) 또는 병기라고 주장하기도 한다.

4-⑥ 【子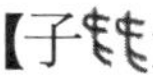父乙卣(子兓父乙卣)】

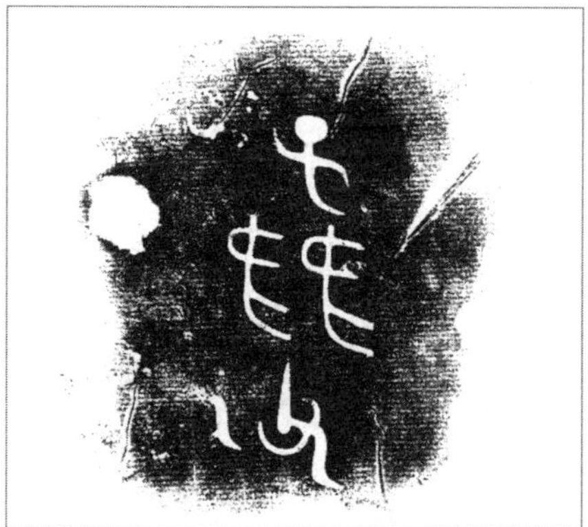

【명문참고】

二玄社 14 ; 集成 10 · 5057.

【소개】

異名 : 子絺父乙卣.

시기 : 殷.

소장 : 일본 도쿄 이데미츠(出光) 미술관.

【석문】

子絺<兓(旣)>父乙(2602)

【해석】

子兓(旣)가 부친 乙에게 제사드릴 때 사용하는 술통 卣(유)를 만들다.

설 명

絺<兓(旣)> : ''자를 '兓'나 '絺' 등으로 예정하기도 한다. ≪산씨반≫의 ''자를 ≪금문편≫은 '兓'(617쪽)로 예정하고 있다. ≪산씨반≫에서는 '旣(기)'의 의미로 쓰이고 있다. 이 자를 '絺'자로 예정하는 경우가 있지만, '希'는 금문에서 '' · '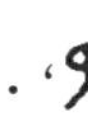' · '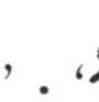'이나 '' 등으로 쓰며 짐승의 모양을 형상화하고 있어, 사람 모양을 형상화한 '兓'자와는 다르다. ''자와 ≪산씨반≫의 ''자는 아랫부분의 획의 방향이 다르나, 고대문자에서는 놓이는 위치나 방향을 바꿔 쓸 수 있기 때문에

같은 자로 볼 수 있다. 따라서 본문은 '既(既)'자로 예정하기로 한다.

'䜌'의 자형은 ≪金文篇≫'1587 䜌'(669쪽)참고.

4-7 【黿卣(黿作從彝尊)】

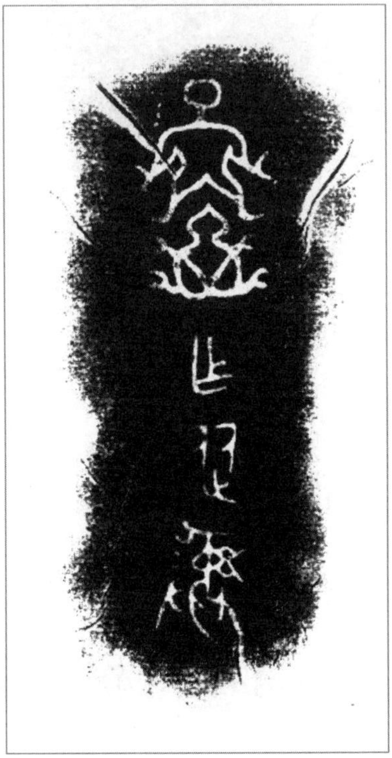

【명문참고】

二玄社 18 ; 集成 11 · 5766 ; 總集 06 · 4696.

【소개】

출토 : 1925년 河南 孟津에서 출토되었다고 전함.

시기 : 商代晚期 혹은 西周 早期.

소장 : 캐나다, Royal Ontario Museum, Toronto.

【주요참고문헌】

≪금문편≫≪부록상≫ 1023~1024쪽, '1369從'(576~578쪽).

【석문】

黿[1]乍(作)从(從)彝[2](1913)

【해석】

黿 씨족이 조상에게 제사드릴 從彝器(종이기)를 만들다.

설 명

1) ‘黿’ : ‘’자에 대해서 학자마다 의견이 다르다. 郭沫若(곽말약)은 ‘天黿(軒轅(헌원) : 황제의 이름 혹은 별자리의 하나)’으로 예정하나, 다른 학자들은 ‘黿’ · ‘奄’이나 ‘黿’으로 예정하기도 한다. 족휘문자이기 때문에 두 문자가 아닌 하나의 도형문자로 인식하고, ‘黿’으로 예정하기로 한다. ≪금문편≫은 ‘’과 유사한 자형을 아래와 같이 나열하고 있다.

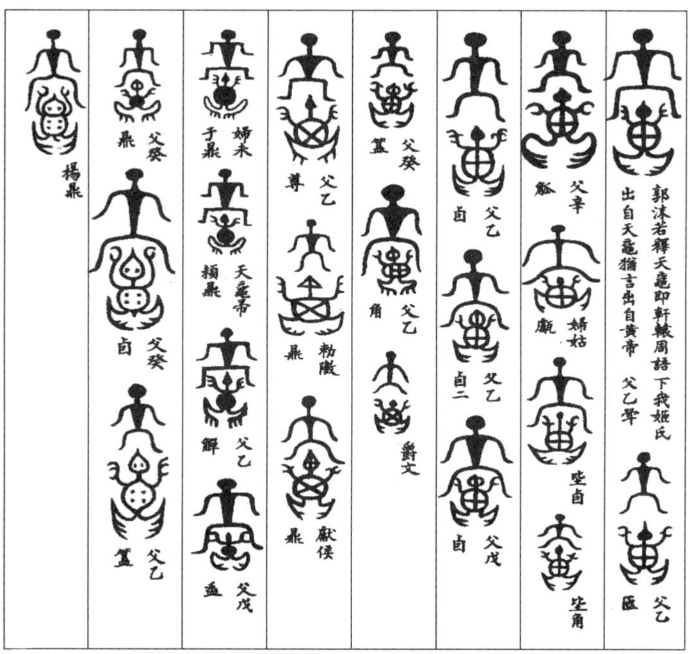

≪금문편 · 부록상≫, ‘003-004’(1023~1024쪽)

2) ‘從彝’ : ‘從彝(종이)’와 ‘旅簠(여보)’는 진열하는 순서에 따라 붙여진 제기이름. ‘從彝’는 두 번째 항렬에 진열되어지는 기물로 추정된다. 혹은 다른 나라를 순행하거나 전쟁 중에 외부에서 두 번째 항렬에 진열하여 사용하는 제기.

4-8 【□作父乙卣(冀作父乙卣)】

【명문참고】

二玄社 19 ; 集成 10 · 5148 ; 三代 13 · 10 · 3-4 ; 總集 07 · 5292.

【명문과 발견】

시기 : 商 帝乙.

소장 : 陳介祺(진개기)가 소장하다가 현재는 일본인이 소장.

【석문】

□乍(作)父乙彝(2616).

【해석】

□씨족이 父乙에게 제사드릴 彝(이)를 만들다.

설 명

'□' : '□'자는 어른이 어린아이를 안고 있는 모양으로 '析子孫' · '翼(익)' 혹은 '異(이)' 등으로 풀이하기도 하나, 아직은 증거가 불충분하다. ≪금문편≫≪부록상≫은 '□'자와 유사한 자형을 아래와 같이 수록하고 있다.

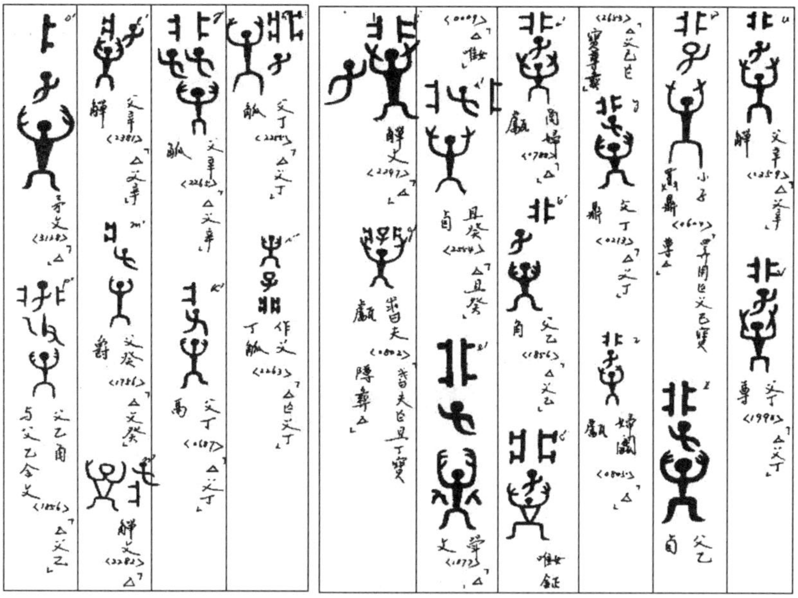

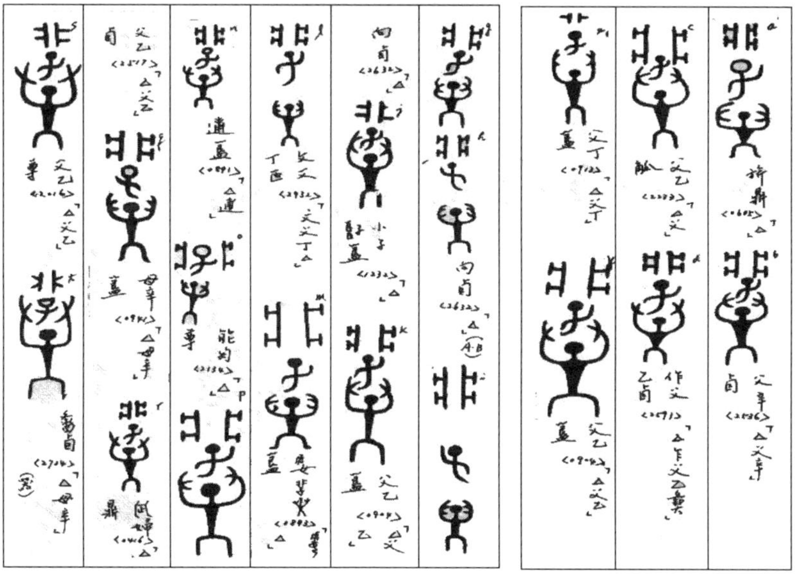

≪금문편·부록상≫, '001'(1019~1022쪽)

「記事」銘文

5. 【黿卣(䵼卣)】

【명문참고】

二玄社 20 ; 集成 10.5355 ; 三代 13.34.1-2 ; 總集 07.5448.

【소개】

異名 : 䵼卣.

【주요참고문헌】

≪금문편≫, 884쪽.

【석문】

子易(賜)䵼<坒>[1]. 用乍(作)父癸.
障(尊)彝. 黿[2](2765).

【해석】

子가 坒에게 下賜하자, 이를 기념하기 위하여 坒는 父癸(부계)에게 제사드릴 尊彝(준이)를 만들다. 黿族.

설 명

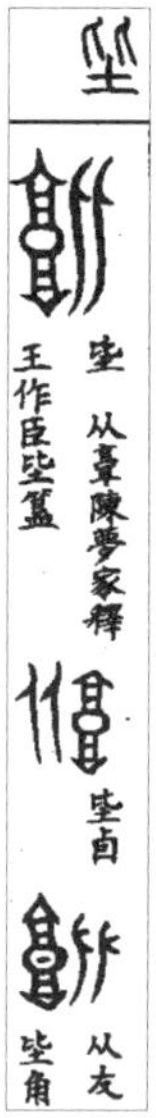

≪금문편≫, '2173 坒'(884쪽)

1) '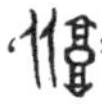'자는 '比'와 '(郭 혹은 墉)'으로 이루어진 자이다. ≪금문편≫은 '坒'로 예정하고 있다. 음성부분이 '比'이다. 본문도 ≪금문편≫에 따라 '坒'로 예정하기로 한다.

2) '奄' : 4-7 【卣(奄作從彝尊)】 참고.

6. 【四祀𠨘其卣】

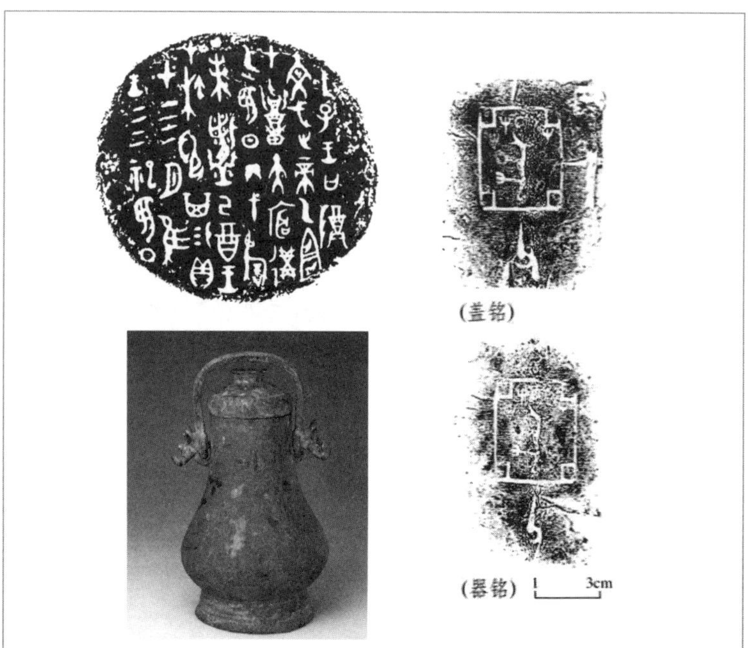

【명문참고】

集成 10・5413；銘文選 1・13；總集 07・5492.

【소개】

異名：亞獏四祀𠨘其卣；四祀邲其卣.

출토：河南省 安陽市 출토.

명문：器外底銘 8行 42字.

크기：높이 34.5㎝；넓이 15.7㎝.

시기：商 帝辛.

소장：北京 故宮博物館.

【주요참고문헌】

≪商周青銅器銘文選三≫，8~9쪽.

≪金文今譯類檢≫，586쪽.

≪商周古文字讀本≫，69~70쪽.

【석문】

器外銘：

乙子(巳)，王曰：隮(尊)[1]

文武帝乙[2]宜[3]

才𩰫(召)大廳(庭)[4]. 傋(遘)

乙羽(翌)日[5]. 丙午，𩁹[6].

丁未，𩱧[7]. 己酉，王

才(在)梌[8]，𠨘<邲>𠀠(其)[9]易(賜)貝，

才(在)亖(四)月. 隹(唯)

王亖(四)祀. 羽(翌)日

蓋銘・器內銘：

亞{獏}10父丁(2822)

【해석】

乙巳 일에 商王 帝辛은 "文武帝 乙에게 술과 안주를 바치는 宜祭(의제)를 거행하여라"라 했다. 제사는 召大庭에서 거행하였고, 이 날은 先王 太乙에게 翌祭를 올리는 날이기도 한다. 丙午 일에 𩁹祭를 丁未 일엔 𩱧祭를 올렸다. 己酉 일에 王은 榆地(유지)에서 𠨘<邲>其에게 貝를 하사하였다. 이때는 四月이며, 商王 帝辛이 재위한지 四年 되는 해로 翌祭(익제)를 거행하는 날이다.

亞貘族이 父丁에게 제사드릴 때 사용하는 제기이다.

설 명

商代 기물 중 字數가 가장 많은 명문 중의 하나이다. 商代 帝辛시대의 기물. 기물 외부 밑 바닥 부분에 42자가 새겨져 있고, 덮개와 안쪽 바닥에 '亞{獏}'이 새겨져 있다.

1) '障(尊)' : 동사의 용법인 '祭祀(제사)를 지내다'의 뜻이다.

2) '文武帝乙' : 商王 帝乙. '文武帝'는 帝名이고, '乙'은 廟號(묘호)이다.

3) '宜' : 祭名. ≪禮記 · 王制≫의 "天子將出, 類乎上帝, 宜乎社, 造乎禰(천자가 길을 떠날 때 상제에게 제사(類祭)지내고, 地祇에게 제사(宜祭)지내며, 父祖의 廟에 제사(造祭)지낸다)"라는 구절에 대하여 鄭玄은 "類 · 宜 · 造, 皆祭名(類, 宜, 造는 모두 제사명이다)"이라고 설명하고 있다.

4) '鹽(召)大廍(庭)' : 갑골문에서는 '卲庭(소정)'이라 하며, 商 나라의 宮名 중의 하나. '廍'자는 의미부분이 '广'이고 음성부분이 '耶'이다. '耶'은 '廳(청)'자의 初文이며, 여기에서는 '庭(정)'의 의미로 쓰이고 있다.

5) '冓(遘)乙羽(翌)日' : '冓'는 '遘(구)'자의 의미인 '겹치다'의 뜻. '乙'은 殷의 先王인 '太乙(成湯)'을 가리키고, '羽(翌)'은 祭名이다.

6) '𩛥' : 祭名이나 혹은 제사를 지내는 방법 중의 하나이다. ≪商周古文字讀本≫은 이 자를 '𩛥'로 예정하고 음성은 '寫(사)'와 같다고 설명하고 있다.

7) '𧖴' : 祭名이나 혹은 제사를 지내는 방법 중의 하나인 것으로 보이나 확실치 않다. 음성부분은 '匕'으로 추증된다.

8) '棆' : 地名. '楡(유)'자의 이체자이다.

9) '卬<卹>甘(其)' : 人名. 이 기물을 만든 자. ≪金文引得≫은 '卬'로 예정하고 있다. 이 자 중 ''은 음성부분으로 '必(필, bì)'자와 매우 유사하다(≪금문편≫, '0112 必', 51쪽 참고). 따라서 이 자는 '卹'자가 아닌가 한다. ≪說文解字≫는 '卹'자에 대하여 "宰之也. 從卩必聲(主宰者. 의미부분이 '卩'이고, 음성부분이 '必'인 형성자이다)."라고 설명하고 있다. 이 자는 '匪(비)'나 '斐(비)'의 가차자로 쓰이기도 한다. ≪衛風 · 淇奧≫"瞻彼淇奧, 綠竹猗猗. 有匪君子, 如切如磋, 如琢如磨(저 기수가 물굽이를 바라보니 왕골과 마디풀이 우거져 있네. 깨

끗하고 아름다운 우리 님이시여. 깍고 다듬네).”의 구절과 ≪節南山之什·巷伯≫“萋兮斐兮, 成是貝錦. 彼譖人者, 亦已大甚(얼룩덜룩 아름답게 조개 무늬 비단이 짜였네. 저 남을 참해한 자여 너무 심하네).” 구절 중의 ‘匪’와 ‘斐’자는 ‘㓙’자의 통가자로 쓰이며, ‘아름답다’는 뜻이다. 이 자는 ≪卯㓙甗(𠨘作母戊甗)≫등에도 보이며, 모두 이름으로 쓰이고 있다. 본문은 ‘㓙’로 예정하기로 한다.

10) ‘獏’ : ‘貘(맥)’과 같은 자로 음성부분이 ‘莫’이다. 族名.

금문편

‘(𠨘<㓙>) : ≪금문편≫ ‘1506 𠨘’(644쪽) 참고, ≪금문편≫, ‘0112 必’(51쪽) 참고.

‘𬮱(召)’ : ≪금문편≫ ‘0135 召’(61~62쪽) 참고.

‘(𥂴)’ : ≪금문편 · 부록하≫, ‘305’(1220쪽) 참고.

‘(棯)’ : ≪금문편 · 부록하≫, ‘266’(1213쪽) 참고.

‘(宜)’ : ≪금문편≫ ‘1206 宜’(527~528쪽) 참고.

‘羽(翌)’ : ≪금문편≫은 이 자를 ≪宰椃角≫이나 ≪六祀㓙其卣≫에 보이는 ‘’ · ‘’ · ‘’와 ‘’ 등을 ‘昱, 1090’(458쪽)으로 예정하고 있다. 그러나 ‘’은 새가 날개를 펴고 날고 있는 형상과는 다르기 때문에, ‘’자는 ‘昱’자로 예정하고, ‘’ · ‘’와 ‘’자는 ‘羽’자로 예정하는 것이 옳겠다. ‘昱’과 ‘羽’는 갑골문과 금문에서 ‘翌’자나 ‘翼’자로 가차되어 祭名으로 쓰인다.

‘(𨭈)’ : ≪금문편≫은 ‘1620 𨭈’(681쪽)에 수록하지 않고 있다.

7.【六祀邲其卣】

【명문참고】

二玄社 21；集成 10・5414；銘文選 1・14；總集 07・5475

【소개】

異名：六祀邲其卣；亞獏作冊斈卣；作冊斈卣.

발견：河南省 洛陽市出土.

시기：商代 帝辛.

명문：蓋銘과 器銘이 같음. 4行 29字.

크기：높이 23.7㎝.

소장：북경고궁박물관

【주요참고문헌】

≪商周青銅器銘文選三≫, 9~10쪽.

≪금문편≫, 644쪽.

【석문】

乙亥，邲其易乍

冊斈[1]圭珏[2]，用乍

且(祖)癸䵼(尊)彝[3]. 才六

月隹王六祀，翌日[4].

亞{獏}[5](2810)

【해석】

乙亥일에 𠨘其가 乍(作)冊 𡦹에게 옥으로 만든 '𤤴'와 '琂'를 하사하였다. 乍(作)冊 𡦹는 이를 기념하기 위하여 조상 癸에게 제사를 드릴 때 사용할 귀중한 禮器를 제작하였다. 때는 六月이고, 상왕 帝辛 6년 翼祭(익제)를 행하는 날이다. 亞獏族의 제기.

설 명

'𠨘其易乍冊𡦹𤤴琂'의 문장은 '𠨘其'가 '乍冊𡦹'으로부터 '𤤴'와 '琂'을 하사받았다라고 해석하는 경우도 있으나, ≪二祀𠨘其卣≫의 명문 중에도 𠨘其가 하사하는 내용이 있기 때문에 피동문으로 이해할 필요가 없을 것이다.

1) '𡦹' : '子雙'의 合字로 보는 학자도 있다. 殷나라 왕자의 이름.

2) '𤤴琂' : 馬承源(9쪽)은 '𤤴'자와 '琂'자 뒤에 각각 '一'자가 있다고 보고 '𤤴一琂一'로 읽고 있으나, '𤤴'자 다음엔 '一'자가 있다고 볼 수 있으나, '琂'자 뒤에는 분명히 보이지 않는다. 따라서 없는 것으로 보는 것이 옳겠다. '𤤴'자는 '耑'자를 간단하게 쓴 형태로 '瑞(서)'자일 가능성이 있다. '瑞'자에 대하여 ≪설문해자≫는 "以玉爲信也(옥으로 만든 징표)"라고 설명하고 있다. '琂'자는 현재는 알 수 없는 자이나, 문맥 전후 관계로 보아 옥으로 만든 물건일 가능성이 높다.

3) '障(尊)彝' : 祭器의 총칭.

4) '羽日' : '羽'은 '翼(익)'자로 제사의 명칭이고, '羽日'은 '翼祭'를 행하는 날.

5) '亞獏' : 씨족의 이름.

금문편

'' : ≪금문편≫ '1506 𠨘'(644쪽) 참고.

''자를 ≪금문편≫은 ≪부록하≫의 '191'(1200쪽)에 수록하고 있다.

'(祀)' : '0021 祀'(11~12쪽) 참고.

'(亞獏)' : ≪금문편≫은 '亞獏' 중의 '獏'자와 관련된 문자를 아래와 같이 '獏'과 '貘'으로 분리하고 있으나, 같은 자로 보아야 옳다.

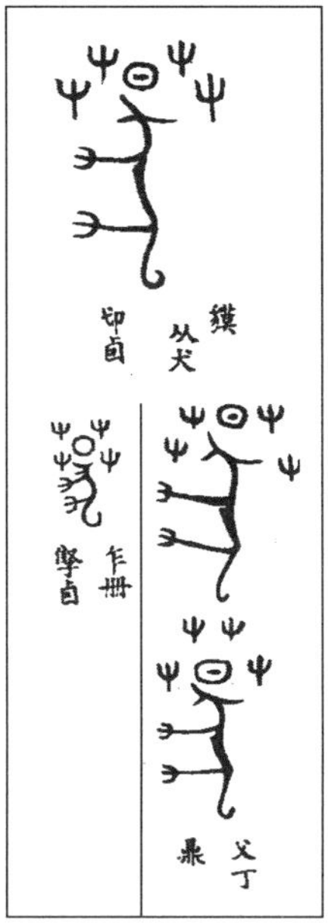

≪금문편≫, '1592 貘'(670쪽)

≪금문편≫, '1639 獏'(687쪽)

'(彝)' : ≪금문편≫, '2122 彝'(864~871쪽) 참고.

8. 【麋婦觚】

【명문참고】

二玄社 22；集成 12・7312；三代 14・31・9； 總集 08・6278.

【소개】

異名：[illegible]婦爵；皀婦觚.

명문：存 12자.

시기：殷商.

소장：遼寧旅順박물관.

【주요참고문헌】

≪西周青銅器銘文分代史徵≫，115~116쪽.

【석문】

≪金文引得≫：

十，麇婦

貝于[illegible]，用

㡀日乙障(尊)

臤彝(1408)

≪集成引得≫：

□□，麇婦

□賞于[illegible]用

[作] 辟日乙尊彝，

[鑊] 臤.

본문：

□□，麇[1]婦

貝[2]于[illegible][3]，用

邘日乙障(尊)

臤[4]彝.

【해석】

□□ 일에 麇婦가 [illegible]으로부터 貝를 하사받고 日干이 乙인 조모에게 제사드릴 尊彝(준이)를 만들다. 臤族의 제기.

설 명

첫 항, 앞 부분의 문자는 확인할 수 없으나, 문맥 전후로 보아 날짜를 나타내는 문자로 추증된다. ≪書法選≫은 '甲午'로 예정하고 있으나, 확인할 수 없어 '□□일'로 표기하기로 한다. ≪集成引得≫은 둘째 행의 앞 자가 보이지 않는 것으로 보고 있으나, 탁본만으로는 확인할 수 없다.

1) '' : ≪금문편≫은 ''로 모사하고, ≪부록하≫ '422'(1240쪽)에 수록하고 있다. 그러나 ≪금문편・부록하≫는 '400, '(1236쪽)자를 수록하면서 인용 명문으로 '皀婦爵'을 소개하고 있는 것으로 보아, '皀'로 예정하고 있음을 알 수 있다. 赤塚忠(아까즈카 키요시)은 갑골문을 참고하여 '麇'으로 예정하고 있다(≪금문고림부록≫ 2119~2120쪽). 아랫부분이 '禾'인지 '乇'인지 확신할 수 없으나, 갑골문에 '麇族'이 있는 것을 참고하여 '麇'로 예정하기로 한다.

2) '貝' : 고대의 '貝'로 만든 화폐.

3) '' : ''자를 '阵'이나 '辟' 이외에도 '刊'・'化'이나 '于'로 해석하는 경우도 있으나, 赤塚忠(아까즈카 키요시)은 '邗'로 예정하고 '嫗(구)'의 통가자라고 설명하고 있다. '婦族'과 관련된 문장 내용을 참고하여, 본문도 赤塚忠(아까즈카 키요시)의 견해를 따르기로 한다(≪금문고림부록≫ 2081~2082쪽). ≪금문편≫에 수록된 '辟(벽)'자는 모두 '口'가 포함되어 있고, '辛'부분은 ''와 다르다. 따라서 '辟'로 예정함은 옳지 않다.

≪금문편・부록하≫, '400'(1236쪽)

≪금문편≫ '辟 1514'(648~649쪽)

4) '㕡' : '㕡'은 '隮(尊)'자와 '彝'자 사이에 있으나, ≪㕡簋(鳳作祖癸簋)≫에서 氏族名으로 사용되고 있는 것으로 보아, 씨족명으로 사용되고 있는 것으로 보인다.

금문편

‘’ : ≪금문편≫ ‘0448, 𢦏’(179쪽) 참고.

‘(㕡)’ : ≪금문편≫ ‘0483 㕡’(204쪽) 참고.

9. 【小子夫尊(小子夫貝尊)】

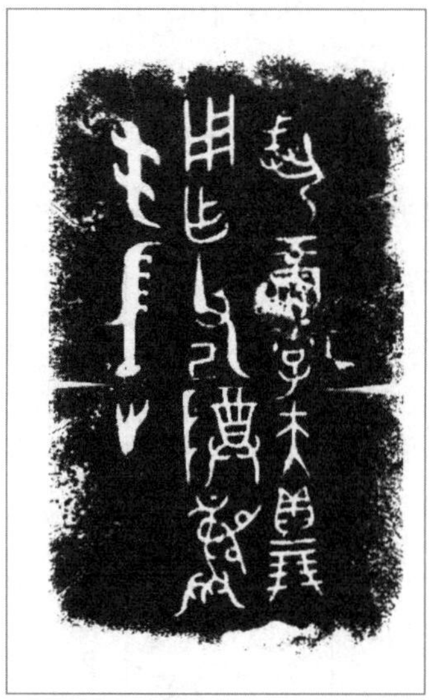

【명문참고】

二玄社 23 ; 集成 11 · 5967 ; 三代 11 · 31 · 7 ; 總集 06 · 4847.

【소개】

異名 : 小子夫貝尊.

명문 : 14자, 합문 2자.

시기 : 殷商.

소장 : 대만 故宮박물관.

【석문】

𢦏商(賞)[1]小子[2]夫貝一朋[3].

用乍(作)父己隮(尊)彝.

[4](2081)

【해석】

[illegible]가 小子夫에게 貝 一朋을 하사하자, 이를 기념하기 위하여 父乙에게 제사모실 尊彝(준이)를 만들다. 族의 제기.

설 명

1) '商' : '商(상)'자는 '賞(상)'자로 통용되어 사용된다.

2) '小子' : 금문 중에 '小'자는 '子'자 이외에 '大'·'夫'·'牛'·'臣' 자와 합문으로 사용된다(≪금문편≫, 43~45쪽 참고).

3) '朋' : '朋(붕)'은 고대 화폐의 단위로, 王國維(왕국유)는 한 朋은 두 줄로 꿰어 있고, 한 줄에 다섯 개 씩으로 모두 10貝라고 설명하고 있다.

4) '' : 氏族名. ≪금문편≫≪부록상≫은 '443'(1130쪽)에서 이 ''와 함께 아래와 같은 문자들을 수록하고 있다. 이 자를 '㓞'·'契'이나 '栔' 등으로 예정하기도 하나 확실치 않아 예정하지 않기로 한다.

≪금문편·부록상≫
'443'(1130쪽)

금문편

'(商)' : ≪금문편≫ '0316, 商'(130~131쪽) 참고.

'(小子)' : ≪금문편≫, '103 小'(43~45쪽) 참고.

10. 【㝬簋(鳳作祖癸簋)】

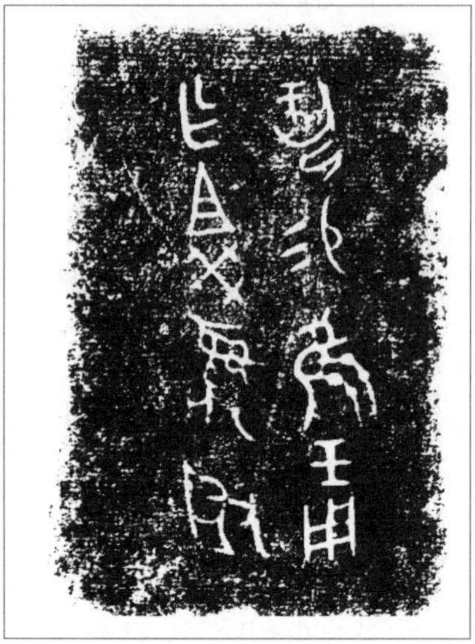

【명문참고】

二玄社 24；集成 6・3712；三代 07・21・1 ；總集 03・2339.

【소개】

異名：鳳作祖癸簋；鳥作祖癸簋.

소장：清代 때 소장하였다고 전함.

【석문】

≪金文引得≫：

㝬易(賜)鳳壬. 用

乍(作)且(祖)癸彝. 㪤(4689)

≪集成引得≫：

㝬易(賜)鳳玉. 用

乍(作)且(祖)癸彝. 㪤(6.3712)

본문：

㝬[1]易(賜)鳳[2]玉[3]. 用

乍(作)且(祖)癸彝. 㪤

【해석】

㝬가 鳳(봉)에게 玉을 하사하자, 이를 기념하기 위하여 祖上 癸(계)에게 제사드릴 彝(이)를 만들다. 㪤族.

설 명

1) '⿰戈丮' : 인명. '8.【㝬婦觚】', '9.【小子夫尊(小子夫貝尊)】' 등에도 보인다. 자형은 ≪금문편≫ '0448, ⿰戈丮'(179쪽) 참고.

2) '鳳' : ''자를 ≪금문편≫은 '626, 鳥'(264쪽)자 아래 수록하고 있으나, '鳥'자와 다르다. 본문은 '鳳(봉)'자로 예정하기로 한다(≪甲骨金文字典≫, 方述鑫, 301쪽).

3) '玉' : ''자를 ≪金文引得 · 殷商西周卷≫은 '壬'자 예정하고 있으나, '壬'자는 중간의 한 획이 없거나 점을 써서 표시한다(≪금문편≫, '2376 壬', 979쪽 참고). 따라서 본문은 '壬'자로 보지 않고, '玉'자로 예정하기로 한다.

11.【小臣邑斝】

【명문참고】

二玄社 25；集成 15・9249；銘文選 1・11；三代 13・53・6；總集 06・4343.

【소개】

시기：商 帝辛.

異名：母癸斝.

명문：2行 27字；合文 2字('十朋'과 '亞矣').

소장：미국 St.Louis Art 미술박물관.

【주요참고문헌】

≪商周青銅器銘文選三≫, 7쪽.

≪金文の世界≫(白川靜), 35~38쪽.

【석문】

癸子(巳)[1], 王易(賜)小臣[2]邑貝十朋, 用乍(作)母　　亞

癸障(尊)彝, 隹(唯)王六祀, 彡(肜)[3]日才(在)亖(四)月. {矣}<矣>[4](2368)

【해석】

癸巳 일에 王이 小臣 邑에게 貝 十朋을 하사한 것을 기념하기 위하여 母癸(모계)에게 제사지낼 尊彝(준이)를 만들다. 帝辛의 六年 肜祭를 드리는 날, 四月에. 亞矣族.

설 명

1) '子(巳)'：갑골문 干支表에서 '巳'자를 모두 '子'로 쓰고 있다. ≪廣雅・釋言≫은 "子, 巳, 似也"라고 설명하고 있다.

2) '小臣'：관직 명칭. 朝廷 官員 중의 하나.

3) '彡'：'肜(융제사 융；róng)'자로 고대 제사의 일종. '14.【小臣艅犧尊(小臣俞犀尊)】'에도 보인다.

4) '亞 {矣} <矣>'：'{ }'의 부호는 '亞'형 안에 문자가 있다는 의미이나, 본 문장 중의 '矣'는 단독으로 쓰고 있다. '亞'와 '矣'는 첫째와 둘째 줄의 마지막 부분에 각각 놓여 있다. 氏族名. '2-1 ≪【鼎(亞唉方鼎)】≫' 참고.

금문편

‘(貝)’ : ≪금문편≫ ‘1000 貝’(428~429쪽) 참고.

‘(十朋)’ : ≪금문편≫ ‘1028 朋’(438~441쪽)자 아래 수록된 合文 참고. ‘五貝’가 ‘一朋’이다.

‘(祀)’ : ≪금문편≫ ‘0021 祀’(11~12쪽) 참고.

12. 【肄簋(肄作父乙簋)】

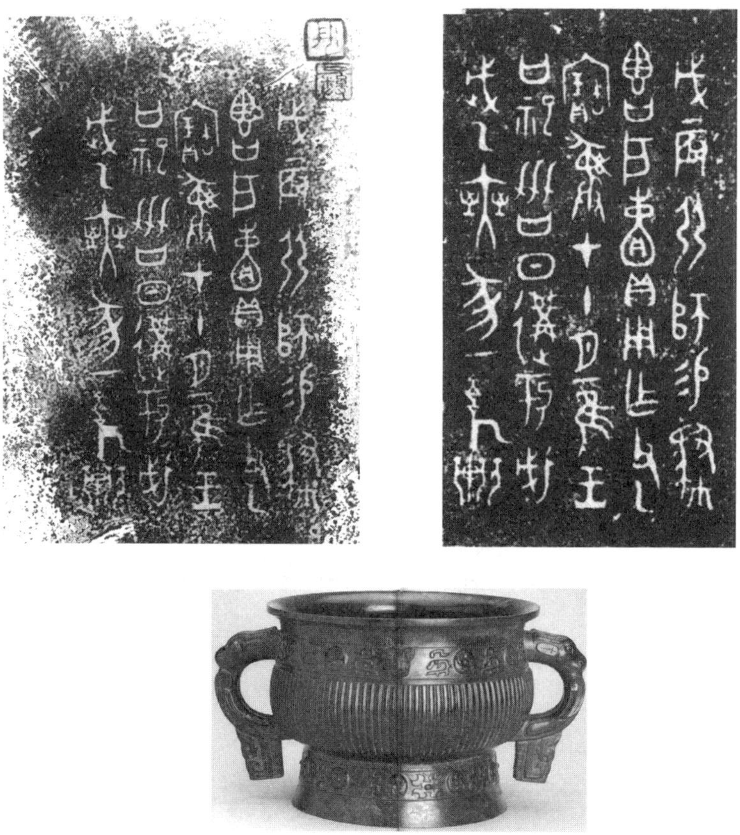

【명문참고】

二玄社 26 ; 集成 8・4144 ; 銘文選 1・6 ; 三代 06・52・2 ; 總集 04・2676.

【소개】

異名 : 𠦪𢔶乍父乙簋 ; 戊辰彝 ; 𢔶彝 ; 𢔶簋 ; 肆簋. 𨽿簋.

명문 : 5행 36자, 합문 1(⿰'妣戊')자.

소장 : 미국 Freer Gallary of art 박물관 소장.

【주요참고문헌】

≪商周青銅器銘文選三≫, 4~5쪽.

≪金文今譯類檢≫, 75~76쪽.

【석문】

戊辰. 弜師[1]易(賜)𢔶

戶[2]㭉(橐)[3]貝. 用乍(作)父乙

寶彝. 才(在)十月一. 隹(唯)王

廿祀劦日[4]遘[5]于(于)⿰(妣戊)

武乙奭(儷)[6]. 豕一. 𠦪(旅)7(4943)

【해석】

戊辰 일, 弜師가 𢔶에게 戶 지방에서 생산되는 한 전대(橐)의 貝를 하사하자 先考(선고)인 父乙에게 제사모실 보배로운 彝(이)를 만든다. 시기는 王 帝乙 二十年 十一月에 祖母에게 劦日祭를 모시는 때로, 돼지 한 마리를 잡아 武乙의 배우자인 妣 戊의 제사 드리는 때이다. 𠦪(旅)族.

설 명

1) '弜師' : 은나라의 집정대신.

2) '戶' : ''자에 대해서는 의견이 분분하다. 두 자로 인식하여 '𣌭廿(창입)'으로 풀이하기도 한다. 본문은 ''자를 한 자로 보고, '戶'을 지방이름으로 해석하기로 한다.

3) '㭉(橐)' : ''자는 문자의 형태로 보아 '囊(낭)'이나 '橐(탁)'의 뜻으로 보인다. '橐'자는 물건을 담는 포대.

4) ‘劦日’ : 은주시대의 祭名 중의 하나. 일종의 大祫祭이다. ‘劦’과 ‘合’은 음성이 서로 통한다.

5) ‘遘’ : ‘遇(우)’의 의미로 ‘바로 ……한 때다’의 뜻.

6) ‘奭(儷)’ : ‘ ’는 ‘奭’이나 ‘爽(상)’ 자 등으로 예정하기도 하나, 갑골문에서는 상왕의 배우자라는 의미로 쓰이고 있기 때문에 ‘奭(석)’자로 예정하고 배우자라는 뜻인 ‘儷(려)’자로 해석하기로 한다.

7) ‘ (旅)’ : ‘ ’자를 일반적으로 ‘旅’자로 예정한다. ‘2-② 【 方鼎(㚔旅方鼎)】’ 참고.

금문편

‘ (肄)’ : ‘肄’자는 곧 ‘肆’자이다. ≪금문편≫은 ‘0474, 肆’(200~201쪽)에서 아래 문자들을 수록하고 있다.

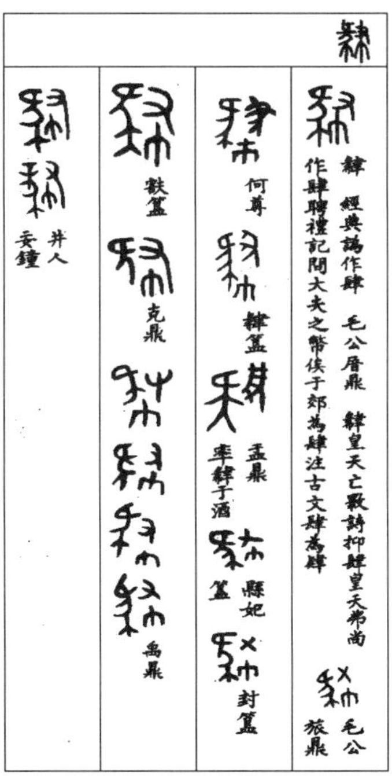

≪금문편≫ ‘0474 肆’(200~201쪽)

'()' : ≪금문편 · 부록하≫, '036', 1173쪽 참고.

'龎(槖)' : ≪금문편≫ '0988 槖'(425쪽) 참고.

'𠤰(妣戊) : '匕(妣)戊'의 합문. 금문에서는 '乙' · '丙' · '戊' · '己' · '辛' 등이 '匕'와 합문으로 사용되고 있다. ≪금문편≫은 '1366, 匕'(575쪽)자 아래 '匕'자와 합문으로 쓰이는 자들을 아래와 같이 나열하고 있다.

≪금문편≫, '1366'(575쪽)

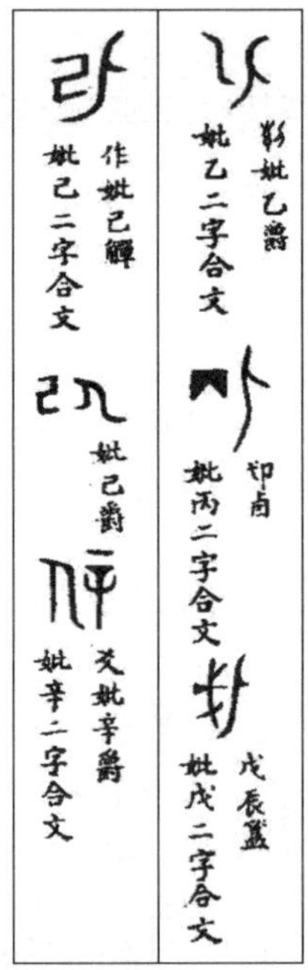

≪금문편≫, '0569 爽'(232쪽)

'奭(儷)' : ''자를 ≪금문편≫은 '0569 爽'(232쪽)자 아래 수록하고 있으나, 이 자의 예정에 대해서는 의견이 분분하다. 의미는 '配偶者(배우자)'이다.

13. 【宰椃角】

  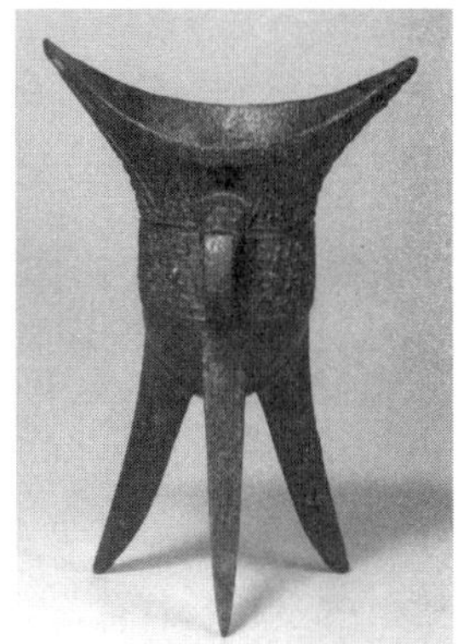

【명문참고】

二玄社 27 ; 集成 14·9105 ; 銘文選 1·7 ; 三代 16·48·1-2 ; 總集 06·4242.

【소개】

異名 : 冊, 宰椃乍父丁角.

명문 : 5행 30자, 합문 1자(五朋) ; 손잡이 2자.

시기 : 商 帝辛.

크기 : 높이 20.2㎝ ; 口長 16㎝

소장 : 일본 교토 센오쿠하코우칸(泉屋博古館) 소장.

【주요참고문헌】

≪積微居金文說≫, 257쪽.

≪商周青銅器銘文選三≫, 5쪽.

≪金文今譯類檢≫, 518~519쪽.

【석문】

庚申, 王才(在)闌[1],
王各(格)[2], 宰[3]椃[4]从.
易(賜)貝五朋. 用乍(作)父丁
障(尊)彝. 才(在)六月, 隹(唯)王
廿祀羽[5]又五.
庸[6]冊[7](0989)

【해석】

경신 일에 왕은 闌지방에 머무르고 있는데, 이곳으로 올 때 宰椃가 수행하였다. 왕이 宰椃에게 貝 五朋을 하사하자 先祖 父丁에게 제사모실 尊彝를 만들다. 때는 바야흐로 六月이고, 왕이 재위한지 二十五年되는 해로 羽(翌·翼)祭를 올리는 시기다. 庚冊.

설 명

1) '闌' : '' 자는 '𨶜'으로 예정할 수 있고, '闌'이라는 지방의 이름으로 사용되고 있다. '𨶜'자는 '闌'자의 번체자이며, '闌'의 음성부분은 '柬'이기 때문에 '管'과 통한다. '菅'·'蕳'이나 '蘭' 등으로 쓰기도 한다. '菅(관)'은 지금의 河南省 鄭州市 일대이다.

2) '各(格)' : '各(格)'자는 '도착하다'는 '至'·'來'의 의미.

3) '宰' : '宰(재)'는 官名으로 갑골문에도 보이고 있다.

4) '椃' : '(椃)'자는 여기에서 人名으로 쓰이며, 이 자 역시 갑골문에 보인다(方述鑫, ≪甲骨金文字典≫, 439쪽 참고).

5) '羽' : '' 자를 ≪금문편≫은 '昱(욱)'자로 예정하고, '翌(익)'·'翼(익)'자의 의미로 쓰인다고 설명하고 있다. 즉 ≪금문편≫은 '1090 昱'(458쪽)자 아래 ''·''·''·'' 등을 수록하고 있으나, 앞 ''자와 뒤 세 자의 새가 날개를 펴고 날고 있는 형상과는 사뭇 다르다. 따라서 ''자는 '昱'자로 예정하고, ''·''와 ''자는 '羽'자로 예정하는 것이 옳다. '昱'과 '羽'는 갑골문과 금문에서 '翌'자나 '翼'자로 가차되며 제명으로 쓰인다.

6) '庚' : 앞 '2-③ 【睸庚斝】' 참고.

7) '冊' : '冊'은 史官.

금문편

'(羽)' : ≪금문편≫의 '1090 昱'(458쪽) 참고.

'(易)' : ≪금문편≫ '1594 易'(670~673쪽) 참고.

'(虓)' : ≪금문편≫ '0960 虓'(403쪽) 참고.

'(闌)' : ≪금문편≫는 '1911 闌'(769쪽)에 아래 문자들을 수록하고 있다.

≪금문편≫ '1911 闌'(769쪽)

14. 【小臣艅犧尊(小臣俞犀尊)】

【명문참고】

二玄社 28；集成 11・5990；銘文選 1・4；三代 11・34・1；總集 06・4866.

【소개】

異名：小臣俞尊；小臣俞犀尊；艅尊.

발견：青 道光 年間에 山東省 壽張縣 梁山 출토.

명문：4行 27字.

크기：길이 37㎝；높이 23.2㎝.

시기：商 帝乙.

소장：미국 샌프란시스코 아시아 미술박물관 소장.

【주요참고문헌】

≪商周青銅器銘文選三≫, 2~3쪽.

≪金文詁林附錄≫, 2608~2612쪽.

≪說文解字今釋≫, 731~732쪽.

≪金文の世界≫(白川靜), 30~32쪽.

【석문】

丁子(巳), 王省夒宜[1].

王易(賜)小臣艅(俞)夒貝.

隹(唯)王來正(征)人方[2]. 隹(唯)

王十祀又五. 彡(肜)[3]日. (2101)

【해석】

丁巳 일에 王이 夔且지방을 순시할 때, 王이 小臣 俞(유)에게 夔(기)지방의 貝를 하사하였다. 때는 왕이 人方을 정벌하고 돌아오는 시기로, 王 재위 十五년이며, 肜日祭(융일제)를 올리는 때이다.

설 명

1) '夔且' : '夔且'은 지명이름인 것은 확실시 되나, '且'자에 대해서는 학자마다 의견이 분분하다. ≪集成引得≫은 '京(경)'으로 예정하고 있고, ≪금문편≫은 '2272 且'(923~925쪽)자로 예정하고 있다.

2) '人方' : 帝乙과 帝辛 때의 敵國(적국) 중의 하나.

3) '彡' : '彡'자는 '肜(융)'자와 같은 자로, 고대 제사의 일종.

금문편

'(省)' : '(省)'자는 음성부분 '生'과 의미부분 '目'으로 이루어진 형성자. ≪금문편≫의 '0585, 省'(242쪽)에서는 ≪小臣艅犧尊≫의 이 자가 잘 보이지 않기 때문에 수록하지 않은 것으로 보인다.

'' : ''자는 ≪금문편・부록하≫의 '694'(1286쪽)에서 인식할 수 없는 자로 보고 있으나, ≪부록하≫ '693~697'에서 수록하고 있는 문자들은 모두 '夔(기)'자이다. (≪금문고림부록≫, 2608~2612쪽과 ≪說文解字今釋≫, 731~732쪽 참고)

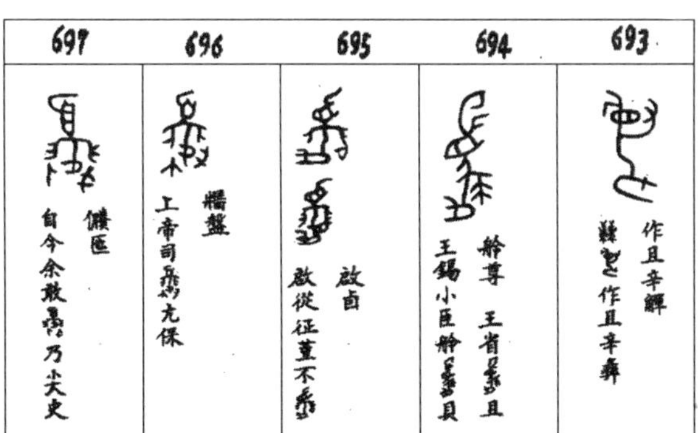

≪금문편・부록하≫, '694'(1286쪽)

15.【小子省卣】

【명문참고】

二玄社 29；集成 10・5394；銘文選 1・17；三代 13・38・3-4；總集 07・5471

【소개】

異名：小子相卣；甲寅卣；𠔿小子省乍父己卣.

명문：蓋銘 3行 21字.

크기：높이 35.9㎝；口徑 10.6㎝；低徑 14.7㎝.

시기：商 殷墟晩期.

소장：상해박물관.

【주요참고문헌】

≪商周青銅器銘文選三≫, 11쪽.

【석문】

甲寅. 子[1]商(賞)小子[2]省貝

五朋. 省䵼(揚)[3]君

商(賞). 用乍(作)父乙寶彝.

𠔿[4](2803)

【해석】

갑인 일에 子는 小子 省에게 貝 五朋을 하사하다. 省이 임금의 하사를 찬양하고 父乙에게 제사드릴 보배스런 彝器(이기)를 만들다. 𠔿族.

설 명

1) '子' : '子'는 사회적으로 지위가 있는 남자를 총칭하는 말. 혹은 商王과 혈친 관계가 있는 족장의 존칭. 혹은 '侯'·'伯'이나 '南'과 같은 爵稱(작칭).

2) '小子' : 직위가 낮은 관리.

3) '𩛥(揚)' : ≪商周青銅器銘文選三≫(11쪽)은 이 자를 '㝨'로 예정하고 있지만, 손으로 옥을 받들고 있는 형태인 '玉'과 '丮'으로 이루어진 회의자이다.

4) '冀' : 族徽文字(족휘문자)는 단독적으로 앞부분이나 마지막 부분에 놓거나 혹은 아랫부분에 놓은 것이 일반적이다. '4-8 【(冀)作父乙卣】'는 '(冀)'자를 제일 앞에 쓰고, '5. 【卣(䵼卣)】'는 ''자를 제일 마지막에 두고 있다. 그러나 본 ≪小子省卣≫의 ''자는 두 번째 행 첫 번째 자리에 놓고 있다. 이외에도 명문의 위치를 달리 안배하는 경우가 있다. 예를 들어, ≪伯多壺≫의 "今伯多人非壺, 子孫永用"(≪殷周金文集成引得≫, 142쪽) 중 '用'자는 제일 마지막 위치에 놓여야 하는데, 두 번째 행의 '壺'자 아래 놓고 있다. ≪湯叔盤≫의 "唯正月初吉壬午, 埜(棠)湯叔伯氏荏鑄其尊, 其萬年無疆, 子子孫孫, 永寶用之"(≪殷周金文集成引得≫, 153쪽) 중의 '用之'는 제일 마지막 위치에 놓여야 하지만, 두 번째 행 끝에 놓고 있다. '初'자는 첫 행의 왼쪽 옆에 단독적으로 위치하고 있는데, 이는 후에 추가한 것으로 보인다.

≪伯多壺≫

≪湯叔盤≫

금문편

'(⿱丵共)' : '4-[8] 【(⿱丵共)作父乙卣】' 참고.

'(省)' : '14. 【小臣艅犧尊】' 참고.

'' : ≪금문편≫은 '1941 揚'(778~782쪽)자 아래 '揚'자의 일반적인 형태인 '' · '' 이외에도 ''와 ≪小子省卣≫의 ''을 수록하고 있다.

'' : ≪금문편≫ '0133 君'(58~59쪽) 참고. ≪금문편≫은 蓋銘(개명)은 ''로, 器名(기명)은 ''로 모사하고 있다.

16. 【小子𠭯卣】

【명문참고】

二玄社 30 ; 集成 10.5417 ; 銘文選 1.5 ; 三代 13.42.2.3 ; 總集 07.5494.

【소개】

異名：𤔲卣；𤔲作母辛卣；𩰫龍華紋犧首卣.

명문：蓋銘：1行 3字；器銘：4行 44字，重文 1，合文 2.

시기：商 帝乙.

소장：일본 고베(神戶)시 하쿠스루(白鶴)미술관.

【주요참고문헌】

≪商周靑銅器銘文選三≫，3쪽.

≪金文今譯類檢≫，592~593쪽.

≪金文の世界≫(白川靜)，32~35쪽.

【석문】

乙子(巳)，子[1]令(命)小子[2]𤔲[3]先目(以)人于
堇. 子光商(賞)𤔲貝二朋. 子曰，貝，
隹(唯)[4]蔑[5]女(汝)曆[6]. 𤔲用乍(作)母辛
彝. 才(在)十月二[7]，隹子曰，令𡇒(望)[8]人方𩰫[9].
𦥑[10]母辛(2825)

【해석】

乙巳 일에 子가 小子 𤔲에게 人을 데리고 먼저 堇(근) 지방으로 가도록 명령하였다. 子는 𤔲에게 貝 二朋을 영광스럽게 하사하고, 말하기를 '이 하사한 貝는 너의 공적을 칭찬하는 것이다'라고 했다. 이를 기념하기 위하여 𤔲은 母辛에게 제사드릴 彝器를 만들었고, 이 시기는 十二月로, 子는 𤔲에게 명령하여 人方의 𩰫 지역을 순찰하는 때이다. 𦥑族이 母辛에게 제사드리는 기물.

설 명

1) '子(巳), 子'：'子(巳), 子'를 중문 부호를 사용하여 ''로 쓰고 있다. 갑골문에서도 '巳'와 '子'자는 같은 형태로 쓰인다.

2) '小子'：'小子'는 직위가 낮은 관리. '15.【小子省卣】' 참고.

3) '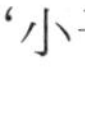(𤔲)'：이 자를 ≪금문편≫은 ≪부록하≫의 '253'(1211쪽)에 수록하고 있으나, 윗부분 '夆(夆：봉)'과 아랫부분 '囧(酉)'로 이루어진 형성자다. 人名. ≪𠬝卣≫는 '夆'자를 ''로 쓰고 있다. '𤔲'자의 윗부분과 유사함을 알 수 있다(≪금문편≫ 0905；386쪽)

4) '唯' : '唯'자 중의 '口'는 좌우와 아래에 위치할 수 있다. ''자는 '口'가 아랫부분에 놓여 있다.

5) '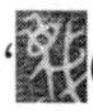(蔑)' : '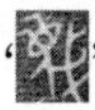'자는 '苜'과 '伐'로 이루어진 자이다. 즉 '戈'를 이용하여 얼굴을 가격하는 형상으로, '伐'의 의미와 밀접한 관계가 있다. 적을 벌하고 전공을 세운다는 의미와도 관계가 있다. 이 명문에서는 '공적을 표양하다'의 의미로 쓰이고 있다. 즉 '蔑女(汝)曆'은 '너의 공적을 표양하다'의 의미이다.

6) '(曆)' : '曆(역)'자는 '歷(역)'의 의미로 쓰인다.

7) '(十月二)' : '十'과 '二'자는 '月'자에 비하여 작게 쓰여져 있는데, 이는 누락되어 후에 추가한 것으로 보인다. '二'자를 '衍文(잘못 추가한 문자)'으로 보는 학자도 있으나, '12. 【肄簋(肄作父乙簋)】' 등이 "才(在)十月一"로 쓰는 예문들로 보아 "十月二"로 해석하는 것이 옳다.

8) '望(望)' : '望' 자는 '望(망)'자며, ≪廣雅·釋詁≫는 "望, 至也('望'은 '至(이르다)'의 의미)"라고 설명하고 있다.

9) '𦋹' : 지명. 夷方 중의 하나.

10) '冀' : '冀'자는 '4-8 【作父乙卣(冀作父乙卣)】' 참고.

금문편

'' : ≪금문편≫ '0137'(62~64쪽) 참고.

'' : ≪금문편≫'0614'(260~261쪽) 참고.

'' : ≪금문편≫ '0734'(313~314쪽) 참고.

'' : ≪금문편≫ '1378'(581~582쪽) 참고.

'' : ≪금문편≫ '1284'(548쪽) 참고.

17. 【𣪕角(坒角)】

【명문참고】

二玄社 31；集成14.9100；三代 16.47.1；總集 06.4239.

【소개】

異名：𣪕作父癸角；坒角.

시대：殷商.

소장：상해박물관.

【석문】

≪金文引得≫：

, 子易(賜)天
𣪕貝. 用乍(作)
父癸隩(尊)彝. 奮(0986)

≪集成引得≫：

甲寅, 子易(賜)奮
𣪕(坒)貝. 用乍(作)
父癸隩(尊)彝.

≪본문≫

甲寅[1], 子易(賜)奮[2]
坒[3]貝. 用乍(作)
父癸隩(尊)彝.

【해석】

甲寅 일에 子가 坒에게 貝를 하사하자 父癸에게 제사드릴 尊彝(준이)를 만들다. 奞族.

설 명

1) '' : 이 자를 ≪金文引得≫은 인식할 수 없어 예정하지 않고 있으나, '15. 【小子省卣】'의 '寅(인)'자와 같다. 따라서 본문은 '甲寅'으로 예정한다(≪금문편≫ '2391 寅', 991~992쪽 참고). ≪金文引得≫은 이외에도 '昜'자 다음에 '天'자를 추가하여 쓰고 있으나, 이는 족휘문자 '奞≪天黿≫'의 윗부분을 잘못 인식한 것이다.

2) '奞' : 족휘문자. '4-⑦ 【卣(奞作從彝尊)】'과 '5. 【卣(䲨卣)】'를 참고.

3) '' : 이 자를 ≪금문편≫은 '坒'자로 예정하고 있다. '5. 【卣(奞卣)】' 참고. 본문도 坒'로 예정하기로 한다.

18. 【作父己簋】

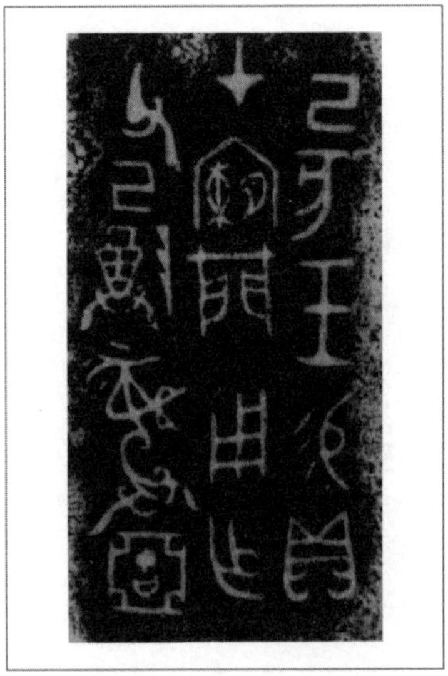

【명문참고】

二玄社 32 ; 集成 7.3861 ; 總集 03.2466.

【소개】

출토 : 洛陽에서 출토되었다고 전함.
명문 : 15자.
소장 : 故宮博物館.

【석문】

己亥, 王易(賜)貝.
才(在)䦎[1]. 用乍(作)
父己障(尊)彝. 亞 {古} (4807)

【해석】

己亥 일에 王이 䦎(闌)에서 貝를 하사하자, 이를 기념하기 위하여 父己에게 제사모실 尊彝를 만들다. 亞古族.

설 명

1) '䦎' : '䦎'자는 '闌'자의 번체자이며, '闌'의 음성부분은 '柬'이기 때문에 '管'과 통한다. '菅'·'蕳'이나 '蘭' 등으로 쓰기도 한다. '菅(관)'은 지금의 河南省 鄭州市 일대이다. '(䦎)'자를 '24.【戍嗣子鼎(戍𠭰鼎)】'은 ''으로 쓰고, '13.【宰椃角】'은 ''으로 쓰고, '25.【利簋】'는 ''으로 쓴다. 모두 지명인 '闌(菅)'이다.

금문편

'' : ≪금문편≫ '1911 闌'(769쪽) 참고.

'' : '亞古族'. ≪금문편≫≪부록상≫ '178'(1071쪽) 참고.

19. 【𤼽卣(毓祖丁卣)】

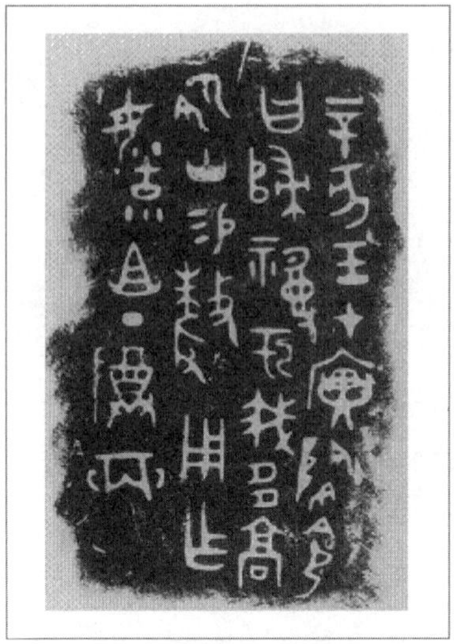

【명문참고】

二玄社 33；集成 10.5396；三代 13.38.5.6；總集 07.5472.

【소개】

출토：낙양에서 출토되었다고 전함.
명문：24자.
시기：殷商.
소장：故宮박물관.

【주요참고문헌】

≪甲骨金文字典≫，方述鑫，1993年.

【석문】

≪金文引得≫

辛亥，王才(在)廙，降
令曰，歸禱于我多高
叐山，易(賜)𤼽用乍(作)
毓且(祖)丁障(尊). (2806)

≪集成引得≫

辛亥，王在廙，降令
曰：歸祼于我多高.
处(咎)山易(賜)𤼽(釐)用乍(作)
毓(后)且(祖)丁障(尊). 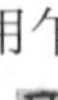

≪본문≫

辛亥, 王才(在)廙, 降

令曰, 歸福[1]于我多高[2].

处(咎)[3]山易(賜)釐[4]用乍(作)

毓(后)[5]且(祖)丁障(尊). 

【해석】

辛亥 일에 王은 廙에서 명령을 하달하여 말하기를, 돌아가서 나의 많은 先公先王에게 제사를 드리도록 하라하고 했다. 咎山이 釐에게 하사하자 后祖인 丁에게 제사드릴 尊器(준기)를 만들다. 族.

설 명

1) '福' : ''자를 ≪금문편≫은 ≪부록하≫('004', 1167쪽)에 수록하고 있다. 이 자를 '28.【德方鼎】'은 '(福)'으로 쓰고, '27.【何尊】'은 ''으로 쓴다(≪金文編≫, '005', 1168쪽 참고). 이 자를 王國維는 '祼(관)'자로 해석하고 있으나(≪觀堂集林≫, 2015쪽), 郭沫若은 이 자를 '福'자로 보고 있다(≪금문고림부록≫, 1189~1190쪽).

馬承源(마승원)은 ≪史獸鼎≫의 ''자에 대하여 (≪商周青铜器铭文选(三)≫에서 '福'자로 해석하고, "銘文象手執一有流的酒器. 毓且丁卣銘「歸福我多高」之福, 與此福字造意相同, 而有簡繁之別. 福從示畐, 畐是有流的酒器. 銘字下從又, 有受酒之義. 福, 祭祀之酒肉, 祭祀後分賜酒肉稱致福或歸福, 本銘文「贏史獸福」, 卽指此事(銘文은 손으로 술이 흐르는 그릇을 잡고 있는 모양을 형상화하고 있다. ≪毓且丁卣≫'歸福我多高(많은 先公先王들에게 祼祭를 올리다)' 중의 '福'자와 문자의 형태가 복잡정도만 다를 뿐 유사하다. '福'자는 '示'와 '畐'으로 이루어져 있으며, '畐'은 술이 흘러내리는 술 그릇이다. 銘文 아래 '又(手)'는 술을 받는 의미를 나타낸다. '福'이란 祭祀를 지낼 때 사용하는 술과 고기이다. 祭祀를 마치고 난 후에 酒肉을 나누어 주는 것을 '致福' 혹은 '歸福'이라 한다. 본 銘文 「贏史獸福」 구절이 이 내용을 가리킨다)"라고 설명하고 있다(91쪽). 본문도 '福'자로 해석하기로 한다. '福'은 '제사를 지내다'나 '祭名' 혹은 馬承源이 말한 '致福' · '歸福'의 의미로 쓰인다.

2) '多高' : '多'는 '諸'의 의미로, '多高'는 많은 선공이나 선왕을 가리킨다.

3) '처(咎)' : ''를 ≪금문편≫은 ≪부록하≫'355'(1229쪽)에 수록하고 있으나, '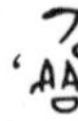'(≪금문편≫'1361 咎', 575쪽) 중의 일부와 유사하다. 갑골문은 '咎(구)'자를 ''나 ''으로 쓰며, ''와 유사하다. 따라서 '咎'로 예정하기로 한다(≪甲骨金文字典≫, 592쪽)(≪금문고림부록≫, 2002쪽)

4) '釐' : 인명. '孷(리)'자에 대하여 ≪설문해자≫는 "引也. 從又𠩺聲('당기다'의 의미. '又'와 '𠩺'의 음성으로 이루어진 형성자)"이라고 설명하고 있다. '孷'자는 '釐(리·래)'자의 初文이다(≪說文解字今釋≫, 414쪽).

5) '毓' : '毓(육)'자는 여기에서 '先公先王'의 의미인 '后'자의 뜻으로 쓰이고 있다(≪甲骨金文字典≫, 1172쪽).

금문편

'' : ≪금문편≫ '1549 廙'(659쪽) 참고.

'' : ≪금문편·부록하≫ '004'(1167쪽) 참고.

'' : ≪금문편≫ '0458 孷'(188쪽) 참고. '釐(리)'자는 ≪금문편≫의 '釐 2192'(890~891쪽) 참고.

'' : ≪금문편≫ '2388 毓'(989쪽) 참고.

'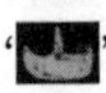' : ≪금문편≫ '1535 山'(655쪽) 참고.

'' : ≪금문편·부록상≫ '362'(1112쪽) 참고.

20.【尹光鼎(邐方鼎)】

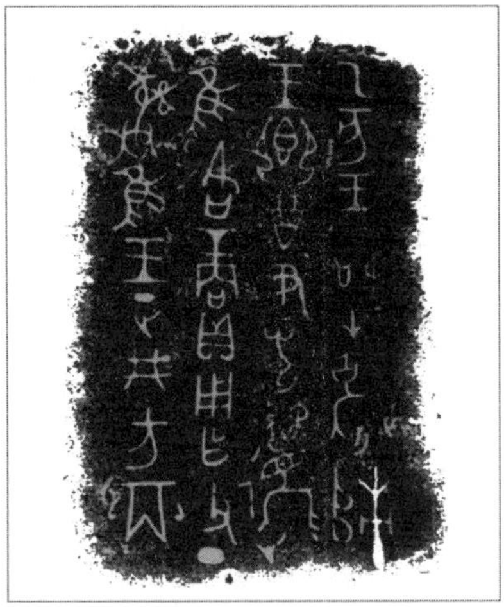

【명문참고】

二玄社 34；集成 5.2709；三代 04.10.2；總集 02.1208.

【소개】

異名：乙亥鼎；乙亥父丁鼎；尹光方鼎.

명문：28자.

시기：殷商.

소장：영국 런던 British 박물관.

【주요참고문헌】

≪金文詁林附錄≫, 1105~1106쪽.

≪金文今譯類檢≫, 349~350쪽.

【석문】

≪金文引得≫

乙亥, 王旣才(在)熊餗(次),
王卿(饗)酉(酒). 尹光邐
隹各, 商貝. 用乍(作)父丁
彝. 隹(唯)王正(征)井(邢)方. (3942)

≪集成引得≫

乙亥, 王餗才(在)㚔餗(次),
王鄉(饗)酉(酒), 尹光邐.
唯各, 商(賞)貝. 用乍(作)父丁
彝. 唯王正(征)井方. 

≪본문≫

乙亥，王既[1]才(在)[2]彔[3]𣶒(次)[4]，
王卿(饗)酉(酒)[5]，尹光[6]邐[7].
隹(唯)各[8]，商(賞)貝. 用乍(作)父丁
彝. 隹(唯)王正(征)井(邢)方[9]. 

【해석】

乙亥 일에 왕이 이미 彔에서 군대를 주둔하고, 조상에게 술을 바치는 의식을 거행할 때, 尹光이 이를 도와 술을 뿌리는 儀祭를 지냈다. 이에 이 일을 마치고 나서, 왕이 尹光에게 貝를 하사하자, 父丁에게 제사드릴 彝器(이기)를 만들다. 때는 바야흐로 왕이 邢方(형방)을 정벌할 때이다. 族.

설 명

1) '既' : ''자는 잘 보이지 않아 확실치 않기 때문에, ≪金文引得≫에 따라 '既'자로 해석하기로 한다. ≪금문편≫의 '0828 既'(353~355쪽) 참고.

2) '才(在) : '' : 아랫부분이 약간 보이지 않으나, 내용과 형태로 보아 '0972 才'(411~412쪽)자임이 확실하다.

3) '彔' : '' : 이 자에 대해서는 의견이 분분하다. 형태로 보아 짐승의 형상인 '皀'과 아랫부분은 '泉'자로 된 형성문자이다. 唐蘭은 음성부분이 '皀'이며, '薄(박)'의 음성과 같다고 하였다(≪금문편≫, '1621 彔', 682쪽 참고). ≪金文引得≫은 '熊'자로 예정하고 있으나, '能'자는 곧 '熊'자의 초문으로 ≪금문편≫ '1644 能'(688쪽)에 수록된 형태들과는 다르다.

≪금문편≫이 수록한 '彔'자와 '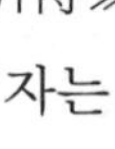'의 형태가 근사하기 때문에 '彔'자로 예정하기로 한다. 지명.

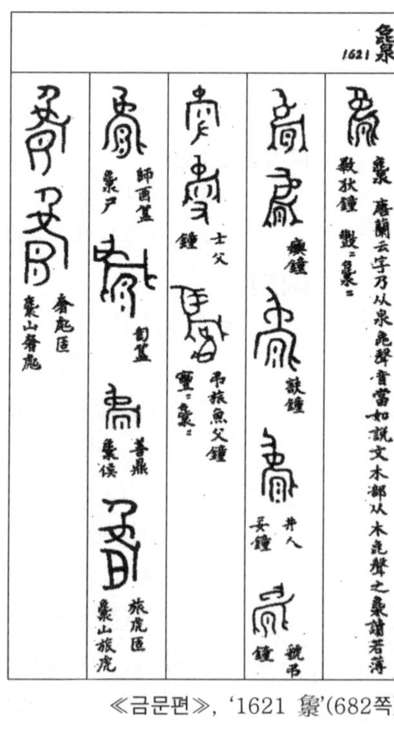

≪금문편≫, '1621 彔'(682쪽)

4) 餗(次) : '' 자는 '朿(자)'이 음성인 형성문자이다. '朿'의 음은 '次'와 통한다. 군대가 다음 지역으로 옮겨 주둔함을 말한다.

5) '鄕(饗)酉(酒)' : '술을 바치는 祭禮 의식' 중의 하나.

6) '光' : '' 자에 대하여 ≪금문편≫은 윗부분에 두 점이 없기 때문에 '光'자와 구별하여 ≪부록하≫ '396'(1236쪽)에 놓고 있으나, 이 자 역시 '光'자이다. 아래에 나열된 ≪금문편≫의 문자들 역시 모두 '光'자이다(≪金文詁林附錄≫, 1105~1106쪽).

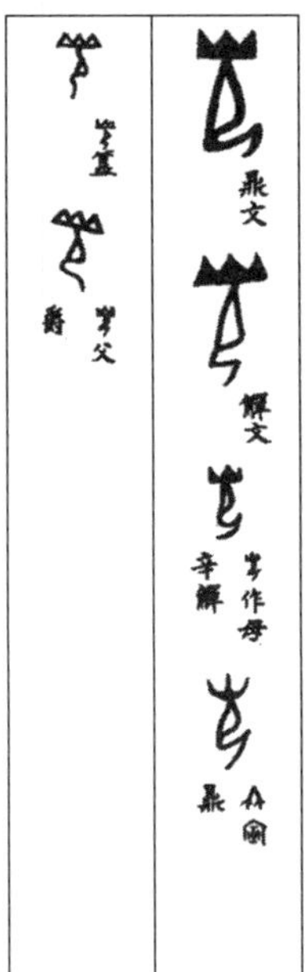

≪금문편 · 부록상≫'563'(1156~1157쪽)

≪금문편 · 부록하≫'396'(1236쪽)

7) '邐' : ≪설문해자≫는 '邐(리)'자를 "行邐邐也. 从辵麗聲(서서히 행동하다의 의미. 의미부분인 辵이고 음성부분인 麗인 형성문자)"이라고 설명하고 있다. 여기에서는 '灑(쇄)'의 의미로 '술을 서서히 뿌리다'의 뜻이다.

8) '各' : 이 자는 '格(격)' 혹은 '落(낙)'자의 의미인 '행하다' · '마치다'의 뜻.

9) '井(邢)方' : '井(邢)方'은 周代 諸侯國 중의 하나로 지금의 河北省 邢臺(형대) 부근 지역.

금문편

'' : ≪금문편≫은 이 자를 아래와 같이 모사하고 있다.

≪금문편≫, '0227 邐'(100쪽)

'' 諫(次) : ≪금문편≫, '2315, 諫'(937쪽) 참고.

21. 【𡖊方鼎(要方鼎)】

【명문참고】

二玄社 35；集成 5.2702；銘文選 1.49；總集 02.1209.

【소개】

출토：1973년 遼寧省 喀左縣 北洞村 山麓二號 窖藏 출토.

異名：要方鼎.

시기：西周 成王.

명문： 4行 24字, 合文 1字(腹壁).

크기：높이 51.7㎝；口縱 30.7㎝；口橫 40.7㎝.

소장：遼寧省 박물관

【주요참고문헌】

≪商周青銅器銘文選三≫, 30쪽.

≪金文今譯類檢≫, 337~338쪽.

≪西周青銅器銘文分代史徵≫, 96쪽；110~113쪽.

≪中國文物精華大辭典≫, 80쪽(기물 원형 사진).

【석문】

腹壁銘文：

丁亥. 𠨘[1]商(賞)又(有)正[2]

要[3]要[4]貝才(在)穆[5]

朋二百. 𡖊(<要>)厎(長)[6]〔𠨘〕

商(賞). 用乍(作)母己隮(尊)

鬻(餗)[7]

腹內低銘文：

亞{㠱医(侯)}[8]矣[9](3935)

【해석】

丁亥 일에 𢦏는 穆 지방에서 有正 叓에게 㝨에서 産出되는 貝 一朋하고 二百을 하사하자 叓(𠨧)가 𢦏의 하사함을 찬양하고, 이를 기념하기 위하여 母己에게 제사드릴 음식물을 끓일 수 있는 彝器(준기)를 만들다. {㠱医(侯)矣} 族.

설 명

1) '𢦏' : '𢦏'자는 사람의 이름으로 商代 乙辛 시기의 大臣. 이 자는 '8.【麇婦觚】'에도 보인다. ≪說文解字≫는 '𢦏'자에 대하여 "擊踝也. 從丮戈, 讀若踝(복숭아 뼈를 두드리다. '丮'와 '戈'로 이루어진 회의자이다. 音은 '踝(복사뼈 과 ; huái)'와 비슷하다)."라고 설명하고 있다. '49.【牆盤】'은 ''으로 쓰고, "方緣(蠻)亡(無)不𢦏見(方國과 蠻夷가 영원히 朝見을 하게 되었다)."과 같이 '謁(알)'의 통가자로 쓰인다.

2) '又(有)正' : '有司'와 같은 관직으로 물건을 관리한다.

3) '叓' : ''자는 아랫부분은 '文'으로 보이나, 확실히 알 수 없어 잠시 '叓'로 예정하기로 한다(≪금문편≫≪부록하≫, '438'(1243쪽)참고).

4) '㝨' : '(㝨)'는 地名. 唐蘭은 이 자를 '要'자로 예정하고 있다(≪西周青銅器銘文分代史徵≫, 111쪽). ≪금문편≫의 '0422 要'에서 수록하고 있는 문자 중 ≪是要簋≫의 '要'자와 근사하다.

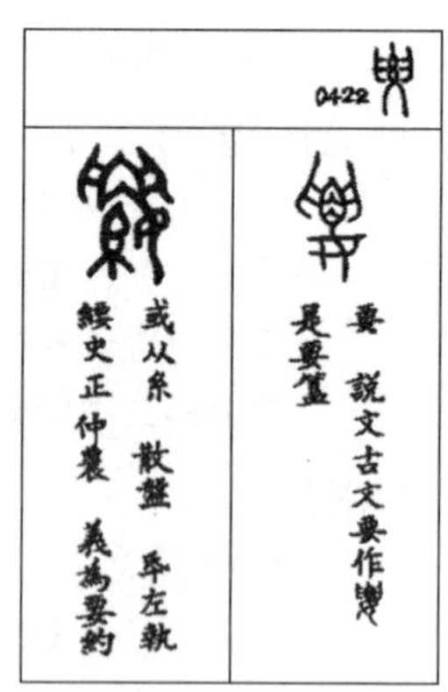

≪금문편≫ '0422 要'(167쪽)

5) '穆' : 지명. 지금은 어느 지방인지 확실히 알 수 없다.

6) '㞷' : ''은 음성부분이 '長'이며, '揚(양)'이나 '張(장)'과 통한다. '찬양하다'의 의미.

7) '鬻' : '(鬻)'자는 '羹(갱, 국)'을 끓이는 '餗(속)'자의 이체자이다(≪西周青銅器銘文分代史徵≫, 113쪽). 아래는 ≪금문편 · 부록하≫에 수록된 '鬻'자와 관련된 문자다. 모두 '鬻'자의 이체자로 보인다. 이 자는 밑 부분에 단독적으로 놓여 있으나, 문맥으로 보아 '障(尊)'과 연결시켜 해석하는 것이 옳다.

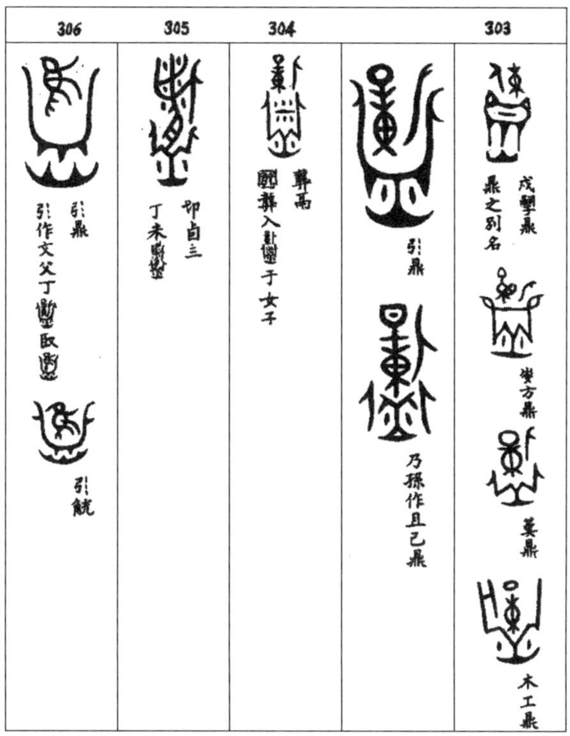

≪금문편 · 부록하≫, '303' · '304' · '305' · '306' · '307'(1220쪽)

8) '' : 이 자는 '冀矢(侯)亞矣'의 氏族을 말한다. '2-1 【鼎(亞矣方鼎)】'과 '11. 【小臣邑斝】' 참고. 이 씨족은 帝乙 · 帝辛 시기, 갑골문에도 보인다.

9) '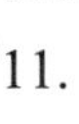(矣)' : '2-1 【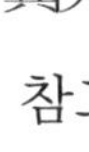鼎(亞矣方鼎)】' 참고.

금문편

'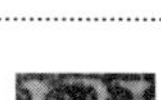(冀)' : ≪금문편≫ '2367, 冀'(968~969쪽) 참고.

22. 【寑孳方鼎】

【명문참고】

二玄社 36；≪고문자연구≫, 16輯 210쪽.

【소개】

출토：1981년 山西省 曲沃縣 曲村 출토.

시기：殷商晚期.

명문：27자, 합문 1자.

【주요참고문헌】

≪金文今譯類檢≫, 355~356쪽.

【석문】

甲子, 王易(賜)寑孳
商(賞). 用乍(作)父辛障(尊)
彝. 才(在)十月又二. 遘
祖甲[1], 𠭯日[2]. 隹(唯)王廿祀[3].
毋倗[4](3946)

【해석】

甲子 일에 王이 寑孳에게 하사품을 하사하자, 이를 기념하기 위하여 父辛에게 제사드릴 尊彝(준이)를 만들다. 때는 十二月이며, 또한 祖甲에게 𠭯日祭를 올리는 시기인 周王 二十年이다.

설 명

1) '祖甲' : ''자는 합문으로, 왼쪽이 '甲'이고 오른쪽이 '祖'자인 '祖甲'이다.

2) '𢦚日' : '𢦚日'은 儀祭 중에 하나. '12. 【𦔻簋(戊辰彝)】' 참고.

3) '廿祀' : '(廿祀)'자 중 윗부분은 '廿(입, 스물)'자이고, 아랫부분은 '祀'자이다. 합문이 아니라 문자배열 때문에 '廿'을 작게 쓴 것으로 보인다.

4) '毋倗' : ≪二玄社≫가 소개한 탁본에는 족휘문자 '毋倗'가 보이지 않지만, ≪金文今譯類檢≫(355쪽)의 탁본은 옆과 같다.

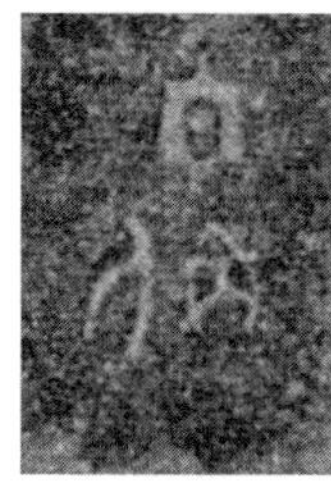

금문편

'(子)' : ≪금문편≫은 '2378子'(981~985쪽)에서 아래의 문자들을 수록하고 있다.

≪금문편≫ '2378 子'(981~985쪽)

'(寑)' : 이 자는 잘 보이지 않지만, ≪금문편≫의 '1209 寑'(528~529쪽) 참고하여 보충할 수 있다.

(≪금문편≫ '1209 寑', 528~529쪽)

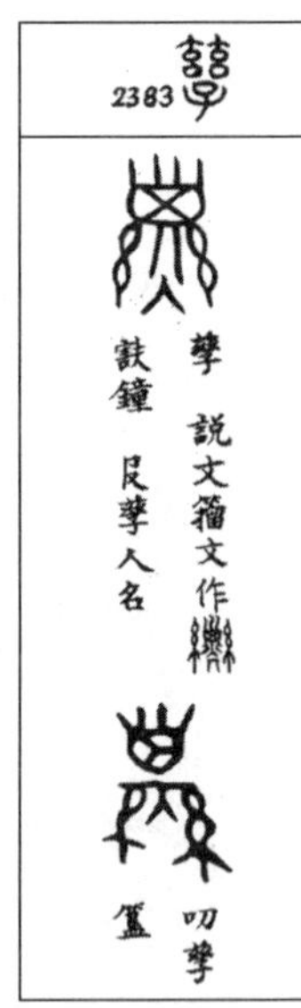

'(孽)' : 이 자는 잘 보이지 않지만, ≪금문편≫의 '2383 孽'(989쪽 참고)를 참고할 수 있다.

'(溝)' : ≪금문편≫ '0219 溝'(97쪽) 참고.

'(𤔲)' : ≪금문편≫ '2221 𤔲'(903쪽) 참고.

'(隹)' : ≪금문편≫ '0598 隹'(251~255쪽) 참고.

23. 【[illegible]夒觶(冀作祖辛觶)】

【명문참고】

二玄社 37 ; 集成 12.6481 ; 三代 14.54.6 ; 總集 08.6618.

【소개】

異名 : 作且辛觶 ; 冀作祖辛觶.

시기 : 殷 혹은 西周 早期.

【석문】

冀

[illegible][1] [illegible][2]

乍(作)且(祖)辛彝(1646)

【해석】

棘夒가 선조 辛에게 제사드릴 彝器(이기)를 만들다. 冀族.

설 명

1) ‘[illegible]([illegible])’ : 윗부분은 두 개의 화살(矢)이 아래를 향하고 있는 형상이고, 아래는 ‘棘’자이다. 이 자는 ‘棘(극)’과 통한다. ≪小爾雅 · 廣器≫는 “棘, 戟也(‘棘’은 ‘戟(창 극 ; jǐ)’이다)”라고 설명하고 있다(≪金文詁林附錄≫, 1894~ 1895쪽 참고).

2) '' : '14. 【小臣艅犧尊】'의 ''자와 같은 '夔(기)'자이다. ≪금문고림부록≫(2608~2612쪽)과 ≪說文解字今釋≫(731~732쪽 참고) 역시 모두 이 자를 '夔'자로 보고 있다. '14. 【小臣艅犧尊】' 참고.

금문편

'(鏲)' : ≪금문편≫≪부록하≫ '302'(1219쪽) 참고.

24. 【戊嗣子鼎(戊𠨘鼎)】

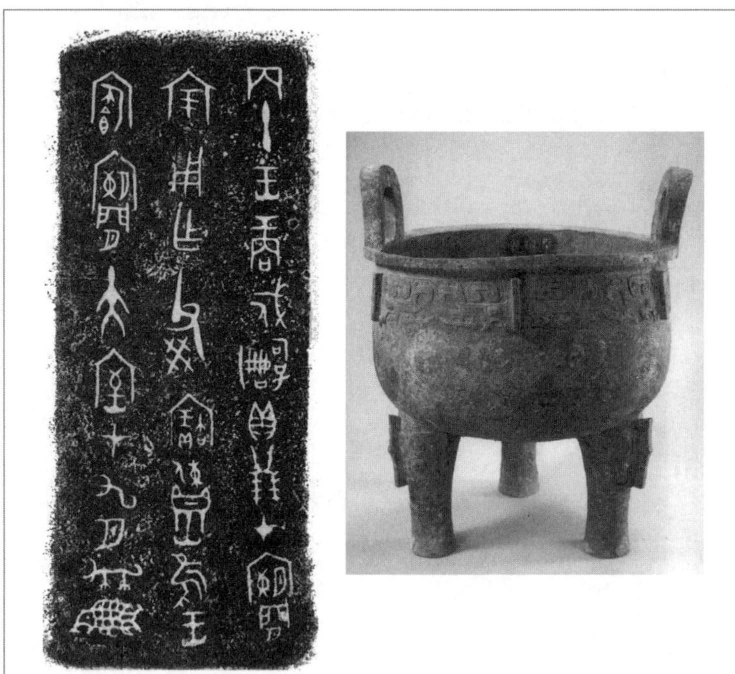

【명문참고】

二玄社 38 ; 集成 5.2708 ; 銘文選 1.18.

【소개】

異名 : 戊𠨘鼎.

발견 : 1959년 河南省 安陽市 後岡 殷代 坑에서 출토.

명문 : 3行 29字, 合文 1.
크기 : 높이 48㎝ ; 口徑 39.5㎝.
시기 : 商 殷墟晩期.
소장 : 중국 사회과학원 고고연구소 安陽工作站 소장.

【주요참고문헌】

≪商周青銅器銘文選三≫, 11~12쪽.
≪金文今譯類檢≫, 351~352쪽.
≪金文詁林附錄≫, 1771~1775쪽.

【석문】

丙午. 王商(賞)戌[1]䎂[2]貝卄朋. 才(在)𨴹[3]
宇. 用乍(作)父癸[4]寶餗[5]. 隹(唯)王
畬(飲)[6]𨴹大室[7]. 才(在)九月. 犬魚(3944)

【해석】

丙午 일에 王이 戌官 嗣(사)에게 貝 二十朋을 闌 지방의 宮室 宇에서 하사하였고, 이를 기념하기 위하여 父癸에게 제사지낼 보배스러운 餗鼎(속정)을 만들었다. 때는 九月, 왕이 闌(菅) 지방의 太室에 飮祭(飮祭)를 올릴 때이다. 犬魚族.

설 명

1) '戌' : '官名'이나 '씨족명'으로 해석하나, 일반적으로 이름 앞에 관직명을 추가하기 때문에 '관명'으로 풀이하기로 한다.

2) '䎂(嗣)' : '䎂'는 '嗣(사)'와 같은 자이다. '(嗣)'자는 ≪금문편≫의 '0309 嗣' 참고. 容庚은 '䎂'자에서 郭沫若의 '嗣子'의 합문이란 말을 인용하고 있으나, ≪설문해자≫의 古文 '孠'을 참고하면, 합문이 아니라 '嗣'자의 이체자라는 것을 알 수 있다.

3) '𨴹' : '(𨴹)'은 '闌'자의 번체자이며, '闌'자의 음성부분은 '柬'이기 때문에 '管'과 통한다.

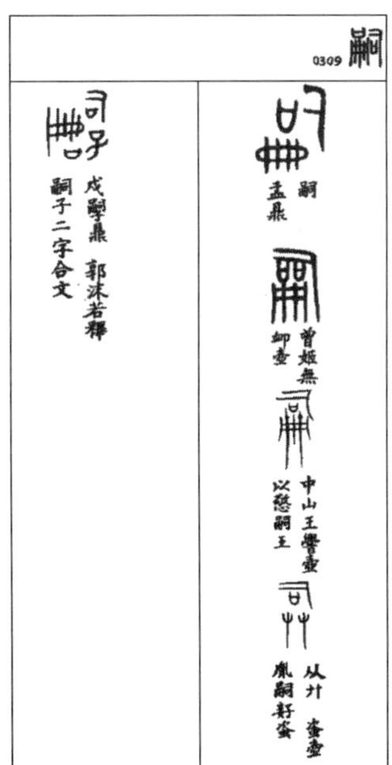

≪금문편≫, '0309 嗣'(128쪽)

‘菅’・‘蕑’이나 ‘蘭’ 등으로 쓰기도 한다. ‘菅’은 지금의 河南省 鄭州市 일대. ‘18.【作父己簋】’는 ‘闌’자를 ‘’으로 쓰고, ‘13.【宰椃角】’은 ‘’으로 쓰고, ‘25.【利簋】’는 ‘’으로 쓴다.

4) ‘父癸’ : 嗣의 부친.

5) ‘䰞’ : ‘(䰞)’자는 ‘餗(속)’자의 이체자. ‘21.【方鼎(㜽方鼎)】’ 참고.

6) ‘䪫(飲)’ : ‘’자를 ≪금문편≫은 ≪부록하≫의 ‘324’(1223)쪽에 수록하고 있다. 이 자를 ‘飲(음)’, 혹은 ‘館(관)’이나 ‘祼(관)’로 해석하기도 한다. 郭沫若은 이 자를 祭名 중의 하나인 ‘饔’자로 해석하고 있다. ‘饔’은 음성과 의미가 ‘飲(음)’과 통한다(≪금문고림부록≫, 1771~1775쪽).

7) ‘大室’ : 周王 祖廟의 중앙 대실을 太室이라 한다.

금문편

‘(戍)’ : ≪금문편≫ ‘2034 戍’(824쪽) 참고.

‘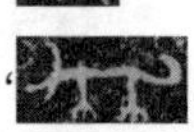(犬)’ : ≪금문편≫ ‘1623 犬’(683쪽) 참고.

‘(魚)’ : ≪금문편≫ ‘1878 魚’(754~756쪽) 참고.

II · 西周時期

Ⅱ 西周時期

西周早期

25.【利簋】

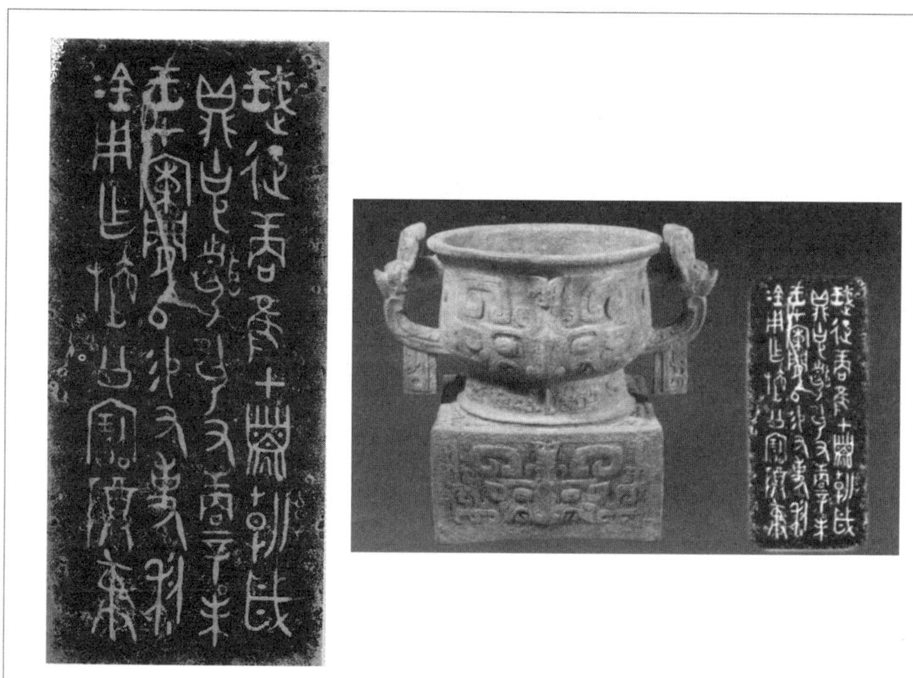

【명문참고】

二玄社 39；集成 8·4131；銘文選 1·22；總集 04·2671.

【소개】

시기：西周早期(武王).

명문：3行 32字.

발견 : 1976年 陝西 臨潼縣.

소장 : 陝西省 臨潼縣 文化館.

【주요참고문헌】

<西周時代最早的一件銅器利簋銘文解釋>, ≪唐蘭先生論文集≫, 205~208쪽.

≪金文今釋類檢(殷商西周卷)≫, 61~62쪽.

≪商周青銅器銘文選三≫, 13~14쪽.

≪西周青銅器銘文分代史徵≫, 7~10쪽.

<利簋銘文新解>, 劉釗, 古文字硏究(26輯), 182~187쪽.

【석문】

珷(武)[1]征商, 隹(唯)甲子朝[2]歲
鼎[3]. 克顙(昏)[4], 夙(夙)又(有)商[5]. 辛未,
王才(在)䆝自[6], 易(賜)又(有)事[7]利
金. 用乍(作)旜公[8]寶隫(尊)彝(4935)

【해석】

무왕이 商을 정벌한 이 때는 甲子 일의 아침으로, 歲星(세성)이 마침 출현한 시기이다. 전쟁에서 昏主인 紂(주)를 정벌하고 商을 계승하였다. 辛未 일에 왕은 䆝自에서 右史인 利에게 청동을 하사하였다. 利는 이 청동으로 旜公(단공)에게 제사드리는 진귀한 宗廟禮器尊彝(종묘예기준이)를 만들었다.

설 명

이 명문은 武王이 殷商을 정벌한 때의 것이다. 檀公(단공)의 후예인, 利는 청동기를 하사받자 조상을 위하여 제기를 만들었다. 이 명문은 서주의 청동기 중 가장 이른 시기의 것이다. 辛未 일은 갑자일로부터 칠일 째 되는 날이다. 아마도 利가 상을 멸망시키는데 큰 공을 세운 것으로 보인다.

1) '(珷)' : '武王'의 합문이며, 周나라 武王을 가리킨다.

2) '朝' : ''자는 '朝'자이며, 이른 아침을 말한다.

3) '歲鼎' : '歲'자는 '歲星(세성)'으로, 지금의 '木星'에 해당된다. '鼎(정)'자는 '當(당)'의 의미인 '제 위치에 있다'는 뜻.

4) '克顙(昏)' : '顙'은 '聞(문)'자의 初文이고, '昏(혼)'과 통한다. '昏'은 '昏主인 紂王(주왕)'을 가리킨다. '克'은 '무찌르다'의 의미이다. 혹은 '顙(昏)'자는 그 다음 자인 '夙(夙 : 숙)'자와 연결하여 '克, 顙(昏)夙(夙)又(有)商'으로 이해하

고, '麷(昏)𣦼(夙)'을 '태양이 아직 떠오르지 않은 시기로 막 날이 밝으려는 때'로 해석하기도 한다. 즉 이 구절을 '시기적으로, 분리한 때를 극복하고 黎明 무렵 商을 점령하였다'로 해석한다. 그러나 본문은 전후 문맥을 고려하여 '麷(昏)'을 '昏主인 紂王'으로 풀이하기로 한다.

5) '𣦼(夙)又(有)商' : '𣦼(夙 : 숙)'자는 부사의 의미인 '일찍이' 혹은 '신속하게'의 의미이다. '又(有)'는 '점령하다, 점유하다'의 의미로 사용되고 있다. '𣦼(夙)又(有)商'은 '신속하게 상나라를 점령하다'의 뜻.

6) '䦭自' : '䦭'자는 '闌'자의 번체자이며, '闌'의 음성부분은 '柬'이기 때문에 '管'과 통한다. '菅'·'蕑'이나 '蘭' 등으로 쓰기도 한다. '菅'은 지금의 河南省 鄭州市 일대. '18.【作父己簋】'는 '(䦭)'로 쓰고, '24.【戍嗣子鼎(戍𤔲鼎)】'은 ''으로 쓰고, '13.【宰椃角】'은 ''으로 쓴다. '自'는 '師'자와 같은 자이다. 원래 '많은 사람들이 사는 곳'이기 때문에, '京師'나 '洛師'와 같이 지명 뒤에 붙여 사용한다. '闌師'는 '菅師'이다.

7) '又(有)事' : '有司'를 가리킨다. '又'는 '有'이고, '事'는 '史'자와 같기 때문에 '有事'는 '右史'와 같다. '右史'는 史官이다.

8) '旝' : '旝'자의 음성부분인 '亶'은 '蟺'자와 같기 때문에 '旝'자는 '旜(전)'과 같다. '旜'자를 '旃(전)'으로 쓰기도 하고, '亶'이나 '檀(단)'자와 통용하여 쓰기도 한다.

금문편

'(歲)' : ≪금문편≫ '0196 歲'(87쪽) 참고.

'(利)' : ≪금문편≫ '0683, 利'(284쪽) 참고.

'(旝)' : ≪금문편≫ '1103, 旃'(463쪽) 참고.

'' : ≪금문편≫ '1926 聞'(772~773쪽) 참고. ≪금문편≫, '1088 昏'(457쪽)

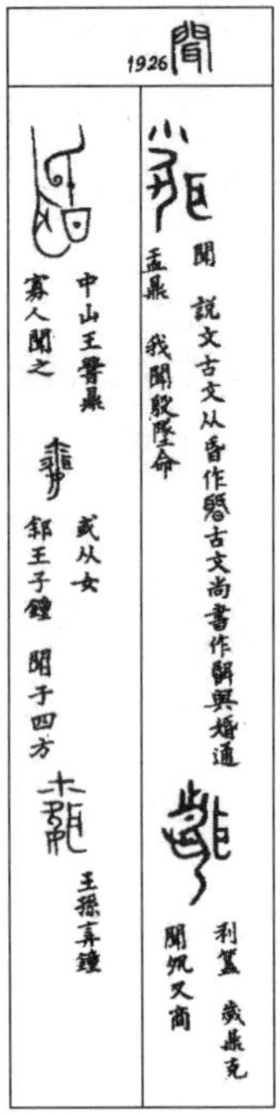

≪금문편≫ '1926 聞'(772~773쪽)

≪금문편≫, '1088 昏'(457쪽)

26. 【征卣(保卣)】

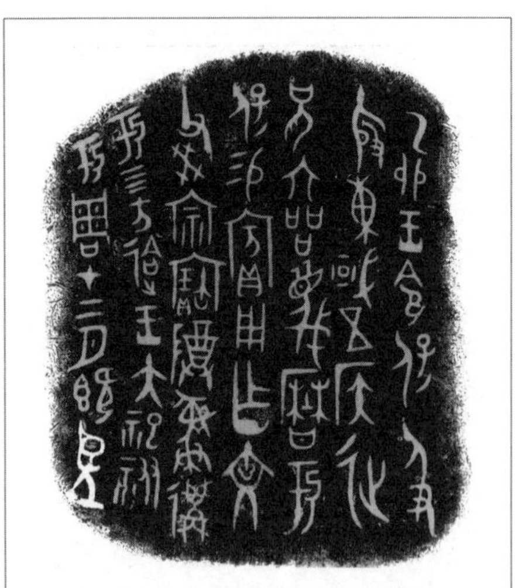

≪蓋銘≫

≪器銘≫

【명문참고】

二玄社 40；集成 10・5415；銘文選1・33；總集 07・5495.

【소개】

又名：征卣.

시기：西周早期 成王.

발견：1948년 河南省 洛陽에서 출토되었다고 전함.

명문：蓋銘 7行 46字.

크기：높이 25.8㎝；지름 縱 9.4㎝, 橫 12.2㎝.

소장：상해박물관.

【주요참고문헌】

≪金文今釋類檢(殷商西周卷)≫, 588~589쪽.

≪商周靑銅器銘文選三≫, 22~23쪽.

【석문】

乙卯, 王令保[1]及[2]
殷東或(國)五医(侯), 征(誕)[3]
兄(荒)六品[4]. 蔑曆[5]于
保, 易(賜)賓[6]. 用作文[7]
父癸宗寶隮(尊)彝[8]. 遘(遘)[9]
于四方[10]迨(會)[11]王[12]大祀, 祓(祐)
于周. 才(在)二月既朢(望)(2823)

【해석】

乙卯 일에 成王은 太保(召公 奭)에게 은나라 동쪽에 있는 다섯 諸侯와 여섯 종족을 廢亡시키도록 명령하였다. 成王은 大保의 공적을 褒賞(포상)하고 물품을 하사하였다. 그래서 (이를 기념하기 위하여) 大保는 위대하신 부친 癸에게 제사지낼 때 사용할 진귀한 宗廟 禮器를 주조하였다. (이때가 바로)사방 제후가 成周에 모여 큰 제사의식에 참여하고, 주나라의 조상제사를 도와주는 때로 二月 旣望일에 해당된다.

설 명

본 명문과 같은 내용으로 ≪保尊≫이 있다. 단 ≪保尊≫은 8行으로 되어 있다. 大保에 관하여, ≪史記・周本紀≫는 “召公爲保, 周公爲師, 東伐淮夷, 殘奄, 遷其君薄姑(成王은 召公을 保로 임명하고, 周公을 師로 임명하여 동쪽으로 淮夷를 토벌하고 奄國(엄국)을 殲滅(섬멸)시키고, 이 국왕들을 薄姑(박고)로 이동시켰다)”라고 설명하고 있다. 그러나 ‘保’는 大保 召公 奭(석)이 아니라, 成王시대의 周公의 아들인 明保로 이해하는 학자도 있다.

1) ‘保’ : ‘保’는 ‘大保’로, 召公 奭(석)의 관명.

2) ‘及’자에 대하여 ≪설문해자≫는 “逮也”라고 설명하고 있다. 즉 ‘逮捕(체포)하다, 征伐(정벌)하다’의 의미이다. ‘王令保及’은 ‘왕은 大保 召公 奭에게 체포(점령)하도록 명령하다’의 뜻.

3) ‘征(誕)’ : ‘征’자는 ‘延’자와 같은 자이다. ‘延’자는 또한 ‘延(연)’자와 같은 자이며, 갑골문에서는 접속사인 ‘迺(내)’와 같은 용법으로 쓰이기도 한다. ‘延’자는 이외에도 ‘誕(탄)’자와 통하여, 助詞의 용법으로 쓰이기도 한다. “誕彌厥月, 先生如達(임신이 만삭되니 순탄하게 순산하네)”(≪詩經・大雅・生民≫)의 구절 중의 ‘誕’은 文頭에서 조사용법으로 사용되고 있다. 본 명문에서도 조사의 용법으로 사용되고 있다.

4) ‘兄(荒)六品’ : ‘兄’은 ‘荒(황)’의 통가자로, ‘廢(폐)’의 의미인 ‘멸망시키다’의 뜻이다. ‘品’을 ‘種族’이나 ‘物品’으로 해석하나, 전후 문맥으로 보아 ‘種族’의 의미로 해석하기로 한다.

5) ‘蔑曆’ : ‘(蔑)’자는 의미부분이 ‘首’이고 음성부분이 ‘伐(벌)’이다. ‘공적을 찬미하다’의 의미인 ‘伐’과 통용된다. ‘曆(역)’은 ‘歷(역)’과 ‘勵(려)’의 의미이다. ‘蔑曆(멸력)’은 金文에서 天子나 大臣이 신하의 공적을 칭송하고 찬미하는 의미로 쓰인다.

6) ‘(賓)’ : ‘하사품’을 말한다. 금문의 ‘賓(빈)’자 중에는 자부 ‘貝’가 없는 경우도 있다. ≪금문편≫의 ‘1011 賓’(433~434쪽 참고)

7) ‘文’ : ‘文飾’ 혹은 ‘美’의 의미.

8) '宗寶隮(尊)彝' : '진귀한 宗廟 禮器'의 의미.

9) '遘' : '遘'자는 '遘(구)'자와 같은 자로 '마침 ……한 때이다'의 의미이다.

10) '四方' : '四方'은 '四國'과 '區域'을 말하고, 京都 밖의 王畿(왕기)를 '四國'이라 한다.

11) '迨' : '迨'자는 '會(회)'자와 같은 자로 '회합하다 · 모이다'의 뜻.

12) '王' : 여기에서 王都인 宗周를 가리킨다.

27. 【[旡可]尊(何尊)】

【명문참고】

二玄社 41 ; 集成 11 · 6014 ; 銘文選 1 · 32 ; 總集 06 · 4891.

【소개】

출토 : 1963년 陜西省 寶鷄縣 출토.

명문 : 12行 119字 ; 合文 3字.

높이 : 38.8㎝ ; 口徑 28.8㎝ ; 低縱 19.8㎝ ; 橫 20.2㎝.

시기 : 西周 成王.

소장 : 陜西省 寶鷄市 博物館.

【주요참고문헌】

≪金文今釋類檢(殷商西周卷)≫, 616~618쪽.
≪商周青銅器銘文選三≫, 20~22쪽.
≪西周青銅器銘文分代史徵≫, 73~79쪽.
≪中國古文字導讀-商周金文≫, 40~44쪽.

【석문】

隹(唯)[1]王初[2]䙴(遷)宅于成周[3], 復[4]爯[5]
珷(武)[6]王豊(禮)福[7]自天. 才(在)亖(四)月丙戌,
王𢍜(誥)宗𡥈(小子)于京室, 曰 : "昔才(在)
爾[8]考[9]公氏克逨[10]玟(文)王. 肆[11]玟(文)
王受𢆶(玆)[大][令][12]. 隹珷(武)王旣克大
邑商, 鼎(則)廷告于天[13], 曰 : 余𠀠(其)
宅𢆶(玆)中或(國), 自之辥(乂)[14]民. 烏(嗚)
虖(呼), 爾有唯(雖)小子亡(無)[15]戠(識)[16], 視[17]于
公氏有爵[18]于天, 徹(徹)[19]令[20]苟(敬)[21]
亯(享)[22]戈(哉)[23]." 叀(唯)[24]王龏(恭)[25]德[26]谷(裕)天, 順(訓)[27]我
不每(敏). 王咸𢍜(誥), 何易(賜)貝卅朋. 用乍(作)
匜[28]公寶障(尊)彝. 隹(唯)王五祀(2117)

【해석】

왕이 처음으로 成周 洛邑(낙읍)으로 수도를 옮기고, 여전히 武王의 禮에 따라 福祭를 天室에서 거행하였다. 四月 丙戌 일에 왕은 宗廟에서 小子에게 말하기를 "옛날 너희 부친께서는 文王을 잘 보필하였기에 문왕이 上帝로부터 大命을 받으실 수 있었다. 武王이 大邑 商을 멸한 후 上帝에게 정중케 고하기를 '나는 장차 洛邑에 宮室을 건설하고, 중앙 지역인 이곳에서 백성을 다스리고자 한다'라 했다. 오호라! 너 小子는 아직 見識이 없어 天命을 알 수 없지만, 너희 부친 公氏는 하늘로부터 작위를 부여받고 그 使命을 완성하였으며, 上帝를 공경하고 잘 받들어 모셨음을 응당히 알아야 한다." 라 했다. 공덕을 갖추고 上帝를 잘 받들어 모시는 왕이 이 우둔한 小子 何를 훈도하셨도다. 왕의 훈계가 끝나고 난 후 何에게 貝 三十朋을 하사하시어, 부친께 제사드릴 존귀한 禮尊을 만들다. 때는 周王 五年이다.

설 명

1) '隹(唯)' : '隹'자는 금문 중에서 일반적으로 문장 앞에 놓이는 발어사 '唯(유)'의 용법으로 쓰인다. ≪금문편≫의 '0598 唯'(251~255쪽) 참고.

2) '(初)' : '衣'와 '刀'로 이루어진 회의자. 오른쪽 하단 부분 '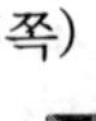'가 '刀'이다.

3) '䟫(遷)宅于成周' : '䟫(遷 : 천)'자를 ≪金文引得≫은 '䟫'자로 예정하고, ≪금문편≫은 '𨞃'으로 예정하고, 唐蘭은 '𨞰'으로 예정하며(≪𣪕尊銘文解釋≫), 이외에도 '𨞰'으로 예정하기도 한다. ≪說文解字≫는 '遷(천)'자의 음성부분은 '䙴'이고, '䙴'자는 '𨙻'자와 같다고 설명하고 있다(≪說文解字今釋≫, 249~250쪽 참고). 본문은 '𨞃'로 예정하기로 한다. 의미는 '옮기다'이다. ≪금문편≫ '1064𨞃'(450쪽) 참고. '成周'는 西周의 東都인 '洛邑(낙읍)'으로 지금의 河南省 洛陽市이다.

4) '(復)'자 : '成周'아래 ''자는 잘 보이지 않지만, 잔적으로 보아 '復(복)'자 인 것으로 추증된다.

5) '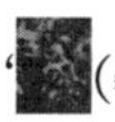(爯)' : 첫 행 마지막 자인 '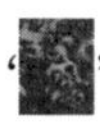'자는 잘 보이지 않는다. 唐蘭은 '亩(稟, 품 : 름)'으로 예정하고 의미를 '계승하다'·'전수하다'·'이어받다'로 풀이하고(≪𣪕尊銘文解釋≫), 馬乘源 등은 '爯'자로 예정하고 '媾(구)'의 의미로 해석하고 있으나, 문맥으로 보아 '遘(구)'자의 의미로 풀이하기로 한다. '遘'는 '거행하다'·'맞이하다' 의 의미. ≪금문편≫ '0219遘'(97쪽) 참고.

≪금문편≫, '0266 復', 111쪽

6) '(珷)' : ''는 잔적으로 보아 '珷(무)'자이다. ≪금문편≫의 '2040武' (827~828쪽) 참고.

7) '福' : ''자를 ≪금문편≫은 ≪부록하≫의 '005'(1168쪽)에 놓고 있으나, 郭沫若 등은 이 자를 '福(복)'자로 보고 있다(≪금문고림부록≫, 1189~1190쪽). '福'자로 보는 것이 옳다. '福'은 제사 종류 중의 하나.

≪금문편≫
≪부록하≫
'005', (1168쪽)

8) '爾' : '너'라는 이인칭 代詞의 의미로 쓰이고 있다. ≪금문편≫의 '0568 爾'(231쪽) 참고.

9) '考公氏' : ≪금문편≫은 '0568 爾'(231쪽)자 아래 ≪何尊≫의 銘文인 "昔在爾考公氏"를 인용하고 있는 것으로 보아 ''자를 '考(고)'자로 예정하고 있음을 알 수 있으나, '1406 考'(595~600쪽)에 수록하지 않고 있다. '考公氏'는 '父親'의 의미.

10) '克逨' : '克(극)'은 '能'의 의미. ''자를 唐蘭은 '逨'자로 예정하고, '근면하다'의 '勤(근)'로 풀이하고 있다(≪珂尊銘文解釋≫). 그러나 오른쪽 윗부분이 '來'자와 다르다(≪금문편≫ '0893 來'(383쪽) 참고). 馬乘源은 '逨'으로 예정하고, 音이 '弼(필)'과 통하기 때문에 '보좌하다'·'보필하다'의 의미로 쓰인다고 설명하고 있다. 본문도 '輔弼하다'의 의미로 풀이하기로 한다. ≪금문편≫ '260 逨'(109쪽) 참고.

11) '肄' : '肄'자는 '肆(사)'자와 같은 자로, 여기에서는 어조사 '唯'의 용법으로 쓰이고 있다. ≪금문편≫ '0474 肄'(200~201쪽) 참고.

12) '[大][令]' : '丝(玆 : 자)'자 다음의 '' 부분은 보이지 않는다. 문맥에 따라 '大令' 두 자로 보기로 한다(唐蘭≪珂尊銘文解釋≫). '令'은 '命'과 통한다.

13) '大邑商, 鼎(則)廷告于天' : '大邑'은 首都의 의미이며, '大邑商'은 都城 商의 뜻이다. '廷'은 '侹(정)'과 통하여 '공경하다'·'정중하다'의 의미.

14) ‘辥’ : ‘辥’자는 ‘嬖’자와 같은 자로 ‘乂(예)’자와 통하여 ‘다스리다’의 의미이다.

15) ‘亡’자는 ‘無’의 의미. ‘’자는 ≪금문편≫ ‘2057 亡’(834쪽) 참고.

16) ‘戠’ : 자는 ‘識’자의 의미. ‘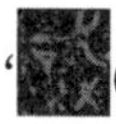(戠)’자는 ≪금문편≫ ‘2041 戠’(828쪽) 참고.

17) ‘眂’ : ‘’자를 ≪금문편≫은 ‘視(시)’자로 보고 있다. ≪금문편≫ ‘1443 視’(619쪽) 참고. ‘眂’자는 음성부분이 ‘氏’이고, ‘視’의 음성은 ‘示’이기 때문에 서로 통한다.

18) ‘爵’ : ‘爵(작)’자는 ‘恪(각)’자의 의미로 쓰이고 있다. ‘공경하다’ · ‘삼가다’의 뜻이다. ‘爵’자는 ≪금문편≫ ‘0832 爵’ (356쪽) 참고. 그러나 ≪금문편≫은 이 ‘’자를 인식하지 못하는 자로, ≪부록하≫의 ‘125’(1188쪽)에 수록하고 있다. 혹자는 이 자를 ‘勞’자 등으로 보는 경우도 있으나, 형태로 보아 ‘爵’으로 보는 것이 옳겠다(≪금문고림부록≫ 1456~1471쪽).

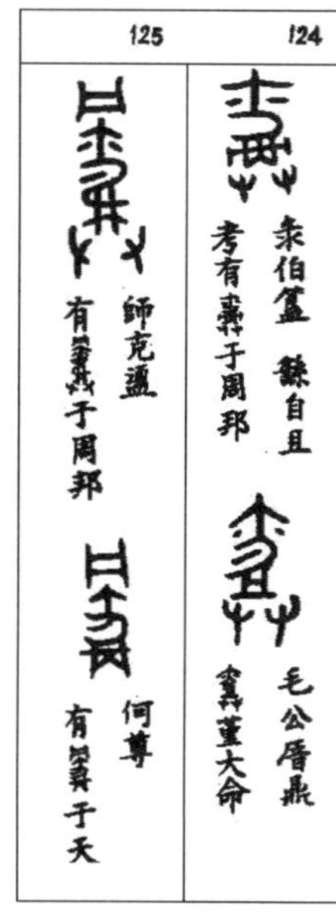

≪금문편≫≪부록하≫ ‘005’, (1168쪽)

19) ‘敵’ : ≪설문해자≫는 ‘徹(철)’자의 古文을 ‘徧’으로 쓴다(≪說文解字今釋≫, 436쪽). 따라서 ‘敵’자는 ‘徹’자와 통하며 ‘잘 알고 이행하다’의 의미로 쓰인다. ‘’자는 ≪금문편≫ ‘0505 徹’(210쪽) 참고.

20) ‘令’ : ‘令’은 ‘命’의 의미. ‘敵令’은 ‘徹命(철명)’으로 ‘大命을 공손하게 잘 받들다’의 뜻이다.

21) ‘苟’ : ‘(苟)’자는 ‘敬’의 의미. ≪금문편≫ ‘1525 苟’ (652쪽) 참고.

22) ‘亯’ : ‘亯(형 : 향)’자는 ‘亨’의 의미로 ‘받들다’의 뜻. ‘’자는 ≪금문편≫ ‘0882 亯’(377~379쪽) 참고.

23) ‘𢦏’ : ‘𢦏’는 ‘哉(재)’자의 간략형. ‘’자는 ≪금문편≫ ‘2039 𢦏’(826~827쪽) 참고.

24) ‘叀(唯)’ : ‘叀’자는 금문에서 조사 ‘唯(惟)’의 의미로 자주 쓰인다. ‘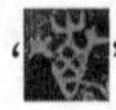’자는 ≪금문편≫ ‘0647 叀’(271쪽) 참고.

25) ‘龏’ : ‘龏’자는 ‘恭(공)’자와 통하며 ‘恭德’의 의미. ≪금문편≫은 ‘0417 龏’(165쪽)에는 ≪頌鼎≫의 문자만 수록하고, 이 ‘’자는 수록되어 있지 않다.

26) ‘德’ : ‘’자는 ≪금문편≫ ‘0265 德’(110~111쪽) 참고. 자부 ‘’은 ‘心’의 변형으로 보인다.

27) ‘順’ : ‘順(순)’자는 ‘訓(훈)’과 통하여 ‘教導(교도)하다’의 뜻. ‘’자는 ≪금문편≫ ‘1477 順’(627쪽) 참고.

28) ‘庾’ : ‘’자를 예정을 하지 않는 경우도 있으나, ≪殷周金文集成≫은 ‘庾(‘臾’‘庾’)자로 예정하고 있다. 잠시 이 주장을 따르기로 한다. ≪師臾鍾≫은 ‘臾(유)’자를 ‘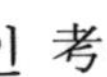’으로 쓰고 있다. ‘庾公(유공)’은 何의 父親인 考公氏이다. ≪금문편≫ ‘2400 臾’(1000쪽) 참고.

금문편

‘(戌)’ : ≪금문편≫ ‘2419 戌’(1014~1015쪽) 참고.

‘(氏)’ : ≪금문편≫ ‘2026 氏’(815~817쪽) 참고.

‘(克)’ : ≪금문편≫ ‘1155 克’(497~498쪽) 참고.

‘(㠱)’ : ≪금문편≫ ‘0723 箕’(303~308쪽) 참고.

‘(受)’ : ≪금문편≫ ‘0657 受’(274~275쪽) 참고.

‘(廷)’ : ≪금문편≫ ‘0287 廷’(118~119쪽) 참고.

‘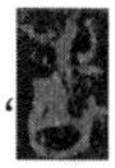(告)’ : ≪금문편≫ ‘0127 告’(56쪽) 참고.

‘(宅)’ : ≪금문편≫ ‘1183 宅’(511쪽) 참고.

‘(辥)’ : ≪금문편≫ ‘2373 辥’(975쪽) 참고.

‘(之)’ : ≪금문편≫ ‘0974 之’(414~417쪽) 참고.

‘(民)’ : ≪금문편≫ ‘2022 民’(813쪽) 참고.

‘(烏)’ : ≪금문편≫ ‘0633 烏’(265~266쪽) 참고.

‘(虖)’ : ≪금문편≫ ‘0771 虖’(333쪽) 참고.

‘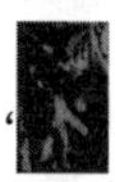(不)’ : ≪금문편≫ ‘1894 不’(761~763쪽) 참고.

‘(何)’ : ≪금문편≫ ‘1322 何’(562쪽) 참고.

‘𢍏(誥)’ : ≪금문편≫ ‘0409 𢍏’(163쪽) 참고.

‘(令)’ : ≪금문편≫ ‘1500 令’(641~643쪽) 참고.

28. 【德方鼎】

【명문참고】

集成 5・2661；銘文選 1・40；總集 02・1184.

【소개】

명문：5行 24字，合文 1.

크기：높이 24.4㎝；口徑 14.2㎝；口橫 18㎝.

시기：西周 成王.

소장：상해박물관.

【명문풀이 참고문헌】

≪金文今釋類檢(殷商西周卷)≫，322~323쪽.

≪商周靑銅器銘文選三≫，26쪽.

≪西周靑銅器銘文分代史徵≫，70~71쪽.

【석문】

隹(唯)三月，王才(在)
成周[1]，征(延)[2]珷(武)
福[3]，自蒿(鎬)[4]，咸[5].
王易(賜)徝(德)貝廿朋，
用乍(作)寶障(尊)彝(3919)

【해석】

三月에 王은 鎬京(호경)에서 武王에게 福祭를 올린 후에, 또 다시 成周에서 제사를 드렸다. 제사를 마친 후에, 王은 德에게 貝 이십 꾸러미를 하사하자, 이를 기념하기 위하여 德은 보배로운 尊彝(준이)를 만들었다.

설 명

1) ‘成周’ : 西周의 東都인 洛邑. 지금의 河南 洛陽市(낙양시) 부근.

2) ‘𢓊(延)’ : ‘𢓊’자는 ‘㢟’자와 같은 자이며, ‘연속’ · ‘계속’의 의미. ‘延(연)’자와 같은 자이다. 이자는 갑골문에서는 접속사인 ‘廼(내)’ 자와 같은 용법으로 쓰이기도 하며, ‘誕(탄)’자와 통하여, 助詞의 용법으로 쓰이기도 한다(‘26.【𢓊卣(保卣)】’ 참고). 본 명문에서는 부사의 용법인 ‘계속해서’ · ‘이어서’라는 의미로 사용되고 있다.

3) ‘福’ : 祭名. ‘27.【𢀛尊(何尊)】’ 참고.

4) ‘𦿓(鎬)’ : ‘𦿓’자는 ‘蒿(호)’자와 같은 자로 ‘鎬(호)’자와 통한다. 西周 都城의 이름. 지금의 陝西省 西安市 부근.

5) ‘咸’ : ‘마치다’의 의미. 왕이 鎬京에서 成周로 와서 무왕에게 지내는 福祭를 마쳤음을 말한다.

금문편

‘𢓊(延)’ : ≪금문편≫, ‘0289 㢟’ · ‘0290 延’(119~120쪽) 참고.

‘徝(德)’ : ≪금문편≫ ‘0265 德’(110~111쪽) 참고.

‘(福)’ : ≪금문편≫ ≪부록하≫ ‘005’(1168쪽) 참고.

29. 【乃孫作且己鼎(乃孫作祖己鼎)】

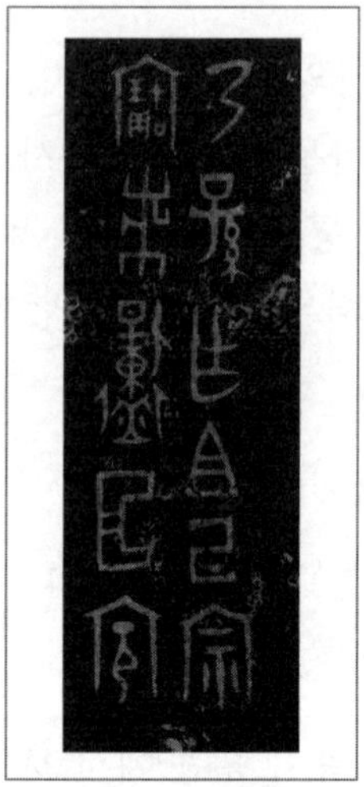

【명문참고】

二玄社 42 ; 集成 4・2431 ; 三代 03・21・3 ; 總集 01・0906.

【소개】

시기 : 殷 혹은 西周早期.

소장 : 대만 故宮박물관.

【석문】

乃孫乍(作)且(祖)己宗

寶鬻(旨)[1]䵻(餗)[2]. 匚方(賓)[3](3793)

【해석】

乃孫이 조상 己에게 제사 모실 때 사용할 보배스럽고 보기 좋은 국물을 끓이는 宗廟(종묘)의 솥을 만들다. 匚方(賓)族.

설 명

1) '鬻(旨)' : '鬻(치)'자의 음은 'zhǐ'로 여기에서는 '旨(지)'자의 의미인 '훌륭하다'・'아름답다'・'보기좋다'의 뜻으로 사용되고 있다(≪金文常用字典≫, 763~765쪽).

2) 䵻(餗) : '21. 【方鼎(嬰方鼎)】'은 '(鬻)'자로 쓰고 있다. 모두가 '餗(속)'자의 이체자이다.

3) '匚方(賓)' : ≪설문해자≫는 '匚(방)'자에 대하여 "受物之器. 象形. 讀若方.  籒文匚(물건을 담는 그릇, 상형문자. 독음은 方과 유사하다. 籒文은 匚자를 으로 쓴다)"라고 설명하고 있다. 즉 그릇의 모양을 본떠 만든 상형자이다. '匚方(賓)'은 씨족명이다.

금문편

'𣅀(旨)' : ≪금문편≫ '1304 𣅀'(553쪽) 참고.

'(餗)' : ≪금문편≫ ≪부록하≫, '303' · '304' · '305' · '306' · '307'(1220쪽) 참고.

30. 【宜侯夨簋】

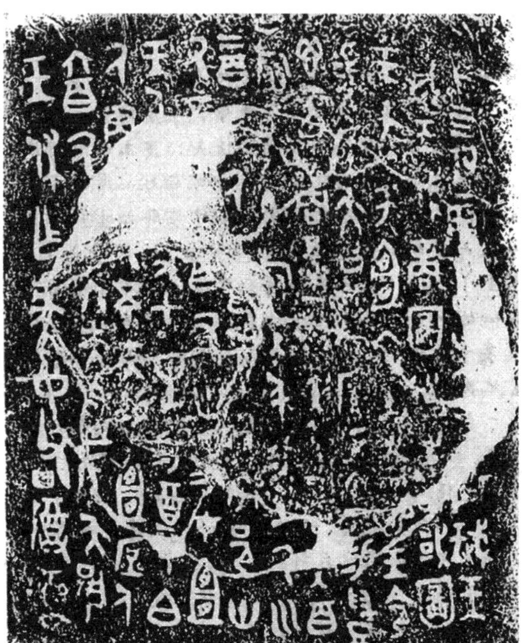

【명문참고】

集成 8・4320；銘文選 1・57；總集 04・2828.

【소개】

異名：夨簋.

출토：1954년 江蘇省 丹徒縣 龍泉鄉 烟墩山 출토.

명문：12行, 存 119字, 合文 2.

크기：15.7㎝；口徑 22.5㎝；低徑 18㎝.

시기：西周 康王.

소장：中國歷史博物館.

【명문풀이 참고문헌】

≪商周青銅器銘文選三≫, 34~35쪽.

≪西周青銅器銘文分代史徵≫, 153~159쪽.

≪商周古文字讀本≫, 86~90쪽.

≪中國古文字導讀-商周金文≫, 55~59쪽.

【석문】

隹(唯)亖(四)月辰[1]才(在)丁未, 王省珷(武)王
成王伐商圖, 征(延)省東或(國)圖[2].
王立(位)于宜, 入土(社)[3], 南卿(嚮). 王令
虞侯(侯)夨曰：䌛(繇)[4], 侯(侯)于宜, 易(賜)䣄[5]
鬯一卣・商(賞)鬲(瓚)一□[6]・彤[7]弓一・彤矢百・
旅[8]弓十・旅矢千. 易士氒[9]川(甽)[10]
三百□, 氒□百又廿, 氒宅邑[11]卅
又五, 氒□百又卌. 易(賜)才宜
王人[12]□又七生(姓)[13]. 易(賜)奠(鄭(＜甸＞))[14]七白(伯)・
氒鬲(召)[15]□又五十夫. 易(賜)宜庶人
六百又□六夫. 宜侯(侯)夨𩛥(揚)
王休[16]. 乍(作)虞公父丁障(尊)彝(5047)

【해석】

四月 丁未 일에 康 왕은 武王과 成王이 정벌한 지역을 순찰하고, 동시에 동부의 행정지역을 省察하였다. 왕은 宜國에서 宗廟에 들어가 남쪽을 향하고서 虞(虞)侯인 夨(측)에게 명령하였다. "아! 너에게 宜 지방의 제후로 봉함과 동시에 너에게 담가놓은 술과 이를 퍼 낼 수 있는 商에서 획득한 祭器를 하사한다. 또한 붉은 색깔의 弓 한 개와 붉은 색깔의 화살 백 개, 검은 색 궁 열 개와 검은 색 화살 천개를 하사한다. 너에게 산천 계곡은 삼백 여를, □은 이백 이십을, 거주지는 삼십오를, □은 백사 십에 해당되는 토지를 하사하겠다. 이외에도 宜 지방이 있는 □하고도 일곱 성씨를 가진 왕실 노예, 甸師 일곱 官員, 甸師의 하속관리 □하고도 五十名과, 宜 지방에 사는 농업에 종사하는 庶人 六百 餘하고 여섯 명을 하사한다. 따라서 宜侯 夨은 왕의

하사를 찬양하고, 虞(虔)侯 父丁에게 제사모실 때 사용할 尊彝를 만들었다.

설 명

1) ‘辰’ : ‘日辰’의 의미로 ‘日’과 같은 뜻이다.

2) ‘征(延)省東或(國)圖’ : ‘征(延)’은 계속해서’·‘연속해서’의 의미이다. ≪금문편≫은 ≪矢方簋≫의 銘文 ‘’과 ‘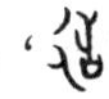’를 수록하고, 이 자를 ‘0278 徣’(116쪽)으로 예정하며, “說文所無, 楊樹達云義如遂(≪설문해자≫에 없는 자로 楊樹達은 ‘遂’자와 같다라고 했다.)”라고 설명하고 있다(116쪽). ≪금문편≫이 부사의 용법으로 풀이한 ‘계속해서’의 의미와 유사하다. 【征卣(保卣)】와 【德方鼎】은 ‘口’를 생략하여 ‘(征)’으로 쓰고 있다. 이 자를 ≪금문편≫은 ‘0289 延’(119~120쪽)으로 예정하고, ‘0290 延’(120쪽) 아래 ≪康侯簋≫의 명문을 인용하여 “延字重見”이라 설명하고 있다. ≪금문편≫은 ‘征’·‘延’·‘延’과 ‘誕’자를 같은 자로 보고 있다. 하지만 이들의 자와 ‘徣’자와의 관계에 대해서는 언급하지 않고 있으나, 사실상 같은 자이다. 금문에서는 주로 문두조사 혹은 부사나 발어사의 용법으로 사용된다.

3) ‘位于宜入社’ : ‘宜(의)’자는 國名. ‘宜’자를 祭名으로 해석하는 경우가 있으나, 뒤 구절에서도 지명으로 쓰기 때문에 국명으로 해석하기로 한다. ‘社’는 ‘宗社’나 ‘宗廟’의 의미이다.

4) ‘繇(繇)’ : 감탄의 어감을 나타내는 發語詞. ≪爾雅·釋詁≫는 ‘繇(요)’자를 감탄의 어감을 표시하는 ‘於(어)’자의 의미로 풀이하고 있다.

5) ‘𨂜’ : 馬乘源은 ≪廣雅·釋器≫의 “𨂜謂之暗(‘𨂜’은 ‘暗(메주 음)’이다)”과 “寢·醮·鬱·𨟻, 幽也(‘寢’·‘醮’·‘鬱’·‘𨟻’은 ‘幽(그윽하다)’의 의미이다).”를 인용하여 ‘𨂜’자는 ‘𨂜’자와 같고, ‘暗(음)’은 ‘暗(암)’의 의미라고 설명하고 있다. 즉 ‘鬱鬯(울창)’으로 ‘잘 담가놓은 술’을 의미한다.

6) ‘商鬲(瓚)一□’ : ≪金文引得≫은 ‘商(상)’자를 ‘賞(상)’의 의미로 해석하고 있으나, 문맥으로 보아 ‘商國’의 의미이다. ‘商鬲(瓚)’은 周人이 획득한 商代의 瓚(찬)이며, ‘瓚’은 술을 뜰 수 있는 기물이다.

7) ‘彤矢’ : ‘彤(동)’색을 띠는 화살. 뒤에 ‘弓’자가 있는 것으로 보아 붉은 색을 띠는 ‘弓’을 가리킨다.

8) ‘旅’ : ‘盧(노)’자의 의미로 黑色을 말한다.

9) ‘氒’ : 指示代詞 ‘厥(궐)’자의 이체자이다.

10) ‘川(甽)’ : ‘川’은 하천이 아니라, ‘甽(견)’자가 생략된 형태로 ‘畎(견)’자의 이체자이다. ‘밭 도랑’이라는 의미이다.

11) ‘宅邑’ : 거주지인 촌락.

12) ‘才宜王人’ : 宜 지방에 있는 왕의 하급관리. ‘王人’은 ‘왕실의 하급관리’.

13) ‘生(姓)’ : ‘生’은 ‘姓氏’로 종족의 단위.

14) ‘奠’ : 馬乘源은 성이 ‘鄭(정)’인 사람으로 해석하고 있으나, 陳初生은 ‘甸(전)’로 해석하여 토지를 관리하는 ‘甸師’로 풀이하고 있다. 앞에서 이미 종족을 단위로 하는 노예의 숫자를 언급한 것으로 보아 여기에서는 토지를 관리하는 ‘甸師’로 해석함이 옳다.

15) ‘’ : 이 자를 ≪金文引得≫은 ‘𨷸(召)’로 예정하고 있으나, 형태로 보아 확실하지 않다. 앞에 官員 甸師(전사)를 언급한 것으로 보아 甸師의 하속관리인 것으로 보인다.

16) ‘休’ : ‘下賜를 내린 美德’. ≪詩經 · 大雅 · 江漢≫의 “虎拜稽首, 對揚王休(호는 엎드려 머리 조아리고, 임금이 하사한 은덕에 찬양하네)”라는 구절 중의 ‘王休’는 ‘왕의 賞賜’라는 의미이다.

금문편

명문의 탁본이 잘 보이지 않아 ≪금문편≫도 수록하지 않은 경우가 많다. 해당되는 문자들은 다른 기물들의 명문을 참고하여 모사할 수 있다.

‘隹(唯)’ : ≪금문편≫, ‘0598 隹’(251~255쪽) 참고.

‘(月)’ : ≪금문편≫, ‘1131 夕’(482쪽) 참고. 금문에서는 ‘夕’과 ‘月’이 같은 의미로 쓰인다.

‘(辰)’ : ≪금문편≫, ‘2393 辰’(993~994쪽) 참고.

‘(才)’ : ≪금문편≫, ‘0972 才’(411~412쪽) 참고. ≪금문편≫은 ≪失簋≫의 자를 수록하고 있다.

‘(丁)’ : ≪금문편≫, ‘2363 丁’(963쪽) 참고.

‘(未)’ : ≪금문편≫, ‘2398 未’(998~999쪽) 참고.

‘(王)’ : ≪금문편≫, ‘0038 王’(18~21쪽) 참고.

‘’‘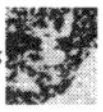(省)’ : ≪금문편≫, ‘0585 省’(242쪽) 참고.

‘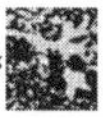(成)’ : ≪금문편≫, ‘2365 成’(965~967쪽) 참고.

‘(伐)’ : ≪금문편≫, ‘1352 伐’(568~569쪽) 참고.

‘(圖)’ : ≪금문편≫ ‘0990 圖’(425~426쪽) 참고.

‘祉(延)’ : ≪금문편≫, ‘0289 延’ · ‘0290 延’(119~120쪽) 참고.

‘(東)’ : ≪금문편≫, ‘0963 東’(404~405쪽) 참고.

‘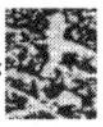(立)’ : ≪금문편≫, ‘1701 立’(710~711쪽) 참고.

‘’‘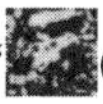(于)’ : ≪금문편≫, ‘0753 于’(323~325쪽) 참고.

‘’‘(宜)’ : ≪금문편≫, ‘1206 宜’(527~528쪽) 참고.

‘(入)’ : ≪금문편≫, ‘0860’(365~366쪽) 참고.

‘土(社)’ : ≪금문편≫, ‘2161 土’(881~882쪽) 참고.

‘(南)’ : ≪금문편≫, ‘0979 南’(420쪽) 참고.

‘卿(鄉)’ : ≪금문편≫, ‘1511 卿’(645~648쪽) 참고.

‘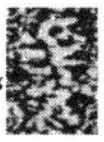’‘(虞)’ : ≪금문편≫, ‘0768 虞’(332쪽) 참고. 馬乘源은 ‘虞(우)’자가 아니라, ‘虍’와 ‘失’로 이루어진 ‘虞’자라고 설명하고 있다.

‘’‘(侯)’ : ≪금문편≫, ‘0869 侯’(370~372쪽) 참고.

‘(矢)’ : ≪금문편≫, ‘1675 矢’(698~699쪽) 참고.

‘䌛(䌛)’ : ≪금문편≫ ‘2093 䌛’(856쪽) 참고.

‘’ : ≪금문편 · 부록하≫ ‘221’(1205쪽) 참고.

‘(卣)’ : ≪금문편≫ ‘1141 卣’(487쪽) 참고.

‘(商)’ : ≪금문편≫ ‘0316 商’(130~132쪽) 참고.

‘鬲(瓚)’ : ≪금문편≫은 이 자를 ‘0434 鬲’(170~173쪽)으로 예정하고 있다.

‘(彨)’ : ≪금문편≫은 ‘0817 彤’(349쪽)에서 ‘彤矢(동시)’의 합문이라고 설명하고 있다. 그러나 ‘弓’이나 ‘矢’가 있는 것으로 보아 합문이 아니라, ‘彤’자의 이체자이다.

‘(弓)’ : ≪금문편≫ ‘2079 弓’(848쪽) 참고.

‘(矢)’ : ≪금문편≫ ‘0867 矢’(369쪽) 참고.

‘(旅)’ : ≪금문편≫ ‘1108 旅’(464~470쪽) 참고.

‘(十)’ : ≪금문편≫ ‘0321 十’(133~135쪽) 참고.

‘’‘易(賜)’ : ≪금문편≫ ‘1594 易‘(670~673쪽) 참고.

‘(土)’ : ≪금문편≫ ‘2161 土’(881~882쪽) 참고.

‘’‘(乖)’ : ≪금문편≫ ‘2027 乖’(817~819쪽) 참고.

‘(宅)’ : ≪금문편≫ ‘1183 宅’(511쪽) 참고.

‘(五)’ : ≪금문편≫ ‘2349 五’(947~948쪽) 참고.

‘(冊)’ : ≪금문편≫ ‘0327 冊’(138쪽) 참고.

‘(生)’ : ≪금문편≫ ‘0980 生 ’(421~422쪽) 참고.

‘(尊)’ : ≪금문편≫ ‘0727 尊’(309~310쪽) 참고.

'(五十)'：≪금문편≫ '0321 十'(133~135쪽)의 合文 참고.

'''(夫)'：≪금문편≫ '1698 夫'(708~709쪽) 참고.

'䫻(揚)'：≪금문편≫ '1941 揚'(778~782쪽) 참고.

'(彝)'：≪금문편≫ '2122 彝'(864~871쪽) 참고.

31. 【麥方鼎】

【명문참고】

二玄社 43；集成 5·2706；銘文選 1·68；總集 02·1215.

【소개】

異名：麥鼎

명문：13行 29字, 合文 1, 重文 1.

크기：높이 16.4㎝；口縱 14.5㎝；口横 17.8㎝.

시기：西周 康王.

소장：浙江省 박물관.

【주요참고문헌】

≪金文今釋類檢(殷商西周卷)≫, 345~346쪽.

≪商周靑銅器銘文選三≫, 48~49쪽.

【석문】

隹(唯)十
又一月
井(邢)医(侯)
征爾(嗝)[1]
于麥[2]. 麥
易(賜)赤金[3]. 用乍(作)鼎.
用從井(邢)医(侯)
征事.
用卿(饗)多
者(諸)[4]友(3939)

【해석】

십일월 邢侯(형후)가 麥 지방에 와서 麥에게 赤銅을 하사하자, 麥이 이것을 가지고 邢侯가 出征할 때 사용하고, 동료들과 향연할 때 사용할 수 있는 鼎을 만들었다.

설 명

1) '征嗝(爾)' : '征'자는 금문에서 '㢟'·'延(연)'과 '誕(탄)'의 용법으로 쓰인다. ≪설문해자≫는 '𨑒'자는 '徙'자의 고문이라고 설명하고 있다(≪說文解字今釋≫, 249쪽). '爾'자는 '嗝(격)'자로 음이 '鬲(격)'이기 때문에 '過(과)'자와 통한다. '過'는 '이르다'·'도착하다'의 '至'의 의미이다.

2) '' : 아래 두 점은 중문부호이다. '麥(맥)'자는 ≪금문편≫ '0895'(384쪽) 참고. 본문에서는 인명으로 사용되고 있다. 邢國의 大夫.

3) '麥易(賜)赤金' : 문장구조로 보아 '麥(맥)'자는 주어의 위치에 있으나, 문맥내용으로 보아 麥이 하사를 받는 수동의 의미로 해석하는 것이 옳다.

4) '(者)' : 일반적인 '者(자)'자의 형태와 다르다. ≪금문편≫은 ≪부록하≫ '551'(1262쪽)에 수록하고 "疑者字, 從土, 義如諸('者'字가 아닌가 한다. 아랫부분은 '土'이고 '諸(제)'자의 의미로 쓰이고 있다)"라고 설명하고 있다. '者'자는 ≪금문편≫ '0592者'(247~248쪽) 참고.

32.【𤇾簋(周公簋·邢侯簋)(榮作周公簋)】

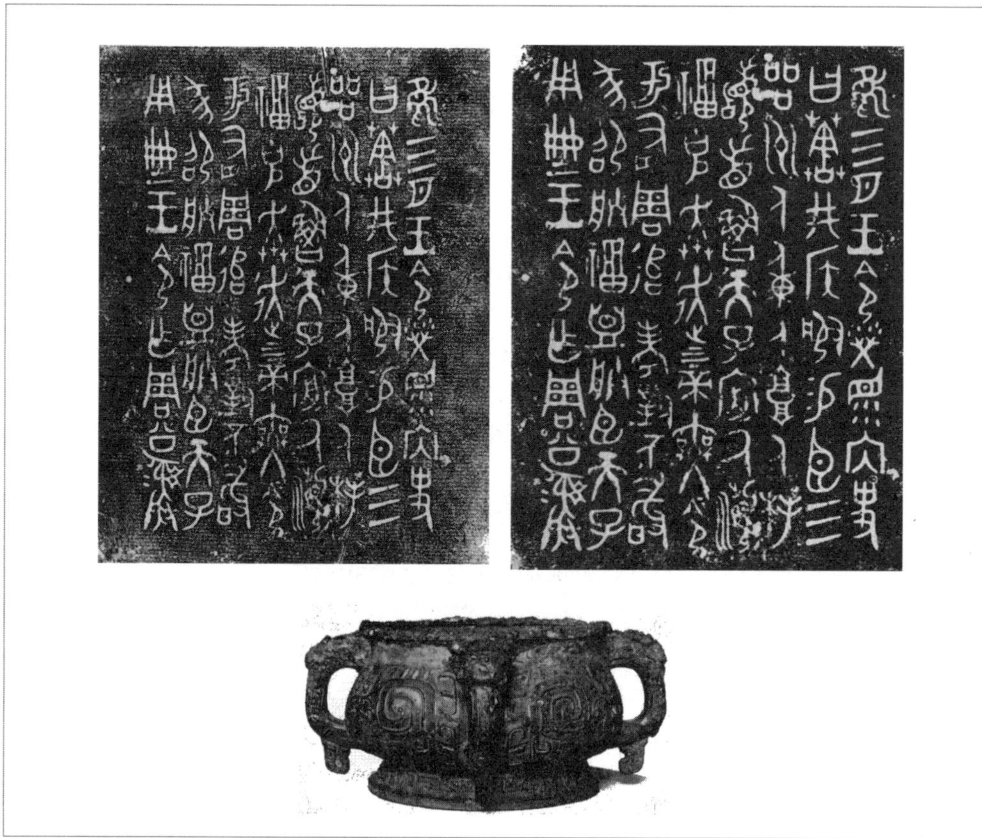

【명문참고】

二玄社 44；集成 8·4241；銘文選 1·66；三代 06·54·2；總集 04·2764.

【소개】

異名：邢侯簋；周公簋；邢侯彝.

출토：1936년 출토.

銘文：8行 68字.

크기：높이 18.5㎝.

시기：西周 康王.

소장：영국 런던 不列顚 박물관.

【주요참고문헌】

≪兩周金文辭大系圖錄考釋≫, 20(39~40쪽).

≪商周青銅器銘文選三≫, 45~46쪽.

≪西周青銅器銘文分代史徵≫, 159~160쪽.
≪中國古文字導讀-商周金文≫, 59~63쪽.

【석문】

隹(唯)三月, 王令焚(榮)眔[1]內史[2]
曰 : "䇲(割)[3]井(邢)服. 易(賜)臣三
品 : 州人重人亯(墉)人[4]." 拜(拜)
䭫首[5], 魯[6]天子受氒瀕(順)[7]福.
克奔走上下帝無冬(終)令于有周,
追考(孝)對, 不敢豙[8]. 卲[9]朕福盟(盟)[10].
朕臣[11]天子, 用典(典)[12]王令. 乍(作)周公彝(5000)

【해석】

삼월에 왕은 榮(영)과 內史에게 명령하여 말하기를 "邢侯에게 임무를 할당하고, 州人·重人과 墉人 등 세 종족의 노예를 하사한다." 손을 모아 합장하여 배알하고 무릎을 꿇고 머리를 조아리는 예의를 갖추어 천자로부터 돈독한 복을 받았음을 찬미한다. 능히 周室에게 내려지는 上帝와 下帝와 같은 모든 신의 명령에 따라 분주히 노력하며, 효행을 잘 실천하고, 감히 실수가 없도록 노력하고자 한다. 나의 福祭와 盟誓를 밝히고, 내가 천자에게 신하의 노릇을 다하고자 한다. 왕의 명령과 내용을 이 彝器에 기록하고, 周公(周公旦 邢侯의 父)에게 제사모시고자 만든다.

설 명

1) '眔' : '眔(답)'자는 '息(기)'자의 형태와 의미가 비슷하다. 典籍에서는 '息(기)'자를 일반적으로 '暨(기)'로 쓴다. 여기에서는 '與'자의 의미로 쓰이고 있다.

2) '內史' : 왕의 策命을 선독하는 관리.

3) '䇲(割)' : '䇲'자는 음성부분이 '害'로 '割(할)'자와 통하여 '할당하다'의 의미이다.

4) '臣三品州人重人亯(墉)人' : '臣'은 남성 奴隷(노예)를 지칭. '品'자는 '種類' 혹은 '種族'의 의미. '州人'은 '州氏'로 州縣(주현)의 종족을 가리키고, '重人'자 중의 '重'자는 '重'자와 같은 자이며 重地 지방의 종족을 가리킨다. '亯(墉)人' 중의 '亯'자는 '墉(용)'자와 같은 자이며 墉地의 종족을 가리킨다. 이들 지역은 모두 河南省 일대에 있다(唐蘭 ≪西周青銅器銘文分代史徵≫ 참고).

5) '拜(拜)䭫首' : '拜'와 '䭫首(계수)'는 모두 상대방에게 최고의 예의를 갖추는 행위다. '拜'는 머리를 두 손을 모은 곳까지 숙여 예의를 표시하는 것이고, '䭫

首’ 무릎을 꿇고 땅에 머리를 조아려 상대방에게 예의를 갖추는 행위다.

6) ‘魯’ : ‘魯(노)’자는 ‘嘉(가)’자나 혹은 ‘嘏(하)’와 통하여 ‘善’이나 ‘福’의 의미로 쓰인다.

7) ‘瀕(順)’ : ‘瀕’자는 ‘順(순)’나 ‘頻(빈)’와 통하여 ‘빈번하고 중후하다’의 뜻으로 쓰인다.

8) ‘家’ : ‘’자는 ‘彖(단)’자로 ≪說文解字≫는 “彖, 豕也. 從彑, 從豕. 讀若弛(‘彖’는 ‘豕(돼지 시 ; shǐ)’이다. ‘彑’와 ‘豕’로 이루어진 자로 ‘弛’의 음과 유사하다)”라고 설명하고 있다(≪說文解字今釋≫, 1303쪽). ‘彖’자는 ‘家’자나 ‘墮’와 통한다. 여기에서는 ‘墮(타)’의 의미인 ‘실수하다’의 뜻으로 쓰이고 있다.

9) ‘卲’ : ‘卲(소)’자는 ‘昭(소)’와 통하여 ‘밝히다’·‘높이다’의 의미로 쓰인다.

10) 盥(盟) : ‘’자는 ‘盥’자로 ‘盟(맹)’자와 같은 자이다. ‘囧(冏)’과 ‘明’의 음성이 비슷하다.

11) ‘臣’ : 여기서는 동사의 용법으로 ‘신하의 노릇을 하다’의 의미이다.

12) ‘丗(典)’ : ‘丗’자는 ‘典(전)’과 같은 자로 ‘기록하다’의 뜻.

금문편

‘(焚(榮)’ : ‘0922 榮’(392쪽) 참고.

‘‘眔’ : ‘0575 眔’(234~235쪽) 참고.

‘寷(割)’ : ‘0101 寷’(41쪽) 참고.

‘(服)’ : ‘1428 服’(612쪽) 참고.

‘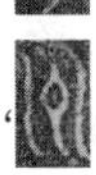(川)’ : ‘1858 川’(744~776쪽) 참고.

‘(東)’ : ≪금문편≫은 ‘’자를 ‘重’자로 예정하고 있다. ‘1379’(582쪽) 참고.

‘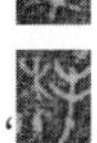拲(拜)’ : ≪금문편≫ ‘1933 拜’(774쪽) 참고.

‘(䭫)’ : ≪금문편≫ ‘1485 䭫’(632~634쪽) 참고.

'(首)' : ≪금문편≫ '1484 首'(630~631쪽) 참고.

'' : ≪금문편≫ '1229 𡧍'(535쪽) 참고. '𡧍'자의 음성부분은 '舟'이기 때문에 '受'와 통한다.

'瀕(順)' : ≪금문편≫ '1852 瀕'(742쪽) 참고.

'(無)' : '0966 無'(405~408쪽) 참고.

'(有)' : '1127 有'(479~480쪽) 참고.

'(對)' : '0396 對'(155~158쪽) 참고.

'(敢)' : ≪금문편≫ '0659 敢'(276~279쪽) 참고.

'(豕)' : ≪금문편≫ '0110 豕'(49쪽) 참고.

'盟(盟)' : ≪금문편≫ '1130 盟'(481쪽) 참고.

33. 【小臣宅簋】

【명문참고】

二玄社 45 ; 集成 8・4201 ; 銘文選 1・75 ; 三代 06・54・1 ; 總集 04・2731.

【소개】

異名 : 小臣宅彝 ; 宅簋.

명문 : 6行 52字. 重文 1字.

크기 : 높이 13.9㎝ ; 口徑 19㎝ ; 低徑 14.9㎝.

시기 : 西周 康王.

소장 : 中國歷史博物館.

【주요참고문헌】

≪兩周金文辭大系圖錄考釋≫, 12(25~26쪽).

≪金文今釋類檢(殷商西周卷)≫, 121~122쪽.

≪商周青銅器銘文選三≫, 52~53쪽.

≪西周青銅器銘文分代史徵≫, 317~318쪽.

【석문】

隹(唯)五月壬辰, 同公才(在)豊.

令宅事白(伯)懋父[1]. 白(伯)昜(賜)

小臣宅畫干[2]戈九(厹)昜(鍚)

金車馬兩(輛). 䍙(揚)公白(伯)休.

用乍(作)乙公[3]障(尊)彝. 子子孫孫

永寶. 其萬年永〔用〕卿(饗)王出入[4]. (4979)

【해석】

五月 壬辰 일에 同公은 豊京에서 宅에게 伯懋父(백무부)를 섬기도록 명령하였다. 伯懋父가 小臣 宅에게 채색의 干戈와 자루가 긴 三隅矛와 紅銅과 車馬 한 대를 하사하였다. 宅이 同公과 伯懋父의 은혜를 찬양하며, 조상 乙公에게 제사드릴 尊彝를 만들었다. 이 尊彝를 子孫 대대로 영원히 보배로 삼고 왕명을 전달하는 使者들과 향연을 베풀 때 사용하고자 한다.

설 명

1) '同公才(在)豊令宅事白(伯)懋父' : '同公'・'白(伯)懋父'와 '宅'은 모두 西周 初의 사람의 이름, '豊'은 '豐京(풍경)'으로 '鎬京(호경)' 부근에 있다.

2) '乙公' : '乙公'은 小臣 宅의 부친이다.

3) '畫干' : 채색의 방패(盾).

4) '出入' : 왕명을 전달하는 使者.

금문편

‘(豊)’ : ≪금문편≫ ‘1033 酆’(444쪽) 참고. ‘0767 豊’(331~332쪽) 참고.

‘(畫)’ : ≪금문편≫ ‘0480 畫’(203쪽) 참고.

‘(干)’ : ≪금문편≫은 ‘ 0314 干’(130쪽)에 수록하지 않고, ≪부록상≫‘365’(1114쪽)에 놓고 있다. 唐蘭은 갑골문 등의 자료를 참고하여 ‘干’으로 예정하고 있다.

‘’ : ≪금문편≫ ‘1579 쪽’(666~667쪽) 참고.

‘’ : ≪금문편≫ ‘1941, 揚’(778~782쪽) 참고.

‘(永)’ : ≪금문편≫ ‘1861, 永’(744~749쪽) 참고.

‘(出)’ : ≪금문편≫ ‘0978 出’(419쪽) 참고.

‘(入)’ : ≪금문편≫ ‘0860 入’(365~366쪽) 참고.

34. 【獻簋】

【명문참고】

二玄社 46 ; 集成 8・4205 ; 銘文選 1・80 ; 三代 06・53・2 ; 總集 04・2730.

【소개】

異名 : 𣄰伯簋 ; 獻彝.

명문 : 6행 52자.

시기 : 西周 初期(康王 혹은 昭王).

【주요참고문헌】

≪積微居金文說≫, 105쪽.

≪兩周金文辭大系圖錄考釋≫, 23(45~46쪽).

≪商周青銅器銘文選三≫, 55~56쪽.

≪西周銅器斷代≫, 600쪽.

≪西周青銅器銘文分代史徵≫, 234~235쪽.

≪金文今釋類檢(殷商西周卷)≫, 125~126쪽.

【석문】

隹(唯)九月既望庚寅, 𣄰

白(伯)于遘王[1], 休亡尤. 朕

辟[2]天子・𣄰白(伯)[3]令[4]氒臣獻(獻)

金車. 對朕辟休, 乍(作)朕文

考光父乙[5]. 十枻(世)[6]不諲(忘)[7]獻(獻)

身才(在)畢公家[8], 受天子休(4981)

【해석】

九月 既望의 庚寅 일에, 𣄰白(伯)이 나아가 왕을 배알하였다. 배알의 예의를 그르침이 없이 행하였다. 나의 군왕인 天子와 𣄰白(伯)이 신하 獻(獻)에게 청동의 車馬를 하사하였다. 그런고로 獻(헌)이 자신의 왕의 은덕을 찬양하고 영광스러운 父考 乙에게 제사드릴 彝器를 만들며, 또한 나 獻은 십대 동안 영원히 畢公家에서 供職을 하였음과 천자의 은덕을 받았음을 잊지 않고자 한다.

설 명

1) '于遘王' : '于'는 여기에서는 '往'의 의미로 사용되고, '遘(구)'는 '覯'자의 의미로 '朝覲(조근)하다'의 뜻.

2) '辟' : '天子'의 의미.

3) '𣄰白(伯)'・'獻(獻)' : '𣄰白(伯)'과 '獻(獻)'은 모두 서주시대의 사람이다.

4) '令' : 여기에서 '賜'의 의미로 사용되고 있다.

5) '父乙' : '𣛮白(伯)'의 先父.

6) '枻(世)' : '枻'자는 '世'자의 이체자이다.

7) '𩕿(忘)' : '𩕿'의 음성부분은 '𦣞(朢, 望)'으로 '忘'과 통한다.

8) '畢公' : 周 文王의 아들로 이름은 '高'이다.

【명문편】

'(𣛮)' : 세 째 줄의 ''와 같은 자. ≪금문편≫ '0962 𣛮'(403~404쪽) 참고.

'(朕)' : 네 번 째 줄의 ''과 ,. ≪금문편≫ '1426 朕'(607~611쪽) 참고.

'' · '''鬳犬(獻)' : ≪금문편≫ '1626 獻'(683~684쪽) 참고.

'(對)' : ≪금문편≫ '0396 對'(155~158쪽) 참고.

'枻(世)' : ≪금문편≫ '0326 世'(137쪽) 참고.

'(文)' : ≪금문편≫ '1489 文'(635~638쪽) 참고.

'(考)' : ≪금문편≫ '1406 考'(595~600쪽) 참고.

'(家)' : ≪금문편≫ '1182 家'(510~511쪽) 참고.

'(休)' : ≪금문편≫ '0952 休'(400~402쪽) 참고.

35.【大盂鼎】

【명문참고】

二玄社 47 ; 集成 5・2837 ; 銘文選 1・62 ; 三代 04・42・1-43・2 ; 總集 02・1328.

【소개】

異名 : 盂鼎 ; 全盂鼎.

발견 : 淸 道光初年 陝西省 岐山縣 禮村에서 출토.

명문 : 19行 291字, 重文 3字.

크기 : 높이 101.9㎝, 口徑 77.8㎝.

시기 : 西周 康王.

소장 : 중국 歷史博物館.

【명문풀이 참고문헌】

≪兩周金文辭大系圖錄考釋≫, 18(33~35쪽).

≪積微居金文說≫, 41~43쪽.

≪金文今釋類檢(殷商西周卷)≫, 458~462쪽.

≪商周靑銅器銘文選三≫, 37~41쪽.

≪商周古文字讀本≫, 77~85쪽.

≪中國語文學譯叢≫11輯, 李貞子, 1996년6월, 131~149쪽.

≪까마≫, 朴錫弘, 2005년 4월호~2005년 8월호.

≪中國古文字導讀-商周金文≫, 63~71쪽.

【석문】

隹(唯)九月, 王才(在)宗周[1], 令[2]盂. 王若曰 : "盂, 不(丕)顯
玟(文)王受天有(佑)大令(命)[3], 在珷(武)王嗣玟(文)乍(作)邦[4], 閈(闢)[5]
氒[6]匿(慝)[7]匍[8]有亖(四)方, 畯(允)[9]正[10]氒(厥)民. 在雩(于)[11]卸(御)[12]事, 叡![13]
酉(酒)無敢醭(酖)[14], 有髭(祡)[15]糞(烝)[16]祀, 無敢醻(醻)[17],
古(故)[18]天異(翼)臨[19]子[20], 灋(廢)[21]保先王, □有亖(四)方.
我[22]䎽(聞)殷述(墜)[23]令, 隹(唯)殷邊(邊)[24]医(侯)・田(甸)[25],
雩(與)殷正[26]百辟[27], 率肄(肆)[28]于酉(酒), 古喪𠂤(師)[29].
巳[30]! 女(汝)妹(昧)辰(晨)[31]又(有)大服[32], 余隹(唯)卽[33]朕[34]小學[35].
女(汝)勿剋[36]余乃辟一人[37]. 今我隹(唯)卽井(型)㐭[38]于玟(文)王
正德, 若玟(文)王令二三正[39]. 今余隹令女(汝)盂
𦥑(召)[40]焚(榮)[41], 苟(敬)[42]雝[43]德坙(經), 敏[44]朝夕入讕(諫)[45], 享(享)[46]奔走, 畏
天畏(威)[47]." 王曰 : "𠧟! 令女盂井(型), 乃嗣且(祖)南公[48]." 王
曰 : "盂, 迺[49]𦥑(召)夾[50]死(尸)𤔲(司)[51]戎[52], 敏諫(諫)罰訟[53], 夙(夙)夕𦥑
(召)我一人烝(蒸)[54]亖(四)方, 雩(奧)我其(其)[55]遹省[56]先王受民受[57]
彊(疆)土. 易(賜)女(汝)鬯[58]一卣・冂衣[59]・市[60]・舄[61]・車・馬. 易(賜)乃
且(祖)南公旂[62], 用遄(狩)[63]. 易(賜)女(汝)邦𤔲(司)[64]亖(四)白(伯)[65], 人鬲自

駿(馭)[66]至于庶人[67]六百又五十又九夫[68]. 易(賜)尸(夷)𤔲(嗣)[69]王臣十又三白, 人鬲[70]千又五十夫. 𢓊(亟)[71]𡨦[72]䢅(遷)[73]自氒(厥)土." 王曰 : "盂, 若苟(敬)乃正[74], 勿灋(廢)[75]朕令." 盂用[76]對[77]王休[78], 用乍(作)且(祖)南公寶鼎. 隹(唯)王廿又三祀[79](4024)

【해석】

구월에 왕은 宗周에서 盂(우)에게 명하여 다음과 같이 말했다 : "盂야! 위대하고 영명한 문왕은 하느님이 보호해 주시는 중요한 사명을 받았다. 무왕은 문왕의 왕업을 계승하여 주나라를 세웠고, 그 간악한 무리들을 없애고, 천하의 백성들을 保佑하사 오랫동안 다스렸다. 정사를 다스릴 때 술을 탐닉해서는 안 되고, 祭祀를 지낼 때 술에 취해서는 안 된다. 상제가 자애의 마음으로 도와주시고, 선왕들을 정성껏 보호해 주시어 큰 천하를 얻었다. 내가 듣기에 殷은 이미 하늘이 내려 준 천명을 잃었는데, 그 이유는 殷은 멀리는 제후에서부터 가까이는 조정의 大小官員이 술에 빠져 군대를 상실했다. 아! 네가 아직 어렸을 때, 중요한 요직을 이미 계승하였고, 나는 (일찍부터 너에게) 나의 소학에 와서 학습하도록 하였다. 너는 나에게 해를 끼쳐서는 안 된다. 지금 내가 문왕의 정령과 덕행을 본받고 계승하여, 무왕이 두 세 사람의 집정대신에게 명령한 것과 같이, 지금 너는 나를 잘 보좌하도록 명령한다. 공경한 마음으로 德行綱紀를 잘 받들고, 성실한 마음으로 언제나 入諫하고 제사를 지내며, 왕이 내린 사무를 빠르게 처리하며, 하늘의 위엄을 경외하여야 한다." 왕이 말하였다 : "아! 너에게 명령하노니 너는 너의 先祖인 南公을 본받아야 한다." 왕이 말하였다 : "盂! 너에게 명령하노니, 너는 내가 주관하는 군대를 보좌하여야 하며, 때에 맞추어 감옥의 소송 안건을 성실하고 신속하게 처리하며, 이른 새벽부터 저녁 늦게 까지 나의 통치를 보좌하여야만 한다. 너는 나를 위하여(대신하여) 하늘이 내려 준 인민과 강토를 순시해야 한다. 너에게 한통의 울창주와 두건 · 폐슬 · 나막신을 하사하며, 너에게 嫡祖가 사용하였던 깃발을 하사하니 수렵할 때 사용하고, 또한 당신에게 조정의 관리 네 명과 마부와 보졸에 해당하는 人鬲 육백오십구 명을 하사하며, 또한 이족의 왕신 십삼 명과 일천오십 명의 人鬲을 하사한다. (이상에서 나열한 사람들을) 그들이 살고 있는 지역에서 𡨦地로 이동시킨다." 왕은 또한 말하였다 : "너는 아주 성실하게 너의 직무를 다하며, 나의 명령을 저버려서는 안 된다." 그래서 盂는 왕의 하사에 대한 찬양하며, 이를 기념하기 위하여 嫡祖 南公에게 제사모실 수 있는 보정을 만들었다.

설 명

清 道光 원년((1821)에 陝西省 岐山縣(기산현) 藝村(예촌)에서 발견되었다. 발견된 당시는 세 개가 동시에 발견되었으나, 그 중에 이 ≪大盂鼎≫만 남고, 나머지는 유실되었다. 없어진 두 鼎 가운데, 한 鼎의 搨片(탑편)이 세상에 전해 내려오고 있는데, 이를 습관적으로 ≪小盂鼎≫이라 부른다. ≪大盂鼎≫과 ≪小盂鼎≫을 각각 ≪二十三祀盂鼎≫ · ≪二十五祀盂鼎≫이라고도 하고 혹은 ≪全盂鼎≫ · ≪殘盂鼎≫이라고 칭하기도 한다. ≪大盂鼎≫의 銘文은 안쪽 腹壁(복벽)에 새겨져 있으

며, 문자는 모두 19행의 291자로 이 중에 세 字는 合文이다. 이 ≪大盂鼎≫의 銘文은 吳式芬의 ≪攈古錄金文≫에 소개되어 있다. 이 鼎은 西周 康王시대 때 만들어진 것으로, 지금까지 발견된 西周 靑銅鼎 중에서 가장 큰 것이며, 康王이 대신인 盂(우)에게 책명을 내리는 내용이다. 강왕은 문왕과 무왕의 덕을 칭송하고, 殷이 과음하여 망했으니 경계하여야 한다는 내용과 물건을 하사하는 내용을 포함하고 있다. 서주의 문화를 이해하는데 중요한 자료이다.

1) '宗周' : 西周 國都인 鎬京. 지금의 중국 陝西省 西安市 서남쪽, 澧水(풍수) 東岸쪽.

2) '令' : '命'의 의미로 冊命.

3) '王若曰不(丕)顯玟(文)王受天有(佑)大令(命)' : '若'자는 代詞로 '이와 같이'·'이렇게(如此)'의 의미. '不'자의 음은 'pī'로 '丕'의 의미. '顯(현)'자는 '밝다' '위대하다'의 의미. '玟'자는 周 文王을 가리킨다. '天'자는 天神, 上帝, 하느님. '有'자는 '佑'의 의미로 '돌봐주다'의 뜻.

4) '在珷(武)王嗣玟(文)乍(作)邦' : '珷(무)'자는 周 '武王'을 가리킨다. '嗣'자는 '계승(繼承)하다'의 의미이다.

5) '開(闢)' : '開'자는 '闢(벽)'자와 같은 자이며, '개벽(開闢)하다·없애다·제거하다'의 의미. ≪說文≫은 '闢'자에 대하여 "開也. 從門, 辟聲. 開, ≪虞書≫曰 : '闢四門.' 從門, 從廾('열다'의 의미로, 의미부분이 '門'이고 음성부분이 '辟'인 형성문자이다. '開'자는 '闢'자의 古文으로 '門'과 '廾'로 이루어진 회의자이다. ≪虞書≫에 「闢四門(네 개의 문을 열다)」라는 구절이 있다)"라고 설명하고 있다(≪說文解字今釋≫, 1669쪽).

6) '氒' : '氒(궐)'자의 이체자로 經典에서는 일반적으로 '厥(궐)'로 쓰며, '其'자의 의미와 같다.

7) '匿' : '匿(닉)'자는 '慝(특)'자와 통하며, '간악(奸惡)하다'의 의미. 이곳에서는 紂王(주왕)과 그 신하들의 간악함을 가리킨다.

8) '匍' : '匍(포)'자는 '敷(부)'나 '溥(부)'로도 쓰는데, 여기에서는 '溥'의 의미로 '넓다·광대하다'의 뜻이다.

9) '畯(允)' : '允'은 '允(윤)'이나 '駿(준)'과 통하며 '장구(長久)하다'의 의미. ≪爾雅·釋詁≫는 '駿, 長'라고 설명하고 있으며, '駿(준)'은 '畯(준)'과 통한다.

10) '正' : '正'자는 '政'과 통하며, 여기에서는 '다스리다(治理)'의 의미로 쓰인다.

11) '雩' : 전치사의 용법으로 쓰이며, 일반적으로 '于'로 쓴다. '在雩(재우)'는 즉 '在于'로 두 개의 전치사가 연용되었다.

12) '𢓊(御)' : '𢓊'자는 '御(어)'자의 초기 형태이며, '정사(政事)를 관리(管理)하다'의 뜻이다.

13) '叡' : '叡'자의 음은 'zhā'이며, 감탄사의 용법인 '嗟(탄식할 차)'와 같은 의미로 쓰인다.

14) '酉(酒)無敢酖(酖)' : '酉'자는 '酒'의 초기 형태이다. '酖'자는 '酖(탐)'의 異體字로 일반적으로 '湛(담)'으로 쓴다. '湛'의 음은 'dān'이며, '耽'이나 '甚'으로 쓰기도 한다. '술을 탐닉하다'의 의미.

15) '𥛚(柴)' : '𥛚'자는 '柴(시)'자와 통하며, '柴'자의 음은 'chái'이다. ≪說文≫은 "燒柴焚燎而祭天神. 從示, 此聲(불을 지펴 제물을 천신에게 바치는 제사의 일종. 의미부분은 示이고 소리부분은 此이다)"라고 설명하고 있다(≪說文解字今釋≫, 12쪽).

16) '𢍜(蒸)' : '𢍜'자는 곡물이 담긴 제기(豆)를 두 손으로 받쳐 들고 있는 형상이다. 제사의 일종으로 음은 'zhēn'이며, '烝(증)'이나 '蒸(증)'과 통한다. ≪禮記・祭統≫은 "凡祭有四時. 春祭曰礿, 夏祭曰禘, 秋祭曰嘗, 冬祭曰烝(사 계절에 따라 제사가 각각 있는데, 春祭를 '礿(약)'이라 하고, 夏祭를 '禘(체)'라 하고, 秋祭를 '嘗(상)'이라 하고, 冬祭를 烝이라 한다)"라고 설명하고 있다. '柴'와 '烝'은 모두 제사의 일종이다.

17) '醿(醻)' : 이 자를 '醿'자로 예정하기도 한다. 高鴻縉은 '醉(취)'자와 같다라고 하였다(≪商周古文字讀本≫, 81쪽). 문맥으로 보아 '擾(요)'의 의미로 쓰이고 있다. '醻'자는 '酬(수)'자의 이체자로 '술을 서로 마시다'의 의미이다.

18) '古' : 접속사의 용법으로 '故'와 같다.

19) '異(翼)臨' : '異(이)'자는 '翼(익)'자와 통하여 '佑'의 의미로 쓰이며, '臨(임)'자는 '監(감)'의 의미로 '비로하다'・'보살피다'의 뜻으로 쓰인다. 따라서 '翼臨'은 '보조(輔助)하다'・'비호(庇護)하다'의 뜻.

20) '子' : '子'는 '慈(자)'와 통하여, '慈愛'의 뜻.

21) '灋(廢)' : '灋(법)'자는 '法'자와 같은 자로 '廢(폐)'자와 통한다. ≪爾雅 · 釋詁≫는 "灋, 大也"라고 설명하고 있다. 여기에서도 '大'의 의미로 쓰이고 있다. 즉 '灋'는 부사어로 용법인 '힘껏' · '정성껏'의 의미로 쓰이고 있다.

22) '我' : 周王 자신을 가리킨다.

23) '述(墜)' : '述(술)'자는 '墜(추)'의 의미로 '상실(喪失)'의 뜻.

24) '㝦(邊)' : '㝦'자는 '邊(변)'자와 같은 자로, 먼 국경지대를 가리킨다. 偏旁 '辵' 중에 '止'가 생략되어 '彳'으로 동일하게 사용되기도 한다.

25) '医(侯) · 田(甸)' : 거리의 遠近에 따라 諸侯를 '侯(후)' · '甸(전)' · '衛(위)' 등으로 나눈다. ≪尙書 · 周書 · 酒誥≫에 "越在外服 : 侯 · 甸 · 男 · 衛 · 邦伯 ; 越在內服 : 百僚 · 庶尹 · 惟亞 · 惟服 · 宗工(외지의 職官으로는 侯 · 甸 · 男 · 衛 · 邦伯 등이 있고, 朝廷의 職官으로는 百僚 · 庶尹 · 惟亞 · 惟服 · 宗工 등이 있다)."라고 기록하고 있다. '田'은 곧 '甸'이다.

26) '正' : '正'은 長官 즉 집정대신(執政大臣)을 가리킨다. ≪尙書 · 說命≫ "昔先正保衡, 作我先王(옛날 대신 보형은 우리의 옛 임금을 일어나게 하신 분이다)" 구절 중의 '正'과 같은 용법이다.

27) '百辟' : '辟'은 '官長'의 의미로, '百辟(백벽)'은 곧 '百官'이다.

28) '率肄(肆)' : '率'은 부사의 용법으로 '모두'의 뜻. '肄'자는 '肆(사)'자와 같은 자로 ≪毛公鼎≫은 ''으로 쓴다. ≪說文解字≫는 이자에 대하여 "習也(학습하다. 습관이 되다)"라고 풀이하고 있다. 이곳에서도 술이나 여색에 빠짐(耽湎)을 의미한다.

29) '自' : 음은 'shī'이며, '師(사)'와 같은 자로 군대(軍隊)를 의미한다.

30) '巳' : '巳(사)'를 '祭祀'의 의미인 '祀'자로 해석하기도 하나, 탄사의 용법으로 해석하기로 한다. ≪尙書 · 大誥≫의 "巳! 予惟小子(아! 나의 소자여)" 구절 중의 '巳'의 의미와 같다.

31) '妹(昧)辰(晨)' : '妹'는 '昧(매)'와 통하고, '辰'은 시간을 가리킨다. 郭末若은 '妹辰(매신)'을 "妹與昧通, 妹辰謂童蒙知識未開時也(妹는 昧와 통하여, 妹辰은 곧 어린 나이의 지식이 아직 미개한 때이다)"라고 설명하고 있다(≪兩

周金文辭大系圖錄考釋≫, 34쪽).

32) '大服' : 중요한 직무.

33) '卽' : '至'의 의미인 '도착하다 · 들어오다 · 진입하다'의 뜻.

34) '余''朕' : 一人稱代詞로 周王 자신을 가리킨다. 일반적으로 '余(여)'는 주어로 쓰이고, '朕(짐)'은 형용어로 쓰인다.

35) '小學' : 周代의 귀족 자제들이 다니는 학교. "大(太)學"과 상대되는 개념으로 쓰인다.

36) '剋' : '剋(극)'자의 해석에 대해서는 의견이 분분하다. 馬乘源은 '損刻(손각)'의 의미인 '손해나다 · 해가 되다'로 해석하고 있다.

37) '余乃辟一人' : '一人'은 合文. '余' · '乃辟'과 '一人'은 모두 同位語로 周王 자신을 가리킨다. '乃'는 二人稱대사. '辟(벽)'의 음은 'bì'로, 君主의 의미. ≪爾雅 · 釋詁≫는 "辟, 君也"라고 풀이하고 있다.

38) '井(型)亩' : '井'자는 '型'의 의미로 '본 받다'의 뜻. '亩'자는 '稟(품)'자의 이체자로 '계승하다'의 의미. '型稟'은 '본 받고 계승하다'의 뜻.

39) '正德若玟(文)王令二三正' : '正德'은 '政令'이나 '德行'의 뜻. '二三正'은 '두세 사람의 執政大臣'의 뜻.

40) '𠭯(召)' : '𠭯(召)'의 음은 'zhào(조)'로 '召(소)'나 '詔(조)'와 통하며, '보좌(補佐)'의 의미.

41) '熒(榮)' : 금문의 형태로 보아 두 개의 불 막대기가 서로 교차하고 있는 형상이다. '밝다'의 의미. 여기에서 「召」와 합성어로 쓰여 '보좌하다'는 의미로 쓰이고 있다.

42) '苟(敬)' : '苟'은 '敬(경)'의 初文으로 '恭敬하다'의 의미.

43) '雝' : '雝'자는 '雝'자의 이체자로 '雍'과 통한다. 음은 'yōng(옹)'이고, '화목하다' · '화합하다'의 의미이다.

44) '德巠(經), 敏' : '巠(경)'은 '經(경)'의 初文으로 '綱紀'의 의미. '敏(민)'은 '勤勉'의 의미.

45) '諫' : '諫'은 '諫(간)'의 의미.

46) '亯(享)' : '亯(향)'은 '享(향)'과 같은 자로 '祭祀'의 의미로 쓰이거나, '받들다'·'이행하다'의 의미로 쓰인다.

47) '愧天愧' : '愧'자는 '畏(외)'자의 통가자로 쓰인다. 첫 번째 '愧(畏)'는 동사의 용법으로 '畏懼(두려워 한다)'이고, 두 번째는 명사의 용법으로 '威嚴(위엄)'의 의미이다.

48) '𠭯! 令女盂井(型), 乃嗣且南公' : '𠭯'자를 '於'자로 해석하는 경우가 있으나, 확실치 않다. 전후 문맥을 참고하여 탄사의 의미로 해석하기로 한다. '嗣且(사조)'는 '嗣祖'로 '嫡祖(직계 조상)'의 의미이며, '南公'은 '盂'의 祖父이다.

49) '迺' : 連詞의 용법으로 '乃'와 같다.

50) '䚌(召)夾' : 동의어가 連用된 형태로 쓰이고 있다. '召'와 '夾'이 모두 '補佐(보좌)'의 의미이다. ≪逨鼎≫은 '夾䚌(召)'로 쓰고 있다.

51) '死(尸)嗣(司)' : '死(사)'는 '尸(시)'·'屍(시)'와 통하여 '主管'의 의미이다. ≪說文解字≫는 "屍, 終主('屍'는 '죽은 자를 신주로 삼다'의 의미)."라고, 段玉裁는 "死者, 終也. 尸者, 主也. 故曰終主('死'는 '죽다', '尸'는 '神主'의 의미이기 때문에 '終主'라 한다)."라고 설명하고 있다. '嗣'는 '司'의 의미로 '주관하다'·'다스리다'의 뜻.

52) '戎' : '戎(융)'자에 대하여 ≪說文解字≫는 "兵也. 從戈從甲(병기. 戈와 甲으로 이루어진 회의자)"라고 설명하고 있다(≪說文解字今釋≫, 1801~1802쪽). 여기에서는 '軍隊(군대)'의 의미로 쓰이고 있다.

53) '罰訟' : '죄로 인한 소송 안건'의 의미.

54) '烝(烝)' : '烝'은 '烝(증)'과 통한다. ≪爾雅·釋詁≫는 "烝, 君也"라고 설명하고 있다. '君'은 곧 '다스리는 자'이기 때문에 동사인 '統治하다'의 의미로 확대되어 쓰인다.

55) '𠀠(其)' : 어기사의 용법으로 '장차 하고자하는' 어감을 표시한다.

56) '遹省' : '遹'의 음은 'yù(휼)'로 '巡視(순시)'의 뜻이다. ≪爾雅·釋詁≫는 "遹, 循也('遹'은 '循(순시하다)'의 의미이다)"라고 설명하고 있고, ≪漢書·東方朔傳≫의 "徼循長楊以東(長楊의 동쪽지방을 두루 순시하다)" 구절에 대하여 顔師古는 "循, 行視也('循'은 '순시하다'의 의미)"라고 풀이하였다.

'遹'과 '省(성)'은 동의어가 연용된 '巡視'의 의미이다.

57) '先王受民' : 主述句 '先王受'는 '民'을 수식하는 형용어로 사용되고 있다.

58) '鬯' : 음은 'chàng(창)'이며, 제사모실 때 쓰는 香酒이다.

59) '冖' : 음은 'mì(멱)'이며, 두건(頭巾)의 의미.

60) '市' : 음은 'fú(슬갑 불)'로 朝服을 입을 때 가슴에 내려 무릎을 가리는 蔽膝(폐슬). ≪說文≫은 "市, 韠(bì ; 필) 也. 上古衣蔽前而已, 市以象之(市은 폐슬의 의미. 옛날 앞을 가리는 의복 중의 하나이다. '市'자는 그 형상을 본떠 만든 자이다)"라고 설명하고 있으며, 일반적으로 '韍(불)'로 쓴다(≪說文解字今釋≫, 1058~1059쪽).

61) '舃' : 음은 'xì(석)'으로 나막신의 일종.

62) '旂' : '旗織(기치)' 즉 '깃발'.

63) '䢐(狩)' : '䢐'자의 음은 'shòu(수)'로 '辵'과 '獸'로 이루어진 자이다. 수렵의 의미.

64) '邦嗣(司)' : '邦'은 '國'의 의미. '嗣(사)'는 '司'로 '有司'・'官員'을 말한다. 周나라 王朝의 官員.

65) '白' : '白'은 '伯'으로, 이곳에서는 관원의 숫자를 가리키는 단위 양사로 쓰임.

66) '駿(馭)' : 음은 'yù(어)'이고, '御(어)'의 의미로 '마부(御者)' 뜻. ≪說文≫은 "御, 使馬也. 從彳從卸, 馭, 古文御('御'는 말을 부리는 자. '彳'과 '卸'로 이루어진 회의자, '馭'자는 '御'자의 고문)"라고 '馭'와 '御'의 관계를 설명하고 있다(≪說文解字今釋≫, 271쪽 참고).

67) '庶人' : '庶人'은 창(戈)이나 몽둥이(梃)를 사용하는 보졸.

68) '六百''五十' : 合文으로 모두 숫자를 표시하는 형용어가 중심어 '人鬲' 뒤에서 수식하는 구조로 되어 있다.

69) '尸(夷)嗣(司)' : '邦嗣(방사)'와 상대적인 개념으로 異族 국가의 관원. ≪金文編≫은 '尸'에 대하여 "象屈膝之形, 意東方之人其狀如此. 後假夷爲尸, 而尸之意晦(무릎을 굻고 있는 모양으로 동쪽 사람들의 모습이 이와 같다는 뜻이다. 후에 '夷'자가 '尸'자를 대신하였고, '尸'자의 의미가 모호해졌다)"라고

설명하고 있다. 여기에서는 異族의 나라를 말한다(602쪽).

70) '人鬲' : 정확한 직분을 알 수 없으나, 아마 직위가 그다지 높지 않는 軍士 중의 하나일 것으로 추측된다.

71) '亟(亟)' : 명문은 偏旁 '彳'으로 되어 있으며, '至(이르다)'의 의미인 '極'의 本字이다.

72) '䆅' : 이 자는 아직 확실하게 알 수 없지만, 문맥상 지명으로 보인다.

73) '䑼(遷)' : 이 자는 마모가 되어 잘 알 수 없지만, 남아 있는 흔적으로 보아 '䑼'자이며, '遷移(옮기다)'의 의미인 '遷(천)'자와 통한다.

74) '若' · '乃' : 第二人稱代詞. '若(약)'은 주어로 쓰이고 있으며, '乃'는 형용어로 쓰이고 있다.

75) '勿灋(廢)' : '灋(廢)'는 '廢棄(폐기)'의 의미.

76) '用' : '因此(그런고로)'의 의미.

77) '對' : '찬양하다'나 '받들다'의 의미.

78) '王休' : '왕의 하사'의 의미로 금문에서 '休(휴)'자는 '미덕'이나 '하사품' 등의 의미로 쓰인다.

79) '隹(唯)王廿又三祀' : 鼎(정)을 만든 시간이 康王 재위 二十三年을 말한다.

금문편

'(顯)' : ≪毛公鼎≫은 ''으로 쓰고 있다. ≪금문편≫ '1480 顯'(628~629쪽) 참고.

'開(闢)' : ≪금문편≫ '1909 闢'(768쪽) 참고.

'(䖒)' : ≪금문편≫ '0457 䖒'(187~188쪽) 참고.

'𣪘(祡)' : ≪금문편≫≪부록하≫ '445'(1244쪽) 참고.

‘𢍜(蒸)’ : ≪금문편≫ ‘0765 𢍜’(330쪽) 참고.

‘醧(醻)’ : ≪금문편≫ ‘2417 醧’(1005쪽) 참고.

‘(臨)’ : ≪금문편≫ ‘1382 臨’(583쪽) 참고.

‘灋(廢)’ : ≪금문편≫ ‘1611 灋’(679~680쪽) 참고.

‘䎽(聞)’ : ≪금문편≫ ‘1926 聞’(772~773쪽) 참고.

‘述(墮)’ : ≪金文常用字典≫ ‘述’(162쪽) 참고.

‘𢔶(邊)’ : ≪금문편≫ ‘0246 邊’(106쪽) 참고.

‘’‘■(殷)’ : ≪금문편≫ ‘1384 殷’(583~584쪽) 참고.

‘(百)’ : ≪금문편≫ ‘0594 百’(249~250쪽) 참고.

‘(肆)’ : ≪금문편≫ ‘0474 肆’(200~201쪽) 참고.

‘(喪)’ : ≪금문편≫은 ‘0170 喪’(79쪽)자 아래 이 자를 수록하지 않고 있다.

‘(女)’ : ≪금문편≫ ‘1947 女’(783~785쪽) 참고. ‘1961 母’(796~799쪽) 참고.

‘(剋)’ : ≪금문편≫ ≪부록하≫ ‘421’(1240쪽) 참고.

‘(富)’ : ≪금문편≫ ≪부록하≫ ‘327’(1224쪽) 참고.

‘(王)’ : ≪금문편≫ ‘0038 王’(18~21쪽) 참고.

‘𦥑(招)’ : ≪금문편≫ ‘1939 招’(777쪽) 참고.

‘芍(敬)’ : ≪금문편≫ ‘1525 苟’(652쪽) ; ‘1526 敬’(625~653쪽) 참고.

‘雒(雍)’ : ≪금문편≫ ‘0602 雍’(257~258쪽) 참고.

‘’‘(敏)’ : ≪금문편≫ ‘0507 敏’(211쪽) 참고.

‘諫(諫)’ : ≪금문편≫ ‘0367 諫’(148쪽) 참고.

‘(愧)’ : ≪금문편≫ ‘1532 畏’(654쪽) 참고.

‘嗣(嗣)’ : ≪금문편≫ ‘2375 辭’(976~979쪽) 참고.

‘(夙)’ : ≪금문편≫ ‘1135 夙’(484~485쪽) 참고.

‘(民)’ : ≪금문편≫ ‘2022 民’(813~814쪽) 참고.

‘(旂)’ : ≪금문편≫ ‘1101 旂’(461~462쪽) 참고.

‘’嘼(狩) : ≪금문편≫ ‘2356 嘼’(959쪽) 참고.

‘(鬲)’ : ≪금문편≫은 ‘0434 鬲’(170~173쪽) 참고.

‘(乃)’ : ≪금문편≫ ‘0743 乃’(317~318쪽) 참고.

‘(自)’ : ≪금문편≫ ‘0587 自’(243~244쪽) 참고.

‘馭(馭)’ : ≪금문편≫ ‘0275 御’(114~116쪽) 참고.

‘亟(亟)’ : ≪금문편≫ ‘0257 亟’(108쪽) 참고.

‘寑’ : ≪금문편・부록하≫‘336’(1225쪽) 참고.

'䙴(遷)' : ≪何尊≫의 ''자와 매우 유사한 형태이다. ≪金文編≫은 이 자를 '䙴'로 예정하고 있다. ≪금문편≫ '1064 䙴'(450쪽) 참고. 그러나 '1064 䙴'에는 ≪大盂鼎≫의 이 자를 수록하지 않고 있다.

'(對)' : ≪금문편≫ '0396 對'(155~158쪽) 참고.

'(休)' : ≪금문편≫ '0952 休'(400~402쪽) 참고.

'(卄)' : ≪금문편≫ '0324 卄'(136쪽) 참고.

'(又)' : ≪금문편≫ '0452 又'(180~182쪽) 참고.

36. 【令方彝(夨令方彝)】

【명문참고】

二玄社 48；集成 16・9901；銘文選 1・95；三代 06・56・2(蓋)；57・1(器)；總集 06・4981

【소개】

異名：作冊令方彝；夨方彝；令彝；夨作父丁彝；作冊令彝；夨令方彝.

발견：1929년 河南省 洛陽邙山 馬坡出土.

명문：14行 187字, 重文 2字

크기：높이 34.1센트.

소장：미국 Washington, Freer Gallery of Art 소장.

【주요참고문헌】

≪兩周金文辭大系圖錄考釋≫, 3~9쪽.

≪西周青銅器銘文分代史徵≫, 204~214쪽.

≪商周青銅器銘文選三≫, 67~69쪽.

【석문】

隹(唯)八月, 辰才(在)甲申, 王令周公子明保
尹三事[1]亖(四)方. 受卿旋(士)寮(僚)[2]. 丁亥, 令夨告
于周公宮[3]. 公令(命)浩(祉)同[4]卿旋(士)寮(僚). 隹(唯)十
月月吉癸未, 明公朝至于成周, 浩(祉)令舍[5]
三事令, 眔卿旋(士)寮(僚), 眔者(諸)尹, 眔里
君, 眔百工. 眔者(諸)厌(侯), 厌(侯)田(甸)男[6], 舍三方令. 旣
咸令, 甲申, 明公用牲[7]于京宮[8]. 乙酉, 用
牲于康宮[9]. 咸旣, 用牲于王[10]. 明公歸自
王. 明公易(賜)亢師[11]鬯, 金＜籴(鈔)＞[12]牛, 曰：用禕(祓)[13], 易(賜)令鬯,
金＜籴(鈔)＞牛, 曰用禕(祓)；迺令曰：今我唯令女(汝)二人亢
眔(暨)夨奭[14], 左(左)右[15]于乃寮(僚)㠯(以)乃友事[16]. 乍(作)冊令
敢䫉(揚)明公尹氒宦[17], 用乍(作)父丁寶障(尊)
彝. 敢追明公賞于父丁. 用光父丁.
鳥冊(2159)

【해석】

이 날은 八月 甲申 일로, 왕이 周公의 아들인 明保로 하여금 내정과 외무를 담당하도록 하며, 諸卿事・僚友와 諸侯를 다스리도록 하고, 그에게 官員 卿事僚(경사료)를 하사하였다. 丁亥 일에 夨(측)에게 이 일을 周公의 宗廟에게 보고하도록 하였다. 公은 또한 경사의 僚員들을 회견하도록 하였다.

10월 길일인 癸未 날에 明公은 아침 일찍 成周에 도착하여 나아가 三吏의 명을 卿事의 僚員・百尹・里君과 百工 등에게 공포하고, 侯服・甸服과 男服을 포함한 諸侯에게는 四方의 명을 발포하였다.

명령을 하달한 후 甲申 이날에 明公은 京宮에 도착하여 희생을 바치는 祭禮를 거행하였고, 乙酉 일엔 康宮에서 희생을 바치는 祭禮를 거행하였고, 이 이를 마친 후 王城에서 희생을 바치는 祭禮를 또 거행하였다.

明公은 王城에 돌아 온 후 亢師(항사)에게 창주・銅砂(동사)와 소를 하사하고 이를 사용하여 祓祭(볼제)를 거행하도록 하고, 令에게도 창주와 銅砂와 소를 하사하여 이를 사용하여 祓祭를 거행하도록 하였다. 그러면서 명령하였다 : 지금 내가 亢과 矢 너희 둘에게 명령하노니, 나를 도와 너희의 同僚와 友官을 돕는 일을 처리하도록 하여라.

그래서 作冊 令은 이 簋로써 감히 明公의 尹氏라는 작위를 찬양하며, 또한 이 궤를 父丁을 기념하는 寶器로 삼고자 한다. 즉 이 궤로써 명공의 은혜에 감사하고 父丁을 추모하며, 父丁의 영광을 기념코자 한다. 作冊 雋氏.

설 명

이 명문은 ≪方尊銘≫과 ≪方彝蓋銘≫ 두 곳에 보이고, ≪方彝蓋銘≫이 더 선명하다.

'周公子明保'는 周文公旦의 孫子인 君陳의 아들이 아닌가 한다(唐蘭). 明保는 尹이라는 직책을 맡고 난 후로 明公이라 불렀다. 明保와 明公 이외에도 明伯이라 칭하기도 한다. 周公은 세습직위이며, 周公이 죽고 난 후 君陳이 세습하였다.

이 명문은 소왕 초기에 일어난 사건을 기록한 것이다. 明公이 '尹'이라는 당시 최고의 직위를 임명된 후 행한 禮節을 기록한 것이다. '尹'은 '君'자와 같은 자이며, 당시의 尹은 君奭과 君陳이 있다.

明保는 팔월에 명을 받고 난 후 卿士僚(경사료)를 접견하고, 이 개월의 준비기간을 걸쳐, 시월에 成周에서 취임하였다.

'十月月吉癸未'는 BC1007년에 해당되고, 周歷 10월은 壬午朔이기 때문에 癸未는 二日이다. 昭王 七年 때의 일이다.

1) '三事' : '三事'는 '三吏'로 쓰기도 한다. '三事'란 內政을 담당하는 六卿・獄官과 諸侯를 가리킨다.

2) '卿旋(士)寮(僚)' : '旋'의 음성부분은 '史'이고, '事'나 '士'와 통하기 때문에, '卿旋(士)는 '卿事(경사)'・'卿士(경사)'나 혹은 '卿史(경사)'로 쓸 수 있다. ≪毛公鼎≫에 "卿事寮(寮)大史寮(寮)"가 보인다. '卿事의 관료'와 '大史의 관료'를 말하며, '卿事'는 '국가행정을 담당'하고, '大史'는 '책명과 같은 문서를 담당하

는 관리'이다. '僚(료)'는 官員이란 명칭이다.

3) '周公宮' : '宮'은 宗廟을 가리킨다. '周公宮'은 '豐'에 위치하고 있다.

4) '㣧(徂)同' : '㣧'자를 馬乘源은 '徂(출)'의 의미, 즉 '出'로 풀이하고 있다. '同'은 '會見'이나 '회동'의 뜻이다. 唐蘭은 '誕(탄)'의 의미로 풀이하고 있다. ≪祉卣(保卣)≫의 '祉'자는 '延'와 '延'자와 같은 자이며 갑골문에서는 접속사인 '廼'의 용법으로 쓰인다. '延'자는 '誕'자와 통하여, 助詞의 용법으로 쓰이기도 한다. "誕彌厥月, 先生如達(임신이 만삭되니 순탄하게 순산하네)"(≪詩經·大雅·生民≫)의 구절 중의 '誕'은 文頭에서 조사용법으로 사용되고 있다. ≪德方鼎≫에도 이 자가 보인다. 이외에도 부사의 용법으로 사용되기도 한다. ≪宜侯矢簋≫에 "祉(延)省東或(國)圖'의 '祉(延)'은 계속해서'·'연속해서'의 의미이다. ≪금문편≫은 ≪矢方簋≫의 銘文 '㣧'과 '𢓊'를 수록하고 '0278 㣧'(116쪽)으로 예정하며, "說文所無, 楊樹達云義如遂(說文解字에 없는 자로 楊樹達은 '遂'자의 의미로 풀이한다)"라고 설명하고 있다(116쪽). ≪祉卣(保卣)≫와 ≪德方鼎≫은 '口'를 생략하여 '(祉)'으로 쓴다. 이 자를 ≪금문편≫은 '0289 延'(119~120쪽)으로 예정하고, '0290 延'(120쪽) 아래 ≪康侯簋≫의 명문을 인용하고 "延字重見('延'자에도 보인다)"이라 설명하고 있다. ≪금문편≫은 '祉'·'延'·'延'과 '誕' 자를 같은 보고 있지만, 이들의 자와 '㣧'자와의 관계에 대해서는 언급하지 않고 있으나, 사실상 같은 자이다. 금문에서는 주로 부사나 발어사의 용법으로 사용된다.

5) '舍' : '舍(사)'는 '捨(사)'로 여기에서는 '공포하다'는 의미로 쓰이고 있다. ≪鄭風·羔裘≫의 "羔裘如濡, 洵直且侯. 彼其之子, 舍命不渝(염소 갖옷은 윤기가 나니 정말 부드럽고 아름답네. 우리 님은 명을 내림이 변함이 없네)." 구절 중의 '舍'의 의미와 같다.

6) '眔卿旋(士)寮(僚)眔者(諸)尹眔里君眔百工眔者(諸)戻(侯)戻(侯)田(甸)男' : '眔(답)'은 連詞 '與'나 '和'의 의미이다. '者(諸)尹'은 ≪書經·酒誥≫ 중의 '庶尹'이나 ≪顧命≫ 중의 '百尹'과 같고, '里君'은 里의 長官으로 ≪史頌簋≫의 "里君百姓"구절 중의 '里君'과 같다. '百工'은 각종 직종을 관장하는 官吏이다. '者(諸)戻(侯)戻(侯)田(甸)男' 중의 '諸侯(제후)'는 '侯(후)'·'甸(전)'·'男(남)'의 총칭이고, 그 중 '侯'는 제후국 중 武士에 해당되고, '甸'과 '男'은 모두

농업에 종사하는 제후국을 가리킨다. ≪酒誥≫에 "越在外服, 侯·甸·男·衛·邦伯 ; 越在內服, 百僚·庶尹·惟亞·惟服·宗工, 越百姓里居, 罔敢湎于酒 ; 不惟不敢, 亦不暇. 惟助成王德顯, 越尹人祇辟(바깥 지방의 侯服甸服男服衛服의 제후들과 나라 안의 모든 관리들·여러 관장들·부관들·일하는 사람들·높은 관리들 및 마을에 사는 백성들이 모두 감히 술에 빠지는 일이 없었다. 감히 하지 않았었을 뿐만 아니라, 그런 짓을 할 틈도 없었다. 그리고 오직 임금의 일을 이루고 덕을 밝히는 일을 도와 다스리는 사람들과 함께 법을 존중하였다)."라는 구절이 있는데, 이 중 '外服'은 '나라 바깥 지방'이고, '侯'·'甸'·'男'과 '衛'는 五服 중의 四服에 해당되고, '邦伯'은 일을 맡아보는 사람들이고, '完工'은 높은 관리인이고, '百姓里居'는 '百姓里君'을 잘못 쓴 것으로 '백성을 長官'을 가리킨다.

7) '用牲' : '用牲(용생)'은 祭名이다. ≪書經·召誥≫에 "越三日丁巳, 用牲于郊, 牛二(사흘이 지난 후에 하늘에 지내는 郊祭를 지낼 때 소 두 마리를 사용하다)."라는 구절이 있다.

8) '京宮' : 周나라가 '商'을 정벌하기 이전의 宗廟다. 周國을 京國이라고도 한다.

9) '康宮' : '康宮(강궁)'은 康王의 廟(묘).

10) '用牲于王' : '用牲于王' 중의 '王'은 王城 즉 王都를 의미한다. '用牲于王'은 '왕성에서 희생을 바치는 祭禮를 거행하다'의 뜻.

11) '亢師' : 人名으로 卿士僚 중의 한명.

12) '金<金+小(釥)>' : '金+小'자를 '金(금)'으로 예정하기도 하나, 일반적인 '金'자의 형태와는 다르기 때문에 '金+小'자로 예정하기로 한다. '金+小'자는 '釥(좋은 쇠 초 ; qiǎo)'자의 이체자이다. '釥'자에 대하여 ≪玉篇≫은 '美金'이라고 설명하고 있다.

≪金文編≫은 '金小牛'로 예정하고 '小牛'를 합문으로 보고 있다. '0103 小'(43쪽)과 '2222 金'(905쪽) 참고.

13) 𥜼(祓) : '𠦪'자는 갑골문에서 '기원하다(祈求)'는 의미로 쓰인다. '祓(불)'자와 같은 자이다. ≪설문해자≫는 '祓'자를 "除惡祭也(악을 제거하는 제사이다)."라고 설명하고 있다(≪說文解字今釋≫, 18쪽).

14) '㚔' : '㚔'자에 대해서는 의견이 분분하나, 형태로 보아 '夾(협)'자의 이체자이며, '接(접)'의 의미로 사용되고 있다. 唐蘭은 "㚔字說文作夾, 音陝. 這個字在卜辭裏最常見. 字形變化最多, 實是商人腋下挾着兩個器皿的形狀, 和夾字象挾兩個人有區別. 在卜辭裏都用作配偶講, 也有的改用妾字, 夾妾音近. 此處當讀爲接, 會合的意思('㚔'字를 ≪說文解字≫는 '夾'으로 쓴다. 음은 '陝'과 같다. 이 자는 갑골문에서 자주 사용되는 상용사이며, 매우 다양한 형태로 쓴다. 이 자는 殷商 사람이 겨드랑이에 그릇을 끼고 있는 모습을 형상화하고 있는 것으로, '夾'자가 두 사람을 끼고 있는 형상과는 다르다. 갑골문에서는 배우자의 의미나 혹은 '妾'자의 의미로 쓰인다. '夾'과 '妾'자는 음이 근사하다. 본 명문에서는 '接'의 의미로 쓰이고 있다. 즉 '會合하다'의 의미이다)."라고 설명하고 있다(≪西周青銅器銘文分代史徵≫, 212쪽). ≪金文編≫은 이 자를 '0569 㚔'(233쪽)에 수록하고 있다.

15) '㝗(左)' : '㝗'자는 '左'자의 이체자. '左右'는 '보좌하다'는 의미.

16) '乃寮(僚)㠯(以)乃友事' : '乃'자는 이인칭 대사. '寮(료)'는 동료의 의미이며, '友事'는 衙門(아문)의 관리이다. ≪大克鼎≫ "今余佳(唯)𤕌(緟)豪乃令(지금 나는 그대에게 다시 명령을 내린다)." 구절 중의 '乃'자 역시 대사로 쓰이고 있다.

17) '尹氒宜' : '尹氒(윤궐)'은 '尹氏(윤씨)'와 같고, '尹'은 卿士 이하의 正級관리이다. 里君과 百工의 위의 등급에 속한다. '宜'자는 음성부분이 '乭'로 '宁(저)'나 '除(제)'자와 같은 자이다. '作'이나 '胙(조)'의 가차자로 쓰인다. 여기에서는 '胙'의 의미로 쓰이고 있다. '胙'는 '賜(사)'의 의미로 쓰인다(≪西周青銅器銘文分代史徵≫, ≪作冊大鼎≫의 설명부분 참고, 138쪽).

금문편

(𦊱)' : ≪금문편≫ '0830 𦊱'(355쪽) 참고.

(亢)' : ≪金文編≫ '706 亢'(706쪽) 참고.

(徣)' : ≪金文編≫ '0278 徣'(116쪽) 참고.

(奭)' : ≪金文編≫ '0569 奭'(233쪽) 참고.

(𢀜(左))' : ≪金文編≫ '0728 左'(310쪽) 참고.

𥜥(祓)' : ≪金文編≫ '1692 𠦪'(706~707쪽) 참고.

(宊)' : ≪金文編≫ '1233 宊'(536쪽) 참고.

(𪀉)' : '𪀉'자는 '雋(준)' 혹은 '嶲'으로 예정하기도 한다. ≪금문편≫≪부록상≫ '188'(1075쪽) 참고.

≪금문편≫ '0830 𦊱', (355쪽)

≪금문편 · 부록상≫ '188', (1075쪽)

37. 【令簋(作冊夨令簋)】

【명문참고】

二玄社 49；集成8・4301＼8・4300；銘文選1・94；三代09・26・2＼09・27・1；總集04・2814.

【소개】

異名：夨作丁公簋・夨令簋・夨簋.

출토：1929년 河南省 洛陽邙山 馬坡出土.

명문：12行 110字(重文 1, 합문 2).

크기：높이 24.3㎝；지름 17㎝.

소장：프랑스 파리 黎吉미술관 소장(D. David Weill Collection, Paris).

【주요참고문헌】

≪商周青銅器銘文選三≫, 66~67쪽.

≪西周金文辭大系圖錄考釋≫, 2(2~5쪽).

≪西周青銅器銘文分代史徵≫, 273~279쪽.

【석문】

隹(唯)王于伐楚, 白(伯)才(在)炎[1], 隹(唯)九
月既死霸[2]丁丑, 乍(作)冊夨令[3]
障(尊)俎[4]于王姜, 姜商(賞)令貝十朋・

臣十家・鬲百人. 公尹白丁
父兄(貺)于戌[5], 戌翼, 嗣(司)乞(訖)[6]. 令
敢䍙(揚)皇王宦[7]; 丁公文報[8], 用
韻[9]後人亯(享), 隹(唯)丁公報, 令用
奔㫃[10]于皇王. 令敢㫃皇王
宦, 用乍(作)丁公寶𣪘(簋), 用障(尊)
史(事)于皇宗, 用卿(饗)王逆受[11], 用
匓(廏)寮(僚)人婦子, 後人永寶. 雋冊[12](5038)

【해석】

이때는 이른바 왕(昭王)이 楚國을 정벌하고, 伯懋父(백무부)가 炎地에 주둔하는 시기로 九月 旣死覇(기사패 : 초순) 丁丑날이다. 王羌은 作冊夨令에게 향연을 베풀어 주면서, 令에게 열 꾸루미의 貝와 고급노예 열 가정과 일반노예 백 명을 하사하였다. 또한 翼에서 식량을 관장하는 公尹白丁父(夨令의 부친?, 丁公의 子?)에게 하사품을 내리셨다. 그런고로 令은 위대한 왕의 내리심을 감히 찬양하고, 丁公(夨令의 父? 父輩?)에게 성스러운 報祭를 거행하고, 이 簋를 사용하여 후대에게 복이 있도록 하고자 한다. 丁公에게 지내는 報祭를 거행할 때 令은 이 궤를 사용하여 위대한 왕을 공경하고자 한다. 왕의 하사하심을 감히 찬미하며, 이 궤를 丁公에게 제사드리는 寶簋로 삼고자 하며, 大宗을 존경하고 받들고자 하며, 왕을 받들기 위하여 분주하게 왕래하는 자에게 사용케 하고자 하며, 또한 동료와 부녀 손자들이 배불리 먹을 수 있도록 하기 위함이니 이를 영원히 보배로 삼을 지어라. 雋族作冊.

설 명

≪作冊夨令≫은 昭王(소왕) 초기 明公의 卿士僚 중 한 명이고, 이 궤가 만들어진 때는 昭公 말년이며, 아직 卿士僚(경사료)라는 직책을 가지고 있었다. 그래서 "用匓(廏)寮(僚)人婦子.(동료와 부녀손자들에게 사용하다)"라 한다.

伯懋父(백무부)의 이름은 ≪召尊≫과 ≪召卣≫ 등에도 보이며, 伯懋父도 당시에 卿士이다.

명문의 내용으로 보아, 作冊夨令(작책측령)과 王姜(왕강)은 同宗이고, 公尹伯丁父와는 同輩(동료)이다. 昭王이 出征하자 王姜이 東夷를 정벌하고 있는 伯懋父가 사자로 보낸 作冊夨令을 접대하는 내용이다.

1) '王于伐楚白(伯)才(在)炎' : 唐蘭은 "王于伐楚白(伯)才(在)炎"의 문장을 "王于伐楚, 白(伯)才(在)炎"으로 읽고, '伯'은 당시에 卿士인 '伯懋父'를 가리킨다

고 하고 있다. 또한 '夨令(측령)'을 '伯懋父'의 使者로 보고 있다. 唐蘭(당란)은 "이 때는 이른바 왕(昭王)이 楚國을 정벌하고, 卿士 伯懋父가 炎地에 머무르는 시기로 九月 旣死覇(초순) 丁丑날이다. 昭王이 초나라를 정벌한 사건이 두 번 있었는데, 한번은 昭王 16년의 일이고 한번은 19년의 일이다. 이 簋와 관련된 정벌 사건은 첫 번째인 16년의 일인 것으로 추증된다"라 하고 있다. 馬承源(마승원)의 고증에 의하면 昭王 16년은 BC1017년이다. '炎(담)'地는 곧 '郯(담)'地로, 지금의 山東省 郯省縣(담성현) 서쪽에 해당된다.

2) '旣死覇' : 金文에서는 '旣生覇'·'旣望'과 '旣死覇' 등으로 月相을 나눈다. '覇'란 밝은 달빛을 의미하고, '望'이란 '滿月'을 의미며, '生'은 빛을 내기 시작하는 때를 의미하고, '死'는 빛이 점점 어두워져 가는 때를 말한다. 따라서 '旣生覇'은 일반적으로 初三이나 初四를 말한다. 음력 16·17일이나 18일을 '旣望'이라 하고, '旣死覇'는 음력 28·29일이나 30일을 말한다. 王國維의 ≪生覇死覇考≫(≪觀堂集林≫卷一)에서 初吉·旣生覇·旣望과 旣死覇는 음력 한 달을 7·8일씩 사등분한 것으로 이해하고 있으나, 唐蘭은 ≪逸周書·世俘解≫의 "二月旣死覇甲子"라는 문장을 참고하여, '旣死覇'는 '朔'에 해당된다고 주장하고 있다(≪西周青銅器銘文分代史徵≫, 275쪽)

3) '夨令' : '夨(측)'은 西周의 나라 이름이며, '令'은 夨國의 귀족으로 주나라 왕실의 王官에 해당된다.

4) '障(尊)俎' : '障(尊)俎' 중 '障(尊)'자는 '베풀다'·'차리다'라는 의미로 쓰이고, '俎(조)'는 '宴會'라는 의미를 지니고 있다. '障(尊)俎'는 '연회를 베풀다'의 의미.

5) '公尹白丁父兄(貺)于戍' : '公尹'은 '白(伯)丁父'의 관명이며, '尹'은 왕을 보필하는 官이다. '兄(貺)于戍'은 '주둔지인 翼에서 貺賜받다'의 의미이다. 郭沫若은 '公尹白(伯)丁父'는 곧 '丁公'이며, '夨令'의 부친이라고 설명하고 있다.

6) '嗣(司)乞(訖)' : 郭沫若은 '嗣(司)乞(訖)'을 '祠訖(사흘)' 즉 '하사품의 받음을 완성하다'로 해석하고, 唐蘭은 '乞(걸)'을 양식의 의미인 '餼'로 해석하여 '白(伯)丁父'의 직책이 '양식의 관리'라고 풀이하고 있으나, 문맥상 하사를 내리는 것과 관련이 있기 때문에 郭沫若의 주장을 따르기로 한다.

7) '宔' : '宔'자는 '宁'이나 '除'자의 본 자이며, ≪令方彝≫의 '阼(조)'자와 같이

'胙(조)'의 의미인 '下賜(하사하다)'의 뜻으로 쓰인다.

8) '丁公文報' : '報(보)'는 祭名이다. '文報' 중의 '文'은 '文采'의 의미로 '화려한' 이나 '아름다운'의 뜻이다. '丁公'은 '夨令'의 부친이거나 혹은 父輩에 해당된다.

9) '䭫' : '䭫'는 '稽(계)'자와 통하며 '留止(다다르다, 머물다)'의 의미로 쓰이고 있다.

10) '奔扆' : '奔'자는 인식할 수 없는 자이지만, 음성부분이 '井'일 가능성이 높다. '井'은 '공경하다'의 의미인 '竫(정)'과 통한다. '扆'은 '張'의 의미로 誇張이나 '칭송하다'의 뜻이다.

11) '受' : '受'자로 예정한 銘文 '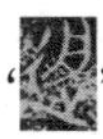'는 음성부분이 '舟'로 '受'와 통한다.

12) '雋冊' : '雋冊(준책)'은 '雋族冊'이며, 기물의 주인이나 혹은 그 가족이 作冊의 관직에 해당된다. '雋'자는 '舃'이나 '嶲'으로 예정하기도 한다. '雋冊'은 ≪作冊令方鼎≫ · ≪作冊令方尊≫과 ≪作冊大鼎≫에도 보인다. '雋(舃)冊'은 또한 '嶲冊'으로 쓰이며, '嶲' 중의 윗부분은 닭의 모양을 형상화한 것이다(唐蘭, ≪西周青銅器銘文分代史徵≫, 273~274쪽 참고)

금문편

'扆' : ≪금문편≫ '1568 扆'(663쪽) 참고.

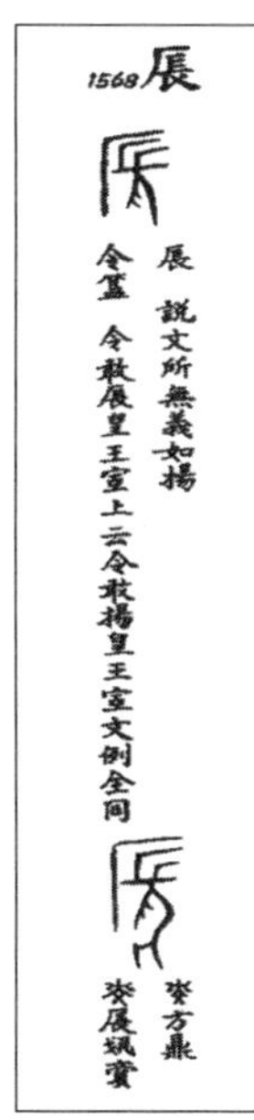

≪금문편≫ '1568 扆'(663쪽)

38.【令鼎】

【명문참고】

二玄社 50；集成 5・2803；銘文選 1・97；三代 04・27・1；總集 02・1289 ＼02・1288.

【소개】

異名：耤田鼎；大蒐鼎；諆田鼎.

명문：8行 69字(存).

시기：西周 昭王.

【주요참고문헌】

≪兩周金文辭大系圖錄考釋≫, 14(30쪽).

≪商周青銅器銘文選三≫, 69~70쪽.

≪積微居金文說≫, 1~2쪽.

≪金文今釋類檢(殷商西周卷)≫, 419~420쪽.

【석문】

王大耤農(農)于諆田[1]，餳[2]. 王
射，有嗣(司)[3]眔師氏小子郃(會)

射. 王歸(歸)自諆田. 王馭(馭)[4]溓
中(仲)[5]僕(僕)[6], 令眔奮先馬走[7]. 王
曰:“令眔奮. 乃[8]克至. 余
其(其)舍女(汝)臣十家.” 王至于
溓宮, 𢼄(嬰)[9]. 令拜(拜)𩒨首曰:“小
〔子〕廼學(效).” 令對揚(揚)王休[10](3998)

【해석】

왕이 諆田(기전)에서 大籍田(대적전)의 의식을 거행하고 신하들을 위하여 향연을 베풀었다. 이 일과 관련된 관원・師氏와 小子들이 射禮를 거행하였다. 왕이 王馭 溓仲(염중)이 모는 수레를 타고 諆田에서 돌아올 때 令과 奮에게 먼저 先行하도록 명령하면서 말하기를 “令과 奮, 만약에 너희들이 목적지에 먼저 도착하면 너희에게 十家의 신하를 하사하도록 하겠다.” 왕이 溓宮(염궁)에 도착하자 매우 즐거워했다. 令이 하사품에 감사하며 정중한 예의를 갖추고 난후 “小子는 왕을 위하여 성실히 노력하여 이행하였습니다”라고 말하고, 令은 왕의 은덕에 감사 찬양하였다.

설 명

1) ‘王大耤農(農)于諆田’: ‘耤農(農)’은 ‘籍田(적전)’儀式을 가리킨다. 고대 帝王들이 농사일이 시작되는 봄에 논에서 직접 경작하는 祭禮 행위이다.

2) ‘餳’: ‘餳’자는 ‘觴(상)’과 통하고, ‘觴’은 ‘饗宴(향연)’의 의미.

3) ‘有嗣(司)’: 官員(관원).

4) ‘王馭(馭)’: 周王의 車馬를 관리하는 관직.

5) ‘溓中(仲)’: 西周 成王시대의 사람 이름.

6) ‘僕(僕)’: ‘僕’자는 ‘僕(복)’자와 같은 자이며, 여기에서는 동사의 용법인 ‘車馬를 몰다’의 의미이다.

7) ‘先馬走’: ‘先行’이나 ‘말을 타고 선도하다’의 의미.

8) ‘乃’: 連詞의 용법인 ‘가령’・‘설사’의 의미.

9) ‘𢼄(嬰)’: ‘𢼄’자는 ‘嬰’자와 통하며, ≪설문해자≫는 ‘嬰(苦閑切: qiān)’에 대하여 “說樂也(기쁘다)”라고 설명하고 있다(≪說文解字今釋≫, 1769쪽).

10) ‘對揚(揚)王休’: ‘休’는 금문에서는 ‘하사하다’나 ‘善’・‘美’의 의미로 쓰인다. ‘對揚王休’는 ‘왕의 은덕을 찬양하다’의 의미.

금문편

'(耤)' : ≪금문편≫ '0701 耤'(292쪽) 참고.

'(農)' : ≪금문편≫ '0425 農'(168쪽) 참고.

'(諆)' : ≪금문편≫ '0359 諆'(146쪽) 참고.

'(鍚)' : ≪금문편≫은 이 자를 '鐊(상)'자로 예정하고 있다. '0843 鐊'(361쪽) 참고.

'(有)' : ≪금문편≫ '1127 有'(479~480쪽) 참고.

'(嗣(司)' : ≪금문편≫ '2375 嗣'(976~979쪽) 참고.

'(䣄)' : ≪금문편≫ '1513 䣄'(648쪽) 참고.

'駿(馭)' : '御(어)'자는 금문에서 '彳' 대신 '馬'를 의미부분으로 사용하기도 한다. ≪금문편≫ '0275 御'(114~116쪽) 참고.

' · (溓)' : ≪금문편≫ '1826 溓'(737쪽) 참고.

'(僕) : ≪금문편≫ '0397 僕'(158쪽) 참고.

'(奮)' : ≪금문편≫ '0610 奮'(259쪽) 참고.

'(先)' : ≪금문편≫ '1441 先'(617~618쪽) 참고.

'(走)' : ≪금문편≫ '0171 走'(79~80쪽) 참고.

'(臣)' : ≪금문편≫ '0484 臣'(204~205쪽) 참고.

'(學)' : ≪금문편≫ '0559 學'(224~225쪽)참고.

'' : 이 자를 ≪금문편≫은 '0542 敃'(221쪽)으로 예정하고 있다. 그러나 왼쪽 부분이 '月'의 형태와는 다르다. 본문은 '敃'로 예정하기로 한다.

'捧(拜)' : ≪금문편≫ '1933 拜'(774~776쪽) 참고.

‘(䭫)’ : ≪금문편≫ ‘1485 䭫’(632~634쪽) 참고.

‘(迺)’ : ≪금문편≫ ‘0744 迺’(318~319쪽) 참고.

39. 【召尊】

【명문참고】

二玄社 51 ; 集成 11 · 6004 ; 銘文選 1 · 99 ; 總集 06 · 4878.

【소개】

출토 : 河南省 洛陽에서 출토되었다고 전함.

명문 : 7行 46字.

크기 : 높이 20.3㎝ ; 口徑 19㎝ ; 低徑 14㎝.

시기 : 西周 早期(昭王).

소장 : 상해 박물관.

【주요참고문헌】

≪金文今釋類檢(殷商西周卷)≫, 590~591쪽.
≪商周青銅器銘文選三≫, 71쪽.

【석문】

唯九月才(在)炎𠂤[1], 甲
午, 白(伯)懋父[2]睗(賜)𥁕(召)[3]白
馬, 每(脢)黃髮敚[4]. 用[5]
不杯[6]. 𥁕(召)多用追于
炎不肆[7]白(伯)懋父各(友)[8],
𥁕(召)萬年永光.
用乍(作)團宮䢼(旅)彝[9](2824)

【해석】

九月 갑오 일에 炎𠂤에서 伯懋父(백무부)는 召(소)에게 白馬를 하사하였다. 이 말은 등이 황색이고 갈기는 청흑 색이다. 召는 로 위대함을 찬양하고, 염 지역에서 훌륭한 伯懋父로부터 하사품을 받은 白馬를 기념하며, 이를 영원한 영광과 명예스러운 일로 여기고자 한다. 따라서 召는 이를 기념하기 위하여 종묘 團宮에서 사용한 旅彝를 만들었다.

설 명

1) '炎𠂤' : 지명. 伯懋父(백무부)가 지키고 있는 戰略(전략) 요지.

2) '伯懋父' : 衛康叔(위강숙)의 아들인 康伯髦(강백모). 王孫牟(왕손모)라고도 칭한다.

3) '𥁕(召)' : 伯懋父의 部將.

4) '每(脢)黃髮敚' : '每'자는 '脢(매)'자와 통하여 '등'의 뜻이고, '髮'은 '鬃(종)'자의 의미로 '갈기'의 뜻이며, '敚'자는 '黴(미)'자의 의미로 '청흑 색'의 뜻이다. '每(脢)黃髮敚'는 등 부분이 황색이고 갈기는 청흑 색인 말을 가리킨다.

5) '' : 알 수 없는 자다. ≪금문편 · 부록하≫ '673'(1283쪽) 참고.

6) '不杯' : '不杯(비현)'는 '丕顯(비현)'인 '위대한 · 혁혁한' 등의 의미.

7) '不肆' : '肆'자는 '褅'이 음성부분으로 '肆'나 '肆(사)'의 고문이다. '방자하지 않고 정직하다'의 의미. ≪𤕌公盨≫의 ''자와, ≪衛盉(裘衛盉)≫의 ''자는

윗부분이 모두 '𣏟'이다. 李學勤(이학근)은 ''자를 '遂(수)'로 풀이하는 반면, 裘錫圭(구석규)는 '豳(빈)'자로 해석하고 있다 (≪近出西周金文集釋≫, 289~290쪽). 모두 인명으로 쓰이고 있다. ≪金文編≫은 이 자를 '1645 燹(선)'자로 보고 있다(688쪽) ≪說文解字≫가 '𦺈'자를 설명하면서 인용한 ≪堯典≫의 "𦺈類于上帝(상제에게 類祭를 지내다)." 중의 '𦺈'자에 대하여 段玉裁는 ≪史記 · 五帝本紀≫의 '遂(수)'자를 현행본은 '肆'자로 쓴다고 설명하고 있다(≪說文解字今釋≫, 1302쪽) '肆'자는 '肄(짐승의 몸에 긴 털 많을 사 ; sì)'자의 이체자이다. ≪毛公鼎≫의 '(肄)'자를 ≪금문편≫ '0474 𨽸(肄)'에 수록하고 "經典譌作肆(經典에서는 이 자를 '肆'으로 바꾸어 쓴다)."(200~201쪽)라고 설명하고 있다. ≪金文編≫은 ≪牆盤≫의 '' · ''자를 '0110 㒸'(49쪽)에 수록하고 "孳乳爲遂('遂'의 의미로 확대되어 쓰인다)."라고 설명하고 있다. ≪毛公鼎≫"㒸才(在)乃服(복무에 태만하다)." 중의 '㒸'자는 '墜(추)'자의 가차자로 쓰이고 있다. 따라서 '燹'나 '肆(肄)'나 '遂'자의 기본 聲符가 '㒸'이고, '遂'자와 통한다는 것을 알 수 있다. ≪금문편≫에는 '0162 䜌'(76쪽) · '0474 𨽸(肆)'(200~201쪽) · '1587 𦺈'(669쪽) 등으로 나누어 수록하고 있다. 그러나 금문에서는 의미와 형태가 유사하기 때문에 같은 자로 보는 것이 옳겠다. 본 문장에서 '䜌'자는 '肆'의 의미로 쓰이고 있다.

≪금문편≫ '162 䜌', (76쪽)

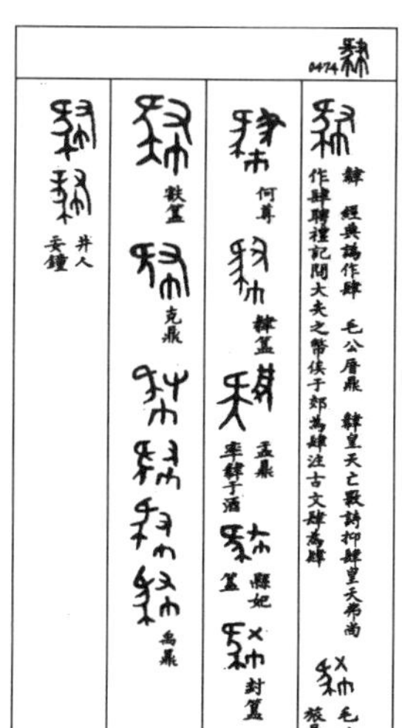

'0474 𨽸(肆)', (200~201쪽)

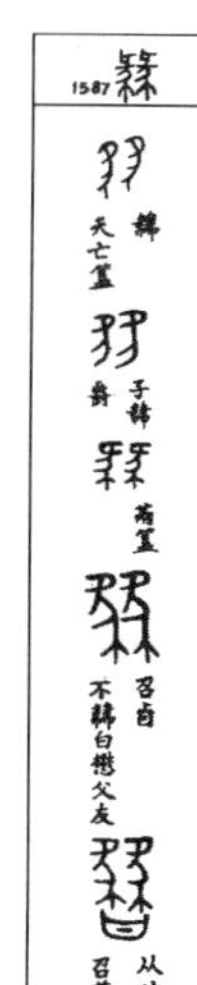

'1587 𦺈', (669쪽)

8) '[illegible](友)' : '[illegible]'자는 '友'와 같은 자이며, 여기에서는 '賄(회)'자로 가차되어 사용되어 '하사하다'의 의미이다.

9) '[illegible](旅)彝' : 금문에서 자주 보이는 종묘 제기 중의 하나. '旅(여)'자는 금문에서 매우 다양한 형태로 쓰인다. ≪寡史[illegible]甗≫도 본 명문과 같이 '(旅)'로 쓰고 있다. '旅'자는 깃발 아래 많은 사람이 모여 있는 형상이다. 殷商銘文 중 ≪方鼎(伞旅方鼎)≫은 ''으로 쓴다. '旅'자는 금문에서 '軍隊(군대)'의 '旅團(여단)'·'陳列하다'·'盧(여)'자의 통가자나 인명으로 사용된다(≪金文常用字典≫, 685쪽) 본 구절에서는 '진열하다'의 의미로 쓰이고 있다. ≪小雅·甫田之什·賓之初筵≫"賓之初筵, 左右秩秩, 籩豆有楚, 殽核維旅(손님 모여 잔치 시작하니 좌우 모두 질서 있네. 음식 그릇 많기도 하며 고기 갈비 벌여 있네)." 중의 '旅' 역시 '진열하여 사용하다'의 의미로 쓰이고 있다. ≪召尊≫"寡史[illegible]作[illegible]尊(寡 지방의 史官 [illegible]는 이를 기념하기 위하여 종묘에서 사용할 彝器를 만들었다)." 중의 '[illegible](旅)彝'와 같다. 혹은 다른 곳으로 이동하여 제례를 거행할 때 사용하는 기물 중의 하나로 해석하기도 한다. 자형은 ≪金文編≫은 '1108 旅'(464~470쪽) 참고.

금문편

'賜' : ≪금문편≫ '0579 賜'(235~236쪽) 참고. ≪금문편≫은 '賜(석)'자와 '錫(석)'자는 같은 자라고 설명하고 있다.

'[illegible](召)' : ≪금문편≫ '0135 召'(61~62쪽) 참고.

'每(脢)' : ≪금문편≫은 이 자를 인식 못하는 자로 ≪부록하≫ '500'(1253쪽)에 수록하고 있다.

'(髮)' : ≪금문편≫ '1496 髮'(639쪽) 참고.

'' : ≪금문편≫은 ≪부록하≫ '673'(1283쪽)에 수록하고 있다.

'(年)' : ≪금문편≫은 '1164 年'(501~506쪽) 참고.

'(永)' : ≪금문편≫ '1861 永'(744~749쪽) 참고.

'(旅)' : ≪금문편≫ '1108 旅'(464~470쪽) 참고.

40. 【杻卣(叔簋)】

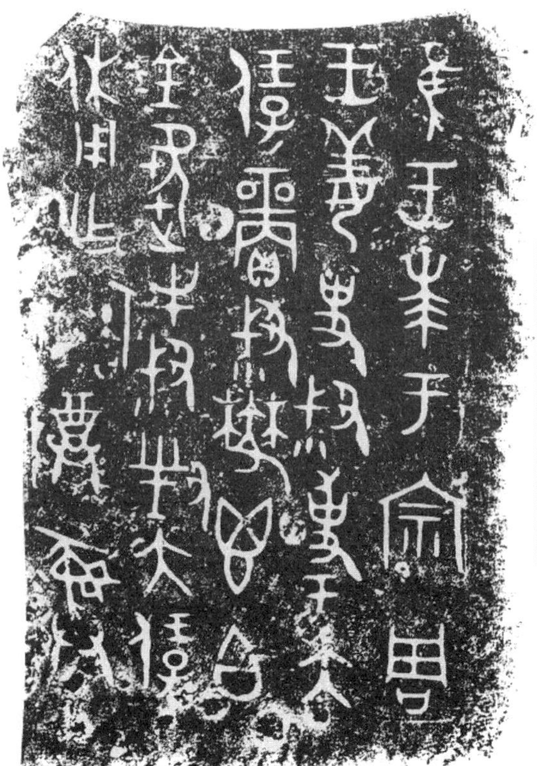

【명문참고】

二玄社 52 ; 集成 8 · 4132 ; 銘文選 1 · 112 ; 總集 07 · 5481.

【소개】

異名：叔簋；叔卣；史叔隋器；叔隋器.

명문：器銘과 蓋銘이 같음；5行 32字.

크기：높이 19.6㎝；寬 21.6㎝.

시기：西周 昭王.

소장：北京 故宮박물관.

【주요참고문헌】

≪金文今釋類檢(殷商西周卷)≫, 65~66쪽.

≪商周青銅器銘文選三≫, 78~79쪽.

≪西周青銅器銘文分代史徵≫, 217~220쪽.

【석문】

隹(唯)王桒[1]于宗周,
王姜[2]史(使)叔事于大
俘(保)[3], 商(賞)叔鬱鬯白
金[4]芻牛[5]. 叔對大俘(保)
休. 用乍(作)寶障(尊)彝(4937)

【해석】

왕이 宗周(鎬京)에서 복을 내려 주시기를 기원하는 제사에, 周王妃는 叔(숙)을 파견하여 太保를 보좌하도록 하였다. 太保가 叔에게 울창과 은, 그리고 송아지를 하사하였다. 叔은 太保의 은덕에 감사드리고 이를 찬양하기 위하여 이 보배스러운 彝器(이기)를 만들었다.

설 명

1) '桒' : 복을 기원하는 제사. ≪令方彝≫는 '禖'로 쓰고 있다. '桒'자는 갑골문에서 '기원하다(祈求)'는 의미로 쓰인다. '祓(볼)'자와 같은 자이다.

2) '王姜' : 인명으로 周 成王의 后妃. ≪睘卣≫"隹(唯)十又九年, 王才(在)庈(岸), 王姜令作冊睘安夷伯, 夷伯賓(儐)睘貝布. 揚王姜休, 用作文考癸寶尊彝(岸에서 王姜은 나 作冊 睘으로 하여금 夷伯의 안부를 대신 묻도록 하였다. 그러자 夷伯은 貝와 布로 화답하였다. 이를 기념하기 위하여 위대하신 先祖 日癸에게 제사드릴 때 사용할 종묘제기를 만들다)." 구절 중에도 '王姜(왕강)'이 보인다.

3) '大保' : '太保'. 召公 奭(석)의 아들(≪商周青銅器銘文選三≫, 78쪽) '保'자

를 ‘王’旁을 추가하여 ‘僕’으로 쓰고 있다.

4) ‘白金’ : 銀.

5) ‘芻牛’ : 唐蘭은 ‘(芻)’자를 ‘𦬁’로 예정하고, ‘趨(추)’자와 같은 자이며, ‘芻’의 의미로 사용되고 있다고 설명하고 있다(≪史徵≫ 217쪽). ‘趨’자는 ‘雛(추)’자의 가차자이며, ‘어리다’는 의미인 ‘雛’자의 뜻이다. ‘雛牛’는 ‘송아지’.

금문편

‘(桒)’ : ≪금문편≫ ‘1692 桒’(706~707쪽) 참고.

‘(叔)’ : ≪금문편≫ ‘0463 叔’(191쪽) 참고.

‘(鬱)’ : ≪금문편≫ ‘0831 鬱’(356쪽) 참고.

‘’ : ≪금문편≫은 이 자를 ≪부록하≫‘054’(1176쪽)에 수록하고 있으나, ‘055’자나 唐蘭의 의견을 참고하여 ‘趨(추)’자로 예정할 수 있다.

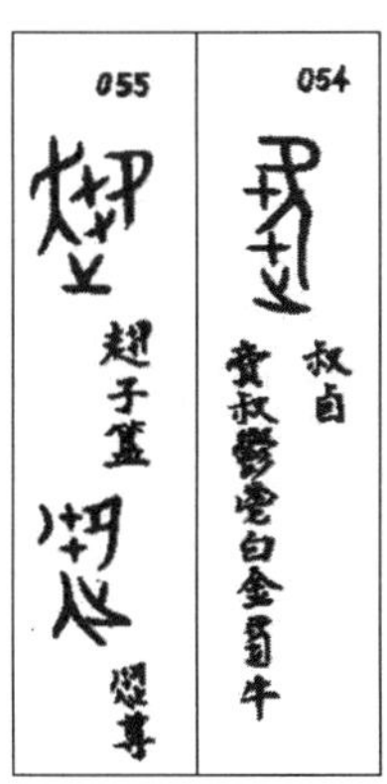

≪금문편≫≪부록하≫
‘054’‘055’, (1176쪽)

41. 【過伯簋】

【명문참고】

二玄社 53；集成 7・3907；銘文選 1・102；三代 06・47・3；總集 03・2451.

【소개】

시기：西周 昭王.

명문：3行 16字.

크기：높이 18.4㎝；구경16.4㎝；方座每邊 길이 15.1㎝.

소장：遼寧省 旅順 박물관.

【주요참고문헌】

≪兩周金文辭大系圖錄考釋≫, 26(54쪽).

≪商周青銅器銘文選三≫, 73쪽.

≪西周青銅器銘文分代史徵≫, 271~272쪽.

≪金文今釋類檢(殷商西周卷)≫, 3쪽.

【석문】

過白(伯)[1]從王伐反

荆[2]. 孚(俘)金[3]. 用乍(作)

宗室[4]寶障(尊)彝(4819)

【해석】

過伯이 왕을 수행하고 반란을 일으킨 荊國(형국 : 楚國)을 정벌하고 銅을 획득하여 宗廟에서 사용할 보배스러운 尊彝(준이)를 만들었다.

설 명

1) '過伯' : 過國의 君長. '過國'은 '濄國(과국)'을 말한다. 지금의 山東省 掖縣(액현) 부근.

2) '荊' : 楚國. 楚國에 荊山(형산)이 있기 때문에 '荊國'이라 부른다.

3) '孚(俘)金' : 전쟁에서 획득한 청동.

4) '宗室' : 宗廟.

금문편

'(過)' : ≪금문편≫ '0207 過'(94쪽) 참고.

42. 【作冊䰧卣】

【명문참고】

二玄社 54；集成 11・5991；銘文選 1.115；總集 06・4864.

【소개】

異名：翻卣；作冊翻父乙尊.

발견：河南 洛陽 邙山에서 1929년에 출토되었다고 전함.

크기：높이 22.3㎝；口縱 9.1㎝；口橫 12.2㎝；低縱 12.4㎝；低橫 14.8㎝.

시기：西周 早期.

소장：上海박물관.

【주요참고문헌】

≪兩周金文辭大系圖錄考釋≫ 4(10쪽).

≪商周青銅器銘文選三≫，80쪽.

≪西周青銅器銘文分代史徵≫，203~204쪽.

≪金文今釋類檢(殷商西周卷)≫，566~567쪽.

【석문】

隹(唯)明俘(保)[1]殷[2]成周[3]年,
公易(賜)乍(作)冊翻[4]鬯貝, 翻
[illegible](揚)公休[5]. 用乍(作)父乙[6]
寶障(尊)彝. [illegible][7](2103)

【해석】

魯公(노공) 明保가 成周에 도착하여 周王을 배알하는 해에, 魯公은 作冊 翻에게 鬯酒(창주)와 貝를 하사하였다. 作冊 翻는 魯公의 은덕을 찬양하고 父乙에게 제사드릴 보배스러운 尊彝(준이)를 만들었다. [illegible]族.

설 명

≪金文引得≫은 '父'자 다음에 '乙'자를 누락하고 있다. 도판을 참고로 하여 추가하기로 한다.

1) '明俘(保)'：인명. 周公 旦의 아들, 후에 魯國에 봉해졌기 때문에 魯公 伯禽(백금)이라 한다. 伯禽은 字이고 保는 이름.

2) '殷'：唐蘭은 제후들이 모두 모여 조회하는 '殷見'의 의미로 보고 있으며(≪西周青銅器銘文分代史徵≫, 203쪽), 馬乘源은 '殷(은)'자는 '覲(근)'자와 통하기 때문에 '朝見하다'는 동사의 의미를 지니고 있다고 하고 있다(≪商周青銅器銘文選三≫, 80쪽).

3) ‘成周’ : 西周의 東都인 洛陽(낙양).

4) ‘乍(作)冊麗’ : ‘作冊’은 職名이고, ‘麗’은 사람 이름.

5) ‘䚄(揚)公休’ : 銅器를 만든 麗이, 하사한 魯公의 은덕에 대한 찬양의 말.

6) ‘父乙’ : 作冊 麗의 부친.

7) ‘’ : 族徽. 作冊 麗의 족명.

금문편

‘(殷)’ : ≪금문편≫ ‘1384 殷’(583~584쪽) 참고.

‘(麗)’ : ≪금문편≫ ‘2204 麗’(894쪽) 참고.

‘’ : ≪금문편≫ ≪부록상≫‘461’(1134쪽) 참고.

43. 【士上卣(臣辰卣)】

【명문참고】

二玄社 55；集成 10・5421；銘文選 1・118；三代 13・44・1-2；總集 07・5501.

【소개】

異名：臣辰卣；臣辰父癸卣(臣辰卣)；士上盉.

출토：1929년 河南省 洛陽 邙山 馬坡에서 출토되었다고 전함.

명문：8행 50자.

크기：높이 27.1㎝.

소장：미국 하버드 대학 포그(Fogg) 미술박물관 소장.

【주요참고문헌】

≪兩周金文辭大系圖錄考釋≫, 16(32쪽).

≪商周青銅器銘文選三≫, 81~82쪽.

≪金文今釋類檢(殷商西周卷)≫, 596~597쪽.

≪西周青銅器銘文分代史徵≫, 257~263쪽.

【석문】

隹(唯)王大龠(禴)[1]于宗
周[2], 徃(出)寷(館)[3]葊(鎬<豊>)京[4]年,
才(在)五月既望辛
酉, 王令士上眔史
黃[5]𣪘(殷)[6]于成周, 䜌(禮)[7]
百生(姓)[8]豚(豚)眔商(賞)卣鬯
貝. 用乍(作)父癸寶
障(尊)彝. 臣辰冊(2827)

【해석】

王이 宗周에서 大禴(대약)의 제사를 거행하고, 豐京(풍경)에서는 祼(관：館)祭를 올린 해인 五月 既望 辛酉일에, 王은 士上과 史黃에게 成周에 가서 제후들을 朝見하고 백관들에게 작은 돼지를 잡아 향연을 베풀도록 하였다. 동시에 한 통의 鬯酒(창주)와 貝를 하사하였다. 그래서 上士는 先考 父癸에게 제사드릴 보배스러운 尊彝(준이)를 만들어 기념한다. 臣辰冊 族.

설 명

1) '龠(禴)'：祭名. ≪周禮・春官・大宗伯≫에 "以祠春享先王, 以禴夏享先王, 以嘗秋享先王, 以烝冬享先王(봄에 祠祭로 선왕에게 제물을 바쳐 제사드리고, 여름에는 禴祭(약제)로 선왕에게 제물을 바쳐 제사드리고, 가을에는 嘗祭

(상제)로 先王에게 제물을 바쳐 제사드리고, 겨울에는 烝祭(증제)로 선왕에게 제물을 바쳐 제사드린다"라는 구절이 있다.

2) '宗周' : '宗周'는 周 武王 때 건립한 都城인 鎬京(호경).

3) '寠' : ≪金文引得≫은 이 자를 '館(관)'으로 풀이하고 있으나, 唐蘭은 '祼(관)' 자로 풀이하고 있다. '館祭'는 '祼祭'.

4) '蒡(鎬<豊>)京' : '蒡'는 豐京(풍경)으로 鎬京(호경)의 부근에 있다. ≪金文引得≫은 '鎬'로 보고 있으나, '蒡'자의 음성이 '方'이고, 이미 앞에서 宗周 즉 鎬京이 출현하고 있기 때문에 '豐京'으로 해석하는 것이 옳다.

5) '史黃' : 인명. 周 왕조 때의 史官.

6) '㲼(殷)' : 周代 때 朝禮 중에 하나인 '殷見'을 말한다. '42.【作冊[illegible]卣】' 참고.

7) '䜴' : '禮'자의 의미로 '향연을 베푸는 예의'.

8) '百生(姓)' : 百官.

금문편

'' : ≪금문편≫ ≪부록상≫'060'(1038쪽) 참고.

李孝定은 ≪作父丁尊≫의 '𡴞'자를 '邦(방)'자의 이체자라고 설명하고 있다. '𡴞'자는 '𡴞'자와 매우 근사하다(≪금문고림부록≫, 175쪽 참고).

'(寠)' : ≪금문편≫ '0851 寠'(362쪽) 참고.

'(莽)' : ≪금문편≫ '0099 莽'(41쪽)참고.

'甞(禮)' : ≪금문편≫은 이 자를 ≪부록하≫ '041'(1174쪽)에 수록하고 있다. 그러나 이 자는 '豊'로 예정할 수 있다. '豊'은 곧 '禮'이다(≪금문고림부록≫, 1257~1262쪽 참고).

'豥(豚)' : ≪금문편≫ '1589 豚'(669쪽) 참고.

44. 【䳄士卿尊(鳴士卿尊)】

【명문참고】

二玄社 56 ; 集成 11 · 5985 ; 銘文選 1 · 128 ; 三代 11 · 32 · 7 ; 總集 06 · 4861.

【소개】

異名 : 鳴士卿尊 ; 鼣尊.
출토 : 河南省 洛陽에서 출토되었다고 전함.
명문 : 4行 23字.
높이 : 27.4㎝ ; 低徑 15.5㎝.
소장 : 대만 중앙박물관 소장.
시기 : 西周 早期.

【주요참고문헌】

≪商周青銅器銘文選三≫, 87~88쪽.
≪西周青銅器銘文分代史徵≫, 46~47쪽.

【석문】

丁巳, 王才(在)新邑, 初
𩞁[1], 王易(賜)鼣(鳴)[2]士
卿貝朋. 用乍(作)
父戊隫(尊)彝. 子𡗆(2095)

【해석】

丁巳 일, 王이 新邑 成周에서 처음으로 도읍건설 落成式을 거행하고 餽禮(궤예 : 음식을 제공하는 禮)를 행할 때, 王이 鼣(鳴)士卿에게 貝 一朋을 하사하였다. 이를 기념하기 위하여 先考 父戊에게 제사드릴 尊彝(준이)를 만들었다. 子𡗆 族.

설 명

1) '𩞁' : 唐蘭은 이 자를 두 자로 해석하여 '餗工(속공)'으로 풀이하고 있다. 동시에 죽과 같은 음식물로 노동일을 하는 자에게 제공하는 일이라고 설명하고 있다. 그러나 馬乘源은 한 자로 예정하고 음성부분이 '𠂤'이기 때문에 '歸(귀)'와 통하며, '餽(궤)'자의 통가자라고 풀이하고 있다. 전후 문맥을 참고하여 잠시 '餽'로 풀이하기로 한다.

2) '鼣' : '鼣'자의 음성부분은 '鳴(명)'이기 때문에 '鳴'의 통가자로 사용된다.

금문편

'(新)' : ≪금문편≫ '2281 新'(926~927쪽) 참고.

'' : ≪금문편 · 부록하≫ '712'(1289쪽) 참고.

'(𩣡)' : ≪금문편≫ '0554 𩣡'(223쪽) 참고.

'' : ≪금문편≫≪부록하≫ '436'(1242쪽) 참고.

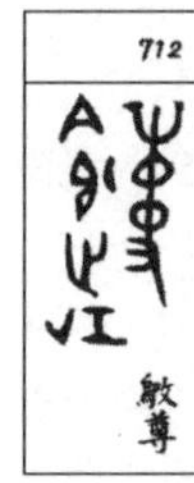

≪금문편 · 부록하≫
'712' (1289쪽)

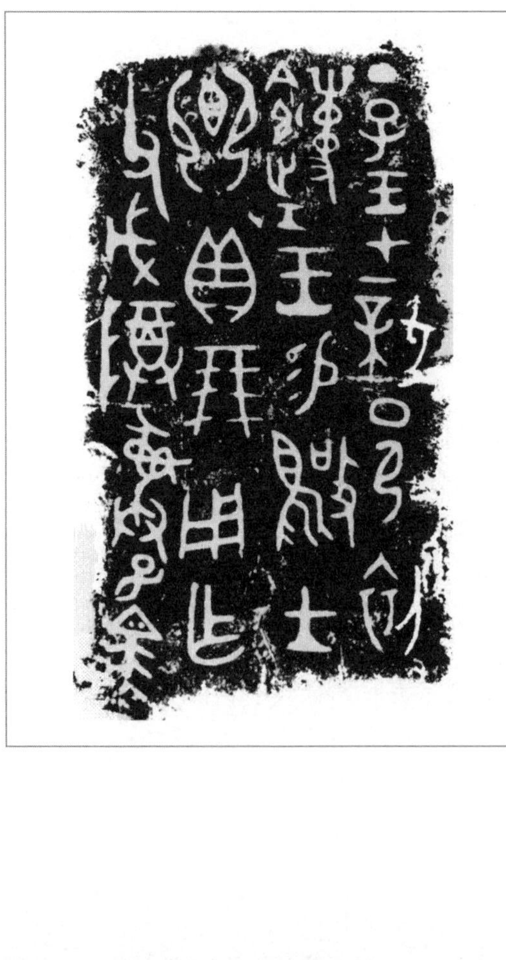

西周中期

45. 【豊尊(豊作父辛尊)】

【명문참고】

二玄社 57；集成 11.5996；銘文選 1.166；總集 06.4871.

【소개】

異名：豊作父辛尊.

출토：1976년 陝西省 扶風縣 藏白一號에서 출토.

명문：5行 33字, 重文 1字.

크기：높이 16.8㎝；口徑 16.8㎝；低徑 12.8㎝.

시기：西周 穆王.

소장：陝西省 周原扶風 文物管理所.

【주요참고문헌】

≪商周青銅器銘文選三≫, 107쪽.

【석문】

隹(唯)六月旣生霸
乙卯, 王才(在)成周,
令豊𡨦(殷)大矩. 大矩易(賜)
豊金貝, 用乍(作)父
辛寶障(尊)彝. 𠦪(2107)

【해석】

六月 旣生霸 乙卯일에 王은 成周에서 豊으로 하여금 大矩(대구)를 조견하라 하였다. 大矩가 豊에게 金銅과 貝를 하사하자 이를 기념하기 위하여 先考 父辛을 위하여 보배스러운 尊彝(준이)를 만들었다.

금문편

'(豊)' : ≪금문편≫ '0766 豊'(330쪽) 참고.

'' : ≪금문편≫ ≪부록상≫ '460'(1134쪽) 참고.

'(矩)' : ≪금문편≫ '0731 矩'(312쪽) 중 ≪衛盉≫ '矩'자와 같다.

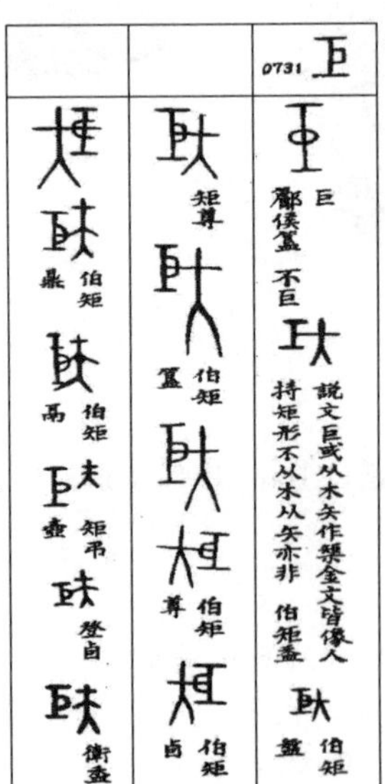

≪금문편≫ '0731 矩', (312쪽)

46.【班簋】

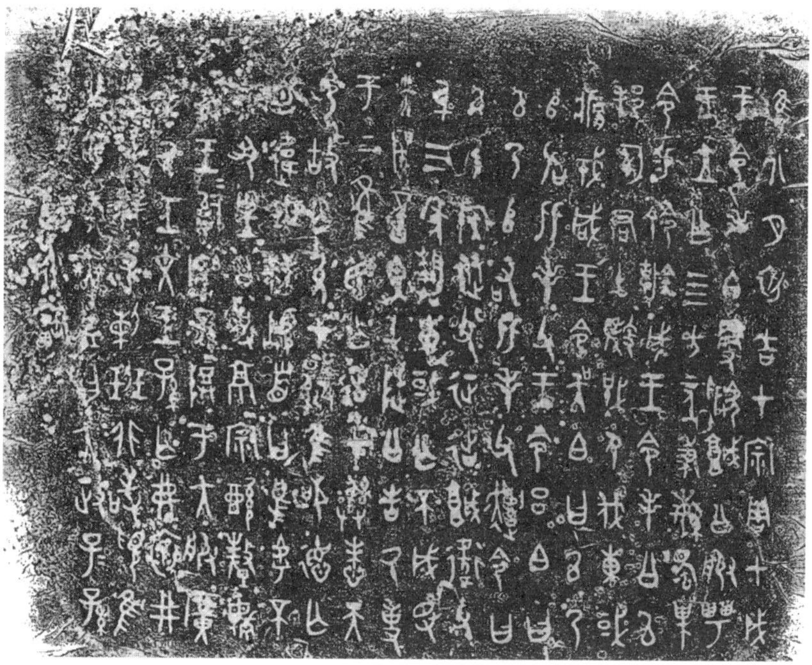

≪文物≫ 1972年 第9輯

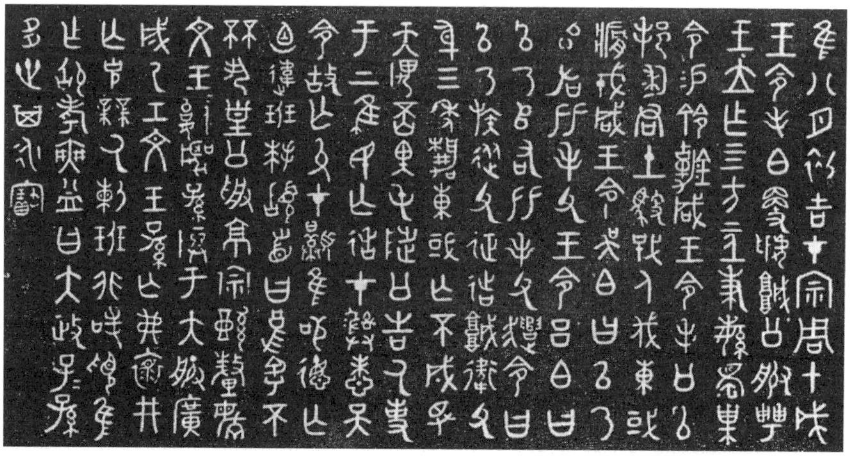

≪西淸古鑑≫ 13.12

≪西淸古鑑≫13.12

【명문참고】

集成 8・4341；銘文選 1・168；總集 04・2855.

【소개】

異名：周毛伯彝.

발견：1972년 北京市 文物管理處가 발견.

명문：20行，197字，重文 2.

크기：높이 27.7㎝；口徑 26㎝；低徑 23.7㎝.

소장：北京市 首都博物館.

【주요참고문헌】

≪兩周金文辭大系圖錄考釋≫，9(20~23쪽).

≪商周青銅器銘文選三≫，108~110쪽.

≪西周青銅器銘文分代史徵≫，346~355쪽.

≪商周古文字讀本≫，91~97쪽.

≪西周銅器斷代≫，24~27쪽.

≪金文今釋類檢(殷商西周卷)≫，253~255쪽.

【석문】

隹(唯)八月初吉[1]，才(在)宗周[2]. 甲戌，
王令毛白(伯)[3]更[4]虢䧹(成)[5]公服[6]，甹(屛)[7]
王立(位)，乍(作)亖(四)方亟[8]，秉[9]緐・蜀・巢
令[10]. 易(賜)鈴鋚[11]，咸. 王令毛公㠯(以)
邦冢君土(徒)馭(馭)𢦚人伐東或(國)
痟戎[12]，咸. 王令吳白(伯)曰：“㠯(以)乃
𠂤(師)左比毛父![13]” 王令呂白(伯)曰：
“㠯(以)乃𠂤(師)右比毛父.” 遣[14]令曰：

"㠯(以)乃族從父征. 祉(出)𢦏(成), 衛父
身, 三年靜(靖)東或(國), 亡不成, 䀏[15]
天𡘇(威), 否(不)畀屯(純)陟[16]." 公告氒事
于上:"隹(唯)民亡祉才(哉). 彝忎(昧)天
令[17], 故亡. 允才((哉)顯, 隹(唯)苟(敬)德, 亡
逌(攸)[18]違." 班拜(拜)䭫首曰:"烏(嗚)虖(呼)! 不
丕[19]丮(揚)皇公受京宗[20]懿(懿)釐[21]. 毓(育)
文王王姒聖孫[22], 隥(登)于大服, 廣
成氒工[23]. 文王孫亡弗褱(懷)井(型),
亡克竟(競)氒剌(烈). 班非敢覓[24], 隹(唯)
乍(作)卲(昭)考爽(儷), 益(謚)曰大政[25]. 子子孫
孫多世其(其)永寶(5061)

【해석】

八月 初吉, 宗周에서 甲戌 일에 王은 毛伯(毛公)에게 虢成公(괵성공)의 직무를 계승하여, 왕이 오랫동안 재위할 수 있고, 온 천하의 모범이 될 수 있도록 보좌하며, 緐(번)·蜀(촉)과 巢(소) 등에 내리는 政令을 책임지도록 하였다. 이와 더불어 旗와 말 재갈을 하사함으로써 毛伯(毛公)에게 내리는 冊令을 마쳤다. 王은 毛公에게 제후의 보병과 거마부대와 잡일을 하는 사람들을 이끌고 동방지역에서 반란을 일으킨 이족들을 정벌하도록 하였다. 이 임무를 마치고 왕은 吳伯에게 "너의 군대는 좌측에서 毛伯을 도와주어라!"라하고, 呂伯에게는 "너의 군대를 통솔하여 右측에서 毛父(毛公)를 도와주어라!"고 명령하였다. 또한 계속해서 명령하기를 너의 종족을 이끌고 毛伯을 따라 성을 나서서 出征하여 毛伯을 도와 三年 내에 東國들을 평정시켜야 한다. 만약에 그렇지 않으면 하늘의 위엄을 훼손시키는 경우가 되어 하늘은 이후에 은덕을 베풀지 않을 것이다." 毛公 班은 전쟁을 성공적으로 마치고 "백성은 우둔하고 무모하고 자주 하늘의 뜻을 거역하니 망하는 것은 명현한 사실이다. 따라서 항상 경건하고 덕을 수양하여야 만이 천명을 거역하지 않는 것입니다."라고 하느님께 제사를 올렸다. 班은 머리를 조아리고, 무릎을 꿇고 예를 갖추어 말하기를 "아! 공명정대하고 위대한 皇公은 周 王室의 큰 복을 누리시어, 文王의 后妃의 성스러운 손자를 양육하였고, 중요한 관직에 까지 오르게 되었으며, 큰 공을 쌓을 수 있었다. 文王의 王孫들은 선조들이 이루어 놓은 공적을 항상 가슴 속에 간직하여 모범으로 삼고자 한다. 어느 누구도 이 공적에 비길만하게 없다. 따라서 나 班은 감히 大臣에게 영명한 先父의 공적에 알맞은 謚號(시호)를 내려주시기를 바란다. 이 기물은 또한 子子孫孫 영원히 귀중한 보배로 삼을 지어라"라 했다.

설 명

≪班簋≫는 원래 淸代 內府에서 소장하는 기물 중에 하나이다. ≪西淸古鑑≫十三卷에 명문과 기물의 모사본을 수록하고, ≪周毛伯彝≫이라 명명하고 있다. 그러나 그 동안 이 기물의 출처를 알지 못하다가 1972년 6월에 北京 文物管理處에서 발견되었다. 淸代 때 刊刻(간각)한 명문의 참고하면 원 명문을 이해하는데 도움이 된다.

1) '初吉' : 周代 月相의 명칭 중의 하나이다. 금문에는 '初吉'·'旣生覇'·'旣望'과 '旣死覇' 등 네 종류의 月相이 있으나, 해당되는 날짜에 대해서는 의견이 분분한다. 그 중에서 '四分說'과 '定點說'이 있다. 王國維은 "古者蓋分一月之日爲四分, 一曰初吉, 謂自一日至七八日也. 二曰旣生覇, 謂自八九日以降至十四五日也. 三曰旣望, 謂自十五六日以後至二十二三日, 四曰旣死覇, 謂自二十三日以後至于晦也(고대에는 매월을 날짜에 따라 네 등분하였다. 하나는 初吉로 1 일에서 7일이나 8일까지이고, 두 번째는 旣生覇로 8일이나 9일에서 14일이나 15일까지이고, 세 번째는 旣望으로 15일이나 16일에서 22일이나 23일까지이고, 네 번째는 旣死覇로 23일부터 그믐까지이다)"라고 '四分說'을 주장하고 있다(≪觀堂集林·生覇死覇考≫).

2) '宗周' : 西周 鎬京. 지금의 陝西省 西安市 서쪽 지방.

3) '毛白(伯)' : '毛白(伯)'은 西周 穆王(목왕) 때의 毛國 사람. 이름은 '班(반)'이고 '毛公'이라고도 한다. 毛公의 증조부는 文王의 아들인 毛叔鄭(모숙정)이다.

4) '更' : '계승하다'의 의미.

5) '虢䧂(成)' : '虢(괵)'은 封國된 곳으로 이름인 西虢을 말한다. '䧂'자는 '城'자와 같은 자이며, 여기에서는 '成公'의 '成'자로 쓰이고 있다. '䧂(成)'은 謚號(시호).

6) '服' : '관직'.

7) '甹' : '甹'자와 같은 자로 '屛(병)'자와 통한다. '보좌하다'나 '호위하다'의 의미.

8) '亟' : '표준'·'법칙'·'준칙'의 의미인 '極'자의 뜻.

9) '秉' : '장악하다'이나 '다스리다'의 의미.

10) '緐·蜀·巢令' : '緐(번)'·'蜀(촉)'·'巢(소)'는 周代의 方國. '令'은 政令의 뜻.

11) '鈴鋚' : '鈴'은 깃발 중의 銅鈴(동령). 여기에서는 깃발을 총칭한다. '鋚(륵)'은 말의 재갈.

12) '毛公㠯(以)邦冢君·土(徒)馭(馭)戜人伐東或(國)痛戎' : '毛公'은 '毛伯'. '以'는 '통솔하다'의 의미. '邦冢君(방총군)'은 각 동맹부락의 수령으로 諸侯를 말하며, '土'는 사병으로 步卒이다. '戜'자는 '戜(절)'자와 같은 자이며 '戜人'은 잡역을 담당하는 사람을 가리킨다. '痛'자는 '滑(활)'자의 의미로 '滑戎'은 반란을 일으킨 부족을 가리킨다.

13) '㠯(以)乃𠂤(師)左比毛父' : '乃'자는 二人稱代詞. '左比'는 '좌측에서 보조하다'의 의미. '毛父'는 '毛伯'.

14) '遣' : 명령을 '하달하다'의 의미.

15) '眓' : 陳初生은 '眈'로 예정하고 있다. '眈'는 '尤(우)'와 통한다. 여기에서는 '훼손하다''그르치다'의 의미.

16) '畀屯(純)陟' : '畀(비)'는 '비호를 받다'의 의미. '屯(純)'은 '두텁다'의 의미. '陟(척)'은 '더욱 심하다'의 의미.

17) '隹(唯)民亡诰才(哉)彝忞(昧)天令' : 여기에서 '亡'은 '諆'자의 의미로 쓰이며, '诰'은 '拙(졸)'자의 의미로 쓰이고 있다. '彝(이)'자는 '항상'·'자주'의 의미로 쓰이고 있다.

18) '逌(攸)' : 助詞의 용법으로 쓰인다.

19) '不杯' : '丕顯'과 같은 의미.

20) '京宗' : '大宗'의 의미.

21) '歅(懿)釐' : '歅(懿)'는 '美'의 의미이고, '釐(이)'는 '福'의 의미.

22) '文王王姒聖孫' : '文王王姒'는 文王의 后妃. '聖孫(성손)'은 '성스러운 후손'이라는 의미로, 여기에서는 '毛公'을 가리킨다. '毛公'은 '文王'의 후예다.

23) '工' : '功'의 의미.

24) '覓' : 이 자를 陳初生은 '印(抑)'으로 예정하고, '말살시키다'・'은폐하다'와 '숨기다'의 의미로 해석하고 있다.

25) '卲(昭)考𡚁(儷)益(謚)曰大政' : '卲(昭)'는 '영명하다'의 의미로 '卲(昭)考'는 '영명한 先父'의 뜻이다. '益(謚)'은 '謚號(시호)'의 의미이다. '𡚁'자에 대해서는 의견이 분분하나 '爽(상)'으로 예정하고 의미는 '明'이나 '儷(려)'으로 해석하기로 한다.

금문편

(毛)' : ≪금문편≫ '1408 毛'(602쪽) 참고.

(虢)' : ≪금문편≫ '0776 虢'(335~336쪽) 참고.

(亟)' : ≪금문편≫은 이 자를 ≪부록하≫ '371'(1231쪽)에 수록하고 있다.

(蜀)' : ≪금문편≫ '2136 蜀'(874쪽) 참고.

(鈴)' : ≪금문편≫ '2240 鈴'(914~915쪽) 참고.

(鞥)' : ≪금문편≫ '0431 勒'(169~170쪽) 참고.

(冢)' : ≪금문편≫ '1522 冢'(651쪽)은 이 자를 수록하지 않고 있으나, 수록된 다른 자와 매우 유사하다.

(𢦏)' : ≪금문편≫ '2044'(829쪽) 참고.

(遣)' : ≪금문편≫ '0226 遣'(99~100쪽) 참고. ≪西淸古鑑≫의 '遣(견)'자와 차이가 있다.

靜(靖)' : ≪금문편≫ '0819 靜'(350쪽) 참고.

(睘)' : 郭沫若과 陳夢家은 '斁'으로 예정하고 있으나, ≪금문편≫의 '0527

斁’(217쪽)과 ‘0580 眈’(236쪽)에 이 명문이 보이지 않고 있다. 그러나 ‘0580 眈’(236쪽)의 자형과 매우 유사하다.

‘徣(出)’ : ≪금문편≫ ‘0278 徣’(116쪽) 참고.

‘(彝)’ : ≪금문편≫ ‘2122 彝’(864~871쪽) 참고.

‘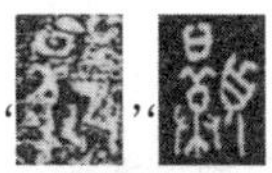(顯)’ : ≪금문편≫ ‘1480 顯’(628~629쪽) 참고. ≪金文常用字典≫, 844쪽 참고.

‘烏(嗚)’ : ≪금문편≫ ‘0633 烏’(265~266쪽) 참고.

‘虖(呼)’ : ≪금문편≫ ‘0771 虖’(333쪽) 참고.

‘豉(懿)’ : ≪금문편≫ ‘1684 懿’(704쪽) 참고.

‘(釐)’ : ≪금문편≫ ‘2192 釐’(890~891쪽) 참고.

‘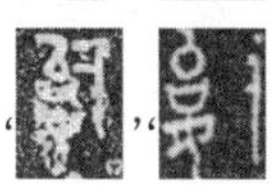(姒)’ : ≪금문편≫ ‘1975 姒’(802~803쪽) 참고.

‘(聖)’ : ≪금문편≫의 ‘1923 聖’(771~772쪽)은 이 자를 수록하지 않고 있다.

‘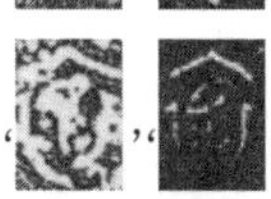褱(懷)’ : ≪금문편≫ ‘1390 褱’(586쪽) 참고.

‘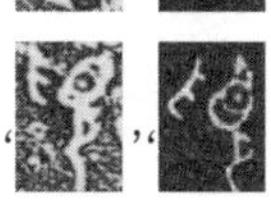(覓)’ : ≪금문편≫ ‘1448 覓’(620쪽) 참고.

‘爽(麗)’ : ≪금문 편≫ ‘0569 爽’(232쪽) 참고.

47. 【衛盉(裘衛盉)】

【명문참고】

集成 15・9456；銘文選 1・193；總集 06・4449.

【소개】

異名：裘衛盉.

발견：1975년 2월 陝西省 技山縣 董家村에서 출토.

명문：12行 132자, 合文 2, 重文 12字.

크기：높이 29㎝；口徑 20.2㎝.

시기：西周 恭王.

소장：陝西省 岐山博物館 소장.

【주요참고문헌】

≪商周青銅器銘文選三≫, 127~128쪽.

≪西周青銅器銘文分代史徵≫, 462~463쪽.

≪商周古文字讀本≫, 108~111쪽 참고.

【석문】

隹(唯)三年三月既生霸壬寅.

王爯[1]旂[2]于豐[3]. 矩白(伯)[4]庶人[5]

取堇(瑾)章(璋)于裘衛，才(裁)八十朋 氒[6]賞(貯)[7]
𠀠(其)舍田十田. 矩或(又)取赤虎(琥)
兩麀㭃(韍)[8]兩㭃(韍)鞈[9]一，才(裁)[10]卄朋，𠀠(其)
舍[11]田三田[12]，裘衛廼[13]彘[14]告于
白(伯)邑父焚(榮)白(伯)定白(伯)琼白(伯)單
白(伯)，白(伯)邑父焚(榮)=白(伯)定白(伯)琼白(伯)單
白(伯)[15]，廼令參有𤔲(司)[16]，𤔲(司)土(徒)敚(微)邑𤔲(司)
馬單旟𤔲(司)工(空)邑人服眔[17]
受(授)田. 燹趞衛小子𦍩逆
者(諸)其[18]卿(饗)，衛用乍(作)朕文考惠
孟寶般(盤)，衛𠀠(其)萬年永寶用(2297)

【해석】

三年 三月 旣生覇 壬寅 일에, 왕은 豊에서 깃발을 세웠다. 矩伯(구백)의 관리인은 裘衛(구위)로부터 八十朋의 가치에 해당되는 瑾(근)과 璋(장)을 취하고, 그 댓가로 矩伯은 裘衛에게 땅 十田을 주었다. 矩伯은 또한 裘衛로부터 이십 朋에 해당되는 호피 두 장과 麀 가죽으로 만든 蔽膝(폐슬) 두 장, 장식무늬가 있는 슬갑(膝甲) 한 장을 가져오는 댓가로 땅 三田을 주었다. 裘衛는 伯邑父・榮伯・定伯・琼伯과 單伯에게 이 사실을 보고 하자, 伯邑父・榮伯・定伯・琼伯과 單伯은 세 명의 有司 즉 司徒인 微邑, 司馬인 單旟, 司空인 邑人服 등에게 토지를 교환하는 일에 참관인으로 참석하도록 하였다. 燹趞와 裘衛의 관리인인 𦍩와 逆과 諸其는 이들을 위하여 饗宴을 베풀어 대접하였다. 이를 기념하기 위하여 裘衛는 자신의 영명하신 先父 惠孟을 위하여 보배로운 盤을 만들었으며, '裘衛 나 자신은 이를 만년동안 보배로 삼겠노라' 했다.

설 명

이 銘文은 玉器나 모피를 토지와 교환하는 중국고대 시장경제의 내용을 반영하고 있다. 西周時期의 經濟를 이해하는 중요한 자료이다.

1) '爯' : 음은 'chēng'이며, '擧'의 의미인 '거행하다'・'세우다'・'만들다'의 뜻.

2) '旂' : 깃발, 제사를 지내거나 빈객들과 회동할 때 사용하는 깃발.

3) '豊' : 지명, 澧水(풍수)의 서쪽에 있는 지방.

4) '矩白(伯)' : '矩(구)' 지방의 伯.

5) '庶人' : 矩伯(구백)의 관리.

6) '氒' : 일반적으로 代詞로 사용되나, 여기에서는 결구조사인 '之'의 용법으로 사용되고 있다.

7) '賨(貯)' : 價格의 의미.

8) '麀桒(韍)' : '麀'는 사슴과에 속하는 동물로 추증되며, '麀桒(韍 : 불)'은 '麀'의 가죽으로 만든 폐슬(蔽膝). ≪金文引得≫은 이 두자를 누락하고 있다.

9) '桒(韍)韐' : 장식 무늬가 달린 膝甲(韐 : 겹).

10) '才(裁)' : 여기에서는 동사의 의미인 '가치가 되다'의 뜻.

11) '舍' : '捨'의 의미로 '주다' · '댓가를 치르다'의 뜻.

12) '田三田' : 앞의 '田'은 名詞의 용법, 뒤의 '田'은 量詞의 용법으로 사용되고 있다. '田'의 양은 확실히 알 수 없으나, '한 마지기' 쯤에 해당될 것으로 추증된다.

13) '迺' : '바로 ……이다(就)'의 의미.

14) '䖒' : '矢'의 의미로 쓰여 '진술하다'의 뜻.

15) '白(伯)邑父 · 焚(榮)白(伯) · 定白(伯) · 琼白(伯) · 單白(伯)' : 모두 執政 대신의 이름.

16) '參有𤔲(司)' : 세 명의 有司 즉 𤔲(司)土(徒)인 敚(微)邑, 𤔲(司)馬인 單旗, 𤔲(司)工(空)인 邑人服을 말한다. '旗(여)'자는 '旅'자와 같다.

17) '眔' : '遝(답)'의 의미로 '미치다(及)' · '참여하다'의 뜻.

18) '燹趙衛小子𧰼逆者(諸)其' : '燹趙' · '𧰼'와 '逆者(諸)其'는 인명이며, '衛小子'는 裘衛(구위)의 하급관리. '衛小子𧰼逆者(諸)其'는 裘衛의 관리인 '𧰼', '逆', '者(諸)其'이다.

금문편

‘’‘(裘)’ : ≪금문편≫ ‘1401 裘’(588~589쪽) 참고.

‘’‘’‘’‘(衛)’ : ≪금문편≫ ‘0292 衛’(121~122쪽) 참고.

‘’‘嗣(司)’ : ≪금문편≫ ‘2375 辭’(976~979쪽) 참고.

‘(𦍩)’ : ≪금문편≫ ≪부록하≫ ‘428’(1241쪽) 참고.

‘(逆)’ : ≪금문편≫ ‘0217 逆’(96~97쪽) 참고.

‘(者)’ : ≪금문편≫ ‘0592 者’(247~248쪽) 참고.

‘(燚)’ : ≪금문편≫ ‘1645 燚’(688쪽) 참고.

‘旚(旅)’ : ≪金文引得≫이 ‘旚’으로 예정하고 있으나, ≪금문편≫은 이 자를 ‘1108 旅’(464~467쪽)자로 예정하고 있다.

‘(馬)’ : ≪금문편≫ ‘1597 馬’(675~677쪽) 참고.

‘(趞)’ : ≪금문편≫ ‘0262 趞’(109쪽) 참고.

‘(虎)’ : ≪금문편≫ ‘0773 虎’(334쪽) 참고.

‘敚(微)’ : ≪금문편≫ ‘1333 敚’(564쪽) 참고.

‘(韐)’ : ≪금문편≫ ‘1298 帢’(551쪽) 참고. ≪금문편≫은 “說文或從韋(≪說文≫은 혹은 ‘韋’를 편방으로 쓰기도 한다).”라고 설명하고 있다.

48. 【九年衛鼎(九年裘衛鼎)】

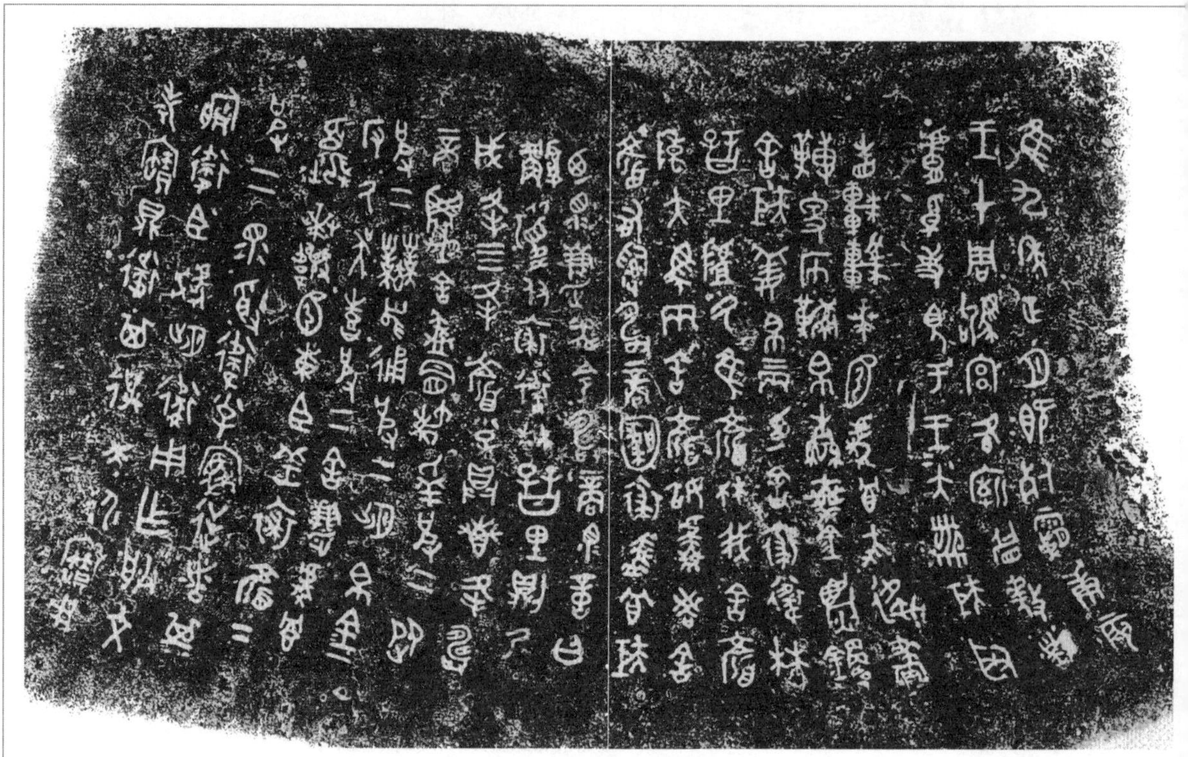

【명문참고】

二玄社 58；集成 5・2831；銘文選 1・203；總集 02・1322.

【소개】

異名：衛鼎.

출토：1975년 2월에 陝西省 岐山縣 董家村에서 출토. 이곳에서 모두 37개의 청동기가 발견됨.

명문：19行 195字；重文 1字；合文 3字.

크기：높이 37.2㎝；口徑 34.5㎝.

소장：陝西省 技山縣 博物館.

【주요참고문헌】

≪商周青銅器銘文選三≫, 136~138쪽.

≪西周青銅器銘文分代史徵≫, 464~468쪽.

≪金文今釋類檢(殷商西周卷)≫, 447~448쪽.

【석문】

隹(唯)九年正月[1]既死霸庚辰,
王才(在)周駒宮, 各(格)廟, 眉敖[2]者
膚卓[3]事(使)見(覲)于王, 王大黹(致)[4], 矩[5]取
眚(省)車[6]・較桒(幩)[7]・𠬝虎冟(幎)[8]・希偉(韓)[9]・畫
轉[10]・㚸(鞭)帀(席)𩊚[11]・帛轡乘[12]・金麃(鑣)鑩(鋞)[13]・
舍矩姜[14]帛三兩, 廼舍裘衛林
𦣞里[15]. 𢦏! 氒隹顏(顏)林[16], 我舍顏(顏)
陳大馬輛. 舍顏(顏)姒虡咎[17], 舍
顏(顏)有嗣(司)𠭰(壽)商[18]𩰫裘[19]盠(貗)冟(幎)[20]. 矩
廼眔溓(溓)粦[21]令𠭰(壽)商眔啻[22]曰：
"顜湄(堳), 付裘衛林𦣞里鼎(則)乃
成夆(封)亖(四)夆(封)." 顏(顏)小子具(俱)叀(惟)夆(封), 𠭰(壽)
商[illegible][23]. 舍盠冒[illegible][24]羝皮二・㽙(𤜓)
皮二, 虆舄俑(𤞑)皮二, 朏帛金一
反(鈑), 氒吳喜[25]皮二, 舍溓(溓)虡冟(幎),
𩍐桒(幩)𩍐𠬝, 東臣羔裘, 顏(顏)下(猳)
皮二, 眔受. 衛𡥈(小子)[illegible][26]逆者[27]. 其
𠈨(媵)[28]衛臣虢朏. 衛用乍(作)朕文
考寶鼎, 衛其萬(萬)年永寶用(4019)

【해석】

九年 正月 旣死霸 庚辰 일에, 王은 周駒宮에 있었는데, 宗廟에 왔을 때 眉敖 者膚卓은 使臣을 파견하여 王을 朝見하자 왕은 성대하게 致館禮를 베풀어 주었다. 致館禮를 주관하는 矩伯은 裘衛로부터 화려한 수레를 가져왔다. 그 수레(車輿)는 가장자리 장식무늬가 圓木으로 되어 있고, 앞턱 가로나무는 호랑이 가죽으로 덮어져 있고, 휘장은 너구리 털로 만들었고, 끌채와 車箱을 묶는 혁대는 장식무늬가 있고, 채찍은 가죽으로 만들었고, 고삐는 비단으로 만들었고, 입에 물리는 재갈은 동으로 만들었다. 裘衛는 또한 矩伯의 처자 矩姜에게 비단 세 兩을 하사하자, 矩伯은 裘衛에게 林䓈里를 주었다. 어! 그것은 顔씨의 산림이기에 我 裘衛는 顔陳에게 큰 말 두 필을 주고, 顔陳의 처인 顔姒에게 옷고름이 녹색이 옷을 하사하였고, 顔씨의 有司 壽商에게는 담비의 가죽 옷과 마차에 사용할 가죽 덮개를 선사하였다. 矩伯은 이에 㴩이 鄰長으로 있는 곳에 도착하여 壽商과 啻(意)에게 명령하면서 말하였다. "裘衛에게 확실하게 경계를 표시하여 林䓈里를 주고, 주위는 封界를 쌓아라"라 했다. 顔씨의 小子들은 모두 封界를 쌓는 일을 참관하였고, 壽商 또한 관찰하였다. 그래서 盠(여) 冒에게 양피 두 장과 皮 두 장을 주고, 䕤에게는 신발을 만들 때 사용할 㺍皮 두 개, 朏에게는 비단과 銅餅 한 개 주고, 㠱에게 喜皮 두 개를 주었으며, 㴩에게는 㲋皮로 만든 장식무늬의 차 덮개를 주고, 東臣에게는 양 가죽을 주고, 顔에게는 돼지 가죽 두 장을 주었다. 모두 잘 받았다. 衛 小子 (寬)은 영접하는 일을, 衛臣 虣(폭)과 朏은 송별 행사 일을 맡았다. 이러한 일을 기념하기 위하여 衛는 父親에게 제사드릴 보배스러운 정을 만들고 이를 영원히 보관하고 사용하고자 한다.

설 명

1) '九年正月' : '九年正月'은 馬乘源에 의하면 기원전 960年 正月에 해당된다.

2) '眉敖' : 戎人 부족장의 號.

3) '者膚卓' : '眉敖(미오)'의 이름. 그러나 ''자를 唐蘭은 '爲'자로 예정하고 있다. ≪금문편≫ 역시 '0443 爲'(174~177쪽)에 수록하고 있다. 그러나 '爲'자의 자형과는 형태적 차이가 있기 때문에 '卓'으로 예정하기로 한다. '卓'자는 ≪금문편≫ '1367'(576쪽) 참고.

4) '王, 王大黹(致)' : '黹(치)'자는 '致'와 통하며, 제후들에게 숙소를 안배하고, 식사와 땔감 등을 제공 접대하는 禮儀인 '致館禮(치관예)'를 말한다. '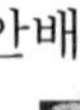' 중 '王'자 아래 왼쪽 부분의 두 점은 중문부호이다. 일반적으로 오른쪽 하단에 놓지만, 이 자는 왼쪽 아랫부분에 쓰고 있다.

5) '矩' : 致館을 담당하는 卿인 즉 '矩伯(구백)'.

6) '眚(省)車' : 호화스런 수레. '眚'은 '省'자의 의미로 '善'이나 '良'의 뜻.

7) '較桒(幩)' : '幩較(분교)'이라고도 하며, 車輿(거여)의 양 가장자리의 장식 무늬 圓木을 말한다. '較'자는 '較'자의 의미. '較'자의 원래 '수레의 앞 턱 가로나무'를 가리킨다.

8) '畫虎冟(幎)' : '畫'자의 음은 '弓'으로 '鞃(굉)'자의 의미. '鞃'자는 '수레 앞 턱 가로나무를 감는 가죽'을 말한다. '鞃'과 '宏(굉)' 통한다. ≪금문편≫은 이 자를 '1190 宏'(514쪽 참고)에 수록하고 있다. '冟'자는 '幎(멱)'의 의미로 '물건을 덮는 보'를 말한다.

9) '希偉(幃)' : '希'는 '너구리'. '希偉(幃 : 위)'는 '너구리 털로 만든 휘장'.

10) '畫轉' : '轉'자는 '縛(박)'의 의미로 끌채와 車輿(車箱)를 서로 연결하기 위해 묶는 혁대. '畫轉'은 '꽃 무늬가 그려진 혁대'.

11) '㝹(鞭)帀(席)鞣' : 가죽으로 만든 큰 채찍. ≪설문해자≫는 '㝹'자는 '鞭(편)'자의 古文이라고 설명하고 있다. 가죽으로 만든 줄. '帀(席)'자는 곧 '蓆(석)'자로 ≪爾雅·釋詁≫는 "蓆, 大也"라고 설명하고 있다.

12) '帛轡乘' : 백색 비단으로 만든 고삐 달린 수레.

13) '金麃(鑣)鑁(鋞)' : 동으로 만든 재갈. '鑁'자는 음성부분이 오른쪽 부분인 '更'이다. '更'은 '鋞(형)'과 통한다.

14) '矩姜' : 矩伯의 처자.

15) '林孴里' : 지명이름. '孴'의 음은 '疑(의)'와 같다.

16) '氒隹顏(顏)林' : '그것은 안씨의 산림이다'의 의미. '顏(안)'은 인명으로 矩伯 아래 계급에 속하는 '顏陳'. '氒(궐)'은 대사이고, '隹'는 '惟'의 의미이다.

17) '𪉹䊽' : '𪉹'자는 음성부분이 '乘(승)'이며, '縢(등)'과 통한다. '縢'은 옷고름 '紟(금)'의 의미. '䊽(효)'자는 '絞'자와 통하며, '縢絞'은 '옷고름이 녹색인 여자의 옷'.

18) '𠷎(壽)商' : 인명. 안씨 집안의 관리인.

19) '䶂裘' : 담비 '貉(학)'의 가죽.

20) '盠(豨)冟(幎)' : 짐승 '豨(천)'으로 만든 수레 덮개.

21) '濂(溓)粦' : '濂(溓)'은 인명. '粦'은 '鄰'자로 행정단위. 즉 溓(염)이 鄰長(인장)으로 있는 곳.

22) '啻' : '溓'의 하속인.

23) '' : 唐蘭은 이 자를 '斸'로 예정하고 '감찰하다'의 '糾(규)'의 의미로 보고 있다. 馬乘源은 이 자를 ''와 같이 모사하고 있다.

24) '盠冒' : 唐蘭의 의견에 따라 인명으로 해석하기로 한다. '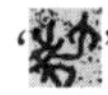'자를 唐蘭은 '梯(제)'로 예정하고 있다. 馬乘源은 이 자를 ''로 모사하고 있다.

25) '喜' : '喜'자는 검정 소인 '犛(이)'의 의미.

26) '' : 문맥으로 보아 人名이나, 인식할 수 없는 자이다. 唐蘭은 '寬(관)'으로 예정하고 있다.

27) '逆者' : 사람을 접대하는 관원. 馬乘源은 이 자를 ''로 모사하고 있다.

28) '朕(媵)' : '송별하다'의 의미.

금문편

명문이 잘 보이지 않기 때문에 ≪금문편≫은 많은 자들을 수록하지 않고 있다.

'(駒)' : ≪금문편≫ '1598 駒'(677쪽) 참고.

'(眉)' : ≪금문편≫ '0584 眉'(237~242쪽) 참고.

'(敖) : ≪금문편≫ '0654 敖'(273쪽) 참고.

'(者)' : ≪금문편≫ '0592 者'(247~248쪽) 참고.

'(膚)' : ≪금문편≫은 '0668 臚'(281쪽) 참고. '臚(여)'자와 '膚(부)'자는 같다.

'黹(致)' : ≪금문편≫ '1304 黹'(553~554쪽) 참고.

'' : 馬乘源 등은 '較'로 예정하고 있으나, ≪금문편≫은 '2307 軝'(934쪽)로 예정하고

있다.

‘(虎)’ : ≪금문편≫ ‘0773 虎’(334쪽) 참고.

‘’ : ≪금문편≫은 이 자를 ‘蔡’로 예정하고 있다. ‘0080 蔡’(36~37쪽) 참고.

‘(畫)’ : ≪금문편≫ ‘0480 畫’(203쪽)는 아랫부분이 잘 보이지 않기 때문에 수록하지 않고 있다.

‘(䡛)’ : ≪금문편≫ ‘0430䡛’(169쪽) 참고.

‘㝵(鞭)’ : ≪금문편≫ ‘0432 鞭’(170쪽) 참고.

‘(麃(鑣)’ : ≪금문편≫ ‘1614 麃’(680쪽) 참고.

‘(迺)’ : ≪금문편≫ ‘0745 迺’(319쪽) 참고.

‘(乘)’ : ≪금문편≫ ‘0907 乘’(387쪽) 참고.

‘(裘)’ : ≪금문편≫ ‘1401 裘’(588~589쪽) 참고.

‘(䱷)’ : ≪금문편≫ ‘0457 䱷’(187~188쪽) 참고.

‘(顔)’ : ≪금문편≫ ‘1468 顔’(625쪽) 참고.

‘(姒)’ : 이 자를 ≪금문편≫은 비록 수록하지 않고 있지만, ‘1975 始’(802~803쪽)자와 같다. 經典에서 ‘以’ · ‘姒’ · ‘始’자는 서로 통한다.

‘𠷎(壽)’ : ≪금문편≫ ‘0147 壽’(72쪽) 참고.

‘(䳰)’ : ≪금문편≫은 ≪부록하≫ ‘277’(1215쪽)에 수록하고 있다.

‘盠(㒸)’ : ≪금문편≫은 ≪부록하≫ ‘235’(1208쪽)에 수록하고 있다.

‘㶑(溓)’ : ≪금문편≫은 이 문자를 수록하지 않고 있다. ≪금문편≫ ‘1826 溓’(737쪽)참고.

‘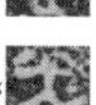(彝)’ : ≪금문편≫은 ‘1661 彝’(692쪽)에 수록하지 않고 있다.

‘(顥)’ : ≪금문편≫ ‘1970 顥’(801쪽) 참고.

'(䔧)' : ≪금문편≫ '0811 䔧'(348쪽) 참고.

'(羔)' : ≪금문편≫ '0616 羔'(262쪽) 참고.

'(衛)' ≪금문편≫ '0292 衛'(121~122쪽) 참고.

'(卓)' : ≪금문편≫ '1367 卓'(576쪽) 참고.

'事(使)' : ≪금문편≫ '0472 事'(198~200쪽) 참고.

아래 그림은 西周 시대의 마차와 관련된 명칭이다.

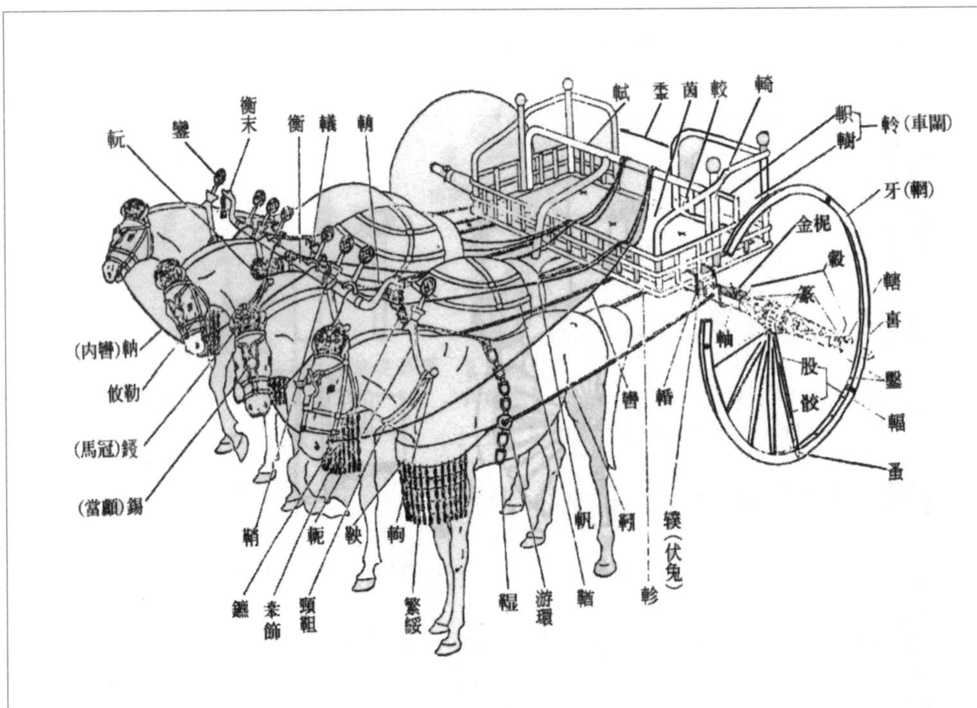

【西周시대의 四馬戰車의 명칭】

49. 【牆盤(史牆盤)】

【명문참고】

二玄社 59；集成 16・10175；銘文選 1・225；總集 08・6792.

【소개】

異名：史牆盤.

출토：1976년 12월 中國 陜西省 扶風縣 法文公社 莊白1號 窖藏에서 발견.

명문：18行，284字，合文 3，重文 5.

크기：높이 16.2㎝；口徑 47.3㎝；低徑 35.7㎝.

시기：西周 恭王.

소장：陜西省 寶鷄市 周原博物館(周原扶風文物管理所).

【주요참고문헌】

≪商周靑銅器銘文選三≫，153~158쪽.

≪金文今譯類檢≫，685~689쪽.

≪西周靑銅器銘文分代史徵≫，448~459쪽.

于省吾，<牆盤銘文十二章>，<古文字硏究>第五輯，1~16쪽.

趙誠，<牆盤銘文十二章>，<古文字硏究>第五輯，16~25쪽.

于豪亮，<牆盤銘文考釋>，<古文字硏究>第七輯，87~101쪽.

≪中國古文字導讀~商周金文≫，143~156쪽.

≪까마≫，전광진，2001년 2월호~2001년9월호.

≪중국어문학역총≫，제10집，이정자，147~177쪽. 1999년 3월.

【석문】

曰[1]古文王，初𢻫(盭)[2]龢于政，上帝降懿(懿)[3]德大甹(屏)[4]，
匍(撫)有上下，迨(合)受萬邦．䣄[5]圉武王，遹[6]征(正)四方，
達(撻)殷，畯民[7]永不巩(恐)狄(惕)．虘[8]，𢧢[9]伐尸(夷)童(東)[10]．害(憲)聖[11]
成王，𠂇(左)右綬(柔)㝅(會)[12]剛鮌[13]，用[14]肈(肇)徹(徹)[15]周邦．<淵(睿)>[16]哲(哲)[17]
康王，分(遂)尹[18]啻(億)疆[19]．弘(宏)魯[20]卲(昭)王，廣能[21]楚荆(荊)，
隹(唯)寏[22]南行．祗𩖂[23]穆王，井(型)帥[24]宇(訏)誨[25]，䌤(緟)寧[26]天子[27]．
天子𢍰𦣞[28]文武長剌(烈)，天子眉無匄[29]𩁹祁[30]上下，
亟獄[31]逗(宣)慕(謨)[32]，昊𥁕(昭)亡(無)昊(斁)[33]．
上帝后<夒>[34]亢保[35]受天子
綰(綰)令[36]厚福豐年，方緣(蠻)[37]亡(無)不𢦏見[38]．青(靜)幽高
且(祖)才(在)微(微)[39]霝處．雩[40]武王既𢦏殷[41]，
微(微)史(使)剌(烈)且(祖)
迺(乃)來見武王，武王鼎(則)令周公舍寓(宇)[42]，于周卑(俾)處[43]．
<甬>叀(惠)[44]乙且逑(弼)匹[45]氒辟，遠猷[46]复(腹)心[47]．子𠩺[48]𡚬(粦)

明[49]亞且(祖)且(祖)辛[50], 䙴屖(毓)[51]子孫, 繁(繁)猶(祓)多孷(釐)[52]. 櫅(茨)角(祿)[53]龔(熾)[54]光,

義(宜)𠀠(其)禋祀. 害(舒)屖(遲)[55]文考乙公, 遽(競)趩(爽)[56]得屯(純)[57]無諫, 農嗇(穡)[58]戉(越)曆[59], 隹(唯)辟孝𠬝(友). 史牆[60]夙(夙)夜不家(墜), 𠀠(其)日蔑曆[61], 牆弗敢取(沮)[62], 對䠶(揚)天子不(丕)顯休令, 用乍(作)寶障(尊)彝, 剌(烈)且(祖)文考[63]弋(翼)𡨦(休)[64], 受牆爾𧥤福褱(懷)[65], 猶(祓)彔(祿)[66], 黃耇彌生[67], 龕事氒辟[68], 𠀠(其)萬年永寶用(5411).

【해석】

옛날 文王께서는 정치를 처음으로 안정되고 화합되게 하니 하느님께서 아름다운 덕을 겸비한 신하들을 내려 주시어 온 천하의 백성들을 다스리게 되었고, 많은 소국들을 합병되었다. 위엄하고 용감한 武王께서는 천하를 정벌하시고 殷紂를 정벌하여 현인들이 더 이상 두려움이 없게 하였다. 아! 계속해서 은나라의 속국인 동쪽에 있는 夷族들을 완전히 정복하였다. 英明하신 成王은 주 대신들이 온화하고 강직함으로 새로 세운 周 천하를 안전하게 다스릴 수 있는 기틀을 마련하게 되었다. 뛰어나고 명철한 康王도 성공적으로 온 천하를 다스렸다. 위대하고 훌륭하신 昭王은 널리 楚荊을 징벌하고, 성대한 군대를 이끌고 南行하였다. 공경스럽고 엄숙한 穆王은 솔선수범하여 위대한 가르침을 계승하였고, 이로써 恭王은 지속적으로 안녕하게 다스릴 수 있게 되었다. 재위 중인 恭王은 문왕과 무왕의 장구한 공적을 힘써 계승하였고, 天子께서는 장수하며 무사하시고, 엄숙하게 地神天神에게 기도하고, 위대한 지략을 공경하고 도모하니, 광명한 하늘이 보호해 주셨다. 上帝后稷은 天子의 長齡·厚福과 豐年을 보우해 주셨고, 方國과 蠻夷를 영원히 朝見케 하였다. 편안하고 고요했던 高祖는 微나라에 잘 정착하고 계시다. 武王이 殷紂를 멸망시키자, 高祖 微는 아들 烈祖를 파견하여 武王을 朝見하였다. 武王은 즉시 周公에게 머무를 곳을 안배하도록 하여, 岐周지방에 거주하게 되었다. 용감하고 자비로운 高祖의 孫子(烈祖의 아들)인 乙且는 그의 군주인 成王을 보좌보필하여, 원대한 계획을 세우고 同心同德하게 되었다. 성실하고 근면하며 현명하신 亞祖 祖辛은 자식 교육에 힘쓰고, 악을 없애는 제사를 자주 지냈으며, 많은 복을 받았다. 하늘같은 福祿이 매우 성대하니 응당히 성스러운 감사의 제사를 올려야 한다. 평안하고 유유자적한 아름다운 先父 乙公은 강경하고 명랑하며 돈독하게 행동하여 결코 남에게 원망 사는 일이 없었고, 해마다 농사일에 힘쓰셨고, 효행과 우의로 규범으로 삼았다. 그래서 史牆은 밤낮으로 조상들이 이룩한 업적이 손상됨이 없도록 매일 매일 힘쓰고 노력하며, 감히 태만함이 없도록 하였다. 天子의 혁혁하고 훌륭한 詔令을 찬양하기 위하여 이 보배스러운 尊彝를 만든다. 위엄이 있고 용맹한 祖父와 고상한 덕행을 갖춘 乙公은 牆에게 번성한 복록과 풍성하고 순조로운 복을 주시었다. 따라서 牆은 장수를 누릴 수 있고, 공경하는 마음으로 恭王을 섬길 수 있기를 바라며, 자손들은 이 寶彝를 만년동안 영원히 보존하기를 바라노라.

설 명

이 ≪牆盤(史牆盤)≫은 ≪毛公鼎≫(497자), ≪曶鼎≫(403자), ≪散氏盤≫(357자), ≪大盂鼎≫(291자)과 버금가는 긴 명문을 가지고 있다. 이 명문은 文・武・成・康・昭・穆・恭 등 七代 제왕의 史蹟과 功烈을 찬양함과 동시에 史牆(사장) 자신의 四代 선조의 업적을 노래하고, 이 청동기를 제작한 동기와 목적 등을 기록하고 있다.

1) ‘曰’ : 발어사(發語詞)의 용법으로 사용되고 있다.

2) ‘𢿚(盭)龢’ : ≪說文解字≫는 ‘盭(여 : lì)’자에 대하여 ‘讀如戾’라고 설명하고 있다(≪說文解字今釋≫, 1836쪽). 따라서 음은 ‘려’이다. ‘盭’는 ‘안정되다’이고, ‘盭龢’는 ‘안정되고 화협되다’의 의미이다. ‘龢(화)’자에 대하여 ≪설문해자≫는 “調也, 從龠和聲, 讀如和同(조화를 이루다의 의미이다. 의미부분이 ‘龠’, 음성부분이 ‘和’인 형성자이다. ‘和’의 음과 같다)”라고 설명하고 있다(≪說文解字今釋≫, 303쪽).

3) ‘懿(懿)’ : ‘아름답다’・‘훌륭하다’의 의미. ‘懿德(의덕)’은 ‘훌륭한 미덕’의 뜻.

4) ‘大甹(屛)’ : ‘甹’자는 ‘甹’자의 생략형이고, ‘屛(병)’자와 통한다. ‘大屛’은 ‘군왕을 보필하는 대신’의 뜻.

5) ‘𦅫’ : 이 자는 ‘索’・‘口’와 ‘丮’으로 되어 있다. ≪班簋≫에서 ‘丮’자가 ‘揚(양)’의 의미로 쓰이고 있는 것으로 보아 ‘丮’이 음성부분이다. 여기에서는 ‘强(강)’의 의미로 쓰인다(馬乘源). ‘强圉(강어)’는 ‘굳세고 강하다(剛武)’의 뜻이다.

6) ‘遹(휼)’ : 발어사(發語詞)의 용법으로 사용되고 있다.

7) ‘畯民’ : ‘畯民(준민)’은 ‘俊民’으로 ‘賢人’이나 ‘지혜로운 선비’의 뜻.

8) ‘虘’ : 발어사(發語詞)의 용법으로 쓰이고 있다. ‘叡’로 쓰기도 한다.

9) ‘䉅’ : ‘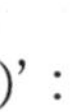’자를 ‘長’으로 예정하는 경우도 있으나, 형태로 보아 ‘䉅’로 예정하여야 옳다. ‘䉅’는 ‘凱(개)’나 혹은 ‘微(미)’로 가차되어 사용된다. 여기에서는 부사의 용법인 ‘크게’・‘완전히’의 뜻.

10) ‘尸(夷)童(東)’ : 동방 夷族(이족)의 각 부락

11) ‘害(憲)聖’ : ‘害’자는 ‘憲(헌)’자의 初文이며, ‘박학하고 기지가 넘치다’의 의미. ‘害(憲)聖’은 ‘기지가 넘치고 총명하며 英明하다’의 의미.

12) ‘縠(柔)敍(會)’ : ‘縠敍’는 ‘柔會(유회)’로 가차되어 사용되며, ‘柔和(부드럽고 온화하다)’의 뜻.

13) ‘剛鯀’ : ‘강하고 용감하다’의 의미.

14) ‘用’ : ‘……으로써’ 등의 의미인 ‘以’의 용법으로 쓰이고 있다.

15) ‘䡝(肇)覶(徹)’ : ‘䡝覶’은 ‘肇徹(조철)’이며, ‘肇’는 ‘시작되다’·‘비롯되다’이고, ‘徹’은 ‘다스리다’의 의미.

16) <淵(睿)> : ‘’자를 ≪金文引得≫은 예정하지 않고, 학자에 따라 ‘肅(숙)’으로 예정하기도 한다. ≪금문편≫은 ‘1815 淵’(735쪽)로 예정하고 있다. 唐蘭은 ‘㴞’으로 예정하고 ‘淵(연)’자와 같은 자라고 설명하고 있다. ‘淵’자는 ‘濬’자와 통한다. 따라서 본문도 ‘淵(睿)’으로 예정하기로 한다. ‘淵’·‘睿(예)’와 ‘濬(준)’자는 ‘깊고 심오하다’는 의미.

17) ‘淵(睿)䚢(哲)’ : ‘淵(睿)䚢(哲)’은 ‘濬哲(준철)’의 의미로 ‘뛰어나고 명철하다’의 뜻.

18) ‘㒸(遂)尹’ : ‘㒸(遂 : 수)’는 ‘이루다’‘성취하다’의 뜻으로 여기에서는 부사의 용법으로 사용되고 있다. ‘尹’은 ‘다스리다’의 의미.

19) ‘啻(億)疆’ : 천하의 땅. ≪說文解字≫는 ‘意(억)’자에 대하여 “滿也. 從心啻聲. 一曰十萬曰意. 㤝籒文省(가득차다의 의미. ‘心’과 ‘啻’으로 이루어진 형성자. 일설에 ‘十萬’을 ‘意’이라 한다. 籒文 ‘㤝’자는 ‘意’자의 생략형이다)”라고 설명하고 있다(≪說文解字今釋≫, 1449쪽). ‘啻’자는 ‘億(억)’자의 이체자이다. ‘億’은 ‘크고 많은 숫자’의 의미이며, ‘億疆(억강)’은 ‘천지’ 혹은 ‘천하의 땅’을 가리킨다.

20) ‘弦(宏)魯’ : ‘魯’는 ‘嘉(가)’와 통하며, ‘宏嘉(굉가)’는 ‘웅대하고 훌륭하다’의 뜻.

21) ‘廣能’ : ‘能’은 음성부분이 ‘能’으로 ‘笞(태)’와 통하며, ‘정벌하다’·‘다스리다’의 의미로 쓰인다.

22) '寏' : '寏'은 '煥(환)'과 '奐(환)'자와 통하며, '빛나다'·'성대하다'의 뜻.

23) '祗䁝' : ≪說文解字≫는 '祗(저)'자를 '공경하다(敬)'으로 설명하고 있다(≪說文解字今釋≫, 8쪽). '䁝'은 '覠(균)'자의 이체자로 '耿(경)'의 의미. '祗䁝'은 '엄숙하고 빛나다'의 의미.

24) '井(型)帥' : '井'은 '型(형)'과 통하며, '본받다'·'정형화하다'나 '계승하다'의 의미이고, '帥'는 '다스리다'나 '따르다'의 의미.

25) '宇(訏)誨' : '宇'자는 '訏(우)'자와 통하여 '크다'의 의미이고, '誨(회)'는 '교육하다'나 '가르치다'의 의미.

26) '䌛(緟)寧' : '䌛'의 음성부분은 '東'이고, '緟(중)'자와 통하며, '緟'자는 '거듭되다'의 뜻인 '復'의 의미를 지니고 있다. '緟寧(중녕)'은 '復寧'으로 '지속적으로 편안하다'의 의미. ≪大克鼎≫은 '䌛(緟)豪'으로 쓴다. '豪'은 '景'과 통하며, '밝히다'의 뜻. ≪毛公鼎≫은 '䌛𩔈大命'으로 쓰는데, '𩔈'자는 '周'로 가차되어 사용되며, '견지하다'·'옹호하다'의 의미. '''(𩔈)'자의 자형은 ≪금문편≫≪부록하≫ '277'(1215쪽) 참고.

27) '天子' : 제왕을 '天子'라 한다. 여기에서는 '恭王'을 가리킨다.

28) '𩔈屖' : '𩔈'자는 '貈(학)'자나 '狢(학)'자와 같고 '周'와 통하며, '恪(각 : 삼가다)'자의 의미이다. '屖'은 '饡(찬)'과 같으며, '纘(찬)'의 의미인 '계속되다'의 뜻이다. 전체적으로 '경건하게 계승하다'의 뜻.

29) '眉無匃' : '眉'는 '장수'의 의미이고, '無匃(무개)'는 '無害'의 의미이다.

30) '䆄邘' : '䆄'의 음성부분은 '寒(한)'으로 '懺(참)'과 통한다. '邘'자 중 '丅'는 '示'이며, '祁'자와 같다. '祁'는 '祈(기)'자와 통한다. 전체적으로 '엄숙하고 경건하게 기원하다'의 뜻.

31) '亟獄' : '亟'은 '緝(집)'과 통하여 '떳떳하다'·'힘쓰다'의 뜻이며, '獄(시)'는 '熙(희 : 빛나다)'와 통한다. 전체적으로 '떳떳하고 위대하다'의 의미.

32) '逗(宣)慕(謨)' : '逗'은 '桓(환)'과 통하며 '위엄있는 모습'의 뜻이고, '慕(謨 : 모)'는 '지모'·'계략'의 의미.

33) '亡(無)昊(斁)' : '昊(斁 : 역)'는 '싫어하다'의 뜻이며, 전체적으로 '보호해 주

다'의 의미.

34) '后<夔>' : ''자를 ≪金文引得≫은 예정하지 않고, ≪금문편≫은 ≪부록하≫'696'(1287쪽)에 수록하고 있다. '14.【小臣艅犧尊】'에서 이미 살펴보았듯이 '夔(기)'자로 예정한다. '夔'는 '稷(직)'과 통하며, 周 민족의 '后稷'을 가리킨다.

35) '尢' : '尢'자는 '尪'와 같은 자이며 '正'의 의미인 '匡(광)'과 통한다.

36) '綰(綰)令' : '綰(綰)'은 '寬'과 통하며, '寬命'은 '長壽'의 의미.

37) '方緣(蠻)' : 사방변방 지역의 부족.

38) '䍃見' : ≪說文解字≫는 '䍃'자에 대하여 "擊踝也. 從丮戈, 讀若踝(복숭아뼈를 두드리다. '丮'와 '戈'로 이루어진 회의자. 音은 '踝(복사뼈 과 ; huái)'와 비슷하다)."라고 설명하고 있다(≪說文解字今釋≫, 408쪽). '䍃'자는 '謁(알)'자와 통하며, '䍃見'은 '배알하다'의 의미인 '謁見'의 뜻과 같다. 殷商 金文에는 자주 보이는 자이다. ≪䍃簋(鳳作祖癸簋)≫ · ≪方鼎(嬰方鼎)≫과 ≪麋婦觚≫에서는 인명으로 쓰이고 있다. ≪麋婦觚≫는 ''으로 쓴다. 자형은 ≪금문편≫ '0448, 䍃'(179쪽) 참고.

39) '敚(微)' : '敚(微)'는 微子啓의 封地인 '微國(미국)'.

40) '雩' : 발어사(發語詞)의 용법으로 사용되고 있다.

41) '既𢦏' : '既(기)'는 부사 '이미'의 의미. '𢦏(zāi)'자에 대하여 ≪說文解字≫는 "傷也, 從戈, 才聲(傷害의 의미. '戈'와 '才' 소리로 이루어진 형성자)'으로 해석하고 있다(≪說文解字今釋≫, 1806쪽). '傷(상)'은 '敗(멸망시키다 · 패망시키다)'의 의미로 쓰인다.

42) '舍寓(宇)' : '舍'는 '捨(사)'로 '舍宇'는 '머무를 곳을 주다'의 의미.

43) '卑(俾)處' : '卑(비)'는 '俾(비)'의 통가자로 '……으로 하여금'의 사역의미인 '使'의 뜻이며, '俾處'는 '거주하도록 하다'의 의미.

44) '甬叀(惠)' : '<甬>'자를 ≪金文引得≫은 예정하지 않고, ≪금문편≫은 ≪부록하≫'180'(1215쪽)에 수록하고 있다. 그러나 ≪금문편≫이 '1139 甬'(486~487

쪽)과 '2218 勇'(908쪽)에서 수록하고 있는 명문과 매우 유사하다. 따라서 '甬(용)'자로 예정하기로 한다. '甬'과 '勇'은 가차자로 사용된다. '叀'는 '惠(혜)'자와 통한다.

45) '逨(弼)匹' : '逨'자의 음성부분은 '桒'이며, '弼'과 통한다. '弼匹(필필)'은 '보좌하고 보필하다'의 의미.

46) '遠猷' : '猷(유)'는 '모략'의 의미이며, 전체적으로 '원대한 지략'의 뜻.

47) '㚆(腹)心' : '㚆'자는 '復'자와 같은 자이며 '腹'자와 통한다. '腹心'은 곧 '心腹'의 뜻이다.

48) '子㕟' : 이 낱말은 인명으로 해석하기도 하나, 명사구 '亞祖祖辛'을 수식하는 형용어로 해석하기로 한다. '子'는 '孜(자)'의 의미이고, '㕟'자의 음성부분이 '入'으로 '汲(급)'자의 통가자이다. '孜汲'은 '孜孜汲汲'과 같은 의미이며 '근면하고 성실한 모양'을 가리킨다.

49) '㟭(粦)明' : '㟭'자는 '粦(인)'자와 같은 자이며 '令(영)'이나 '靈(영)'과 통한다. '粦明'·'令明'과 '靈明'은 '賢明'의 뜻이다.

50) '亞且(祖)且(祖)辛' : 乙祖의 아들, 즉 牆(장)의 祖父.

51) '䨏𡱒(毓)' : '䨏'의 음성부분은 '垔'으로 '甄(zhēn)'자의 통가자이며, '甄(견)'은 '化'나 '養'의 의미이다. '𡱒'자는 '毓(육)'자와 '育'자와 같은 자다. '䨏𡱒'은 '養育'의 의미.

52) '緐(繁)猶(祓)多孷(釐)' : '猶'자는 '髮(발)'자와 같은 자이며 제사의 의미인 '祓(볼)'과 통한다. '祓'은 惡을 제거하는 제사의 일종이다. '孷'자는 '釐(이)'와 통하며, '福'의 의미.

53) '櫅(茨)角(祿)' : '櫅(제)'는 '茨(자)'의 가차자이고, '角'은 '祿(녹)'의 가차자로 '지붕과 같이 높은 福祿'을 의미한다.

54) '𪚰(熾)光' : '𪚰'자는 '熾(치)'자와 통하며, '熾光'은 '빛을 발하는 것과 같이 성대하다'의 의미.

55) '害(舒)屖(遲)' : '害'는 '舒'자의 이체자이며, '屖(서)'는 '遲(지)'의 통가자로 '편안하고 한적하다'의 의미.

56) '遽(競)趣(爽)' : 于省吾는 '遽趣'을 '競爽(경상)'으로 읽고, '競'은 '彊'의 의미이고, '爽'은 '明'의 의미로 해석하고 있다. '競爽'은 牆의 부친인 乙公이 성격이 강건하고 명랑함을 가리킨다.

57) '得屯(純)' : '屯'은 '純'의 의미인 '완전하다'의 뜻으로, '得純'은 '완전하게 행동하다'·'돈독하다'의 의미.

58) '農嗇(穡)' : '嗇(색)'은 '穡(색)'의 의미이며, '農穡(농색)'은 '농사'의 뜻이다.

59) '戉(越)播' : '播'은 '曆'자로 '歷'과 통한다. 전체적으로 '越歷(월력)'은 '다스리다'·'힘쓰다'·'(농사)짓다'의 뜻이다.

60) '史牆' : '史'은 史官이고 '牆(장)'은 이름이다.

61) '蔑曆' : '蔑(멸)'자는 의미부분이 '首'이고 음성부분이 '伐'이다. '공적을 찬미하다'의 의미인 '伐'과 통용된다. '曆'은 '歷(력)'과 '勵(려)'의 의미이다. '蔑曆'은 金文에서 상용되는 단어로 天子나 大臣이 신하의 공적을 칭송하고 찬미하며 격려하다는 의미로 쓰인다. 혹은 '蔑'자는 '勉(면)'과 통하고, '曆'자는 '勵'와 통하며, '勉勵'는 '격려하다'는 뜻이다.

62) '叡(沮)' : '叡'자는 '沮(저)'와 통하며, '壞(괴)'나 '止'의 의미를 지니고 있다. 여기에서는 '멈추다'·'그만두다'의 뜻으로 쓰이고 있다.

63) '剌(烈)且(祖)文考' : '剌且'는 '烈祖'로 '위엄이 있고 용맹한 祖父'를 가리키고, '文考'는 '덕행인 高尚한 부친'을 말한다.

64) '弋(翼)寶(休)' : '弋'자는 '翼(익)'의 통가자이며 '보우하다'의 의미이다. '寶'자는 음성이 宧(貯)이며 '休'와 통한다. '休'는 금문에서 '美'나 '善' 혹은 '賜予'의 의미로 쓰인다(≪金文常用字典≫, 622~624쪽). '翼休(익휴)'는 '보우하여 주시다'의 뜻이다.

65) '爾𪓐福褱(懷)' : '爾(이)'는 '번성하다'의 '薾(이)'자의 의미이고, '𪓐'자는 음성부분이 '處'로 '楚'와 통한다. '薾楚(이초)'는 '번성하고 선명하며 뚜렷하다'의 뜻이며, '福褱(懷)'는 '순조롭고 평안하다'의 뜻이다.

66) '犻(祓)彔(祿)' : '犻'자는 '髮(발)'자와 같은 자로 여기에서는 '祓(불)'의 의미이다. '彔'은 '祿(록)'과 같은 자이며, 전체적으로 '재앙을 없애주고 복록을 주다'의 뜻이다.

67) '黃耇彌生' : '黃耇(황고)'는 '늙은이'의 의미이며, '彌生(미생)'은 '오래 살다'의 의미이며, 전체적으로 '장수하다'의 뜻이다.

68) '龕事' : '龕'의 음성부분이 '今'이며, '堪(감)'과 통하고, '能'의 의미로 쓰인다. '辟(벽)'은 '君主' 즉 '恭王'을 가리킨다.

금문편

'敹(盭)' : ≪금문편≫ '2090 盭'(851쪽) 참고.

'(龢)' : ≪금문편≫ '0305 龢'(124~125쪽) 참고.

'懿(懿)' : ≪금문편≫ '1684 懿'(704쪽) 참고.

'甹(屛)' : ≪금문편≫ '0747 甹'(320쪽) 참고.

'甫(撫)' : ≪금문편≫ '1515 甫'(649쪽) 참고.

'(遹)' : ≪금문편≫ '0229 遹'(100~101쪽) 참고.

'(有)' : ≪금문편≫ '1127 有'(479~480쪽) 참고.

'(萬)' : ≪금문편≫ '2354 萬'(951~958쪽) 참고.

'(邦)' : ≪금문편≫ '1030 邦'(442~443쪽) 참고.

'(紹)' : ≪금문편≫ '2128 紹'(872쪽) 참고.

'(圉)' : ≪금문편≫ '1687 圉'(705쪽) 참고.

'達(撻)' : ≪금문편≫ '0231 達'(101쪽) 참고.

'(殷)' : ≪금문편≫ '1384 殷'(583~584쪽) 참고.

'巩(恐)' : ≪금문편≫ '0447 巩'(179쪽)에서 "孳乳爲鞏固也('鞏固하다'의 의미로 쓰인다)."라고 설명하고 있다.

'(成) : ≪금문편≫ '2365 成'(965~967쪽) 참고.

‘童(東)’ : ≪금문편≫ ‘0393 童’(154쪽) 참고.

‘䋺(柔)’ : ≪금문편≫ ‘2111 䋺(柔)’(861쪽) 참고.

‘害(憲)’ : ≪금문편≫ ‘1719 憲’(715쪽)에서 “不從心, 說文從心從目(形旁 ‘心’을 쓰지 않는다. ≪說文≫은 ‘心’과 ‘目’으로 쓴다).”이라 설명하고 있다.

‘(康)’ : ≪금문편≫ ‘2369 康’(971~972쪽)에서 “此字經典常見, 義爲吉康, 穅字從之. 說文奪佚. 汗簡入康部, 或以此附穅字下, 非也(이 자는 經典에 자주 보인다. ‘吉康’의 의미이다. ‘康’은 ‘穅(강)’자의 聲部이지만, ≪說文≫에는 보이지 않는다. ≪汗簡≫은 ‘康’자를 ‘康’部에 놓고 있다. 혹은 ‘穅’部 아래 편입하지만 이는 잘못된 것이다).”라고 설명하고 있다.

‘鈸(會)’ : ≪금문편≫은 ≪부록하≫ ‘178’(1197쪽)에 수록하고 있다.

‘(緐)’ : ≪금문편≫ ‘1879 緐’(756쪽) 참고.

‘肈(肇)’ : ≪금문편≫ ‘2030 肇’(822~823쪽) 참고.

‘㪿(徹)’ : ≪금문편≫ ‘0505 徹’(210쪽) 참고.

‘淵(睿)’ : ≪금문편≫ ‘1815 淵’(735쪽) 참고.

‘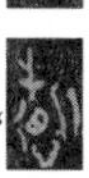悊(哲)’ : ≪금문편≫ ‘0132 哲’(57~58쪽) 참고.

‘弦(宏)’ : ≪금문편≫ ‘1231 宏’(536쪽) 참고.

‘(魯)’ : ≪금문편≫ ‘0591 魯’(245~247쪽) 참고.

‘(王)’ : ≪금문편≫ ‘0038 王’(18~21쪽) 참고.

‘(廣)’ : ≪금문편≫ ‘1547 廣’(658쪽) 참고.

‘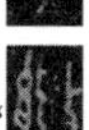(䭬)’ : ≪금문편≫ ‘0549 䭬’(223쪽) 참고.

‘隹(唯)’ : ≪금문편≫ ‘0598 隹’(252~255쪽) 참고.

‘(寏)’ : ≪금문편≫ ‘1189 寏’(513쪽) 참고.

‘(祗)’ : ≪금문편≫ ‘0016 祗’(10쪽) 참고.

'(覫)' : ≪금문편≫ '1450 覫'("從日從尹從見, 說文所無('日' · '尹' · '見'으로 이루어진 자다. ≪說文≫에는 보이지 않는다).", 620쪽) 참고.

'(穆)' : ≪금문편≫ '1160 穆'(500쪽) 참고.

'鐘(緟)' : ≪금문편≫ '2113 緟'(861쪽) 참고.

'(圝)' : ≪금문편≫은 이 자를 ≪부록하≫ '277'(1215쪽)에 수록하고 있다.

'(長)' : ≪금문편≫ '1576 長'(665쪽) 참고.

'(寒)' : ≪금문편≫ ≪부록하≫'335'(1225쪽) 참고.

'(獄)' : ≪금문편≫ '1642 獄'(687쪽) 참고.

'(昊)' : ≪금문편≫ '1093 昊'("說文所無, 爾雅釋天夏爲昊天, 疏昊者元氣博大之貌(≪說文≫에 보이지 않는다. ≪爾雅 · 釋天≫ "夏爲昊天" 중 '昊(호)'자를 '元氣가 성대한 모양'이라 注疏하고 있다).", 459쪽)참고.

'𥏚(昭)' : ≪금문편≫ '1653 照'(690쪽) 참고.

'昊(斁)' : ≪금문편≫ '0527 斁(역)'("詩葛覃服之無斁, 毛傳斁厭也(≪詩經 · 葛覃≫ "服之無斁(베로 짠 옷 싫이 나지 않네)." 중의 '斁'자를 ≪毛傳≫은 '厭'의 의미다라고 설명하고 있다).", 217쪽) 참고.

'(夔)' : ≪금문편≫ ≪부록하≫ '696'(1287쪽) 참고.

'(上帝)' : ≪금문편≫ '0008 帝'(6~7쪽) 참고.

'綰(綰)' : ≪금문편≫ '2108 綰'(860쪽) 참고.

'(豐)' : ≪금문편≫ '0767 豐'("金文醴之偏旁形與此同, 與豊爲一字, 豆之滿者所以豊也. 漢隷豐豊二字皆作豊(金文 '醴'자의 偏旁과 형태가 같고, '豊'과 같은 자이다. 제기에 물건이 가득 찬 풍성의 뜻이다. 漢隷는 '豐' · '豊'자를 모두 '豊'으로 쓴다).", 331~332쪽) 참고.

'䜌(蠻)' : ≪금문편≫ '0355 䜌'("孳乳爲蠻('蠻'의 의미이다).", 144~145쪽) 참고.

'' '敚(微)' : ≪금문편≫ '1333 敚'(564쪽) 참고.

'''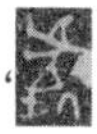(處)' : ≪금문편≫ '2271 處'(922쪽) 참고.

'(雩)' : ≪금문편≫ '1874 雩'(752쪽) 참고.

'圉(宇)' : ≪금문편≫ '0997 圉'(427쪽) 참고.

'(乙)' : ≪금문편≫ '2359 乙'(961~962쪽) 참고.

'逩(弼)' : ≪금문편≫ '0260 逩'(109쪽) 참고.

'''''(辟)' : ≪금문편≫ '1514 辟'(648~649쪽) 참고.

'(遠)' : ≪금문편≫ '0240 遠'(104쪽) 참고.

'复(腹)' : ≪금문편≫ '1521 復'("說文或省彳作复(≪說文≫의 或體는 '彳'을 생략하고 '复'으로 쓴다).", 650쪽) 참고.

'(馭)' : ≪금문편≫ '1573 馭'(664쪽) 참고.

'㕣(粦)' : ≪금문편≫ '0148 㖼'(72쪽) 참고.

'(觳)' : ≪금문편≫ '1244 觳'(538쪽) 참고.

'緐(繁)' : ≪금문편≫ '1859 緐'(744쪽) 참고.

'戠(熾)' : ≪금문편≫은 ≪부록하≫ '128'(1188쪽)에 수록하고 있다.

'(禋)' : ≪금문편≫ '0019 禋'(11쪽) 참고.

'害(舒)' : ≪금문편≫ '1700 㪉'("省夫('夫'를 생략하여 쓴다).", 709~710쪽) 참고.

'逫(競)' : ≪금문편≫ '0245 逫'(105~106쪽) 참고.

'趚(爽)' : ≪금문편≫ '0170 趚'(79쪽) 참고.

'''(牆)' : ≪금문편≫ '0892 牆'("說文籒文從二禾𤖨, 穡字重見(≪說文≫은 籒文을 形旁이 두 개의 '禾'인 '𤖨'로 쓴다. '穡(색)'字에도 보인다).", 383쪽) 참고.

'(夜)' : ≪금문편≫ '1132 夜'(482~483쪽) 참고.

'豙(墜)' : ≪금문편≫ '0110 豙'("孳乳爲遂('遂'의 의미로도 쓰인다).", 49쪽). ≪금문편≫은 '(分)'도 같은 자로 보고 있다.

'(蔑)' : ≪금문편≫ '0614 蔑'(260~261쪽) 참고.

'(敢)' : ≪금문편≫ '0659 敢'(276~279쪽) 참고.

'(彝)' : ≪금문편≫ '2122 彝'(864~871쪽) 참고.

'''刺(烈)' : ≪금문편≫ '0986 刺'(423~425쪽) 참고.

'(寶)' : ≪금문편≫ '1200 寶'(516~525쪽) 참고. ≪금문편≫은 '寶(休)'자와 같은 자로 보고 있다.

'(爾)' : ≪금문편≫ '0568 爾'(231쪽) 참고.

'(龖)' : ≪금문편≫ '1307 龖'(554쪽) 참고.

'䭲(祓)' : ≪금문편≫ '1496 髮'("說文或從首作䭲, 汗簡首部䭲釋髮(≪說文≫의 或體字는 편방 '首'를 써서 '䭲'로 쓴다. ≪汗簡 · 首≫는 '䭲'자를 '髮(발)'의 의미로 풀이하고 있다).", 639쪽) 참고.

'彔(祿)' : ≪금문편≫ '1156 彔'("孳乳爲祿('祿'의 의미로 쓰인다).", 498~499쪽) 참고.

'(耆)' : ≪금문편≫ '1404 耆'(590쪽) 참고.

'(彌)' : ≪금문편≫ '2085 彌'(850쪽) 참고.

'(龕)' : ≪금문편≫ '1888 龕'("說文各本作龕合聲. 段氏本據九經字樣改今聲, 與此正合, 逸周書祭公解周克龕紹成康之業, 亦誤作龕(≪說文≫은 '合'聲인 '龕'으로 쓰고 있다. 段玉裁는 九經字樣을 '今'聲으로 고쳐 쓰고 있다. 金文의 형태와 같다. ≪逸周書 · 祭公解≫'周克龕紹成康之業(周나라는 능히 成王과 康王의 업적을 계승코자 한다).'의 구절은 '龕(감)'자로 잘못 쓰고 있다).", 759쪽) 참고.

50.【曶鼎(智鼎)】

【명문참고】

二玄社 60；集成 5・2838；銘文選 1・242；三代 04・45・2~46・1；
總集 02・1330.

【주요참고문헌】

≪兩周金文辭大系圖錄考釋≫, 83(96~99쪽).
≪商周青銅器銘文選三≫, 169~172쪽.
≪商周古文字讀本≫, 98~107쪽.
陳連慶, ＜試論智鼎銘文中的幾個問題＞, ≪古文字研究≫20輯, 85~97쪽.
≪중국어문학역총≫, 이정자, 제12집, 2000년 3월.

【소개】

異名 : 曶鼎 ; 曶鼎.

명문 : 24行, 存 380字, 重文 4字.

기물 : 淸 乾隆 때 畢沅이 陝西에서 지방관을 역임하고 있을 때 소장하고 있었으나, 지금은 행방을 알 수 없다(陳初生)

시기 : 西周 懿王.

출토 : 1976년 陝西省 扶風縣 靈塘에서 ≪曶尊≫·≪效爵≫과 ≪鬩卣≫ 등이 발견되었는데, 이중 ≪曶尊≫의 기물 주인과 같을 것으로 추증된다. 따라서 본 ≪曶鼎≫은 ≪曶尊≫이 출토된 지역과 같은 곳으로 추증된다(馬乘源).

【석문】

隹(唯)王元年[1]六月既望乙亥, 王才(在)周穆王大[室][2], [王]若曰 : "曶! 令女(汝)更(賡)[3]乃且(祖)考[4]嗣(司)[5]卜事. 易(賜)女(汝)赤□(雍)[市][6], 用事.

王才(在)邐[7]匠(居)[8], 井弔(叔)[9]易(賜)曶赤金𨦫(鈞)[10]. 曶受休[11][于]王. 曶用絲(玆)金乍(作)朕文孝(考)[12]宄白(伯)[13]𩰫牛鼎. 曶𠀠(其)[萬][年]用祀, 子子孫孫𠀠(其)永寶.

隹(唯)王三(四)月既眚(生)霸, 辰(辰)才(在)丁酉. 井弔(叔)才(在)異爲□[14], [曶]事(使)氒小子𤔲[15]㠯(以)限訟[16]于井弔(叔) : "我既賣(贖)女(汝)五[夫][效]父, 用匹馬束絲, 限詰(許)[17]<𢿢(訊)>[18]曰 : 𤰈[19]鼎(則)卑(俾)我賞(償)馬, 效[父][則]卑(俾)復氒絲束<于>𧶜[20]." 效夫乃詰(許). 𤔲曰 : "于王參門[21], □□木榜[22], 用𧷸(贎)征(延)[23]賣(贖)絲(玆)五夫, 用百孚(鋝)[24], 非出五夫[鼎](則)訇(詢).

乃𩡩又(有)訇(詢)眔䊤金[25]." 井弔(叔)曰 : "才(裁) : 王人<廷>迺賣(贖)用𧷸(贎)[26], 不逆付[27], 曶母(毋)卑(俾)成于𤰈[28]." 鼎(則)捧(拜)手𩒨首, 受絲(玆)五[夫] : 曰陪, 曰明(恒), 曰耕, 曰𩰫, 曰眚[29]. 事(使)孚(鋝)㠯(以)告𤰈, 迺卑(俾)[饗]㠯(以)曶[30]酉(酒)彶(及)羊. 絲(玆)三孚(鋝), 用侄(致)絲(玆)人. 曶迺每(誨)于𤰈[曰] : "女(汝)其舍𤔲矢五秉." 曰 : "必尚(當)卑(俾)處氒邑, 田氒(<[氒]>)田." 𤰈鼎(則)卑(俾)復令曰 : "若."

昔饉歲, 匡眔(衆)[31]氒臣廿夫, 寇曶禾十秭[32], 㠯(以)匡季告東宮. 東宮[33]乃曰 : "求乃人, 乃不得(得), 女(汝)匡罰大." 匡乃𩒨首于曶, 用五田, 用眔(衆)一夫□(嗌)[34], 用臣曰𩁹[曰]朏, 曰奠. 曰 : "用絲(玆)三(四)夫." 𩒨首曰 : "余無卣(由)𠬪(具)寇正[秭], 不出𩍐(鞭)余[35]." 曶或(又)㠯(以)匡季告東宮. 曶曰 : "必唯朕[禾][是]賞(償)." 東宮迺曰 : "賞(償)曶禾十秭, 遺十秭, 爲廿秭. [乃]來歲弗賞(償), 鼎(則)付卌秭." 迺或卽曶用田二又臣[36][一][夫], 凡用卽曶田七田, 人五夫, 曶覓[37]匡卅秭(4025)

【해석】

西周 懿王 元年 六月 既望 일 중의 하루인 乙亥 일에, 王은 周王城의 穆王 太室에서 曶(홀)에게 封賞을 내렸다. 왕은 다음과 같이 말하였다 : "曶! 너의 祖父와 亡父가 주관하였던 占卜 일을 계승하라. 또한 너에게 적황색의 폐슬을 하사하노니 명령에 따라 실행토록 하라. 王이 𨘋에서 머무를 때 井叔은 赤金 서른 근을 하사함과 동시에 曶은 왕으로부터 하사품과 任命을 받았다. 이에 曶은 자신의 文考 究伯에게 太牢 제사드릴 때 사용할 큰 정을 만들었다. 이 鼎이 曶은 만년동안 제사 지내는데 사용할 수 있고, 子子孫孫 영원히 寶器로 삼기를 바랐다.

四月 既生覇의 때는 丁酉 일에 井叔이 異 지방에서 司法官으로 있을 때, 曶은 小子 䙝을 파견하여 井叔에게 限을 고소하였다 : "나는 이전에 效父에게서 너희쪽의 사람 다섯 명을 사고, 그 댓가로 말 한 필과 한 묶음의 絲를 주었다."라 했다. 그러자 限이 원래의 계약을 위반하며 진술하기를 "既은 나에게 그 말을 상환하게 큼 하였으나, 效夫는 絲를 䝼에게 되돌려 주었다." 效夫도 결국은 원래의 계약을 위반하였다. 䙝은 말하였다 : "王宮 밖 三門에 걸려있는 교역법령 목판 아래서 화폐를 가지고 교역을 진행하였는데, 다섯 사람을 사고 一百鋝을 지불하였다. 만약 다섯 사람을 주지 않으면 소송을 하기로 하여, 䛄이 소송을 하고 값을 다시 돌려주기를 희망하였다."라 했다. 井叔이 판결하였다 : "王廷에서 사람을 교역할 때 금속화폐를 사용토록 하라. 쌍방은 주고 받는 수속을 마치지 말고, 曶은 既로 하여금 이 사건을 종결하지 말도록 하라."했다. 曶은 머리를 조아려 감사하고 陪·朙(恒)·耕·𩰫와 眚 등 다섯 사람을 돌려받았다. 몸값을 지불하고 수속을 마친 후에 이 일을 既에게 알렸다. 이 때에 既는 사람을 시켜 曶에게 술과 羊을 주었다. 또한 다섯 사람의 값 三鋝을 지불하였으며, 상대방은 다섯 사람을 보내왔다. 이에 曶은 既에게 명령하였다 : "너는 䙝에게 화살 다섯 묶음을 주어라"라 했다. 曶이 또 말하였다 : "반드시 이 다섯 사람을 그들이 원주하던 읍에서 居하면서 그들이 원래 재배하던 田地에서 심으면서 살도록 하라."라 했다. 既가 사람을 시켜 회보하기를 "그렇게 하겠습니다."라 했다.

이전 饑饉이 든 해, 匡씨의 농부와 그의 臣 이십 명이 寇의 벼 十秭를 훔쳤다. 그러자 曶이 匡季를 東宮에게 고소했다. 東宮이 말하였다 : "벼를 훔친 너(匡季)의 하인들을 찾아라. 만약 찾아내지 못한다면 너에게 중 죄를 내리겠다."라 했다. 匡季는 멀리를 조아리고 五塊의 田을 넘겨주고 , 한 명의 嗌이라고 하는 농부와 寠·朏과 奠이라고 부르는 臣下를 넘겨주고 말하기를 "이 네 사람으로 배상을 하고자 한다."라 했다. 또한 머리를 조아리며 말하기를 "나 匡季는 도둑 맞은 모든 곡식을 준비할 방도가 없으니, 만약이 앞에서 언급했던 대로 하지 않으면, 笞刑을 받을 수 밖에 없다."라 했다. 그러자 曶은 또 다시 東宮에게 匡季를 고소하였다. 曶은 말하기를 "반드시 나의 벼를 배상하기를 바라오."라 했다. 그러자 東宮이 말하기를 "曶에게 十秭와 다시 十秭를 더하여 모두 二十 秭를 배상토록 하라. 만약에 來年에 배상하지 않으면 四十 秭를 교부하여야 한다." 따라서 匡季는 曶에게 兩塊의 田을 주고 臣下 한 명을 더하여 모두 七塊의 田과 다섯 명의 배상하였다. 曶은 匡에게 三十 秭를 감면해 주었다.

설 명

위의 명문은 阮元의 ≪積古齋鐘鼎彝器款識≫卷四에 제일 먼저 수록하고 있지만, 많은 부분이 잘 보이지 않아 해석상 문제가 적지 않다. 보이지 않은 부분은 학자의 의견을 종합하여 보충하기로 한다.

'(曶)'자의 음은 'hú(홀)'이다, ≪금문편≫은 이 자를 '㫚'자와 같이 쓰기도 한다. '曶'자에 대하여 "說文从匸曶聲之, 曾侯乙墓出土漆器作, 是知即曶. 說文曶籀文作从口(≪說文≫은 의미부분이 匸이고 음성부분이 '曶'인 자를 ''과 같이 쓰고 있다. ≪曾侯乙墓≫에서 출토된 漆器에서는 이 자를 ''과 같이 쓰는 것으로 보아 ''자는 곧 '曶'이라는 것을 알 수 있다. ≪說文≫은 '曶'의 籀文(주문)을 편방이 '口'인 ''으로 쓰고 있다)"('0747 曶', 316쪽)라고 설명하고 있다.

1) '唯王元年' : 여기에서의 왕은 穆王(목왕) 다음의 왕이 확실하나, 穆王 다음 어떤 왕인지에 대해서는 학자마다 의견이 분분하다. 馬乘源의 견해에 따라 懿王(의왕)으로 해석하기로 한다. 懿王 元年은 BC 941년에 해당된다.

2) '周穆王大室' : '周'는 王城이며 지금의 河南省 洛陽市 부근이다. '大室'은 '太室'로 宗廟 중 중앙에 위치한다.

3) '更(賡)' : '更(경 : 갱)'자는 '賡(갱)'과 통하며 '계승하다'의 의미로 쓰인다.

4) '且(祖)考' : 祖父와 亡父를 가리킨다.

5) '𤔲(司)' : '𤔲'는 '司'자와 같은 자이며 '주관하다'의 의미.

6) '赤(雍)[市]' : 于省吾는 ≪雙劍誃古文雜釋 · 釋赤雍市≫에서 ''을 '雍(옹)'의 초문으로 해석하고 있다(≪商周古文字讀本≫, 99쪽 참고). '赤雍市'는 赤黃色의 蔽膝(폐슬)을 가리킨다.

7) '䢐' : 이자는 잘 알 수 없는 자이나, 음이 '童(동)'이며, 여기에서는 지명이름으로 사용되고 있는 것으로 추증된다.

8) '𠂤(居)' : '𠂤(납)'자는 음성부분이 '立'이며 '廙(이)'이나 '居(거)'와 통한다.

‘行宮’의 의미이다.

9) ‘井弔(叔)’ : 인명. 朝廷 大臣이다.

10) ‘䲭(鈞)’ : ‘䲭’자는 ‘鈞(균)’의 통가자이며 ‘서른 근’이라는 量詞이다.

11) ‘受休’ : ‘休’자는 ‘好’와 통하며 ‘하사하다’의 의미로도 쓰인다. ‘休’자가 ‘下賜’의 의미로 쓰이는 경우는 ‘易(賜)休’ · ‘休易(賜)’나 ‘好賜’의 형태로 쓰이는 경우가 많다(≪金文常用字典≫, 624쪽).

12) ‘文孝(考)’ : ‘孝(考)’는 亡父. ‘文考’는 ‘덕망을 갖춘 부친’의 의미이다.

13) ‘穽白(伯)’ : 인명이며, ‘曶(홀)’의 부친 이름. ‘穽’자는 ‘穽’자로도 쓰며, 음은 ‘宄(귀)’와 같다.

14) ‘井弔(叔)才(在)異爲□’ : ‘異’는 지명. ‘□’를 ≪商周古文字讀本≫은 司法官이라는 의미의 ‘士’자를 보충하고 있다(102쪽).

15) ‘小子𤔲’ : ‘小子’는 ‘曶’의 下屬人이며, ‘𤔲’은 인명. 아래에서는 ‘䜌’으로 쓴다.

16) ‘限訟’ : ‘限’은 인명이며 ‘效夫’의 家臣이다. ‘訟’자는 ‘소송하다’의 의미.

17) ‘誥(許)’ : ≪金文引得≫ ‘誥’자를 음성부분이 ‘缶’이며, ‘許(허)’와 통하는 것으로 보고 있으나, 馬乘源은 ‘위반하다’‘거역하다’의 의미인 ‘啎(오)’자로 해석하고 있다. 문맥상 ‘啎’로 해석하기로 한다.

18) <[illegible](訊)> : ≪金文引得≫은 ‘誥(許)’자 다음 자를 ‘<[illegible](訊)>’자를 쓰고 있으나, 탁본에는 이 자가 보이지 않는다.

19) ‘眂’ : ‘眂’자는 알 수 없는 자이다. 문맥으로 보아 ‘曶’의 采地 관리인이다. 아래에서는 ‘貾’나 ‘䣟’로 쓴다.

20) ‘卑(俾)復乎絲束<于>貾’ : ‘絲’자 아래 자는 잘 보이지 않지만, 馬乘源과 ≪金文引得≫은 모두 ‘束(속)’자로 보고, 李學勤은 ‘于(우)’자로 보고 있다(≪商周古文字讀本≫, 103쪽). 본문도 ‘于’로 해석하기로 한다. ‘復’은 ‘돌려주다’의 의미이다.

21) ‘王參門’ : ‘王’은 ‘王宮’. ‘參門’은 ‘三門’으로 궁정 밖의 교역을 진행하는 장소이다.

22) ‘□□木𣟈’ : ‘𣟈’자는 ‘木’ · ‘巾’과 음성부분 ‘方’으로 되어 있다. 木板의 의미

인 '榜(방)'과 통한다.

23) '𧶠(𧸉)征(延)' : '𧶠(𧸉)'자를 '遄(천)'으로 쓰기도 한다. 郭沫若은 금속화폐로 해석하고 있다.

24) '寽(鋝)' : '鍰(환)'과 같은 의미로 重量단위.

25) '饎' : '饎'자는 소리부분이 '豈(기)'이며, '覬(기)'자로 가차되어 '바라다' · '희망하다'의 의미이다.

26) '才(裁)王人<廷>迺賣(贖)用𧶠(𧸉)' : '王'자 다음 자는 잘 보이지 않는다. 李學勤은 '廷(정)'자로 보고 있다. '人'자 보다 더 복잡하게 보이기 때문에 '廷'자로 해석하기로 한다. 이 구절은 "邢叔(형숙)이 판결하기를 王廷에서 금으로 사람을 샀으니"이다.

27) '不逆付' : '逆(역)'과 '付'는 반대말로 '받는 것'과 '주는 것'을 말한다. '쌍방이 서로 주고받는 수속을 하지 마라'라는 의미.

28) '卑(俾)成于𠀠' : '卑'자 다음 '成'자는 잘 보이는 않는다. 郭沫若은 '弍'자로 해석하고 있으나, 명문의 흔적이나 내용으로 보아 '완료하다' · '마치다'나 '종결하다'의 의미인 '成'자로 예정하기로 한다.

29) '曰陪曰朙(恒)曰𦓤曰𩰫曰眚' : '陪' · '朙(恒)' · '𦓤' · '𩰫'와 '眚'은 모두 五夫의 이름.

30) '㠯(以)智' : 여기에서의 '以'는 '주다'의 '給'의 뜻으로 쓰이고 있다.

31) '眾(衆)' : 농업에 종사하는 노예. 즉 庶人.

32) '秭' : '秭(자)'벼의 부피 단위.

33) '東宮東宮' : ''자와 ''자 아래에는 중문 부호가 있다.

34) '(嗌)' : ≪說文解字≫는 '嗌(익)'자의 籀文(주문)을 '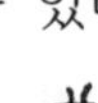'으로 쓴다라고 설명하고 있다(≪說文解字今釋≫, 179쪽 참고). ''자와 매우 유사하기 때문에 '嗌'으로 해석하기로 한다.

35) '寇正[秭], 不出𩍐(鞭)余' : 이 구절은 ≪金文引得≫은 '寇正, 不□出, 出𩍐(鞭)余'로 예정하고 있으나, 이는 잘못 석문한 것이다. 본문은 馬乘源 등의

의견을 참고하여 예정하기로 한다.

36) ‘迺或卽曶用田二又臣’ : ‘卽(즉)’자는 여기에서는 ‘付給’ · ‘附與’의 의미인 ‘배상하다’ · ‘돌려주다’의 뜻으로 사용된다.

37) ‘覓’ : ‘覓(멱)’자는 ‘免(면)’과 통한다.

금문편

‘(望)’ : ≪금문편≫ ‘1378 望’(581~582쪽) 참고.

‘(若)’ : ≪금문편≫ ‘0333 若’(“叒字重見” 139쪽). ‘叒’자는 ≪금문편≫ ‘0973’(413쪽) 참고.

‘嗣(司)’ : ≪금문편≫ ‘2375 辭’(976~979쪽) 참고.

‘(雍)’ : ≪금문편≫≪부록하≫ ‘349’(“陳小松釋吕, 吕與甫同, 吕市就是黼市(陳小松은 이 자를 ‘吕’로 해석한다. ‘吕’와 ‘甫’와 는 같은 의미로 ‘吕市’은 ‘黼市(보불)’이다).”, 1227~1228쪽) 참고.

‘(遡)’ : ≪금문편≫≪부록하≫‘081’(1181쪽) 참고.

‘’‘弔(叔)’ : ≪금문편≫‘1354 弔’(569~573쪽) 참고.

‘鋆(鈞)’ : ≪금문편≫ ‘2233 鋆’(913쪽) 참고.

‘’‘(金)’ : ≪금문편≫ ‘2222 金’(905~907쪽) 참고.

‘(穽)’ : ≪금문편≫ ‘1217 宄’(532쪽) 참고.

‘(䚘)’ : ≪금문편≫ ‘1154 䚘’(495~497쪽) 참고.

‘眚(生)’ : ≪금문편≫ ‘0585 省’(“从目从屮與眚爲一字, 敦煌本尚書說命惟干戈眚乎躬, 今本作省(‘目’과 ‘屮’으로 이루어진 자이며 ‘眚’과 같은 자이다. 敦煌本≪尚書 · 說命≫ ‘惟干戈眚乎躬(방패와 창은 그 자신을 살펴보고 쓰도록 해야 한다).’ 중의 ‘眚’자를 현행본은 ‘省’으로 쓴다).” 242쪽) 참고.

‘’‘(䵼)’ : ≪금문편≫≪부록하≫‘172’(1196쪽) 참고.

'','(限)'：≪금문편≫ '2321 限'(939쪽) 참고.

'','(我)'：≪금문편≫ '2054 我'(831~832쪽) 참고.

'(旣)'：≪금문편≫ '0828 旣'(353~355쪽) 참고.

'','','賣(贖)'：≪금문편≫ '1013 贖'("不从貝, 賣字重見('贖'자를 字符 '貝'를 생략하여 쓰기도 한다. 이 자는 '賣'자에도 보인다).", 434쪽) 참고. '賣'자는 ≪금문편≫ '1020 賣'("孳乳爲字贖(이 자는 '贖'의 의미로 쓰인다).", 437쪽) 참고.

'(束)'：≪금문편≫ '0984 束'(423쪽) 참고.

'','䛼(許)'：≪금문편≫ '0332 許'("从㕺", 139쪽) 참고.

'鼎刂(則)'：≪금문편≫ '0685 則'("說文籒文則从鼎(≪說文≫은 '則'자의 籒文을 字符 '鼎'을 쓴다).", 288~289쪽) 참고.

'','卑(俾)'：≪금문편≫'0470 卑'(195쪽) 참고. ≪금문편≫ '1343 俾'("卑字重見('卑'자에도 보인다).", 567쪽) 참고.

'賞(償)'：≪금문편≫ '1337 償'("賞字重見('賞'자에도 보인다).", 565쪽) 참고.

'','(復)：≪금문편≫ '0266 復'(111쪽) 참고.

'束(<于>)'：이 자를 '束'자로 보는 경우도 있으나, 본문은 '于'로 예정하기로 한다. ≪금문편≫ '0753 于'(323~325쪽) 참고.

'','(𣄰)'：≪금문편≫≪부록하≫ '615'(1273쪽) 참고.

'(𢿌)'：≪금문편≫≪부록하≫ '281'(1216쪽) 참고.

'(𣐈)'：≪금문편≫≪부록하≫ '259'(1212쪽) 참고.

'征(延)' : ≪금문편≫ '0289 延'(119~120쪽) 참고.

'''孚(鋝)' : ≪금문편≫ '0658 孚'("孳乳爲鋝('鋝'의 의미로 쓰인다).", 275~276쪽)참고.

'(出)' : ≪금문편≫≪부록하≫'613'(1273쪽) 참고.

'(入<廷>)' : '廷'자는 ≪금문편≫ '0287'(118~119쪽) 참고.

'(成)' : 이 자는 잘 보이지 않는다. '成'자는 ≪금문편≫'2365'(965~967쪽) 참고.

'''(䭫)' : ≪금문편≫ '1485 䭫'(632~634쪽) 참고.

'''(首)' : ≪금문편≫ '1484 首'(630~631쪽) 참고.

'(受)' : ≪금문편≫ '0657 受'(274~275쪽) 참고.

'明(恒)' : ≪금문편≫ '2157 恒'("說文亙古文恒从月(≪說文≫은 '恒'자의 고문을 字符 '月'을 써서 '亙'으로 쓴다).", 881쪽) 참고.

'(耒)' : ≪금문편≫≪부록하≫'209'(1203쪽) 참고.

'(龠)' : ≪금문편≫≪부록하≫'708'(1289쪽) 참고.

'彶(及)' : ≪금문편≫ '0459 及'(189쪽) 참고.

'每(誨)' : ≪금문편≫ '0337 誨'("每字重見('每'자에도 보인다).", 140쪽) 참고.

'女(汝)' : 일부만 보인다. '女'자는 ≪금문편≫ '1947 女'(783~785쪽) 참고.

'(秉)' : ≪금문편≫≪부록하≫ '148'("从廾持禾舊釋秉(이 자는 '廾'이 '禾'를 들고 있는 형상이다. 이 자를 이전에는 '秉'으로 해석했다).", 1192쪽) 참고.

'''(必)' : ≪금문편≫ '614 必'(1273쪽) 참고.

'(處)' : ≪금문편≫ '2271 處'(922쪽) 참고.

'(邑)' : ≪금문편≫ '1029 邑'(441~442쪽) 참고.

'(昔)' : ≪금문편≫ '1091 昔'(458쪽) 참고.

'(饉)' : ≪금문편≫ '0846 饉'(361쪽) 참고.

'''(匡)' : ≪금문편≫ '2067 匡'(843쪽) 참고.

'''(寇)' : ≪금문편≫ '0533 寇'(219쪽) 참고.

'''(柲)' : ≪금문편≫ '1167 柲'(507쪽) 참고.

'(求)' : ≪금문편≫ '1401 裘'(588~589쪽) 참고.

'得(得)' : ≪금문편≫ '0274 得'(113~114쪽) 참고.

'(罰)' : ≪금문편≫ '0691 罰'(290쪽) 참고.

'''(用)' : ≪금문편≫ '0563'(225~230쪽) 참고.

'(嗌)' : ≪금문편≫≪부록하≫'662'("說文嗌字籒文略同(≪說文≫의 籒文 '嗌(익)'자와 유사하다).", 1281쪽) 참고.

'(疐)' : ≪금문편≫ '0649 疐'(272쪽) 참고.

'(朏)' : ≪금문편≫ '1123 朏'(477쪽) 참고.

'(彜)' : ≪금문편≫ '0727 彜'(309~310쪽) 참고.

'昇(具)' : ≪금문편≫ '0406 具'(162쪽) 참고.

'(出)' : ≪금문편≫ '0978 出'(419쪽) 참고.

'䩋(鞭)' : ≪금문편≫≪부록하≫'173'(1196쪽) 참고.

'''賞(償)' : ≪금문편≫ '1006 賞'("孳乳爲償('償'의 의미로도 쓰인다).", 431쪽) 참고.

'(付)' : ≪금문편≫ '1331 付'(563~564쪽) 참고.

'''(十)' : ≪금문편≫ '0321 十'(133~135쪽) 참고.

'''(歲)' : ≪금문편≫ '0196 歲'(87쪽) 참고.

'(凡)' : ≪금문편≫ '2160 凡'(881 쪽) 참고.

【이하는 명문이 잘 보이지 않아 ≪金文編≫이 收錄하지 않고 있으나, ≪금문편≫에서 다른 銘文을 참고할 수 있는 자】

'孱(辰)' : ≪금문편≫ '2393 辰'(993~994쪽) 참고.

'(訟)' : ≪금문편≫ '0361 訟'(147쪽) 참고.

'(其)' : '其'자는 ≪금문편≫ '0723 箕'(303~308쪽) 참고.

'儥(賸)' : '賸'로 예정하기도 한다. ''자와 유사한 형태는 ≪금문편≫≪부록하≫ '084'(1181쪽) 참고.

'''訇(詢)' : '訋(詾)'로 예정하기도 한다. ≪금문편≫ '0356 訇'(145쪽) 참고.

'(𧽤)' : '𧾍'로 예정하기도 한다. ≪금문편≫ '0188 𧾍'(84쪽) 참고.

'(陪)' : '陪'로 예정하기도 한다. ≪금문편≫ '2336 陪'(943쪽) 참고.

'(遣)' : '遣'자로 예정하기도 한다. ≪금문편≫ '0233 遣'(101~102쪽), '0226 遣'(99~100쪽) 참고.

'(覓)' : '㒼'자로 예정하기도 한다. ≪금문편≫ '1448 覓'(620쪽) 참고.

51.【𠑇匜(⿰亻賸匜)】

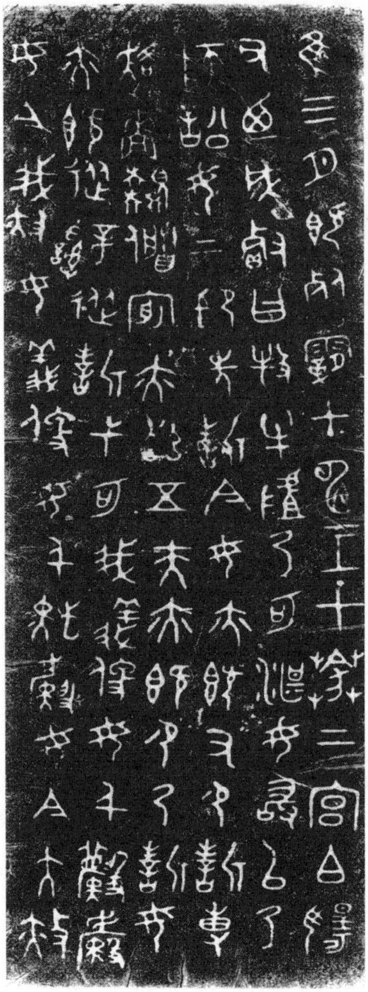

≪器銘≫

≪蓋銘≫

【명문참고】

二玄社 68；集成 16·10285；銘文選 1·258 總集 09·6877.

【소개】

출토：1975年 2月 陝西省 技山縣 董家村 出土.

異名：訓匜.

명문：器銘 6行 90字；蓋銘 7行 67字；合文 3字, 총 157字.

크기 : 높이 20.5㎝ ; 腹寬 17.5㎝ ; 총 길이 31.5㎝.
시기 : 懿王.
소장 : 상해박물관.

【주요참고문헌】

≪商周青銅器銘文選三≫, 184~186쪽.
≪西周青銅器銘文分代史徵≫, 508~513쪽.
≪中國古文字導讀~商周金文≫, 176~181쪽.

【석문】

器銘 :

隹(唯)三月既死覇甲申, 王才(在)葊(鎬＜豊＞)上宮[1]. 白(伯)𢐗(揚)父[2]迺成貿[3], 曰 : "牧牛, 㪤, 乃可(苛)湛(甚), 女(汝)敢𠂤(以)乃師訟[4], 女(汝)上[illegible][5]先誓(誓). 今女(汝)亦既又(有)御誓(誓)[6], 専趦(格)嗇覿(睦)𠑇[7], 𡧊(授)[8]亦兹(玆)五夫, 亦既御乃誓(誓), 女(汝)亦既從辭(詞)從誓(誓). 弋(式)可(苛)[9], 我義(宜)便(鞭)女(汝)千, 𪒠𪒠[10]女(汝). 今我赦(赦)女(汝), 義(宜)便(鞭)女(汝)千, 黜𪒠女(汝), 今大赦(赦)

蓋銘 :

女(汝). 便(鞭)女(汝)五百. 罰女(汝)三百守(鋝)." 白(伯)𢐗(揚)
父迺或事(使)牧牛誓(誓)曰 : "自今
余敢𢦏(擾)乃尖(小大)事. 乃師或𠂤(以)
如(汝)告, 鼎(則)侄(致)乃便(鞭)千, 𪒠𪒠." 牧
牛鼎(則)誓(誓), 乃𠂤(以)告吏覭吏曶[11]
于(與)會[12]. 牧牛辭誓(誓)成, 罰金. 𠑇用乍(作)旅𥁕(盉)(5464)

【해석】

三月 既死覇 甲申 일에 王이 鎬京의 上宮에 있을 때, 伯揚父는 판결을 내렸다 : "牧牛야! 너는 감히 너의 上司의 재산을 쟁탈하려 하다니 응당히 엄한 譴責을 받음이 마땅하고, 너는 먼저 이전의 맺은 서약을 상관에게 보고하여 듣도록 하여야 한다. 너는 이미 이행해야할 서약이 있으니, 嗇지방에 가서 𠑇과 화해하고 다섯 명의 노예와 五夫를 주도록 하라. 이렇게 너는 서약을 이행하고 판결에 복종하여야 한다. 처음에 내려진 법의 처벌로, 나는 본래 천대를 때리고 墨刑을 가하고자 하였으나, 너에게 사면을 내려 천대를 때리고 墨刑 중 幪刑은 면하도록 한다. 너에게 다시 사면을 내려 오백 대만 맞도록 하고 삼백렬(약 二千兩)의 벌금만 내도록 하노라."
이에 伯揚父는 牧牛에게 "오늘 이후로 작고 큰일을 막론하고 다시 번거롭게 하지 않겠으며, 너의 상사가 다시 너를 고발하면 천대를 때리고 묵형을 처하도록 하겠다"라고 서약하도록 하였다. 牧牛는 서약참관인 覭과 曶이 참가한 가운데 계약서에 서약을 하고, 牧牛의 안건과 서약을 모두 완성하고, 벌금으로 청동을 냈다. 𠑇은 재판에 이긴 것을 기념하여 宗廟에서 사용할 盉를 만들었다.

설 명

1) ‘葊(鎬<豐>)上宮’ : ‘葊’자의 음성부분은 ‘方’이고, ‘旁(방)’과 통한다. ≪詩經·小雅·六月≫ “侵鎬及方, 至于涇陽(호땅과 방땅까지 침입하여 경수 북쪽에까지 이르니)” 중의 ‘方’지방에 해당된다. ‘方’은 ‘43.【士上卣(臣辰卣)】’에서도 보이고 ‘豐’ 지방을 가리킨다. ≪金文引得≫은 ‘葊’자를 ‘鎬(호)’로 보고 있으나, ‘28.【德方鼎】’ 중의 ‘⿱艹⿱高廾(鎬)’와는 문자의 형태가 다르다. 본문은 ‘豐’의 가차자로 보기로 한다. ‘上宮’은 ‘重樓’의 의미이며, 이층 이상의 누각을 말한다.

2) ‘白(伯)⿰丮昜(揚)父’ : 人名.

3) ‘成⿱𣦼貝’ : ‘⿱𣦼貝(잔)’자는 ‘劾(핵)’자의 가차로 사용되고 있다. ‘成⿱𣦼貝’은 ‘판결을 내리다’의 의미.

4) ‘乃師訟’ : ‘師(사)’는 ‘上司’의 의미로 쓰이고 있다. ‘訟(송)’은 ‘재산을 쟁취하다’의 의미이고, ‘乃師訟’은 ‘너의 上司에게서 재산을 쟁탈하다’의 의미이다.

5) ‘上’ : 馬承源은 이 자를 ‘⿰王卩’자로 예정하고 의미는 ‘聽’으로 설명하고 있다. ‘上聽’은 ‘上司에게 보고하여 듣도록 하다’의 의미이다. ≪금문편≫은 ‘⿰千卩’자로 예정하고 있다.

6) ‘御⿱折言(誓)’ : ‘御(어)’는 ‘進’이나 ‘用’의 의미로 ‘御⿱折言(誓)’는 ‘誓約(서약)을 실행하다’의 의미이다.

7) ‘尃⿺走各(格)嗇⿰坴頁(睦)儐’ : ‘尃’ · ‘⿺走各(格)’ · ‘嗇’ · ‘⿰坴頁(睦)’과 ‘儐’은 모두 인명으로 보기도 한다. 하지만 ‘尃(부)’자는 문맥으로 보아 어조사로 사용되고 있다. ‘⿺走各(격)’자는 ‘도착하다’의 의미인 ‘格(격)’의 용법으로 사용되고 있다. ‘嗇(색)’은 지명이다. ‘⿰坴頁’은 ‘화목하다’의 의미인 ‘睦(목)’의 용법으로 사용되고 있다. ‘儐’은 인명. ‘嗇’은 ‘儐’이 거주하는 지역이다.

8) ‘⿱宀舟(授)’ : ‘⿱宀舟’자의 음성부분은 ‘舟’이며 ‘授(수)’와 통한다.

9) ‘弋(式)可(苛)’ : ‘弋’자는 ‘式’의 통가자이며 ‘法’의 의미이고, ‘可’는 ‘苛(가)’의 통가자이며 ‘責罰’의 의미이다.

10) ‘[illegible][illegible]’ : ‘[illegible]’자는 ‘幪(몽)’의 통가자이고, ‘[illegible]’자는 ‘⿰黑星’의 통가자로, 모두가 ‘黑’

편방이 있는 것으로 보아 墨刑(묵형)의 일종이다. 아래에 보이는 ‘(黵)’자 역시 墨刑의 일종이다. 이들은 비록 모두 묵형이지만 방법상 약간씩 차이점이 있는 것으로 보인다.

11) ‘吏觊吏曶’ : ‘觊’과 ‘曶’은 모두 인명이며, ‘吏’는 獄官(옥관)을 가리킨다.

12) ‘于(與)會’ : ‘于’는 개사의 용법으로 사용되었고, ‘會’는 명사인 ‘계약서’의 의미이다.

금문편

‘荛(鎬)’ : ≪금문편≫ ‘0099 荛’(41쪽) 참고.

‘(牧)’ : ≪금문편≫ ‘0540 牧’(221쪽) 참고.

‘(貿) : ’≪금문편≫‘0661 貿’(279쪽) 참고.

‘’ : ≪금문편≫ ‘1504 刑’(644쪽) 참고.

‘趌(格)’ : ≪금문편≫ ‘0150 各’(73~74쪽) 참고.

‘(啬)’ : ≪금문편≫ ‘0891 啬’(383쪽) 참고.

‘顂(睦)’ : ≪금문편≫ ‘1447, 顂’(620쪽) 참고.

‘(儥)’ : ≪금문편≫ ‘1005 賸’(430~431쪽)에 수록된 문자 중 ≪季良父壺≫의 ‘儥’자도 있으나, ≪儥匜≫의 자는 수록하지 않고 있다.

‘寽(授)’ : ≪금문편≫ ‘1229 寽’(535쪽) 참고.

‘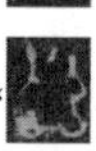丝(兹)’ : ≪금문편≫ ‘0651 兹’(273쪽) 참고.

‘(御)’ : ≪金文編≫은 ‘御’자를 ≪부록하≫ ‘397’(1236쪽)에 수록하고 있다.

‘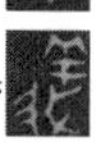(義)’ : ≪금문편≫ ‘2055 義’(832~833쪽) 참고.

‘(䊮)’ : ≪금문편≫ ≪부록하≫ ‘451’(1245쪽) 참고.

‘’‘(㱿)’ : ≪금문편≫ ≪부록하≫ ‘452’ (1245쪽) 참고,

‘(黵)’ : ≪금문편≫ ≪부록하≫ ‘450’ (1245쪽) 참고.

'(罰)' : ≪금문편≫ '0691 罰'(290쪽) 참고.

'寽(鋝)' : ≪금문편≫ '0658 寽'(275~276쪽) 참고.

'夒(擾)' : ≪금문편≫ ≪부록하≫ '697'(1287쪽) 참고. "【小臣艅犧尊】" 참고.

'(則)' : ≪금문편≫ '0685 則'(288~289쪽) 참고.

'(會)' : ≪금문편≫ '0858 會'(364~365쪽) 참고. ≪금문편≫은 ≪朕匜(𠊻匜)≫의 '會' 자를 수록하지 않고 있다.

'(曶)' ≪금문편≫ '0740 曶'(316쪽) 참고.

52. 【賢簋】

【명문참고】

二玄社 61；集成 7・4104；銘文選 1・350；三代 08・28・3・4；總集04・2635/總集 04・2638.

【소개】

異名：賢彝衛公叔簋.

출토：1888년 河南省.

명문：4行 27字.

크기：높이 19.6㎝；口徑 17.2㎝；低徑 19.4㎝.

소장：상해박물관.

【주요참고문헌】

≪兩周金文辭大系圖錄考釋≫, 264(225쪽).

≪金文今釋類檢(殷商西周卷)≫, 50~51쪽.

≪商周青銅器銘文選三≫, 247~248쪽.

≪西周青銅器銘文分代史徵≫, 118~120쪽.

【석문】

唯九月初吉庚午,

公弔(叔)初見于衛, 賢

從, 公命事. 晦(賄)賢百

晦[1]鬻<餗>[2], 用乍(作)寶彝(4918)

【해석】

九月 初吉 庚午 일에 公叔이 처음으로 衛 지방을 시찰할 때 賢이 수행하였다. 公叔은 賢에게 公務를 수행하라 명령하고, 동시에 賢에게 百畝와 솥을 만들 수 있는 청동을 하사하였다. 이를 기념하기 위하여 賢이 보배스러운 彝器(이기)를 만들었다.

설 명

≪賢簋≫는 상해박물관과 대만 고궁박물관에 각각 하나씩 있다. 아래 대만 고궁박물관이 소장하고 있는 기물은 기물의 형태와 장식 무늬 등으로 보아, 후에 상해박물관의 기물을 보고 새로 만든 것으로 보인다.

1) '晦(賄)賢百晦' : 앞 '晦(회)'자는 '賄(회)'의 의미로 쓰이고 있다. ≪儀禮・聘禮≫의 "賄在聘於賄."라는 구절에 대하여 鄭玄은 "古文賄皆作悔(古代 경전에서 '賄'자는 '悔'으로 쓴다)."라고 설명하고 있다. '悔'와 '賄'는 음성이 같다. 뒤의 '晦'자는 '畝(무)'자의 本字이다. ≪說文解字≫는 "畝, 六尺爲步, 步百爲畝, ……從田每聲(六尺을 '步'라 하고, 百 步를 '畝'라 한다, ……田과 每의 음으로 이루어진 형성자이다)."이라고 설명하고 있다.

2) '𩟗' : 【乃孫作且己鼎(乃孫作祖己鼎)】은 '(餗)'으로 쓰고, '21. 【方鼎(嬰方鼎)】'은 '(鬻)'자로 쓰고 있다. 모두가 '餗(속)'자의 이체자이다. 가운데 부분을 '東'으로 보고, '糧(양)'자의 통가자로 보는 경우도 있으나, '東'이 아니라 '束'이기 때문에 '餗'으로 예정하기로 한다. '餗'은 '鋉(속)'의 의미로 사용되고 있다. 즉 솥을 만들 수 있는 청동을 가리킨다.

금문편

'' : ≪금문편≫ ≪부록하≫ '234'(1207쪽) 참고.

53. 【貉子卣】

【명문참고】

二玄社 62 ; 集成 10 · 5409 ; 銘文選 1 · 347 ; 三代 13 · 40~41 · 1 ; 總集 07 · 5486 ; 總集 07 · 5485.

【소개】

명문 : 6行 36字.

크기 : 높이 13.3㎝ ; 口徑 11.3㎝ ; 口橫 13.9㎝ ; 低縱 12.3㎝ ; 低橫 15㎝.

시기 : 西周 中期.

소장 : 상해박물관(器).

【주요참고문헌】

≪兩周金文辭大系圖錄考釋≫, 234(198쪽).

≪金文今釋類檢(殷商西周卷)≫, 582~583쪽.

≪商周靑銅器銘文選三≫, 246쪽.

≪西周靑銅器銘文分代史徵≫, 335~336쪽.

【석문】

唯正月丁丑, 王各(格)于
呂𤔲<畋>[1]. 王牢于㕡[2],
咸宜. 王令士衜(道)
歸(饋)貉子鹿三. 貉
子對䚄(揚)王休.
用乍(作)寶隮(尊)彝(2819)

【해석】

正月 丁丑 일에 王은 呂 지방 수렵 지역에서 수렵을 하였다. 왕은 수렵한 짐승을 기르는 곳에 넣어 기르도록 하였다. 모든 일들이 잘 처리되었기에 王은 大士官 道에게 貉子에게 세 마리의 사슴을 하사하라했다. 貉子는 왕의 은덕을 찬양하고 이를 기념하기위하여 이 보배스러운 彝器(이기)를 만들었다.

설 명

1) '呂𤔲<畋>' : '呂'는 지명. '𤔲'자를 郭沫若은 '辭(사)'자의 이체자로 보고 있으나, 문맥으로 보아 '사냥하다'의 의미인 '畋(전)'자의 이체자인 것으로 추증된다.

2) '㕡' : '㕡'자는 '阹(거)'와 같은 자이다. 산 속에서 노루나 말을 기르는 곳이다. ≪說文解字≫는 '阹(거)'자에 대하여 "依山谷爲牛馬圈也(산 골짜기를 이용하여 소나 말을 기르는 곳)"라고 설명하고 있다(≪說文解字今釋≫, 2104쪽).

금문편

'(歸)' : ≪금문편≫ '0193 歸'(85쪽)참고. ≪金文常用字典≫은 ''으로 쓰고 있다(陳初生, 145쪽).

'(㪔<敃>)' : ≪금문편≫ '0555'(224쪽) 참고.

'(厭)' : ≪금문편≫은 ≪부록하≫'408'(1238쪽)에 수록하고 있다.

'(咸)' : ≪금문편≫은 "郭沫若釋咸(郭沫若은 '咸'으로 해석한다)."라 하면서 ≪부록하≫ '031'(1172쪽)에 수록하고 있다.

54. 【大克鼎】

【명문참고】

二玄社 66；集成 5・2836；銘文選 1・297；三代 04・40・1~41・2；總集 02・1327.

【소개】

異名：善父克鼎.

출토：1890年 陝西省 扶風縣 法門寺 任村 출토.

명문：28行 290字；重文 2字.

크기：높이 93.1㎝；口徑 75.6㎝.

소장：상해박물관 소장.

【주요참고문헌】

≪兩周金文辭大系圖錄考釋≫, 110(121~122쪽).

≪金文今釋類檢(殷商西周卷)≫, 454~457쪽.

≪商周青銅器銘文選三≫, 215~217쪽.

【석문】

克曰："穆穆朕文且(祖)師華父[1], 悤(沖)
讓(襄)氒心[2], 宖靜于猷, 盄(淑)悊(哲)氒
德[3]. 肄[4]克[5]龏(恭)保氒辟龏(恭)王, 諫(敕)
辥(乂)王家, 叀(惠)于萬民, 柔(柔)遠能
𤔲(邇)[6]. 肄克□于皇天, 頊于亖(上下)[7],
旱(得)屯(純)亡敃. 易(賜)贅(釐)無彊(疆), 永念
于氒孫辟天子[8]. 天子明悊(哲), 覭孝
于申(神). 巠(經)念氒聖保且(祖)師華
父[9], 勵(擢)克王服, 出內(衲)王令, 多
易(賜)寶休. 不(丕)顯天子, 天子𠀠(其)萬年
無彊(疆). 保辥(乂)周邦, 畯(畯)尹亖(四)方."

王才(在)宗周, 旦, 王各(格)穆廟, 卽立(位).
𪏮季[10]右(佑)譱(膳)夫克[11]入門立中廷, 北卿(嚮). 王乎(呼)尹氏[12]冊令
譱(膳)夫克. 王若曰 : "克, 昔余旣令女(汝)出內(納)朕令,
今余佳(唯)𪏮(緟)𦎫[13]乃令. 易(賜)女(汝)叔市[14]參冋(絅)䒼(中)
悤. 易(賜)女(汝)田于埜, 易(賜)女(汝)田于渒,
易(賜)女(汝)井家𩰫田于𩰬㠯(以)氒臣妾,
易(賜)女(汝)田于康(康), 易(賜)女(汝)
田于匽, 易(賜)女(汝)田于𨸏原, 易(賜)
女(汝)田于寒山, 易(賜)女(汝)史小臣[15]霝龠(籥)
鼓鐘. 易(賜)女(汝)井遣𩰫人𩰬[16], 易(賜)
女(汝)井人奔于量(量). 敬夙(夙)夜用
事, 勿灋(廢)朕令." 克拜(拜)稽首, 敢對𩰬(揚)天子不(丕)
顯魯休, 用乍(作)朕文且(祖)師華父寶䵼彝[17],
克其(其)萬年無彊(疆), 子子孫孫永寶用(4023)

【해석】

克은 말한다 : "위엄과 덕을 갖춘 先祖 師華父는 마음이 넓으시며 겸손하며 예의가 있으며, 차분한 마음과 명석한 두뇌와 덕행을 지니셨다. 나 克은 공경한 마음으로 군주 恭王을 섬기고자하며 王家를 보필하고 萬民에게 모든 혜택이 미치게 하고자하며, 가까이 있는 邦國뿐만 아니라 멀리 있는 邦國까지 안정시키고자 한다. 하늘을 공경하고 신하와 군주는 서로 신임하고, 동심동락하여 하나의 오차도 없고자 한다. 또한 무궁한 복을 하사하고, 그의 자손인, 나 克이 천자를 보필하는 것을 기억하고 계신다. 天子는 총명하고 신을 잘 모시며, 聖明하신 保氏 師華父를 자주 기억하시기에 나 극에게 천자를 보필하도록 명기시켰으며 자주 명령을 하달하시고 많은 하사품과 복을 내려주셨다. 영명하신 天子는 만년동안 무강하시어 주나라를 잘 다스릴 뿐만 아니라 천하의 모든 나라를 오랫동안 보살피셨다." 王은 宗周에서 아침에 穆廟에 도착하여 제자리에 선 다음 𪏮季는 膳夫克과 함께 들어가 冊命을 받고 북쪽을 향해 中廷에 서 있었다. 王은 尹氏冊令 膳夫克에 명령하였다 : "克아! 내가 이전에 나의 명령을 전달하도록 너를 임명하였듯이, 지금 그대에게 다시 명령을 내린다. 너에게 絅色 중간에 悤色 무늬가 있는 슬갑을 너에게 줄 것이며, 너에게 埜地와 渒地를 하사하고, 𩰬地方의 井邑과 𩰫田을 하사함과 동시에 이 토지를 경작하는 사람들을 하사한다. 이외에도 康(康) · 匽 · 𨸏原과 寒山 등지에 있는 토지를 너에게 하사하며, 史小臣과 霝 · 龠(籥) · 鼓와 鐘 등을 하사한다. 井邑의 遣人과 𩰫人을 또한 하사하노니 잘 접수토록 하라. 너에게 또한 명령하노니 井邑사람들을 전부 量지방으로 데려가도록하라. 바라노니 그대는 밤 낮을 가리지 말고 언제나 왕을 잘 모시도록 하며 나의 명령을 영원토록 어김이 없도록 하라." 克은 예의를 갖추고 천자의 은덕과 복을 내리심을 감사드리고 칭송하였다. 이를 기념하기 위하여 先祖 師華父에게 제사드릴 진기한 종묘 禮器를 주조한다. 克은 萬年동안 無疆하고, 子子孫孫 이 寶器를 영원토록 사용하기를 바란다.

설 명

1) '師華父' : 인명. 서주 恭王 때의 사람으로, 字는 '華父(화부)'이다. 膳夫克(선부극)의 祖父.

2) '悤(沖)䜣(襄)乓心' : '悤(총)'자는 '沖(충)'과 통하며 '마음을 비우다'의 의미로 쓰이고, '䜣'은 '襄(양)'자의 이체자로 '양보하다'의 '讓(양)'의 의미이다. 전체적으로 '마음 비우고 과욕이 없는 겸손한 마음'의 뜻.

3) '盄(淑)悊(哲)乓德' : '盄'자는 음성부분이 '弔'이고 '淑(숙)'과 통하며, '悊'자의 음성부분은 '折'이고 '哲(철)'과 통한다. 전체적으로 '아름답고 명석한 덕행'의 뜻.

4) '克' : 인명. '膳夫克(선부극)' 혹은 '師克'이라고 한다. 西周 孝王 때의 사람.

5) '肆' : '肆'는 '肆(사)'와 같은 자이며, 助詞인 '故'의 용법으로 사용되고 있다.

6) '𥂴(柔)遠能㕚(邇)' : '𥂴'자는 '擾(요)'자의 이체자이며 '柔(유)'자로 가차되어 '위로하다' 뜻이다. '能'은 '親善(친선)'이나 '和睦(화목)'의 의미이다. '㕚'자는 '埶(예)'자의 이체자이며, '褻(설)'로 쓰기도 하며, '邇(이)'와 통한다. '邇'는 '가깝다'는 의미이다. 이 문장은 전체적으로 '멀리 떨어진 변방은 위로하고 안심시키며, 가까운 지역과는 화목하게 지낸다'이다.

7) '肆克□于皇天, 頊于𠄞(上下)' : '肆'자는 '肆(사)'자와 같고, 克'은 '能'자의 의미인 '능히'의 뜻이다. (≪金文常用字典≫, 906~908쪽). '□'은 ''과 같이 쓰는데, 郭沫若은 아랫부분만을 '甘'으로 예정하고 하고 있으나, 여전히 어떤 자인지 알 수가 없다. ≪說文解字≫는 '頊(욱)'자를 '謹皃(삼가하는 모양)'라고 설명하고 있다(≪說文解字今釋≫, 1208쪽). '근면하고 믿음이 있는 모양'의 뜻이다. '𠄞'자는 '上'자와 '下'자의 합문이다.

8) '辟天子' : '辟(벽)'자는 여기에서 '僻事(벽사)'의 의미인 '보좌하다'는 뜻으로 사용되고 있다(≪金文常用字典≫, 869쪽) '辟天子'는 '천자를 보필하다'의 뜻이다.

9) '保且(祖)師華父' : 여기에서의 '保'는 관명으로 '保氏'를 말한다. '保且(祖)師華父'는 곧 '관직인 保氏인 祖父 師華父(사화부)'.

10) ‘𩰫季’ : 인명. 서주 孝王(효왕) 때의 사람.

11) ‘膳夫’ : 克의 官名. 즉 ‘膳食官(선식관)’을 가리킨다.

12) ‘尹氏’ : 인명, 즉 ‘內史尹’으로 ‘內史의 長’을 말한다.

13) ‘𩰫(緟)𩫖’ : ‘𩰫’자는 ‘緟(중)’과 통하며, ‘𩫖’은 ‘景’과 통한다. ‘緟’은 ‘재차’나 ‘다시’라는 의미이고, ‘景’은 ‘밝히다’의 뜻이다.

14) ‘叔市’ : ‘叔’자는 ‘朱’자의 의미로 쓰이며, ‘市(불)’은 ‘슬갑’의 의미이다.

15) ‘史小臣’ : ‘궁중에서 일하는 小官’이라고 해석하기도 하나, 내용이 악기와 관련된 내용이기 때문에 악기를 관리를 하는 下屬 관리로 해석하기로 한다.

16) ‘井遺匔人𦓤’ : ‘井遺匔人’은 井邑의 遺人과 匔人이다. ‘𦓤’자에 대하여 郭沫若은 ‘耤(적)’자와 통하여 ‘奴籍(노적)’의 뜻으로 보고 있으나, 馬乘源은 ‘收取’의 의미로 해석하고 있다.

17) ‘寶鬺彝’ : ‘鬺(상)’은 ‘煮(자)’의 의미로 ‘삶다’ · ‘익히다’의 뜻이다. ‘寶鬺彝(보장이)’는 ‘요리를 할 수 있는 보배스러운 鼎’이라는 뜻이다.

금문편

‘[illegible](襄)’ : ≪금문편≫ ≪부록하≫‘052’(1176쪽) 참고.

‘[illegible](擢)’ : ≪금문편≫ ‘0306 [illegible]’(125~126쪽) 참고.

‘悊(哲)’ : ≪금문편 ‘0132 哲’((57~58쪽) 참고.

‘(靜)’ : ≪금문편≫ ‘0819 靜’(350쪽) 참고.

‘(畺)’ : ≪금문편≫ ‘2206 畺’(895~898쪽) 참고.

‘(𦀚)’ : ≪금문편≫ ‘0474 𦀚’(200~201쪽) 참고.

‘(鬺)’ : ≪금문편≫ ‘1154 鬺’(495~497쪽) 참고.

‘龏(恭)’ : ≪금문편≫ ‘0405 龏’(160~162쪽) 참고.

‘(能)’ : ≪금문편≫ ‘1644 能’(688쪽) 참고.

‘(遚)’ : ≪금문편≫ ≪부록하≫ ‘068’(1178쪽) 참고.

‘(䙴)’ : ≪금문편≫ ≪부록하≫ ‘540’(1260쪽) 참고.

‘(敬)’ : ≪금문편≫ ‘1526 敬’(652~653쪽) 참고.

‘(贅)’ : ≪금문편≫ : ‘0537 [illegible]’(220쪽) 참고.

‘(寒)’ : ≪금문편≫ ‘1214 寒’(531쪽) 참고.

‘(叔)’ : ≪금문편≫ ‘0463 叔’(191쪽) 참고.

‘[illegible](緟)’ : ≪금문편≫ ‘2113 緟’(861쪽) 참고.

‘’ : ≪금문편≫ ≪부록하≫ ‘144’(1191~1192쪽) 참고.

‘(彝)’ : ≪금문편≫ ‘2122 彝’(864~871쪽) 참고.

‘(家)’ : ≪금문편≫ ‘1182 家’(510~511쪽) 참고.

‘(廢)’ : ≪금문편≫ ‘1611 灋’(679~680쪽) 참고.

‘(湋)’ : ≪금문편≫ ‘1785 箄’(729쪽) 참고.

‘(匽) ; : ≪금문편≫ ’2064 匽‘(841~842쪽) 참고.

‘(鐘)’ : ≪금문편≫ ‘2244 鐘’(915~917쪽) 참고.

‘霝龠(籥)’ : 본문에서는 ‘霝龠(籥)’ 두자로 예정하였으나, ≪금문편≫은 ‘1872 霝’ (751~752쪽)에 수록하여 ‘霝’자의 번체자로 보고 있다.

55.【伯公父簠】

【명문참고】

集成 9·4628；銘文選 1·301；總集 04·2984.

【소개】

異名：伯公父簠；伯公父𠤳；白公父簠.

출토：1977년 陝西省 扶風縣 雲塘村에서 출토.

명문：10行, 61字, 重文 2字.

크기：높이 19.8㎝；口縱 23㎝；口橫 28.3㎝.

시기：西周 孝王.

소장：陝西省 扶風縣 文物管理所.

【주요참고문헌】

≪金文今釋類檢(殷商西周卷)≫, 671~672쪽.
≪商周青銅器銘文選三≫, 219쪽.
≪商周古文字讀本≫, 112~114쪽.

【석문】

白大師小子白(伯)
公父[1]乍(作)簠(簠), 睪(擇)之金[2],
隹(唯)鐈隹(唯)盧[3], 其(其)金孔吉[4], 亦玄亦黃[5].
用成(盛)[6]稚稻(稻)需(糯)梁(粱)[7].
我用召卿事(士)[8]辟王,
用召者(諸)考者(諸)兄,
用旂(祈)釁(眉)[9]耉(壽)
多福(福)無彊(疆), 其(其)子子
孫孫永寶亯(亨)(5300)

【해석】

白大師의 아들 伯公父는 제기 簠(보)를 만들 때, 최상급인 자색 玄鏐(현류)와 黃盧(황로) 청동을 선택하였다. 이 청동은 매우 좋으며, 색깔은 검고 누른 빛깔을 지녔다. 이 청동으로 만든 제기는 벼나 기장을 담는데 사용하며, 또한 卿士를 도와 왕을 보좌하고자 하는데 사용하고자 한다. 이 제기로 부모들과 형님네들의 안위와 장수와 만복래하기를 기원한다. 이 제기를 자손만대 영원히 寶器로 간직하기 바란다.

설 명

1) '白大師小子白(伯)公父' : '小子'자는 본래 미성년이라는 의미이나 금문에서는 下屬官(하속관)의 아들이라는 의미로 사용되고 있다.

2) '之金' : '之'는 대사의 용법으로 사용되고 있다.

3) '隹(唯)鐈隹(唯)盧' : '鐈(교)'는 진한 紫色이며 '玄鐈' 혹은 '玄鏐(현류)'라고도 한다. '盧'는 '黃盧(황로)', '金鈑(금판)', '餠金(병금)'이라 칭하며 판자 모양의 청동을 말한다.

4) '孔吉' : '孔'은 부사의 용법으로 '매우'·'대단히'의 의미이고, '吉'은 '좋다'라는 의미.

5) '亦玄亦黃' : 검고 누른 빛깔.

6) '成(盛)' : '가득 담다'의 의미.

7) '𥻆𣄰(稻)需(糯)𥹰(粱)' : 햅쌀 · 찹쌀과 기장. '𥻆'는 '穛(착)', '穱(착)'자와 같은 자이며 '햅쌀'을 가리킨다. '𣄰'자는 '稻(도)'자, '需'자는 '糯(나)'자, '𥹰'은 '粱(양)'자와 각각 통한다.

8) '卿事(士)' : 周代 王朝의 집정관으로 '卿史'라고도 한다.

9) '旂(祈)釁(眉)' : '旂'자는 '祈(기)'자이다. '釁'자는 '沬(말)'자의 古形으로 '瀰(미)'와 통하며, 일반적으로 '眉壽(미수)'라고 쓴다.

금문편

'(小)' : ≪금문편≫ '103 小'(43~45쪽) 참고.

'(鐈)' : ≪금문편≫ '2230 鐈'(912쪽) 참고.

'睪(擇)' : ≪금문편≫ '0400 睪'("與擇爲一字, 从廾('擇'과 같은 자이다. 字符 '廾'을 쓰고 있다).", 159쪽) 참고.

'(盧)' : ≪금문편≫ '0788 盧'(340쪽) 참고.

'(玄)' : ≪금문편≫ '0641 幺'(268쪽) 참고. '0650 玄'("幺字重見('幺'에도 보인다).", 272쪽) 참고.

'(黃)' : ≪금문편≫ '2207 黃'(898~900쪽) 참고.

'𣄰(稻)' : ≪금문편≫ '1116 𣄰'(472쪽) 참고. '1162 稻'("𣄰字重見('𣄰'자에도 보인다).", 501쪽) 참고.

'需(糯)' : ≪금문편≫ '1163 稬'("正字通以稬爲稬, 俗字集韻作糯从米(正字 '稬'자는 '稬'자로 쓰기도 하고, 俗字를 ≪集韻≫은 字符 '米'를 '糯(나)'로 쓴다).", 501쪽) 참고.

'(我)' : ≪금문편≫ '2054 我'(831~832쪽) 참고.

'(辟)' : ≪금문편≫ '1514 辟'(648~649쪽) 참고.

'旂(祈)' : ≪금문편≫ '0028 祈'(14~16쪽) 참고.

'(考)' : ≪금문편≫ '1406 考'(595~600쪽) 참고.

'(兄)' : ≪금문편≫ '1436 兄'(615~616쪽) 참고.

'釁(眉)' : ≪금문편≫ '0584 眉'(237~242쪽) 참고.

56.【虘鐘】

【명문참고】

二玄社 69；集成 1·92；銘文選 1·391；三代 01·18·1；總集 09·7023.

【소개】

명문：6行 25字.

시기：西周 夷王.

소장：日本 교토 泉屋 博古館.

【주요참고문헌】

≪商周青銅器銘文選三≫, 268쪽.

【석문】

下右側：……首, 敢對𩰫(揚)[1]天子不(丕)顯

下上段：休, 用乍(作)

下中央：朕文考盩白(伯)龢[illegible](林)鐘[2].

上段：虘[3]眔蔡姬[4]永寶(0059)

【해석】

……천자의 위대함을 찬양하고, 부친 釐伯(이백)에게 바칠, 듣기 좋은 소리가 나는 編鐘(편종)을 만든다. 大師 虘(차)와 부인 蔡姬(채희)는 이를 영원히 보배스럽게 간직할 것이다.

설 명

1) '對⿰丮昜(揚)' : '하사품을 내린 자를 찬양하다'의 의미.

2) '龢⿱林金(林)' : '龢(화)'자에 대하여 ≪설문해자≫는 "調也, 從龠和聲, 讀如和同(조화를 이루다의 의미. 의미부분이 '龠', 음성부분이 '和'인 형성자. '和'의 음과 같다)"라고 설명하고 있다(≪說文解字今釋≫, 303쪽). 음악이 조화를 이루어 듣기 좋음을 말한다. '⿱林金'자의 음은 '林'이며, '林鐘'은 編鐘을 말한다.

3) '䖢' : 人名으로, 大師虘(대사차).

4) '蔡姬' : 虘의 부인.

금문편

'(首)' : ≪금문편≫ '1484 首'(630~631쪽) 참고.

'(對)' : ≪금문편≫ '0396 對'(155~158쪽) 참고.

'(䖢)' : ≪금문편≫ '0457 䖢'(187~188쪽) 참고.

'(姬)' : ≪금문편≫ '1950 姬'(787~790쪽) 참고.

'(龢)' : ≪금문편≫ '0305 龢'(124~125쪽) 참고.

'(蔡)' : ≪금문편≫ '0080 蔡'(36~37쪽) 참고.

57. 【十二年大簋蓋(大簋蓋)】

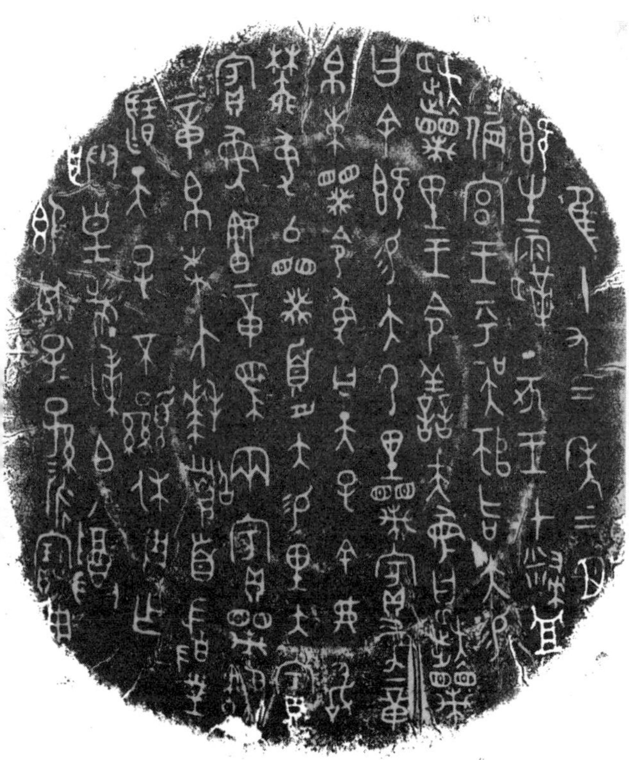

≪大簋≫ 1器

≪大簋≫ 2器

【명문참고】

二玄社 70 ; 集成 8 · 4299 ; 銘文選 1 · 392 ; 三代 09 · 26 · 1 ; 總集 04 · 2813

【소개】

異名 : 大簋蓋 ; 大簋.

명문 : 12行 108字, 重文 2字.

시기 : 西周 夷王.

소장 : 중국역사박물관.

【주요참고문헌】

≪兩周金文辭大系圖錄考釋≫, 74(87쪽).

≪商周青銅器銘文選三≫, 268~269쪽.

【석문】

隹(唯)十又二年三月
既生霸丁亥[1], 王才(在)𩟥
倀宮[2]. 王乎(呼)吳師召大, 易(賜)
遱睽里[3], 王令譱(膳)夫豖曰遱睽
曰 : “余既易(賜)大乃里. 睽賓[4]豖章(璋)
帛束.” 睽令豖曰天子 : “余弗敢
𪚰[5].” 豖㠯(以)睽䫉[6]大易里, 大賓.
賓豖䚄[7]章(璋)馬兩(輛) ; 賓睽䚄
章(璋)帛束. 大捧(拜)䭬首, 敢對
䫺(揚)天子不(丕)顯休, 用乍(作)
朕皇考剌白(伯)障(尊)
𣪘(簋), 其(其)子子孫孫永寶用(5036)

【해석】

夷王 12年 既生霸 丁亥 일에, 王은 𩟥倀宮에서 吳師에게 大를 소환하여 遱睽의 里를 하사받도록 하였다. 王은 膳夫 豖을 시켜 遱睽에게 말하도록 명령하였다 : “나는 너의 里를 大에게 하사하도록 하며, 睽은 豖에게 玉璋과 帛 一束을 하사하도록 한다.” 睽은 豖을 시켜 天子에게 “내가 어찌 그것을 아까워하겠습니까!” 라는 말을 알리도록 하였다. 豖는 睽에게 왕이 하사한 睽里를 물러 주도록 하였다. 그래서 大는 대접을 하였고, 豖에게 大璋과 말 네 필을 하사하고, 睽에게 大璋과 帛 一束을 하사하였다. 따라서 머리를 조아려 예를 갖추고 위대한 천자의 은덕을 찬양하며, 이를 기념하기 위하여 先祖 刺伯에게 제사 모실 尊簋를 만든다. 이 尊簋를 자손 대대로 영원히 보존할지어다.

설 명

≪大簋≫는 모두 두 蓋가 있다. 二玄社≪서법선≫이 1器를 수록하고 있다. 1器는 일부분의 문자는 좌우를 바꾸어 쓰고 있다. 2器를 기본 자료로 한다.

1) ‘隹(唯)十又二年三月既生霸丁亥’ : 馬乘源은 夷王 12년은 BC887년 3월 9일로 보고 있다(≪銘文選≫, 268쪽)

2) ‘𩟥倀宮’ : ‘𩟥倀宮’은 宮의 이름. ≪大鼎≫에도 보인다. ‘𩟥倀’은 일반적으로 ‘歸脤(귀신)’으로 쓴다. ‘歸’는 ‘饋(먹일 궤 ; kuì)’자의 가차자이고, ‘脤(제육 신 ; shèn)’은 제사 때 사용하는 고기이다. ‘歸脤’이란 천자가 제사를 지낸 고기를

제후들에게 나누어주는 것을 말한다.

3) ‘遙䙴里’ : ‘遙䙴’는 인명. ‘遙’자는 음이 ‘遙(요)’자와 근사하며, ‘䙴’자의 음은 ‘癸(계)’이다. ‘里’는 50 내지 70 가구가 사는 마을을 말한다. ‘遙癸’가 다스리던 마을.

4) ‘賓’ : ‘賓’은 ‘儐(인도할 빈 ; bīn)’의 의미이며 ‘贈送’, ‘대접하다’의 뜻이다.

5) ‘𢿧’ : ‘𢿧’자는 음성부분이 ‘林’이며 ‘吝(아낄 인{린} ; lìn)’자의 의미이다. ‘吝嗇’의 의미.

6) ‘䑺’ : 음성부분이 ‘舟’로 ‘授’의 의미.

7) ‘𩠋’ : ‘𩠋’는 발음부분이 ‘害(해)’이며, ‘胡(호)’나 ‘嘏(클 하 ; jiǎ)’자의 가차자로 사용된다. ‘胡’는 ‘大’의 의미로 쓰인다. 郭沫若은 ≪大系≫에서 “𩠋字當從害聲, 與胡嘏等音當相近, 𩠋章疑是大璋(‘𩠋’자는 음성부분이 ‘害’이며, ‘胡’자나 ‘嘏’자와 음이 통한다. ‘𩠋章’은 ‘大璋’이 아닌가 한다).”이라고 설명하고 있다(88쪽).

금문편

‘’‘(遙)’ : ≪금문편≫ ≪부록하≫ ‘060’(1177쪽) 참고.

‘’‘(䙴)’ : ≪금문편≫ ‘0576 睽’(235쪽) 참고.

‘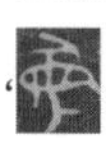’‘’ : ≪금문편≫은 ≪부록하≫ ‘663’(1281)에 수록하고 있다.

‘’‘(䑺)’ : ≪금문편≫은 ≪부록하≫ 384‘(1234쪽)에 수록하고 있다.

‘’‘䝵(揚)’ : ≪금문편≫ ‘1941 揚’(778~782쪽) 참고.

‘’‘(敢)’ : ≪금문편≫ ‘0659 敢’(276~279쪽) 참고.

‘’‘(考)’ : ≪금문편≫ ’1406 考‘(595~600쪽) 참고.

‘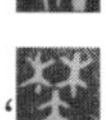’‘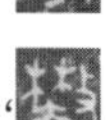(𢿧)’ : ≪금문편≫ ‘0971 𢿧’(410~411쪽) 참고.

‘’‘(刺)’ : ≪금문편≫ ‘0986 刺’(423~425쪽) 참고.

‘’‘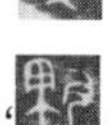(𩠋)’ : ≪금문편≫ ‘1215 害’(“于省吾謂𩠋章猶言介章(于省吾는 ‘𩠋章’은 ‘介章’이라고 설명하고 있다).”, 531쪽) 참고.

西周晚期

58. 【鄂侯馭方鼎(鄂侯鼎)】

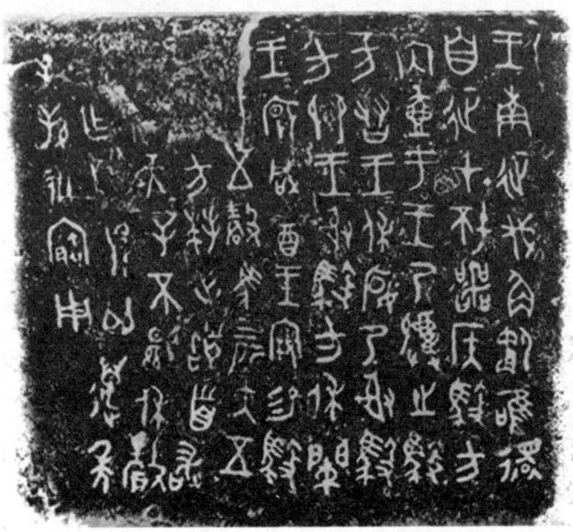

【명문참고】

二玄社 63；集成 5・2810；銘文選 1・406；三代 04・32・1；總集 02・1299.

【소개】

異名：鄂侯鼎.

명문：11行 79字 (存)；重文 1字；合文 1字；전후 내용을 고려하여 7자 보충 가능.

크기：높이 35.3㎝；口徑 31.1㎝.

시기：西周 厲王.

【주요참고문헌】

≪兩周金文辭大系圖錄考釋≫, 90(107~108쪽).

≪商周青銅器銘文選三≫, 280~281쪽.

≪西周青銅器銘文分代史徵≫, 404쪽.

【석문】

王南征, 伐角・覦(遹)[1], 唯還

自征，才(在)𥝢[2]. 噩(鄂)灰(侯)駿(馭)方[3]
內(納)壺<豊>[4]于王，乃𩞦[5]之. 駿(馭)
方畣(侑)[6]王. 王休宴，乃射，駿(馭)
方𨚕(會)王射，駿(馭)方休闌[7]，
王宴，咸酓(飲)[8]. 王寴(親)易(賜)駿(馭)
□□五瑴馬三(四)匹矢五
□[9]. □方捧(拜)手䭫首，敢
□□天子不(丕)顯休贅(釐)，
□乍(作)隮(尊)鼎[10]. 㠯(其)邁(萬)年
子孫永寶用(4002)

【해석】

왕이 남쪽 지방을 정벌하여 角과 潏(휼)을 토벌하고 되돌아오다가 𥝢 지방에 머물게 되었다. 鄂侯 馭方은 왕으로부터 단술을 하사받고 이를 받아 마셨다. 馭方은 왕에게 答報하였고, 王이 향연을 바치고 射禮를 거행하였다. 馭方은 왕과 함께 射禮를 거행하고, 馭方이 射禮를 마치자 왕은 향연을 베풀어 모두 함께 마셨다. 왕이 친히 馭方에게 玉 五珏과 말 네 필, 화살 五百 鋌을 하사하였다. 이에 馭方은 머리를 조아려 예의를 갖추어 감사하며, 천자의 현명함과 위대함을 찬양하고, 이 尊彝를 만들어 자자손손 영원히 보기로 간직하고자 한다.

설 명

1) '伐角・𨟻(潏)' : ≪翏生盨≫의 "王南征, 伐角津, 伐桐・潏"의 내용과 같다. 이 나라들은 모두 淮夷(회이)의 邦國이다.

2) '𥝢' : 문맥 상 지명으로 보이나, 어느 지방인지 확실치 않다.

3) '噩(鄂)灰(侯)駿(馭)方' : '噩'은 '鄂(악)'자와 통하며, 나라 이름이다. '駿(어)'는 '馭'자와 같은 자이며, 馭方은 鄂侯의 이름이다.

4) '壺<豊>' : ≪金文引得≫은 '壺'로 예정하고 있으나, 馬乘源은 '豊'으로 예정하고 있다. 형태나 문맥의 내용으로 보아 '豊'자의 이체자이며, '醴(예)'자와 통한다. '醴'는 '단 맛이 나는 米酒'의 의미.

5) '(𩞦)' : 사람이 앉아서 술병과 쟁반을 받쳐 들고 있는 형상으로 '마시다(飮)'는 의미.

6) '𠳋(侑)' : ≪爾雅・釋詁≫는 "侑, 報也"라고 설명하고 있다. 즉 '보답하다'의 의미.

7) '休闌' : '結束'의 의미.

8) '咸㱃(飮)' : 馬乘源은 이 문장을 도치문으로 해석하여 '마시는 것을 마치다'라고 해석하였으나, 문맥상 '모두 함께 마시다'라고 풀이하기로 한다. 도판 중에는 단지 '(酉)' 부분만 보이고 있으나, 馬乘源・≪金文引得≫과 ≪集成引得≫은 모두 '㱃(飮 : 음)'로 예정하고 있다.

9) '駿(馭)□□五瑴馬亖(四)匹矢五□' : 문맥 내용을 참고하여 '駿(馭)方玉五瑴馬亖(四)匹矢五束'으로 문자를 보충할 수 있다.

10) '□□捧(拜)手韻首, 敢□□天子不(丕)顯休贅(釐)□乍(作)隮(尊)鼎' : 내용을 참고하여 '駿(馭)方捧(拜)手韻首, 敢對揚天子不(丕)顯休贅(釐)用乍(作)隮(尊)鼎'으로 문자를 보충할 수 있다.

금문편

'𩰫(濡)' : ≪금문편≫은 ≪부록하≫'404'(1237쪽)에 수록하고 있다.

'(還)' : ≪금문편≫ '0224 還'(98~99쪽) 참고.

'(秠)' : ≪금문편≫은 '2180 坏'(886쪽)에 수록하고 있다.

'駿(馭)' : ≪금문편≫ '0275 御'(114~116쪽) 참고.

'壺<豊>' : ≪금문편≫은 수록하지 않고 있지만, '1683 壺'(701~704쪽) 자 참고. '0766 豊'(330쪽)・'0767 豐'(331~332쪽) 참고.

'㜸' : ≪금문편≫은 ≪부록하≫'405'(1237쪽)에 수록하고 있다.

'(宴)' : ≪금문편≫ '1195 宴'(515쪽) 참고. '㱃'자 앞 ''은 '宴(연)'자의 이체자이다.

'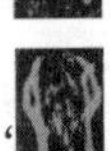㓟(會)' : ≪금문편≫ '1513 㓟'(648쪽) 참고.

'寴(親)' : ≪금문편≫ '1196 寴'(516쪽) 참고.

'(轂)' : ≪금문편≫은 왼쪽 아래쪽 부분은 '口'로 보고 '0152'(74쪽)에 수록하고 있다.

'(四)' : ≪금문편≫ '2065 亖'(842~843쪽) 참고.

'(手)' : ≪금문편≫ '1932 手'(774쪽) 참고.

'贅(釐)' ≪금문편≫ '0537 𠩺'(220쪽) 참고.

59. 【㝬簋】

【명문참고】

二玄社 64；集成 8・4317；銘文選 1・404；總集 04・2834.

【소개】

異名：胡簋.

발견：1978년 5월 陝西省 扶風縣 法門鄉 齊村에서 출토.

명문：12行 124字；合文 1；重文 1.

크기：높이 59㎝；口徑 43㎝；座長 45㎝.

소장：陝西省 扶風縣 博物館.

【주요참고문헌】

≪商周靑銅器銘文選三≫, 277~278쪽.

≪金文今釋類檢(殷商西周卷)≫, 217~219쪽

≪商周古文字讀本≫, 122~126쪽.

何琳儀・黃錫全, <㝬簋考釋六則>, ≪古文字硏究≫, 07輯109~122쪽, 1982年.

張亞初, <周厲王所作祭器㝬簋考>, ≪古文字硏究≫, 05輯, 151~168쪽, 1981年.

張政烺, <周厲王胡簋釋文>, ≪古文字硏究≫, 03輯, 104~119쪽, 1980年.

≪중국어문학역총≫ 제13집,이정자, 90~104쪽.

【석문】

王曰："有余隹𡥆(小子)[1], 余亡康[2]晝

夜, 巠(經)雝(雍)[3]先王, 用配皇天. 簧

黹[4]朕心, 墜[5]于亖(四)方, 肄2余㠯(以)

餕士獻(獻)民[7], 爯(偁)盭(戾)[8]先王宗室."

㝬乍(作)䵼(齍)彝寶毁(簋), 用康惠朕

皇文剌(烈)且(祖)考[9], 𠀠(其)各(格)前文人[10],

其瀕(頻)才(在)帝廷陟降, 䵼圝[11]皇

□(帝)大魯[12]令. 用黹保我家朕

立(位)㝬身，陁陁降余多福，害(憲)䍒(烝)
宇慕遠猷[13]. 㝬𠀠(其)萬年𩱦(鬻)實[14]
朕多䄅(禦)[15]. 用𠦪耆(壽)匄永令(命)[16]，畯(畯)[17]
才(在)立(位)，乍(作)疐[18]才(在)下，隹(唯)王十又二祀(5045)

【해석】

왕은 "나는 비록 소인배이지만, 나는 밤낮 안일하게 해동하지 않고 항상 선왕을 업적을 계승하고자 하였고, 하늘의 뜻을 따르도록 노력하였다. 나의 마음을 밝고 아름답게 하여 온 천하 백성에 미치게 하고자 하였으며, 또한 나와 귀족과 사대부들은 모두 선왕 종묘제에 적절하게 조화를 이루었다"라 했다. 㝬(호)는 제사를 드릴 때 사용할 寶器를 만들어, 나의 문덕이 혁혁하신 祖考의 평안과 안락을 누릴 수 있게 하고자 하며, 또한 문덕이 혁혁하여 하늘을 감동시킨 선조들로 하여금 자주 하늘의 조정에 계시면서 인간세계에 왕래하시면서 황천인 상제의 위해한 명령을 지속적으로 받들어 자손을 보우해 주시기를 기원한다. 또한 이 寶器를 사용하여 우리 주 왕실과 나의 몸을 잘 보우해 주시고, 즐거이 나에게 많은 복록을 주시시고, 내가 원대한 계획을 진행하도록 선도해 주시기를 기원한다. 나 㝬는 이 제기에 祭物을 가득 담아서 많은 제사들을 오랫동안 성대히 모시고, 천수를 누리어 오래오래 왕위에 머무르며 천하의 지주가 되기를 기원하다. 왕 22년에.

설 명

'㝬'자는 음성부분이 '害'인 형성자이며, 周 厲王인 '胡(호)'이다(≪西周青銅器銘文分代史徵≫, 507쪽, 注 17 참고)

1) '有余隹𡭔(小子)' : '有'는 어기사이고, '隹'는 '비록'이라는 뜻인 '雖'의 용법으로 사용되고, '𡭔(小子)'는 '少輩'와 같은 의미이다.

2) '康' : '康'은 '安逸하다'의 뜻.

3) '巠(經)雝(雍)' : '巠(經)'은 '항상'이라는 '經常'의 의미이다. '雝(雍)'은 '화합하다'의 의미인 '雍(옹)'으로 풀이하는 경우도 있으나, 내용상 '擁(옹)'자와 통하여 '옹호하다'·'계승하다'의 의미로 해석하기로 한다.

4) '簧黹' : '簧(황)'은 '光'의 뜻. '黹(치)'는 원래 '자수'라는 의미에서 '아름답다''좋다'는 뜻으로 사용되고 있다.

5) '墜' : '遂(수)'자와 통하여 '미치다''도달하다'의 뜻이다.

6) '肄' ; '肆(사)'와 같은 자이며 '그래서'·'따라서'의 連詞의 용법으로 사용되고 있다.

7) '㠯(以)餘士獻(獻)民' : '㠯(以)'는 개사 '與'의 뜻이며, '餘'자는 음성부분이 '豕(시)'이며, '庶(서)'자와 통한다. '庶士'자는 귀족이라는 의미. '獻(獻)民'은 사대부의 뜻.

8) '爯(偁)盭(戾)' : '爯(偁 : 칭)'은 부사의 용법으로 '적절하게'·'적당하게'의 뜻이다. ≪說文解字≫는 '盭(lì)'자에 대하여 '讀如戾'라고 설명하고 있다(≪說文解字今釋≫, 1836쪽). '盭(戾)'자는 음이 '려'이며, '안정되고 화협되다'라는 뜻.

9) '康惠朕黃文刺(烈)且(祖)考' : '康'은 '安'의 의미. '刺(烈)'은 '현저하다'·'혁혁하다'의 의미.

10) '甘(其)各(格)前文人' : '甘(其)'는 語氣詞. '各(格)'은 '감동하다'의 의미. '前文人'은 앞 선조들을 가리킨다.

11) '䵼圝' : '䵼'은 '緟(중)'과 통하여 '復'의 의미인 '지속적으로 편안하다'의 뜻. '圝'은 '貈(학)'나 '貉(학)'과 같아 '周'와 통하며, '恪(삼가다)'자의 의미이다.

12) '魯令' : '魯'는 '嘉'·'佳'의 뜻. '令'은 '명령'의 의미.

13) '陁陁降余多福, 害(憲)䘮(烝)宇慕遠猷' : '陁陁(이이)'는 '기뻐하는 모습'을 나타내는 重言이다. '害(憲)'은 '宣'과 통하며, '䘮(烝)'은 '禪'과 통하여 '導'의 의미이다. 따라서 '害(憲)䘮(烝)'은 '선도하다'의 의미.

14) '䵻(齍)實' : '제물을 제기에 가득 채우다'의 의미.

15) '御(禦)' : '御(禦 : 어)'는 '祭祀'의 일종.

16) '桒耆(壽)匄永令(命)' : '桒'의 음은 '홀 : hù'이고, '匄'의 음은 '개 : gài'로 모두 '기원하다'의 의미이다. ≪衛鼎≫은 "用桒(禱)壽, 匄永福"이라고 쓰고 있고, ≪伯梡簋≫는 "唯用祈桒(禱)萬年"으로 쓰고 있다. '桒(禱)'·'祈桒(禱)'나 '匄'은 '기원하다'는 뜻으로 쓰인다(≪金文常用字典≫, 935~936쪽)

17) '畯(畯)' : '오랫 동안'이라는 '長'의 뜻.

18) '乍(作)疐' : '疐(체)'자는 '氐'와 통하며, 금문에서는 '根本'·'永久'나 '견고하게 하다'등의 의미로 쓰인다. '乍(作)疐'는 '(백성의) 근본이 되다'의 뜻.

금문편

‘(獻(獻)’ : ≪금문편≫ ‘1626 獻’(683~684쪽) 참고.

‘瀕(頻)’ ≪금문편≫ ‘1852 瀕’(742쪽) 참고.

‘’‘’‘(㝬)’ ≪금문편≫‘1700 㝬’(709~710쪽) 참고.

‘(帝)’ : ≪금문편≫ ‘0008 帝’(6~7쪽) 참고.

‘(圞)’ : ≪금문편≫≪부록하≫ ‘277’(1215쪽) 참고.

‘(桒)’ : ≪금문편≫ ‘1692 桒’(706~707쪽) 참고.

‘(萬)’ : ≪금문편≫ ‘2354 萬’(951~958쪽) 참고.

‘(猷)’ : ≪금문편≫ ‘1628 猷’(685쪽) 참고.

‘畯(畯)’ : ≪금문편≫ ‘2198 畯’(892~893쪽) 참고.

‘登(烝)’ : ≪금문편≫ ‘0765 登’(“从米从豆, 像載米于豆. 从廾, 進之義. 當訓爲登爲進(字符 ‘米’와 ‘豆’는 제기에 쌀을 담아 모습이고, ‘廾’은 ‘나아가다’의 뜻이다. ‘登(오르다)’나 ‘進(나아가다)’의 의미이다.)”, 330쪽) 참고.

‘(先)’ : ≪금문편≫, ‘1441 先’(617~618쪽) 참고.

‘(書)’ : ≪금문편≫, ‘0481 書’(203쪽) 참고.

‘(㡀)’ : ≪금문편≫, ‘1304 㡀’(553~554쪽) 참고.

‘雝(雍)’ : ≪금문편≫, ‘0602 雍’(257~258쪽) 참고.

‘(墜)’ : ≪금문편≫, ‘2182 墜’(887쪽) 참고.

‘(桒)’ : ≪금문편≫, ‘1692, 桒’(706~707쪽) 참고.

‘(餯)’ : ≪금문편≫, ‘0849 餯’(362쪽) 참고.

‘盭(戾)’ : ≪금문편≫, ‘1688 盭’(705쪽) 참고.

‘(彝)’ : ≪금문편≫, ‘2122 彝’(864~871쪽) 참고.

‘剌(烈)’ : ≪금문편≫, ‘0986 剌’(423~425쪽) 참고.

‘(寷)’ : ≪금문편≫, ‘0649 寷’(272쪽) 참고.

‘(鍾)’ : ≪금문편≫, ‘2113, 緟’(861쪽) 참고.

‘害(憲)’ : ≪금문편≫, ‘1719 憲’(715쪽) 참고.

60. 【㝬鐘】

【명문참고】

二玄社 65 ; 集成 1・260 ; 銘文選 1・405 ; 三代 01・65・1~1・66・1 ; 總集 09・7176.

【소개】

異名 : 宗周鐘 ; 周寶鐘.

명문 : 17行 123字, 重文 9字, 合文 2字.

크기 : 높이 65.6㎝ ; 舞縱 23.1㎝ ; 舞横30㎝.

소장 : 臺灣故宮博物館.

【주요참고문헌】

≪兩周金文辭大系圖錄考釋≫, 25(51 53쪽).

≪商周青銅器銘文選三≫, 279~280쪽.

≪西周青銅器銘文分代史徵≫, 503~507쪽.

≪金文今釋類檢(殷商西周卷)≫, 497~499쪽.

【석문】

王肇[1]遹眚(省)[2]文武堇(勤)疆
土. 南或(國)𠬝孳(子)[3]敢臽(陷)虐
我土. 王臺(敦)伐𠀠(其)至, 𢾊(撲)
伐氒都. 𠬝孳(子)迺遣閒[4]

來逆邵(昭)王[5], 南
尸(夷)東尸(夷)具見, 廿
又六邦. 隹(唯)皇上帝
百神, 保余小子(小子). 朕
猷又(有)成亡(無)競[6]. 我隹(唯)
司(嗣)配皇天, 王對乍(作)
宗周寶鐘. 倉倉悤悤, 雉(雉)雉(雉)
雝(雍)雝(雍)[7], 用邵(昭)各(格)[8]不(丕)顯且(祖)
考先王. 先王其(其)嚴才(才)上,
梟梟數數, 降余多福, 福
余順孫, 參(三)耇(壽)[9]隹(唯)琍.
㝬[10]其(其)萬年畯(畯)[11]
保亖(四)或(域)(0096)

【해석】

왕인 나는 문왕과 무왕의 덕망을 잘 본 받아 강토를 성실하게 다스렸다. 남방의 𠬝子(복자)가 감히 우리 영토를 침공하니, 왕은 그 침범을 확실히 토벌하고자 𠬝國의 수도를 공격하자 𠬝國 군주는 說客을 파견하여 왕을 배알하였다. 南夷와 東夷의 二十六 邦國도 신하의 예를 갖추고 임금님을 朝見하였다. 위대한 上帝 百神이 나를 보호하사 나의 훌륭한 치국정책은 매우 성공을 거두었다. 나는 무왕과 문왕을 계승하고, 천명을 잘 이행하고자 이 宗周의 보배스러운 鐘을 鑄造한다. 그 종소리는 크고 맑고 웅장하여 영명하고 위대하신 先祖 · 先考와 先王을 감응시켜, 위엄스런 先王의 영혼이 하늘에서 영원하고 풍성하게 나에게 많은 복을 내리셨고, 자손을 보호해 주시고, 장수와 이익을 주셨다. 나 㝬는 만년 동안 영원히 천하를 다스리고자 하노라.

설 명

1) '肈' : '肈(조)'는 금문에서 종종 어기사 용법으로 쓰인다.

2) '遹眚(省)' : '遹(휼)'은 '본받다'의 의미이고, '眚(省)'은 '살피다'의 의미. 전체적으로 '遹省'은 '성찰하여 본받다'는 뜻.

3) '𠬝䜌(子)' : 인명. 𠬝國의 군주이다. '𠬝'자의 음이 '濮(복)'과 비슷하기 때문에 馬乘源은 '濮君'으로 보고 있다.

4) '遣閒' : '說客을 파견하다'의 의미. '閒(한)'자는 '客'의 의미.

5) '邵(昭)王' : 여기에서 '邵(昭)'는 '見'의 의미로 쓰이고 있다.

6) ‘猷又(有)成亡(無)競’ : ‘猷又(有)成亡(無)競’은 전체적으로 ‘나의 정책이 매우 성공하여 대적할 자가 없다’의 의미이다. ‘猷(유)’는 ‘謀略’, ‘政策’의 뜻.

7) ‘倉倉悤悤□(雉)□(雉)雝(雍)雝(雍)’ : 모두 우렁차게 울려 퍼지는 ‘소리의 울림’을 나타내는 象聲詞.

8) ‘卲(昭)各(格)’ : ‘환하게 드러나다’의 의미.

9) ‘參(三)耇(壽)’ : ‘高壽’의 의미.

10) ‘㝬’ : ‘㝬(호)’자는 唐蘭은 주 厲王의 이름인 ‘胡(호)’로 해석하고 있다.

11) ‘畯(畯)’ : ‘오랜 동안’이란 ‘長’의 뜻.

금문편

‘(肇)’ : 《금문편》 ‘2030 肇’(822~823쪽) 참고. ‘肇’자는 《금문편》 ‘0506 肇’(210~211쪽) 참고.

‘(遹)’ : 《금문편》 ‘0229 遹’(100~101쪽) 참고.

‘(𠬝)’ : 《금문편》‘0462 𠬝’(190쪽) 참고.

‘孳(子)’ : 《금문편》 ‘2383 孳’(989쪽) 참고. ‘子’자는 ‘2378 子’(981~985쪽) 참고.

‘’ : ‘虘’자를 《금문편》은 ‘2271 處’(922쪽)에 수록하고 있다.

‘(都)’ : 《금문편》 ‘1031 都’(443쪽) 참고.

‘(倉=)’ : 《금문편》 ‘0859 倉’(365쪽) 참고.

‘(悤)’ : 《금문편》 ‘2247 悤’(918쪽) 참고.

‘□=(雉=)’ : 《금문편》《부록하》‘189’(1199쪽) 참고.

‘雝=(雍=)’ : 《금문편》 ‘0602 雍’(257~258쪽) 참고.

‘(嚴)’ : 《금문편》 ‘0164 嚴’(76~77쪽) 참고.

‘(彔=)’ : 《금문편》 ‘1621 彔’(682쪽) 참고.

‘(數)’ : 《금문편》 ‘0557 數’(224쪽) 참고.

'(順)'：≪금문편≫ '1477 順'(627쪽) 참고.

'耇(壽)'：≪금문편≫ '1405 壽'(590~595쪽) 참고.

61.【多友鼎】

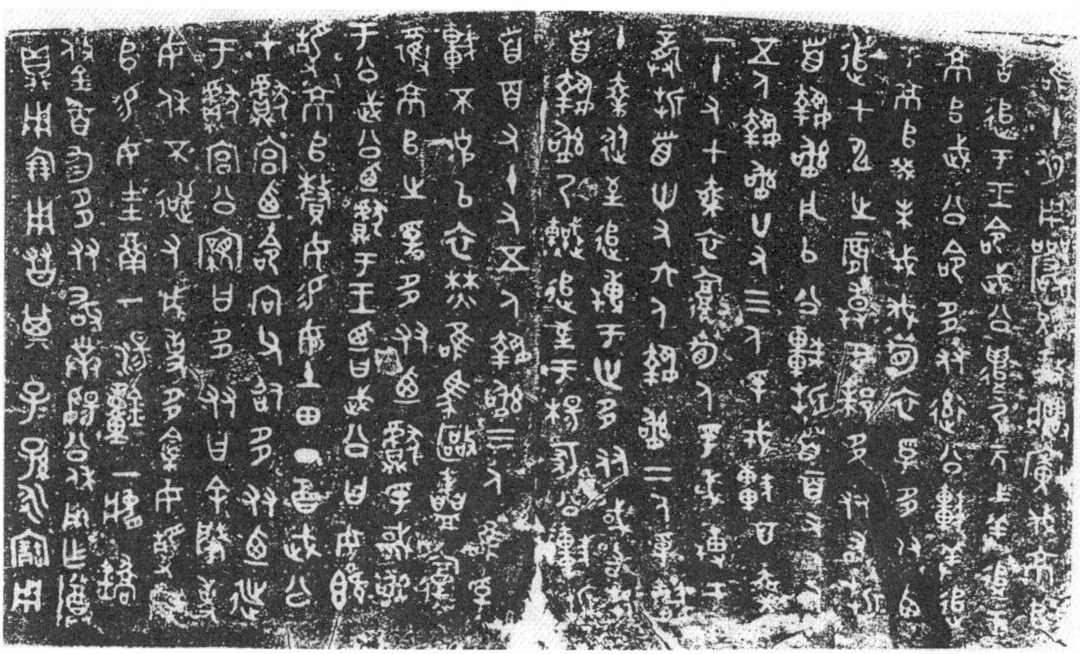

【명문참고】

集成 5·2835；銘文選 1·408；總集 02·1326.

【소개】

출토：1980년 11월 陝西省 長安縣 下泉村에서 발견.
명문：22行，277字；合文 1字，重文 2字，缺 1字.
크기：높이 51.5㎝，腹徑 50㎝.
시기：西周 厲王.
소장：陝西省 博物館.

【명문풀이 참고문헌】

≪商周青銅器銘文選三≫，283~285쪽.
≪商周古文字讀本≫，127~133쪽.
≪中國古文字導讀~商周金文≫，220~226쪽.

【석문】

唯十月，用嚴(玁)𤞤(狁)[1]放(方)𦥷(興)[2]，廣伐京𠂤(師)[3]
告追于王. 命武公[4]："遣乃元士[5]，羞追[6]于
京𠂤(師.)" 武公命："多友率公車[7]羞追
于京𠂤(師.)" 癸未，戎伐筍(郇)[8]，衣(以)孚(俘)[9]，多友西
追. 甲申之脣(晨)，搏(搏)于𨚔[10]，多友右(有)折
首𡠓(執)噝(訊)[11]. 凡[12]㠯(以)公車折首二百又□又
五人，𡠓(執)噝(訊)廿又三人，孚(俘)戎車百乘
一十又七乘，衣(以)𢓜(復)筍(郇)人孚(俘)[13]. 或搏(搏)于
龏(共)[14]，折首卅又六人，𡠓(執)噝(訊)二人，孚(俘)車
十乘，從至，追搏(搏)于世[15]，多友或(又)右(有)折
首𡠓(執)噝(訊). 乃𨍭追至于楊冢[16]，公車折
首百又十又五人，𡠓(執)噝(訊)三人. 唯孚(俘)
車不克㠯(以)[17]，衣焚，唯馬毆盡[18]. 𢓜(復)
奪京𠂤(師)之孚(俘). 多友廼獻(獻)孚(俘)聝(馘)[19]噝(訊)
于公，武公廼獻(獻)于王. 廼曰(謂)武公曰："女(汝)既
靜京𠂤(師). 釐(釐)[20]女(汝)，易(賜)土田." 丁酉，武公
才(在)獻(獻)宮，廼命向父召(召)多友[21]，廼徙
于獻(獻)宮. 公窺(親)曰(謂)多友曰："余肈(肇)事(使)
女(汝)[22]. 休不逆(逆)[23]，又(有)成事多禽(擒)[24]. 女(汝)靜〔京〕
𠂤(師)，易(賜)女(汝)圭(珪)瓚(瓚)[25]一湯(鍚)鍾一肆[26]鐈
鋚百勻(鈞)[27]." 多友敢對揚(揚)公休. 用乍(作)障(尊)
鼎. 用倗(朋)用春(友)，其子子孫孫永寶用(4022)

【해석】

十月에 玁狁(험윤)이 반란을 일으켜 京師 지방을 크게 혼란하게 하자 왕에게 토벌하는 일을 보고 하였다. 왕은 武公에게 "너의 元士를 파견하여 京師에 출격하라"라 했다. 武公은 "多友는 병사와 마차를 이끌고 京師에 출격하도록 하라."라고 명령하였다. 癸未 일에 戎(獫狁)은 郇 지역을 침범하여 노획하자 多友가 서쪽 방향으로 추격하였다. 甲申 일 아침에 𨙶 지역에서 獫狁과 교전하여 多友는 적들을 참하거나 포로로 잡았다. 종합적으로 전차는 이백 몇 십하고도 다섯 명을 참하고, 이십삼 명을 포로로 잡고, 戎族의 兵車 백십칠 대를 빼앗았으며, 郇지역에서 戎族에게 포로로 잡혔던 사람들을 다시 귀환케 했다. 또한 共 지방에서 격전하여 삼십 육 명을 참하고, 두 명을 포로로 잡고 전차 열 대를 빼앗았다. 계속 추격하여 世 지역에서 격전을 벌여 多友는 또한 적을 참하거나 포로로 잡았다. 이에 多友의 전차는 또한 楊冢 지방까지 따라서 습격하여 백십오 명을 참하고 세 명을 포로로 잡았다. 획득한 수레는 사용할 수 없어서 전부 불살라 버리고, 단지 말만 부상병을 운송하는데 사용하였다. 京師에서 포로로 잡혔던 사람들도 다시 해방시켰다. 따라서 多友는 전쟁에서 참한 자의 귀화한 포로들을 武公에게 헌상하자, 武公은 다시 王에게 헌상하였다. 그래서 武公에게 말하기를 "네가 이미 京師 지역을 안정시켰으니 너에게 하사를 내리고자 하여, 너에게 토지를 하사하노라."라 했다. 丁酉 일에 武公은 獻宮에서 向父에게 多友를 불러오도록 명령하자, 多友는 獻宮에 도착하였다. 武公은 친히 多友에게 말하였다 : "나는 처음으로 너에게 일을 수행하도록 하였는데, 거역없이 훌륭히 완수하여 일을 성사시키고 전쟁에서 많은 노획물을 획득하였고, 또한 京師에 평화를 가져왔기에, 珪瓚 한 개와 주석으로 만든 鍾 한 줄과 질 좋은 銅을 일백 鈞 하사하노라"라 했다. 多友는 감히 武公의 하사함을 찬양하고, 이를 기념하기 위하여 이 鼎을 만든다. 또한 이 銅器로 연회를 베풀어 우의를 더욱 돈독히 하며, 자자손손 이를 사용하기를 바란다.

설 명

이 명문은 獫狁(험윤)과 전쟁이 발생하게 된 원인・시간과 장소 등에 대하여 기록하고 있다. 전쟁 결과 周軍이 300여 명을 참수하고 28명을 포로로 잡았으며, 127대의 전차를 빼앗았다고 기록하고 있다.

1) '用嚴(玁)𤞤(狁)' : '用'은 連詞의 용법으로 '由於'의 의미. '嚴(玁)𤞤(狁)'은 '戎族(융족)'을 가리킨다.

2) '放(方)𦟝(興)' : '放'은 '方'과 통하며, 여기에서는 '並'의 가차로 사용되고 있다. '𦟝'은 '興'과 통하여 '일어나다'의 의미로 쓰인다. 즉 '並(併)起'의 의미로 '일으키다'의 뜻.

3) '廣伐京自(師)' : '廣'은 '大'의 의미. '京自(師)'는 지명으로 지금의 陝西省 彬

縣(빈현)과 旬邑縣(순읍현) 사이에 있다. 京自(師)'는 ≪詩經 · 大雅 · 公劉≫ "瞻彼溥原, 廼陟南岡, 乃覯于京. 京師之野, 于時處處(부원을 바라보고, 남쪽 산마루에 올라가, 京師 땅을 살펴보았네. 京 고을의 들에 살 곳을 정하였네)" 중의 '京師'와 같은 지역이다.

4) '命武公' : '武公'은 王室의 大臣.

5) '遣乃元士' : '乃'자는 代詞로 '武公'을 가리킨다. '元士'는 '王室의 士'로 '上士' · '中士'와 '下士'가 있다.

6) '羞追' : ≪爾雅 · 釋詁≫는 '羞(수)'자를 '進'의 의미로 풀이하고 있다. '羞'와 '追'자는 동의어이다.

7) '多友率公車' : '多友'는 '武公'의 하속 장군이자 이 鼎의 주인이다.

8) '戎伐筍(郇)' : '戎(융)'은 '玁狁(험윤)'의 별칭이며, '筍(郇 : 순)'은 지명으로 지금의 陝西省 旬邑縣 일대이다.

9) '衣(以)孚(俘)' : '衣'자를 連詞 '以'로 해석하거나 혹은 '大衆'이나 '大量'의 의미인 '殷'의 통가자로 해석하기도 하나, 문맥상 連詞적 용법으로 해석하기로 한다. '孚'자는 '俘(부)'와 통하며 '擄掠(노략)하다'의 의미이다.

10) '𨔶(搏)于𨛫' : '𨔶(搏 : 박)'은 '치다'나 '때리다'의 의미이며, '서로 교전'함을 말한다. '𨛫(칠)'은 지금의 陝西省 彬縣(빈현)의 서쪽 일대.

11) '𢦔(執)噝(訊)' : '𢦔'자는 '執(집)'자와 같은 자이다. '噝'은 '訊(신)'자의 초문이며, '포로로 잡다'의 의미.

12) '凡' : '모두' · '종합하여'의 뜻.

13) '衣(以)𢓊(復)筍(郇)人孚(俘)' : '衣'자는 연사인 '以'의 용법으로 쓰이고 있다. '𢓊(復)'은 '다시 획득하다'의 의미. '筍(郇)人孚(俘)'는 '筍(郇 : 순)지역에서의 포로'의 의미.

14) '或𨔶(搏)于龏(共)' : '或'은 '또한'이란 '又'의 뜻. '龏(共)'은 지명으로 지금의 甘肅省(감숙성) 涇川縣(경천현) 북쪽 일대에 해당된다.

15) '追𨔶(搏)于世' : '世'는 지명이나, 지금의 어느 지역인지 확실치 않다.

16) '乃𨍭追至于楊冢' : '𨍭'자의 음성부분은 '𢧁'으로 '戜(질)'자의 이체자로 추증

된다. ≪說文解字≫는 '戴(질)'자에 대하여 "戴, 大也. 从大𢦏聲. 讀若≪詩≫ '戴戴大猷'(크다의 의미. 의미부분이 '大'이고 음성부분이 '𢦏'인 형성자. ≪詩經≫ 중의 '秩秩大猷(뛰어난 지략)'라는 구절의 '秩'자의 음과 같다"라고 설명하고 있다(≪說文解字今釋≫, 1409~1410쪽). 따라서 '戴'자의 음은 '秩(질)'과 같고, '䡖'자는 '軼'자와 통함을 알 수 있다. '軼(질)'자는 '돌격하다'·'습격하다'나 '격파하다'의 의미.

17) '不克㠯(以)' : '克'은 '능히'라는 의미이고, '㠯(以)'은 여기에서 동사의 의미인 '사용하다'의 뜻.

18) '唯馬毆盡' : '盡(혁 ; xì)'자에 대하여 ≪說文解字≫는 "傷痛也"라고 설명하고 있다(≪說文解字今釋≫, 680~681쪽). 여기에서는 '부상당한 사람'이라는 뜻. '毆(구)'자는 '驅(구)'자의 古文이다. '馬毆盡'는 '말은 부상병을 운반하다'의 의미이다.

19) '羕(聝)' : '羕'자는 '聝(괵 ; guó)'나 '馘(괵)'자와 같은 자이다. ≪說文解字≫는 "聝, 軍戰斷耳也(전쟁에서 귀를 자르다)"라고 설명하고 있다(≪說文解字今釋≫, 1683~1684쪽).

20) '釐(釐)' : '釐'자는 '釐(이)'자와 같은 자. '賜'의 의미로 '하사하다'의 뜻.

21) '迺命向父𠳤(召)多友' : '向父'는 武公의 下屬 관리로 '叔向父'이다.

22) '余肁(肇)事(使)女(汝)' : '肁'자는 '肇(조)'자와 같은 자로 '처음'의 의미이며, 전체적으로 '나는 처음에 너 多友로 하여금'의 뜻이다.

23) '休不逆(逆)' : '休'는 '善'의 의미이며, 전체적으로 '거역하지 않고 잘 이행하다'의 뜻이다.

24) '成事多禽(擒)' : '일을 성사시켜 전쟁에서 전공을 세우다'의 뜻.

25) '圭(珪)鬲(瓚)一' : '珪瓚(규찬)'은 '옥으로 만든 술잔'. '鬲'자를 '甗(언)'자의 초기 문자로 해석하여 '珪甗'은 '동으로 만든 杓(표)'로 풀이하는 경우도 있다.

26) '湯(錫)鍾一𦃃' : '湯'자는 '錫(석)'자와 통하다. 그러나 '湯'자를 '盪(탕)'자로 풀이하여 '좋은 금'으로 해석하는 경우가 있다. '𦃃'자는 '逸(일)'자와 같은 자로 鐘鎛(종박)을 나타내는 양사이다. '逸'은 '肆(율 ; 사)'와 통한다. 일반적으로 鐘鎛을 나타내는 양사는 '銉'자가 있다. '銉(율)'자는 '肆'와 같은 자이다.

27) '鐈錖百勻(鈞)' : '鐈(교)'는 '鏐(류)'와 통하여 '질 좋은 金'이고, '錖(조)'는 '銅'이나 '錫'의 의미이다. '鐈錖(교조)'는 '질 좋은 銅'의 의미.

금문편

'嚴(玁)' : ≪금문편≫ '0164 嚴'("孳乳爲玁('玁'의 의미이다.)", 76~77쪽) 참고.

'㺇(狁)' : ≪금문편≫ '1693 䊹'(707쪽) 참고.

'放(方)' : ≪금문편≫ '0653 放'("讀爲方('方'의 의미이다.)", 273쪽) 참고.

'膷(興)' : ≪금문편≫ '0420 興'(166쪽) 참고.

'(廣)' : ≪금문편≫ '1547 廣'("从宀", 658쪽) 참고.

'(羞)' : ≪금문편≫ '2390 羞'(990~991쪽) 참고.

'''筍(郇)' : ≪금문편≫ '0709 筍'(295쪽) 참고.

'''(友)''畓(友)' : ≪금문편≫ '0466 友'(192~193쪽) 참고.

'曟(晨)' : ≪금문편≫ '0424 晨'("从夕不从臼(字符 '夕'이지 '臼'가 아니다.)", 167쪽) 참고.

'''禣(搏)' : ≪금문편≫ '1936 搏'(776~777쪽) 참고.

'(郪)' : ≪금문편≫ '1059 郪'(449쪽) 참고.

'''埶(執)' : ≪금문편≫ '1686 執'(704~705쪽) 참고.

'''噝(訊)' : ≪금문편≫ '0342 訊'(141쪽) 참고.

'''孚(俘)' : ≪금문편≫ '0439'("與寽金文字形相同, 皆像兩手取物. 孚孳乳爲捊. ……故孚寽爲一字, 孳乳爲俘(두 손으로 물건을 취하는 형상인 금문 '寽'자와 형태가 같다. '孚'자는 '捊'의 의미로 쓰인다. ……'孚'와 '寽'자는 같은 자이고,

‘俘’의 의미로 쓰인다.)”, 174쪽) 참고.

‘’‘(乘)’ : ≪금문편≫ ‘0907 乘’(387쪽) 참고.

‘’‘復(復)’ : ≪금문편≫ ‘0266 復’(111쪽) 참고.

‘’‘右(有)’ : ≪금문편≫ ‘0142 右’(66~67쪽) 참고.

‘’‘(折)’ : ≪금문편≫ ‘0085 折’(38쪽) 참고.

‘(盡)’ : ≪금문편≫ ‘0813 盡’(348쪽) 참고.

‘(奪)’ : ≪금문편≫ ‘0609 奪’(259쪽) 참고.

‘’‘獻(獻)’ : ≪금문편≫ ‘1626 獻’(683~684쪽) 참고.

‘聝(聝)’ : ≪금문편≫ ‘1928 聝’(773쪽) 참고.

‘(徙)’ : ≪금문편≫≪부록≫ ‘066’(1178쪽) 참고.

‘逆(逆)’ : ≪금문편≫ ‘0217 逆’(96~97쪽) 참고.

‘禽(擒)’ : ≪금문편≫ ‘2353 禽’(950~951쪽) 참고.

‘鬲(瓚)’ : ≪금문편≫ ‘0434 鬲’(170~173쪽) 참고.

‘(鍾) : ≪금문편≫ ‘2244 鍾’(915~917쪽) 참고.

‘(鐈)’ : ≪금문편≫ ‘2230 鐈’(912쪽) 참고.

‘(轍)’ : ≪금문편≫ ‘0264 轍’(110쪽) 참고.

‘(膺)’ : ≪금문편≫≪부록하≫ ‘345’(1227쪽) 참고.

62.【夨人盤(散氏盤)】

【명문참고】

二玄社 72；集成 16.10176；銘文選 1.428；三代 17.21.22；總集 08.6793.

【소개】

異名：散盤；夨人盤；乙卯鼎；西宮盤.

출토：清代 乾隆 때 陝西省 鳳翔縣 출토.

명문：19行 305자, 重文 1字, 衍文 2字.

크기：높이 20.6㎝；口徑 54.6㎝；低徑 41.4㎝.

시기：西周 厲王.

소장：臺灣 故宮博物館.

【주요참고문헌】

≪兩周金文辭大系圖錄考釋≫, 127(129~131쪽).

≪積微居金文說≫, 17~18쪽.

≪商周青銅器銘文選三≫, 297~300쪽.

≪金文今譯類檢≫, 691~695쪽.

≪中國古文字導讀~商周金文≫, 228~235쪽.

≪까마≫, 全廣鎭, 2002年 2月~2002年 10月.

≪中國語文學譯叢≫제9집, 李貞子, 영남대학교중국문학연구실, 1998년 9월.

【석문】

用[1]夨[2]𢦚(薄)[3]散邑[4], 廼卽散用田[5]. 眉(堳)[6]：自瀗[7]涉㠯(以)南,
至于大沽[8], 一弄(封)[9]. 㠯(以)陟[10], 二弄(封), 至于邊栔(柳)[11].
復涉瀗, 陟雩(越)[12]䁲𨞰陕[13]㠯(以)西, 弄(封)于敽䡖(城)楮木[14],
弄(封)于芻・逨, 弄(封)于芻衜[15].
內(入)陟芻, 登于厂湶, 弄(封)𨟭麻(柝)・陕陵・剛(崗)麻(柝),
弄(封)𨊠(單)衜(道), 弄(封)于原衜(道), 弄(封)于周衜(道)[16]. 㠯(以)東,
弄(封)于𩏂東彊(疆)[17], 石(<右>)還[18], 弄(封)于眉(郿)衜(道). 㠯(以)南,
弄(封)于𥚃・逨衜(道)[19]. 㠯(以)西, 至于𨻰莫[20]. 眉(郿)井邑田[21].
自根木衜(道)𠂇(左)至于井邑, 弄(封). 衜(道)㠯(以)東一弄(封),
還, 㠯(以)西一弄(封), 陟剛(崗)三弄(封).
降㠯(以)南, 弄(封)于同衜(道). 陟州剛(崗), 𤼷(登)麻(柝), 降棫,
二弄(封). 夨人有𤔲(司)眉(堳)田：鮮・且・散[22]・武父・西宮襄[23]；
豆人虞丂[24], 彔貞・師氏右眚[25]・小門人䌛[26]・原人虞艿(芀)淮[27]
・𤔲(司)工虎[illegible][28]・𦨊豐父[29]・𨻰人有𤔲(司)刑丂, 凡十又五夫,
正眉(堳)夨舍散田.
𤔲(司)土(徒)[30]屰(逆)[illegible][31]・𤔲(司)馬𨊠(單)𨺉・䢼人𤔲(司)工騌君・宰
德父・散人𡭔(小子)眉(堳)田戎・散(微)父・效𣛭父[32]・襄之有𤔲(司)

䇂[33]・州𩫖[34]焂從𩫖[35], 凡散有𤔲(司)十夫. 唯王九月, 辰才(在)乙卯, 夨卑(俾)鮮且・𩵦旅[36]𣃔(誓), 曰: "我既(旣)付散氏田, 器有爽實[37], 余有散氏心賊[38], 則爰千罰千[39], 傳棄之." 鮮且・𩵦旅[40]鼎刂(則)𣃔(誓). 廼卑西宮襄・武父𣃔(誓), 曰: 我"既(旣)付散氏溼(濕)田𤲞田, 余有爽𢿢[41], 爰千罰千."

西宮襄[42]・武父鼎刂(則)𣃔(誓). 氒爲圖, 夨王于豆新宮東廷.

氒𠂇(左)執縵[43], 史正中農(農)[44](5412)

【해석】

夨國(측국)이 散 지방을 침략하였기에 그 토지를 散國에게 반환하여야 한다. 그 토지의 경계를 아래와 같다. 濾水를 건너서 남쪽으로 大沽에 이르는 곳 까지가 첫 번째 경계다. 앞으로 쭉 올라가서 두 번째 경계를 정하는데, 그 곳은 邊柳와 맞닿는다. 다시 濾水를 건너 𢾊(徂)・𡩜(𨘋)・陝(美) 등을 올라 지나서 서쪽으로 𢿚(播)𩫏(城)과 楮木을 경계로 하고, 芻와 逨(逯)를 경계로 하고, 芻邑의 大道 옆으로 봉토를 쌓아 경계로 한다. 안쪽으로 芻邑을 올라, 다시 厂湶을 올라서 割(諸)麻(杆)와 陝(美)陵과 剛(崗)麻(杆) 지방에 봉토를 쌓아 경계로 삼고, 單(單)邑・原邑과 周邑의 큰 길 옆으로 봉토를 쌓아 경계로 삼는다. 동쪽으로는 棘 지방의 동쪽 변방을 경계로 하고, 그 오른쪽을 돌아 眉(郿) 지방의 큰 길을 경계로 한다. 남쪽으로는 绪와 逨邑의 큰 도로를 옆으로 경계로 삼는다. 서쪽으로는 琟(鴻)莫 지역까지 이른다.

井邑 토지의 田界는 아래와 같이 설정하였다 : 根木 큰 길로부터 좌측으로는 井邑에 이르는 곳까지를 경계로 하고, 大道 동쪽으로도 한 경계가 있고, 돌아서 서쪽으로도 한 경계가 있고, 산등성이를 오르는쪽으로 세 번째 경계가 있다. 그 곳에서 내려와 남쪽으로 同邑의 大道를 경계로 하며, 州邑의 산등성이를 올라, 다시 麻(杆)을 올라갔다가 다시 棫으로 내려오는 곳을 두 번째 경계로 삼았다.

夨人의 속관으로 田地의 경계를 정한 사람은 아래와 같다. 즉 鮮, 且, 敚(微), 武父, 西宮襄(侖)과, 豆人의 산림담당관리인 丂(巧), 彔, 貞, 師氏 右眚, 小門人 𨛭, 原人 산림담당인 莽(艿)과 淮, 司工인 虎𦓨(孝), 鬲(侖)師인 豐父, 琟(鴻)人의 관리인 有司 刑丂 등 모두 十五인 있었다. 이 사람들은 夨國이 散國에게 전지를 정식으로 감정 확정하였다.

司徒 逆𡨦, 司馬 單(單)𡖊, 䣓人 司工 騌君, 宰 德父, 散人의 小子관이면서 전지를 감정하는 戎과 敚(微)父, 效(教)의 직책을 맡고 있는 䜌父, 襄 지방 有司인 䇂(橐), 州邑의 𩫖(墉)과 焂從𩫖(鬴) 등 散氏 속관은 이상의 10명이다.

周王 九月 乙卯 일에 夨이 鮮且와 𩵦旅에게 서약하도록 하였다. "우리는 이미 散氏에게 토지를 넘겨주었다. 만약에 약속을 실천하지 않고, 散氏에게 나쁜 마음을 품는다면, 언제든지 벌을 받겠으며, 아울러 나를 멀리 추방해도 된다." 鮮且와 𩵦旅는 서약을 마치고 난 후에 西宮襄과 武夫에게도 서약하게 하기를 "나는 이미 散氏에게 습지의 전지와 비옥한 땅을 주었다. 만약 내가 잘못하거나 약속을 어긴다면, 언제든지 벌을 받겠다"라고 했다. 토지 관리인 西宮襄(褕)와 武父가 서약을 마치고, (中農은) 豆氏 新宮의 東廷에서 전지의 境界圖를 夨왕에게 주었다.

전지 경계도의 부분은 계약 중계인 史正 中農이 보존한다.

설 명

周나라 厲王 때 夨(측)나라가 散(산)나라의 토지를 침략하자, 그 토지를 반환하고 배상하는 서약의 내용이다. 산 나라에게 반환하는 郿境(미경)과 井邑(정읍)의 경계지역을 상세히 기록하고, 이 일을 교섭하는 兩國 관리의 이름을 상세하게 기록하고 있으며, 중앙에서는 현장에 증인 仲農(중농)을 파견하고 있다. 仲農은 새로운 경계를 劃定(확정)하고, 이를 지도에 표기하여 夨나라 군주에게 보관토록 하는 내용이다.

산씨반의 서예풍격 : ≪散氏盤≫은 西周 後期의 대표적인 금문이며, 이전에는 거의 찾아볼 수 없는 독자적 서풍으로 당시의 서예 수준을 대표하는 격조 높은 작품이다. 금문은 새겨진 다음 주조할 때 쇳물의 흐름으로 생겨나는 우연한 효과가 마치 화선지에 먹물이 번지는 것처럼 매우 자연스럽고 오묘한 심미감을 형성한다. ≪散氏盤≫은 세로 줄을 맞추어도 기계적이지 않고, 가로 줄은 맞추지 않았으나 산만하지 않은 지극히 자연스러운 布置와 章法으로 되어 있다. 結字와 結構로 글자 본래의 크기와 형세에 따라 크기와 방향이 정해져서 변화가 풍부하고 자유스럽다. 전체적으로 질박하고 천지하면서도 서주 금문의 고유한 특징인 장엄하고 단아한 멋이 있다(≪까마≫, 2003년 2월, 54쪽 참고).

1) '用' : 원인을 나타내는 '以' · '因'이나 '由於'의 의미인 '……으로 인하여'의 뜻이다.

2) '夨' : 음은 '阻力(zè)切'이며 '적' 혹은 '측' 등으로 읽을 수 있다. 夨國(측국)은 지금의 陝西省 盩厔(주질)일대.

3) '㒒(薄)' : 음성부분이 '業'이며, '薄(박)'이나 '撲(박)'과 통한다. '도달하다'나 '침략하다'의 뜻.

4) '散邑' : 散國은 지금의 陝西省 寶鷄縣(보계현)의 大散關(대산관) 일대에 해당된다.

5) '廼卽散用田' : ≪曶鼎≫의 "廼或卽曶用田二又臣" 중의 '卽'자의 의미와 같이 '附與'와 '付給'의 뜻이다(≪金文常用字典≫, 557쪽). '用'은 '……으로'의 의미인 '以'의 용법으로 쓰이고 있다.

6) '眉(堳)' : ''자 중 '眉'자 아래의 두 점을 중문부호로 보고 있는 경우도 있으

나(二玄社 76쪽), 잘못된 것이다. 첫째, 문맥상 중복할 필요가 없고, 둘째, ≪산씨반≫ 중의 '眉(堳 : 미)'자는 모두 두 점이 있다. 따라서 두 점은 필획의 일부이다. ≪금문편≫ '0584 眉'(237쪽) 참고. 여기에서는 '田界'의 의미로 쓰이고 있다.

7) '湰' : '湰'은 '瀗水(헌수)'로 '斜水(사수)'로 추증된다.

8) '大沽' : 문맥으로 보아 강의 이름이나 지명으로 보인다.

9) '弄(封)' : '弄'은 '封'의 이체자이며, 封土하여 토지의 경계로 삼음을 말한다.

10) '㠯(以)陟' : '㠯(以)'는 '또한'의 뜻인 '又'의 의미이고, '陟(척)'은 '오르다'의 뜻으로 '登(등)'의 의미이다.

11) '邊桞(柳)' : 지명.

12) '陟雩(越)' : '雩(우)'는 '越(월)'자의 의미로 '경과하다'의 뜻이다. 전체적으로 '올라 지나다'의 의미.

13) '𣪘𩰫陕' : '𣪘'·'𩰫'·'陕'은 모두 지명. '𣪘'자는 '徂(조)'의 음과 유사하고, '𩰫'은 '遵(원)'의 음으로 읽을 수 있고, '陕'의 음은 '美'이다.

14) '𢿌䧹(城)楮木' : '𢿌䧹(城)'과 '楮木(저목)'은 모두 지명이며, '𢿌'자는 '播(파)'의 음과 유사하다.

15) '弄(封)于芻·逨, 弄(封)于芻衜' : '芻逨'·'芻衜' 지명. '逨'자는 '遼(료)'자의 음과 유사하고, '芻·逨'는 뒤 부분에 다시 '芻衜'가 보이는 것으로 보아 '芻邑'과 '逨邑' 두 지명인 것으로 보인다. '衜'자는 아래에서 보이는 '衜'자의 이체자이며, '道'자로 '큰 길'의 뜻이다.

16) '弄(封)𨜒𢉅(桿)·陕陵·剛(崗)𢉅(桿), 弄(封)單(單)衜(道), 弄(封)于原衜(道), 弄(封)于周衜(道)' : '厂淥'·'𨜒𢉅(桿)'·'陕陵'·'剛(崗)𢉅(桿)'·'單(單)'·'原'·'周'는 모두 지명이다. '𨜒'의 음은 '諸(제)'로 읽을 수 있고, '𢉅'의 음은 '杆(간)'으로 읽을 수 있다.

17) '𩏂東彊(疆)' : '𩏂' 지방은 동쪽 변방이다. '𩏂'자는 알 수 없는 자이나, 형태로 보아 음이 '卓(탁)'이 아닌가 한다.

18) '石(<右>)還' : ≪金文引得≫은 '石'으로 예정하고 있으나, 자형으로 보아 '右'자이다. '右還'은 '오른쪽으로 돌아서'의 의미.

19) ‘𢆶逨’ : ‘𢆶邑’과 ‘逨邑’이다. ‘𢆶’는 음이 ‘諸(제)’이고, 계곡을 끼고 있는 邑으로 추증된다.

20) ‘琟莫’ : 지명. ‘琟’의 음성부분은 ‘工’이며, ‘鴻(홍)’과 통한다.

21) ‘眉(郿)井邑田’ : ‘眉(郿 : 미)’자는 동사의 용법으로 ‘田界를 설정하다’의 의미.

22) ‘敚’ : ‘敚’의 음은 ‘微(미)’이다.

23) ‘西宮襄’ : ‘襄’자는 문자 형태로 보아 ‘龠(약)’자로 보인다.

24) ‘豆人虞丂’ : ‘虞(우)’는 산림을 담당하는 관리이다. ‘丂’자에 대해서는 의견이 분분하나, 형태로 보아 ‘丂’으로 예정할 수 있다. 음은 ‘巧(교)’와 통한다.

25) ‘師氏右眚’ : ‘師氏’는 武官名이고, ‘右眚’은 인명이다.

26) ‘小門人繇’ : ‘小門’은 지명. ‘小門人繇’는 小門 지방 사람 ‘繇(요)’이다.

27) ‘原人虞艿(艿)・淮’ : 原 지방 사람이면서 산림을 담당하는 관리인 ‘艿(잉)’와 ‘淮(회)’이다.

28) ‘𤔲(司)工虎’ : ‘𤔲(司)工’은 제작을 담당하는 관리. ‘’자에 대해선 의견이 분분하다. ‘孝’자와 유사하기 때문에 잠시 ‘孝’로 예정하기로 한다. ≪금문편≫ ‘1407 孝’(600~601쪽) 참고, ‘𤔲(辭)’자의 자형은 ≪金文篇≫ ‘2376 辭’(976쪽) 참고.

29) ‘龠豊父’ : ‘龠’자는 ‘龠’자로 음악을 담당하는 ‘龠師(약사)’이다. ≪금문편≫ ‘0304 龠’(“不从亼”, 124쪽) 참고.

30) ‘𤔲(司)土(徒)’ : ‘司土’는 ‘司徒’이다.

31) ‘屰(逆)’ : ‘’은 인식할 수 없는 자다. 전후 문맥으로 보아 인명으로 추증된다.

32) ‘𤔲(司)馬單(單)䙲・䢼人𤔲(司)工駷君・宰德父・散人𡥦(小子)眉(堳)田戎・敚(微)父・效果父’ : ‘䙲’‘䢼’・‘駷’・‘果’자는 일반적으로 인식할 수 없는 자이지만, 모두가 인명으로 사용되고 있다. ≪金文篇≫은 ‘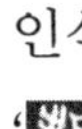(䢼)’자를 ‘1030 邦’(442쪽)에 놓고 있다. ‘效’자는 ‘教’나 ‘校’와 통한다.

33) ‘橐’ : ‘橐(탁)’자와 같은 자이다.

34) ‘𩫏’ : ‘墉(용)’자와 같은 자이다.

35) ‘𩰫’ : ‘𩱰(부)’자와 같은 자가 아닌가 추증한다.

36) ‘鮮且・罪旅’ : 인명. ‘罪旅’를 아래에서는 ‘羿旅’으로 쓴다. ‘’・‘(羿)’의

자형은 ≪금문편≫≪부록하≫ '118'(1187쪽) 참고.

37) '器有爽實' : '器(기)'자를 '농기구'로 해석하기도 하나, 문맥상 '만약'이라는 의미의 '苟(구)'로 해석하기로 한다. '爽(상)'은 '喪(상)'과 통하며, '失(실)'이나 '誤(오)'의 의미이다. ≪詩經 · 衛風 · 氓≫에 "女也不爽, 士貳其行(여자가 잘못이 없는데 남자인 그대는 처음과 행동이 다르네)"중의 '爽'의 의미와 같다. '爽實'은 '사실을 어기다'의 의미이다. '(爽)'자의 자형은 ≪金文篇≫'0569 爽'(232쪽) 참고, '(實)'자는 ≪金文篇≫'1198 實'(516쪽) 참고.

38) '余有散氏心賊' : '心賊'은 '賊心'으로 '나쁜 마음을 품다'의 의미.

39) '則爰千罰千' : '爰(원)'은 화폐단위 '鍰(환)'과 통하기 때문에 '천환은 천벌'이라고 해석하는 경우도 있으나, '爰'은 '易' · '改' · '過'라는 뜻이 있기 때문에 '잘못'이라는 의미로 풀이하기로 한다. 즉 '천 번의 잘 못이 있으면, 곧 천 벌을 받는다'는 의미로 '잘못이 있으면 곧 모든 벌을 받겠다'는 뜻이다.

40) '𢍰旅' : 앞에서 출현한 '琟旅'와 같은 사람.

41) '爽竊' : '爽(상)'은 '喪(상)'과 통하고, '竊'은 '變(변)'과 통한다. '잘 못과 바꾼다(여기다)'의 의미.

42) '西宮褱' : '褱'은 '禴(약)'과 통한다.

43) '𠂇(左)執繧' : '繧(요)'는 '約(약)'과 통한다. '𠂇(左)執繧'는 '左執卷'이며, '左卷' 혹은 '左契(좌계)'로 바로 위에서 언급한 境界圖인 副本을 가리킨다.

44) '史正中農(農)' : '史正'은 관명이고, '中(仲)農'은 인명.

금문편

''(眉)' : ≪금문편≫ '0584 眉'(237~242쪽) 참고.

'(緒)' : ≪금문편≫≪부록하≫ '480'(1250쪽) 참고.

'(淥)' ≪금문편≫≪부록하≫ '468'(1248쪽) 참고.

'(韓)' : ≪금문편≫≪부록하≫ '269'(1213쪽) 참고.

'(罽)' : ≪금문편≫≪부록하≫ '557'(1263쪽) 참고.

‘’ : ≪금문편≫≪부록하≫ ‘133’(1189쪽) 참고.

‘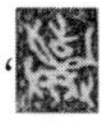(棄)’ : ≪금문편≫ ‘0637 棄’(267쪽) 참고.

‘涇(濕)’ : ≪금문편≫≪부록하≫ ‘474’(1249쪽) 참고.

‘(羼)’ : ≪금문편≫≪부록하≫ ‘118’(1187쪽) 참고.

‘(𢍰)’ : ≪금문편≫≪부록하≫ ‘462’(1247쪽) 참고.

‘(德)’ : ≪금문편≫≪부록하≫ ‘082’(1181쪽) 참고.

‘’·‘(還)’ : ≪금문편≫‘0224 還’(98~99쪽) 참고.

‘’·‘’·‘’·‘’·‘(衜)·衜(道)’ : ≪금문편≫‘0244 道’(105쪽) 참고.

‘弄(封)’ : ≪금문편≫은 이 자를 ‘0399 奉’(158쪽)에 수록하고 있다. ‘封’과 ‘奉’은 음성이 서로 통한다.

‘’·‘’ : ≪금문편≫은 이 자를 唐蘭의 주장에 따라 ‘0083 若’(38쪽)으로 예정하고 있다. 郭沫若은 ‘𦕎’로 예정하고 있다.

‘麻(楙))’ : ≪금문편≫ ‘0956 楙’(402쪽) 참고.

‘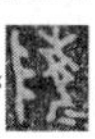(陵)’ : ≪금문편≫ ‘2316 陵’(937~938쪽) 참고.

‘’·‘(還)’ : ≪금문편≫ ‘0224 還’(98~99쪽) 참고.

‘(璀)’ : ≪금문편≫ ‘0604 璀’(258쪽) 참고.

‘(鮮)’ : ≪금문편≫ ‘1881 鮮’(756~757쪽) 참고.

‘(褱)’ : ≪금문편≫ ‘1399 褱’(588쪽) 참고.

‘’·‘(虞)’ : ≪금문편≫ ‘0768 虞’(332쪽) 참고.

‘’·‘(丂)’ : ≪금문편≫ ‘0746 丂’(319~320쪽) 참고.

‘(栗)’ : ≪금문편≫ ‘0942 栗’(397쪽) 참고.

‘(賊)’ : ≪금문편≫ ‘2033 賊’(“从戈从則反書, 王國維說(王國維는 좌우 반전하여 쓴 것 ‘戈’와 ‘則’으로 이루어진 자라고 주장하고 있다.)”, 824쪽) 참고.

'(鞭)' : ≪금문편≫ '0432 鞭'(170쪽) 참고.

'(虎)' : ≪금문편≫ '0773 虎'(334쪽) 참고.

63. 【史頌簋】

【명문참고】

二玄社 67 ; 集成 8・4232 ; 銘文選 1・430 ; 三代 09・10・2(蓋)・ 9・09・1 (器) ; 總集 04・2758 總集 04・2755.

【소개】

명문 : 器와 蓋의 명문이 동일하다. 6行 63字, 重文 2, 合文 1.

크기 : 높이 26.9㎝ ; 口徑 22.6㎝ ; 低徑 22.5㎝.

소장 : 상해박물관.

【주요참고문헌】

≪兩周金文辭大系圖錄考釋≫, 43(71~72쪽).
≪商周青銅器銘文選三≫, 301쪽.
≪金文今釋類檢(殷商西周卷)≫, 139쪽.
≪中國古文字導讀-商周金文≫, 236~237쪽.

【석문】

隹(唯)三年五月丁子(巳), 王才(在)宗
周, 令史頌[1]復(省)[2]穌(蘇)[3]. □友[4]里君[5]
百生(姓)帥(率)饇(偶)盩[6]于成周. 休又(有)
成事, 穌(蘇)賓章(璋)馬亖(四)匹吉金. 用
乍(作)𩰫彝. 頌甘(其)萬年無彊(疆), 日
遅[7]天子覭令[8]. 子子孫孫永寶用(4993)

【해석】

三年 五月 丁巳 일에 왕은 宗周에서 史頌(사송)에게 蘇國(소국)을 순시하도록 명령하였다. 그 결과 蘇國의 □友와 지방 장관과 귀족들이 함께 成周에 와서 왕은 朝見하였다. 모든 일을 순조롭게 마쳤다. 蘇가 玉璋과 말 네 마리와 좋은 청동을 史頌에게 주었다. 이에 史頌은 이를 기념하기 위하여 이 彝器(이기)를 만들고, 만년 동안 영원히 英明하신 천자의 명령을 매일 매일 잘 받들고자 한다. 자손이 영원히 이를 보배스런 기물로 삼고 이용할지어라.

설 명

1) '史頌' : 周 王室의 史官.

2) '復(省)' : '復'은 '省'자의 번체자. '巡視(순시)하다'의 의미이다.

3) '穌(蘇)' : 國名.

4) '□友' : 알 수 없는 자이나, 내용으로 보아 '□友'라는 인명인 것으로 추증된다.

5) '里君' : 지방 관직명.

6) '饇(偶)盩' : '饇'자는 '偶(우)'와 통하며 '무리'·'동료'의 뜻이다. '盩'자는 '盭(려)'자의 일부를 생략한 형태로 보인다. ≪설문해자≫는 '盭'자에 대하여 음성이 '戾(려)'와 같다 설명하고 있다(≪說文解字今釋≫, 1421쪽). ≪詩經·魯頌·泮水≫ "魯侯戾止(노후가 와서 머무르다)"라는 구절 중의 '戾'자에 대하여 毛傳은 "戾, 來"라고 설명하고 있다.

7) ‘遅’ : ‘遅’자의 음성부분은 ‘羊’으로 郭沫若은 ‘揚(양)’자의 통가자로 보고 있다. ‘찬양하다’의 의미.

8) ‘䎽令’ : ‘䎽’자는 ‘耿(빛날 경 ; gěng)’의 의미로 쓰이고 있다. ‘䎽令’은 ‘英明하신 천자의 명령’의 뜻. ≪金文編≫, ‘1450 䎽’(620쪽) 참고.

금문편

‘(𢓊(省)’ : ≪금문편≫은 이 자를 ≪부록하≫ ‘096’(1183쪽)에 수록하고 있다.

‘’ : ≪금문편≫ ≪부록하≫ ‘475’(1249쪽) 참고.

‘彊(疆)’ : ≪금문편≫ ‘2083 彊’(“孳乳爲疆, 畺字重見(‘疆’의 의미이다. ‘畺’자에도 보인다.)”, 849쪽) 참고. ‘2206 畺’(895~898쪽) 참고.

‘(遅)’ : ≪금문편≫ ‘0256 遅’(108쪽) 참고.

64. 【毛公鼎(𢉩鼎)】

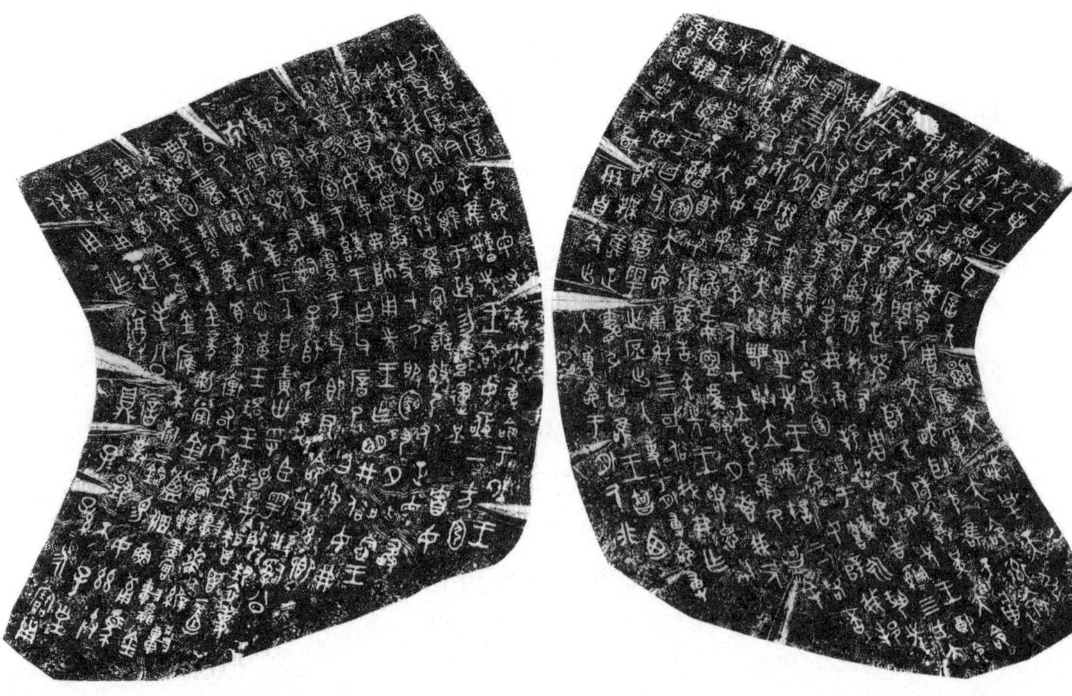

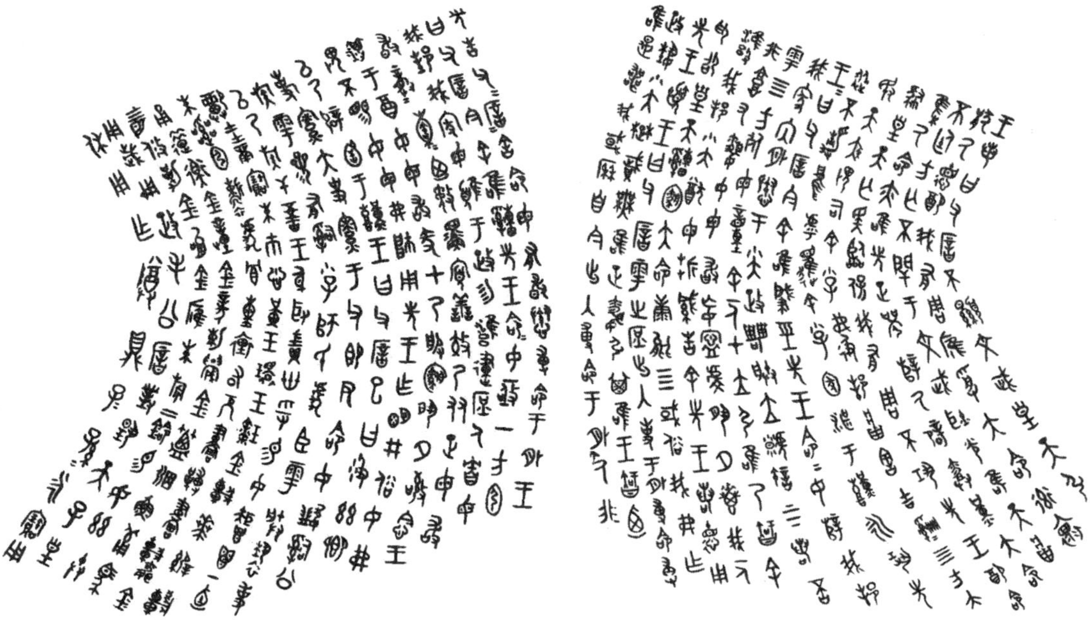

【명문참고】

二玄社 71 ; 集成 5・2841 ; 銘文選 1・447 ; 三代 04・46・49 ; 總集 02・1332.

【소개】

異名 : 𤽙鼎 ; 毛公𤽙鼎.

명문 : 32行 479字(오른쪽 16行 244字 ; 왼쪽 16行 235字) ; 合文 10字, 重文 10字.

출토 : 淸 道光 23年(1843)에 陝西省 岐山縣 출토.

크기 : 높이 53.8㎝ ; 口徑 47.9㎝ ; 무게 34.705kg.

시기 : 周 宣王.

소장 : 臺灣 中央博物館.

【주요참고문헌】

≪兩周金文辭大系圖錄考釋≫, 131(135~139쪽).
≪商周青銅器銘文選三≫, 316~320쪽.
≪金文今譯類檢≫, 463~469쪽.
≪까마≫, 朴錫弘, 2003年1月~2004年10月.
≪中國語文學譯叢≫제8집, 李貞子, 영남대학교중국문학연구실, 1998년 3월.

【석문】

王若曰："父厝[1], 不(丕)顯文武, 皇天引
猒(厭)[2]氒德配我有周. 雁(膺)受大命, 衒(率)褱(懷)
不廷方[3], 亡不閈于[4]文武耿光. 唯天㞢(將)
集氒命[5], 亦唯先正[6]䍙辪氒辟[7], 爵(恪)堇(謹)大命,
肄[8]皇天亡昊(斁), 臨保我有周, 不(丕)巩(共)先王配命.
敃(旻)天疾𢘍(威)[9], 司余𡥀(小子)[10]弗彶, 邦㞢(將)害(曷)吉, 𠛬𠛬[11]四
方, 大從(縱)不靜[12]. 烏(嗚)虖(呼), 趯余小子圂湛于囏(艱)[13], 永巩(共)
先
王." 王曰："父厝, ［今］余唯肈(肇)巠(經)[14]先王命, 命女(汝)辥(乂)
我邦我家內外, 惷于小大政[15]. 甹(屏)朕立(位)[16], 虩許[17]上下若否
雩(與)四方[18], 死(尸)[19]母(毋)童(動)余一人在立(位), 引唯乃智(知)余
非, 𩫏(庸)[20]又(有)䎽(聞). 女(汝)母(毋)敢妄(荒)寧, 虔夙(夙)夕, 惠我一
人, 雝(雍)我邦小大猷[21], 母(毋)折緘[22], 告余先王若德[23], 用
印(仰)邵(昭)皇天, 𤕌圝[24]大命, 康能三(四)國, 俗(欲)我弗乍(作)
先王憂." 王曰："父厝, 雩(越)之庶[25]出入事于外, 尃(敷)命尃(敷)
政[26], 埶(藝)大小楚賦[27]. 無唯正䎽(昏), 引𠀠(其)唯王智(智), 廼
唯是喪我或(國). 厤自今[28], 出入尃(敷)命于外, 氒非
先告父厝, 父厝舍命, 母(毋)又敢惷尃(敷)命于外[29]." 王
曰："父厝, 今余唯𤕌(踵)先王命, 命女(汝)亟一方[30], 𢀛(宏)[31]
我邦我家. 母(毋)頧(推)于政. 勿雝(雍)建庶□𡩜[32]. 母(毋)
敢龏橐[33], 龏橐廼敄(務)鰥寡[34]. 譱(善)效[35]乃友正, 母(毋)敢
湛于酒[36], 女(汝)母(毋)敢彖才(在)乃服[37]. 圝夙(夙)夕, 敬念王
𢘍38不睗(易). 女(汝)母(毋)弗帥[39]用先王乍(作)明井(刑), 俗(欲)女(汝)
弗㠯(以)圅(陷)于囏(艱.)" 王曰："父厝, 巳[40], 曰及兹(兹)卿
事寮(寮)[41]·大史寮(寮)于父即尹[42]. 命女(汝)𤔲𤔲(司)[43]公
族, 雩參有𤔲(司)·小子·師氏·虎臣, 雩朕𢀜(褻)事[44],
㠯(以)乃族干(扞)吾(敔)[45]王身. 取緘(<責(賭)>)[46]卅孚(鋝)[47]. 易(賜)
女(汝)𩰫鬯[48]一卣, 祼(祼)[49]圭(珪)瓚(瓚)[50]寶·朱市[51]·悤黃[52]·玉環·

玉瑹[53]・金車・苯縟較[54]・朱鬠[55]・㔶靳[56]虎冟(幎)[57]・熏(纁)裏[58]・右厄(軛)[59]・畫轉・畫𨏖(轄)[60]・金甬[61]・遣(錯)衡[62]金踵(踵)[63]・金豙[64]・[illegible][65]・金簟(簟)[66]弼(笰)・魚箙[67]・馬四匹・攸勒[68]・金囐[69]・金雁(膺)[70]朱旂二鈴(鈴)[71]. 易(賜)女兹(兹)关(賸).
用歲用政(征.)" 毛公㫚對䭫(揚)天子皇休.
用乍(作)障(尊)鼎, 子子孫孫永寶用(4027)

【해석】

왕은 말하였다 : "父㫚(毛公)이여! 위대하고 영명하신 文王과 武王이여! 하늘은 문왕과 무와의 덕을 크게 만족하시어, 우리 주나라에게 큰 덕을 베풀어 주시니, 문왕과 무왕은 진심으로 하늘의 대명을 잘 받들어서 조견하기 않는 주변 국가들을 회유하니, 문왕과 무왕의 빛나는 업적을 찬양하지 않은 자가 없었다. 하늘은 문왕과 무왕에게 주신 大命을 성공케 하시고, 이전 대신들이 그들의 주군을 보필하고, 하늘의 큰 명을 공경하고 부지런하게 받드니 하늘은 미워하지 않으시고, 우리 周를 굽어 살펴 보우하시어 선왕께서 받드신 천명을 더욱 공고하게 되었다. 인자하신 하늘이 돌연히 위엄을 보이실 때, 왕위를 계승받은 내가 미처 이를 인식하지 못하면, 나라가 어찌 장차 이롭지 않겠으며, 혼란한 천하는 크게 방종하고 불안하게 되지 않겠는가. 아! 어려움을 감당하지 못하는 가엾은 소자는 선왕의 대명을 영원히 받들고자 한다."

왕은 말하였다 : "父㫚이여! 지금 나는 선왕의 명령을 계승하고 잘 실행하고자, 우리나라와 왕실의 내외 政務를 다스리고 크고 작은 모든 정사에 충실히 실행하도록 명령한다. 아울러 나의 왕위를 지키고, 조정의 상하관계와 천하의 따르는 국가와 거역하는 국가를 관찰하며, 나를 지켜서 나의 왕위가 흔들림이 없이 해야 하며, 나의 잘못을 알 수 있도록 인도해 주고, 자주 너의 충언을 들려주어라. 너는 감히 경거망동하거나 안일함을 추구하지 말고, 언제나 밤낮으로 경건한 마음으로 임하며, 나에게 은혜로움을 주어서 우리나라의 모든 일들의 준칙을 옹호하고, 지나치게 언사를 삼가지 말 것이며 선왕의 명명한 덕을 나에게 알리어라. 그렇게 함으로써 하늘의 뜻에 잘 따르고, 하늘의 명을 지속적으로 받들어 온 천하를 안락하고 화목하게 하며, 내가 선왕께 누(漏)가 되지 않도록 잘 이끌도록 하라."

왕은 말하였다 : "父㫚이여! 집정 관료들이 대외적으로 실행하고, 왕명을 공포하고 정책을 실행하는 일과 일반관리들을 관리 감독하는 일 등에 있어, 나의 혼란함을 바로 잡지 않고 왕이 지혜롭다고만 말한다면, 이는 우리나라의 망국을 자초하는 일이다. 지금부터 대외로 명령을 실행하는 일을 사전에 그대 父㫚에게 명령한 것이 아니면, 父㫚 그대는 명령을 실행함에 있어 함부로 대외를 명령을 집행하지 말아라."

왕이 말했다 : "父㫚이여! 지금 나는 先王의 命을 계승하고, 한 국가를 진심진력으로 다스리도록 명령하며, 우리나라 국가와 가족을 더욱 광대하게 하도록 명령한다. 그대는 政事에 있어서 성실하게 이행하고, 백성들의 재산에 壅塞하게 조세집행을 하지 말고, 거둬들인 賦稅를 착복하지 말라. 착복은 홀아비와 과부들과 같은 궁핍한 사람들을 속이는 행위이다. 또한 官屬들을 잘 가르치고 인도하며, 술을 탐닉하지 말며, 그대의 직무에 태만하지 말지어라. 삼가 밤낮으로 왕의 위엄이 결코 가볍지 않음을 항상 경건하게 유념하며, 너의 선왕이 만든 현명한 法度를 이행함에 어긋남이 없도록 하며, 너의 主君이 어려움에 빠지지 않도록 하라."

왕은 말하였다. : "父厝이여! 아! 卿事寮와 大史寮는 그대에 소속되어 관직을 수행하도록 하노라. 그대에게 公族・參有司・小子・師氏・虎臣과 나의 執事를 함께 관리하며, 너의 종족들을 거느리고 나를 보호하도록 명령하며 삼십 鋝을 하사하노라. 너에게 향주 한 항아리, 강신제용 寶器 珪瓚, 붉은 색의 폐슬, 청색의 橫帶, 노리개 옥환, 옥홀을 하사한다. 청동의 수레, 양측이 장식된 수레 횡목 덮개, 붉은 가죽으로 된 수레 장식 덮개, 붉고 고운 가죽, 끌채에 쓰는 손잡이와 말 앞을 장식할 가죽, 오랑이 무늬의 수레 덮개 천와 붉은 색의 안감, 멍에, 장식이 있는 차 아래 끈, 탑승 칸과 차축을 연결하는 장식된 가죽 끈, 동으로 된 수레 굴대빗장, 격자 무늬의 가름대, 동으로 만든 차상 뒷부분의 막대, 동으로 만든 바퀴 고정 대, 衡을 묶는 가죽 끈, 마차의 깔개와 뒷 덮개, 물고기 가죽으로 만든 화살 통, 말 네 필, 장식이 달린 고삐와 재갈, 금으로 된 깃털 마관, 금으로 된 말의 이마 장식물, 방울이 둘 달린 붉은 색 지휘 깃발 등을 그대에게 하사하여 보내어, 세제와 정벌에 사용하는데 편하도록 하고자 한다.
모공은 이러한 기물을 받고서 천자의 영명한 미덕을 보답하기 위하여 寶鼎을 주조하니, 자손만대로 영원히 보배롭게 사용할 지어다.

설 명

마차의 각 부위에 대한 명칭은 ≪九年衛鼎≫의 설명부분을 참고할 수 있다.

1) '厝' : 음성부분이 '音'이며, 우리말 음은 '음'이나 '흠'에 가깝다. ≪금문편≫은 '1570 厝'(664쪽)에서 "孫詒讓云以雁作雁例之, 當卽瘖之省(孫詒讓은 '雁'자를 '雁'자로 쓰는 예로 보아 '厝'자는 '瘖'자의 일부를 생략한 형태이다라고 했다)"라고 설명하고 있다. '瘖'자는 음은 '音'이다. 毛公 '厝'은 宣王을 보좌한 서주 후기 왕실의 重臣 중의 한 사람이다.

2) '引猒(厭)' : '引'자를 '弘'으로 예정하기도 하나, 형태로 보아 '引'자로 예정하기로 한다. 의미는 '길다'・'장구하다'의 뜻. '猒(厭)'은 '만족하다'・'충만하다'의 의미(陳初生 編纂, ≪金文常用字典≫, 494쪽)

3) '衒(率)褱(懷)不廷方' : '衒(率 : 솔)'자는 어조사로 해석하거나, '거느리다' '통솔하다'의 동사의 용법으로 해석한다. 문맥상 어조사로 풀이하기로 한다. ≪尚書・立政≫ "亦越武王, 率惟敉功, 不敢替厥義德, 率惟謀從容(睿)德, 以竝受此丕丕基(또한 무왕께서도 유업을 완성하시고, 감히 문왕의 의로운 덕을 버리지 않으셨으며, 문왕의 밝은 덕을 꾀하시고 따르심으로써, 이 위대한 유업을 다 받으시게 되었던 것이다)" 중의 '率'의 용법과 같다. '不廷方' 중의 '廷方(정방)'은 '朝廷에 朝見하다의 의미이며, 전체적으로 '조견을 하지

않은 주변국가'의 뜻이다.

4) '亡不閈于' : '閈'은 '覲(근)'자와 통한다. ≪尙書・立政≫ "以覲文王之耿光, 以揚武王之大烈(그리하여 문왕의 밝은 덕을 뚜렷이 밝히시고, 문왕의 큰 공을 표양하시오)"의 중의 '覲'의 의미와 같다.

5) '唯天𨟭(將)集氒命' : 馬乘源은 ≪爾雅≫"將, 大也('將'은 '大(크다, 훌륭하다)'의 의미이다)"를 인용하여 '𨟭(將)'자를 부사의 용법인 '大'의 의미로 풀이하고, '集'자는 '이루다'・'성취하다'의 의미로 풀이하고 있다. 또한 이 구절을 '문왕과 무왕에 내려진 大命을 성취시키다'로 해석하고 있다. 문맥 내용상 이 해석을 따르기로 한다.

6) '亦唯先正' : 여기에서 '正'은 '관리'나 '大臣'을 의미한다.

7) '𤔲辥氒辟' : '𤔲'자는 '돕다'라는 의미의 '襄(양)'자의 初文이다(馬承源 主編, ≪西周青銅器銘文選(二)≫, 317쪽 참고) ≪大克鼎≫에는 '悤(沖)𡨦(襄)氒心(마음 비우고 과욕이 없는 겸손한 마음)'라는 구절이 있는데, '𡨦'은 '襄'자의 이체자로 '양보하다'의 '讓'의 의미로 쓰이고 있다. 본 '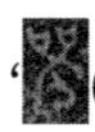(𤔲)'자와 ≪大克鼎≫의 '𡨦'자와 형태가 유사하다. ≪不𡢁簋≫에 "御(馭)追于𡨦(나는 너에게 𡨦 지역을 거마부대를 이끌고 가서 추격하도록 한다)."라는 구절이 있는데, '𡨦'자는 지역 이름으로 쓰이고 있다. ≪금문편≫은 이 자를 ≪부록하≫ '052'(1176쪽)에 놓고 있다.

'辥(벽)'자는 '乂(예)'자와 통하며 '보필하다'・'보좌하다'의 의미이다. ≪金文編≫은 '2373 辥'자에 대하여 "≪說文解字≫ : 嬖, 治也. 從辟, 乂聲. ≪虞書≫曰 : 有能俾嬖. 是壁中古文乂作嬖, 嬖與辥形似而訛. 書君奭之用乂厥辟, 卽毛公鼎之𤔲辥氒辟, 康王之誥之保艾王家, 卽克鼎之保辥周邦也(≪說文解字≫는 '嬖'자는 다스리다(治)의 의미이다. 의미부분이 '辟'이고 음성부분인 '乂'이다. ≪虞書≫는 '홍수의 피해를 다스릴 수 있을까'라 했다."라고 설명하고 있다. 魯壁 古文에서는 '乂'자를 '嬖'으로 쓰고 있다. '嬖'자는 '辥'자의 형태가 비슷하기 때문에 와전된 것이다. ≪書經・君奭≫의 '用乂厥辟(그의 임금을 보좌하다)'라는 구절은 즉 ≪毛公鼎≫의 '𤔲辥氒辟'과 같은 내용이며, 康王이 왕손을 잘 보좌하도록 충고하는 내용은 ≪大克鼎≫의 '保辥周邦(주나라를 보좌하고 다스리다)'과 같은 의미이다)."(975쪽)라고 설명하고 있다. '䛐辪'는 '보좌하다'·'보조하다'의 의미.

8) '䢅' : '肆(사)'자와 같은 자로 접속사의 '故' 용법으로 쓰이고 있다. ≪爾雅·釋詁≫는 "肆, 故也"라고 설명하고 있다.

9) '敃(旻)天疾畏(威)' : '敃(旻 : 민)天'은 '인자한 하늘'이라는 의미. '疾(질)'은 부사의 용법으로 '돌연히'의 의미. 전체적으로 '인자하신 하늘이 갑자기 위엄을 보이시어'의 뜻.

10) '司余小子' : '司(사)'는 '嗣(사)'의 용법으로 '계승하다'의 뜻.

11) '䌛䌛' : '혼란한 모양'을 나타내는 형용어.

12) '大從(縱)不靜' : '從(縱)'은 '放縱(방종)'의 의미로 전체적으로 '크게 방종하고 불안하다'의 뜻.

13) '䟺余小子圂湛于囏(艱)' : '䟺'자를 '懼(구)'의 의미나, 자기 자신의 낮추어 말하는 '閔予小子'라는 의미의 '閔(민)'자로 풀이한다. '懼'로 해석하면, 뒷 문장을 '永巩(共)先王' 중의 '共'을 '恐'으로 풀이하여야 하는데, 문맥상 어색하다. 따라서 본문은 ≪周頌·閔予小子≫ "閔予小子, 遭家不造(가련한 소자는 집안에 큰 일을 겪다)"를 참고하여 '閔'자로 풀이하기로 한다. '圂湛(혼감)'은 ≪周頌·訪落≫ "維予小子, 未堪家多難(이 소자는 집안의 많은 어려움을 감당하지 못하네)" 중의 '未堪'의 의미와 같다. 전체적으로 "어려움을 감당하지 못하는 가엾은 소자"로 겸양어의 용법이다.

≪金文編≫은 '2190 艱'에서 "從喜與籀文同('艱(간)'자는 금문에서 籀文과 같이 字符 '喜'를 쓴다)."(889쪽)라고 설명하고 있다.

14) '肇(肇)巠(經)' : '肇(肇 : 조)'는 '계승하다'·'꾀하다'의미이고, '巠(經)'은 '실행하다'·'다스리다'의 뜻.

15) '我家內外, 䛡于小大政' : '我家'는 '王室'의 의미이고, '我家內外'는 '왕실의 내외 직무'라는 뜻이다. '䛡'는 '惷(창)'자의 고문자이며, '擁(옹)'자의 통가자로 사용되고 있다. '䛡于小大政'은 '크고 작은 정책을 성실히 실행하다'의 뜻.

16) '㽙(屛)朕立(位)' : '㽙'은 '甹(병)'의 고체자로 '지키다'의 의미인 '屛(병)'과 통한다.

17) '虩許' : '虩(혁)'은 '두려워하다'로 '징벌하다'의 뜻이고, '許(허)'는 '허락하다'의 의미인 '칭찬하다'의 뜻.

18) '若否雩(與)四方' : '若'은 '順'으로 '순종하다'이고, '否'는 '부정하다'의 뜻.

19) '死(尸)' : '主'의 의미로 '지키다'·'주력하다'의 뜻.

20) '𩫏(庸)' : '𩫏'자는 '庸(용)'자와 같은 자이며, '자주'라는 '常'의 의미.

21) '小大猷' : '小大猷'는 '크고 작은 모든 계획이나 준칙'이라는 의미.

22) '母(毋)折𢧢' : '𢧢'은 '緘(함)'과 같은 자이며, '折𢧢(절함)'은 '緘口不言'의 뜻.

23) '王若德' : '若'자는 대사 '其'의 의미.

24) '䪨圝大命' : '䪨'자는 '緟(중)'자의 의미로 '계속하여'의 뜻이고, '圝'자는 '周'로 가차되어 사용되며, '견지하다'·'옹호하다'의 의미이다. ≪曶鼎≫ 참고.

25) '雩(越)之庶' : '雩(越)'은 발어사의 용법으로 사용되고 있다. '之'는 대사의 용법으로 쓰이며, '之庶'는 '주왕이 책명을 선포하는 자리에 毛公과 배석한 집정 관료들'을 가리킨다.

26) '尃(敷)命尃(敷)政' : '尃(敷 : 부)'는 '실행하다'·'공포하다'의 의미. 전체적으로 '왕명을 공포하고 정책을 실행하다'의 뜻.

27) '埶(藝)大小楚賦' : '埶(藝)'는 '다스리다'·'집행하다'·'제정하다'의 의미이다. '楚'자는 '胥(서)'의 통가자로 '賦役을 관장하는 관리'이고, '賦'는 '거두어들이다'의 뜻으로 '조세를 담당하는 관리'의 의미. 여기에서는 '관리'를 총칭하는 의미로 사용되고 있다.

28) '厤自今' : '厤'은 '歷'과 통하며, 전체적으로 '지금 이후로'의 의미.

29) '母(毋)又敢𢟭尃(敷)命' : '𢟭'은 앞에서는 '擁(옹)'의 의미로 사용되고 있으나, 여기에서는 '惷'로 가차되어 부사의 용법인 '함부로'의 뜻으로 사용되고 있다.

30) '亟一方' : '亟'은 '極'자의 통가자이며, '진심진력으로 다스리다'의 의미이다. '一方'의 의미가 확실하지 않으나, '亟一方'은 '盡力治理一方(전력을 다하여 나라를 다스리다)'의 뜻으로 보인다. 탁본 중의 ''를 '四'자가 마모된 것으

로 보는 경우가 있으나, 한 획이 너무 분명하게 보이고 나머지 획이 보이지 않는다는 것은 불가능하다 하겠다. 따라서 '一'자가 확실하다. '一方'은 '어느 한 지역 혹은 제후 국가'의 의미이다.

31) '圅(宏)' : '圅'자의 음성부분은 '弓'으로 '宏(굉)'과 통한다. '크게 발양하다'의 뜻이다.

32) '勿雝(雍)建庶□害' : '□' 부분은 '人'이나 '民'으로 보충하기도 한다. '害'자에 대해서는 의견이 분분하나, 형태로 보아 '責(책)'으로 예정할 수 있고, '積(적)'의 의미로 사용되는 것으로 추증된다. '雝(雍)'은 '壅塞(옹색)'의 의미인 '壅'의 뜻이고, '建(건)'은 '楗(건)'자의 통가자로 '雝(雍)建'은 전체적으로 '壅塞하다'의 의미이다.

33) '母(毋)敢龏橐' : '龏(공)'자는 '拱(공)'의 통가자로 사용되며, '橐(탁)'은 '苞(포)'의 가차자로, '龏橐'은 즉 '中飽(중포)'이다. '中飽'는 '賄賂(회뢰 : 착복하다)'의 뜻이다. ≪韓非子・外儲說右下≫는 '中飽'에 대하여 "薄疑謂直簡主曰 : "君之國中飽." 簡主欣然而喜曰 : "何如焉?"對曰 : "府庫空虛于上, 百姓貧餓于下, 然而奸吏富矣."(박의가 조 간주에게 말하기를 "군주의 나라 안이 배부릅니다."라고 하였다. 간주가 흘연히 좋아하여 말하기를 "어떻다는 것인가?"라고 물었다. 대답하기를 "위로는 창고가 텅 비어있고, 아래로는 백성들이 가난에 굶주리고 있는데도 간악한 세리들은 배부릅니다."라고 말하였다)."라고 설명하고 있다. '中飽'란 관리들이 착복하여 배불리 먹는 것을 말한다.

34) '廼敄(務)鰥寡' : '敄(務 : 무)'는 '侮(모)'자의 가차자로 '모욕하다'・'기만하다'의 의미이다. ≪尙書・康誥≫에 '侮鰥寡(모환과)'에 관한 내용으로 "惟乃丕顯考文王, 克明德愼罰, 不敢侮鰥寡, 庸庸・祗祗・威威・顯民(너의 훌륭하신 아버지 문왕께서는 덕을 밝히고 형벌을 삼가셨고, 감히 홀아비, 과부들도 업신여기지 않으셨으며, 수고하고 공경하며 위엄이 있으셨고, 백성들을 존중하였다."가 있다.

35) '譱(善)效' : '效(효)'자는 '敎(교)'와 같은 의미로 '교화하다'・'교도하다'의 뜻.

36) '湎于酒' : '湎'자는 ≪尙書・酒誥≫의 "罔敢湎于酒" 구절로 보아 '湎(면)'자의 고체자로 추증된다.

37) '彖才(在)乃服'' : '彖'자는 '墜(추)'자의 가차자이며, '직무에 태만하다'의 의

미이다. '服'은 '服務'나 '직무'의 의미이다.

38) '愧' : 위엄의 의미인 '威(위)'의 통가자.

39) '弗帥' : '帥(솔)'은 '率(솔)'의 의미로 '준수하다'의 뜻.

40) '巳曰' : '巳(사)'자를 '已(이)'자로 해석하는 경우도 있으나, 감탄사의 용법인 '噫(희)!'의 의미로 풀이하기로 한다.

41) '卿事寮(寮)大史寮(寮)' : '卿事(경사)의 관료'와 '大史의 관료'이며, '卿事'는 '국가행정을 담당'하고, '大史'는 '책명과 같은 문서를 담당하는 관리'이다.

42) '卽尹' : '卽'은 '任'의 의미. '卽尹(즉윤)'은 '임무를 수행하다'의 뜻.

43) '𩇨𤔲(司)' : '𩇨'자는 일반적으로 '拼(병)'이나 '攝(섭)' 등의 의미로 풀이한다. 형태로 보아 '拼'자의 초문으로 추증되며, 의미는 부사 '더불어(兼)'의 의미로 쓰이고 있다. '𤔲(司)'는 '관리하다'·'통솔하다'의 의미이다.

44) '公族雩參有𤔲(司)小子師氏虎臣雩朕𢦒(褻)事' : '雩(우)'는 '與'의 용법으로 사용되고, '公族'은 관직명이다. '參有司'는 '司徒'·'司馬'와 '司空'. '師氏'와 '虎臣'은 모두 관직명이다. '𢦒(褻)'자는 '執(집)'자로 해석하여 '執事'는 관직명으로 보는 경우와, '褻事(설사)'는 '가까이서 모시다'는 의미로 풀이하기도 하나, 연사 '雩'가 있기 때문에 '일반관리'라는 전자의 의미로 풀이하기로 한다.

45) '干(扞)吾(敔)' : '干(扞 : 한)와 '吾(敔 : 어)'는 '막다'라는 뜻에서 '보호하다' '보위하다'의 의미.

46) '取威(<𧶠(賸)>)' : '𧶠'자를 ≪金文引得≫은 '威'로 잘 못 예정하고 있다. 이 자를 馬乘源은 '𧶠(賸)'로 예정하고 있다. 형태로 보아 '責'자의 변형으로 추증된다. '責(책)'은 '債(채)'와 통하여 '賦(부)'의 의미로도 쓰인다. '取賦'는 '취하여 자급을 지급하다'의 의미이다.

47) '寽(鋝)' : 무게의 단위.

48) '𩰫鬯' : '𩰫'는 '秬(거)'와 통하여 '秬鬯(거창)'은 찰기장이 만든 울창주.

49) '𨟻(祼)' : 郭沫若은 강신제라는 의미의 '祼(관)'로 풀이하고 있다.

50) '𩱵(瓚)' : '𩱵'은 '瓛(환)'이나 '瓚(찬)'과 통한다. 내용으로 보아 '강신제에 사

용한 옥으로 만든 잔'이다.

51) '朱市' : '朱市'은 '붉은 蔽膝(폐슬)'이다.

52) '悤黃' : '蔥黃(총황)'은 '蔥衡(총형)'으로 橫帶(횡대)의 일종이다.

53) '玉環玉瑹' : '瑹'자의 음성부분은 '余(徐)'로 '瑞(서)'와 통하며 '笏(홀)'의 의미이다. '玉環'은 장식품의 일종인 노리개이다.

54) '金車桒縟較' : '桒'은 '㡀(불)'·'韍(불)'이나 '黻(불)'과 통하여 '마차의 장식'을 가리킨다. '縟(멱)'은 '幦'과 통하여 '마차를 덮는 덮개'이다. '較'는 '較(교)'자의 고체자로 '마차를 서로 연결하는 덮개' 중의 하나이다.

55) '朱䨼' : '䨼'자는 '虢(괵)'이나 '鞹(곽)'과 통하며, 가죽을 가리킨다.

56) '㔶靳' : '㔶'은 '鞃(굉)'과 통하여 '수레 앞 가로 나무를 감은 가죽'의미이고, '靳'은 '靳(근)'과 통하여 '수레의 채에 사용되는 가죽'이다.

57) '虎冟(幎)' : 호랑이 가죽으로 만든 덮개.

58) '熏(纁)裏' : '熏(纁 : 훈)'은 '붉은 색'이고, '裏'는 '안쪽'이라는 의미에서 '안감'의 뜻이다.

59) '右厄(軛)' : '厄(軛 : 액)'은 '멍에'이다.

60) '畫轉畫轉(𨎌)' : '畫'는 '무늬'의 의미이다. '轉'은 마차의 아랫부분을 묶은 가죽 끈이며, '轉(𨎌)'은 '마차의 탑승 칸과 차축을 연결할 수 있는 가죽 끈'이다.

61) '金甬' : '甬'은 '鐘'과 통하며 '金甬(금용)'은 차축과 바퀴를 연결하는 부위에 끼워서 바퀴의 마모를 경감하는 종 모양의 기물.

62) '遣(錯)衡' : '마차 앞쪽의 수레 끌채에 가로로 연결된 쇠뿔 가름대'.

63) '金踵(踵)' : 동으로 만든 車箱 뒷부분의 덧댐 막대.

64) '金豙' : '豙(의)'는 '柅(이)'의 통가자로 '바퀴의 작은 고정대'.

65) '' : 이 두 자에 대해서는 학자마다 의견이 분분하다. ≪금문편≫은 ''자를 '㪿'으로 예정하고 있다. ''은 '묶다'라는 의미인 '束'이 있는 것으로 보아, 아마도 마차의 어느 부위를 묶는 가죽 끈으로 추증된다. 郭沫若은 각각 '㪿𩬑'으로 예정하고 있다. ≪集成引得≫은 '豹(約)𩬑(盛)'으로 풀이하고 있다.

66) '金簟(簟)弼(笰)' : '簟(簟 : 점)'은 '깔개'이고, '弼(笰 : 불)'은 '마차의 뒷부분을 가리는 천막'이다.

67) '魚葡' : '葡'는 '箙(복)'과 같은 자이며, '화살을 넣는 통'.

68) '攸勒' : '攸'는 '鋚(조)'의 통가자로 '고삐'이고, '勒(륵)'은 '재갈'이다. '攸(鋚)勒(革)'은 '가죽 끈과 구리로 만들어진 고삐'. ≪曶鼎≫에도 '攸勒'이란 단어가 보인다. ≪金文編≫은 '攸'자에 대하여 "孳乳爲鋚, 說文鋚鐵也. 一曰轡首銅. 詩采芑鉤膺鞗革. 作鞗, 傳鞗革轡垂也('攸'자는 '鋚'의 의미로도 쓰인다. ≪說文解字≫는 "'鋚'는 '鐵'이라는 의미이다. 또한 동의 만든 말의 재갈이나 고삐라는 의미도 있다.'라고 설명하고 있다. ≪小雅・采芑≫'鉤膺鞗革(말띠엔 고리 달렸고, 말고삐엔 장식 달렸네).'라는 구절은 '鞗'자로 쓰고 있다. ≪毛氏傳≫은 "'鞗革'은 장식달린 말 고삐'라고 설명하고 있다)."라고 설명하고 있다(218쪽).

69) '金噧' : '噧'는 '鬣(엽)'과 통하며 '金鬣'은 '금으로 장식된 깃털 마관'이다.

70) '金雁(膺)' : '말의 가슴 앞부분의 장식물'.

71) '朱旂二鈴(鈴)' : '두 개의 종이 달린 붉은 깃발'.

금문편

'(䍙)' : ≪금문편≫≪부록하≫ '050'(1175쪽) 참고.

'烏(鳴)' : ≪금문편≫ '0633 烏'(265~266쪽) 참고.

'''(圝)' : ≪금문편≫≪부록하≫ '277'(1215쪽) 참고.

'衒(率)' : ≪금문편≫ '2131 率'(873쪽) 참고.

'(喪)' : ≪금문편≫ '0170 喪'(79쪽) 참고.

'(害)' : ≪금문편≫≪부록하≫ '185'(1199쪽) 참고.

'責(賠)' : ≪금문편≫≪부록하≫ '085'(1181쪽) 참고. '1015 責'("孳乳爲績或蹟('績(적)'이나 혹은 '蹟(적)'의 의미이다.)", 435쪽) 참고.

‘(斳)’ : ≪금문편≫≪부록하≫ ‘373’(1232쪽) 참고.

‘(噝)’ : ≪금문편≫≪부록하≫ ‘045’(1174쪽) 참고.

‘(鄏)’ : ≪금문편≫≪부록하≫ ‘144’(1191~1192쪽) 참고.

‘(鬓)’ : ≪금문편≫≪부록하≫ ‘131’(1189쪽) 참고.

‘(束乙)’ : ≪금문편≫ ‘2219 勅’(“說文所無, 集韻誡也(≪說文≫에는 없다. ≪集韻≫은 ‘誡’의 의미로 풀이하고 있다.)”, 902쪽) 참고.

‘(㵎)’ : ≪금문편≫≪부록하≫ ‘471’(1248쪽) 참고.

‘𤔲(恪)’ : ≪금문편≫≪부록하≫ ‘124’(1188쪽) 참고.

‘(鄠)’ : ≪금문편≫≪부록하≫ ‘405’(1237쪽) 참고.

‘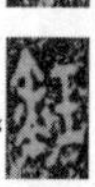(琭)’ : ≪금문편≫≪부록하≫ ‘008’(1168쪽) 참고.

‘(建)’ : ≪금문편≫≪부록하≫ ‘083’(1181쪽) 참고.

‘’‘函(陷)’ : ≪금문편≫ ‘1138 函’(“假借爲臽, 逸周書祭公解我惟不以我辟險于難則于借險爲之, 函臽險三字皆同聲也, 王國維說(王國維는 “說‘臽(함)’자의 가차자로 쓰인다). ≪逸周書 · 祭公解≫‘我惟不以我辟險于難(나는 또한 우리의 군주를 위험에 빠지지 않게 하다.)’ 구절은 ‘險’자로 가차하여 쓰고 있다(‘函(함)’ · ‘臽(함)’ · ‘險(험)’ 등 세 자는 모두 음성이 같다”라고 설명하고 있다.)”, 486쪽) 참고.

‘雁(膺)’ : ≪금문편≫ ‘601 雁’(“孳乳爲膺(‘膺(응)’의 의미이다.)”, 256~257쪽) 참고. ‘0671 膺’(“雁字重見(‘雁’字에도 보인다.)”, 282쪽) 참고.

‘衒(率)’ : ≪금문편≫ ‘2131 率’(873쪽) 참고.

‘𦘔(𦘒)’ : ≪금문편≫ ‘0474 𦘔(𦘒)’(“經典譌作肆(經典에서는 肆자로 바꿔 쓴다.)”, 200~201쪽) 참고.

‘(閑)’ : ≪금문편≫ ‘1907 閑’(768쪽) 참고.

‘’‘⿱卜皿(將)’ : ≪금문편≫ ‘2076 ⿱卜皿’(“郭沫若釋將(郭沫若은 ‘將’자로 해석한다.)”, 847쪽) 참고.

‘堇(謹)’ : ≪금문편≫ ‘2189 堇’(888~889쪽) 참고.

‘昗(斁)’ : ≪금문편≫ ‘0527 斁’(“≪詩葛覃≫, 服之無斁, ≪毛傳≫斁厭也(≪詩經・葛覃≫의 ‘베옷 짜 입으니 싫증나지 않네’ 구절에 대하여 ≪毛傳≫은 ‘斁(역)’은 ‘厭(염)’의 의미이다 라고 설명하고 있다.)”, 217쪽) 참고.

‘’‘(我)’ : ≪금문편≫, ‘2054 我’(831~832쪽) 참고.

‘(彶)’ : ≪금문편≫, ‘0459 及’(189쪽) 참고.

‘害(曷)’ : ≪금문편≫, ‘1215 害’(“又通曷. 書泰誓予曷敢有越厥志(또한 ‘曷(갈)’자와도 통한다. ≪書・泰誓≫는 ‘내가 어찌 감히 그분의 뜻을 벗어나는 일이 있겠소.’라 했다.”, 531쪽) 참고.

‘從(縱)’ : ≪금문편≫, ‘1369 從’(576~578쪽) 참고.

‘(雍)’ : ≪금문편≫ ‘0602 雍’(257~258쪽) 참고. ≪大盂鼎≫은 ‘(餎)’으로 쓴다.

‘(趯)’ : ≪금문편≫ ‘0175 趯’(81쪽) 참고.

‘(湛)’ : ≪금문편≫ ‘1821 湛’(736쪽) 참고.

‘囏(艱)’ : ≪금문편≫, ‘2190 艱’(“从喜與籀文同”, 889쪽).

‘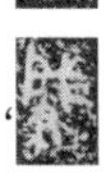肈(肇)’ : ≪금문편≫ ‘2030 肈’(822~823쪽) 참고.

‘巠(經)’ : ≪금문편≫ ‘2096 經’(“不从糸. 巠字重見(形旁 ‘糸’를 쓰지 않고 있다. ‘巠’字에 다시 보인다.)”, 857쪽) 참고.

‘(惷)’ : ≪금문편≫ ‘1740 惷’(“不从春”, 719쪽) 참고.

‘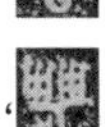⿲口甹口(屛)’ : ≪금문편≫ ‘0747 甹’(“孫詒讓曰此當爲誁之古文. 說文𧬊从誁聲而言部無誁字, 盖誤捝也. 誁从言, 此从口者. 小篆从言之字, 古文多从言口(孫詒讓은 이 자는 ‘誁(빙)’의 古文이라고 주장하고 있다. ‘𧬊’자는 ‘誁’聲으로 ≪說文≫에 보이나 ‘言’部에 ‘誁’字는 보이지 않는다. 아마도 빠트린 것으로 보인다. ‘誁’자는 형방이 ‘言’이나 ‘⿲口甹口’자는 형방‘口’를 쓰고 있다. 小篆의 형방 ‘言’字는 古文字에서 일반적으로 형방 ‘口’로 쓴다.)”, 320쪽) 참고.

'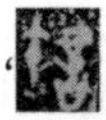(許)' : ≪금문편≫ '0332 許'(139쪽) 참고.

'''雩(與)' : ≪금문편≫ '1874 雩'(753쪽) 참고.

'童(動)' : ≪금문편≫ '0393 童'("䢌乳爲動('動'의 의미로도 쓰인다.)", 154쪽) 참고.

'智(知)' : ≪금문편≫ '0593 智'(248~249쪽) 참고.

''䎽(聞)' : ≪금문편≫ '1088 昏'("从日民聲, 因唐諱改民爲氏, 又與婚一字(의미부분이 '日'이고 음성부분이 '民'이다. 唐代 피휘하기 위하여 '民'을 '氏'로 바꾸었다, '婚'자와 같은 자이다.)", 457쪽) 참고. '1955 婚'("與昏爲一字, ……經典多以昏爲婚('昏'자와 같은 자이다. ……經典에서는 일반적으로 '昏'을 '婚'자로 쓴다.)", 793쪽) 참고.

'妄(荒)' : ≪금문편≫ '1983 妄'("孫詒讓曰, 妄寧當讀作荒寧. 書無逸不敢荒寧, 文侯之命毋荒寧(孫詒讓은 "'妄寧(망녕)'은 '荒寧(황녕)'의 의미이다. ≪書經 · 無逸≫의 '不敢荒寧(감히 안일하게 행동하지 마라.)', ≪文侯之命≫의 '毋荒寧' 중의 '荒寧'의 의미와 같다."라고 설명하고 있다.)", 805쪽) 참고.

'(折)' : ≪금문편≫ '0085 折'(38쪽) 참고.

'(戚)' : ≪금문편≫ '2115 緎'("从糸从咸省(이 자는 '糸'와 일부를 생략한 '咸'으로 되어 있다.)", 862쪽) 참고.

'(憂)' : ≪금문편≫, '0897 憂'(384쪽) 참고.

'尃(敷)' : ≪금문편≫ '0502 尃'(209쪽) 참고.

'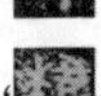埶(藝)' : ≪금문편≫ '0444 埶'(177~178쪽) 참고.

'(賦)' : ≪금문편≫ '1018 賦'(436쪽) 참고.

'頧(推)' : ≪금문편≫ '1471 頧'(626쪽) 참고.

'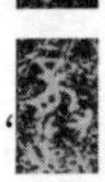(彝)' : ≪금문편≫ '0405 彝'(160~162쪽) 참고.

'(敬)' : ≪금문편≫ '1526 敬'("吳大澂以爲敬之省文(吳大澂은 '敬'자를 간략하게 쓴 형태라고 주장하고 있다.)", 652~653쪽) 참고.

'(惠)' : ≪금문편≫ '0647 叀'(271쪽) 참고.

'執(褻)' : ≪금문편≫ '1392 褻'("檀弓君之褻臣也, 注嬖也(≪禮記・檀弓≫ '임금님 측근에서 모시는 신하이다' 중의 '褻(설)'자 '嬖(폐)'의 의미로 주석하고 있다.)", 587쪽) 참고.

'(鬌)' : ≪금문편≫ '0833 鬌'("經典作秬(經典은 '秬(거)'자로 쓴다.)", 356쪽) 참고.

'(緈)' : ≪금문편≫ '2119 䌛'(863쪽) 참고.

'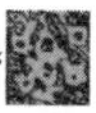(圝) : ≪금문편≫ '0656 斎'(273쪽) 참고.

'''(畵)' : ≪금문편≫ '0480 畵'(202쪽) 참고.

'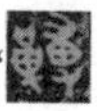(轉) : ≪금문편≫ '0430 轉'(169쪽) 참고.

'(身)' : ≪금문편≫ '1383 身'(583쪽) 참고.

'(桒)' : ≪금문편≫ '1692 桒'(706~707쪽)참고.

'(較)' : ≪금문편≫ '2295 較'(932쪽) 참고.

'轛(軺)' : ≪금문편≫ '2297 轛'(932쪽) 참고.

'(甬) : ≪금문편≫ '1139 甬'(486~487쪽) 참고.

'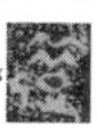遣(錯)' : ≪금문편≫ '0214 遣'("經典通作錯, 詩韓奕采芑之錯衡, 傳錯文衡也(經典은 '錯'자로 쓴다. 毛傳은 ≪詩經・韓奕≫≪采芑≫ 중의 '錯衡'에 대하여 '錯'은 무늬가 있는 멍에라고 설명하고 있다.)", 96쪽) 참고.

'踵(踵)' : ≪금문편≫ '0190 踵'("从止从童, 經典通作踵. 考工記輈人五分其經圍去一以爲踵圍, 注踵後承軫者也('止'와 '童'으로 이루어진 자로 經典은 일반적으로 '踵(종)'으로 쓴다. ≪周禮・考工記・輈人≫'五分其經圍, 去一以爲踵圍' 구절에 대하여 '끌채 뒤에 수레 뒤턱나무를 접하는 곳'이라 설명하고 있다.)", 84쪽) 참고.

'弼(笰)' : ≪금문편≫ '2089 弼'(851쪽) 참고.

'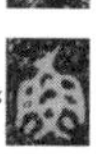(魚)' : ≪금문편≫ '1878 魚'(754~756쪽) 참고.

'(箙)' : ≪금문편≫ '0123 葡'("葡字重見('葡'字에도 보인다.)", 55쪽) 참고.

'(馬)' : ≪금문편≫ '1597 馬'(675~677쪽) 참고.

65.【虢季子白盤】

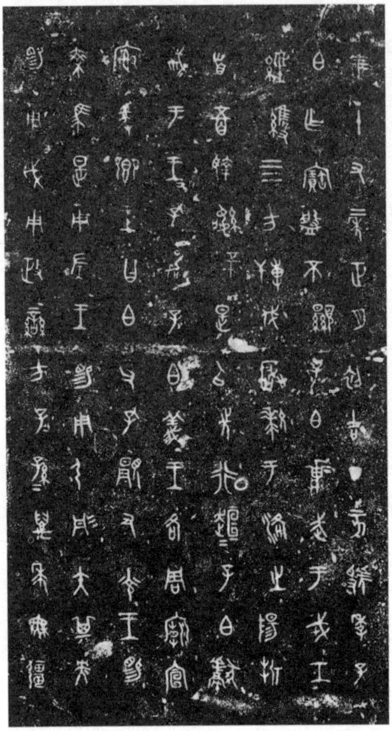

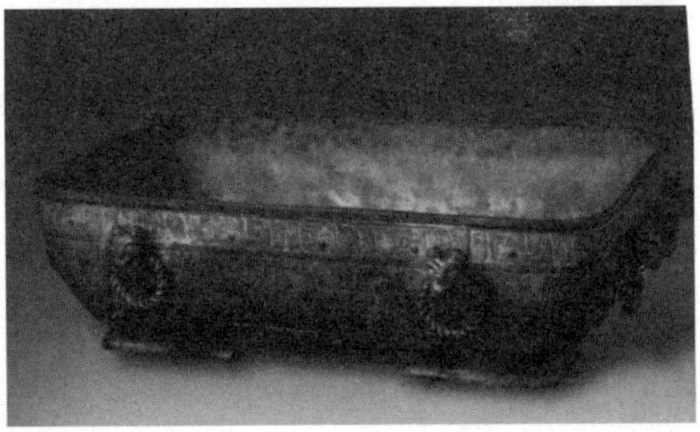

【명문참고】

二玄社 73；集成 16・10173；銘文選 1・440；三代 17・19・1・20・1；總集 08・6790.

【소개】

異名：虢季盤；虢季子盤.

출토：清 道光 陝西省 寶鷄 虢川司에서 발견.

명문：8行, 111字；重文 4, 合文 3字.

시기：西周 宣王.

소장：中國 歷史 博物館.

크기：높이 40.8㎝；口縱 86㎝；口橫 137.3㎝.

【주요참고문헌】

≪兩周金文辭大系圖錄考釋≫, 88(103~106쪽).

≪商周青銅器銘文選三≫, 308~309쪽.

≪商周古文字讀本≫, 138~141쪽.

≪中國古文字導讀~商周金文≫, 248~251쪽.
≪까마≫, 朴錫弘, 2004年 12月~2005年 3月.

【석문】

隹(唯)十又二年正月初吉丁亥[1], 虢季子
白乍(作)寶盤. 不(丕)顯子白, 㽙武[2]于戎工(功)[3],
經纕(維)[4]亖(四)方, 博(搏)伐厰(玁)執(狁)[5], 于洛之陽[6]. 折
首五百, 執𬝁(訊)[7]五十, 是𠂤(以)先行. 桓桓[8]子白, 獻
戒(馘)[9]于王, 王孔加(嘉)子白義[10]. 王各(格)周廟[11]宣
㢑[12], 爰卿(饗)[13]. 王曰 : "白父孔䫗[14]又(有)光." 王睗(賜)
乘馬, 是用[15]左(佐)王. 睗(賜)用弓彤[16]矢, 其央[17],
睗(賜)用戉, 用政(征)緣(蠻)方, 子子孫孫萬年無彊(疆)(5409)

【해석】

선왕 十二年, 正月 初吉 丁亥일에 虢季子白(괵계자백)은 보배로운 盤을 만든다. 공적이 혁혁한 子白은 용맹스럽게 군사적 직무를 이행하였으며, 온 천하를 잘 경영하고 관리하며, 洛水의 북쪽에서 험윤을 정벌하였다. 그 결과 오백 명을 참하고, 오십 명의 포로를 잡아 앞장서서 귀환하였다. 매우 용맹스러운 子白은 참수한 적을 왕에게 바치자, 왕은 子白의 용맹스런 의표를 매우 찬양하였다. 왕은 주 왕실 太廟 講武堂에 이르러 연회를 베풀고, 왕은 "자백 당신은 참으로 혁혁하고도 훌륭하도다"라 했다. 그런 후에 왕은 말 네 필을 하사하고 왕을 보좌하도록 하였다. 왕은 또한 붉은 빛이 매우 선명한 활과 붉은 화살을 하사하였고, 이외에도 도끼를 하사하여 남쪽의 蠻方을 정벌하는데 사용하도록 하였다. 자자손손 오랫 동안 영원히 이를 간직토록 하라.

설 명

虢季子白(괵계자백)은 虢國의 군주로 봉해진 子白이다. ≪詩經·小雅·六月≫ 중 宣王이 北狄(북적) 獫狁(험윤)을 벌하는 내용이 보이며, ≪虢季子白盤≫ 이외에도 '61.【多友鼎】'은 厲王 때 獫狁과의 전쟁이 발생하게 된 동기와 결과 등을 기록하고 있다.

1) '初吉' : 초하루에서 칠팔일에 쯤에 해당되는 날이다.
2) '㽙武' : '醬(장)'의 初文으로 '壯'과 통하며, '武'는 '武威(무위)'의 의미로 전체적으로 용맹스러움을 나타낸다.
3) '戎工(功)' : 軍事적인 행동을 가리킨다.
4) '經纕(維)' : '纕'자는 '維(유)'자와 같은 자이고, '經維'는 '經營(경영)하다''다스리다'의 뜻.

5) ‘㞢(玁)𤞞(狁)’ : 중국 陝西省 甘肅(감숙) 내몽고 일대의 유목인족이다.

6) ‘洛之陽’ : ‘洛’은 ‘洛水’이고, ‘陽’은 ‘강의 북쪽이며, 산의 남쪽’을 가리킨다.

7) ‘執𬄯(訊)’ : ‘포로’의 의미이다. ‘𬄯’은 ‘訊(신)’자의 初文이다. ≪詩經・小雅・出車≫ “執訊獲醜, 薄言還歸(많은 적을 베고 사로잡고 돌아오네)”라는 구절 중의 ‘訊’자의 의미와 같다. ‘61. 【多友鼎】’은 ‘𢪔(執)𢿌(訊)’으로 쓰고 있다. ‘𢪔’자는 ‘執’자와 같은 자이다.

8) ‘𧽊𧽊’ : ‘𧽊’자의 음성부분은 ‘亘’이며, ‘桓(환)’자와 통한다. ‘용맹스러움’을 묘사한 형용어이다.

9) ‘獻𢦏(聝)’ : ‘𢦏’자는 ‘聝(괵 ; guó)’자, ‘馘(괵)’자의 이체자다. ‘참수한 머리를 헌신하는 것’은 고대에 전쟁에 승리하고 행하는 행사 중의 하나이다. ‘61. 【多友鼎】’은 ‘𢧢(聝)’으로 쓰고 있다. ≪說文解字≫는 “聝, 軍戰斷耳也(전쟁에서 귀를 자르다)”라고 설명하고 있다(≪說文解字今釋≫, 1683~1684쪽).

10) ‘孔加(嘉)子白義’ : ‘孔加(嘉)’는 ‘매우 칭찬하다’의 의미이고, ‘義’는 ‘儀’와 통하여 ‘위엄스런 의표’나 혹은 ‘뛰어난 공적’의 의미.

11) ‘宣㕑’ : ‘宣’은 ‘선양하다’의 의미. ‘㕑’는 ‘榭(사)’자와 같은 자로 ‘사당’이란 의미. ‘선양하는 사당’은 곧 ‘講武堂(강무당)’이라는 장소를 가리킨다.

12) ‘周廟’ : ‘周廟’는 周의 太室.

13) ‘爰卿(饗)’ : ‘爰’은 발어사의 용법이며, ‘卿(饗)’은 ‘饗宴(향연)’이란 의미이다.

14) ‘䫿’ : ‘顯(현)’의 이체자 혹은 ‘耿(경)’자로 해석하나, 모두 같은 의미이다. ‘혁혁한 공로’를 표현하는 말이다.

15) ‘是用’ : ‘是’는 代詞, ‘用’은 ‘以’의 용법으로 쓰이고 있다.

16) ‘彤’ : ‘彤(동)’은 ‘붉은 색’이다.

17) ‘其央’ : ‘其’는 형용사 앞 접두어이다. ‘央’은 ‘央央’이란 의미로 ‘빛깔이 선명하고 뚜렷하다’의 뜻.

금문편

‘(虢)’ : ≪금문편≫ ‘0776 虢’(335~336쪽) 참고.

‘(顯)’ : ≪금문편≫ ‘1480 顯’(628~629쪽) 참고.

‘(酱)’ : ≪금문편≫ ‘2076 酱’(“郭沫若釋爲將(郭沫若은 ‘將’의 의미로 해석하고 있다.)”, 847쪽) 참고.

‘(經)’ : ≪금문편≫ ‘2096 經’(857쪽) 참고.

‘縷(維)’ : ≪금문편≫ ‘2117 維’(“从隻(字符 ‘隻’을 쓰고 있다.)”, 862쪽) 참고.

‘厰(玁)’ : ≪금문편≫ ‘1557 厰’(“≪詩・采薇≫作玁狁, ≪傳≫狄也(≪詩・采薇≫의 ‘玁狁’에 대하여 ≪毛傳≫은 ‘狄(오랑캐 적 ; dí)’으로 설명하고 있다.”, 661쪽) 참고.

‘緐(訊)’ : ≪금문편≫ ‘0342 訊’(“陳介祺釋訊(陳介祺는 ‘訊’으로 풀이하고 있다.)”, 141쪽) 참고.

‘(覭)’ : ≪금문편≫ ‘1450 覭’(“徐中舒讀覭爲耿, 謂卽尙書立政丕釐上帝之耿命(徐中舒는 ‘覭’자를 ≪尙書・立政≫‘丕釐上帝之耿命(하느님의 빛나는 명을 받들어 다스리다)’ 중의 ‘耿(경)’의 의미와 같다라고 설명하고 있다.)”, 620쪽) 참고.

‘(加)’ : ≪금문편≫ ‘2217加’(“孳乳爲嘉(‘嘉’의 의미이다.)”, 902쪽) 참고.

66. 【頌鼎】

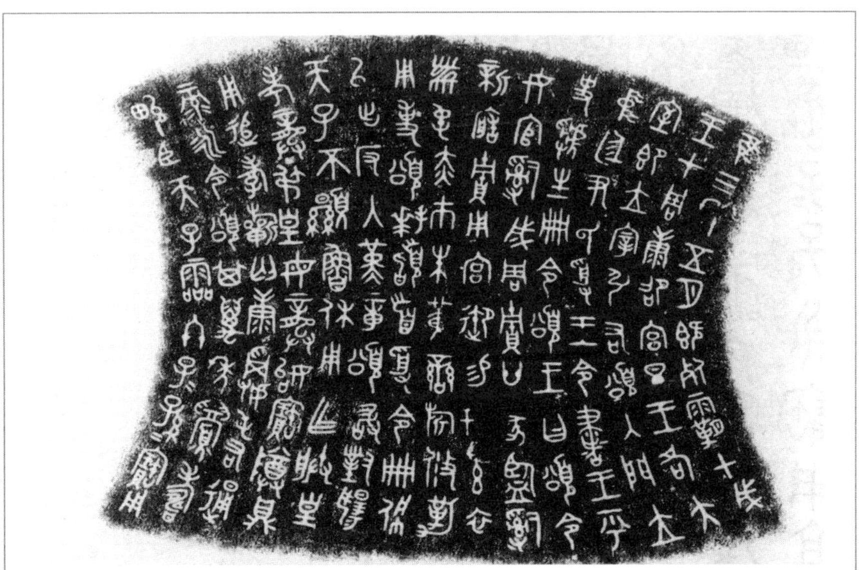

≪頌鼎≫

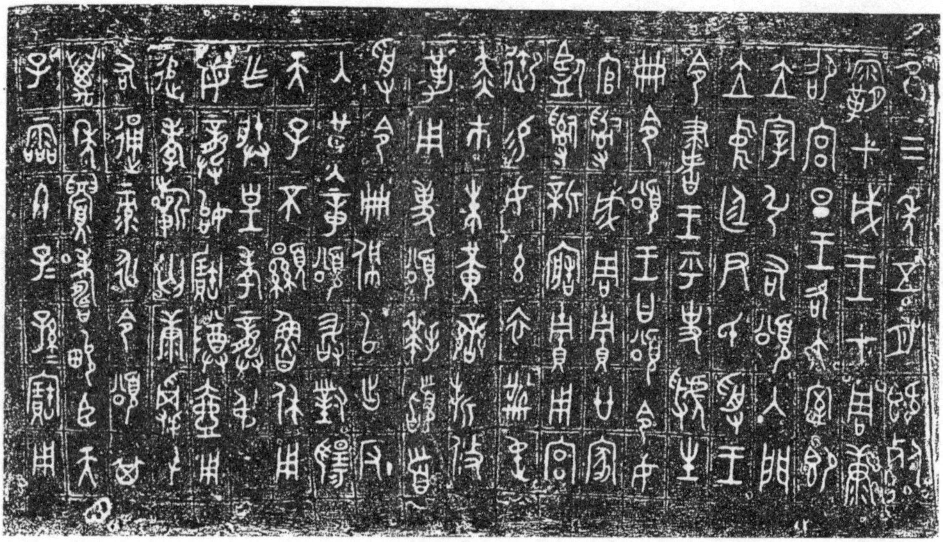

≪頌壺≫ ≪貞松堂集古遺文≫

【명문참고】

集成 8・4338 ; 銘文選 1・434~6 ; 三代 09・39・2~9・48・1 ; 總集 04・2850.

【소개】

기물 : 頌鼎은 3개, 頌壺는 2개, 頌簋는 5개가 있다고 전함.

명문 : 15行, 151字, 重文 2字.

크기 : 30.8㎝ ; 口徑 32.8㎝.

시기 : 周 宣王.

소장 : 상해박물관.

【주요참고문헌】

≪兩周金文辭大系圖錄考釋≫, 45(72~73쪽).

≪西周銅器斷代(上)≫, 279~280쪽.
≪商周青銅器銘文選三≫, 302~303쪽.
≪西周青銅器銘文分代史徵≫, 497~498쪽.
≪商周古文字讀本≫, 115~121쪽.
≪中國古文字導讀~商周金文≫, 238~241쪽.

【석문】

隹(唯)三年[1]五月既死霸[2]甲戌,
王才(在)周康卲(昭)宮[3]. 旦[4], 王各(格)[5]大
室[6], 卽立(位)[7]. 宰引[8]右[9]頌入門, 立
中廷[10], 尹氏[11]受(授)王令書[12], 王乎(呼)
史虢生[13]冊令[14]頌. 王曰:"頌, 令
女(汝)官𤔲(司)[15]成周[16]賈(貯)[17]廿家, 監𤔲(司)[18]
新寤(造)賈(貯)[19]用宮御[20]. 易(賜)女(汝)玄衣[21]
黹屯(純)[22]・赤巿[23]・朱黃[24]・䜌(鑾)旂[25]・攸勒[26],
用事." 頌拜(拜)稽首[27], 受令冊[28], 佩[29]
㠯(以)出, 反(返)入(納)堇(瑾)章(璋). 頌敢對𠭯(揚)
天子不(丕)顯[30]魯休[31], 用乍(作)朕皇
考龔弔(叔)・皇母龔始(姒)[寶][32]障(尊)鼎.
用追孝[33]旂(祈)匄[34]康𩐁[35]屯(純)右(祐)[36], 通
彔(祿)永令[37]. 頌其(其)萬年釁(眉)耋(壽)[38],
畯(畯)[39]臣天子, 霝(令)冬(終)[40], 子子孫孫永寶用(5058)

【해석】

왕 三年, 五月 既死霸 기간인 甲戌 일에 周 王城의 康昭宮(강소궁)에서 의례를 거행하다. 아침에 왕은 太室에 이르러 제자리에 위치하였다. 宰官(재관)인 引이 頌을 인도 입실하여 中廷에 섰다. 內史尹은 王命을 기록한 簡冊 令書를 왕에게 전달하자, 王은 史官 虢生으로 하여금 簡冊을 읽어 頌에게 명령을 하달하도록 하였다. 왕은 말하였다:"頌! 당신에게 成周 지역의 商賈(상점) 이십 집을 관리하고, 새로 만들거나(혹은 새로 도착한 물건) 궁중에서 사용할 물건을 담당하여 관리하도록 한다. 너에게 검붉은 옷, 가장자리에 刺繡(자수)가 놓여 진 비단, 붉은 蔽膝(폐슬), 적색의 玉佩(옥패), 수레에 꽂는 방울 달린 깃발, 고삐와 재갈 등을 하사하노니 성실히 너의 직무를 실행하도록 하라." 頌은 배알하고 머리를 조아리는 예를 행하고, 令書를 받은 다음, 이를 몸에 간직한 채 밖으로 나왔다가 다시 안으로 들어가 朝覲할 때 사용한 玉章을 바쳤다. 頌은 감히 천자의 위대하고 아름다운 하사에 答頌하기 위하여 亡父 龔叔(공숙)과 亡母 龔姒(공사)에게 제사드릴 때 사용할 鼎을 만든다. 이로서 부모를 추모하고, 안강함과 큰 도움이 있기를 기원하며, 장구한 福祿과 장수하기를 바란다. 頌은 또한 자신이 만년동안 장수하여 끝이 없기를 바라며, 또한 오랫동안 천자의 신하가 되기를 원하며, 좋은 명성이 오랫동안 지속되기를 기원한다. 이 寶器를 영원토록 보존할지어다.

설 명

1) '三年' : '三年'은 馬乘源에 의하면 周 宣王 3년(BC 825년)에 해당된다.

2) '旣死覇' : 대략 음력 23일에서 말까지의 기간을 가리킨다.

3) '周康邵(昭)宮' : '康宮'은 康王에게 제사모시는 宮廟(궁묘)이고, '康邵(昭)宮'은 '康宮에 있는 昭王廟'을 말한다.

4) '旦' : 아침(해 돋을 무렵).

5) '各(格)' : '各'은 '格(격)'과 통하며, '到'나 '至'의 뜻으로 쓰인다.

6) '大室' : '大室'은 '太室'이며, '康宮昭王廟의 제일 중앙에 있는 室'을 말한다.

7) '卽立(位)' : '卽位'는 '就位'의 의미이며, '제자리에 서다'나 '적절한 자리에 위치하다'의 뜻.

8) '宰引' : '宰(재)'는 王家의 內外 사무를 담당하는 官名이고, '引'은 인명이다. ≪論語・公冶≫ "求也, 千室之邑, 百乘之家, 可使爲之宰也(구는 천실의 읍과 백승의 집에 재상이 되게 할 수 있다)"라는 구절 중의 '宰相'과 같다.

9) '右' : '右'는 '佑'와 통하며 '도와주다'나 '인도하다'의 의미.

10) '中廷' : '中廷'은 太室의 南面이면서 문의 북쪽.

11) '尹氏' : '作冊尹'이나 혹은 '內史尹'으로 史官의 일종.

12) '令書' : '令書'는 周王의 詔命을 기재한 簡冊.

13) '史虢生' : '史虢生(사괵생)'은 史官인 '虢生'.

14) '冊令' : '冊令은 '策命(책명)'이며, '簡冊(간책)으로 명령을 내리다'의 의미.

15) '官嗣(司)' : '官司'는 '관리하다'의 의미.

16) '成周' : 지명으로 '洛陽市 白馬寺' 일대를 가리킨다.

17) '賓(貯)' : '賓'자는 '貯(저)'와 같은 자이며, '가게' 혹은 '상점'을 가리킨다.

18) '監嗣(司)' : '監司'는 '관리 감독하다'의 의미.

19) '新寤(造)賓(貯)' : '新寤(造)賓(貯)'란 '새로 만들어진 물건'을 말한다. '寤'자는 '造(조)'자의 통가자이고, '만들다'의 의미이다. '艁(조)'자에 대하여 ≪설문해자≫는 '造자의 古文이다'라고 설명하고 있다(≪說文解字今釋≫, 245쪽). 혹은 '寤(造)'를 '到'로 풀이하여 '도착하다'의 의미로 풀이하기도 한다.

20) '用宮御' : '用'는 '以'의 용법으로 쓰이고, '御(어)'는 '헌납하다''받치다'의 의미이다. '宮御'는 '궁중에 받치다'의 뜻이다. '御'를 혹은 앞의 '竈(造)'자와 같이 '到'의 의미로 풀이하기도 한다.

21) '玄衣' : '검붉은 옷'. 즉 '卿大夫의 朝服'.

22) '黹屯(純)' : 옷의 가장자리에 刺繡(자수)가 놓여진 비단.

23) '赤市' : '市(불)'은 '韍(불)'자와 같은 자이며 蔽膝(폐슬)이다.

24) '朱黃' : '朱黃'은 적색의 玉佩를 말하며, '黃'은 '珩(형)'이나 '衡(형)'자로 쓰기도 한다.

25) '䜌(鑾)旂' : '䜌'은 '鑾(난)'자와 통하며 수레에 다는 방울이다. '䜌旂(난기)'는 '수레에 꽂는 방울 달린 깃발'.

26) '攸勒' : '攸'는 '鋚(조)'자와 같은 자이며 '轡首銅(동으로 만든 고삐)'이다. '攸勒'은 '고삐와 재갈'이다. '攸(鋚)勒(革)'은 '가죽 끈과 구리로 만들어진 고삐'. ≪毛公鼎≫과 ≪曶鼎≫에도 '攸勒'이란 단어가 보인다. ≪金文編≫은 '攸'자에 대하여 "孳乳爲鋚, 說文鋚鐵也. 一曰轡首銅. 詩采芑鉤膺鞗革. 作鞗, 傳鞗革轡垂也('攸'자는 '鋚'의 의미로도 쓰인다. ≪說文解字≫는 "'鋚'는 '鐵'이라는 의미이다. 또한 동으로 만든 말의 재갈이나 고삐라는 의미도 있다."라고 설명하고 있다. ≪小雅・采芑≫"鉤膺鞗革(말 띠엔 고리 달렸고, 말 고삐엔 장식 달렸네)."라는 구절은 '鞗'자로 쓰고 있다. ≪毛氏傳≫은 "'鞗革'은 장식달린 말 고삐"라고 설명하고 있다)."라고 설명하고 있다(218쪽).

27) '拜(拜)䭫首' : '拜'자는 '拜(배)'자와 같은 자이다. '䭫'는 일반적으로 '稽(계)'자로 쓴다. '拜(拜)手'는 '무릎을 꿇고 손을 가슴에 모으는 예절'이고, '稽首'는 '머리를 땅에 조아리는 예절'이다.

28) '令冊' : '令書'의 의미로 즉 '周王의 詔命(조령)을 기재한 簡冊(간책)'이다.

29) '佩' : '몸에 차다'・'몸에 끼다'나 '간직하다'의 의미이다.

30) '不(丕)顯' : '大明'의 의미로 '위대한'・'뛰어난'・'영명하신' 등의 상대방을 찬양하는 뜻.

31) '魯休' : '魯(노)'는 '嘉(가)'자와 통하며 '旅(여)'자로 쓰기도 한다. '休'는 '하사하다' 혹은 '찬양하다'의 의미.

32) [寶] : ≪金文引得≫은 '寶'자를 누락하고 있어 보충하기로 한다.

33) '追孝' : '追孝'는 '효도(효행)하다'의 뜻이다.

34) '旂(祈)匃' : '匃'자는 '匄(빌 개, gài)'의 이체자이며, '丐(개)'의 의미로 쓰인다. ≪金文編≫은 '2061 匃'(840쪽)에서 "經典皆作介爲之. 詩七月以介眉壽(經典에서는 '介'자로 가차되어 사용된다. ≪詩經 · 七月≫은 "장수를 기원하다(以介眉壽)."로 쓰고 있다)."라고 설명하고 있다. ≪曶鼎≫의 '用匃'는 '기원하다'의 의미로 쓰이고 있다. ≪說文解字≫는 '匄(개)'자에 대하여 '气也'라고 설명하고 있다(≪說文解字今釋≫, 1814쪽). '气'는 '乞'과 통하여 '기원하다'나 '바라다'라는 의미로 쓰인다.

35) '康𧻚' : '康'은 '안락', '安康'의 의미이다. '𧻚'자에 대해서는 의견이 분분하다. ≪膳夫克鼎≫은 "用匃康勵屯右"라고 쓰고 있다. '勵'은 '樂'과 통한다. '𧻚'자는 '勵'자의 의미로 추증된다.

36) '屯(純)右(祐)' : '屯(둔)'은 '純(순)'과 통하여 '大'의 의미로 쓰이며, '純祐(순우)'는 '큰 도움'의 뜻이다.

37) '通彔(祿)永令' : '通'은 '永久'의 의미. '永令'은 '長命'의 뜻.

38) '釁(眉)耈(壽)' : '眉壽(미수)'는 '長壽'의 뜻.

39) '畯(畯)' : '畯'은 '영원' · '長久'의 뜻.

40) '霝(令)冬(終)' : '霝(영)'은 '令'자와 통하며 '善'의 뜻이고, '令終'은 '좋은 명성이 장구하다'의 의미.

금문편

'(虢)' : ≪금문편≫ '0776 虢'(335~336쪽) 참고.

'''女(汝)' : ≪금문편≫ '1947女'(783~785쪽) 참고.

'旂(祈)' : ≪금문편≫ '1117 旂'("从㫃从斷聲讀作祈('旂(기)'자는 의미부분이 '㫃'이고 음성부분이 '斷'인 형성자로 '祈'의 의미로 쓰인다.)", 472쪽 참고.

'(黹)' : ≪금문편≫ '1304 黹'("孳乳爲黼, 孫詒讓謂黹屯卽書顧命黼純之省, 謂以黼文爲玄衣之緣也('黹(치)'자는 '黼(보)'의 의미로 쓰인다. 孫詒讓은 '黹屯'은 ≪書經 · 顧命≫ 중의 '黼純'을 생략하여 쓴 형태이다라고 설명하고 있다. '黼文'은 가장자리가 장식 무늬가 있는 검은 옷이다), 553~554쪽) 참고. '1306 黼'("不从甫, 黹字重見(이 자는 편방 '甫'가 없는 '黹'자에 다시 수록하였다.)", 554쪽) 참고.

'(𧻚)' : ≪금문편≫≪附錄≫'225'(1206쪽) 참고.

67. 【兮甲盤】

【명문참고】

集成 16・10174；銘文選 1・437；三代 17・20・1；總集 08・6791.

【소개】

異名：兮田盤；兮伯盤；兮伯吉甫盤；伯吉甫盤.

출토 : 宋대에 발견되었으나 지금은 출처를 알 수 없음.
명문 : 13行, 133字 ; 重文 4.
시기 : 西周 宣王(BC 827~BC 782).

【명문풀이 참고문헌】

≪兩周金文辭大系圖錄考釋≫, 134(143~144쪽).
≪商周靑銅器銘文選三≫, 305~306쪽.
≪商周古文字讀本≫, 134~137쪽.
≪中國古文字導讀~商周金文≫, 241~244쪽.
≪까마≫, 박석홍, 2005년 9월~2005년 11.12월.

【석문】

隹(唯)五年[1]三月旣死霸[2]庚寅,
王初各(格)伐厭(玁)執(狁)[3]于䣾𠭯[4]. 兮
甲[5]從王折首執嘰(訊)[6], 休[7], 亡敃[8].
王易(賜)兮甲馬亖(四)匹, 駒車. 王
令甲政(征)𤔲(治)[9]成周亖(四)方責(積)[10], 至
于南淮尸(夷)[11]. 淮尸(夷)舊我負晦(賄)人[12], 母(毋)
敢不出其負・其責(積)・其進人[13].
其賓(貯)母(毋)敢不卽𧻚(次)卽市[14]. 敢
不用令, 鼎(則)卽井(型)[15]𡨄(撲)伐. 其隹(唯)[16]
我者(諸)医(侯)百生(姓), 氒賓(貯)母(毋)不卽
市. 母(毋)敢或入䜌[17]妄賓(貯)則亦
井[18]. 兮白(伯)吉父乍(作)般(盤). 其釁(眉)耋(壽)
萬年無彊(疆). 子子孫孫永寶用(5410)

【해석】

재위 五年, 三月 旣死霸 중의 庚寅 일에 王은 처음으로 玁狁(험윤)을 䣾𠭯(彭衙 : 팽아) 지방에서 토벌하였다. 兮甲(혜갑)은 왕을 수행하여 적을 참하고 포로를 생포하는 등 일이 순조롭게 잘 이루어져 근심을 없앴다. 따라서 왕은 兮甲에게 말 네 필과 준마의 수레를 하사하였다. 王은 甲으로 하여금 成周 주변의 모든 지역의 농산물에 대하여 조세를 관리토록하고, 멀리는 남쪽의 淮夷 지역까지 이르도록 하였다. 淮夷는 옛날부터 나에게 조세를 朝貢하는 사람들이므로, 계속해서 면직물과 농산물과 노역을 진공하지 않으면 안 된다. 또한 그 거래하는 상품은 군대가 주둔하는 지역이나 시장에서 서로 교역을 실행 하도록 한다. 만약 명령을 따르지 않으면, 형벌을 내려 토벌할 것이다. 우리나라 제후와 백성들은 상품들은 모두 시장에 내놓고 거래하기를 바라는데, 만약에 그렇게 하지 않고, 南夷에 들어나 불법으로 재물을 취한다면 또한 벌을 내릴 것이다. 이를 기념하기 위하여 兮伯吉父는 이 盤을 만들어 오랫동안 장수하기를 바라며, 자자손손 이 기물을 영원히 보존하기를 바란다.

설 명

≪兮甲盤≫의 명문은 西周 초기 형태와는 달리 필획의 특정 부분이 볼록하거나 圓・面을 사용한 문자 형태가 없어지고 線條化가 충분히 이루어진 서주 후기 금문의 특징을 잘 나타내고 있다. 서주 초기 금문과 비교할 볼 때 상대적으로 문자의 크기가 대체로 비슷하고, 각 행마다 글자를 10자씩(13행 제외) 배열하는 등, 문자의 크기나 배열 등이 질서정연하여 서주 후기 금문 문자의 형체적 특징을 잘 보여 주고 있다. 내용은 獫狁(험윤)과의 전쟁, 서주 동방 지역에 대한 財政・稅務의 국가경제 정책, 각 주변 종족과의 외교정책을 포함하고 있다. 중국 고대의 정치・경제・군사 관계를 이해할 수 있는 중요한 자료다.

1) '隹(唯)五年' : '五年'은 宣王 五年으로 기원전 823년이다(馬乘源).

2) '既死霸' : 음력 23일 이후부터 말까지이다.

3) '厥(玁)歀(狁)' : '戎(융)' 혹은 '狄(적)'이라도 부르며, 匈奴族(흉노족)이다.

4) '冨盧' : 지금의 어느 지역인지 알 수 없으나, 王國維는 춘추시대의 彭衙(팽아) 지역으로 추증하고 있다. 이 지역은 지금의 陝西省 洛水 동북쪽 지역에 해당된다.

5) '兮甲' : '兮甲(혜갑)'은 이 기물의 주인.

6) '執𡕉(訊)' : '포로로 잡다'의 의미이며, '𡕉'은 '訊(신)'의 初文이다.

7) '休' : '休'는 '善'의 의미.

8) '亡敃' : '敃'은 '愍(민)'과 통하며, '亡敃'은 '근심이 없다'의 의미. ≪說文解字≫는 "愍, 痛也"라고 설명하고 있다(≪說文解字今釋≫, 1474쪽).

9) '政(征)𤔲(治)' : '政(征)'은 '征收'의 의미이다. '𤔲'자는 '辭(사)'자와 같은 자이며, '治'의 의미이다. 전체적으로 '징수하고 관리하다'의 뜻.

10) '賫(積)' : '賫'은 '責(책)'자이며 '積(적)'의 의미로 쓰이고 있다.

11) '淮尸(夷)' : '淮夷(회이)'는 중국 남방 지역의 소수 민족.

12) '舊我貟晦(賄)人' : '貟'은 '帛(백)'의 이체자이며, '방직물'의 의미. 여기에서는 동사의 의미로 사용되고 있다. '晦(무)'자는 '賄(회)'의 통가자이며 '바치

다'의 의미. '貟晦(賄)人'는 '賦貢(부공)하는 사람'의 뜻. ≪師寰簋≫는 "淮尸(夷)繇(舊)我貟晦臣(회이족은 원래 나에게 세금과 재화를 바쳤던 신하이다.)"으로 쓰고 있다.

13) '其進人' : '進人'은 '勞役(노역)을 進貢(진공)하다'의 뜻.

14) '其賨(貯)母(毋)敢不卽餗(次)・卽市' : '賨'자는 '貯(저)'자와 같은 자이며, '시장의 財貨'를 말한다. 혹은 '賈(고)'와 통하며 '상점의 물건'을 가리킨다. '卽'은 '到'의 의미이다. '餗'은 '次(차)'자와 같은 자이며, '군대가 駐屯(주둔)하는 지역'이다.

15) '卽井(型)' : '卽'은 '실행하다'의 의미. '井'은 '刑'의 의미인 '형벌을 가하다'의 뜻.

16) '其隹(唯)' : '其唯'는 하기를 바라는 어감을 표시하는 어기사로 사용되고 있다.

17) '入緣' : '緣'은 '蠻(만)'자와 같은 자이며, '淮夷(회이)' 지방을 가리킨다.

18) '妄賨(貯)則亦井' : '妄'자는 '宄(귀)'자이며, ≪說文解字≫는 "姦也"의 의미이며, '軌(궤)'의 음과 같다고 설명하고 있다(≪說文解字今釋≫, 1000쪽). '井'은 '刑'의 의미로 '형벌을 내리다'의 뜻.

금문편

'(寅)' : ≪금문편≫ '2391 寅'(991~992쪽) 참고.

'(畐)' : ≪금문편≫ '1286 '(548쪽) 참고.

'(虘)' : ≪금문편≫ '1885 虘'(757~758쪽) 참고.

'(執)' : ≪금문편≫ '1686 執'(704~705쪽) 참고.

'䋣(訊)' : ≪금문편≫ '0342 訊'(141쪽) 참고.

'(敃)' : ≪금문편≫ '0508 敃'(211쪽) 참고.

'(駒)' : ≪금문편≫ '1598 駒'(677쪽) 참고.

'(成)' : ≪금문편≫ '2365 成'(965~967쪽) 참고.

'(市) : ≪금문편≫ '0877 市'(375쪽) 참고.

'釁(眉)' : ≪금문편≫ '0584 眉'(237~242쪽) 참고.

'''賓(貯)' : ≪금문편≫ '1009 貯'(432~433쪽) 참고.

'㒒(撲)' : ≪금문편≫ '1944 撲'(782쪽) 참고.

'𠂤朿(次)' : ≪금문편≫ '2315 𠂤朿'(937쪽) 참고.

'''貴(積)' : ≪금문편≫ '1015 責'(435쪽) 참고.

'(舊)' : ≪금문편≫ '0613 舊'(260쪽) 참고.

'䛐(治)' : ≪금문편≫ '2375 辭'("經典作司(經典은 '司'로 쓴다.)", 976~979쪽) 참고.

'者(諸)' : ≪금문편≫ '0335 諸'("不从言, 者字重見(字符 '言'을 사용하지 않고 있다. '者'에도 보인다.)", 139쪽) 참고.

'(進)' : ≪금문편≫ '0208 進'(94쪽) 참고.

'(䜌)' : ≪금문편≫ '0355 䜌'(144~145쪽) 참고.

III · 東周銘文

Ⅲ 東周時期

鄁

68. 【鄁孁鼎(宗婦鼎)】

【명문참고】

二玄社 74；集成 5·2683-9；銘文選 2·913；三代 04·05·1；總集 02·1179.

【소개】

異名：宗婦鼎；鄁媿鼎；宗婦鄁孁鼎.

발견：淸代 光緖 때 陝西省 鄠縣에서 출토.

명문：5行 25字.

크기：높이 15㎝；口徑 18.9㎝.

시기：春秋早期 鄁.

소장：상해박물관.

【주요참고문헌】

≪兩周金文辭大系圖錄考釋≫, 152(156쪽).
≪商周青銅器銘文選四≫, 603~604쪽.

【석문】

王子剌(烈)公之
宗婦[1]鄁(鄐)嫛[2]爲
宗彝䵼彝[3], 永
寶用, 㠯(以)降大
福, 保辥(乂)[4]鄁(鄐)國(6492)

【해석】

王子 烈公의 婦인 鄁(鄐 : 적)嫛(빙)은 종묘에서 사용할 익힌 음식을 담는 䵼彝(상이)를 만들었다. 이를 영원히 보배로 간직할 것이며, 이로써 큰 복을 내려주기를 기원하며, 鄐國을 보호하고 잘 다스릴 수 있기를 기원한다.

설 명

1) '宗婦' : ≪禮記 · 內則≫의 "適子庶子, 祗事宗子宗婦(적자와 서자는 종자와 종부 즉 家長夫妻에게 존경하는 마음으로 섬겨야 한다)"라는 구절에 대하여 孔穎達의 ≪疏≫는 "謂大宗子之婦"라고 설명하고 있다. 즉 '宗子'는 큰 宗家의 嫡長子(적장자)이며 大宗이라고도 하며, '宗婦'는 '大宗婦'라고도 하며, 큰 종가의 맏며느리를 말한다.

2) '鄁(鄐)嫛' : '鄁(鄐)'자는 '昔'의 籒文이다. '鄐(적)'자를 ≪說文解字≫는 '䣢(적 ; jí)'자로 쓰며, "蜀地也. 從邑耤聲(촉지방, '邑'과 '耤' 음성으로 이루어진 형성자)'"라고 설명하고 있다. 이 지역은 지금의 四川省 邛崍縣(공래현) 지역에 해당된다(≪說文解字今釋≫, 883쪽). '嫛'자에 대하여 ≪금문편≫은 "說文所無, 娉(빙), 問也, 疑省兄爲之(≪說文解字≫에 없는 자이다. '娉'자에 대해서는 '중매가 여자의 이름을 묻다'라고 풀이하고 있다. 편방 '兄'을 생략하여 쓰기도 한다"(811쪽)라고 설명하고 있다. 따라서 이 자의 음성부분이 '娉(빙 ; pīng)'이며, 여기에서는 사람의 이름이다.

3) '宗彝䵼彝' : '宗彝(종이)'는 종묘에서 사용하는 彝器(이기)를 말하며, '䵼(상 ; shāng)'자에 대하여 ≪集韻≫은 '煮(자)'의 의미로 설명하고 있다. '삶다' · '익히다'의 뜻이다. ≪詩經·我將≫의 "我將我享, 維羊維牛(양과 소 잡

아 받들어 올리며 제사지내네)" 구절 중의 '將'자는 '奉'의 의미인 '받들어 모시다'의 뜻이다. '𩱦'자 역시 '삶은 음식을 담아 받들어 모시는 祭器'의 뜻이다.

4) '保辥(乂)' : '保衛(보위)'와 '治理'의 뜻이며, '보호하고 안정시키고 다스리다', '보필하다'의 의미로 쓰인다. ≪尙書 · 康誥≫의 "往敷求于殷先哲王, 用保乂民(가서 은나라 옛 어진 임금을 본 받아 백성들을 보호하고 다스려라)" 구절 중의 '保乂'의 뜻과 같다. '54. 【大克鼎】'에 "諫(敕)辥(乂)王家(왕가를 잘 보필하다)"라는 구절이 보인다. '諫(敕)'은 '整(정)'의 의미이고, '辥(乂)'자는 음성부분이 '辟(벽)'이며 '乂(예)'와 통하고 '治'의 뜻이다.

69. 【鄁嫛盤(宗婦盤)】

【명문참고】

二玄社 75 ; 集成 16 · 10152 ; 銘文選 2 · 916 ; 三代 17 · 15 · 2 ; 總集 08 · 6771.

【소개】

異名 : 鄁嫛盤(宗婦盤) ; 宗婦鄁嫛盤.

명문 : 5行 25字.

크기 : 높이 21.3㎝ ; 口徑 17.5㎝ ; 低徑 17.9㎝.

소장 : 상해박물관

【주요참고문헌】

≪兩周金文辭大系圖錄考釋≫, 154(156쪽).

≪商周青銅器銘文選四≫, 604쪽.

【석문】

王子刺(烈)公之
宗婦鄁(鄁)嬰爲
宗彝鬻彝. 永
寶用. 㠯(以)降大
福, 保辥(乂)鄁(鄁)國(5399)

【해석】

王子 烈公의 婦인 鄁(鄁 : 적)嬰(빙)은 종묘에서 사용한 彝器(이기)와 鬻彝(상기)를 만들다. 이를 영원히 보배로 간직할 것이며, 이로써 큰 복을 내려주기를 기원하며, 鄁國(적국)을 보호하고 잘 다스릴 수 있기를 기원하는 바이다.

금문편

'鄁(鄁)''''' : ≪금문편≫ '1070 鄁'(451쪽) 참고.

'(嬰)''' : ≪금문편≫ '2011 嬰'(811쪽) 참고.

'''(彝)''''' : ≪금문편≫ '0440 爲'(174~177쪽) 참고.

'刺(烈)''' : ≪금문편≫ '0986 刺'(423~425쪽) 참고.

'''(婦)' : ≪금문편≫ '1957 婦'(794~795쪽) 참고.

''''''''(彝) : ≪금문편≫ '2122 彝'(864~871)쪽.

'''(鬻)' : ≪금문편≫ '1154 鬻'("即詩我將我享之將(즉 ≪詩經 · 周頌≫'我將我享(받들어 제사지내다)' 중의 '將'의 의미와 같다.)", 495~497쪽) 참고.

秦

70.【秦公簋】

器銘

蓋銘

【명문참고】

二玄社 76；集成：08・4315；銘文選 2・920；三代 09・33・2-9・34・3；總集 04・2833.

【소개】

발견：1923년 甘肅省 天水縣 西南鄉 출토.

시기：春秋 秦景公.

명문：蓋銘 10行 54字, 合文 1, 重文 3；器銘 5行 51字, 重文 1. 문장은 器銘에서 蓋銘으로 연결된다. 총 105자.

크기：높이 19.8㎝；口徑18.9㎝；低徑 19.9㎝.

소장：中國歷史博物館.

【주요참고문헌】

≪兩周金文辭大系圖錄考釋≫, 288(247~250쪽).

≪積微居金文說≫, 26~28쪽.

≪商周青銅器銘文選四≫, 609~610쪽.

≪中國古文字學通論≫, 477~479쪽.

【석문】

器銘：

秦公[1]曰：不(丕)顯
朕皇且(祖)[2]受天
命, 鼏(宓)宅[3]禹賁(迹)[4]
十又二公[5]才(在)
帝之坏, 嚴龏(恭)
夤(寅)天命[6], 保虋(業)[7]
氒秦, 虩事(使)[8]緣(蠻)
夏[9]. 余雖𡭔(小子), 穆穆
帥秉明德, 剌(烈)剌(烈)
趄(桓)趄(桓), 邁(萬)民是敕[10].

蓋銘：

咸畜[11]胤(俊)士, 榼榼[12]文武, 鋇(鎮)靜[13]不
廷, 虔敬朕祀, 乍(作)𩰫宗彝[14], 㠯(以)
卲(昭)皇且(祖), 𣀈(其)[15]嚴𩁹各(格)[16], 㠯(以)受屯(純)
魯[17]多釐[18]. 𥈟(眉)耋(壽)無疆, 畯(畯)疐[19]才(在)
天[20], 高引又(有)慶[21], 竈(造)囿(佑)四方宜[22](6598)

【해석】

秦公은 말하였다. 위대하고 공이 혁혁한 先祖는 천명을 받아, 평안하게 진나라에 봉해졌다. 이미 고인이 되어 그 신령이 하늘에 계시는 禹州(우주)의 열두 명 先公은, 엄숙하고 진지하게 천명을 공경하여 이 秦의 안녕과 家業을 받들어 西戎과 중원지방의 나라들을 잘 다스렸다. 어리석은 나는 그 빛나는 덕행을 삼가 공경하여 잘 받들고, 정성스럽게 위엄 있는 태도로 백성 만민에게 훈계하고, 才智를 갖춘 신하들을 임용하였고, 정숙하고 위엄 있는 文公과 武公은 朝見하지 않는 방국을 안정시켰으니, 경건한 마음으로 짐이 책임진 제사를 모시고자 한다. 따라서 문공에게 제사드릴 祭器를 만들어 위대한 선조의 덕을 밝히고, 선조의 靈(영)이 엄숙하게 강림하기를 바란다. 그럼으로써 많은 큰 복을 내리기를 기원하고, 만년동안 장수하기를 빌고, 오랜 세월 동안 재위하기를 기원하고, 큰 상을 내려주기를 기원하며, 마침내 주위의 온 邦國들을 잘 다스려지기를 기원한다.

설 명

1) '秦公' : 秦 景公(경공).

2) '皇且(祖)' : 先祖에 대한 존칭어.

3) '鼏(宓)宅' : '鼏'자의 음성부분은 '冖(멱)'이며, '宓(밀 ; mì)'과 통한다. ≪설문해자≫는 '密'에 대하여 "安也"라고 설명하고 있다(≪說文解字今釋≫, 992쪽). '宓宅'은 '편안한 家宅'을 말한다. '宓'자는 '密'자와 같은 자이다. 周 孝王이 秦 非子에게 秦 지방에 封해 진나라를 세우게 된 것을 가리킨다.

4) '禹責(迹)' : '責'자는 '迹(적)'자와 통하며, 禹(우) 九州를 가리킨다. ≪左傳・襄公四年≫에 "芒芒禹迹, 劃爲九州(넓고 넓은 우임금이 다스렸던 땅을 구주로 나누었다)"라는 구절이 있다.

5) '十又二公' : 十二公은 '襄公(양공)'에서 '景公(경공)'까지의 12명을 가리킨다.

6) '才(在)帝之坏, 嚴龏(恭)夤(寅)天命' : '坏'자는 음성부분이 '丕(비)'이며, '坏(배 ; pēi)'와 통하여 '지역'・'장소'나 '곳'의 의미로 쓰인다. '龏'자는 '恭'과 통하며 '공경하다'의 의미로 쓰인다. ≪尙書・無逸≫은 "嚴恭寅畏天命(삼가 천명을 엄숙하게 공경하고 섬기다)"라고 쓰고 있다." 전체적으로 '엄숙하게 천명을 공경하다'의 의미이다.

7) '保爕(業)' : '爕'자는 '業(업)'자의 고문자이다. '保業'은 '68.【𨛜嫛鼎(宗婦鼎)】'의 '保辥(乂)'의 의미와 같이 '안정되게 다스리다(安治)'의 뜻이다.

8) '虩事(使)' : '虩(혁)'자는 '赫(혁)'과 통하고, '事'는 '使'와 통하며, '治'의 뜻이다.

9) '䜌(蠻)夏' : '䜌(蠻)'은 '百蠻(백만)'이며, '서쪽 지방에 있는 西戎(서융) 등을 가리킨다. '夏'는 중원의 국가들을 말한다.

10) '剌(烈)剌(烈)趄(桓)趄(桓), 邁(萬)民是敕' : '敕(칙)'은 '훈계하다'의 의미이며, ≪詩經 · 小雅 · 楚茨≫ "旣齊旣稷, 旣匡旣敕(공경하고 날렵히 하며 올바르게 훈계하여 정제히 하다" 중의 '敕'자의 의미와 같다. '剌(烈)剌(烈)趄(桓)趄(桓)'은 '정성스럽고 위엄 있는 모양'.

11) '含畜' : '養畜(양축)'의 의미로 즉 '任用'의 뜻.

12) '盍盍' : '盍'자는 '祛(거)'자와 통한다. ≪詩經 · 魯頌 · 駉≫ "以車祛祛" 중의 '祛祛'자에 대하여 毛傳은 '剛健也(강건하다)'라고 설명하고 하고 있다. '엄숙하면서도 강건한 모양'. ≪秦公鐘≫ '盍盍允義(엄숙하고 강건한 의로움)' 중의 '盍盍'의 의미와 비슷하다.

13) '鋘(鎭)靜' : '鋘'자는 '鎭(진)'자와 같은 자이며, 安定이나 按撫(안무)의 의미. '鋘(鎭)靜不廷'은 '朝見을 하지 않는 方國들을 안정시키다'의 뜻.

14) '[illegible]' : 이 자를 郭沫若은 음성부분이 '吻(문)'인 '𢼄'로 예정하고, '敃(민)'이나 '閔(민)'의 가차자이며, '文'자의 의미로 사용되고 있다고 설명하고 있다. '[illegible]宗'은 '文公'을 말한다.

15) '𠀠(其)' : '𠀠'자는 '其'자와 같은 자이며, 어기조사의 용법으로 희망하고 기원하는 어감을 표시한다.

16) '𨘢各(格)' : '𨘢' 자를 郭沫若은 '歸'자의 이체자로 보고 있다. '歸格(귀격)'은 '도착하다' · '강림하다'의 의미.

17) '屯(純)魯' : '屯(純)魯'를 經典에서는 일반적으로 '純嘏(순하)'로 쓴다. '큰 복'이나 '厚福'의 뜻.

18) '釐' : ≪설문해자≫는 '釐(희 ; 이 ; xī)'를 "家福也"라고 설명하고 있다(≪說文解字今釋≫, 1982쪽). '釐(이)'자는 '禧(희)'자의 가차되어 사용된다.

19) '畯(畯)疐' : '畯'자는 '畯(준)'자와 같은 자이며, '駿(준)'이나 '長'의 의미로 쓰인다. '疐(체{치} ; zhì)'자는 금문에서 '항상(永久)'이나 '견고하다(牢固)'

혹은 ‘확실하다’의 의미로 쓰인다(≪金文常用字典≫, 453~454쪽) 참고).

20) ‘才(在)天’ : ‘天’자는 ‘立’자의 誤字일 가능성이 높다.

21) ‘高引又(有)慶’ : ‘引’자는 ≪金文常用字典≫은 ‘弘(홍)’자로 예정하고 있다(587쪽). ‘弘’으로 해석하기로 한다. ‘慶(경)’은 ‘賞賜’의 의미이다.

22) ‘竈(造)囿(佑)四方宜’ : ‘竈(조)’자는 일반적으로 ‘奄’으로 쓰며, ‘造’자와 통한다. ‘造’는 부사인 ‘마침내’의 의미이다. ≪詩經 · 大雅 · 皇矣≫의 “載錫之光, 受祿無喪, 奄有四方(빛나는 덕을 보이셨으니, 받으신 복을 잃지 않으시고, 마침내 온 세상 다스리게 되셨네)”이란 구절이 있다. ‘囿(유)’자는 ‘佑’와 통하며 ‘보호하다’ · ‘다스리다’의 뜻이다. ‘宜’자는 ‘53. 【貉子卣】’의 “王牢于厥, 咸宜(왕은 수렵한 짐승을 기르는 곳에 넣어 기르도록 하였다. 모든 일들이 잘 처리되었다)” 중의 ‘宜’자의 의미와 같이 ‘적절하다’ · ‘잘 다스리다’의 뜻이다.

금문편

‘(戠)’ : ≪금문편≫≪부록하≫ ‘087 戠’(1182쪽).

‘(慶) : ≪금문편≫ ‘1723 慶’(716쪽) 참고.

‘(竈) : ≪금문편≫ ‘1253 竈’(541쪽) 참고.

‘(眉) : ≪금문편≫ ‘0584 眉’(237~242쪽)참고.

‘賫(迹)’ : ≪금문편≫은 이 자를 ‘2120 績’(863쪽)에 수록하고 “‘責’字重見”이라고 설명하고 있다. ‘責’자는 ‘1015’(435쪽) 참고.

71. 【秦公鎛】

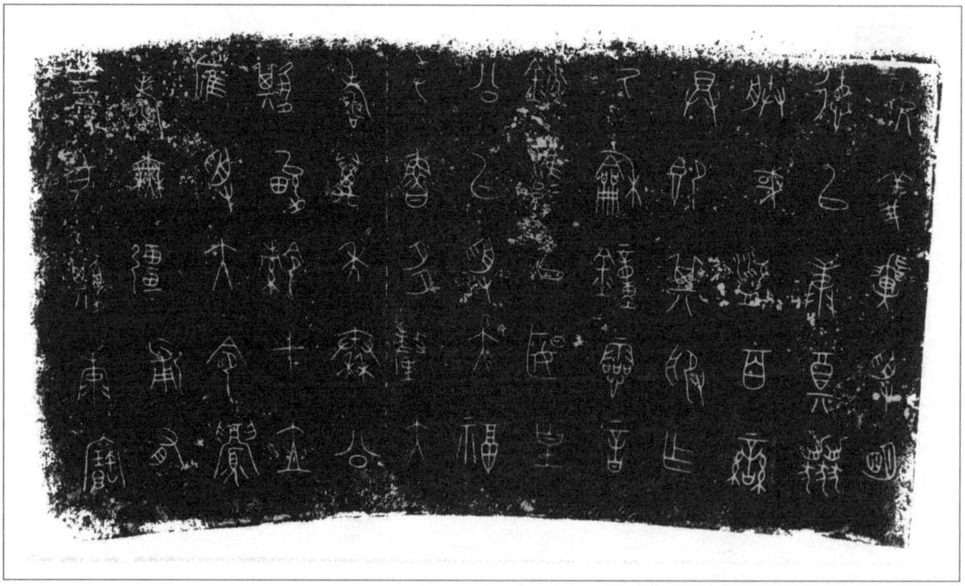

【명문참고】

二玄社 77；集成：01・269；銘文選 2・918；總集 09・7211.

【소개】

異名：秦公鐘

출토：1978년 1월 陝西省 寶鷄縣 楊家溝鄉 太公廟村 출토. 鐘과 鎛 모두 8 매 출토.

명문：26行 135字, 重文 4字.

크기：높이 64.2㎝；舞縱 22.4㎝；舞橫 26.6㎝.

시기：春秋 秦武公.

소장：陝西省 寶鷄市 박물관.

【주요참고문헌】

≪商周青銅器銘文選四≫, 607~608쪽.

≪商周古文字讀本≫, 147~152쪽.

【석문】

秦公曰："我先

且(祖)受天命, 商(賞)

宅[1]受或(國)[2], 剌(烈)剌(烈)邵(昭)

文公靜公獻

公[3], 不㒸(墜)于上,

邵(昭)合皇天, 㠯(以)

虩事(使)䜌(蠻)方." 公

及王姬曰[4]："余

𡮎(小子)[5], 余夙(夙)夕[6]虔

敬朕祀, 㠯(以)受

多福, 克明又(有)
心[7], 盭(戾)龢(俊)士[8],
含蓄左右[9], 𧾊𧾊
允義[10], 翼受明
德[11], 㠯(以)康奠𢓨(協)
朕或(國)[12], 盜(兆)百緣(蠻)[13]
具卽其服. 乍(作)
氒龢鐘[14], 霝(靈)音
銑(徵)銑(徵)雝(雍)雝(雍)[15], 㠯(以)匽(宴)皇
公[16], 㠯(以)受大福,
屯(純)魯多釐[17], 大壽(壽)萬年, 秦公
𩰫(其)畯𡩜[18]才(在)立(位)
雁(應)受大令(命), 釁(眉)
壽(壽)無疆, 匍(撫)有
四方, 𩰫(其)康寶."(6152)

【해석】

秦 武公은 다음과 같이 말한다. "나의 先祖는 天命을 받아 도읍을 정하고 제후로 봉해졌다. 지금은 하늘에 계신 위엄 있고 혁혁한 공적을 갖췄던 文公・靜公(정공)과 獻公(헌공)은 하늘의 명령에 어긋남 없이 행함으로써 신중하게 西戎 등의 주변 부족국가들을 다스렸다." 武公과 王姬(왕희)가 말하였다 : "小子인 나는 밤낮없이 항상 경건하게 짐이 마땅히 지내야할 제사를 잘 모셔 하늘로부터 많은 복을 받았고, 마음을 밝게 하였고, 안정시키고 화합하는 마음으로 卿大夫들을 대했고, 이들을 또한 신하로 임용하였다. 위엄스럽고 진실한 마음으로 美德을 경건하게 받들어 나의 국가를 안정시키고 힘을 합하여 다스려 많은 주위 방국들이 그들의 직분을 시행하게 할 수 있었다. (이러한 일들을 기념하기 위하여)음성이 조화를 이뤄 듣기 좋은 樂鐘을 만들었다. 그 소리는 둥둥둥 울려 퍼졌다. 이로써 위대한 先公들이 안락하고, 많은 큰 복을 받기를 바라고 만년동안 장수하기를 바란다. 秦公은 오랜 세월 동안 평안하게 재위하며, 하늘이 주신 命을 잘 받들고 만년동안 장수하기를 기원하며, 주위 방국들을 잘 다스리며, 이 器物을 安全하고 보배스럽게 간직하기를 기원한다.

설 명

1) '商(賞)宅' : 周 孝王 때 秦 先祖 非子가 秦國(지금의 甘肅省 부근)에 봉해져 秦國의 기원이 되었다. '商(賞)宅(도읍을 정하다)'은 이 사건을 말한다.

2) '受或(國)' : 秦 襄公(양공)이 諸侯(제후)로 봉해진 일을 말한다.

3) '文公靜公獻公' : '文公'은 秦 襄公(양공)의 아들이며, 50년 동안 재위하였다. '靜公(정공)'은 秦 文公의 太子이며, '獻公(헌공)'은 '靜公(정공)'의 아들이다.

4) '王姬' : 周 王室 중 姓이 姬(희)인 秦公의 妻.

5) '𡥅(小子)' : '𡥅'는 '小子'의 합문이며 군자가 자신을 지칭하는 겸손어.

6) '夙(夙)夕' : '夙'자는 '夙(숙)'자와 같은 자이다. '이른 아침'의 뜻.

7) '克明又(有)心' : '又'자는 아마도 代詞인 '氒(궐)'자를 잘못 쓴 것으로 보인다. 본문은 '氒'자의 의미로 해석한다.

8) '盭(戾)龢(俊)士' : 음은 'lì'이며 '安定'의 의미이다. '龢(俊)士'는 '세습된 卿大夫'를 가리킨다.

9) '含蓄左右' : '含'자는 '모두''널리'의 의미이고, '蓄(축)'은 '임용하다'의 뜻이다. '左右'는 群臣百官을 가리킨다.

10) '趫趫允義' : '70.【秦公簋】' "趫趫文武" 구절 중의 '趫趫(거거)'와 같은 의미이다. '趫'자는 '祛(거)'자와 통한다. '엄숙하면서도 강건한 모양'의 의미이다. 陳初生은 ≪商周古文字讀本≫에서 '趫'자는 '藹(애)'자의 통가자로 쓰인다고 설명하고 있다. ≪詩經·大雅·卷阿≫의 "藹藹王多吉士, 維君子使(여러 임금님의 훌륭한 신하 모였는데, 군자님들 부리시네)"라는 구절에 대하여 ≪毛傳≫은 "藹藹, 猶濟濟也"라 설명하였고, ≪爾雅·釋訓≫의 "藹藹, 濟濟, 止也"('藹藹', '濟濟'는 행동거지)라는 구절에 대하여 郭璞 ≪注≫는 "皆賢士盛多之容止"(많은 현명한 군자들의 용모)라 설명하고 있다. '많은 훌륭한 신하의 용모'라는 의미이다(151쪽). '允'은 '誠心誠意(성심성의)'의 뜻이고, '義'는 '의롭다'의 의미이다.

11) '翼受明德' : '翼(익)'은 '恭敬(공경)'의 의미이며, '明德'은 '빛나고 아름다운 덕행'의 뜻.

12) '㠯(以)康奠𢽾(協)朕或(國)' : '康奠(강전)'은 '安定'의 뜻이다. '𢽾'자에 대해서는 아직 확실히 알 수 없는 자이나, 馬乘源 등의 의견에 따라 '協(협)'의 의미로 해석하기로 한다.

13) '盜(兆)百蠻(蠻)' : '盜(도)'자는 '兆(조)'의 통가자로 사용되고 있다. '많은'의 의미인 '億兆(억조)'의 뜻이다. '䜌'은 '蠻(만)'자와 같은 자로 '百蠻(蠻)'은 部

族 方國을 가리킨다.

14) ‘龢鐘’ : 소리가 조화를 이루는 樂鐘(악종)이다.

15) ‘霝(靈)音鍴(徵)鍴(徵)雝(雍)雝(雍)’ : ‘霝(靈)音’은 ‘아름다운 음악 소리’의 의미이고, ‘鍴(徵)鍴(徵)雝(雍)雝(雍)’은 ‘징징웅웅’과 같은 종의 소리이다.

16) ‘㠯(以)匽(宴)皇公’ : ‘匽(宴 : 연)’은 ‘安樂(안락)’의 의미이고, ‘皇公(황공)’은 ‘위대한 先公’의 뜻.

17) ‘屯(純)魯’ : ‘屯’자는 ‘純(순)’자와 통하며, ‘純魯(순노)’는 일반적으로 ‘純嘏(순하)’로 쓴다. ‘큰 복’이나 ‘厚福’의 의미이다. ≪詩經 · 大雅 · 卷阿≫의 “純嘏爾常矣(큰 복을 언제나 누리시네)” 구절과 ≪魯頌 · 閟宮≫의 “天賜公純嘏(하느님이 공에게 큰 복을 내리셨네)” 중의 ‘純嘏’의 의미와 같다. ‘釐(이 ; 희 ; xī)’자는 ‘禧’자로 자주 가차되어 사용되어 ‘家福’이란 의미로 쓰인다.

18) ‘秦公𦗷(其)畯𪓋’ : ‘𦗷(其)’자는 어기조사의 용법으로 희망하고 기원하는 어감을 표시한다. ‘畯(준)’자는 ‘長久’의 의미이다. ‘𪓋’자는 ‘令’과 통하며 ‘善’의 의미로 쓰인다.

금문편

‘(靜)’ : ≪금문편≫ ‘0819 靜’(350쪽) 참고.

‘豖(墜)’ : ≪금문편≫ ‘0110 豖’(49쪽) 참고.

‘(虩)’ : ≪금문편≫ 0775 虩’(335쪽) 참고.

‘(剌(烈)’ : ≪금문편≫ ‘0986 剌’(423~425쪽) 참고.

‘’‘卲(昭)’ : ≪금문편≫ ‘1501 卲’(643~644쪽) 참고.

‘夙(夙)’ : ≪금문편≫ ‘1135 夙’(484~485쪽) 참고.

‘盭(戾)’ : ≪금문편≫ ‘2090 盭’(“說文从弦省从盭讀若戾(≪說文≫은 ‘弦’의 생략형

과 '盩'로 이루어진 자이고, 音讀 '戾(여)'와 유사하다라고 설명하고 있다.)", 851쪽) ; '1688 盩'(705쪽) 참고.

'(盩=)' : ≪금문편≫ '0804 盩'(347쪽) 참고.

'(義)' : ≪금문편≫ '2055 義'(832~833쪽) 참고.

'劦(協)' : ≪금문편≫ ≪부록하≫ '208'(1203쪽) 참고.

'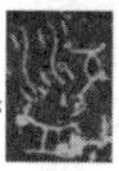盜(兆)' : ≪금문편≫ '0807 盜'(347쪽) 참고.

'(龢)' : ≪금문편≫ '0305 龢'(124~125쪽) 참고.

'(鐘)' : ≪금문편≫ '2244 鐘'(915~917쪽) 참고.

'鍴=(徵)' : ≪금문편≫ ≪부록하≫ '561'(1264쪽) 참고.

'雝=(雍)' : ≪금문편≫ '0602 雍'(257~258쪽) 참고.

'(䵼)' : ≪금문편≫ '2192 䵼'(890~891쪽) 참고.

'(畯)' : ≪금문편≫ '2198 畯'(892~893쪽) 참고.

'(紷)' : ≪금문편≫ '2127 紷'(872쪽) 참고.

'釁(眉)' : ≪금문편≫ '0584 眉'(237~242쪽) 참고.

'𦗟(其)' : ≪금문편≫ '0723 箕'(303~308쪽) 참고.

'(康)' : ≪금문편≫ '2369 康'(971~972쪽) 참고.

'(寶).' : ≪금문편≫ '1200 寶'(516~525쪽) 참고.

72.【秦公鐘】

원본축소

【명문참고】

二玄社 78；集成 01・262-263；銘文選 2・917；總集 09・7177-7178.

【주요참고문헌】

≪商周青銅器銘文選四≫, 605~607쪽.

【소개】

異名：秦公鐘.

출토：1978년 1월 陝西省 寶鷄縣 太公廟村 출토.

명문：17行, 135字, 重文 4字；첫 번째 鐘의 銘文은 9行, 72字, 重文 4자이고, 두 번째 鐘의 銘文은 8行, 63字, 重文 2字로 되어있다.

크기：첫 번째 종의 높이 48㎝, 舞縱 18㎝, 舞橫 22.2㎝；두 번째 종의 높이 47㎝, 舞縱 16㎝, 舞橫 22㎝.

시기：春秋 秦武公.

소장：陝西省 寶鷄市 박물관.

【석문】

秦公曰：我先且(祖)受天命,

商(賞)宅受或(國)剌(烈)剌(烈)卲(昭)文公靜

公獻公. 不豙(墜)于上, 卲(昭)合

皇天. 㠯(以)虩事(使)繺(蠻)方, 公及

王姬曰：余𡮐(小子),

夙(夙)夕虔敬

朕祀, 㠯(以)受多

福，克明又(有)心盭(戾)
龢胤(俊)士，咸蓄左右，𧗊𧗊允義，翼受
明德，㠯(以)康奠𢑥(協)朕或(國)，盜(兆)百䜌(蠻)具即其
服，乍(作)乎龢鐘，霝(靈)音鍺(徵)鍺(徵)
雝(雍)雝(雍)，㠯(以)匽(宴)皇公，㠯(以)受大福，
屯(純)魯多釐，大壽(壽)萬年，
秦公𡡗(其)畯𩐎才(在)立(位)膺(應)
受大令(命)，釁(眉)壽(壽)無疆，匍(撫)有四方，𡡗(其)康寶(6152)

설 명

‘71.【秦公鎛】’의 명문과 같기 때문에 설명은 생략하기로 한다.

73.【商鞅方升(秦始皇廿六年詔書)】

【명문참고】

集成 16・10372；銘文選 2・923；總集 10・7868.

【소개】

異名：商鞅量.

명문：10行 75字；合文 2字.

크기：길이 18.7㎝；寬 6.97㎝.

시기：秦 孝公 18年.

소장：상해박물관.

【주요참고문헌】

≪兩周金文辭大系圖錄考釋≫, 291(250~251쪽).

≪商周青銅器銘文選四≫, 612쪽.

≪商周古文字讀本≫, 172~173쪽.

【석문】

＜左壁＞

十八年[1], 齊率<逵>卿大夫衆(衆)來聘[2].

冬十二月乙酉[3]. 大良造鞅[4], 爰

積十六尊(寸)五分尊(寸)壹爲升[5].

＜前壁＞

重泉.

＜底部＞

廿六年[6], 皇帝盡并兼天

下諸矦(侯). 黔首[7]大安, 立號

爲皇帝, 乃詔丞相狀

綰[8], 灋度量[9]則不壹

歉疑者, 皆明壹之.

＜右壁＞

臨(6899)

≪참고≫【秦始皇廿六年詔書】

【해석】

<左壁> : 秦 孝王 十八年, 때는 齊國이 卿大夫 등 많은 사람들을 이끌고 朝聘하던 해 이다. 그 해 겨울 十二月 乙酉일에 大良造 鞅은 $16\frac{1}{5}$의 立方寸의 容積을 一升으로 정하였다.

<前壁> : 重泉 지방.

<底部> : 秦王 嬴政(영정) 廿六年(BC 221년) 皇帝는 天下 모든 諸侯들을 합병하자 백성들은 크게 평안해졌고, 이에 皇帝라 칭하였다. 또한 丞相 隗狀(외상)과 王綰(왕관)은 度量을 법칙화하여 이른바 통일되지 않아 의심나는 부분을 모두 명확하게 통일하여 하나로 하였다.

<右壁> : 臨 지방.

설 명

≪商鞅方升≫은 大良造(대양조) 商鞅(상앙)이 秦 孝王 18年(BC 344年) 때 秦國의 度量제도를 통일하기 위하여 一升의 표준 용량 되(升)이다. '重泉'과 '十八年'의 문자의 형태가 비슷하고, '廿六年'과 '臨'의 문자 형태가 비슷하다. '十八年'에 '重泉(지금의 陝西省 蒲城(포성))에서 문자를 새긴 후에 먼저 공포하고 후에 다시 '廿六年'에 '臨'(지금의 어느 지역인지 알 수가 없다)에서 문자를 추가하여 공포한 것으로 보인다.

1) '十八年' : '十八年'은 秦 孝王 18年(BC 344年)이다.

2) '齊率卿大夫衆(衆)來聘' : ≪金文引得≫이 '率(솔)'자로 예정하는 ''자는, 왼쪽 부분은 확실히 '辵'이나 오른쪽 부분이 잘 보이지 않기 때문에, '逨(솔)'이나 '遣(견)' 등으로 예정하기도 한다. 본문은 '逨'로 예정하기로 한다. '遣'은 '파견하다'의 의미이고, '逨'은 '인솔하다'의 의미이다. '逨'자는 ≪금문편≫ '0202 逨'(91~92쪽)의 다른 명문을 참고할 수 있다.

3) '十二月乙酉' : '十二' 두 자는 합문으로 되어 있다.

4) '大良造鞅' : '大良造'는 秦나라의 官爵名(관작명). 진나라의 20 등급의 官爵 중 16번째에 해당된다. '鞅(앙)'은 戰國 衛(위)나라 사람, 商鞅(상앙 : BC390~BC338 年)이다.

5) '爰積十六尊(寸)五分尊(寸)壹爲升' : '爰(원)'은 助詞 '乃'의 용법이다. '積'은 '容積(용적)'의 의미이다. '尊(존)'은 '寸'과 통한다. '十六尊(寸)五分尊(寸)壹'은 $16\frac{1}{5}$의 立方寸을 말한다. 秦代의 1 立方寸은 약 12.257 立方㎝이고, 一升은 약 198.574 입방㎝에 해당된다(≪商周古文字讀本≫, 173쪽 참고).

6) '廿六年' : '廿六年'은 秦王 嬴政(영정) 廿六年(BC 221년), 진시왕이 중국을 통일한 해. 秦始皇은 始皇帝라고도 칭하였다.

7) '黔首' : ≪說文解字≫는 "黔(검 ; qián), 黎也. 秦謂民爲黔首, 謂黑色也. 周謂之黎民('黔'은 '검다'라는 의미. 秦나라는 백성들을 黔首라고 칭한다. 이는 피부가 흑색이기 때문이다. 周나라는 黎民(여민)이라 했다)"(≪說文解字今釋≫,

1398~1399쪽)라고 설명하고 있다.

8) '乃詔丞相狀綰' : '詔(조)'는 '詔令하다'의 의미, '狀綰(상관)'은 당시 丞相인 '隗狀(외상)'과 '王綰(왕관)'이다.

9) '灋度量' : '灋(법)'은 '法'자이며, '법률로 정하다'나 '규칙화하다'의 동사적 용법으로 사용되고 있다.

금문편

≪金文續篇≫

≪金文續篇≫은 秦漢 銘文을 수록한 容庚의 ≪금문편≫ 후속편이다. ≪金文續篇≫은 ≪大良造鞅方量≫의 명문을 "十八年, 齊迉率卿夫=(卿大夫)衆來聘. 冬十二月乙酉. 大良造鞅, 爰積十六尊五分尊□爲升. 重泉"으로 釋文하고 있다. ≪金文續篇≫은 또한 '□' 부분을 '壹'(249쪽)에 수록하고 있다(中文出版社, 1990년 2월, 357쪽 참고).

'(十)' : ≪금문속편≫ 58쪽(3卷 1쪽) 참고.

'(八)' : ≪금문속편≫ 26쪽(2卷 1쪽) 참고.

'(年) : ≪금문속편≫ 163~169쪽(7卷 7쪽) 참고.

'(齊)' : ≪금문속편≫ 161쪽(7卷 6쪽) 참고.

'(夫)' ≪금문속편≫ 249~250쪽(10卷 8쪽) 참고.

'(來)' : ≪금문속편≫ 123쪽(5卷 13쪽) 참고.

'(聘)' : ≪금문속편≫ 274쪽(12卷 2쪽) 참고.

'(冬)' : ≪금문속편≫ 268쪽(11卷 6쪽) 참고.

'(月)' : ≪금문속편≫ 157~158쪽(7卷 4쪽) 참고.

'(乙)' : ≪금문속편≫ 335쪽(14卷 18쪽) 참고.

‘(西)’ : ≪금문속편≫ 345쪽(14卷 23쪽) 참고.

‘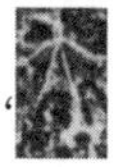(大)’ : ≪금문속편≫ 244~247쪽(10卷 5쪽) 참고.

‘(良)’ : ≪금문속편≫ 122쪽(5卷 12쪽) 참고.

‘(造)’ : ≪금문속편≫ 44쪽(2卷 10쪽) 참고.

‘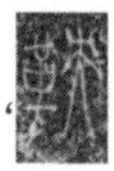(鞅)’ : ≪금문속편≫ 72쪽(3卷 8쪽) 참고.

‘(爰)’ : ≪금문속편≫ 91쪽(4卷 6쪽) 참고.

‘(積)’ : ≪금문속편≫ 163쪽(7卷 7쪽) 참고.

‘(六)’ : ≪금문속편≫ 330~331쪽(14卷 15쪽) 참고.

‘’‘(尊)’ : ≪금문속편≫ 346쪽(14卷 23쪽) 참고.

‘(五)’ : ≪금문속편≫ 328~329쪽(14卷 14쪽) 참고.

‘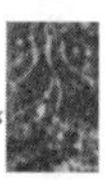(分)’ : ≪금문속편≫ 26쪽(2卷 1쪽) 참고.

‘(壹)’ : ≪금문속편≫249쪽(10卷 8쪽) 참고.

‘(爲)’ : ≪금문속편≫ 72~73쪽(3卷 8쪽) 참고.

‘(升)’ : ≪금문속편≫ 319~320쪽(14卷 10쪽) 참고.

‘(重)’ : ≪금문속편≫ 206~209쪽(8卷 7쪽) 참고.

‘(泉)’ : ≪금문속편≫ 265쪽(11卷 5쪽) 참고.

74. 【新郪虎符】

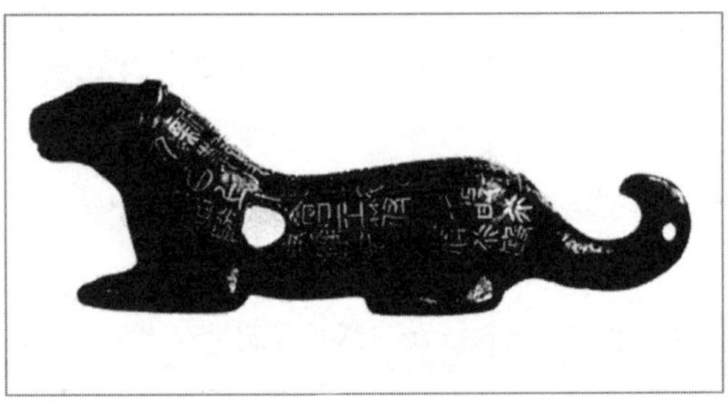

【명문참고】

集成 18・12108；銘文選 2・925；總集 10・7886.

【소개】

명문 : 4行 40字.

시기 : 戰國 秦 嬴政.

【명문풀이 참고문헌】

≪兩周金文辭大系圖錄考釋≫, 292(251~252쪽).

≪商周青銅器銘文選四≫, 613쪽.

【석문】

甲兵之符[1], 右才(在)王, 左才(在)新郪[2], 凡興士被甲,

用兵五十人㠯(以)上. 必會王府, 乃敢行之.

熢燧事[3], 雖母(毋)會符, 行殹(也)(7611)

【해석】

이 군대의 符節(부절)은 오른쪽 것은 왕이 가지고 있고, 나머지 왼쪽 것은 新郪(신처)에 주둔하고 있는 군대의 장군이 소지한다. 일반 병사나 갑옷을 입은 군사를 출동하고자 하고, 그 숫자가 오십 명 이상일 때에는 반드시 왕이 가지고 있는 符節과 합치되어야만 군대를 이동시킬 수 있다. 그러나 주변에서 봉화를 올리는 긴급한 상황일 때는 왕의 부절이 없다 해도 출동할 수 있다.

설 명

虎符(호부)는 戰國 때부터 이용한 군사를 출동할 때 사용하는 일종은 信符(신부)이다. 이 호부는 두 개로 나누어져 있고, 한쪽은 일반적으로 황제가 가지고 있으며, 한쪽은 장군이 소지한다. 왕이 군대를 출동하고자 할 때, 전령이 황제의 한쪽을 가지고 나머지 한쪽과 맞춘 후, 맞으면 출동할 수 있는 것이다. 이외에도 '襄陵虎符(양릉호부)' 등이 있다.

문자의 형태는 秦代의 小篆體(소전체)이다. 자연스런 예술미는 泰山이나 嶧山(역산) 刻石(각석)의 小篆보다 빼어나다.

1) '甲兵之府' : '甲兵'은 '軍事', '府'는 符節(부절)이다.

2) '新郪' : '新郪(신처)'은 秦代의 縣名. 지금의 太和縣의 東北쪽에 해당된다.

3) '熢燧事' : '熢燧事'는 '烽火(봉화)를 사르는 급한 일'이란 뜻이다. '燧'자의 음성부분은 '隊(대)'이며 '軍隊의 烽火'를 말한다. '熢(번)'은 불 등을 '피우다'·'사르다'의 의미이다.

금문편

≪金文續篇≫

容庚 ≪金文續篇≫은 이 명문을 ≪新郪兵符≫라 칭하고 "甲兵之符, 右才(在)王, 左才(在)新郪, 凡興士被甲, 用兵五十人㠯(以)上. 必會王府, 乃敢行之. 熢隊(燧)史(事), 雖母(毋)會符, 行殹"으로 釋文하고 있다(中文出版社, 1990년 2월, 358쪽 참고).

'隊(燧)' : ≪금문속편≫ 326쪽 (14권 13쪽) 참고.

'史(事)' : ≪금문속편≫ 75쪽("孳乳爲事('事'의 의미이다.)", 3권 10쪽) 참고.

齊

75. 【黏鎛(齊侯鎛)】

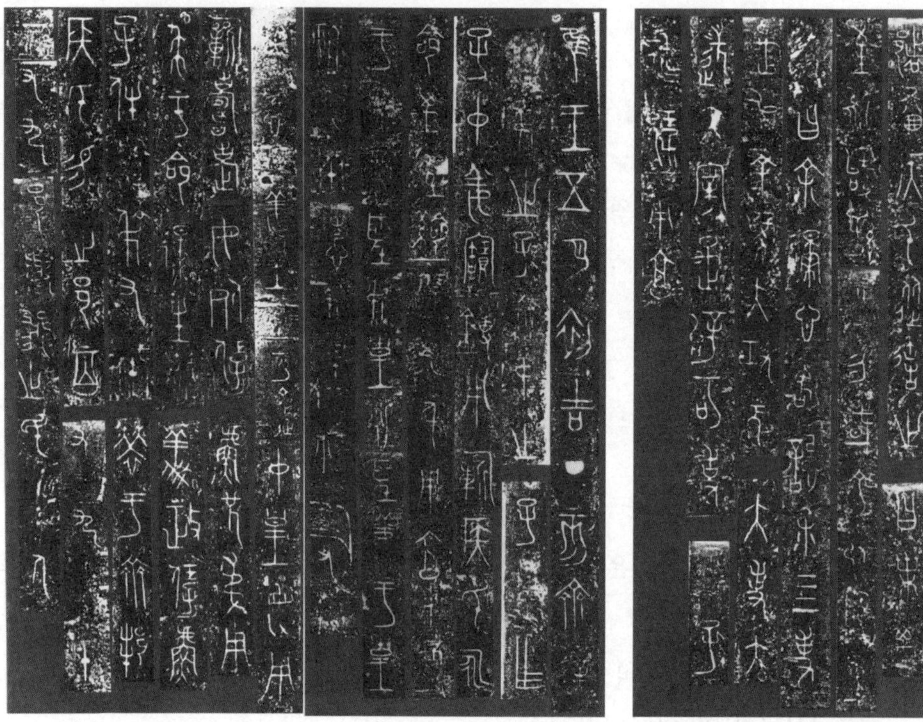

(二玄社가 재 편집한 銘文)

<원 형식의 銘文>

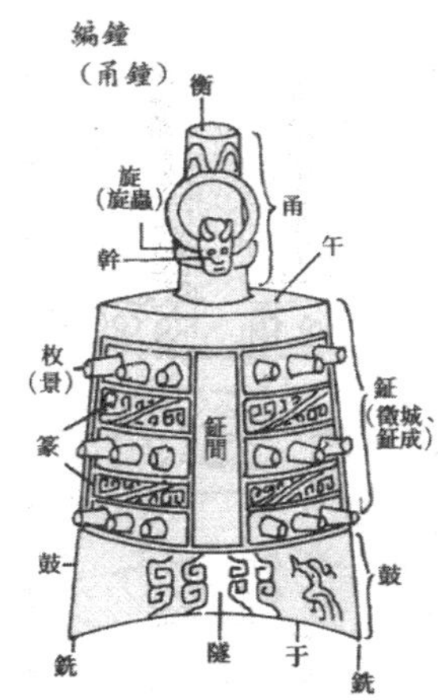

(編鐘의 각 부분명칭)

【명문참고】

二玄社 79；集成 01・271；銘文選 2・843；三代 01・66・2-1・68・2；總集 09・7213.

【소개】

異名：齊子中姜鎛；齊侯鎛；子仲姜鎛；齊鎛，　齊𩐁子綸鎛鐘；齊綸乍子中姜鎛；𩐁鞥鎛；齊𩐁氏鐘.

출토：1870년 山西省 榮河縣 后土寺 부근에서 출토.

명문：18行 174字，重文 2字，合文 1字.

크기：높이 67㎝；舞縱 30.5㎝；舞橫 37.5㎝；鼓間 34.6㎝；銑間 44㎝.

소장：중국역사박물관.

【주요참고문헌】

≪兩周金文辭大系圖錄考釋(下)≫，251(209~211쪽).

≪商周青銅器銘文選四≫，533~535쪽.

【석문】

隹(唯)王五月初吉丁亥，齊辟[1]𩐁(鮑)弔(叔)[2]之孫・適中(仲)[3]之
子鞥乍(作)子中(仲)姜[4]寶鎛，用旛(祈)医(侯)氏永命萬年．鞥
保其身，用亯(享)用孝
于皇祖聖弔[(叔)][5]・皇祉(妣)
聖姜，于皇祖又成
惠叔・皇祉(妣)又成
惠，姜皇丂(考)適
中(仲)・皇母，用旛(祈)耆(壽)老(考)毋(毋)死，𠈇(保)
𪓐(吾)兄弟，用求丂(考)彌生[6]，𥳑(肅)𥳑(肅)
義(儀)政，𠈇(保)𪓐(吾)子佳(姓)[7]．𩐁(鮑)弔(叔)又成
褮(勞)于齊邦，医(侯)氏易(賜)之邑二百
又九十又九邑，𦥑(與)[illegible](鄩)之民人
都啚(鄙)[8]．医(侯)氏從𧦝(告)[9]之
曰："枼萬[10]至於辝(以)孫
子，勿或[11]俞(渝)改．"𩐁(鮑)子
鞥曰："余彌心畏認(忌)[12]，余四事是台(以)[13]，余爲大攻(工)厄(軛)
大吏(使)・大遄[14]・大宰，是辝(以)可事(使)[15]．"
子子孫永𠈇(保)用亯(享)(6153)

【해석】

齊昭公 혹은 懿公(의공) 五月 初吉 丁亥 일. 齊君 鮑叔牙(포숙아)의 손자이며, 適仲의 아들인 鞥(영)이 모친 子仲姜을 위하여 값진 鐘鎛(종박)을 만들어 齊侯가

만년동안 영원토록 장수하기를 기원한다. 𨰻(영)은 자신의 몸을 보존해주기를 기원하기 위하여 曾祖 聖叔・曾祖母 聖姜・祖父 又成惠叔・祖母 又成惠姜・부친 適仲과 모친 子仲姜에게 享祀를 올려 오랫동안 장수하기를 기원하고, 자신의 형제들을 보호하여 장생하기를 빈다. 또한 엄숙하고 절제된 의식으로 자신의 자손이 안녕하기를 기원한다. 鮑叔又成은 齊國에 대하여 공로가 큰 바, 齊侯는 食邑 二百九十九邑과 鄩 지방의 백성과 농사지을 采地를 하사하였다. 齊侯는 또한 정중하게 말하기를 "자자손손 만세 동안 미혹되고 어긋남이 없도록 하라"라 했다. 鮑子𨰻이 말하기를 "진심으로 조심하고, 이 四職官을 나의 임무로 삼았기에 大工軶・大使・大遺와 大宰 직무를 성실히 수행토록 하겠다"라 했다. 자자손손 이 鎛鐘을 보관하고 享祀를 올릴 때 사용할 지어다.

설 명

1) '辟' : '君主'의 의미.

2) '⿱陶𡈼' : '⿱陶𡈼'자의 음은 '陶'이며 '鮑(포)'와 통한다. 鮑叔(포숙)의 이름 牙이며 齊國大夫이다. 이 器物의 주인인 '𨰻'의 祖父이다.

3) '適中(仲)' : '適中(仲)'은 '𨰻(令 : 영)'의 父考이며, 鮑叔牙의 아들.

4) '子中(仲)姜' : '子中(仲)姜'은 '適中(仲)'의 처이며, '𨰻'의 모친이다.

5) '聖弔[(叔)]' : '弔'자는 금문에서 '叔'자로 자주 가차되는 사용되기 때문에 괄호 안에 '叔'자를 삽입하는 것이 옳다. '聖叔'은 '𨰻(영)'의 曾祖이고, 鮑叔牙의 부친인 '鮑敬叔(포경숙)'을 가리킨다.

6) '彌生' : '彌(미)'자는 '長'의 의미이며, '彌生'은 '長生'의 뜻이다.

7) '子佳(姓)' : '佳'자는 '姓'자와 같은 자이며, '아들'이라는 의미로 사용된다. '子姓'은 '子孫'의 뜻이다.

8) '䭬(與)(鄩)之民人都啚(鄙)' : '䭬'자는 '與'자와 통하며 '주다'라는 의미로 쓰인다. 馬乘源은 ''자를 '鄩'로 예정하고 지명으로 쓰인다고 설명하고 있다. '都啚(鄙)'는 농사지을 采地를 말한다.

9) '從䆛(告)' : '從'은 '重'자로 가차되어 '鄭重'의 의미로 쓰인다. '䆛'자의 음성 부분은 '告'로 '告'자와 통한다. '從告'를 '정중하게 말하다'의 뜻이다.

10) '枼萬' : '枼'자는 '世'와 통하며, '世萬'은 곧 '萬世'와 같은 의미다.

11) '或' : '或'은 '有'의 용법으로 쓰이고 있다.

12) '余彌心畏諆(忌)' : '彌(미)'자는 '滿(만)'의 의미이며, '滿心'은 '온 마음을 다하여'의 뜻이다. '畏諆(忌)'는 '경외하고 조심스럽게 대하며 경계하다'의 뜻이다.

13) '余四事是台(以)' : '台(以)'는 동사의 용법 '用'의 의미이다. '四事'는 四職事인 뒤의 大工軛(대공액)과 大使와 多遄와 大宰 등 네 가지 職官을 가리킨다.

14) '多遄' : 어떤 관직인지 확실하지 않으나, 문맥으로 보아 관직 중의 하나임을 알 수 있다.

15) '是辝(以)可事(使)' : '是辝(以)'는 '是故'의 의미인 '그런 까닭'의 뜻. '可事(使)'는 '이행토록하다'의 의미.

금문편

'''(辟)' : ≪금문편≫ '1514 辟'(648~649쪽) 참고.

'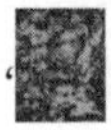[illegible](鮑)' : ≪금문편≫ '0427 [illegible]'("楊篤曰, [illegible]當爲鞄, 通鮑. ……楊樹達曰, 說文鞄从包聲, 銘文之[illegible], 乃从陶聲, 陶與包古音無異也. 經傳假用鮑(楊篤은 "'[illegible]'자는 곧 '鞄(포)'자로 '鮑(포)'와 통한다."라 했다. ……楊樹達은 "≪說文≫의 '鞄(포)'자는 음성부분이 '包'이다. 銘文의 '[illegible]'자는 음성부분이 '陶'이며, '陶'와 '包'의 고음은 서로 같다. 經傳에서 '鮑'의 가차자로 사용된다."고 설명하고 있다.)", 168쪽) 참고.

'''(弔)' : ≪금문편≫ '1354 弔'(569~573쪽) 참고.

'''(孫)' : ≪금문편≫ '2092 孫'(851~855쪽) 참고.

'(躋)' : ≪금문편≫ '0298 躋'(123쪽) 참고.

'''([illegible])' : ≪금문편≫ '2127 [illegible]'(872쪽) 참고.

'(鎛)' : ≪금문편≫ '2245 鎛'(917쪽) 참고.

'''旛(祈)' : ≪금문편≫ '0028 祈'(14~16쪽) 참고.

'(萬)' : ≪금문편≫ '2354 萬'(951~958쪽) 참고.

'(年)' : ≪금문편≫ '1164 年'(501~506쪽) 참고.

‘’‘(保)’ : ≪금문편≫ ‘1309 保’(556~558쪽) 참고.

‘(其)’ : ≪금문편≫ ‘0723 其’(303~308쪽) 참고.

‘亯(享)’ : ≪금문편≫ ‘0882 亯(享)’(377~379쪽) 참고.

‘(孝)’ : ≪금문편≫ ‘1407 孝’(600~601쪽) 참고.

‘’‘(皇)’ : ≪금문편≫ ‘0039 皇’(21~24쪽) 참고.

‘(祖)’ : ≪금문편≫ ‘0021 祖’(11~12쪽) 참고.

‘(聖)’ : ≪금문편≫ ‘1923 聖’(771~772쪽) 참고.

‘礼(妣)’ : ≪금문편≫ ‘1965 妣’(800쪽) 참고.

‘(姜)’ : ≪금문편≫ ‘1949 姜’(786~787쪽) 참고.

‘’‘(又)’ : ≪금문편≫ ‘0452 又’(180~182쪽) 참고.

‘(成)’ : ≪금문편≫ ‘2365 成’(965~967쪽) 참고.

‘(惠)’ : ≪금문편≫ ‘0648 惠’(272쪽) 참고.

‘’‘丂(考)’ : ≪금문편≫ ‘0746 丂’(319~320쪽) 참고.

‘(母)’ : ≪금문편≫ ‘1961 母 ’(796~799쪽) 참고. 금문에서 ‘母’와 ‘女’는 같은 자이다.

‘耇(壽)’ : ≪금문편≫ ‘1405 壽’(590~595쪽) 참고.

‘老(考)’ : ≪금문편≫ ‘1402 老’(589쪽) 참고.

‘𠪚(吾)’ : ≪금문편≫ ‘1885 𠪚’(757~758쪽) 참고.

‘(求)’ : ≪금문편≫ ‘1401 求’(588~589쪽) 참고.

‘’‘(彌)’ : ≪금문편≫ ‘2085 彌’(850쪽) 참고.

‘簫=(肅=)’ : ≪금문편≫ ‘0475 肅’(201쪽) 참고.

‘袈(勞)’ : ≪금문편≫ ‘2215 勞’(902쪽) 참고.

‘(義)’ : ≪금문편≫‘2055 義’(832~833쪽) 참고.

‘(二百)’ : ≪금문편≫ ‘0594 百’(249~250쪽) 참고.

‘舁(與)’ : ≪금문편≫ ‘0419 與’(166쪽) 참고.

‘(鄩)’ : ≪금문편≫은 ≪부록하≫ ‘284’(1216쪽) 참고.

‘(都)’ : ≪금문편≫ ‘1031 都’(443쪽) 참고.

‘啚(鄙)’ : ≪금문편≫ ‘0889 啚’(382쪽) 참고.

‘徭’ : ≪금문편≫ ≪부록하≫ ‘097’(1183쪽) 참고.

‘(業)’ : ≪금문편≫ ‘0951 業’(400쪽) 참고.

‘(於)’ : ≪금문편≫ ‘0633 烏’(265~266쪽) 참고.

‘㠯(以)’ : ≪금문편≫ ‘2374 㠯’(975~976쪽) 참고.

‘俞(渝)’ : ≪금문편≫ ‘1423 俞’(606쪽) 참고.

‘(改)’ : ≪금문편≫ ‘0539 改’(221쪽) 참고. ≪금문편≫은 이 명문을 수록하지 않고 있다.

‘(畏)’ : ≪금문편≫ ‘1532 畏’(654쪽) 참고.

‘諅(忌)’ : ≪금문편≫ ‘0344 諅’(141쪽) 참고.

‘(宰)’ : ≪금문편≫ ‘1202 宰’(525~526쪽) 참고.

'' '(是)' : ≪금문편≫ '0200 是'(90~91) 참고.

'(爲)' : ≪금문편≫ '0440 爲'(174~177쪽)참고.

'攻(工)' : ≪금문편≫ '0536 攻'(219~220쪽) 참고.

'厄(軛)' : ≪금문편≫ '2300 軛'(933쪽) 참고.

'(遺)' : ≪금문편≫ ≪부록하≫ '088'(1182쪽) 참고.

'(宰)' : ≪금문편≫ '1202 宰'(525~526쪽) 참고.

'(永)' : ≪금문편≫ '1861 永'(744~749쪽) 참고.

76. 【侯氏鑰(國差鑰)】

【명문참고】

二玄社 84；集成 16.10361；銘文選 2.846；三代 18.17.3-18.18.1；總集 08.5826.

【소개】

異名：國差𦉜；齊侯甔，工師人侸𦉜.

명문：10行 52字，重文 2字. 입구쪽에 한 자가 있으나，탁본이 잘 보이지 않는다.

크기：높이 34.6㎝；口徑 24.6㎝.

시기：春秋 齊 頃公.

소장：대만 국립 중앙박물관.

【주요참고문헌】

≪兩周金文辭大系圖錄考釋≫，239(202쪽).

≪商周青銅器銘文選四≫，536~538쪽.

【석문】

國差立事歲[1]，
咸丁亥[2]，攻(工)帀(師)
侸[3]鼉(鑄)西亭(墉)[4]寶
𦉜四秉[5]，用實
旨酉(酒)，医(侯)氏受
福釁(眉)耉(壽)，卑(俾)旨
卑(俾)瀞[6]，医(侯)氏毋(毋)
瘖母(毋)疕[7]，齊邦
鼏靜安寍(寧)[8]，子子
孫孫永保(保)用之(7643)

【해석】

國佐가 나라 일을 담당하는 咸해 丁亥 일，工師 侸이 西墉(서용)에서 사용할 보배스러운 네 秉의 항아리('甔(담；dān, dǎn, dàn)'를 만들었다. 이 기물은 맛있고 색깔 좋은 술을 담을 수 있는 진기한 항아리로 사용할 것이며，頃侯(경후)가 복을 받고 장수할 수 있기를 기원하며，이 항아리에 담긴 술은 맑은 좋은 술이 될 것이며，후씨에게는 어떤 병환이나 편치 않는 일이 없기를 바란다. 이에 또한 齊國은 편안하고 안정적이기를 바란다. 이 기물을 자자손손 영원히 보존하기를 기원한다.

설 명

1) '國差立事歲'：'國差(국차)'는 즉 '國佐(국좌)'. 齊나라 卿大夫이며，國歸父의 아들 國武子이다(楊伯峻 ≪春秋左傳注≫ 705쪽. ≪左傳≫ "齊侯使國佐來聘." 구절의 譯註 참고). '立'은 '涖(리{이}；lì)'와 통하며 '담당하다'의 의

미이다. ‘國差立事歲’는 國佐가 정치를 담당하는 해.

2) ‘咸’ : 齊國의 月名.

3) ‘⿰亻⿱舌皿’ : 工師의 이름.

4) ‘西⿳亠口⿱回土(墉)’ : 禮器는 각각 놓는 위치가 있다. 이 기물은 西墉(서용)의 위치에 놓는 제기이다. 즉 齊宮의 서쪽 담장에 놓는 제기를 말한다.

5) ‘秉’ : ‘一百六十斗’를 ‘一秉’이라 한다.

6) 卑(俾)旨卑(俾)瀞 : ‘卑(비)’자는 ‘俾(비)’와 통하며 ‘使’나 ‘把’의 용법으로 ‘……하여금 ……하게 하다’의 의미이다. ‘旨(지)’자는 ‘善’이나 ‘美’의 의미로 ‘맛 좋은 술’이라는 뜻이다. ‘瀞(정)’의 음성부분은 ‘靜(정)’으로 ‘淸(청)’과 통한다.

7) 母(毋)⿸疒咎母(毋)⿸疒兄 : ‘母’자는 ‘毋’와 통한다. ‘⿸疒咎’자의 음성부분은 ‘咎(구)’로 病患이란 의미이며, ‘⿸疒兄’자는 음성부분이 ‘兄’이며, ‘怳(황)’이나 ‘惶(황)’과 통하여 ‘편치 않아 불안하다’는 의미이다.

8) ‘鼏靜安寍(寧)’ : ‘鼏’자의 음은 ‘冖’이며 ‘密(밀)’,하여 ‘安寧’의 의미이다. ‘鼏靜安寍(寧)’은 ‘安靜하고 安寧하다’의 뜻이다.

금문편

‘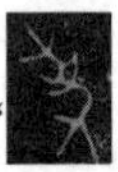(事)’ : ≪금문편≫ ‘0472 事’(198~200쪽) 참고. ≪금문편≫은 이 명문을 수록하지 않고 있다.

‘币(師)’ : ≪금문편≫ ‘0976 币’(417쪽) 참고.

‘(秉)’ : ≪금문편≫ ‘0460 秉’(190쪽) 참고.

77.【陳純釜】

【명문참고】

二玄社 85；集成：16・10371；銘文選 2・857；三代18・23・1；總集10・7870.

【소개】

異名：陳猷區；陳猷釜；齊陳猷左關釜；左關釜；齊陳猷釜.

출토：1857년 山東省 膠縣 靈山衛古城에서 출토.

명문：7行 34字.

크기：높이 38.65㎝；低徑 18.08㎝

소장：상해박물관.

【주요참고문헌】

≪兩周金文辭大系圖錄考釋≫, 262(223쪽).

≪商周青銅器銘文選四≫, 555~556쪽.

【석문】

墜(陳)猷立事歲,

𩆊月戊寅[1], 各(格)

𢆶(茲)安陵亭[2], 命左關帀(師)𤔲[3],

敕成左關之釜(斧),

節于穀(稟)𦈢(斧)[4], 𢾊(敦)
者曰𨻰(陳)純[5](6900)

【해석】

陳猷(진유)가 직무를 시작하는 해인 䜌月 戊寅일에, 陳猷가 安陵亭(안능정)에서 左關 師䕫에게 명령하기를 左關의 斧(부)의 용량은 나라에서 하사한 稟斧(품부)의 용량을 표준으로 삼도록 명령한다. 關守(관수)는 陳純(진순)이다.

설 명

1) ‘䜌月’ : 齊나라 月名이나 어떤 달에 해당되는지 확실치 않다.

2) ‘安陵亭’ : 지명. 河南省 鄢陵縣(언능현) 서북쪽에 해당된다.

3) ‘左關帀(師)䕫’ : ‘左關(좌관)’은 관명이고, ‘帀(師)䕫’은 인명이다.

4) ‘節于穀(稟)𦈢(斧)’ : ‘節’자는 ‘제도화하다’ · ‘표준으로 삼다’의 의미. ‘穀’자는 ‘稟(품)’과 통하며 ‘하사하다’의 의미. ‘穀(稟)𦈢(斧)’는 ‘나라에서 하사한 斧’를 가리킨다.

5) ‘𢾊(敦)者曰𨻰(陳)純’ : ‘𢾊’자는 ‘敦(돈)’과 같은 자이며, ‘屯’과 통한다. ‘屯者’로 ‘關守’를 가리키며, 𨻰(陳)純은 인명이다.

금문편

‘’,‘𨻰(陳)’ : ≪금문편≫ ‘2330 𨻰’(942쪽)과 ‘0523 陳’(215~216쪽) 참고.

‘(事)’ : ≪금문편≫ ‘0472 事’(198~200쪽) 참고.

‘(歲)’ : ≪금문편≫ ‘0196 歲’(87쪽) 참고.

‘各(格)’ : ≪금문편≫ ‘0150 各’(73~74쪽)와 ≪금문편≫ ‘0934 格’(395쪽)에 이 명문이 보이지 않고 있다.

‘(陵)’ : ≪금문편≫ ‘2316 陵’(937~938쪽) 참고.

‘(亭)’ : 곽말약은 ‘從高省, 丁聲’인 ‘亭(정)’자로 예정하고 있다(≪兩周金文辭大系圖錄考釋≫, 223쪽). ≪금문편 · 부록하≫ ‘341’(1226쪽) 참고.

'(闕)' : ≪금문편≫ '1914 闕'(770쪽) 참고

'(䄕)' : ≪금문편 · 부록하≫ '536(1259쪽) 참고.

'(左)' : ≪금문편≫ '0728 左'(310쪽) 참고.

'' '釜(斧)' : ≪금문편≫ '2275 斧'(925쪽)에 보이지 않고 있다.

'穀(稟)' : ≪금문편≫ '0888 稟'(382쪽) 참고.

'𦎫(敦)' : ≪금문편≫ '0531 敦'(218쪽) 참고.

'(者)' : ≪금문편 · 부록하≫ '629'(1275쪽) 참고

'(純)' : ≪금문편≫ '2095 純'(857쪽) 참고.

78. 【齊陳曼簠】

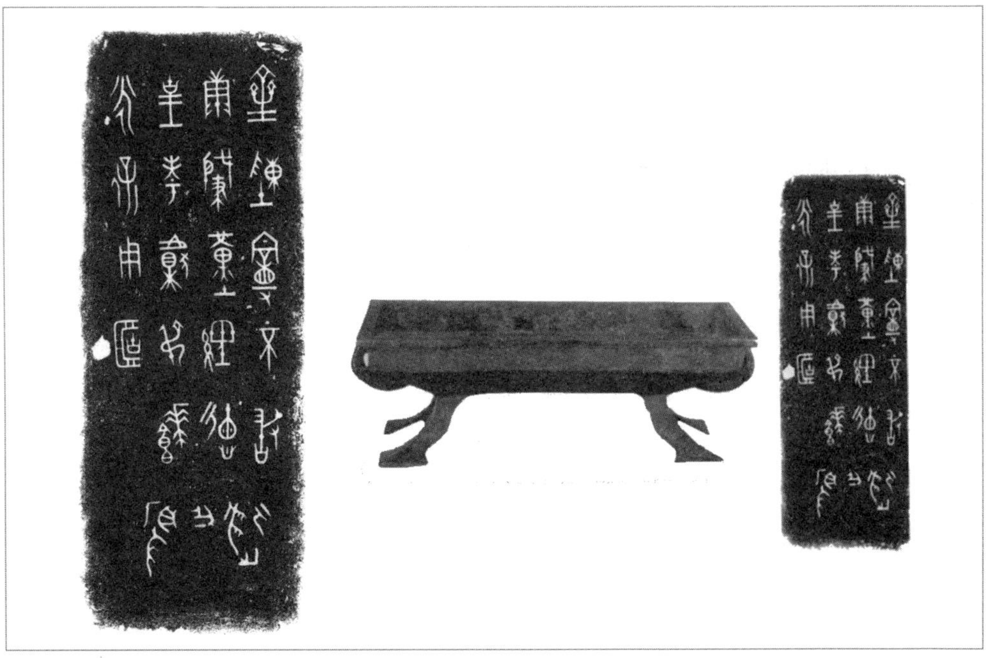

【명문참고】

二玄社 86 ; 集成 09・4596 ; 銘文選 2・861 ; 三代 10・20・1 ; 總集 04・2956.

【소개】

異名 : 餗簠 ; 齊陳曼乍皇考獻叔簠. 陳鞄匿.

명문 : 4行 22字. 1,2,3行의 마지막 자는 반대방향으로 문자가 새겨져 있다.

크기 : 높이 11㎝ ; 口縱 19.4㎝ ; 口橫 31㎝.

소장 : 상해박물관.

【명문참고】

≪兩周金文辭大系圖錄考釋≫, 256(216쪽).

≪商周青銅器銘文選四≫, 557쪽.

【석문】

齊𨻰(陳)曼[1]不敢逸
康[2], 肁(肇)堇(勤)經德[3], 乍(作)
皇考𤔲(獻)弔(叔)𩞁𣪘[4],
永保用匿(簠)(6676)

【해석】

齊 陳曼(진만)은 감히 안일하게 평안하게만 대처하지 않고, 근면하고 성실하게 德을 실행하고자 부친 獻叔(헌숙)에게 제사드릴 때 사용할 기물을 만들며, 영원히 보배스럽게 제기로써 사용할 것이다.

설 명

1) 齊𨻰(陳)曼 : ≪戰國古文字典≫은 '曼(만)'을 '鞄'자로 예정하고 있다. 형태로 보아 참고할 만하다. 陳曼은 인명.

2) '逸康' : '逸(일)'은 '樂'의 의미이고, '康(강)'은 '安'의 의미다. '逸康'은 '안일하고 평안하다'의 뜻.

3) '經德' : '經'은 '行'의 의미이다.

4) '𩞁𣪘' : '宴饗(연향)'이나 '宴亨'의 의미이고, '𣪘'자는 '盤(반)'자와 같은 자이다(≪金文常用字典≫, 827쪽).

금문편

'(逸)' : ''자의 방향이 바뀐 자이다. ≪金文常用字典≫, 899쪽 참고.

'(作)' : ''자의 방향이 바뀐 자이다. ≪금문편≫ '1334 作' (564쪽) 참고.

'(𣪘)' : ''자의 방향이 바뀐 자이다. ≪戰國古文字典≫은 이 자를 '磐(반)'자의 이체자로 보고 있다(1058쪽). ≪금문편≫ '1427 般' (611~612쪽) 참고.

79. 【陳侯因資敦】

【명문참고】

二玄社 90 ; 集成 09・4649 ; 銘文選 2・866 ; 三代 09・17・1 ; 總集 05・3100.

【소개】

異名 : 陳侯因資錞 ; 陳侯敦.

명문 : 8行 79字.

시기 : 戰國 齊 威王.

【주요참고문헌】

≪兩周金文辭大系圖錄考釋≫, 260(219~220쪽).

≪商周青銅器銘文選四≫, 560~561쪽.

【석문】

隹(有)正六月癸未, 𨻰(陳)医(侯)因資[1]

曰 : "皇考孝武超公龏(恭)㦰(哉), 大

慕(謨)克成, 其惟因資䚄(揚)皇考,

卲(紹)緟高且(祖)皇帝[2], 倸(邇)鈶(嗣)超文[3],

淖(朝)䎽(問)者(諸)医(侯)[4], 合(答)䚄(揚)乒悳(德)[5], 者(諸)医(侯)

寅薦吉金[6], 用乍(作)孝武超公 .

祪(祭)器錞(錞), 台(以)𦤎(烝)台(以)嘗, 保有其齊,

枼(世)萬子孫, 永爲典尙(常)[7]."(6763)

【해석】

正六月 癸未 일에 陳侯 因資(인제)는 말하였다 : 내가 매우 공경하는 부친 田齊 桓公午는 그 계략이 뛰어나셨기에 나 因資는 부친을 찬양하노라. 나는 또한 高祖 황제의 영광스런 그의 업적을 계승하며, 또한 안정하게 桓公의 미덕을 계승하고, 제후들 간에 서로 조문하여 그 미덕을 함께 찬양하였다. 제후들은 공경한 마음으로 청동을 바치니, 이를 사용하여 부친 田齊 桓公午에게 제사드릴 때 사용할 祭器를 만들며, 이 제기로 때에 따라 烝祭(증제)와 嘗祭(상제)를 지내 齊國이 편안하기를 기원한다. 자자손손은 모두 이를 영원히 법칙으로 삼을지어다.

설 명

1) '𨻰(陳)医(侯)因資' : '因資'는 田齊 威王 因齊이며, 陳侯午의 아들을 가리킨다.

2) '卲(紹)緟高且(祖)皇帝' : '卲'자는 음성부분인 '卲(소)'로 '紹(소)'와 통한다. '(緟)'자는 의미부분이 '糸'이고 음성부분인 '東'이다. 이 자는 '緟(중)'과 통한다. '紹緟'은 '계승하다'의 의미.

3) '倸(邇)鈶(嗣)超文' : '倸'자는 '邇(이)'나 '彌(미)'와 통하며, '安'의 의미로 쓰이고 있다. '鈶'는 음성부분이 '司'이며, '嗣(사)'자와 통한다. '계승하다'의 의미. '邇嗣超文'은 '안정적으로 桓公(환공)의 문덕을 계승하다'의 뜻.

4) '淖(朝)螽(問)者(諸)医(侯)' : '淖'자는 '朝(조)'와 통한다. '螽'자는 '昏(혼)'의 이체자이며 '問(문)'과 통한다(≪兩周金文辭大系圖錄考釋≫, 220쪽). '朝問者諸侯'는 '제후들 간에 서로 조문하며 상호간의 서로 수호하다'의 뜻이다.

5) '合(答)䦧(揚)氒惪(德)' : '合'은 '答(답)'과 통하며 '화답하다'·'화합하다'의 의미이다. '䦧'자는 '揚(양)'의 이체자로 '찬양하다'의 의미.

6) '寘薦吉金' : '寘'은 '寅(인)'자와 같은 자이며 '공경'의 뜻이다. '薦(천)'은 '헌납하다'의 뜻이다.

7) '典尙(常)' : '尙'은 '常'과 통하며, '典常'은 '법도'나 '법칙'의 뜻이다.

금문편

'(月)' : ≪금문편≫ '1121 月'(473~476쪽) 참고.

'''(脊)' : ≪금문편≫ '0672 齎'(282쪽)참고. ≪戰國古文字典≫ 1256쪽 참고.

'(孝)' : ≪금문편≫ '1407 孝'(600~601쪽) 참고.

'䵻(哉)' : ≪戰國古文字典≫ 102쪽 참고.

'(唯)' : ≪戰國古文字典≫은 '𠿕'자로 예정하고 있다(1205쪽).

'䦧(揚)' : ≪戰國古文字典≫, 662쪽 참고.

'䚋(紹)' : ≪戰國古文字典≫은 '䚋'(304쪽) 참고.

'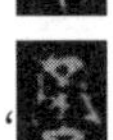(帝)' : ≪戰國古文字典≫은 '啻'(748쪽) 참고.

'螽(問)' : ≪戰國古文字典≫은 '䍃'자로 예정하고 있다(187쪽 '朝'자 아래 例文 참고) 이 자는 ≪毛公鼎≫의 '昏'자와 매우 유사하다(≪금문편≫, 1088 昏, 457쪽).

'(寘)' : ≪戰國古文字典≫, 1219쪽 참고.

'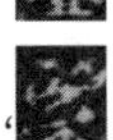(薦)' : ≪금문편≫ '1610 薦'(679쪽) 참고. ≪戰國古文字典≫, 1041쪽 참고.

'(祭)' : ≪금문편≫ '0020 祭'(11쪽) 참고.

'(嘗)' : ≪금문편≫ '0757 嘗'(326~327쪽) 참고.

'(爲)' : ≪금문편≫ '0440 爲'(174~177쪽) 참고.

'(典)' : ≪금문편≫ '0725 典'(308쪽) 참고.

80. 【十四年陳侯午敦】

【명문참고】

二玄社 89 ; 集成 09 · 4646 ; 銘文選 2 · 864 ; 總集 05 · 3097.

【소개】

異名 : 陳侯午錞錞, 陳侯午鐓 ; 𨻰侯午乍皇妣孝大妃鐓.

명문 : 8行 36字.

크기 : 높이 26.7㎝.

시기 : 戰國 齊 桓公.

소장 : 중국역사박물관.

【주요참고문헌】

≪兩周金文辭大系圖錄考釋≫, 258(216~219쪽).
≪中國古文字學通論≫, 486~487쪽.
≪商周靑銅器銘文選四≫, 559~560쪽.
≪商周古文字讀本≫, 170~171쪽.

【석문】

隹(唯)十又四年
墜(陳)医(侯)午[1]台(以)群
者(諸)医(侯)獻(獻)金乍(作)
皇祕(妣)[2]孝大妃
祴(祭)器<鍈>鐔(錞)[3], 台(以)
𢍰(烝)台(以)嘗[4], 保又(有)[5]
齊邦, 永뱚(世)母(毋)
忘(6761)

【해석】

왕 在位 十四年. 陳侯午(진후우)는 여러 諸侯가 받친 청동으로 모친 孝大妃의 제사에서 사용할 鍈錞(유순)을 만들어, 때에 따라 烝祭와 嘗祭를 올려 조상들이 우리 齊邦을 도와주시기를 기원하노니, 자손들은 영원히 잊지 말기를 바란다.

설 명

1) '陳侯午' : 齊侯 桓公인 田午.

2) '皇妣' : 亡母에 대한 존칭어.

3) '祴(祭)器鐔(錞)' : '祴'자는 '祭(제)'자와 같은 자이다. ''자를 馬乘源은 '鉽'자로 예정하고, 郭沫若은 '鍈'자로 예정하고 있다. 郭沫若의 예정에 따라 '鍈'로 예정하기로 한다. 음성은 '유 ; yǔ'이다. '鍈錞(유순)'은 둥근 모양의 위 아래에 고리가 달린 솥을 말한다.

4) 台(以)𢍰(烝)台(以)嘗 : 가을에 지내는 제사를 '烝(증)'라 하고 겨울에 지내는 제사를 '嘗(상)'이라 한다. 여기서는 제사라는 총칭으로 사용되고 있다.

5) '保又(有)' : '又'자는 문맥 전후관계를 고려하여, '佑(우)'자의 의미로 해석하기로 한다.

금문편

‘(年)’ : ≪금문편≫ ‘1164 年’(501~506쪽) 참고.

‘(群)’ : ≪금문편≫ ‘0618 群’(262쪽) 참고.

‘者(諸)’ : ≪금문편≫ ‘0592 者’(247~248쪽) 참고.

‘獻(獻)’ : ≪금문편≫ ‘1626 獻’(683~684쪽) 참고.

‘祷(祭)’ : ≪금문편≫ ‘0020 祭’(11쪽) 참고.

‘(鉠) : ≪금문편 · 부록하≫ ‘560’(1264쪽) 참고.

‘(嘗)’ : ≪금문편≫ ‘0757 嘗’(326~327쪽) 참고.

‘莣(世)’ : ≪금문편≫ ‘0326 世’(137쪽) 참고.

曾

81.【曾姬無卹壺】

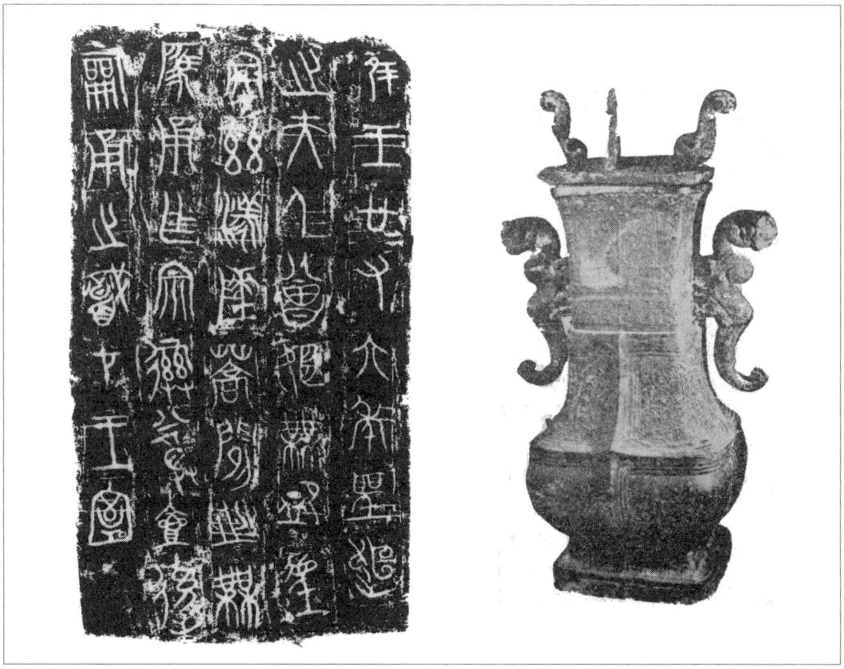

【명문참고】

二玄社 80；集成 15・9710；銘文選 2・700；三代 12・25・1；總集 07・5781.

【소개】

출토：安徽省 壽縣 출토.

명문：5行 39字.

크기：높이 78.1㎝；口縱 18.9㎝；口橫 21㎝.

소장：臺灣 중앙박물관.

【주요참고문헌】

≪兩周金文辭大系圖錄考釋≫, 181(166쪽).

≪中國古文字學通論≫, 485~486쪽.

≪商周青銅器銘文選四≫, 453~454쪽.

≪安徽出土金文訂補≫, 67~75쪽.

【석문】

隹(唯)王廿二又六年，聖趄
之夫人曾姬無卹[1]，虛
安兹(玆)漾陲②[2]，蒿(告)閞(簡)之無
嗎[3]. 甬(用)乍(作)宗彝尊(尊)壺，後
嗣甬(用)之，𢦏(職)才[4](在)王室(.6237)

【해석】

王 在位 二十八년, 聖趄의 부인 曾姬無卹(증희무휼)은 漾陲(양수)에서 水神에게 望祭를 지내 안녕을 기원하였다. 제를 지낼 때 축원을 기원하는 簡策(간책)을 고함에 전혀 어긋남이 없었다. 그래서 이를 기념하기 위하여 종묘에서 제사지낼 때 사용할 尊壺(준호)를 만들고, 후대 자손들은 이를 사용하여 왕실을 섬기기를 바란다.

설 명

1) '之夫人曾姬無卹' : 聖趄는 曾姬無卹(증희무휼)의 남편이다. '夫人'은 군주의 처이다. '曾姬'는 曾國의 姬姓을 가진 여인이다.

2) 虛安兹(玆)漾陲 : '虛'자는 '聖'자이며, 제사의 일종인 望祭이다. '漾陲(양수)'는 지명이다.

3) '蒿(告)閞(簡)之無嗎' : '蒿(告)閞(簡)'은 祝告의 簡書, '嗎'자는 '違戾(위여 : 어긋나다)'의 뜻인 '拂(불)'자의 통가자이며, '無嗎'는 '어긋나지 않다'의 뜻이다.

4) '𢦏(職)' : '𢦏'은 '職(직)'과 통하여 '섬기다'의 의미로 쓰인다.

금문편

'(虛)' : ≪금문편≫은 ≪부록하≫ '370'(1231쪽)에 수록하고 있다. '望'자는 ≪금문편≫, '1378 望'(581~582쪽) 참고.

'(安)' : ≪금문편≫은 ≪부록하≫ '319'(1222쪽)에 수록하고 있다. '安'자는 ≪금문편≫ '1194 安'(515쪽) 참고.

'(陲)' : ≪금문편≫ '2322 垂'(939쪽) 참고.

'(尊)' : ≪금문편≫ '2418 尊'(1005~1014쪽) 참고.

'𢦏(職)' : ≪금문편≫ '1925 𢦏'(772쪽) 참고.

82.【曾侯乙編鐘】

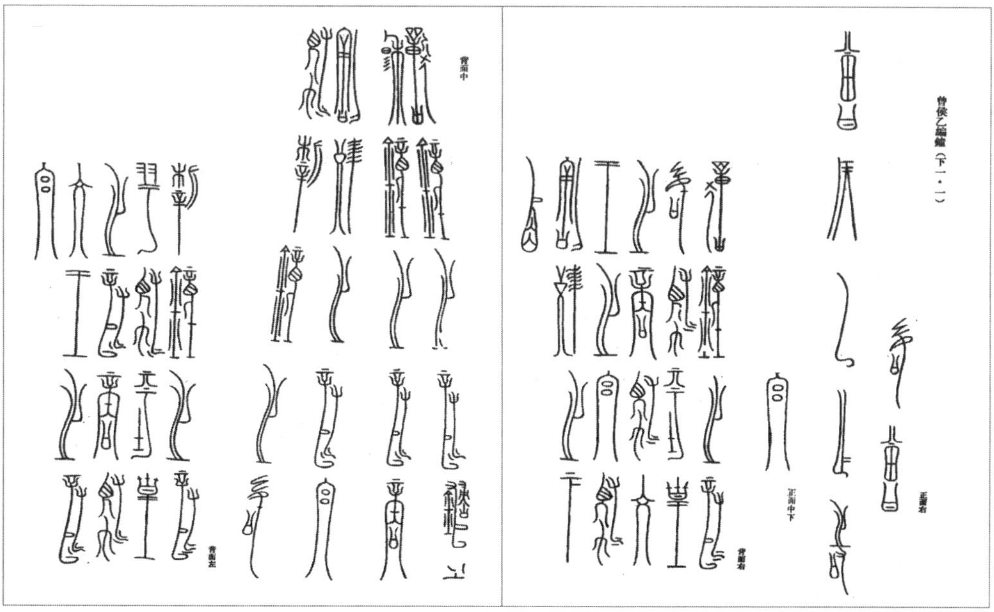

【명문참고】

二玄社 87；集成 02・286；銘文選 2・705.

【소개】

출토：1978년 湖北省 隨縣 擂鼓墩 一號墓에서 출토. 동시에 64개의 編鐘과 楚王酓章鎛 등이 출토.

銘文：18行 66字.

시기：戰國早期 曾.

크기：높이 153.4㎝；舞縱 47㎝；鼓間 15.5㎝；銑間 69.8㎝

소장：湖北省박물관.

【주요참고문헌】

≪商周靑銅器銘文選四≫, 456~457쪽.

≪楚地出土文獻三種硏究≫, 饒宗頤・曾憲通 共著, 中華書局, 1993년 8월.

【석문】

＜下1・一＞

曾医(侯)乙乍(作)時[1].

宮[2].

峉(徵)曾[3].

獸鐘之渚鐴[4].
穆鐘[5]之渚商.
割(姑)肄(洗)[6]之渚宮.
濁㯋鐘[7]之峉(徵);

獸鐘之渚
峉(徵), 濁坪皇[8]
之商. 濁文
王[9]之宮. 濁
割(姑)肄(洗)之下角[10].

㯋鐘之渚
翌(羽)[11], 濁坪皇
之渚商. 濁
文王之渚
宮(6001)

【해석】

이 鐘은 曾侯 乙이 만들었으며, 모든 것이 구비되어 있다.
正鼓를 두드리면 姑洗律(고세율)의 宮 음이 난다.
側鼓를 두드리면 姑洗律의 徵曾 음이 난다.
[宮 음은] 獸鐘律(수종율)의 渚(庶)鐴, 穆鐘律(목종율)의 渚(庶)商, 姑洗律의 渚(庶)宮, 濁㯋(新)鐘律(탁신종율)의 徵 음에 해당되며, [徵曾의 음은] 獸鐘律의 渚(庶)徵, 濁坪皇律(탁평황율)의 商, 濁文王律(탁문왕율)의 宮, 濁姑洗律의 下角, 㯋(新)鐘律의 渚(庶)羽, 濁坪律의 渚(庶)商, 濁文王律의 渚(庶)宮 음에 해당된다.

설 명

이 명문은 종의 音價를 기록하고 있다. 명문 중의 음가 용어에 대하여 의견이 매우 분분하다. 이 銘文에 관한 연구는 ≪楚地出土文獻三種硏究≫(饒宗頤・曾憲通 共著, 中華書局, 1993년 8월)이 전문적으로 논술하고 있기 때문에 이 저서를 주로 참고하기로 한다.

이 종은 모두 삼층으로 되어 있고, 각 층마다 세 칸으로 나누어져 있다. 上層은 19개, 中層은 33개, 下層은 13개의 종으로 되어 있다. 鐘은 均鐘(균종)과 鈕鐘(뉴종)・甬鐘(용종) 등 세 종류가 있다. 본 銘文은 下層의 첫 칸 첫 번째 甬鐘에 새겨진 것이다.

명문 중 標音은 '宮(궁)'·'羽角(우각)'·'商(상)'·'徵曾(치증)'·'宮角(궁각)'·'羽曾(우증)'·'商角(상각)'·'徵(치)'·'宮曾(궁증)'·'羽(우)'·'商曾(상증)'·'徵角(치각)'에 관한 내용이다. 曾國과 기타 다른 국가의 音律 명칭을 대조하면 아래와 같다(≪楚地出土文獻三種硏究≫<隨縣曾侯乙墓鐘磬銘辭硏究>, 饒宗頤, 8, 34쪽)(≪曾侯乙墓≫, 譚維四, 文物出版社, 2001년 9월, 123쪽 참고).

	C	#C bD	D	#D bE	E	F	#F bG	G	#G bA	A	#A bB	B
曾	姑洗 宣鐘		妥賓		韋音		無鐸 嬴孠		黃鐘 韶鐘 韶音		大族 穆音	濁姑洗
周									韶音		剌音	
楚	呂鐘	濁坪皇	坪皇	濁文王	文王	濁新鐘	新鐘	濁獸鐘	獸鐘	濁穆鐘	穆鐘	
晉	六墉										槃鐘	
齊							呂音					
申			遲側									
傳統 音律	黃鐘	大呂	大族	夾鐘	姑洗	中呂	蕤賓	林鐘	夷則	南呂	無射	應鐘

曾侯樂器의 銘文 중의 五聲 異名

	宮(C)	商(D)	角(E)	徵(G)	羽(A)
高音	巽(鐉)		䞨·䶵	終	壴·喜(鼓)
中音			中鎛	鄘鎛	
低音			䶵(鐍·歸)·鍡		

1) '曾医(侯)乙乍(作)時':"'曾侯'의 이름 '乙'. '時'자는 음성부분이 '寺'이고 '庤(치)'나 '持(지)'와 통하며, '갖추다'·'구비하다'의 뜻이다.

2) '宮':'宮(궁)'은 音名이다. 종의 正鼓 부분을 두드리는 음. 姑洗律(고세율)의 宮音을 가리킨다.

3) '峉(徵)曾':'峉(徵)曾'은 '徵增(치증)'이라고도 하며, 側鼓(측고) 부분을 두드리는 음을 말한다. 즉 姑洗律의 徵曾(치증) 음이다.

4) '獸鐘之渻鐍':獸鐘律(수종율)의 低音(저음) 角을 말한다. '渻'자에 대해서는 이견이 많다. 이 자의 의미를 '衍(연)'이나 '庶(서)'로 해석하기도 한다. 饒宗

頤(요종이)는 이 자는 음이 '孼(얼)'이라고 설명하고 있다. ≪說文解字≫는 "孼, 庶也"라고 설명하고 있다. 饒宗頤의 견해에 따라 '庶'로 해석하기로 한다. 낮은 '低音'을 의미한다. '鐈'는 '角'음 중 낮은 음에 해당된다. '獸鐘'은 律名 중의 夷則(이칙)에 해당된다.

5) '穆鐘' : 律名 중 '無射(무사)'에 해당된다.

6) '割(姑)肆(洗)' : 律名 중 '黃鐘(황종)'에 해당된다.

7) '濁㽙鐘' : '濁(탁)'은 '陰律(음율)'이며, 陽律(양율)에 비하여 半音 혹은 一律이 낮은 음을 말한다. '㽙鐘'은 律名 중 蕤賓(유빈)에 해당된다.

8) '坪皇' : 律名 중 大族에 해당된다.

9) '文王' : 律名 중 姑洗에 해당된다.

10) '濁割(姑)肆(洗)之下角' : 姑洗보다 한 律이 낮은 음이며, '下角'은 五音 중 角 音의 變音을 말한다.

11) '羿(羽)' : '羿(우)'자는 '雩(우)'자나 '羽'와 같은 자이다.

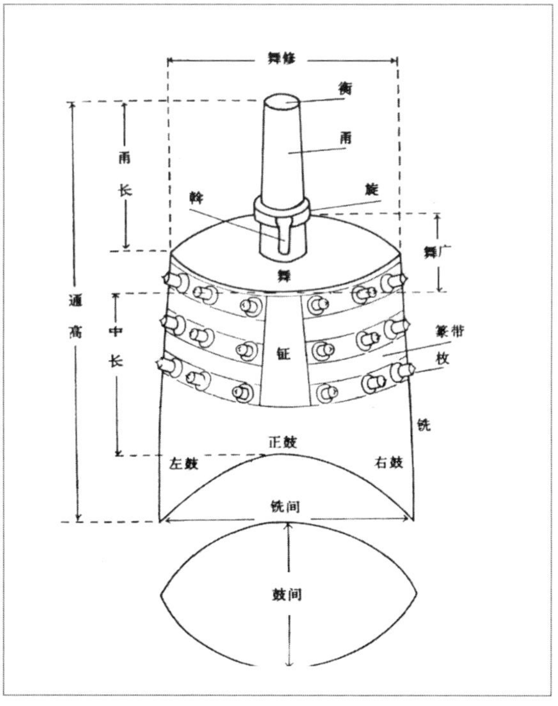

〈鐘의 각 부분 명칭〉

금문편

‘(曾)’ : ≪금문편≫ ‘0108 曾’(47~48쪽) 참고.

‘(侯)’ : ≪금문편≫ ‘0869 侯’(370~372쪽) 참고.

‘(乙)’ : ≪금문편≫ ‘2359 乙’(961~962쪽) 참고.

‘乍(作)’ : ≪금문편≫ ‘2058 乍’(835~839쪽) 참고.

‘時’ : ≪금문편≫ ‘0158 時’(75쪽) 참고.

‘(獸) : ≪금문편≫ ’2357 獸‘(959~960쪽) 참고.

‘峉(徵)’ : ≪금문편≫ ‘1377 徵’(“說文古文作𢼸, 此不从攴, 爲宮商角徵羽之徵(≪說文≫은 古文을 ‘𢼸’으로 쓴다. 銘文은 字符 ‘攴’가 없다. ‘宮商角徵羽’의 ‘徵(치)’의 뜻이다.)”, 580쪽) 참고.

‘(濇)’ : ≪금문편≫≪부록하≫‘476’(1249쪽) 참고.

‘(濁)’ : ≪금문편≫ ‘1794 濁’(731쪽) 참고.

‘’“(坪)’ : ≪금문편≫ ‘2165 坪’(883쪽) 참고. 왼쪽에 있는 자의 ‘土’ 부분 위 횡획이 보이지 않고 있으나, 실제는 있는 획이다.

‘割(姑)’ : ≪금문편≫‘0688 割’(“割肄卽姑洗(‘割肄’은 즉 ‘姑洗’이다.)”, 289~290쪽) 참고.

‘肄(洗)’ : ≪금문편≫ ‘0479 肄’(202쪽) 참고.

'(鏴)' : ≪금문편≫ ≪부록≫ '563'(1264쪽) 참고.

'(穆)' : ≪금문편≫'1160 穆'(500~501쪽) 참고.

'(榒)' : ≪금문편≫ '2281 新'("同新('新'과 같은 자이다.)", 926~927쪽) 참고.

'''(皇)' : ≪금문편≫ '0039 皇'(21~24쪽) 참고.

'(文)' : ≪금문편≫'1489 文'(635~638쪽) 참고.

'翆(羽)' : ≪금문편≫ '0595 羽'("五音宮商角徵羽, 从羽于聲. 翆說文以爲雩之或體('羽'는 五音의 '宮'·'商'·'角'·'徵'·'羽'의 '羽'음을 가리킨다. '翆'자는 '羽'와 '于'聲으로 이루어진 자이며, ≪說文≫은 '翆'자는 '雩'의 或體라고 설명하고 있다.)", 250쪽) 참고.

魯

83.【魯伯愈父匜】

【명문참고】

二玄社 81 ; 銘文選 2・813.

【소개】

출토 : 1830年 山東 滕縣에서 출토.

명문 : 3行 15字.

크기 : 높이 16.5㎝ ; 口縱 16.3㎝ ; 口橫 25.9㎝.

소장 : 상해박물관장.

【주요참고문헌】

≪商周青銅器銘文選四≫, 518쪽.

【석문】

魯白(伯)愈父乍

鼄(邾)姬<仁>朕(賸)盨(頮)

也(匜)[1], 其永寶用(≪銘文選≫2.813)

【해석】

魯國 伯愈父(백유부)는 딸인 邾姬(주희) 仁에게 시집갈 때 혼수품으로 가지고 갈 沫匜(말이)를 만들었다. 이 기물을 영원토록 잘 사용하기를 기원한다.

설 명

1) '<仁>朕(賸)盨(頮)也(匜)' : 본 석문은 ≪金文引得≫에 보이지 않고, ≪集成≫은 '魯伯愈父盤(16.10113~10115)'의 銘文을 "魯白(伯)愈父乍(作)鼄(邾)姬仁朕(賸)頮(沫)盤, 其永寶用"으로 석문하고 있다. 또한 그 중 ''자를 '仁'으로 예정하고 '頮'자를 '沫'자의 의미로 보고 있다. '沫匜(말이)'는 손을 씻을 때 사용하는 물을 담는 용기이다.

금문편

'也(匜)' : ≪금문편≫ '2068 匜'(843~844쪽) '2147 它'(876~878쪽)참고.

'盨(頮)' : ≪금문편≫ '1474 頮'(627쪽) 참고.

鄭

84.【哀成叔鼎】

【명문참고】

二玄社 82；集成 05・2782；銘文選 2・778；總集 02・1274.

【소개】

異名：嘉鼎.

명문：8行 57字，重文 3字.

크기：높이 34㎝ ；口徑 28.5㎝.

소장：河南省 洛陽 박물관.

【주요참고문헌】

≪商周青銅器銘文選四≫，500~501쪽.

【석문】

正月庚午，嘉曰，
余𩞁(鄭)邦之產[1]，少
去母父[2]，乍(作)鑄(鑄)飤
器黃鑊(鑊)，君既安
叀(惠)[3]，亦弗其𣻕(墜)蒦(蒦)[4]，
嘉是隹(唯)哀成弔(叔)，哀成弔(叔)之
鼎，永用禋(禋)祀[5]，死于下
士[6]，台(以)事康公，勿或能詒(怠)(6516)

【해석】

正月 庚午 일에 嘉(가)가 말하였다：나는 鄭邦(정방)에서 태어나, 어려서 고국 고향을 떠남을 기념하기 위하여 밥 그릇과 붉은 색의 가마 솥을 만든다. 康君은 백성을 사랑과 은혜로움으로 안정시키고, 법도에 어긋남이 없이 다스렸다. 嘉라고 하는 자는 곧 哀成叔(애성숙)을 말한다. 哀成叔의 鼎을 사용하여 경건하고 청결하게 제사를 모시고, 죽어서도 잊지 않고 鄭國을 모시고자 하며, 鄭國을 모실 때 절대 미혹되거나 태만하지 않을 것이다.

설 명

1) '余𩞁(鄭)邦之產'：'나는 정국에서 출생하였다'의 의미.

2) '母父'：故鄉故國(고향고국).

3) '君既安叀(惠)'：'君'은 '鄭(정) 康公(강공)'.

4) '亦弗其𣻕(墜)蒦(蒦)'：'𣻕'자의 음성은 '㳅(술)'이며, '墜(추)'와 통한다. ≪集成引得≫은 '㳅'로 예정하고 있다. '蒦(蒦：확)'은 '정치의 법칙이나 법도'를 말한

다. ≪설문해자≫는 '蒦(확 ; huò)'자에 대하여 "規蒦, 商也. 從又持萑, 一曰視遽皃. 一曰, 蒦, 度也('蒦'은 規蒦이라 의미로 상의하다의 뜻이다. 손(又)이 풀(萑)을 움켜지고 있는 모양을 표현한 회의문자이다. 일설에는 바쁘게 보는 모양이나 혹은 규칙의 의미라고 주장한다)"(≪說文解字今釋≫, 503쪽)라고 설명하고 있다.

5) '永用[illegible](禋)祀' : '[illegible](禋 : 인)祀'는 제사의 總名이다.

6) '死于下土' : '死'는 '屍(시)'자를 간략하게 쓴 형태이다. '下土'는 '地下'의 의미이다.

금문편

'[illegible](鄭)' : ≪금문편≫ '1034 鄭'(444쪽) 참고.

'(黃)' : ≪금문편≫ '2207 黃'(898~900쪽) 참고.

'[illegible](墜)' : ≪금문편≫에는 이 자가 보이지 않는다. '墜'자는 '2182 墜'(887쪽) 참고.

'[illegible](禋)' : ≪금문편≫ '1244 [illegible]'(538쪽)에는 ≪牆盤≫의 자형만 수록하고 있으나, ≪金文常用字典≫(19쪽)는 이 자를 수록하고 있다.

'(事)' : ≪금문편≫ '0472 事'(198~200쪽) 참고.

'(台)' : ≪금문편≫ '0141 台'(65~66쪽) 참고.

郜

85.【郜公平侯鼎】

【명문참고】

二玄社 83；集成 05・2771；銘文選 2・638；三代 04・23・1；總集02・1267.

【소개】

異名：郜公簋；郜公平侯鉦.

명문：6行 48字，重文 2字.

【주요참고문헌】

≪兩周金文辭大系圖錄考釋≫, 190(175쪽).
≪商周青銅器銘文選四≫, 420쪽.

【석문】

隹(唯)鄀八月初吉癸未[1],
鄀公平医(侯)[2]自乍(作)隮(尊)錳(鼾)[3],
用追孝于氒皇且(祖)䢅(晨)
公, 于(與)氒皇考屖□公[4], 用
賜(賜)釁(眉)耆(壽), 萬年無疆,
子子孫孫永寶用亯(享)(6512)

【해석】

鄀曆 八月 初吉 癸未 일에 鄀公(약공) 平医(侯)는 스스로 尊鼎(준정)을 만들어, 先祖 晨公(신공)을 추모하고자 하며, 또한 부친인 屖□公 敄人(무인)에게도 제사드릴 때 사용하고자 한다. 이로써 장수하고 만년동안 평안하게 해 주시기를 기원하고자 하니, 자자손손 영원히 보배로써 간직하고 제사를 모실 때 사용하기를 바란다.

설 명

1) '鄀八月初吉癸未' : 鄀國(약국)의 歲首(세수).

2) '鄀公平医(侯)' : 敄人의 아들이며, 敄人(무인)은 아래에서는 언급하고 있는 皇考 '屖□公'을 가리킨다.

3) '錳(鼾)' : '錳'자의 음은 '盂(우)'이며, '鼎(정)'의 별칭이다. '鼾'로 쓰기도 한다.

4) '屖□公' : '□'자를 郭沫若은 '𨒅'로 예정하고 있다. '屖□公'은 敄人이다.

금문편

'晨(晨)' : ≪금문편≫ '0424 晨'(167쪽) 참고.

楚

86. 【王孫遺者鐘】

正面左下

正面中央

正面右下

背面左下

背面中央

拜面右下

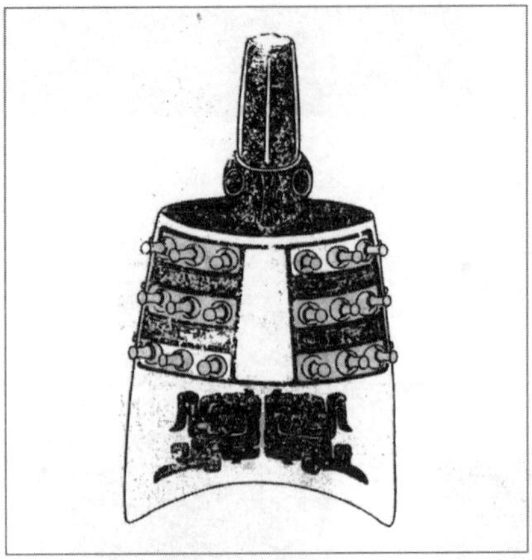

≪兩周金文辭大系圖錄考釋≫ 참고

【명문참고】

二玄社 88；集成 01・261；銘文選 2・650；三代 01・63-1・64.

【소개】

異名：遺者鐘；王孫鐘.

출토：湖北省 宜都山에서 출토.

명문：19行 117字，重文 4자.

시기：楚 康王 8年(BC552~BC551年)으로 추정.

소장：미국 샌프란시스코 아시아예술 박물관.

【주요참고문헌】

≪兩周金文辭大系圖錄考釋≫，167(160~162쪽)

≪商周青銅器銘文選四≫，427~428쪽.

≪商周古文字讀本≫，155~159쪽.

【석문】

≪正面中央≫：

佳(唯)正月初吉[1]丁亥，
王孫遺者[2]睪(擇)其吉金，
自乍(作)龢鐘[3].
中(終)誶(翰)虘(且)揚(揚)，元

≪正面左下≫：

鳴孔皇[4]. 用亯(享)台(以)[5]
孝于我皇且(祖)文考，
用旟(祈)釁(眉)耋(壽)[6]. 余

≪背面右下≫：

㐭(圅)韹(恭)䶌屖[7]，䰠(畏)㥏(忌)

趩趩[8]，肅哲聖武[9]，惠于政遳(德)[10]，思(淑)于威

≪背面中央≫：

義，誨猷不(丕)飤(飭)[11]．闌闌龢鐘[12]，

用匽(宴)台(以)喜，用樂嘉賓父䄸(兄)[13]

及我倗友．余恁

≪背面左下≫：

台心[14]，征(誕)永余德(德)

龢泖民人[15]，余尃(敷)

旬于國[16]．皝(皇)皝(皇)趣(熙)趣(熙)[17]，萬

≪正面右下≫：

年無諆(期)，枼(世)萬孫子，永保鼓之[18](6143)

【해석】

正月 初吉 丁亥일, 王孫인 遺者(追舒)는 질 좋은 청동을 택하여 소리가 자연스럽게 조화를 잘 이루는 鐘을 만들었다. 이 종 소리는 크고 높이 높이 울려 퍼지며, 끊이지 않고 길게 울리고 그 소리는 매우 맑고 크다. 이 종으로 위대한 선조와 덕이 彰明한 부친께 제사 드려 효를 실행하고자 하며, 장수를 기원하고자 한다. 이른바 나는 매우 공경하는 마음과 유유자적한 태도를 지니고자 하며, 경외하는 마음으로 모든 일을 조심스럽고 신중하게 처리하며, 겸손하고 총명하며, 지혜롭고 용맹하며, 은혜로운 政令과 德業은 널리 두루 베풀며, 행동거지는 언제나 위엄과 의로움이 갖추고, 모략은 질서 정연하여 완벽하고자 하네. 둥둥둥 아름다운 종소리는 즐겁고 편안하게 하고, 귀빈과 伯叔과 형제들과 친구 모두를 즐겁게 하네. 나는 나의 마음을 진실되게 하며, 나의 덕으로써 영원히 인민과 화합하고 안정시키고자하며, 이러한 덕망들이 또한 나라 곳곳 두루 두루 미치도록 하고자 한다. 꽝꽝꽝 아름다운 종소리 만년동안 영원히 울려 퍼지며, 자자손손 영원히 이 종을 보존하고 울리기를 바란다.

설 명

어느나라 鐘인지 의견이 분분하다. 혹자는 楚國(초국)으로, 혹자는 徐國(서국)의 것으로 여기고 있으나, ≪王子午鼎≫이나 ≪王孫告鐘≫의 명문과 비교해 볼 때, 楚國의 기물로 보인다. 기물의 주인인 遺者(유자)는 ≪左傳≫이 기록하고 있는 楚莊王의 아들 追舒(추서)로 추증되며, 楚國의 令尹을 지낸 바 있다. 이 명문은 周歷

琦(주무기)의 ≪荊南萃古編≫에 제일 먼저 소개되었다.

1) '初吉' : 음력 매월 초하루에서 이레 혹은 여드레의 기간을 말한다.

2) '遺者' : 楚 莊王의 아들 公子 追舒(추서)를 가리킨다. '遺'자는 '追(추)'와, '者'자는 '舒(서)'자와 음이 서로 통한다.

3) '龢鐘' : '龢(화)'는 소리가 조화를 이룸을 말한다.

4) '中(終)旃(翰)虘(且)旟(揚), 元鳴孔皇' : '終翰且揚, 元鳴孔皇'은 戰國시대의 鐘銘에 자주 쓰이는 구절로 '종 소리'를 형용한 말이다. '中(終)……虘(且)'는 連詞의 용법으로 사용되고 있다. 王引之 ≪經典釋詞≫卷九에서 "≪詩・終風≫曰 : '終風且暴', ……終, 猶旣也, 言旣風且暴也(≪詩・終風≫에 '終風且暴'라는 구절이 있다. ……'終'자는 '旣'자의 의미로 '바람이 불뿐만 아니라 폭풍까지 몰아치네'의 의미와 같다)"라고 '終……且'의 연사적 용법에 대하여 설명하고 있다. '旃'자의 음성부분 '㫃'은 '翰(한)'과 통한다. '翰'은 '高'의 의미로 즉 소리가 큼을 말한다. '元鳴孔皇' 중의 '元鳴'은 '長鳴'의 의미로 계속해서 소리가 울려 퍼짐을 말한다. '孔'자의 명문 '子()'는, 전체적인 문맥으로 보아 형태가 비슷하기 때문에 잘 못 쓴 것으로 보인다. '皇'자의 명문 ''은, 오른쪽 부분이 필획의 흔적이 있으나, 확실하지 않다. 보이지 않은 부분은 '炎'으로 추증된다.

5) '用亯(享)台(以)' : '台'자는 일반적으로 '以'로 쓴다. '用'의 용법으로 쓰인다.

6) '用旂(祈)釁(眉)耆(壽)' : '旂'자는 '祈(기)'자의 이체자이고, '釁耆'는 '眉壽(미수)'로 '長壽'의 의미이다.

7) '余圅(函)龏(恭)㝵屖' : '圅'자는 '弓'이 음성부분으로 '圅(함)'과 통하며, '圅'자에 대하여 王國維는 '函(함)'자의 고문이라고 설명하고 있다(≪說文解字今釋≫, 939쪽 참고). 따라서 '圅'은 '圅(函)'과 '宏(굉)'과 통한다. '大'의 의미이다. '㝵屖'은 일반적으로 금문에서는 '害屖(해서)'로 쓰며, 經典에서는 '舒遲(서지)'로 쓴다. ≪禮記・玉藻≫의 "君子之容舒遲"의 구절에 대하여 孔穎達의 ≪疏≫는 "舒遲, 閑雅也"라고 설명하고 있다. '한가하고 유유자적하다'의 의미이다. '龏'은 '龔(공)'과 통하고, '龔'은 '恭'과 통하여, '恭敬하다'의 의미이다.

8) '䰠(畏)娸(忌)趩趩' : '娸'자에 대하여 ≪금문편≫은 '0723 箕'(303~308쪽)에

서 “諆與諅同(‘諆’와 ‘諅’자는 같은 자이다.)”이라고 설명하고 있다. 음은 ‘기(jī)’이다. ‘趩’자는 ‘讀若敕’라고 설명하고 있다. ‘敕’은 ‘勅’자이며, 음은 ‘칙(chì)’이다. ‘翼翼’과 통하여 ‘신중하고 겸손한 모양’을 나타낸다.

9) ‘肅哲聖武’ : ‘肅(숙)’은 ‘恭敬’의 의미이다. ‘哲(철)’자를 銘文은 ‘悊(철)’으로 쓴다. 이 자는 ‘哲’과 같은 자이며, ‘聰明’의 의미이다.

10) ‘惠于政遮(德), 忎(淑)于威義’ : ‘遮’자는 ‘德’자의 이체자이다. ‘忎’자는 ‘淑(숙)’과 통하며 ‘아름답고 정숙하다’의 의미이다.

11) ‘誨有不(丕)飤(飭)’ : ‘誨(회)’자는 ‘謀(모)’자와 같은 자이다(吳大澂≪古籒補≫). ≪설문해자≫는 ‘謀’자의 古文으로 ‘䜼’자와 ‘譽’자를 소개하고 있다. 음성부분이 ‘母’이며 ‘誨’와 통한다(≪說文解字今釋≫, 322 ~323쪽 참고). ‘飤(사)’자는 ‘飭(칙)’자와 통하며 ‘정비되어 있다, 질서정연하다’의 의미이다.

12) ‘闌闌龢鐘’ : ‘闌’자는 ‘簡’과 통한다. ≪詩經 · 商頌 · 那≫는 “奏鼓簡簡, 衎我烈祖(둥둥둥 북소리 울리니 공 많은 조상님들 즐거워하시네)”라 하고 있다.

13) ‘用樂嘉賓父蚬(兄)’ : ‘賓(빈)’자를 명문은 ‘’자로 쓰고 있다. ‘蚬(兄)’자에 대하여 ≪금문편≫은 ‘1436 兄’(615~616쪽)에서 “高景成云, 兄㞷同聲, 古字恒增聲符(高景成은 ‘兄’과 ‘㞷’은 같은 음성이다. 고문자에서는 자주 음성부분 ‘㞷’을 추가하여 사용한다)”라고 설명하고 있다.

14) ‘余恁訇心’ : ‘恁’자는 ‘信(신)’자의 이체자이다. ‘성심성의를 다하다’의 의미이다. ‘訇’자는 ‘台’자와 같은 자이며, 一人稱代詞의 용법으로 쓰이고 있다. ≪爾雅 · 釋詁≫는 “台, 我也”라고 설명하고 있다.

15) ‘祉(誕)永余德(德)龢沴民人’ : ‘祉(chán)’자는 經典에서 ‘誕(탄)’자로 쓰며, 語氣詞의 용법으로 사용되고 있다. ‘德’자와 ‘遮’자는 ‘德(덕)’자의 이체자다. ‘沴’자는 ‘沴(려)’자와 같은 자이며, ‘戾’와 서로 통한다. 여기에서는 ‘安定’의 의미로 쓰이고 있다. ≪詩經 · 大雅 · 桑柔≫ “民之未戾, 職盜爲寇(백성이 안정되지 않으면, 오로지 도적질에만 힘쓰네)”의 구절에 대하여 ≪毛傳≫은 “戾, 定也”라고 설명하고 있다.

16) ‘余尃(敷)旬于國’ : ‘尃(부)’는 ‘敷(부)’이나 ‘溥(부)’와 통하며, ‘두루 널리 미치다’의 의미이다. ‘旬(순)’ 또한 ‘尃’와 동의어로 ‘尃旬’은 같은 의미가 결합하여 ‘널리 두루 펼치다’의 의미이다.

17) '䊵(皇)䊵(皇)趣(熙)趣(熙)' : '皇皇'과 '熙熙'는 모두 종의 소리이다.

18) '永保鼓之' : '鼓(고)'자를 銘文은 '壴'로 쓰며, '鼓'자의 初文이다.

금문편

'隹(唯)' : ≪금문편≫ '0598 隹'(251~255쪽) 참고.

'(丁)' : ≪금문편≫ '2363 丁'(963쪽) 참고.

'(亥)' : ≪금문편≫ '2420 亥'(1015~1017쪽) 참고.

'''(孫)' : ≪금문편≫ '2092 孫'(851~855쪽) 참고.

'(遺)' : ≪금문편≫ '0233 遺'(101~102쪽) 참고.

'(者)' : ≪금문편≫ '0592 者'(247~248쪽) 참고.

'𢍉(擇)' : ≪금문편≫ '0400 𢍉'("與擇爲一字. 从廾, 與雙手同意('𢍉'과 '擇(택)'은 같은 자이다. 形旁 '廾'은 두 손을 의미한다.)", 159쪽). '1937 擇'(777쪽)에서 ≪沇兒鐘≫의 '𢍉'자를 인용하고 "𢍉字重見(이 자는 '𢍉'자에 또 보인다.)"이라 설명하고 있다.

'(其)''嬰(忌)' : ≪금문편≫ '0723 箕'(303~308쪽) 참고.

'''(龢)' : ≪금문편≫ '0305 龢'(124~125쪽) 참고.

'''(鐘)' : ≪금문편≫ '2244 鐘'(915~917쪽) 참고.

'旂(翰)' : ≪금문편≫ '0382 旂'(150쪽) 참고.

'䰜(且)' : ≪금문편≫ '0457 䰜'(187~188쪽) 참고.

'(鳴)' : ≪금문편≫ '0629 鳴'(264쪽) 참고.

'(孔)' : ≪금문편≫ '1893 孔'(761쪽) 참고.

'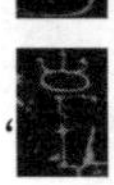''(皇)' : ≪금문편≫ '0039 皇'(21~24쪽) 참고.

‘’‘台(以)’ : ≪금문편≫ ‘0140 台’(64~65쪽) 참고.

‘(孝)’ : ≪금문편≫ ‘1407 孝’(600~601쪽) 참고.

‘’‘(我)’ : ≪금문편≫ ‘2054 我’(831~832쪽) 참고.

‘(考)’ : ≪금문편≫ ‘1406 考’(595~600쪽) 참고.

‘旛(旂)’ : ≪금문편≫ ‘0028 旂’(14~16쪽). ‘1117 旛’(472쪽)에서 “从㫃斸聲, 讀作旂(이 자는 ‘㫃’와 ‘斸’聲으로 이루어진 자로 ‘旂’의 의미이다.)”라고 설명하고 있다.

‘釁(眉)’ : ≪금문편≫ ‘0584 眉’(237~242쪽) 참고.

‘圅(函)’ : ≪금문편≫은 이 자를 ≪부록하≫‘301’(1219쪽)에 수록하고 있으나, ‘1138 函(함)’자와 매우 유사하다. ≪금문편≫은 이 자에 대하여 “象函矢形. 假借爲臽, 逸周書祭公解我惟不以我辟險于難則于借險爲之, 函臽險三字皆同聲也, 王國維說(이 자는 함 속의 화살을 형상화한 것이다. ‘臽(함)’의 가차자이다. ≪逸周書・祭公解≫는「我惟不以我辟險于難」, 則又借險爲之, 函臽險三字皆同聲也, 王國維說.)”라고 설명하고 있다(486쪽). 혹은 ‘1190 宖’(514쪽)자 아래에서는 “从○从弓”라하고, ≪番生簋≫의 명문에 대해서는 “从函”라고 설명하고 있다. 함속에 하나는 ‘弓’이고 하나는 ‘矢’이기 때문에 결국은 같은 자로 보아야 옳다.

‘隹(唯)’ : ≪금문편≫ ‘0598 隹’(251~254쪽)에 이 자를 수록하지 않고 있다. 이 자는 ‘’로 쓸 수 있다(≪金文集聯≫, 秦文錦 編輯, 中國書店 2003년, 244쪽)

‘龏(恭)’ : ≪금문편≫ ‘0405 龔’(160~162쪽) 참고.

‘㝬’ : ≪금문편≫ ‘1700 㝬’(709~710쪽) 참고.

‘(屖)’ : ≪금문편≫ ‘1413 屖’(604쪽) 참고.

‘畏(畏)’ : ≪금문편≫ ‘1532 畏’(654쪽) 참고.

‘(趩=)’ : ≪금문편≫ ‘0178 趩’(81쪽) 참고.

‘(肅)’ : ≪금문편≫ ‘0475 肅’(201쪽) 참고.

‘(哲)’ : ≪금문편≫ ‘0132哲’(57~58쪽) 참고.

‘(聖)’ : ≪금문편≫ ‘1923 聖’(771~772쪽) 참고.

‘(惠)’ : ≪금문편≫ ‘0648 惠’(272쪽) 참고.

‘’‘遽(德)’ : ≪금문편≫ ‘0265 德’(110~111쪽) 참고.

‘思(淑)’ : ≪금문편≫ ‘1735 惄’(718쪽) 참고.

‘(威)’ : ≪금문편≫ ‘1964쪽’(799쪽) 참고.

‘(義)’ : ≪금문편≫ ‘2055 義’(832~833쪽) 참고.

‘(誨)’ : ≪금문편≫ ‘0337 誨’(“與謀爲一字(‘謀’와 같은 자이다.)”, 140쪽) 참고.

‘(猷)’ : ≪금문편≫ ‘1628 猷’(685쪽) 참고.

‘飤(飭)’ : ≪금문편≫ ‘0841 飤’(359~360쪽) 참고.

‘匽(宴)’ : ≪금문편≫ ‘2064 匽’(841~842쪽) 참고.

‘(喜)’ : ≪금문편≫ ‘0758 喜’(327쪽) 참고.

‘(嘉)’ : ≪금문편≫ ‘0763 嘉’(329쪽) 참고.

‘(賓)’ : ≪금문편≫ ‘1011 賓’(433~434쪽) 참고.

‘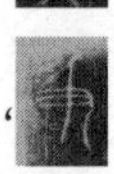(及)’ : ≪금문편≫ ‘0459 及’(189쪽) 참고.

‘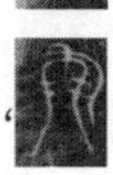(倗)’ : ≪금문편≫ ‘1319 倗’(“說文輔也, 从人朋聲, 金文以爲倗友之倗, 經典通作朋. 貝之朋, 而專字廢(≪說文≫은 ‘輔(도울 보 ; fǔ)’의 뜻이고, ‘人’과 ‘朋’聲으로 이루어진 형성자라고 설명하고 있다. 金文은 ‘倗友’의 ‘倗’의 의미로 쓰이고, 經典은 ‘朋’으로 쓴다. ‘조개(貝)’의 묶음을 의미하는 ‘朋’은 후에 쓰이지 않게 되었다.)”, 560~561쪽) 참고.

‘(恁)’ : ≪금문편≫ ‘1736 恁’(719쪽) 참고.

‘(台?)’ : ≪금문편≫ ‘1339 似’(565~566쪽) 참고.

‘征(誕)’ : ≪금문편≫ ‘0289 征’(119~120쪽) 참고.

‘(滲)’ : ≪금문편≫ ‘1845 鬖’(741쪽) 참고.

‘(民)’ : ≪금문편≫ ‘2022 民’(813~814쪽) 참고.

‘(旬)’ : ≪금문편≫ ‘1518 旬’(“从日从勻, 說文古文作旬(‘日’과 ‘勻’으로 이루어진 자이다. ≪說文≫은 古文을 ‘旬’으로 쓴다.)”, 650쪽) 참고.

‘(國)’ : ≪금문편≫ ‘0991 國’(426쪽) 참고.

‘皝(皇)=’ : ≪금문편≫은 ‘0185 趣’(83쪽)에서 ≪王孫鐘≫의 석문으로 “皇=趣=”를 소개하고 있으나, ‘0039 皇’(21~24쪽)에는 ‘皝’자를 수록하지 않고 있다. ‘皇’자의 의미로 쓰이는 자는 ‘’·‘’·‘’ 등이 있다.

‘趣(熙)=’ : ≪금문편≫ ‘0185 趣’(83쪽) 참고.

‘(萬)’ : ≪금문편≫ ‘1164 萬’(501~506쪽) 참고.

‘諆(期)’ : ≪금문편≫ ‘0359 諆’(“假借爲期”, 146쪽) 참고.

‘枼(世)’ : ≪금문편≫ ‘0951 枼’(“孳乳爲葉, 詩長發昔在中葉, 傳云世也(‘葉’의 의미이다. ≪詩經 · 商頌 · 長發≫‘昔在中葉(옛날 중세에)’에 대하여 ≪毛傳≫은 ‘世’라고 설명하고 있다.)”, 400쪽) 참고. ≪금문편≫은 또한 ‘0074 葉’에서 ≪柏敦蓋≫의 ‘枼’자를 수록하고 “不从艸, 枼字重見(字符 ‘艸’를 쓰지 않으며, ‘枼’에도 보인다.)”이라고 설명하고 있다(35쪽) 참고.

‘(保)’ : ≪금문편≫ ‘1309 保’(556~558쪽) 참고.

‘(鼓)’ : ≪금문편≫ ‘ 0759 壴’(“孳乳爲彭(‘彭’의 의미이다.)”, 328쪽) 참고.

87.【郪陵君鑑】

【명문참고】

二玄社 94 ; 集成 16・10297 ; 銘文選 2・682.

【소개】

출토 : 1973年 江蘇省 無錫 前洲출토.
명문 : 1行 30字.
크기 : 높이 25㎝ ; 口徑 54㎝.
소장 : 南京 博物院.

【주요참고문헌】

≪商周青銅器銘文選四≫, 445쪽.
≪楚系青銅器銘文編年考述≫ 372~373쪽.

【석문】

郪埅(陵)君王子䢅(申), 攸[1]孳(哉), 敨(造)金監(鑑), 攸立[2]歳嘗[3].
㠯(以)[4]祀皇祖, 㠯(以)會[5]父䢔(兄). 羕(永)甬(用)之, 官[6]攸無疆(6871)

【해석】

초나라 왕이 郪陵(아릉)지방으로 王子 申을 封君하였다. 王子 申이 길이길이 기리고자 청동 물담는 독감을 만들어 歲嘗祭(세상제)를 지낼 때 사용하며, 이를 또한 부모님 제사드릴 때 사용하고 형제들이 회합할 때마다 오래오래 사용하고자 하니, 館人은 이 기물을 영원히 잘 보관하기를 바란다.

설 명

1) '攸' : '攸'자는 모두 세 번 출현하고 있는데, 첫 번째는 '悠(유)'자의 의미인 '修'이나 '長'의 뜻으로 사용되며, 두 번째와 세 번째는 모두 '由'의 의미로 사용되고 있다(≪戰國古文字典≫ 207쪽, 참고)

2) '立' : '置(안치하다)'의 의미이다.

3) '歳嘗' : '歳'자는 '歲'의 의미로, 歲暮(세모)에 지내는 제사. '嘗'자는 '嘗(상)'자의 의미로 '嘗祭'를 가리킨다(≪戰國古文字典≫, 681쪽 참고).

4) '㠯(以)' : '嘗'자 다음에 ≪集成≫은 '㠯(以)' 자가 보이나, ≪二玄社≫는 보이지 않고 있다.

5) '會' : '會合'의 뜻(≪戰國古文字典≫, 292쪽 참고).

6) '官' : '館(관)'자의 뜻(≪戰國古文字典≫, 1072쪽 참고).

금문편

아래에서는 ≪금문편≫과 ≪戰國古文字典≫을 참고하기로 한다.

'(郷)' : ≪戰國古文字典≫, 856쪽, 참고.

'坴(陵)' : ≪戰國古文字典≫, 152쪽, 참고.

'(子)' : ≪금문편≫ '2378 子'(981~985쪽) 참고.

'散(造)' : ≪戰國古文字典≫, 171쪽 참고.

'監(鑑)' : ≪戰國古文字典≫, 1451쪽 참고.

'','','(攸)' : ≪戰國古文字典≫, 206~207쪽, 참고.

'(歲)' : ≪금문편≫ '0196 歲'(87쪽) 참고. ≪戰國古文字典≫, 896~897쪽 참고.

'(父)' : ≪戰國古文字典≫ 593쪽 참고.

'往(兄)' : ≪戰國古文字典≫ 632쪽 참고.

'羕(永)' : ≪戰國古文字典≫, 675쪽 참고.

'甬(用)' : ≪戰國古文字典≫, 423쪽 참고.

'(官)' : ≪戰國古文字典≫, 1071~1073쪽 참고.

(≪楚文物圖典≫, 湖北教育出版社, 88쪽)

88. 【楚王酓忎鼎】

(蓋銘)

(器銘)

【명문참고】

二玄社 95；集成 05・2794；銘文選 2・664；三代 04・17；總集 02・1231.

【소개】

출토：1933年 安徽省 壽縣 楚王墓에서 출토.

명문：33자.

크기：높이 53.6㎝；口徑 45.9㎝.

시기：楚 幽王.

소장：天津市 歷史 博物館.

【주요참고문헌】

≪商周靑銅器銘文選四≫, 437~438쪽.

≪楚系靑銅器硏究≫, 359~360쪽.

≪安徽出土金文訂補≫, 36~48쪽.

【석문】

蓋銘：

楚王酓忎[1]戰(戰)隻(獲)兵銅, 正月吉日,

窒[2]盥(鑄)匋(鐈)鼎(鼎)[3]之蓋, 㠯(以)共(供)歲棠[4],

㠯(冶)帀(師)吏[5]秦差(佐)苛膡[6]爲之.

集脰(廚)[7]

器銘：

楚王酓忎戰(戰)隻(獲)兵銅, 正月

吉日, 窒盥(鑄)匋(鐈)鼎(鼎), 㠯(以)共(供)歲棠,

㠯(冶)帀(師)吏秦差(佐)苛膡爲之.

三楚[8](6519)

【해석】

蓋銘：楚 幽王(유왕)은 전쟁에서 銅兵器(동병기)를 빼앗아 正月 吉日에 鐈鼎(교정)의 덮개를 주조하여, 가을에 지내는 歲祭인 嘗祭를 지낼 때 사용한다. 冶師 吏秦과 工官 苛膡가 이를 책임지고 실행한다. 集廚.

器銘：楚 幽王은 전쟁에서 銅兵器를 빼앗아 正月 吉日에 鐈鼎을 주조하여, 가을에 지내는 歲祭인 嘗祭를 지낼 때 사용한다. 冶師 吏秦과 工官 苛膡가 이를 책임지고 실행한다. 三楚.

설 명

1) '楚王酓忎'：楚 幽王 熊悍(웅한)을 말한다.

2) '窒'：음성이 '至'로 '乍(作)'의 뜻이다.

3) ‘鐈鼎’ : 다리가 긴 솥.

4) ‘棠’ : ‘嘗(상)’자와 같다. ≪爾雅 · 釋天≫은 “秋祭曰嘗(秋祭을 ‘嘗(상)’이라 한다)”라고 설명하고 있다.

5) ‘伹(冶)帀(師)’ : ‘伹’자는 ‘侃(간)’ · ‘剛(강)’ · ‘煉(련)’ · ‘工(공)’과 ‘冶(야)’ 등으로 해석한다. 자형으로 보아 ‘冶’의 의미로 보는 것이 옳다(≪安徽出土金文訂補≫, 44~45쪽). ‘冶師’를 청동기를 제작하는 官名의 하나이다.

6) ‘差(佐)’ : 工官의 이름.

7) ‘集脰(廚)’ : 官名으로 ‘廚房(주방)’일을 담당하는 관리 중의 하나이며, ‘集脰(廚)’가 사용하는 기물이라는 일종의 표지에 해당된다.

8) ‘三楚’ : ‘三楚’에 대해서는 의견이 분분하다. 人名으로 추증하거나, 혹은 西楚 · 東楚와 南楚를 가리킨다고 하거나, ‘三’은 순서번호에 해당되고, ‘楚’는 초나라를 가리킨다고 주장하기도 한다. ‘集脰(廚)’이 관명으로 사용되고 있는 것을 참고하여, 본문에서는 人名으로 풀이하기로 한다. ‘三楚’는 ‘三楚’의 기물이라는 표지에 해당된다.

금문편

‘(畬)’ : ≪금문편≫ ‘2408 畬’(1003쪽) 참고.

‘(銅)’ : ≪금문편≫ ‘2224 銅’(908쪽) 참고.

‘(歲)’ : ≪금문편≫ ‘0196 歲’(87쪽) 참고.

‘(吏)’ : ≪금문편≫ ‘0472 事’(198~200쪽) 참고.

‘(集)’ : ≪戰國古文字典≫ ‘雧’(1396~1398쪽) 참고. ≪금문편≫은 ‘0669 脰’(281~282쪽)에 ‘集脰’라고 예정한 내용이 있으나, ‘0625 集’(264쪽)자에는 수록하지 않고 ≪부록하≫‘288’(1217쪽)에 수록하고 있다.

89.【王子午鼎】

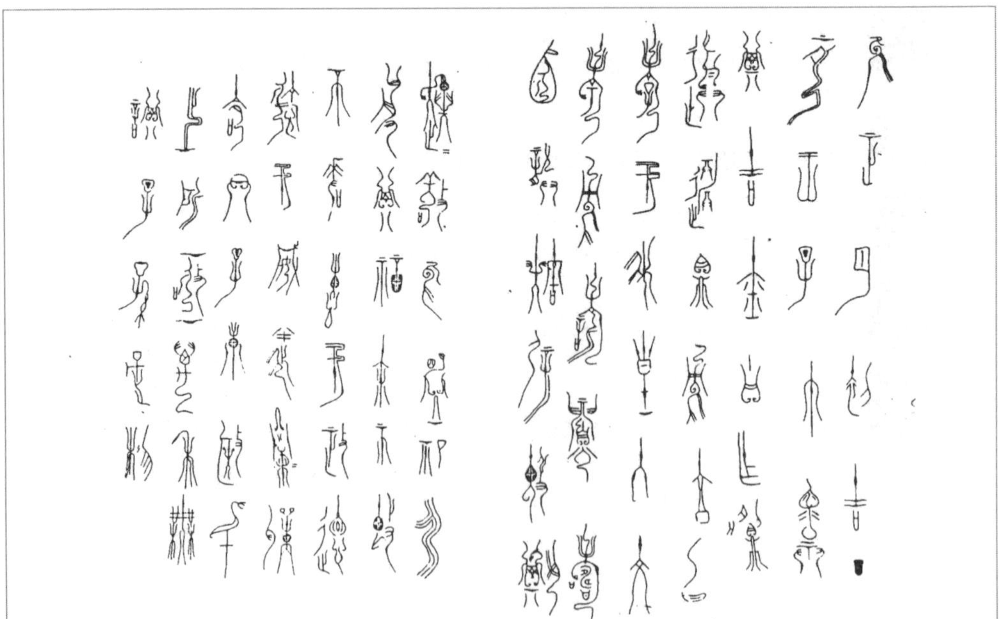

蓋銘

【명문참고】

集成 05・2811；銘文選2・644；總集02・1304.

【소개】

발견 : 1978년 河南省 淅川縣에서 모두 7개 발견.

명문 : 腹銘 14行 84字, 重文 2；蓋銘 4字.

시기 : 春秋 楚共王 혹은 康王.

소장 : 河南省博物館.

【주요참고문헌】

≪商周青銅器銘文選・四≫, 423~424쪽.

≪鳥蟲書通考≫, 曹錦炎, 152~160쪽.

≪楚系青銅器研究≫, 劉彬徽, 310~312쪽.

【석문】

＜蓋銘＞

倗乍(作)[illegible](鬻)[illegible][1].

＜器銘＞

隹(唯)正月初吉丁

亥, 王子午[2]睪(擇)

其吉金, 自乍(作)䵼

彝[illegible](鬻)鼎[3]. 用亯(亨)㠯(以)

孝於我皇且(祖)文

考, 用祈釁(眉)壽(壽).

圅(函)龏(恭)𪹃屖[4], 㦰(畏)諆(忌)
趩趩[5], 敬氒盟(明)祀, 永
受其福. 余不㦰(畏)
不差(差)[6], 惠於政德,
恋(淑)於威義, 闌(閑)闌(閑)猷(悠)猷(悠)[7].
令尹子庚殹民之所亟[8], 萬年無
諆(期), 子孫是利[9](6520)

【해석】

< 蓋銘 >

倗이 제사나 향연에 사용할 정을 만들다.

< 器銘 >

正月의 初吉에 해당하는 丁亥 일, 王子 午는 질 좋은 청동을 택하여 제기나 향연을 베풀 때 사용할 鼎을 스스로 만들었다. 이 鼎으로 제사를 지내 위대하고 훌륭하신 조상님과 부모님께 효를 행하고자 하며, 또한 이로써 만수무강을 기원하는 바이다. 또한 엄정하고 공경하며, 두려워하는 마음으로 조심스럽게 행동하여 훌륭한 제사를 공경함으로써 영원한 복이 내리기를 기원한다.

나는 두려워하거나 잘못을 저지르지 않을 것이며, 바른 덕으로 은혜를 베풀며, 위엄 있는 儀表를 갖출 수 있도록 정성을 다하며, 유유자적하고 평안한 모습을 잃지 않고자 한다. 나 令尹 子庚은 백성이 이른바 경애하는 자가 되고자 하며, 만년 동안 장수하기를 바라며, 자손 대대로 의로운 이득만이 있기를 기원한다.

설 명

이 명문은 전형적인 楚國의 鳥蟲書(조충서)이다.

1) '倗乍(作)[illegible](䵼)鼾' : '倗(붕)'은 사람의 이름. '𨟭子倗'으로 쓰기도 한다. '[illegible](䵼)'자는 음성부분은 '㔾'이며, ≪說文解字≫는 '醻(酬)'자에 대하여 "主人進客也. 从酉, 壽聲, 醻或从州(主人이 손님을 대접하다의 의미이고, 酉와 壽로 이루어진 형성자이다. '醻(수)'자는 혹은 '酬(수)'로 쓰기도 한다)"라고 설명하고 있다. '鼾'은 제물을 삶는 솥의 일종. '䵼(醻)鼾'은 향연이나 제사를 지낼 때 사용하는 鼎이다.

2) '王子午' : 楚나라 令尹 子庚. 王子午는 楚 康王 2年에서 6年 사이에 令尹을 지냈기 때문에 이 기물은 아마 BC558~BC552년에 만들어진 것으로 추증된다.

3) '鬺彝' : '鬺(상)'자에 대하여 ≪說文解字≫는 "煑也(삶다)"라고 설명하고 있

다. 음은 '상'이다. 여기에서는 祭器의 의미.

4) '𠭯(函)龏(恭)㝬屖' : '𠭯'자는 '函(함)'자와 같은 자이며, '嚴(엄)'과 통한다. '函龏(함공)'은 '엄숙하게 공경하다'의 뜻. '㝬'자는 음성부분이 '害(해)'로 '舒(서)'와 통하며, '屖(서)'자는 일반적으로 '遲(지)'로 쓴다. 따라서 '㝬屖'는 '舒遲'의 의미로 '중용을 지키는 유유자적하다'의 뜻이다.

5) '戥(畏)諆(忌)趩趩' : '趩(칙)'자의 음성부분은 '異'이며, '翼(익)'과 통한다. '趩趩'은 '조심하고 신중한 모양'의 형용어이다.

6) '余不戥(畏)不差(差)' : ≪廣雅 · 釋言≫은 "畏, 威也(畏, '위엄'의 의미)"라고 설명하고 있다. '差'는 '失誤'의 의미로 '잘못하다'의 뜻이다.

7) '闌(閑)闌(閑)獸(悠)獸(悠)' : '閑閑悠悠(한한유유)'는 '柬柬肅肅(간간숙숙)'의 동의어이며, '유유자적하고 평화로운 모습'.

8) '民之所亟' : '亟'에 대해서 ≪方言≫은 "凡相敬愛謂之亟(서로 경애함을 '亟'이라 한다)"라고 설명하고 있다.

9) '子孫是利' : '利'자에 대하여 ≪說文解字≫는 ≪禮記≫를 인용하여 "利者, 義之和也('利'란 곧 '義'의 조화다)"라고 설명하고 있다. 그러나 ≪금문편≫은 ≪說文해자≫의 "𠛐古文制如此(≪說文解字≫는 古文의 '制'자는 '𠛐'와 같이 쓴다"(≪說文解字今釋≫, 290쪽)라는 설명을 인용하며, '制'로 예정하고 있다. 한편 ≪說文解字≫ '利'자의 고문 '㓯'과, ≪利簋≫와 ≪㝬簋≫ '𥝢' · '𥝢'자의 자료를 참고하여 '利'로 예정하기로 한다.

금문편

'(倗)' : ≪금문편≫ '1319 倗'(560~561쪽) 참고.

'乍(作)' : ≪금문편≫ '2058 乍'(835~839쪽) 참고.

'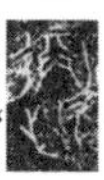' '' (圞)' : ≪금문편≫≪부록하≫ '679'(1284쪽) 참고.

'(𪔋)' : ≪금문편≫ '1150 𪔋'(495쪽) 참고.

‘(鬻)’ : ≪금문편≫ ‘1154 鬻’(495~497쪽) 참고.

‘(彝)’ : ≪금문편≫ ‘2122 彝’(864~871쪽) 참고.

‘𠀠(忌)’ : ≪금문편≫ ‘0723 箕’(303~308쪽) 참고.

‘(趩)’ : ≪금문편≫ ‘0178 趩’(81쪽) 참고.

‘(乎)’ : ≪금문편≫ ‘2027 乎’(817~819쪽) 참고.

‘𢀩(差)’ : ≪금문편≫ ‘0729 差’(311쪽) 참고.

‘忎(淑)’ : ≪금문편≫ ‘1735 惄’(718쪽) 참고.

‘闌(閑)’ : ≪금문편≫ ‘1911 闌’(769쪽) 참고.

‘獸(悠)’ : ≪금문편≫ ‘2357 獸’(959~960쪽) 참고.

‘(令)’ : ≪금문편≫ ‘0134 命’(“命尹卽令尹” 59~61쪽) 참고.

‘圅(函)’ : ≪금문편≫은 ‘圅’자를 ≪부록하≫‘301’(1219쪽)에서 “龏𤈦屖”라고 쓰고 있으나, ‘0405 龏’(160~162쪽)자 아래에서는 “圅(函)龏𤈦屖”으로 쓰고 있다. 만약 ‘圅(函)’자로 예정한다면 ≪正編≫ ‘1138 函’(486쪽)나 혹은 ‘1190 宏’(514쪽)자 아래 수록하여야 한다.

‘(利)’ : ≪금문편≫ ‘0690 制’(290쪽) 참고.

徐

90.【䢅(𨑫)鼎(徐郊尹鼎)】

腹

蓋內銘文

【명문참고】

二玄社 91；集成 5 · 2766 · 1-2.

【소개】

異名：郐䣄尹𧡈湯鼎.

출토：1981年 浙江紹興坡塘 출토.

크기：높이 40.8㎝；口徑 19.2㎝.

소장：浙江省博物館.

【주요참고문헌】

≪戰國古文字典≫(何琳儀), 中華書局, 1998年.

【석문】

唯正月吉日初庚, 郐(徐)䣄尹𧡈[1]
自乍(作)湯貞(鼎), 𥁰良[2]聖每(敏), 余敢敬
明(盟)祀[3], 丩(糾)津涂俗[4], 以知卹譹[5], 壽
躬𣪘子, 眉壽無其(期), 永寶用之(≪集成引得≫)

【해석】

正月 吉日 初庚 일. 徐 郊尹 䚇(𧡈) 자신이 湯鼎(탕정)을 만들어 선량하고 성스럽고 민첩하게 英明한 선조에게 공경하는 마음으로 神明께 제사를 드리고, 徐國의 세속을 따라 신중히 진행하여, 이익을 얻고자 함이다. 또한 내 자신과 번창할 자손을 위하여 무병장수하기를 기원하니, 자손들은 이 기물을 소중하게 영원히 사용할지어다.

설 명

1) '郐(徐)䣄尹𧡈' : '䣄'지방의 관리. ≪戰國古文字典≫은 이 자를 '䣓'로 예정하고 '郊(교)'자의 가차로 사용되고 있다고 설명하고 있다. '𧡈(은 ; yín)'자를 ≪설문해자≫는 "兩虎爭聲, 從虤, 從曰, 讀若憖(두 마리의 호랑이가 싸울 때 내는 소리. '虤'과 '曰'로 이루어진 회의자. '憖'의 음과 같다)"(≪說文解字今釋≫, 672쪽)라고 설명하고 있다. ≪帛書≫에서는 '皆'자로 가차자로 사용된다(≪戰國古文字典≫, 1113쪽 참고).

2) '𥁰良' : ''자를 ≪集成≫은 '𥁰'자로 예정하고 있으나, ≪戰國古文字典≫은 '𥁕'으로 예정하고 '溫良(온양)'의 의미로 해석하고 있다(1310쪽 참고).

3) '明(盟)祀' : '明(盟)祀'는 일반적으로 神明에게 드리는 제사.

4) '丩(糾)津涂俗' : '丩(糾)'자를 ≪戰國古文字典≫은 '以'자로 예정하고 있다.

형태로 보아 '以'자가 옳다(537쪽 참고). '津'자를 ≪廣雅 · 釋水≫는 '因也'라고 설명하고 있다(≪戰國古文字典≫ 1155쪽 참고). '涂'자를 '塗'라고도 읽을 수 있으며, 이는 앞에서 언급된 '郐(徐)'와 같은 국명으로 추증된다(≪戰國古文字典≫, 536~537쪽 참고).

5) '諹' : 음성이 '辱'이며, '풍성하다 윤택하다'의 의미인 '溽(욕)'의 뜻으로 사용되고 있다.

6) '㝅' : '穀(곡)'의 가차되어 사용되며, '養'자의 의미이다.

금문편

≪금문편≫이 수록하고 있지 않은 자는 ≪戰國古文字典≫을 참고하기로 한다.

'(月)' : ≪금문편≫ '0887'(381~382쪽) 참고.

'(庚)' : ≪금문편≫ '2368'(969~971쪽) 참고. ≪戰國古文字典≫, 641쪽 참고.

'郐(徐)' : ≪戰國古文字典≫, 536쪽 참고.

'(斁)' : ≪戰國古文字典≫은 이 자를 '賕'자로 예정하고 있다(223쪽)

'(譽) : ≪금문편≫ '0162'(76쪽) 참고. ≪戰國古文字典≫ 1113쪽 참고.

'(良)' : ≪금문편≫ '0887'(381~382쪽) 참고. ≪戰國古文字典≫, 694쪽 참고.

'(聖)' : ≪금문편≫ '1923'(771~772쪽) 참고.

'每(敏)' : ≪금문편≫ '0061'(32쪽) 참고. ≪戰國古文字典≫, 129쪽 참고.

'(敢)' : ≪금문편≫ '0659'(276~279쪽) 참고. ≪戰國古文字典≫ 1450쪽 참고.

'(敬) : ≪戰國古文字典≫, 783쪽 참고.

‘(津)’ : ≪戰國古文字典≫, 1155쪽 참고.

‘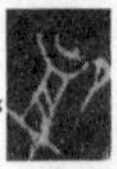(卹)’ : ≪戰國古文字典≫은 ‘溢’이나 ‘愼’의 의미로 풀이하고 있다(1095쪽 참고)

‘(謝)’ : ≪戰國古文字典≫, 380쪽, 참고.

‘’‘(壽)’ : ≪금문편≫ ‘1405 壽’(590~595)참고. ≪戰國古文字典≫의 ‘壽’자 참고(203쪽).

‘(㪅)’ : ≪包山楚簡≫과 ≪帛書甲≫에 ‘㪅’자가 있다. ‘養(양)’자의 의미로 쓰인다(≪戰國古文字典≫, 351쪽)

‘(眉) : ≪戰國古文字典≫, 1308쪽 참고.

中山

91.【中山王嚳鼎】

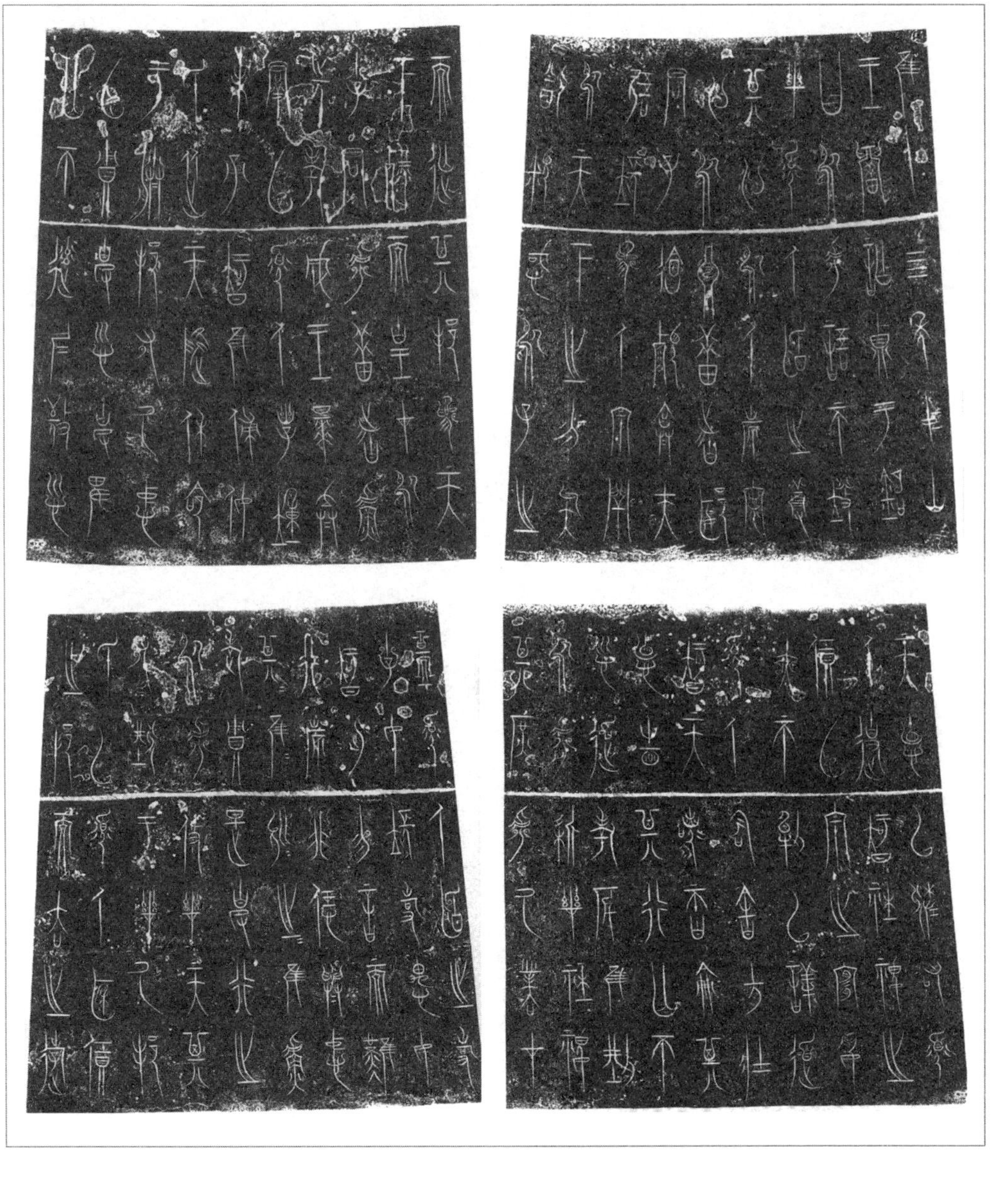

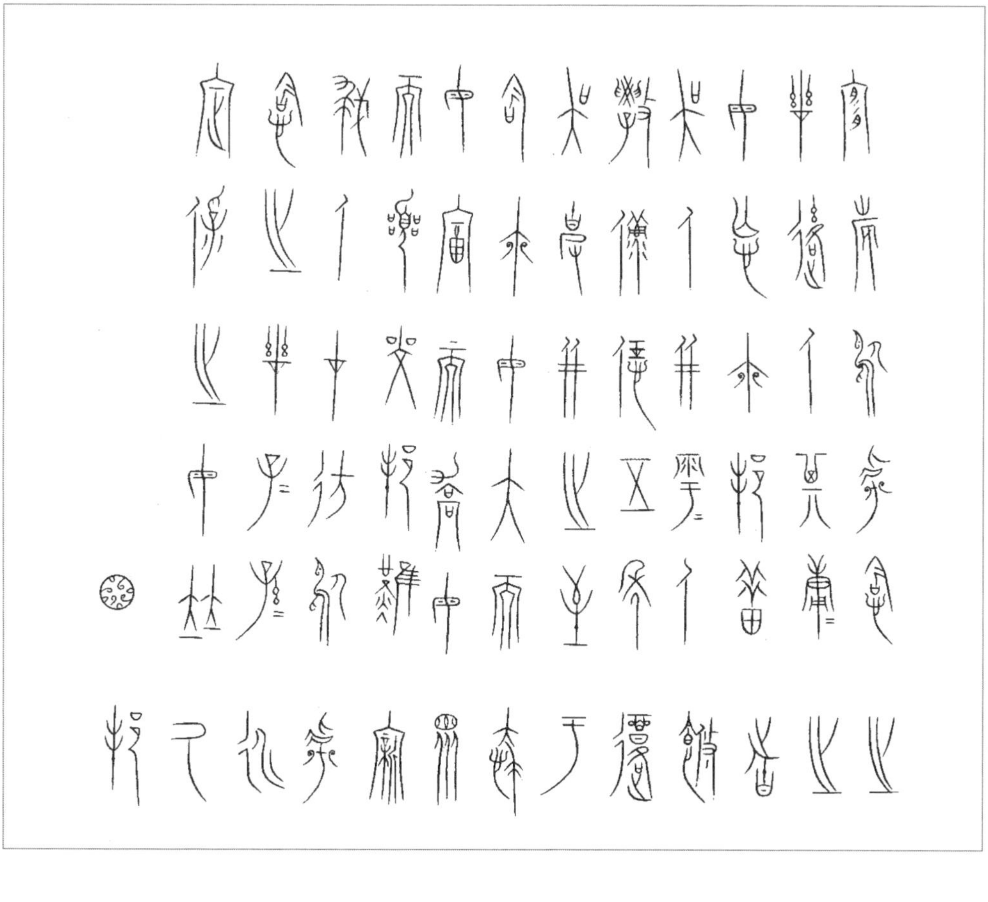

【명문참고】

二玄社 92；集成 05 · 2840；銘文選 2 · 880；總集 02 · 1331.

【소개】

출토：1978년 河北省 平山縣 中山王1號 墓에서 출토.

명문：77行 469字，重文 10字，合文 2字.

크기：높이 51.5㎝；口徑 42.7㎝.

시기：戰國 晩期.

소장：河北省 文物管理處.

【주요참고문헌】

≪中國古文字學通論≫，488~493쪽.

≪商周青銅器銘文選四≫，567~573쪽.

≪商周古文字讀本≫，183~199쪽.

＜中山王嚳壺及鼎銘考釋＞，張政烺，≪古文字研究≫第一輯，208~232쪽.

＜中山壺中山鼎銘文試釋＞，趙誠，≪古文字研究≫第一輯，247~272쪽.

【석문】

隹(唯)十四年[1]，中山
王嚳詐(作)貞(鼎)[2]，于銘
曰[3]：於(嗚)虖(呼). 語不𡰥(悖)
𢦏(哉)[4]. 㝬(寡)人聒(聞)之[5]，蒦
其汋(溺)於人施(也)[6]，
寧汋(溺)於困(淵). 昔者，郾(燕)
君子徻[7]，觀弇夫㹳(悟)[8]，
䠠(長)爲人宗[9]，閈(見)於天下之勿(物)矣[10]，
猶粯(迷)惑於子之
而迮(亡)其邦[11]，爲天
下殄[12]，而皇(況)才於
𡭞(少)君虖(乎)?[13] 昔者，䖒(吾)
先考成王早棄君臣[14]，
㝬(寡)人學(幼)䡴(童)
未甬(通)智[15]，隹(唯)俌(傅)侮(姆)
氏(是)從[16]. 天降休命
于朕邦，又(有)氒忠
臣賙[17]，克慫(順)克卑(俾)[18]，
亡不率仁[19]，敬慫(順)
天悳(德)，㠯(以)㚤(左)右㝬(寡)人[20]，

使智(知)社稷之賃(任)[21],
臣宗之宜(義)[22]. 夙(夙)
夜不解(懈), 㠯(以)諱道(導)[23]𡨦(寡)人.
含(今)余方壯智(知)天若否[24], 侖(論)其
悳(德), 眚(省)其行, 亡不
𢝊(順)道. 考尾(宅)隹(唯)型[25].
於(嗚)虖(呼)新(欣)𢦏(哉)[26]. 社稷
其庶虖(呼)[27]. 氒業才(載)祗[28].
𡨦(寡)人聒(聞)之, 事𡭔(少)女(如)㙊(長),
事愚女(如)智, 此易言而難
行施(也)? 非恁(信)與忠[29],
其隹(誰)能之? 其隹(誰)能之?[30] 隹(唯)𪒠(吾)
老貯(賙)是克行之,
於(嗚)虖(呼)攸𢦏(哉)[31]! 天其
又(有)𠛱(刑), 于𢦏(哉)氒邦,
氏(是)㠯(以)𡨦(寡)人𨵦賃(任)
之邦[32], 而去之遊. 亡𢡺(懅)惕之𢘎(慮)[33].
昔者, 𪒠(吾)先禮(祖)趄(桓)王
邵(昭)考成王[34], 身勤
社稷, 行四方㠯(以)
憂𢝊(勞)邦家. 含(今)𪒠(吾)
老貯(賙)親(親)率𠣌(參)軍
之衆(衆), 㠯(以)征不宜(義)
之邦[35], 𢿱(奮)桴晨(振)鐸
闢啓𡉚(封)疆[36], 方𡨥(數)
百里, 剌(列)城𡨥(數)十
克僖(敵)大邦[37]. 𡨦(寡)人
庸其悳(德)嘉其力[38],
氏(是)㠯(以)賜之氒命:
隹(雖)又(有)死辠及𠣌(參)
𠀍(世), 亡不若[39], 㠯(以)明
其悳(德), 庸其工(功). 𪒠(吾)
老貯(賙)奔走不聑(聽)
命, 𡨦(寡)懼其忽然

不可㝵(得)，憚憚僕僕[40]，
忈(恐)隕社稷之光，氏(是)
㠯(以)寡(寡)許之㥁(謀)悳(慮)
皆(皆)從，克又(有)工(功)，
智施(也)．詒死辠之又(有)若[41]，
智(知)爲人臣之宜(義)施(也)．於(嗚)虖(呼)，
念之孥(哉)．後人其庸庸[42]之
母(毋)忘尒邦．昔者，
吳人幷雩(越)[43]，雩(越)人斅(修)
敎備恁(信)[44]，五年覆吳，
克幷之至于含(今)．而母(毋)大而㣆(肆)
母(毋)富而喬(驕)，母(毋)眾(衆)
而嚻，叕(鄰)邦難窺(親)[45]
戕(仇)人才(在)彷(旁)[46]．於(嗚)虖(呼)
念之孥(哉)．子子孫孫，永
定保(保)之，母(毋)竝(替)氒
邦[47](6522)

【해석】

中山王이 재위한 十四年，中山王 譽(착)은 鼎을 만들고 명문을 새기었다. 오호라! 이 명문의 내용은 절대 어긋남이 없으리라. 寡人은 사사로운 감정에 빠지는 것보다 차라리 연못에 빠지는 것이 낫다는 말을 들은 적이 있다.
예전에 燕君의 噲(噲 : 쾌)는 본래 사려가 깊고 명석하여 백성의 君主가 되었고, 천하의 사물의 인식할 수 있는 능력을 갖추고 있었으나, 子之에게 미혹되어 나라가 망하고 천하의 웃음거리가 되었다. 하물며 妻子는 어떻게 되었겠는가?
전에 나의 先父 成王이 일찍이 君臣을 떠나 세상을 하직하였을 때, 寡人이 아직 어려 잘 알지 못하는 까닭에 안팎으로 師傅와 保姆의 보살핌을 받았다.
上帝가 큰 명을 짐의 나라에 내리셨다. 忠臣인 相邦 賙은 능히 和順하고 선량하여 仁義적인 행위를 행하지 않음이 없고, 또한 하늘이 내려 준 德을 공경하고 순응하면서 과인을 보필하니, 짐으로 하여금 社稷(사직)에 대한 군주의 임무와 신하의 도리를 알게 하였다. 賙(주)는 밤낮으로 부지런히 과인을 인도하였다. 작금 나는 하늘에 順逆하는 것이 무엇인가를 인식하였고, 德의 도리를 헤아려 행동거지는 항상 성찰하여 道理에 어긋나는 일을 절대하지 않았으며, 考察이나 謀略은 典型적인 모범을 준수하였다.
오호라 기쁘구나! 국가는 행운이구나! 그 공적은 공경할 만하구나! 寡人이 듣기를 중요치 않은 일도 항상 정성을 다하여 처리하고, 우둔한 일도 지혜롭게 처리하라 했는데, 말은 쉽지만 행하기는 어찌 어렵지 않겠는가? 신의와 충성되지 않음을 누가 행하리오? 누가 행하리오? 오직 나의 대신인 賙만이 능히 이를 調律할 수 있고, 유유자적하게

처리할 수 있으리오! 하늘이 법칙을 내려주시고, 짐이 나라를 다스릴 수 있게 하였기에, 과인은 나라에 강한 권력을 행사할 수 있게 되어, 밖으로 나아가 순시하여도 전혀 걱정이 없게 되었다.

옛 나의 先祖인 桓王과 위대하신 부친 成王은 성실근면하게 나라 일을 돌보고 주변 국가를 대하며, 나라를 위하여 항상 걱정하고 힘썼다.

작금 나의 대신 賙는 친히 三軍의 군대를 이끌고, 不義의 나라들을 정벌하기 위하여 戰鼓의 북을 울려 다른 封侯國 수백 里의 지역과 수십 개의 성을 점령하는 등, 大國들과 능히 匹敵할 수 있었다.

寡人은 그의 德을 칭송하며 그의 근면 성실한 노고를 찬미하기 위하여 策命을 하사하노라. 그대의 죽을 죄가 자손 三世를 멸한 죄라 할지라도 사면하지 않을 수 없을 것이며, 그대의 덕망을 온 천하에 밝히며, 그대의 공적을 높이 높이 찬양하노라. 나의 대신 賙는 바삐 出戰하여, 책명을 듣지 못하고 과인 또한 그대가 책명을 전수받지 못할까봐 두려워하여 전전긍긍하였다. 국가의 영광스러운 업적이 손상이 되지 않기 위하여 모든 계략은 그대를 따르기로 하였으니 공적이 있는 것은 완전히 지혜로운 그대의 謀略의 결과이다. 만약에 사죄를 사면해 주기를 말하는 것은 신하된 도리에서 비롯된 것이라는 것을 알 수 있을 것이다. 오호라! 그대를 그리워하노라! 후세인들도 그대의 노고에 감사하고 그대의 나라를 잃지 않을 것이다.

옛날 吳나라가 越나라를 병합하였으나, 越나라 사람들은 힘써 나라는 다스리고 신임을 굳건히 하여 오년 만에 다시 치욕을 당한 오나라를 병합함으로써 오늘에 이르게 되었다. 뛰어나다고 방자하지 말고, 富하다고 교만하지 말며, 많은 사람들을 모으되 소란스럽지 않게 하고, 백성들을 가엽이 여기며, 가까운 사람은 함부로 대하지 말며, 적이라 할지라도 멀리하지 말지어다. 오호라! 그대를 그리워 하느니라.

子子孫孫 이 정을 영원히 안전하게 보존하고, 이 나라가 쇠락하지 않도록 하여라.

설 명

二玄社의 ≪중국서법선≫에서는 ≪中山王嚳鼎≫과 ≪中山王嚳方壺≫ 일부만을 소개하고 있으나, 본문은 전체 銘文을 살펴보기로 한다.

이 명문은 중국의 고대 역사적 사실을 이해하는데 중요한 자료임과 동시에, 戰國문자를 이해하는데 매우 중요한 자료이다. 張政烺(장정랑)은 ≪中山王嚳壺及鼎銘考釋≫(≪古文字研究≫第一輯)에서 "戰國文字在漢字發展上占重要之地位. 惟過去所見金石竹帛長篇者少, 陶璽貨幣漆器等更乏文義可尋. 王嚳鼎壺文字近千, 筆劃完好, 詞義詳贍. 從字體看, 一方面從事簡化以趣約易, 顧與六書之義漸遠, 不易認識；一方面以爲事務日繁, 思想複雜, 舊有文字不夠精密, 隨着語義分化, 語音之多歧, 創造出許多新字. 其造字之法常以形聲爲主, 大抵于正字之旁附以聲符, 或于假借之字加注形符. 這是古文字發展的必然之路, 然以偏旁太多, 疊牀架屋,

書寫閱讀不便. 秦始皇統一, 罷其不與秦文合者, 許多戰國新字終歸廢棄. 覽此陳迹對理解說們, 認識漢字, 皆有意義(중국 戰國 시기의 文字는 중국 문자 발전을 있어 매우 중요한 자리매김을 하고 있다. 이전에 우리가 보아온 金石문자나 竹帛문자 중 장편의 문장을 소유하고 있는 자료는 거의 없다. 陶文(도문)·璽印(새인)·貨幣(화폐)·漆器(칠기) 문자는 문장의 의미를 파악하기에도 충분치 않은 소수의 문자들만 소유하고 있다. 그러나 이 ≪王譽鼎≫과 ≪壺≫는 천여 자에 가까운 많은 문자들을 포함하고 있을 뿐만 아니라, 筆劃 또한 뚜렷하며, 풍부한 어휘들을 수록하고 있다. 字體면에서 문자는 한자의 조자법칙인 六書의 원칙을 점점 고려하지 않고 간략화를 추구하여 점점 간단하고 편이한 방향으로 발전하기 때문에, 새로운 문자들을 인식하기도 쉽지 않다. 이외에 사회가 더욱 더 다변해지고 복잡해지고, 인간의 생각 또한 매우 정밀해져, 당시에 사용되고 있는 문자들만으로는 자세하게 모사해 낼 수 없게 되었다. 이와 같이 단어의 의미가 분화되고, 음성이 다분화됨에 따라서 새로운 문자들이 새로 만들어 지게 되었다. 새로 만들어지는 문자들은 대부분 形聲을 주 방법으로 응용하고 있다. 즉 원래 존재하고 있는 자에 聲符를 추가하여 만든다든지 혹은 음만 빌려온 假借字(가차자)에 形符를 추가하여 만드는 경우가 대부분이다. 이러한 방법은 古文字 發展의 필연적인 방법이기도하다. 하지만 이렇게 생겨난 문자들은 偏旁(편방)이 너무 많고 갈수록 복잡해져, 문자를 사용하거나 문장을 이해하는데 불편함을 야기하게 되었다. 그래서 秦始皇이 전국을 통일한 후 秦나라 문자와 같지 않는 문자들을 정리하여, 戰國 시기의 새로 만들어진 많은 문자들이 사라지게 된다. 그래서 본 명문은 ≪說文解字≫을 이해하고, 중국문자를 이해하는데 중요한 의의를 지니고 있다.)"라고 설명하고 있다.

1) '隹(唯)十四年' : 이 鼎은 中山國 相邦(상방)이 齊 宣王과 함께 燕國 子之를 토벌할 당시에 만들어진 것으로 BC314년이나 혹은 그 다음 해인 BC313년이다.

2) '中山王譽' : '譽'자의 음성부분은 '昔'이다. 이 자를 '措(조)'라고 읽거나 혹은 '錯(착)'으로 읽기도 한다. 본문은 '錯(착 ; cuò))'으로 읽기로 한다. ≪左傳·昭公十二年≫"晉荀吳僞會齊師者, 假道于鮮虞, 遂入昔陽"이라는 구절에 대하여 杜預는 "鮮虞, 白狄別種, 在中山新市縣(鮮虞는 白狄의 종족으로 中山新市縣에 위치한다)"라고 설명하고 있다. 中山國은 戰國 초기에 顧(지금의 河北省 定縣)를 首都로 하였고, 후에는 靈壽(지금의 河北省 平山縣)로 천도하였다.

3) '于銘' : '于'는 '爲'의 의미. ≪儀禮・士冠禮≫"宜子于假"의 '于'자를 鄭玄은 '爲'자의 용법으로 해석하고 있다.

4) '語不竣(悖)孳(哉)' : '竣'자의 음성부분은 '癶'이며 '發(발)'자와 같고, '悖(패 : 어그러지다)'의 의미로 사용되고 있다. '孳'자는 음성부분이 '才'이며, '哉(재)'와 통한다.

5) '頁(寡)人聒(聞)之' : '頁'자의 음성부분은 '穴'이며, '頒(반)'의 음과 같다. ≪說文解字≫는 "寡, 少也. 从頒. 頒, 分也, 宀分, 故爲少也('寡'는 '少'의 의미다. 宀과 頒으로 이루어진 자. '頒'은 '分'의 의미. 宀은 나눈다는 의미이기 때문에 '少'의 뜻을 지니고 있다)"라고 설명하고 있다.

6) '蒦其汋(溺)於人施(也)' : '蒦(확 ; huò)'자는 '與'의 음과 통한다. '汋(작 ; zhuó)'은 '溺(익)'과 음이 통한다.

7) '郾(燕)君子徻' : '徻(噲 : 쾌)'는 燕君의 이름. ≪史記・燕召公世家≫는 "文公卒, 太子立, 是爲易王……易王立十二年卒, 子燕噲立(文公이 죽고 난후 太子가 재위하였는데, 이가 易王이다. ……易王은 十二年년 동안 재위하였고, 그가 죽자 아들 噲가 재위하였다)"라고 설명하고 있다. '噲'와 '徻'는 음성이 비슷하다.

8) '覩弇夫悟(悟)' : '覩'의 음성부분은 '睿'이며, 典籍에서는 일반적으로 '叡(예 ; ruì)'로 쓴다. '명석하다'・'뛰어나다' 등의 의미. ≪呂氏春秋・孟冬紀≫ "其器宏以弇(이 기물은 크고 속이 깊다)"의 구절 중의 '弇(엄)'자를 高誘는 '深'으로 설명하고 있다. '夫悟(悟)'는 '膚悟(부오)'이며, '膚'자는 '博(박)'과 통한다. ≪說文解字≫는 '悟'자를 '覺'으로 설명하고 있다. '夫悟(悟)'는 '博識하다'의 의미이다.

9) '鋹(長)爲人宗' : '鋹'자는 '長'자의 이체자다. '宗'은 '主'의 뜻이다.

10) '閈(見)於天下之勿(物)矣' : '閈'은 '見'과 통하며, '知'의 뜻이다.

11) '猶粯(迷)惑於子之而迮(亡)其邦' : '子之'는 燕君 徻(噲 : 쾌)의 相邦. 燕君은 堯舜(요순)의 禪位을 거울삼아 子之에게 왕위를 물려 줌. 후에 齊 章子에게 徻(噲)와 함께 죽음을 당했다.

12) '爲天下殄' : '殄'자는 '僇(욕보일 륙{육} ; lù,liù)'과 통하며, '辱'의 의미.

13) '而皇(況)才於学(少)君虖(乎)' : '学'는 '少'의 이체자다. ≪左傳・定公十四年≫의

"從我而朝少君(나를 따라 아침에 夫人을 찾아 뵙다.)" 구절에 대하여 孔穎達 ≪疏≫는 "少君, 猶小君也. 君爲大君, 夫人爲少君(少君은 小君과 같다. 君을 大君이라 하고, 夫人을 少君이라 한다)"이라 설명하고 있다.

14) '虘(吾)先考成王早棄君臣' : '成王'은 ≪中山王嚳壺≫에서 '成考'로 쓰고 있다. '嚳(착)'의 先父를 가리킨다.

15) '寡(寡)人學(幼)踵(童)未甬(通)智' : '學'자는 음성부분이 '幽(유)'이며 '幼(유)'와 통한다. '踵'은 '踵(종)'과 같은 자로 '童'과 통한다.

16) '隹(唯)俌(傅)母(姆)氏(是)從' : '俌(보)'는 '傅(부)'자와 같다. ≪禮記 · 曾子問≫의 "古者男子, 外有傅, 內有慈母, 君命所使教子也(옛날에 男子를 교육시킬 때 밖으로는 傅를 모시고 가정으로는 慈母가 있다. 君主의 이러한 명령은 이른바 아들을 교육시키고자 하는 것이다)"라는 구절에 대하여 鄭玄은 "此指謂國君之子也(이는 군주의 아들에 대한 내용이다)"라고 설명하고 있다.

17) '又(有)氒忠臣賙' : '賙(조)'는 燕 相邦의 이름. ≪戰國策 · 中山≫의 '司馬熹(사마희)'로 추증된다.

18) '克巡(順)克卑(俾)' : '克'은 '能'의 의미. '巡'은 '順'과 통하고, '卑'는 '俾'와 통한다. ≪詩經 · 大雅 · 皇矣≫의 "王此大邦, 克順克比(이 큰 나라의 임금님 되서 백성들 뜻 좇아 친화하게 되셨네)"에 대하여 ≪毛傳≫은 "慈和徧服曰順, 擇善而從曰比(자상하고 화목하여 널리 복종하는 것을 順이라 하고, 선을 좇아 따르는 것을 比라 한다)"라 설명하고 있으며, ≪禮記 · 樂記≫는 "克順克俾"로 쓰고 있다.

19) '亡不率仁' : '率(솔)'은 '遵循(준순)하다' · '따르다'의 뜻.

20) '使智(知)社稷之賃(任)' : '使'자를 명문은 '𨑊'로 쓰고 있다. 음성부분이 '吏'이다.

21) '㸓(左)右' : '㸓'의 음성부분은 '左'이며 '左'와 통한다.

22) '臣宗之宜(義)' : '宗'은 '主', '尊'의 의미이며, 이 구절은 '신하가 군주를 존경하는 도리'의 뜻이다.

23) '㠯(以)諱道(導)' : '諱'자의 음성부분은 '葦'로 '辛(신)'과 음이 같다. ≪說文解字≫의 '垶'자를 ≪玉篇≫은 '墶'으로 쓰고 있다. '辛(신)'음은 '秀(수)'와 통하기

때문에 '譔'자는 '誘'와 통한다. 여기에서는 '誘'의 의미로 쓰인다.

24) '含(今)余方壯智(知)天若否' : '含'의 '今'의 古今字이다. '余'자를 명문은 '舍'로 쓰고 있다. '舍'자는 '余'와 같은 자이다.

25) '考厇(宅)隹(唯)型' : '考'는 '考察(고찰)'의 의미이다. '厇'은 '宅(택)'의 古文으로 '度(도)'와 통한다. ≪詩經 · 大雅 · 文王有聲≫의 "考卜維王, 宅是鎬京(점을 치고, 왕이 호경으로 옮길 것을 계획하셨네)" 중의 '宅'은 '度'의 의미이며 '계획하다' · '도모하다'의 뜻이다.

26) '新(欣)孝(哉)' : '新'의 음은 '斤'이며, '欣(흔)'이나 '訢(흔)'과 통한다. 그러나 ≪금문편≫은 '0132 哲'자로 예정하고 있다.

27) '社稷其庶虖(呼)' : '庶(서)'자를 ≪爾雅 · 釋言≫은 '幸(행)'으로 설명하고 있다.

28) '氒業才(載)祗' : '才'는 語助辭인 '載(재)'의 용법으로 사용되고 있다. ≪說文解字≫는 "祗, 敬也(祗, '존경하다'의 의미.)"(≪說文解字今釋≫, 8쪽)라고 설명하고 있다.

29) '非恁(信)與忠' : '恁'은 '信'자의 이체자다.

30) '其隹(誰)能之' : '隹'는 '誰'의 가차자로 사용되고 있다.

31) '攸孝(哉)' : ≪孟子 · 萬章上≫ "始舍之, 圉圉焉, 少則洋洋焉, 攸然而逝(처음에는 어릿어릿 가더니 조금 지나니 洋洋해져서 유유히 가더라)"에 대하여 朱熹는 "攸然而逝者, 自得而遠去也(유유히 간다라는 것은 자득하여 멀리 떠남을 말한다)"라고 설명하고 있다.

32) '�賃(任)之邦' : '匟'자는 음성부분이 '匚(방)'이며, '方'과 통한다. '方'은 '京(경)'이나 '倞(경)'과 통한다. 여기에서는 '强'의 의미인 '倞'의 뜻으로 쓰인다.

33) '亡寙(懅)惕之慮(慮)' : '寙'자는 '懅(거)'자의 이체자이다. '慮'의 음성부분은 '呂(여)'로 '慮(여)'와 통한다.

34) '先禔(祖)趄(桓)王邵(昭)考成王' : '趄(桓)王'은 '中山王嚳'의 조부이고, '成王'은 부친이다.

35) '㠯(以)征不宜(義)之邦' : '不宜(義)'의 나라는 燕(연)을 가리킨다.

36) '敓(奮)桴晨(振)鐸闢啓封(封)疆' : '敓'은 '奮(구)'의 이체자이며, 편방 중에

‘攴’는 손으로 동작을 행함을 표시한다. ‘桴(부)’자는 음성부분이 ‘孚’이며, ‘枹(포)’와 통한다. ‘북채’의 의미. ‘晨(신)’자는 음성부분이 ‘辰’이며, ‘振(진)’과 통한다. ‘闢(벽)’과 ‘启(계)’는 모두 ‘開’의 의미이다.

37) ‘方䜌(數)百里, 剌(列)城䜌(數)十克僑(敵)大邦’ : ‘方’은 ‘地方’의 의미이고, ‘䜌’의 음성부분은 ‘㒼’이며, ‘數(수)’와 통한다. ‘剌(자)’는 ‘列(열)’과 통하며, ‘衆’의 의미이며, ‘克’은 ‘能’의 의미이다. ‘僑’의 ‘敵(적)’의 이체자이다.

38) ‘庸其悳(德)嘉其力’ : ‘庸(용)’은 동사의 용법으로 사용되며, ‘찬미하다’의 뜻이다. ≪詩經 · 大雅 · 烝民≫“古訓是式, 威儀是力(옛 교훈을 본받으며 威儀에 힘쓰다)” 중의 ‘力’자에 대하여 鄭玄은 “猶勤也(勤과 같다)”라고 설명하고 있다. 본 명문에서도 ‘勤勞(근로)’의 의미로 사용되고 있다.

39) ‘亡不若’ : ‘若(약)’은 ‘허락하다’의 의미로 ‘赦免(사면)’의 뜻이다.

40) ‘憚憚憷憷’ : ‘전전긍긍 두려워하는 모습’을 나타내는 형용어.

41) ‘詒死辠之又(有)若’ : ‘詒(이)’는 ‘辭(사)’의 의미이다.

42) ‘後人其庸庸’ : ≪爾雅 · 釋訓≫은 “庸庸, 勞也(‘庸庸’은 ‘勞’의 의미이다)’라고 설명하고 있다.

43) ‘吳人幷雩(越)’ : ‘雩’의 음은 ‘亏’이며, ‘越’과 통한다. 越(월)은 國名. 吳王 夫差가 越王 句踐(구천)을 정벌한 사건(BC494년).

44) ‘攸(修)教備恁(信)’ : ‘攸’의 음성부분은 ‘攸’이며 ‘修’와 통한다. ‘恁’자는 ‘信’의 이체자이다.

45) ‘叜(鄰)邦難寴(親)’ : ‘叜’은 ‘鄰(인)’이나 ‘憐(인)’과 통한다. 여기에서는 ‘憐’의 의미로 쓰이고 있다.

46) ‘栽(仇)人才(在)彷(旁)’ : ‘栽’의 음성은 ‘求’이며 ‘仇(구)’와 통한다. ‘彷(방)’의 음성은 ‘方’으로 ‘旁’과 통한다.

47) ‘母(毋)竝(替)氒邦’ : ‘替’자에 대하여 ≪說文解字≫는 “廢也, 一偏下也, 从竝白聲(廢棄의 의미. 서 있는 두 사람 중 한 사람이 아래로 물러나 있음을 말한다. 竝과 白聲으로 이루어진 형성자)”라고 설명하고 있다. ‘替’자를 ‘䂁’로 쓴다. 따라서 ‘替’와 ‘竝’은 통한다.

금문편

≪中山王嚳鼎≫과 ≪中山王嚳方壺≫의 명문은 그 내용이나 문자의 형태가 매우 유사하기 때문에 ≪금문편≫에서 참고하는 문자는 아래 ≪中山王嚳方壺≫의 '**금문편**'에서 함께 살펴보기로 한다.

92. 【中山王嚳方壺】

【명문참고】

二玄社 93；集成 15・9735；銘文選 2・881；總集 07・5805.

【소개】

異名：中山王𠑞壺.

출토：1978년 河北省 平山縣 中山王1號 墓에서 출토.

명문：40行 450字, 重文 3字, 合文 1字.

크기：높이 63㎝；口縱 14.9㎝.；口橫15㎝.

시기：戰國 中山.

소장：河北省 文物管理處.

【주요참고문헌】

≪中國古文字學通論≫, 488~493쪽.

≪商周青銅器銘文選四≫, 573~577쪽.

≪商周古文字讀本≫, 183~199쪽.

＜中山王𠑞壺及鼎銘考釋＞, 張政烺, ≪古文字研究≫第一輯, 208~232쪽.

＜中山壺中山鼎銘文試釋＞, 趙誠, ≪古文字研究≫第一輯, 247~272쪽.

【석문】

隹(唯)十四年[1], 中山王𠑞[2]命相邦賙[3]
斁(擇)郾(燕)吉金[4], 鈛(鑄)[5]爲彝壺, 節于醒醣[6],
可灋可尙[7], 吕(以)卿(饗)[8]上帝, 吕(以)祀先王.
穆穆濟濟[9], 嚴敬不敢怠(怠)荒[10]. 因䡴(載)所美[11],
邵(昭)蔡皇工(功)[12], 詆郾(燕)之訛[13], 吕(以)憼嗣王[14].
隹(唯)朕皇禝(祖)文武[15], 趄(桓)禝(祖)成考[16], 是又(有)
純(純)悳(德)遺(遺)巡(訓)[17], 吕(以)阤(施)及子孫[18], 用隹(唯)朕
所放[19]. 慈孝寰惠[20], 擧孯(賢)速(使)能[21], 天不
臭(斁)其又(有)忨[22], 速(使)旻(得)孯(賢)在(才)良㾷(佐)賙[23], 吕(以)
輔相氒身. 余智(知)其忠謝(信)施(也)[24], 而讓(專)
賃(任)之邦[25]. 氏(是)吕(以)遊夕畬(飮)飤[26], 盜(寧)又(有)窓(懅)
惕[27]. 賙渴(竭)志盡忠[28], 吕(以)㾷(佐)右氒閈(闢)[29], 不
貳其心, 受賃(任)㾷(佐)邦, 夙(夙)夜篚(匪)
解(懈)[30], 進孯(賢)散(措)能[31], 亡又(有)轉息[32],
吕(以)明閈(闢)光. 倘(敵)曹(曹)郾(燕)君子徻不顅(辨)大宜(義)[33],
不舊(忌)者(諸)医(侯)[34], 而臣宗𢓊立(位)[35],
吕(以)內𢇍(絶)邵(召)公之䇂(業)[36], 乏其先王之禝(祭)祀[37], 外之[38],
則䣿(將)使尙(上)勤(覲)於天子之廟(廟)[39], 而遠(退)與者(諸)医(侯)齒
䢃(長)於遻(會)同[40], 則尙(上)逆於天, 下不巡(順)於人施(也).

寡(寡)人非之. 賙曰：“爲人臣而彼(反)臣其宗, 不羕(祥)莫大焉.
腯(將)與䖒(吾)君竝立於𣀚(世), 齒𨱗(長)於𧻚(會)同,
則臣不忍見施(也). 賙忨(願)𠈌(從)在大夫[41],
㠯(以)請(靖)郾(燕)彊(疆). 氏(是)㠯(以)身蒙
㚔(虢)胄, 㠯(以)粎(誅)不怂(順).” 郾(燕)旃(故)君子徻新
君子之[42], 不用豊(禮)宜(義), 不顅(辨)逆怂(順), 旃(故)
邦㐌(亡)身死, 曾亡鼠(一)夫之𢽽(救)[43], 䢦(遂)定
君臣之𧊒(位)[44], 上下之體, 休又(有)成工[45],
刱(梆)闢(闢)𡋀(封)彊(疆)[46]. 天子不忘其又(有)勛, 使
其老䇲(策)賞中(仲)父[47], 者(諸)矦(侯)𪔂(皆)賀[48]. 夫古
之聖王敄(務)才(在)旻(得)𦣞(賢)[49], 其卽旻(得)民[50].
旃(故)諨(辭)豊(禮)敬則𦣞(賢)人至[51], 㤅(愛)深則𦣞(賢)人窺(親)[52],
𢦏(作)斂中則庶民𨸏(附)[53]. 於(嗚)虖(呼), 允𢦏(哉)若言[54],
明蔡之于壺而峕(時)觀焉[55]. 祗祗翼[56], 卲(昭)告逡(後)嗣,
隹(唯)逆生禍, 隹(唯)怂(順)生福. 𢦏(載)之笲(簡)䇲(策),
㠯(以)戒嗣王. 隹(唯)悳(德)𨸏(附)民, 隹(唯)宜(義)可𨱗(長). 子之
子, 孫之孫, 其永㑭(保)用亡彊(疆)(6245)

【해석】

中山王 𰯼(착)이 왕으로 재위된 十四年, 왕은 相邦(상방) 賙(주)에게 燕國(연국)의 전리품 중 吉金을 택하여 제사드릴 때 사용할 壺를 만들도록 하였다. 또한 이 壺로 제사드릴 때 사용되는 술의 양을 조절하고, 이를 법도로 삼고, 이 준칙을 준수하도록 하여, 天神에게 享祭(향 ; 형)를 드리고 先王에게 제사를 지내도록 하였다. 군주는 위풍당당 위엄한 모습, 신하는 정정당당한 행동으로, 모든 일을 공경하고, 나태하거나 정무를 그르치고 게을리 하는 일이 없어야 한다. 따라서 아래에서는 군주의 미덕을 기재하고, 위대한 공적을 밝히며, 燕國의 虛僞(허위)를 꾸짖음으로써 왕위를 계승하는 군주들에게 경계를 삼고자 한다. 나의 皇祖(황조)인 文公과 武公, 先祖인 桓(환)공과 부친인 成王이 확실한 大德을 자손들에게 전해 주었고, 이 교훈은 내가 본받고자하는 모범이다. 자애하고 효도하며, 은혜로움을 두루 베풀며, 賢者(현자)를 천거하고 임용하고자 하는 이러한 바람을 上帝는 책망하지 않으시고, 현명하고 재능이 뛰어나게 보필할 수 있는 능력을 갖춘 賙(주)를 보내시어 나를 돕도록 하였다. 나는 그의(賙) 忠貞과 성실한 마음을 아는바, 그에게 전적으로 나라 일을 담당하여 힘쓰도록 한다. 그리고 나는 단지 출타하여 농사 일을 순시하고 백성들이 마시고 먹는 일들을 담당하여, 백성으로 하여금 걱정하거나 두려움을 느끼지 않게 하고자 한다. 賙는 마음과 정성을 다하여 군주를 보필하고, 처음부터 끝까지 변함없는 마음으로 위임된 임무를 받아들여 국사를 다스리고, 밤낮으로 게으름을 피우지 않으며, 賢才를 추대하고 능력있는 자를 기용하며, 한시도 한가하게 편안히 지내지 않음으로써, 군주의 빛나는 업적을 밝히고자 한다. 적의 무리배인 燕君 徻(쾌)는 대의명분을 그르쳐 제후의 잘못을 책망하지 않아 군주와 신하의 직위가 바뀌고, 召公의 업적이 끊기고 선왕에게 드리는 祭祀가 폐기되고 말았

다. 대외적으로, 使者를 파견하여 周 天子의 宗廟(종묘)에 가서 朝覲(조근)하면서도, 한편으로 제후들과는 작위나 年齡의 순서에 따라 회동하였다. 이는 위로는 天命을 어기는 것이며, 아래로는 인심에 어긋나는 것이기 때문에 과인은 잘못된 것이라고 생각하는 바다.

賙(주)는 말한다 : "백성의 신하가 거꾸로 군주를 신하로 여기는 것보다 더 심한 것은 없을 것이다. 그들이 나의 군주와 함께 이 세상에 존립하고 會同할 때 연령에 따라 排位(배위)하는 사실을 과인으로서는 더 이상을 두고 보지 못하겠다. 따라서 나 賙는 大夫의 명분에 따라 燕國(연국)의 疆土(강토)를 안정시키고자 하노라. 그런고로 본인은 몸에 갑옷과 투구를 쓰고 不順하는 자들을 토벌하겠노라." 燕國의 옛 君인 僧(쾌)와 新君인 子之(자지)는 예의를 지키지 않고, 어긋남이 무엇인지 순리적인 것이 무엇인지를 구별하지 않은 까닭에 패가망신함에도 어느 누구 하나 구하려 하지 않았다. 그래서 우리는 군신의 지위나 상하관계의 예를 정한 바, 그 공적은 매우 크고, 또한 中山國의 영토를 널리 확장할 수 있었다. 天子는 그 공로를 잊지 않고, 大臣을 파견하여 仲父 賙를 책명으로 하사하니 諸侯들이 모두 축하하였다.

옛 聖王은 현자를 얻는 것을 가장 긴요하게 여겼고, 다음으로 민심을 얻고자 하였다. 그 이유인 즉은 言辭(언사)와 禮節(예절)과 恭敬(공경)이 있으면 賢人은 자연스럽게 다가오고, 박애가 깊으면 賢人과 친밀해질 수 있으며, 세금을 거둬들이는 정책이 정당하면 백성은 자연히 귀속하게 된다.

오호라! 진실되도다 이 말들은! 그래서 이러한 言辭(언사)를 이 壺(호)에 명백히 밝혀 항상 관찰하고자 한다. 또한 나는 공경하고 신중하게 이후에 왕위를 계승할 자에게 이러한 사실을 명백하게 알려주고자 한다. 즉 역순하면 화를 당할 것이며, 순리적으로 행하면 복이 생긴다. 따라서 나는 이 내용을 簡策(간책)에 기록하여 왕위를 계승하는 자에게 경계토록 하고자 한다. 덕을 베풀면 백성은 자연스럽게 귀화하고, 의를 행하면 國勢(국세)는 나라는 확장되게 될 것이니, 이를 명심하고 자자손손 이 壺를 영원히 진귀하게 간직하고 보존할 지어다.

설 명

1) '中山王譽' : '中山'은 國名. 이전에는 '鮮虞(선우)'라고 부르기도 하였으며, 白狄族(백적족)의 하나. '譽(착)'은 中山王의 이름. BC323年에 中山侯가 王으로 칭호되었다. 中山國은 지금의 河北省 平山縣 부근. '譽' 자는 음성부분이 '昔'이며, '措(조)'라고 읽거나 혹은 '錯(착)'으로 읽기도 한다. 본문은 '錯(착)'으로 읽기로 한다.

2) '十四年' : 中山王 譽 14년은 BC314년이나 혹은 그 다음 해인 BC313년에 해당된다.

3) '相邦賙' : '相邦(상방)'은 관명이며, 漢代(한대)의 '相國'에 해당된다. '賙(주)'는 이름. '(貫)'자를 '貯(저)'나 '賙'로 예정하기도 한다. 본문은 후자를

따르기로 한다.

4) '郾(燕)吉金' : '郾(언 : 연)'은 國名. 제일 먼저 召公 奭(석)을 封한 나라로 燕國을 말한다.

5) '鉎(鑄)' : '鉎'자는 음성부분이 '寸'이며, '鑄(주)'와 같은 자이다.

6) '節于𨡔𨣻' : '節'은 '節制(절제)'의 의미이다. '𨡔'자는 일반적으로 '禋(인)'자로 쓰며, ≪說文解字≫는 "禋, 潔祀也, 一曰精意以享爲禋('禋'의 의미는 '청결하게 제사지내다'이다. 일설은 정성되게 드리는 제사를 '禋'이라고 한다)"라고 설명하고 있다. '𨣻'는 '齊(제)'자로 쓰기도 하며, ≪周禮 · 天官冢宰 · 酒正≫의 "辨五齊之名, 一曰泛齊, 二曰醴齊, 三曰盎齊, 四曰緹齊, 五曰沈齊(다섯 가지 齊로는 泛齊, 醴齊, 盎齊, 緹齊, 沈齊 등이 있다)" 구절에 대하여 鄭玄은 "每月有祭祀, 以度量節作之(매달 제사를 지낼 때 사용할 술은 재료나 물 · 불에 따라 조절되어 만들어진다)"라고 설명하고 있다(≪周禮今註今釋≫, 林尹 註釋, 臺灣商務印書館, 49~52쪽). '𨡔𨣻(인제)'는 제사를 지내는 술의 종류를 말한다.

7) '可灋可尙' : '灋(법)'은 '法'자이고, '尙'은 '받들다 · 숭상하다'의 의미이다.

8) '㠯(以)卿(饗)' : '卿(경)'은 '饗(향)'자의 초기적인 형태.

9) '穆穆濟濟' : '穆穆(목목)'과 '濟濟(제제)'는 모두 행동거지의 모습을 형용한 것으로 '기풍당당'함을 말한다.

10) '嚴敬不敢怎(怠)荒' : '嚴(엄)'은 '恭敬'의 의미이다. '嚴敬(엄경)'은 동의어가 결합된 구조며, '공경하다'의 의미이다. '怎'자는 '怠(태)'자와 같은 자이다. ≪詩經 · 商頌 · 殷武≫ "天命降監, 下民有嚴. 不僭不濫, 不敢怠遑(하늘의 명은 엄숙하시게 하늘 아래의 백성을 다스리네. 지나치거나 함부로 하지 말도록 하며, 조금도 게을리 하지 못하게 하네)" 중의 '怠遑(태황)'의 의미는 '怠荒(태황)'과 같다.

11) '因𨊠(載)所美' : '載(재)'자에 대하여 ≪說文解字≫는 의미부분은 '車'이고 음성부분은 '𢦏'라고 설명하고 있다. '𢦏'자는 의미부분이 '戈'이고 음성부분은 '才'라고 설명하고 있다(≪說文解字今釋≫, 2074쪽). 따라서 '𨊠'자와 '載'자는 같은 자이다. '기록하다' · '기재하다'의 뜻이다.

12) '卲(昭)蔡皇工(功)' : '蔡(채)'자를 명문은 ''으로 쓰며, 여기에서는 '察(찰)'의 의미로 쓰이고 있다. ≪禮記 · 中庸≫ "言其上下察也('상하가 분명하다'

를 말하다)"에 대하여 鄭玄은 "察, 著也(察은 '명확하다'의 의미)"라고 풀이하고 있다.

13) '詆郾(燕)之訛' : '詆(저 ; dǐ)'자에 대하여 ≪說文解字≫는 '꾸짖다 · 책망하다'의 의미인 "訶(꾸짖을 가)也"로 설명하고 있다(≪說文解字今釋≫, 361쪽).

14) '㠯(以)憼嗣王' : '憼(경)'자는 '경계하다'의 의미인 '儆(경)'자와 통한다.

15) '隹(唯)朕皇祒(祖)文武' : '祒'는 '祖(조)'자와 같은 자이다. '文'은 '中山文公'을 말하고, '武'는 '中山武公(중산무공)'을 말한다.

16) '趄(桓)祖成考' : '趄(桓)祖'는 '中山桓公(중산환공)'을 가리키고, '成考(성고)'는 中山譻(중산착)의 부친인 '中山成公'을 말한다. ≪中山王譻鼎≫은 "先祒(祖)趄(桓), 卲考成王"으로 쓰고 있다.

17) '是又(有)軘(純)悳(德)遗(遣)巛(訓)' : '是'는 부사적 용법인 '實'의 의미로 쓰인다. '軘悳'은 '純德(순덕)'으로 '大德'을 말한다. ≪詩經 · 周頌 · 維天之命≫"於乎, 不顯文王之德之, 純(아아 하늘은 밝기도 해라. 문왕의 순수한 덕이여)" 중의 '純'에 대하여 ≪毛傳≫은 '大'로 풀이하고 있다. '遗'은 '遣(견)'의 或體이다. '巛'은 음성부분이 '川'으로 '訓(훈)'과 통한다.

18) '㠯(以)阤(施)及子孫' : '阤(타)'자는 典籍에서 '施(시)'로 쓴다. '계승하여 주다'의 의미.

19) '用隹(唯)朕所放' : '用'은 연사의 용법으로 '그럼으로써(因而)'의 의미이고, '放(방)'은 '倣(방)'의 의미로 '모방하다, 모범으로 삼다'의 뜻.

20) '慈孝寰惠' : 銘文은 '慈(자)'자를 '慈'로 쓰고 있고 있다. 서로 같은 자이다. '寰(원)'자는 '寰(환)'자와 같은 자이며 '宣'과 통하여 '두루 미치다' · '두루 베풀다'의 의미다.

21) '擧孯(賢)逮(使)能' : '擧(거)'는 '천거하다'의 의미이다. '孯'는 음성부분이 '臤(현)'이다. ≪說文解字≫는 '臤'자에 대하여 "古文以爲賢字('臤'자는 古文의 '賢자다)"라고 설명하고 있다. '逮'자는 음성부분이 '吏'이며 '使'자와 같은 자이다.

22) '天不臭(斁)其又(有)忨' : '臭'자는 '臭(고)'로 ≪說文解字≫는 "臭, 古文以爲澤字('臭'자의 古文은 '澤(택)'자이다)"라고 설명하고 있다. '斁(역)'자의

가차자로 사용되고 있다. '싫어하다'의 의미. '忨'자를 명문은 '忎'으로 '바라다, 욕망하다'의 의미이다. ≪說文解字≫는 '忨'자에 대하여 "貪也"라고 설명하고 있다.

23) '速(使)㝵(得)臤(賢)才(在)良㾷(佐)賙' : '良(양)'자의 銘文은 윗부분에 '化'가 추가되어 ''로 쓰고 있다. '良'의 繁體이다. '㾷'자는 음성부분이 '左'로 '佐(좌)'와 통한다.

24) '余智(知)其忠誨(信)施(也)' : '誨'자는 '信'자이다. '施'자의 음성부분이 '也'이기 때문에 어기사 '也'와 통한다.

25) '而譱(專)賃(任)之邦' : '之'는 대사의 용법으로 相邦 '賙(주)'를 가리킨다. '邦(방)'은 '國事'의 의미.

26) '氏(是)㠯(以)遊夕歙(飮)飤' : ≪中山王嚳鼎≫과 ≪中山王嚳壺≫에서 '氏'자는 대사 '是'의 용법이나 부사의 용법인 '實'의 의미로 쓰인다. ≪管子・戒≫"先王之遊也, 春出原農事之不本者謂之遊, 秋出補人之不足者謂之夕(선왕들의 遊를 하셨다. 봄에는 농사의 근본을 다하지 않는가를 순시하는 것이 遊이고, 봄에 나아가 부족함을 보충해 주는 것을 夕이라한다)"라고 설명하고 있다. '遊夕(유석)'은 왕이 출타하여 巡視(순시)함을 말한다. '飤(사)'자는 '飼(사)'와 같다.

27) '寍(寧)又(有)寎(懅)惕' : '寎'자는 '懅(거)'자의 이체자이다. '惕(척)'자를 銘文은 '悬'자로 쓰고 있다. '두렵다'의 의미. '寍'자에 대해서 ≪금문편≫은 "張政烺爲从心皿聲, 讀若罔(張政烺은 이자를 '心'와 '血'聲으로 이루어진 형성자이며, '罔'의 의미이다라고 설명하고 있다.)"('1760 寍', 723쪽)으로 설명하고 있다. 본문도 부정 '罔(망)'의 의미로 해석하기로 한다.

28) '賙渴(竭)志盡忠' : ≪說文解字≫는 '渴(갈)'자에 대하여 "盡也('다하다'의 의미)"라고 설명하고 있다. '竭(갈)'과 통한다.

29) '㠯(以)㾷(佐)𠂔開(闢)' : '㾷'자의 음성부분은 '左(좌)'이며 '佐(좌)'와 통한다. '開'자는 '闢(벽)'자이며, '君主'의 의미.

30) '㚢(夙)夜篚(匪)解(懈)' : '㚢'자에 대하여 ≪說文解字≫는 "早敬也(새벽부터 삼가일을 하다)"라고 설명하고 있다. 이 자는 '夙(숙)'자와 같다.

31) '進臤(賢)散(措)能' : '散'자는 음성부분이 '昔'이며, '措(조)'와 통한다. '임용

하다'의 의미.

32) '亡又(有)韓息' : '韓'자는 인식할 수 없는 자이나, 음성부분이 '商(상)'으로 '遑(황)'의 의미로 사용되는 것으로 추증된다. ≪詩經 · 召南 · 殷之靁≫의 "何斯違斯, 莫敢或遑(어째서 님은 이곳을 떠나가 돌아올 틈도 전혀 못내는가?)""何斯違斯, 莫敢遑息(어째서 님은 이곳을 떠나가 쉴 틈도 전혀 못내는가?)" 구절에 대하여 ≪毛傳≫은 "遑, 暇也('遑'은 '느긋하게 지내다'의 의미)"라고 설명하고 있다. '한가하게 휴식하다'의 의미.

33) '僒(敵)䁘(曹)郾(燕)君子徻不顜(辨)大宜(義)' : '僒'자의 음성부분은 '啇(적)'이며 '敵(적)'과 통한다. '䁘'자는 '䡣'자가 생략된 형태로 '曹(조)'자와 통한다. '敵曹'는 '敵輩(적배)'의 의미인 '적의 무리배'의 뜻이다. '徻'는 燕君의 이름으로 경전에서는 일반적으로 '噲(쾌)'자로 쓴다. '顜'자의 음성부분은 '萛'로 '寡(과)'자와 같다. 여기에서는 '辨'자의 의미로 가차되어 사용되고 있다.

34) '不舊(忌)者(諸)医(侯)' : '舊'자의 음성부분은 '售'이고, '售'자 또한 음성부분은 '臼(구)'이기 때문에 '忌(기)'자와 통한다.

35) '而臣宗𠃟立(位)' : '宗'은 '主'의 의미. '𠃟'자는 두 개의 '勿'자가 서로 엇갈려 놓여 있다. 이 자에 대해서 의견이 분분하나, '엇갈리다'의 뜻인 '改易(개역)'의 의미로 추증된다.

36) '㠯(以)内𢇍(絶)邵(召)公之𦍨(業)' : '𢇍'자를 銘文은 '𢇍'으로 쓰고 있다. ≪설문해자≫는 '絶(절)'자의 古文을 '𢇍'으로 쓰고 있다. '𦍨'자는 '業(업)'자와 같다.

37) '乏其先王之禓(祭)祀' : '乏(핍)'은 '廢(폐)'자의 가차자이다.

38) '外之' : '外'는 '대외'적인 일을 말한다.

39) '則䤔(將)使𡭊(上)勤(覲)於天子之庿(廟)' : '䤔'은 '醬(장)'의 古文이며, '將'자와 통한다. 여기에서는 부사의 용법으로 사용되고 있다. '庿'는 '廟(묘)'자와 같다.

40) '而𨗨(退)與者(諸)医(侯)齒𨱗(長)於𧶠(會)同' : '𨗨'는 '退(퇴)'자의 이체자이다. '齒𨱗(長)'은 '연령이나 연배의 순서에 따른 배열'의 의미이다.

41) '賙忨(願)𠀤(從)在大夫' : '忨(완)'자의 음성부분은 '元'이며, '願(원)'과 통한

다. '大夫'는 합문인 ''으로 쓰고 있다.

42) '氏(是)㠯(以)身蒙皋(虩)冑……郾(燕)旃(故)君子徻新君子之' : '皋(虩)'는 虎皮(호피)로 만든 鎧甲(개갑)의 총칭이다. '冑(주)'는 '頭盔(두회)'로 '투구'를 말한다. '旃'자의 음성부분은 '古'로 '故'나 '古'와 통한다. 여기에서는 '新'의 반대적인 개념인 '舊(구)'의 의미로 사용되고 있다.

43) '曾亡鼠夫之栽(救)' : '鼠'자는 음성부분이 '一'이며, '一'과 같은 자이다.

44) '述(遂)定君臣之䝿(位)' : '述(술)'은 '遂(수)'와 통하며, 連詞인 '于是'의 용법으로 사용된다.

45) '休又(有)成工' : '休'는 '善美'의 의미. '成工'은 '成功'의 의미.

46) '刱(刱)闢(闢)封(封)彊(疆)' : '刱'은 '刱(창)'자와 같은 자이다.

47) '使其老簚(策)賞中(仲)父' : '老'는 천자의 卿大夫(경대부). '簚'자의 음성부분은 '版'이며, '板(판)'자와 같은 자이고, '析(석)'이나, '策(책)'자와 통한다. '策書'이나 '策賞'의 의미. '仲父'는 相邦 賙에 대한 尊稱(존칭).

48) '者(諸)医(侯)虘(皆)賀' : '虘'자는 '皆(개)'와 같은 자이다.

49) '夫古之聖王敄(務)才(在)㝵(得)臤(賢)' : ≪說文解字≫의 "務, 趣也, 从力, 敄聲"에 대하여 段玉裁는 "趣者, 疾走也. 務者, 言其促疾於事也('趣(취)'는 급히 나아감을 말한다. '務(무)'란 일을 급히 처리함을 말한다)"(≪說文解字今釋≫, 1994~1995쪽)라고 설명하고 있다.

50) '其即㝵(得)民' : '即'은 '次'의 의미.

51) '旃(故)諱(辭)豊(禮)敬則臤(賢)人至' : '諱'는 '辭(사)'의 이체자이며 '言辭'의 의미이다.

52) '㢈炁(愛)深則臤(賢)人竆(親)' : '㢈'자에 대해서는 학자마다 의견이 다르다. 혹은 '遠(원)'의 이체자이며, '博大'의 의미로 사용되고 있는 것으로 추증된다. '愛'자에 대하여 ≪說文解字≫는 "行皃, 从夊, 炁聲(가는 모양 '夊'와 '炁'聲인 형성자)"이라 설명하고, '炁'자에 대해서는 "惠也(은혜롭다)"라고 설명하고 있다(≪說文解字今釋≫, 728쪽, 1451쪽).

53) '钕(作)斂中則庶民㚑(附)' : '钕'자는 '作(작)'자와 같은 자이다.

54) '允孳(哉)若言' : '允(윤)'은 '진실로'의 뜻이며, '若(약)'은 대사의 용법 '此(차)'의 의미이다.

55) '明蔡之于壺而峕(時)觀焉' : '峕'는 '時(시)'자의 古文.

56) '祗祗翼' : '祗(저)'자 아래에는 중문부호가 있고, '翼(익)'자 아래는 없으나, 문맥으로 보아 '翼'자 아래에도 있어야 한다. '祗祗翼翼'은 공경하고 신중한 모양을 형용한 형용어.

금문편

≪鼎≫은 ≪中山王䰝鼎≫을 말하고, ≪壺≫는 ≪中山王䰝方壺≫을 가리킨다.

'鼠(一)' : ≪금문편≫ '0006 鼠'(5쪽) 참고. ≪壺≫.

'尙(上)' : ≪금문편≫ '0007 上(堂)'("又从尙, 則堂逆於天, 下不慫於人也, 上下對舉, 是如堂爲上('上'자는 字符 '尙'을 쓰기도 한다. '堂逆於天, 下不慫於人也'의 상하 문맥으로 보아 '堂'은 '上'의 의미로 쓰이고 있다.)", 5~6쪽) 참고. ≪壺≫.

'豊(禮)' : ≪금문편≫ '0012 禮'("不从示而从口(字符 '示'를 쓰지 않고, '口'를 쓰고 있다.)", 8쪽) 참고. ≪壺≫.

'羕(祥)' : ≪금문편≫ '0014 祥'("不从示……羊字重見(字符 '示'를 쓰지 않고, …… '羊'에도 보인다.)", 8쪽) 참고. ≪壺≫.

'''(祗)' : ≪금문편≫ '0016 祗'(10쪽) 참고. ≪鼎≫≪壺≫. ≪壺≫의 '祗(저)'자 아래 중문보호가 있다. '祗'자 다음 자인 '(翼)'에는 원래 중문부호가 없으나, 문맥의 내용을 참고하여 ≪금문편≫도 중문부호가 있는 것으로 인식하고 '0016 祗'의 인용문에서 "祗=翼="으로 쓰고 있다.

'(祀)' : ≪금문편≫ '0021 祀'(11~12쪽) 참고. ≪壺≫.

'(祖)' : ≪금문편≫ '0022 祖'(12~13쪽) 참고. ≪鼎≫≪壺≫.

'(社)' : ≪금문편≫ '0030 社'("說文古文作袿(≪說文≫은 古文을 '袿'으로 쓴다.)", 16쪽). ≪鼎≫.

'学(少)' : ≪금문편≫ '0103 小'("学與娖對舉, 可知学讀爲少長之少('学'자와 '娖'자를 같이 언급하는 것으로 보아 '学'자는 '少長'의 '少'의 의미라는 것을 알 수 있

다.)”, 43~45쪽). ≪鼎≫.

‘’‘(余)’ : ≪금문편≫ ‘0113 余’(51~53쪽) 참고. ≪鼎≫≪壺≫.

‘新(欣)’ : ≪금문편≫ ‘0132 哲’(57~58쪽) 참고. ≪鼎≫.

‘(嚴)’ : ≪금문편≫ ‘0164 嚴’(76~77쪽) 참고. ≪壺≫.

‘彼(反)’ : ≪금문편≫ ‘0223 返’(“說文春秋傳返从彳(≪說文≫은 ≪春秋左傳≫의 ‘返(반)’자는 字符 ‘彳’을 쓰고 있다고 설명하고 있다.)”, 98쪽) 참고. ≪壺≫.

‘遗(遺)’ : ≪금문편≫ ‘0233 遺’(101~102쪽) 참고. ≪壺≫.

‘述(遂)’ : ≪금문편≫ ‘0234 遂’(“魏三字石經春秋僖公, 公子遂如晉古文作𨗨. 尙書君奭乃其隧命古文作𨗨, 說文有隊無隧, 今本尙書作墜, 說文新附有之(魏三字石經은 ≪左傳・僖公≫ ‘公子遂如晉(공자 수가 진나라에 가다).’ 중의 ‘遂(수)’자는 ‘𨗨’으로 쓰고, ≪尙書・君奭≫‘乃其隧命(그들은 천명을 잃다).’의 古文은 ‘𨗨’으로 쓰고, ≪說文≫에는 ‘隊(대)’자만 있고 ‘隧(수)’자는 없다. 현행본 ≪尙書≫는 ‘墜’자로 쓰고 있다. ≪說文新附≫에는 있는 자이다.)”, 102쪽) 참고. ≪壺≫.

‘’‘(使)’ : ≪금문편≫ ‘0251 𨒅’(“義如使(‘使’의 의미와 같다.)”, 107쪽) 참고. ‘1345 使’(“从辵(字符 ‘辵’이 있다.)”, 567쪽)에 ≪中山王䄗鼎≫의 ‘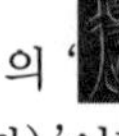’를 다시 수록하고 있기 때문에, ‘使字重見(‘使’자에도 이 자형이 보인다).’이란 내용을 추가하여야 한다. ≪鼎≫≪壺≫.

‘(覆)’ : ≪금문편≫ ‘0259 復’(“讀作覆(‘覆(복)’의 의미이다.)”, 108쪽) 참고. ≪鼎≫.

‘遹(會)’ : ≪금문편≫ ‘ 0263 遹’(“玉篇遹匝也(≪玉篇≫은 ‘遹(회)’자는 ‘匝(돌 잡 ; zā)’이다라고 설명하고 있다.)”, 109쪽) 참고. ≪壺≫.

‘遳(退)’ : ≪금문편≫ ‘0271 復’(“說文古文从辵作退隸作退(≪說文≫은 ‘退(퇴)’자의 古文을 字符 ‘辵’인 ‘退’으로 쓴다.)”, 112쪽) 참고. ≪壺≫.

‘彷(旁)’ : ≪금문편≫ ‘0277 彷’(“義如旁(‘旁’의 의미이다.)”, 116쪽) 참고. ≪鼎≫.

‘(徻)’ : ≪금문편≫ ‘0285 徻’(“史籍作燕王噲(史籍은 ‘燕王 噲(?~BC314)’로 쓴다.)”, 117쪽) 참고. ≪鼎≫≪壺≫.

‘’‘(世)’ : ≪금문편≫ ‘0326 世’(“或从歺(‘世’자를 혹은 字符 ‘歺’를 추가하여 쓴다.)”, 137쪽) 참고. ≪鼎≫≪壺≫.

‘悔(謀)’ : ≪금문편≫ ‘0339 謀’(“古文, 从母从言, 此从母从心(古文은 字符가 ‘母’와 ‘言’인 ‘’로 쓴다. 銘文은 ‘母’와 ‘心’으로 쓰고 있다.)”, 140쪽) 참고. ≪鼎≫.

‘(詆)’ : ≪금문편≫ ‘0365 詆’(“从厎(字符가 ‘厎’이다.)”, 148쪽) 참고. ≪壺≫.

‘栽(誅)’ : ≪금문편≫ ‘0368 誅’(“从戈不从言(字符 ‘戈’를 쓰고, 字符 ‘言’은 쓰지 않고 있다.)”, 148쪽) 참고. ≪壺≫.

‘隹=(誰=)’ : ≪금문편≫ ‘0366 誰’(“不从言……隹字重見(字符 ‘言’을 쓰지 않고, ……‘隹’자에도 보인다.)”, 148쪽) 참고. ≪鼎≫.

‘訫(信)’ : ≪금문편≫ ‘0379 訫’(“義如信(‘信’의 의미이다.)”, 150쪽) 참고. ≪壺≫.

‘竰(童)’ : ≪금문편≫ ‘0393 童’(“从立重聲(‘立’과 ‘重’聲으로 이루어진 형성자이다.)”, 154쪽) 참고. ≪鼎≫.

‘𦕈(業)’ : ≪금문편≫ ‘0395 業’(“从口(字符 ‘口’를 쓴다.)”, 155쪽) 참고. ≪壺≫.

‘晨(振)’ : ≪금문편≫ ‘0424 晨’(“假借爲振(‘振(진)’의 가차자이다.)”, 167쪽) 참고. ≪鼎≫.

‘(事)’ : ≪금문편≫ ‘0472 事’(198~200쪽) 참고. ≪鼎≫.

‘㑊(附)’ : ≪금문편≫ ‘0487 㑊’(“从臣付聲, 有臣服歸附之意(‘臣’과 ‘付’聲으로 이루어진 형성자이다. ‘신하가 되어 섬기고 의지하다’의 의미이다.)”, 206쪽) 참고. ≪壺≫.

‘孜(務)’ : ≪금문편≫ ‘0509 孜’(“孳乳爲務(‘務(무)’의 의미이다.)”, 212쪽) 참고. ≪壺≫.

‘㫃(故)’ : ≪금문편≫ ‘0512 故’(“从㫃(字符 ‘㫃’를 쓴다.)”, 213쪽) 참고. ≪壺≫.

‘栽(救)’ : ≪금문편≫ ‘0525 救’(“从戈(字符 ‘戈’를 쓴다.)”, 216쪽) 참고. ≪鼎≫≪壺≫.

‘敓(奮)’ : ≪금문편≫ ‘0553 敓’(223쪽) 참고. ≪鼎≫.

'''虘(皆)' : ≪금문편≫ '0590 皆'("从肩, 秦殘陶量, 皆明壹之=皆字作[illegible], 从[illegible], 與从肩同(字符 '肩'를 쓴다. ≪秦殘陶量≫'皆明壹之(모두 명확하게 통일하여 하나로 하였다).' 중의 '皆'자는 字符 '[illegible]'를 써서 '[illegible]'로 쓴다. 字符 字符 '[illegible]'는 '肩'의 의미와 같다.)", 245쪽) 참고. ≪鼎≫≪壺≫. ≪금문편≫ 이 자를 '膚'으로 예정하고 있다.

'(者)' : ≪금문편≫ '0592 者'(247~248쪽) 참고. ≪鼎≫.

'羕(祥)' : ≪금문편≫ '0615 羊'("孳乳爲祥('祥(상)'의 의미이다.)", 261~262쪽) 참고. ≪壺≫.

'(焉)' : ≪금문편≫ '0635 焉'(266쪽) 참고. ≪壺≫.

'(棄)' : ≪금문편≫ '0637 棄'(267쪽) 참고. ≪鼎≫.

'學(幼)' : ≪금문편≫ '0642 幼'(269쪽) 참고. ≪鼎≫.

'孥(哉)' : ≪금문편≫ '0646 孥'("義如哉('哉(재)'의 의미와 같다", 270~271쪽) 참고. ≪鼎≫≪壺≫.

'(放)' : ≪금문편≫ '0653 放'("孳乳爲倣('倣(방)'의 의미이다.)"273쪽) 참고. ≪壺≫.

'(觀)' : ≪금문편≫ '0662 叡'("从睿从見('睿'와 '見'로 이루어진 자이다.)", 279쪽) 참고. ≪鼎≫. '1453 觀'(621쪽)에도 이 자가 보이고 있으나, "某字重見"이란 문장이 보이지 않고 있다.

'(體)' : ≪금문편≫ '0667 體'("从身(字符 '身'을 쓴다.)", 281쪽) 참고. ≪壺≫.

'刱(刱)' : ≪금문편≫ '0698 刅'("从立(字符 '立'을 쓴다.)", 291쪽) 참고. ≪壺≫. ≪금문편≫은 인용구에서 이 자를 '創(창)'으로 쓰고 있다.

'解(懈)' : ≪금문편≫ '0705 解'("孳乳爲懈('懈(해)'의 의미이다.)", 293쪽) 참고. ≪鼎≫≪壺≫.

'篚(匪)' : ≪금문편≫ '0716 篚'("假借爲匪('匪(비)'의 가차자이다.)", 302쪽) 참고. ≪壺≫.

'笄(簡)' : ≪금문편≫ '0720 笄'("从竹从閒省, 閒爲古文閒('竹'과 '閒'의 생략된 형태로 이루어진 자이다. '閒'는 '閒(한 ; 간)'의 古文이다.)", 303쪽) 참고. ≪壺≫.

'箙(策)' : ≪금문편≫ '0721 箙'("義爲策('策(책)'의 의미이다.)", 303쪽) 참고. ≪壺≫.

'㷋(左)' : ≪금문편≫ '0729 差'("假借作左('左(좌)'의 가차자이다.)", 311쪽) 참고. ≪鼎≫.

'𣍘(曹)' : ≪금문편≫ '0742 曹'("孳乳爲遭('遭(조)'의 의미이다.)", 317쪽) 참고. ≪鼎≫.

'虖(呼)' : ≪금문편≫ '0771 虖'(333쪽) 참고. ≪鼎≫≪壺≫.

'𩛥(修)' : ≪금문편≫ '0850 𩛥'("義如修('修(수)'의 의미이다.)", 362쪽) 참고. ≪壺≫.

'含(今)' : ≪금문편≫ '0856 今'("从口(字符 '口'를 쓴다.)", 363쪽) 참고. ≪鼎≫.

'迨(會)' : ≪금문편≫ '0858 會'(364~365쪽) 참고. ≪鼎≫.

'侖(論)' : ≪금문편≫ '0855 侖'("孳乳爲侖('侖(윤)'의 의미이다.)", 363쪽) 참고. ≪鼎≫.

'(良)' : ≪금문편≫ '0887 良'(381~382쪽) 참고. ≪壺≫.

'(憂)' : ≪금문편≫ '0897 憂'("不从夊(字符 '夊'를 쓰지 않고 있다.)", 384쪽) 참고. ≪鼎≫.

'(若)' : ≪금문편≫ '0973 叒'("義如赦('赦(사)'의 의미이다.)", 413쪽) 참고. ≪鼎≫.

'剌(列)' : ≪금문편≫ '0986 剌'("義如列('列(열)'의 의미이다.)", 423~425쪽) 참고. ≪鼎≫.

'孯(賢)' : ≪금문편≫ '1001 賢'("从子(字符 '子'를 쓴다.)", 429쪽) 참고. ≪壺≫.

'(賞)' : ≪금문편≫ '1006 賞'("从具省(字符 '具'를 생략한 형태이다.)", 431쪽) 참고. ≪壺≫.

'(貳)' : ≪금문편≫ '1010 貳'(433쪽)"从肉从戈('肉'과 '戈'로 이루어진 자이다.)" 참고. ≪壺≫.

'旹(時)' : ≪금문편≫ '1083 時'("說文古文時从之日(≪說文≫의 古文 '時'자는 字符 '之'와 '日'을 쓴다.)", 456쪽) 참고. ≪壺≫.

'(早)' : ≪금문편≫ '1084 早'("从日棗聲('日'과 '棗'聲으로 이루어진 형성자.)", 456쪽) 참고. ≪鼎≫.

'(遊)' : ≪금문편≫ '1104 游'(463~464쪽) 참고. ≪鼎≫≪壺≫.

'又(有)' : ≪금문편≫ '1127 有'("以又爲有('又'자는 '有'의 의미로 쓰인다.)", 479~480쪽) 참고. ≪鼎≫.

'夙(夙) ; 㚈(夙)' : ≪금문편≫ '1135 夙'(484쪽) 참고. ≪鼎≫≪壺≫.

'(克)' : ≪금문편≫ '1155 克'(497~498쪽) 참고. ≪鼎≫.

'(稷)' : ≪금문편≫ '1161 稷'("从示(字符 '示'를 쓰고 있다.)", 501쪽) 참고. ≪鼎≫.

'親(親)' ; ≪금문편≫ '1445 親'(619쪽) 참고. ≪鼎≫.

'寴(親)' : ≪금문편≫ '1196 寴'("从新(字符 '新'을 쓴다.)", 516쪽), 참고. ≪壺≫.

'(宜)' : ≪금문편≫ '1206 宜'("讀爲義('義(의)'의 의미이다.)", 527~528쪽) 참고. ≪鼎≫.

'' '⿱(寡)' : ≪금문편≫ '1211 寡'(529~530쪽) 참고. ≪鼎≫≪壺≫. 본문은 ≪鼎≫의 '許之' 앞의 자를 '寡(과)' 한 자로 보고 있으나, ≪금문편≫은 부호 '='가 있는 것으로 보고 '寡人'의 합문으로 해석하고 있다. 문맥 상 참고할 만하다.

'俘(保)' : ≪금문편≫ '1309 保'("說文古文保作俘(≪說文≫은 古文 '保(보)'자를 '俘(부)'로 쓴다.)", 556~558쪽) 참고. ≪鼎≫≪壺≫.

'(敬)' : ≪금문편≫ '1320 儆'("从心(字符 '心'을 쓴다.)", 561쪽) 참고. ≪壺≫.

'侮(姆)' : ≪금문편≫ '1350 侮'("說文古文从母作侮(≪說文≫은 古文을 字符 '母'를 써서 '侮(모)'로 쓴다.)"568쪽) 참고. ≪鼎≫.

'僑(敵)' : ≪금문편≫ '1362 僑'("通敵('敵(적)'자와 서로 통한다.)", 575쪽) 참고. ≪鼎≫≪壺≫.

'顚(辨)' : ≪금문편≫ '1476 顧'(627쪽) 참고. ≪壺≫.

'''巛(訓) ; 巛(順)' : ≪금문편≫ '1477 順'(627쪽) 참고. '1758 巛'("讀爲順('順(순)'의 의미이다.)", 723쪽) ≪鼎≫≪壺≫. 그러나 ≪금문편≫은 '某字重見'이란 문장이 빠져 있다.

‘[吅/女](鄰)’ : ≪금문편≫ ‘1490 [吅/女]’(“讀爲鄰, 老子德經鄰國相望, 道經猶兮若畏四鄰, 馬王堆漢書帛書老子乙本均作[吅/女](‘鄰(인)’의 의미이다. ≪老子・德經≫의 “鄰國相望”과 ≪道經≫“猶兮若畏四鄰” 중의 ‘鄰’자를 ≪馬王堆漢書帛書老子乙≫本은 모두 ‘[吅/女]’으로 쓴다.)”, 638쪽) 참고. ≪鼎≫.

‘庿(廟)’ : ≪금문편≫ ‘1550 廟’(“說文古文作庿(≪說文≫은 古文을 ‘庿(묘)’으로 쓴다.)”, 659쪽) 참고. ≪壺≫.

‘(㕓)’“ ≪금문편≫, ‘1574 㕓’(664쪽) 참고. ≪壺≫.

‘鋹(長)’ : ≪금문편≫ ‘1576 長’(“作少長字(‘少長’ 중의 ‘長’의 의미이다.)”, 665쪽) 참고. ≪鼎≫≪壺≫.

‘(𢿿)’ : ≪금문편≫ ‘1595 𢿿’(“从二易相背, 義爲悖(두 개의 ‘易’을 서로 거꾸로 하여 쓰고 있다. ‘悖(패)’의 의미다.)”, 673쪽) 참고. ≪壺≫.

‘喬(驕)’ : ≪금문편≫ ‘1600 驕’(“不从馬(字符 ‘馬’를 쓰지 않고 있다)”, 677쪽) 참고. ≪鼎≫.

‘㹳(悟)’ : ≪금문편≫ ‘1636 㹳’(686쪽) 참고. ≪鼎≫.

‘(擧)’ : ≪금문편≫ ‘1641 𤞞’(687쪽) ; ‘1942 擧’(“𤞞字重見(‘𤞞’자에도 보인다.)”, 782쪽) 참고. ≪壺≫.

‘(惕)’ : ≪금문편≫ ‘1658 焬’(“集韻乾也(≪集韻≫은 ‘乾(건)’의 의미로 설명하였다.)”, 691쪽) 참고. ≪鼎≫≪壺≫.

‘卒(䘝)’ : ≪금문편≫ ‘1685 卒’(“義如䘝如甲(‘䘝’나 혹은 ‘甲’의 의미이다.)”, 704쪽) 참고. ≪壺≫.

‘竨(位)’ : ≪금문편≫ ‘1701 立’(710~711쪽) 참고. ≪壺≫.

‘𤼽(悖)’ : ≪금문편≫ ‘1704 𤼽’(“義如廢(‘廢(폐)’의 의미이다.)”, 711쪽) 참고. ≪鼎≫.

‘竝(替)’ : ≪금문편≫ ‘1706 㬱’(“說文替廢一偏下也, 此作一上一下, 更替之形(≪說文≫은 ‘替(체)’자를 ‘그 중의 하나를 아래로 후퇴 시켜 대체하고 있다’라고 설명하고 있다. 銘文은 하나는 위에 하나는 아래에 각각 위치한 변화갱신의 의미이다.)”, 712쪽) 참고. ≪鼎≫.

‘㤅(愛)’ : ≪금문편≫ ‘1731 㤅’(“今以愛代㤅(지금은 ‘㤅’ 대신 ‘愛(애)’자로 쓴다.)”,

717쪽) 참고. ≪壺≫.

‘解(懈)’ : ≪금문편≫ ‘1742 懈’(“不从心, 解字重見(字符 ‘心’를 쓰지 않고, ‘解(해)’자에도 보인다.)”, 720쪽) 참고. ≪鼎≫.

‘忨(願)’ : ≪금문편≫ ‘1745 忨’(“義皆如願(‘願(원)’의 의미이다.)”, 720쪽) 참고. ≪壺≫.

‘(憂)’ : ≪금문편≫ ‘1751 㥑’(“孳乳爲憂(‘憂(우)’의 의미이다.)”, 721쪽) 참고. ≪鼎≫.

‘㣶(寧)’ : ≪금문편≫ ‘1760 㣶’(“張政烺謂从心皿聲, 讀爲罔(張政烺은 이 자는 ‘心’과 ‘皿’인 형성자이며, ‘罔(망)’의 의미이다고 설명하고 있다.)”, 723쪽) 참고. ≪壺≫.

‘愸(勞)’ : ≪금문편≫ ‘1763 愸’(“義如勞(‘勞(노)’의 의미이다.)”, 724쪽) ; ‘2215 勞’(902쪽) 참고. ≪鼎≫. ≪금문편≫은 ‘某字重見’이란 말을 사용하지 않고 있다.

‘㣘(肆)’ : ≪금문편≫ ‘1766 㣘’(724쪽) 참고. ≪鼎≫.

‘汋(溺)’ : ≪금문편≫ ‘1822 沒’(737쪽) 참고. ≪鼎≫. ≪금문편≫은 이 자 아래 “蒦其沒人施”라는 명문을 인용하고 있으나, 이 명문 중 ‘施(시)’자는 ≪부록하≫ ‘297 ’(1219쪽)에 수록하고 있다. ≪금문편≫은 원 체제상 이 자를 예정하지 말아야한다.

‘渴(竭)’ : ≪금문편≫ ‘1827 渴’(“汗簡渴作碣作 偏旁形近, 說文盡也(汗簡은 ‘渴(갈)’자를 ‘’으로 쓰고 ‘碣’자를 ‘’으로 쓴다. 偏旁의 형태가 비슷하다. ≪說文≫은 ‘盡’의 의미라고 설명하고 있다.)”, 737쪽) 참고. ≪壺≫.

‘雩=(越=)’ : ≪금문편≫ ‘1874 雩’(“史籀作越(史籀은 ‘越(월)’로 쓴다.)”, 753쪽) 참고. ≪鼎≫.

‘閞(闢)’ : ≪금문편≫ ‘1909 闢’(“又假借辟(또한 ‘辟(벽)’의 가차자로 쓰인다.)”, 768쪽)참고. ≪鼎≫≪壺≫.

‘聒(聞)’ : ≪금문편≫ ‘1926 聞’(“說文古文作聒, 古文尚書作䎽, 與婚通(≪說文≫은 古文을 ‘聒(문)’으로 쓰고 ≪古文尚書≫는 ‘䎽’로 쓰며, ‘婚(혼)’자와 통용된다.)”, 772~773쪽) 참고. ≪鼎≫.

‘(殄)’ : ≪금문편≫ ‘2038 戮’(“从歹(字符 ‘歹’을 쓴다.)”, 826쪽) 참고. ≪鼎≫.

‘戣(仇)’ : ≪금문편≫ ‘2047 戣’(“義如仇(‘仇(구)’의 의미와 같다.)”, 829쪽) 참고. ≪鼎≫

≪壺≫.

'純(純)' : ≪금문편≫ '2097 純'(857쪽) 참고. ≪壺≫.

'(彝)' : ≪금문편≫ '2122 彝'(864~871쪽) 참고. ≪壺≫.

'舊(忌)' : ≪금문편≫ '2159 舊'(881쪽) 참고. ≪壺≫.

'㙜(封)' : ≪금문편≫ '2174 封'("从田(字符 '田'을 쓴다.)", 885쪽) 참고. ≪鼎≫≪壺≫.

'(型)' : ≪금문편≫ '2175 型'("或从𠛱从土(혹은 이 자는 字符 '𠛱'과 '土'를 쓴다.)", 885쪽) 참고. ≪壺≫.

'(勛)' : ≪금문편≫ '2211 勳'("說文勛古文勳从員(≪說文≫은 '勳(훈)'자의 古文을 字符 '員'을 써서 '勛(훈)'으로 쓴다.)", 901쪽) 참고. ≪壺≫.

'工(功)' : ≪금문편≫ '2212 功'("工字重見('工'자에도 보인다.)", 901쪽) 참고. ≪鼎≫ ≪壺≫.

'敄(務)' : ≪금문편≫ '2213 敄'("不从力(字符 '力'을 쓰지 않고 있다.)", 901쪽) 참고. ≪壺≫.

'(軍)' : ≪금문편≫ '2302 軍'("从車从勻('車'와 '勻'으로 이루어진 자이다.)", 933쪽) 참고. ≪鼎≫.

'阤(施)' : ≪금문편≫ '2327 阤'("子虛賦, 登降阤靡, 漢書作陀, 史記作施(≪子虛賦≫의 '登降阤靡' 중의 '阤(타)'자를 ≪漢書≫는 '陀'로 쓰고, ≪史記≫는 '施(시)'로 쓴다.)", 941쪽) 참고. ≪壺≫.

'牆(將)' : ≪금문편≫ '2407 牆'("古文作假借作將(古文은 ''로 쓰고 '將(장)'의 가차자이다.)", 1003쪽) 참고. ≪壺≫.

'''施(也)' : ≪금문편≫≪부록하≫ '297'("朱德熙裘錫圭釋爲施讀爲也(朱德熙(주덕희)와 裘錫圭(구석규)는 이 자를 '施(시)'로 예정하고 '也'의 의미이다고 설명하고 있다.)", 1219쪽), 참고. ≪鼎≫≪壺≫.

'厇(宅)' : ≪금문편≫ ≪부록하≫ '414'(1239쪽) 참고. ≪鼎≫.

‘(蔡)’ : ≪금문편≫ ≪부록하≫ ‘437’(1243쪽) 참고. ≪壺≫.

‘臭(斁)’ : ≪금문편≫ ≪부록하≫ ‘444’(1244쪽) 참고. ≪壺≫.

‘轉’ : ≪금문편≫ ≪부록하≫ ‘571’(1266쪽) 참고. ≪壺≫.

93. 【中山侯鉞】

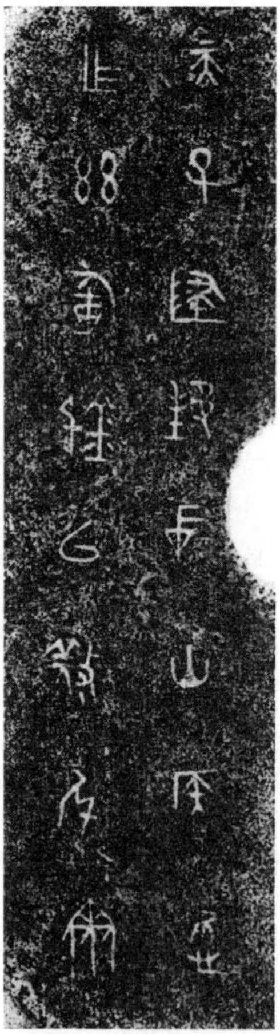

【명문참고】

集成 18.11758 ; 銘文選 2.883.

【소개】

발견 : 1976년 河北省 平山村 中山譽王2號墓에서 출토.
명문 : 2行 16字.
크기 : 길이 29.6㎝ ; 넓이 25.5㎝.
소장 : 河北省 文物管理處.

【명문풀이 참고문헌】

≪商周青銅器銘文選 · 四≫, 581쪽.

【석문】

天子建邦[1], 中山医(侯)[2]
乍(作)丝(兹)軍旄[3]. 目(以)敬(儆)氒眾(衆)[4](7549)

【해석】

中山國의 天子가 나라를 건립한 후 中山 王侯 (忈)는 이 권력을 상징하는 도끼를 만들어 군대를 경계하고자 한다.

설 명

1) '建邦' : '나라를 세우다'의 의미. ≪戰國策 · 中山≫은 "魏文侯欲殘中山, 常莊談謂趙襄子曰, 魏幷中山, 必無趙矣. 何不請公子頃以爲正妻, 因封之中山, 是中山復立也(魏 文侯가 中山國을 멸망시키려 하자, 趙國의 신하인 常莊談(상장담)이 趙襄子(조양자)에게 魏나라가 中山을 병합하면 趙나라 역시 멸망하고 말 것인데, 어찌 魏君의 딸인 公子頃(공자경)을 후비로 맞이하지 않는가라 했다. 또한 그녀를 中山에 封하면 中山은 계속해서 존립할 것이다라 했다)"라 설명하고 있다.

2) '中山医(侯)' : 中山이 復國한 후의 군주. '()(忈)'자는 인식할 수 없는 자다. ≪금문편≫은 이 자를 수록하지 않고 있으나, '0288 建'(119쪽)자 아래에서 기물의 명칭을 ≪中山侯忞鉞≫이라고 하는 것으로 보아 '忞(자)'로 예정하고 있음을 알 수 있다.

3) '軍旄' : '旄'자는 '釚(흑)'자와 같은 자이며, '軍釚(군흑)'은 권력을 상징하는 도끼를 가리킨다.

4) '㠯(以)敬(儆)乓眔(衆)' : '敬(경)'은 '儆(경)'과 통하며, '경계하다'의 뜻. '眔(중)'은 '衆(중)'자와 같은 자로 '軍隊'를 뜻한다.

금문편

'(天)' : ≪금문편≫ '0003'(3~4쪽) 참고.

'(子)' : ≪금문편≫ '2378 子'(981~985쪽) 참고.

'(建)' : ≪금문편≫ '0288 建'(119쪽) 참고.

'(邦)' : ≪금문편≫ '1030 邦'(442~443쪽) 참고.

'(中)' : ≪금문편≫ '0057 中'(28~30쪽) 참고.

'(軍)' : ≪금문편≫ '2302 軍 '(933쪽) 참고.

'(旌)' : ≪금문편≫ '2256 鈃'(919쪽) 참고.

'敬(儆)' : ≪금문편≫ '1526 敬'(652~653쪽) 참고.

'(乓)' : ≪금문편≫ '2027 乓'(817~819쪽) 참고.

'眔(衆)' : ≪금문편≫ '1376 衆'(580쪽) 참고.

晉

94.【緐書缶(欒書缶)】

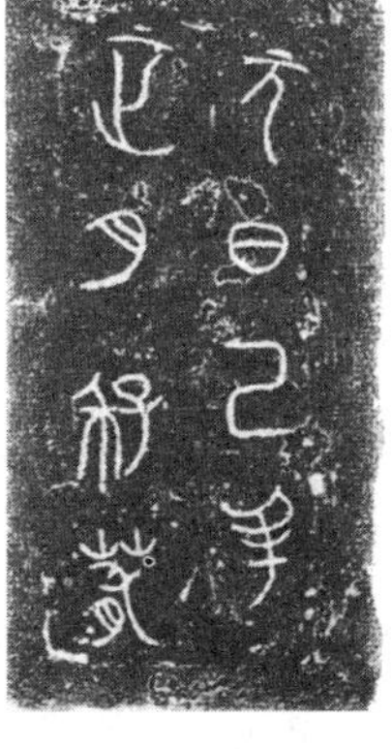

【명문참고】

集成 16・10008 銘文選 2・886 ; 總集 08・5825.

【소개】

명문 : 器銘 5行 40字 ; 蓋銘 2行 8字.

크기 : 높이 40.3㎝.

시기 : 春秋 晉景公 혹은 厲公.

소장 : 廣州市 博物館.

【주요참고문헌】

≪商周青銅器銘文選四≫, 586~587쪽.

≪商周古文字讀本≫, 153~154쪽 참고.

【석문】

＜蓋銘＞

正月秄(季)萅(春)[1],

元日己丑[2].

＜器銘＞

正月秄(季)萅(春), 元日己丑, 余畜孫書也[3]. 斁(擇)其吉
金, 吕(以)攸(作)鑄(鑄)鈽(缶)[4], 吕(以)祭我
皇祖[5]. 虞(吾)吕(以)斫(祈)釁(眉)耆(壽)[6], 䜌(欒)
書之子孫, 萬枼(世)是寶(寶)[7](6281)

【해석】

正月 봄날, 己丑 吉日을 택하여 효성이 지극한 손자인 나 書(서)는 좋은 청동을 선택하여 이 缶(부)를 주조하여, 나의 훌륭하신 先祖에게 제사를 드릴 때 사용하고자 한다. 또 이 기물로써 장수를 기원하고자 하니, 欒書(난서)의 子孫들은 이 기물을 만년 대대로 보배로 간직할 지어라.

설 명

문자가 錯金(착금)되어 있다. '䜌'자는 일반적으로 '欒(난)'으로 쓰며, '欒書(BC?~BC573年)'는 欒盾(난순)의 아들로 '欒武子(난무자)'・'欒伯(난백)'・'武子'・'欒(난)' 등으로 칭하기도 한다.

1) '正月秄(季)萅(春)' : 夏曆(하력)으로 十一月이 孟春(맹춘)이고, 正月이 季春(계춘)에 해당된다.

2) '元日己丑' : ≪呂氏春秋・孟春≫"天子乃以元日祈穀於上帝(天子는 길일을 택하여 상제에게 곡식을 바치는 제를 올린다)"의 구절에 대하여 高誘(고

유)는 "元, 善也"라고 풀이하고 있다. '元日'은 '吉日'의 의미이다.

3) '余畜孫書也' : ≪禮記・祭統≫"孝者, 畜也. 順於道, 不逆於論, 是之謂畜('孝'를 '畜(축)'이라 한다. 도리에 어긋남이 없고, 윤리를 어긋나지 않는 것을 '畜'이라 한다)" 중의 '畜'의 의미와 같다.

4) '㠯(以)攸(作)鑄(鑄)鈽(缶)' : '鑄'자는 '鑄(주)'자와 같은 자이다. '鈽'자는 '缶(부)'자와 의미부분인 '金'이 추가되어 이루어진 자로 회의겸 형성자.

5) '皇祖' : '皇(황)'의 '大'의 의미이며, '皇祖'는 '先祖'의 존칭.

6) '𪚔(吾)㠯(以)斦(祈)覺(眉)耆(壽)' : '𪚔'자의 음성부분은 '魚'이며, 代詞 '吾(오)'와 통한다. '斦'자의 음성부분은 '斤'이며, '祈(기)'와 통한다. '覺耆'는 經籍에서는 '眉壽(미수)'로 쓴다. '長壽'의 의미.

7) '萬枼(世)是寶(寶)' : '枼'자를 '枼'자로 예정하기도 한다. '世'자와 같은 자이다. '寶'자는 '寶'자와 같은 자이다. '是寶(寶)'자는 '이것을 보배로 삼다'라는 의미로 동사는 '寶'이고 '是'는 代詞이다. 목적어와 동사가 도치되었다.

금문편

'(季)' : ≪금문편≫ '2381 季'(986~987쪽) 참고.

'鈽(缶)' : ≪금문편≫ '0862 缶'(367~368쪽) 참고.

'(萬)' : ≪금문편≫ '2354 萬'(951~958쪽) 참고.

'覺(眉)' : ≪금문편≫ '0584 眉'(237~242쪽) 참고.

'(余)' : ≪금문편≫ '0113 余'(51~53쪽) 참고.

'斦(祈)' : ≪금문편≫ '0028 祈'(14~16쪽) 참고.

'(以)' : ≪금문편≫ '2395 以'(995~997쪽) 참고.

'''(書)' : ≪금문편≫ '0477 書'(202쪽) 참고.

'鑄(鑄)' : ≪금문편≫ '2226 鑄'(908~911쪽) 참고.

'枼(世)' : ≪금문편≫ '0951 枼'(400쪽) 참고.

'寶(寶)' : ≪금문편≫ '1200 寶'(516~525쪽) 참고.

95.【鄂君啓節(噩君啓節)】

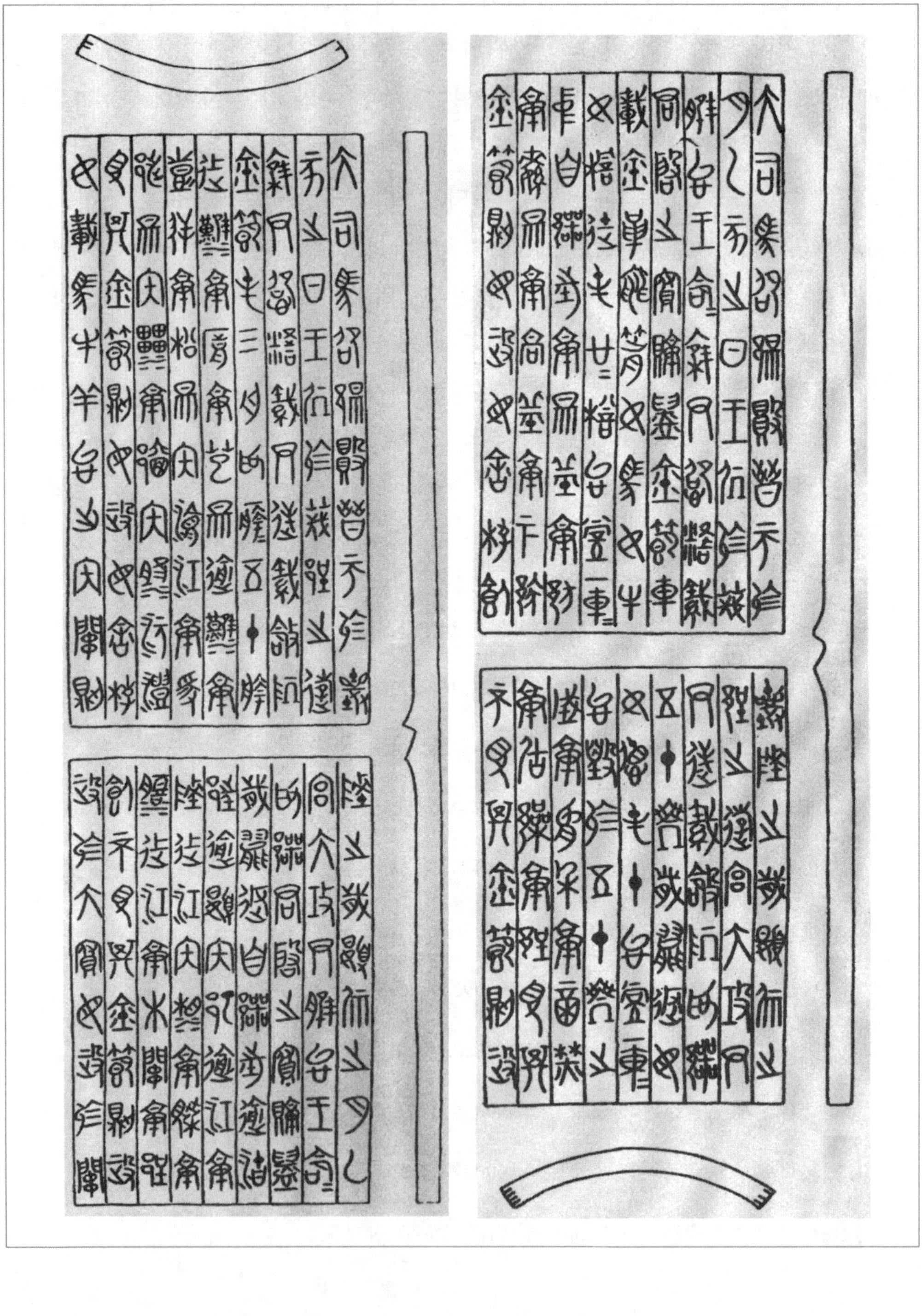

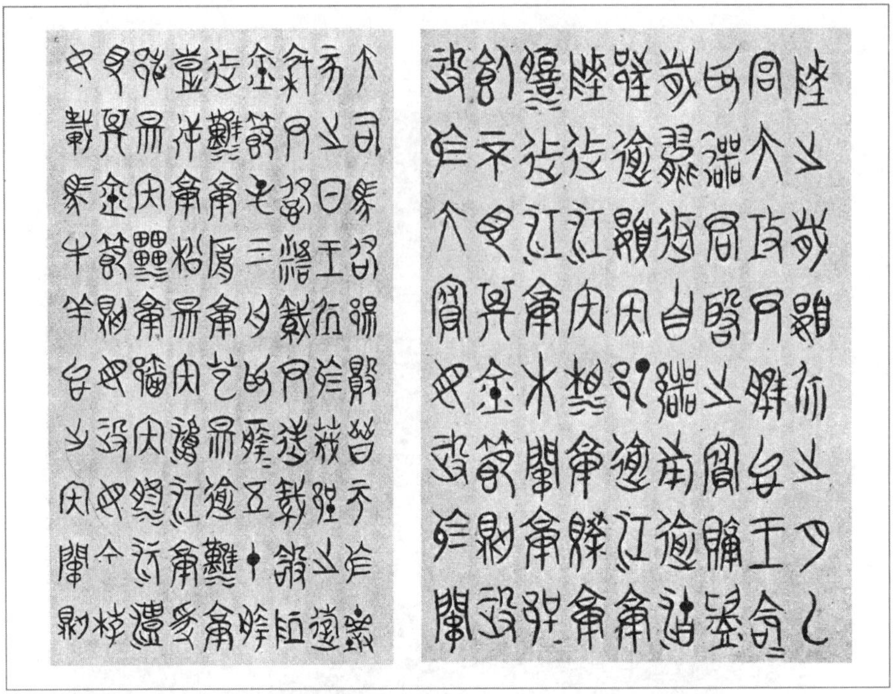

≪舟節≫

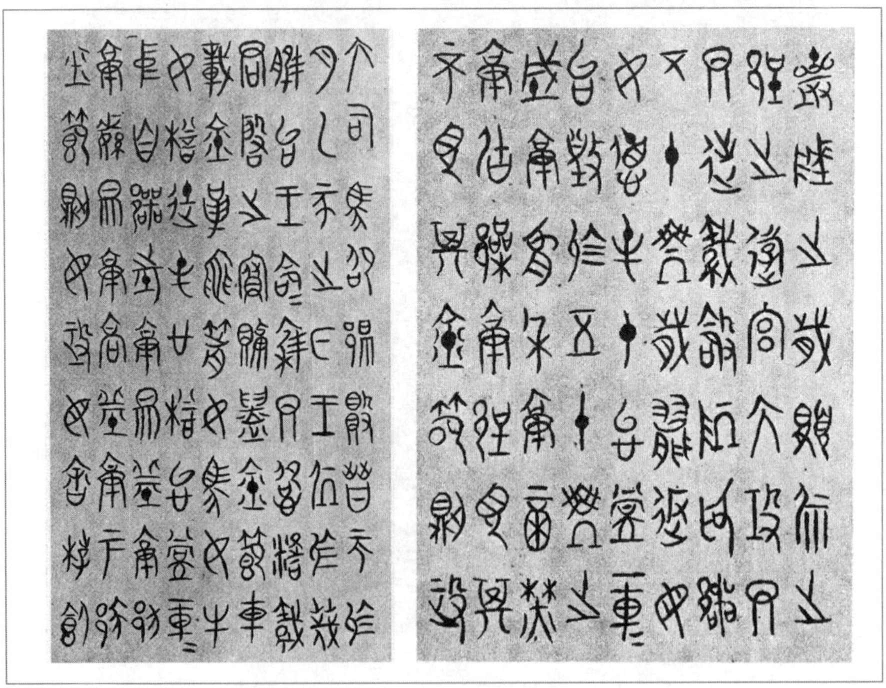

≪車節≫

【명문참고】

集成 18・12110；銘文選 2・659；總集 10・7899/集成18・12113；銘文選 2・659；總集 10・7900

【발견과 명칭】

異名：噩君啓節

출토：1957년 安徽省 壽縣 九里鄕 丘家花園에서 출토.

명문：舟節 9行 164字, 重文 1, 合文 1；車節 9行 148자, 重文 1, 合文 3.

크기：舟節은 1枚가 발견되었고, 길이 31㎝이고, 넓이는 7.3㎝이고, 두께는 0.7㎝이다. 車節은 모두 3枚가 발견되었고, 길이 29.6㎝이고, 넓이는 7.3㎝이고, 두께는 0.7㎝이다.

소장：安徽博物館과 中國歷史博物館.

【주요참고문헌】

≪商周青銅器銘文四≫, 432~435쪽.

≪商周古文字讀本≫, 176~182쪽.

≪安徽出土金文訂補≫, 崔恒昇, 黃山書社, 220~237쪽.

【석문】

< 舟節 >

大司馬卲鄒(陽)[1]敗(敗)晉帀(師)於襄陵[2]之歲(歲)[3], 頣(夏)屎之月[4], 乙亥之日, 王凥(居)於茂郢之遊宮[5]. 大攻尹脽[6]台(以)王命, 命集(集)尹悲𨐨・裁尹逆・裁𢿢(令)阬[7], 爲鄂(鄂)君啓之府(府)賸盥(鑄)金節[8]. 屯三舟爲一舿(舸)[9], 五十舿(舸), 歲(歲)罷(熊)返[10]. 自鄂(鄂)𡉚(往)[11], 逾沽(湖)[12], 让灘[13], 庚䢜[14] , 庚芑鄒(陽), 逾灘, 庚郢[15], 逾頣(夏), 內(入)邔[16]. 逾江[17], 庚彭㢣(逆)[18], 庚松鄒(陽), 內(入)瀘(瀘)江, 庚爰陵. 让江, 內(入)湘, 庚䐑[19], 庚邶鄒(陽)[20], 內(入)澮, 庚鄗[21]；內(入)資(資)・沅・澧・𣸎；让江, 庚木闗(關), 庚郢. 見其金節則毋政(徵)[22], 毋舍桴飤[23], 不見其金節則政(徵). 女(如)載馬牛羊, 台(以)出內(入)闗(關), 則政(徵)於大府(府)[24], 毋政(徵)於闗(關)[25](7614)

< 車節 >

大司馬 卲鄒(陽)敗(敗)晉帀(師)於襄陵之歲(歲), 頣(夏)屎之月, 乙亥之日, 王凥(居)於茂郢之遊宮. 大攻尹脽台(以)王命, 命集(集)尹悲𨐨裁尹逆裁𢿢(令)阬, 爲鄂(鄂)君啓之府(府)賸盥(鑄)金節. 車五十乘, 歲(歲)罷(熊)返. 毋載金革黽箁(箭)[26]. 女(如)馬女(如)牛女(如)億(犆)[27], 屯十台(以)堂(當)一車；

女(如)檐徒[28], 屯廿檐台(以)堂(當)一車[29]；台(以)毀於五十乘之中[30]. 自鄗(鄂)圭(往), 庚昜(陽)丘, 庚邡(方)城, 庚象禾, 庚畐焚, 庚緐(繁)昜(陽), 庚高丘, 庚下蔡(蔡), 庚居鄛(巢), 庚郢. 見其金節則毋政(徵), 毋舍桴飤, 不見其金節則政(徵)(7613)

【해석】

< 舟節 >

大司馬 卲陽(소양)이 襄陵(양능)에서 晉國의 군사를 격파한 해, 夏夷 月 乙亥 日에, 楚王은 茂郢(무영 : 郢都)의 遊宮(郢城)에 居하고 있었다. 大攻尹 脽(수)는 王의 命을 받아 集尹 卲犢과 織尹 逆과 織裁令 耆(기)에게 명령을 하달하여 鄂君(악군) 啓의 府商을 위하여 이 銅節을 제작하도록 하였다. 작은 배(舟) 세 개의 분량을 큰 배(舸) 하나의 분량으로 간주하며, 큰 배 오십 개의 분량으로 한정하며, 만 일년이 되면 이 절을 반환해야 한다.

鄂邑(악읍)을 출발하여 湖水(호수)를 지나 灘(漢 : 한)水를 거슬러 올라서, 鄢邑(언읍)과 芑陽(기양)을 지나 漢水의 수로를 다시 접어들어서 䢼(汪 : 왕)邑과 頭(夏 : 하)水를 지나, 䢵(鄖 : 운)水로 들어간다(이상은 西北지방의 水線에 해당된다).

다시 長江을 따라 내려와 彭弥(澤 : 택)과 松昜(陽)을 지나 瀘(濾 : 여)江으로 들어와 다시 爰陵(원릉)을 경과한다(이상은 동부지방의 水線에 해당된다).

다시 長江을 거슬러 올라서 湘江(상강)으로 들어서, 牒(渫 : 접, 섭)陽과 郷(洮 : 도)昜(陽)을 지나, 다시 湘江(상강)에서 濡水(뇌수)로 들어서 鄗(鄙 : 비)를 경과한 후, 다시 檠(資 : 자)水・沅水(원수)・澧水(풍수)와 ・澹(澹)水(담수)로 들어간다(이상은 西南쪽의 水線에 해당된다).

長江을 거슬러 올라서 木閘(關 : 관)을 지나 郢都(영도)를 지나간다(이상은 西쪽의 水線에 해당된다).

이 銅節을 보면 징세하지 말되, 음식물은 제공할 필요가 없고, 銅節을 제시하지 않으면 징세를 하도록 하라.

만약에 말・소와 양들을 싣고 關所를 출입하는 경우에는 大府가 세금을 징수하도록 하고, 關所가 세금을 징수하지 않도록 한다.

< 車節 >

大司馬 卲陽(소양)이 襄陵(양능)에서 晉國의 군사를 격파한 해, 夏夷 月 乙亥 日에, 楚王은 茂郢(무영 : 郢都)의 遊宮(유궁 : 郢城)에 居하고 있었다. 大攻尹 脽는 王의 命을 받아 集尹 卲犢과 織尹 逆과 織裁令 耆에게 명령을 하달하여 鄂君 啓의 府商을 위하여 이 銅節을 제작하도록 하였다. 매번 오십 대의 수레로 한정하며, 만 일 년이 되면 이 절을 반환해야 한다. 금속이나 피혁 혹은 활이나 화살들을 운반해서는 안 된다. 만약에 말과 소와 거세한 황소 등이 있다면 열 마리를 한 수레로 계산하며, 만약에 짐을 메는 담부들이 있다면, 열 짐을 한 수레로 계산하도록 한다. 이러한 것들은 총 오십대 수레 數에서 빼내야 한다.

鄂郡(악군)을 출발하여 昜(陽 : 양)丘・邡(方)城・象禾(상화)・畐焚(복분)・緐(繁 : 번)昜(陽)・高丘(고구)・下蔡(蔡 : 채)・居鄛(巢 : 소)와 郢都(영도) 등의 지방을 지나도록 한다. 이 銅節을 보면 징세하지 말되, 음식물은 제공할 필요가 없고, 銅節을 제시하지 않으면 징세를 하도록 하라.

설 명

1957년 安徽省(안휘성) 壽縣(수현)에서 출토된 鄂君啓節(악군계절)은 관문을 통과할 때 사용하는 通行手形(통행수형)로 화물 수송 면세 증명서이다. 관문 통행증 '節(절)'은 대나무 형태인 靑銅器로 만들었다. 청동 표면에 문자가 금으로 상감되어 있다. 글 첫 머리에 '大司馬 卲陽(소양)이 襄陵(양능)에서 晉國의 군사를 격파한 해'라고 적혀 있는 것으로 보아 楚 懷王 6年(BC323年)에 만들었다는 것을 알 수 있다.

이 節은 鄂(악) 지방의 영주였던 啓(계)가 금후 1년간 수로와 도로로 물자 수송할 때 사용하는 免稅(면세) 통행증이다. 본 節은 두 종류로, 하나는 작은 배 150척을 대상으로 하는 水運用(수운용)이고, 다른 하나는 수레 50대를 대상으로 하는 陸運用(육운용)이다.

수송에 관한 구체적인 규정이 자세하게 기록되어 있어, 戰國시대의 초나라 교통과 경제를 알 수 있는 중요한 자료이다. 이 節에는 많은 水名이나 地名이 출현하고 있으나, 지금의 어느 지역인지 확실히 알 수 없어 학자마다 의견이 분분하기 때문에 자세한 설명을 생략하기로 한다.

위의 모사본 중 첫 번째는 잘 보이지 않는 부분을 보충하여 모사한 것이고, 두 번째는 기물의 원 상태를 준수하여 모사한 것이다.

1) '大司馬卲䣄(陽)' : '大司馬'는 초나라의 武官 職名. '卲䣄'은 '卲陽(소양)'으로 ≪戰國策≫과 ≪史記≫는 '昭陽(소양)'으로 쓰며, 大司馬의 人名이다.

2) '晉帀(師)於襄陵' : ≪史記・楚世家≫는 "懷王……六年, 楚使柱國昭陽將兵而攻魏, 破之於襄陵, 得八邑(懷王 六年에 楚나라는 柱國(주국)의 昭陽으로 하여금 병사를 거느리고 魏(위)를 공격하게 하여, 襄陵에서 격파하고 여덟 개의 城을 점령하였다)"라고 하고 있다. 이 내용은 ≪戰國策≫의 ≪齊策≫과 ≪韓策≫에도 보인다. '魏'나라는 '晉'에서 분리된 국가이다. '帀()'는 '師(사)'와 같은 자이다. '襄陵'은 지금의 河南省 睢縣(휴현)부근. '陵(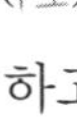)'자를 于省吾는 본래 '陲'자인데, ≪史記≫ 등이 잘 못 쓰고 있다고 설명하고 있다. '陲'과 '陵(능)' 음성이 통하기 때문에 본문은 '陵'으로 예정하기로 한다(崔恒昇, ≪安徽出土金文訂補≫, 224쪽).

3) ‘𢧢(歲)’ : ‘𢧢( )’자는 ‘歲(세)’자와 같은 자이다.

4) ‘𩒨(夏)𡱂之月’ : ‘ (𩒨)’자는 ‘夏(하)’자와 같은 자이다. ‘ (𡱂)’자를 ≪秦簡≫에서는 ‘尸’ · ‘屎’나 ‘夷’로 쓰기도 한다. ‘夏𡱂’는 夏曆으로 二月을 가리킨다(≪楚地出土文獻三種硏究≫(饒宗頤, ＜雲夢睡虎地秦簡日書硏究＞, 477쪽, 참고).

5) ‘王𡰥(居)於茂郢之遊宮’ : 段玉裁 ≪說文解字注≫는 ‘𡰥’자를 ‘居(거)’자와 같은 자로 보고 있다. ‘ ’자 중 ‘尸’는 ‘사람’, ‘几’는 ‘걸상’의 가리킨다. ‘茂郢’은 지명이며, ‘郢’은 초나라의 國都를 말한다. ‘茂’자를 ‘𢦏(哉)’ · ‘栽’ · ‘莪’ 등으로 해석하기도 하나, 郭沫若의 견해에 따라 ‘茂’로 해석하기로 한다. ‘茂郢(무영)’은 ‘紀郢(기영)’을 말한다. ‘遊宮(유궁)’은 ‘離宮(이궁)’으로 戰國 楚國 당시의 ‘郢城(영성)’을 가리키며, 지금의 湖北省 江陵 紀南城(기남성) 부근이다.

6) ‘大攻尹脽’ : ‘大攻尹’은 ‘大工尹’ 혹은 ‘工尹’으로 칭하며, 초나라의 관직명이다. 百工을 감독하여 기물이나 의복을 제작하는 관리이다. ‘脽(수)’는 ‘大攻尹’의 인명.

7) ‘命集(集)尹𨛜𥟖 · 裁尹逆 · 裁𦐊(令)阢’ : ‘集(集)尹’ · ‘裁尹’ · ‘裁𦐊(令)’은 관명이며, 모두 鑄造(주조)나 기물 등을 제작관리 담당자이다. ‘𨛜𥟖’ · ‘逆’과 ‘阢’은 인명. ‘ (𨛜)’자는 ‘卲(소 : 조)’와 통하고, ‘ (𥟖)’자는 아직 잘 모르는 자이다. ‘ (裁)’은 ‘織(직)’자와 같은 자이고, ‘ (𦐊)’자는 ‘令(영)’자와 같은 자이며, ‘ (阢)’는 ‘耆(기)’자와 통한다.

8) ‘爲鄂(鄂)君啓之𢉼(府)賙盥(鑄)金節’ : ‘鄂(鄂)’은 湖北지방의 鄂城(악성)을 말하며, ‘啓’는 鄂君의 이름으로 초나라 共王의 아들인 子晳(자석)을 말한다. ‘𢉼(府)賙’에 대해서는 의견이 분분하나, ‘ (賙)’자는 ‘商(상)’자의 이체자로 ‘𢉼賙’을 ‘府商’의 의미로 해석하기로 한다. ‘府商’은 고대의 財貨나 문서를 관리하는 관리이다.

9) ‘屯三舟爲一舿(舸)’ : ‘屯’은 ‘聚’의 의미이며, ‘一舿(일과)’는 合文의 형식으로 쓰고 있다. ‘舿’자의 음성부분은 ‘夸’로 ‘舸(가)’와 같은 자이다. ≪方言≫은 “南楚江湘, 凡船大者謂之舸(南쪽 楚나라의 長江과 湘江 유역에서는 큰 배를 舸라 칭한다)”라고 설명하고 있다.

10) ‘歲(歲)罷(熊)返’ : ‘(罷)’자는 ‘熊(웅)’자의 이체자이며, ‘能(능)’자의 의미다.

11) ‘自鄂(鄂)生(往)’ : ‘(生)’자는 ‘往’자와 같은 자이며, ‘鄂지방을 출발하여’의 의미이다.

12) ‘逾沽(湖)’ : ‘(沽)’자는 ‘湖(호)’와 같은 자로 鄂城부근에 있는 湖들을 말한다.

13) ‘让灘’ : ‘(让)’자는 ‘上’자와 같은 자로 ‘거슬러 올라가다’의 의미. ‘(灘)’은 ‘漢’과 통한다.

14) ‘庚膚’ : ‘(庚)’자는 ‘更(경 : 갱)’자와 통하며, 여기에서는 ‘경과하다’의 의미로 쓰이고 있다. ‘(膚)’은 ‘厭(염)’의 이체자가 아닌가 한다. ‘厭’은 ‘鄢(고을 언 ; yān)’과 통한다.

15) ‘庚鄞’ : ‘(鄞)’자는 음성부분이 ‘生’이다. 이 자를 ‘黃(황)’으로 해석하기도 하나, ≪금문편≫은 ‘1807 汪’자로 예정하고 있다(734쪽).

16) ‘內(入)邔’ : ‘(邔)’를 ‘邧’자로 예정하기도 한다. ‘邧’은 ‘鄖水(운수)’의 ‘鄖’과 통한다.

17) ‘逾江’ : ‘(逾)’는 ‘건너다’의 의미이고, ‘江’은 長江을 가리킨다.

18) ‘庚彭弜(逆)’ : ‘(弜)’은 ‘逆(역)’이나 ‘澤(택)’과 통한다. ‘彭弜’은 彭澤縣(팽택현)을 말한다.

19) ‘庚牒’ : ‘(牒)’은 ‘渫’과 통하며, ‘渫陽’을 말한다.

20) ‘庚鄉鄸(陽)’ : ‘(鄉)’는 ‘洮’자와 같은 자이며, ‘洮陽’을 말한다.

21) ‘內(入)澑庚鄗’ : ‘內’는 ‘入’의 의미이다. ‘(澑)’자는 음성부분이 ‘畾’로 ‘耒(뇌)’와 통한다. ‘耒水’는 湘江의 支流이다. ‘(鄗)’는 ‘鄙’와 같은 자로 湖南 永興 지방의 지명이다. ‘鄙(비)’는 耒水의 북쪽 지방에 속한다.

22) ‘見其金節則毋政(徵)’ : ‘(政)’은 ‘徵(징)’과 통하여 ‘徵稅하다’의 의미이다.

23) '毋舍椁飤' : '(舍)'는 '捨(사)'와 통하며 여기에서는 '주다'의 의미. '(椁)'에 대해서는 의견이 분분하며, '桴(부)' · '遜(손)' · '李(이)'나 '榑(전)' 등으로 해석한다. 문자의 형태로 보아 '榑'자가 아닌가 한다. 여기에서는 '전달하여 주다'의 '傳'의 의미로 쓰인다.

24) '則政(徵)於大廙(府)' : '大廙(府)'는 '太府'로도 쓰며, 관명으로 府庫(부고)를 관장한다.

25) '毋政(徵)於閘(關)' : '閘(關)'은 '관문을 통과하는 곳'인 '關所(관소)'이다.

26) '毋載金革黽箐(箭)' : '(黽)'자는 '篃(대나무 이름 미 ; méi)'나 '䉠(대나무 이름 미)'와 통한다. 원래는 대나무의 일종이나 화살을 만들 수 있기 때문에 여기에서는 활이나 화살을 지칭한다.

27) '女(如)馬女(如)牛女(如)悳(犆)' : '(悳)'자는 '犆(거세한 소 직{홀로 특} ; tè,zhí)'자 통한다. 즉 거세한 황소이다.

28) '檐徒' : '(檐)'은 '擔(담)'자와 통한다. '檐徒(담도)'는 '擔夫'이다.

29) '屯廿檐台(以)堂(當)一車' : 앞 구절의 '堂(當)一車'와 본 구절의 '堂(當)一車' 중의 '一車' 아래 合文符號 '='가 있다. '廿(입)'자 아래에는 합문 부호 '='가 있는 摹本(모본)과 없는 摹本(모본)이 있으나, 1958년 ≪文物參考資料≫에 발표된 사진과 모본은 모두 합문부호가 있다. ≪鄂君啓節≫ 중 부호 '='는 合文 이외에 '命'자 아래 쓰이는 것과 같이 重文 부호로도 쓰인다.

30) '台(以)毁於五十乘之中' : '(毁)'는 '절감하다'의 의미.

금문편

'鄸(陽)' : ≪금문편≫ '2318 陽'("昜字重見('昜(양)'자에도 보인다.)", 938쪽 참고)

'敗(敗)' : ≪금문편≫ '0532 敗'(219쪽) 참고.

‘市(師)’ : ≪금문편≫ ‘0976 市’(417쪽) 참고.

‘(襄)’ : ≪금문편≫ ‘1393 襄’(587쪽) 참고.

‘(陵)’ : ≪금문편≫ ‘2322 陲’(“襄陲地名, 楚世家作襄陵, 于省吾釋襄陲(‘襄陲’은 地名이다. ≪楚世家≫는 ‘襄陵(양능)’으로 쓰고, 于省吾는 ‘襄陲’으로 해석하고 있다.)”, 939쪽) 참고.

‘頿(夏)’ : ≪금문편≫ ‘0898 夏’(384~385쪽) 참고.

‘(尿)’ : ≪금문편≫ ‘1416 尿’(605쪽) 참고.

‘凥(居)’ : ≪금문편≫ ‘2271 處’(“或釋凥, ……另有居字作(혹은 이 자를 ‘凥’으로 해석한다. ……‘居’자를 ‘’로 쓰기도 한다.)”, 922쪽) 참고.

‘(居)’ : ≪금문편≫ 1411 居‘(603쪽) 참고.

‘(茂)’ : ≪금문편≫ ‘0095 茷’(“郘固墓楚簡茷郢又作栽郢, 是知茷讀如哉(≪郘固墓楚簡≫은 ‘茷郢’를 ‘栽郢’으로 쓰는 것으로 보아 ‘茷’자는 ‘哉(재)’의 의미와 같다는 것을 알 수 있다.)”, 40쪽) 참고.

‘(遊)’ : ≪금문편≫ ‘1104 游’(463~464쪽) 참고.

‘(脽)’ : ≪금문편≫ ‘0673 脽’(282쪽) 참고.

‘雧(集)’ : ≪금문편≫ ≪부록하≫ ‘288’(1217쪽) 참고.

‘(桻)’ : ≪금문편≫ ≪부록하≫ ‘312’(1221쪽) 참고.

‘(𢦏)’ : ≪금문편≫ ‘2123 𢦏’(“𢦏尹, 官名(‘𢦏尹’은 官名이다.)”, 871쪽) 참고.

‘(阮)’ : ≪금문편≫ ‘2332 阮’(943쪽) 참고.

‘’‘鄂(鄂)’ : ≪금문편≫ ‘1045 鄂’(446쪽) 참고.

‘府(府)’ : ≪금문편≫ ‘1542 府’(656~657쪽) 참고.

‘(賡)’ : ≪금문편≫ ‘1027 賡’(438쪽) 참고.

‘(庚)’ : ≪금문편≫ ‘1027 賡’(“庚字重見”, 說文, 入續下云古文續从庚貝, 誤也(‘庚(경)’字에도 보인다. ≪說文解字≫는 ‘續(속)’자 아래 이 자를 수록하고, ‘續’자의 古文은 庚과 貝로 이루어진 자이다라고 설명하고 있는데, 이는 잘못된 것이다)”, 438쪽) 참고.

‘一舿(舸)’ : ≪금문편≫ ‘1429 舿’(“一舿二字合書(‘一’과 ‘舿(과)’의 合文이다.)”, 613쪽) 참고.

‘龍(熊)’ : ≪금문편≫ ‘1644 能’(688쪽) 참고.

‘’‘坒(往)’ : ≪금문편≫ ‘0267 往’(112쪽) 참고.

‘沽(湖)’ : ≪금문편≫ ‘1798 沽’(“孳乳爲湖(‘湖(호)’의 의미이다.)”, 732쪽) 참고.

‘让’ : ≪금문편≫ ‘0007 上’(5~6쪽) 참고.

‘(膺)’ : ≪금문편≫≪부록하≫‘413’(1239쪽) 참고.

‘(芑)’ : ≪금문편≫ ‘0094 芑’(40쪽) 참고.

‘(郌)’ : ≪금문편≫ ‘1807 汪’(“从邑(字符 ‘邑’을 쓴다.)”, 734쪽) 참고.

‘(邷)’ : ≪금문편≫ ‘1065 邷’(450쪽) 참고.

‘(彭)’ : ≪금문편≫ ‘0761 彭’(328쪽) 참고.

‘’‘滷(濾)’ : ≪금문편≫ ‘1837 濾’(740쪽) 참고.

‘(賺)’ : ≪금문편≫ ‘1451 賺’(621쪽) 참고.

‘鄙’ : ≪금문편≫ ‘1032 鄙’(444쪽) 참고.

‘縏(資)’ : ≪금문편≫ ‘1823 澬’(737쪽) 참고.

'(瀘)' : ≪금문편≫ '1816 澹'("今作澹, 澹水在灃水北(지금은 '澹(담)'으로 쓴다. 澹水는 灃水(풍수)의 북쪽에 위치하고 있다.)", 735쪽) 참고.

'(梓)' : ≪금문편≫≪부록하≫'267'(1213쪽) 참고. 그러나 ≪금문편≫은 '0857 舍'(364쪽)자 아래 인용문에서 "毋舍梓飤"으로 쓰고 있다.

'''(乘)' : ≪금문편≫ '0907 乘'(387쪽) 참고.

'''(黽)' : ≪금문편≫ '2149 黽'(878쪽) 참고.

"悳(犆)' : ≪금문편≫ '0265 德'("德乃犆之異體('德'자는 '犆(특)'자의 이체자이다.)", 110~111쪽) 참고.

'堂(當)' : ≪금문편≫ '2197 當'("从立(字符 '立'을 쓴다.)", 892쪽) 참고.

'(檐)' : ≪금문편≫ '0940 檐'("从詹省(字符는 '詹'의 생략형을 쓰고 있다.)", 396쪽) 참고.

'(徒)' : ≪금문편≫ '0204 汖'(92쪽) 참고.

'(丘)' : ≪금문편≫ '1374 丘'("說文古文从土(≪說文≫의 古文은 字符 '土'를 쓴다.)", 579~580쪽) 참고.

'(象)' : ≪금문편≫ '1596 象'("今河南省有象禾關(지금 河南省에 '象禾關(상화관)'이 있다.)", 673쪽) 참고.

'''緐(緐)' : ≪금문편≫ '2118 緐'(863쪽) 참고.

'鄒(蔡)' : ≪금문편≫ '0080 蔡'("从邑(字符 '邑'을 쓴다.)", 36~37쪽) 참고.

'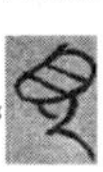''(見)' : ≪금문편≫ '1442 見'(618~619쪽) 참고.

96.【侯馬盟書】

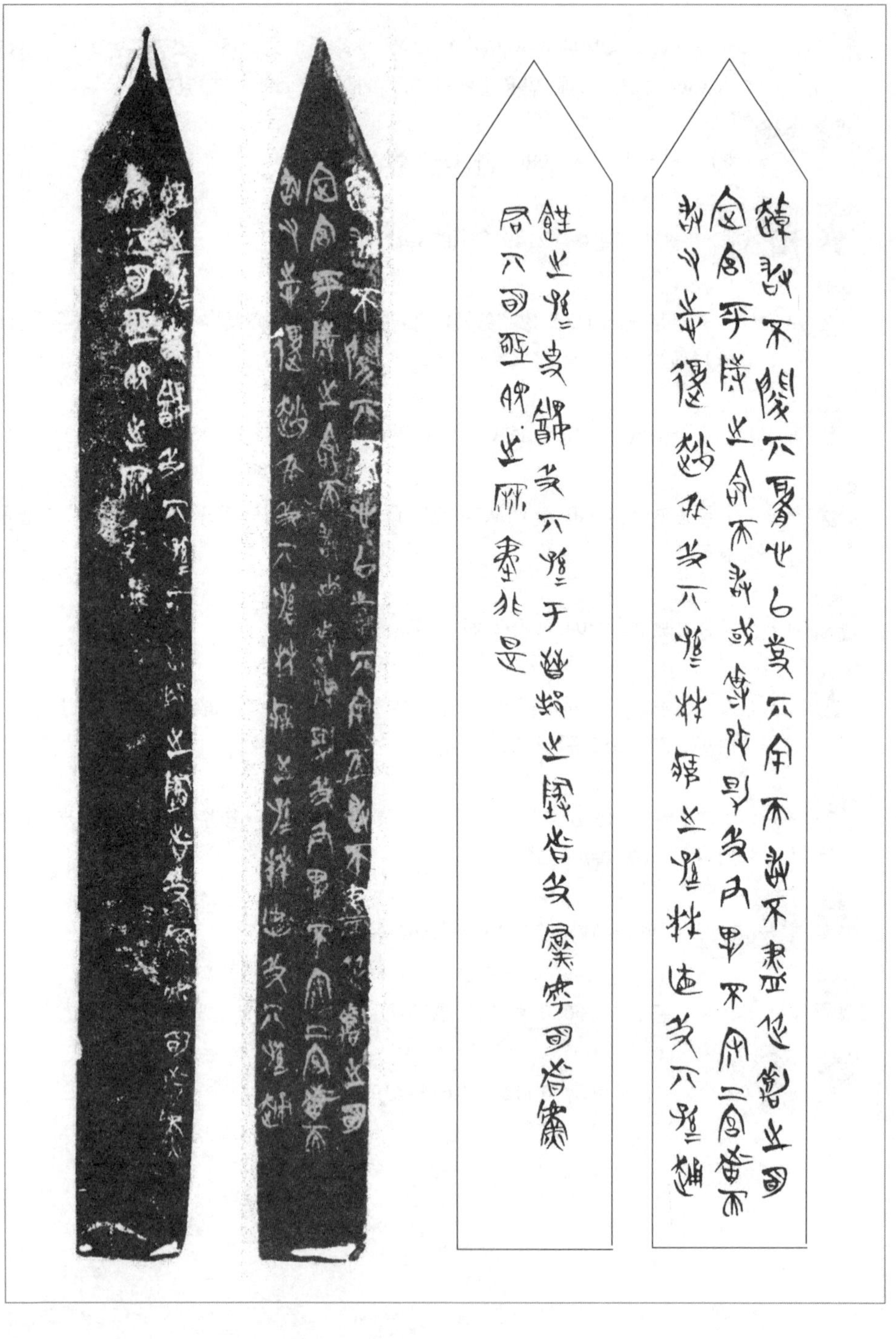

【소개】

출토 : 1965년 山西省 侯馬市.

【주요참고문헌】

≪商周古文字讀本≫, 207~209쪽.

≪中國古文字學通論≫, 494~513쪽.

＜侯馬載書盃主考＞, 高明, ≪古文字硏究≫第一輯, 103~115쪽.

＜侯馬盟書叢考續＞, 張頷, ≪古文字硏究≫第一輯, 78~102쪽.

≪中國書法藝術 · 先秦≫, 文物出版社, 175~177쪽.

≪中國書法全集4 · 春秋戰國刻石簡牘帛書≫, 141~150쪽.

【석문】

趠敢不閛丌服心[1], 吕(以)吏丌宗[2]. 而敢不盡从嘉之明,
定宮[3], 平陟之命[4], 而敢或𢼸改助及奐[5], 卑不守二宮者[6], 而
敢又志復趙尼及丌孫=[7] ; 兟痥之孫=[8], 兟直及丌孫=, 趙
䢼之孫=, 史醜及丌孫=于晉邦之墜者[9], 及羣虖明者[10], 虐
君丌明亟覘之[11], 麻夷非是[12].

【해석】

趠(조)는 성심성의를 다하여 그 宗主를 감히 모시지 않을 수 없다. 만약에 定宮과 平陟(畤 : 치)에서 내려진 훌륭한 盟誓를 순종하지 않는다면, 또한 마음이 변하여 맹세한 내용을 배반하여 '親廟'와 '祖廟'의 종묘를 지켜내지 않는다면, 또한 詛呪(저주)해야 할 趙尼와 그 자손, 兟痥과 그 자손, 兟直과 그 자손, 趙䢼의 자손, 史醜와 그 자손을 晉나라로 감히 되돌려 보내려고 한다면, 패거리를 모아 개인적으로 맹약을 하는 등등의 일이 있다고 한다면, 나의 조상의 신령들이 맹서를 배반하는 자들을 확실하고 엄격하게 주시하여 그 종족을 멸망시키고 말 것이다.

설 명

山西省 侯馬市의 戰國시기의 晉國(진국) 유적지에서 약 천여 점의 玉片이 발견되었다. 그 중에 문자가 있는 것은 약 육백여점이다. 붉은 색으로 玉片에 기록한 盟書는 '宗盟(종맹)' · '委質(위질)' · '納室(납실)' · '詛呪(저주)'와 '卜筮(복서)' 등의 내용이 포함되어 있다. 본문의 玉片은 '宗盟'에 관한 내용이다. 이 玉片은 앞면은 3행, 뒷면은 2행으로 되어 있다. 문자는 모두 44자(합문 5자)이다.

1) '趠敢不閛丌服心' : '(趠 ; cháo)'은 사람 이름이다. 盟書에 참가하는 晉國의 卿大夫나 趙鞅(조앙)의 家臣의 이름은 盟書의 제일 앞 첫 자에 표기한다.

‘闡’자는 ‘半’이 음성부분이며, ‘判(판)’이나 ‘剖(부)’와 통한다. ‘闡丌服心’은 ‘剖明心腹(온 정성을 다하다)’의 의미이다. ‘丌’자는 ‘其’와 같다.

2) ‘㠯(以)吏丌宗’ : ‘吏’는 ‘事’자와 같다. ‘宗’은 ‘宗主’의 의미이다.

3) ‘而敢不盡㞕嘉之明定宮’ : ‘而’는 접속사인 ‘만약’의 용법으로 사용되고 있다. ‘㞕’은 ‘從’자와 같다. ‘嘉’는 ‘善’의 의미이다. ‘明’은 ‘盟’과 통하여 ‘盟誓(맹서)’의 의미이다. ‘定宮’은 宗廟(종묘)의 명칭으로 主盟人이 명령을 내린 곳.

4) ‘平陊之命’ : ‘平陊’는 ‘平畤(평치)’로 지명이다. ‘定宮’과 같이 主盟人이 명령을 내린 곳이다.

5) ‘而敢或𢦟改助及奐’ : ‘或’은 ‘有’의 용법으로 사용되고 있다. ‘𢦟’자에 대해서는 의견이 분분하나, 오른쪽 부분이 ‘厎’자로 ‘抵(거스를 저 ; dǐ)’의 의미가 아닌가한다. ‘助’은 음성부분이 ‘旦’으로 ‘亶(믿음 단 ; dǎn,dàn)’과 통한다. ‘亶’은 ‘信’의 의미를 지니고 있다. ‘奐’은 ‘奐’자로 ‘渙(흩어질 환 ; huàn)’의 의미로 ‘흩어지다’의 뜻이다.

6) ‘卑不守二宮者’ : ‘二宮’은 宗廟 중의 ‘親廟(친묘)’와 ‘祖廟(조묘)’를 가리킨다. ‘不守二宮’이란 마음이 변하여 맹세한 내용을 배반하고, ‘親廟’와 ‘祖廟’의 종묘를 지켜내지 않는다는 의미.

7) ‘而敢又志遉趙尼及丌孫=’ : ‘又’는 ‘有’와 통한다. ‘遉’은 ‘復(복)’과 같은 자이며, ‘되돌려 보내다’의 의미. ‘趙尼’・‘兟痍’・‘兟直’・‘趞鍟’・‘史醜’ 등은 인명으로 모두가 詛呪(저주)해야 할 대상이다.

8) ‘兟痍之孫=’ : ‘兟’자를 경전에서는 ‘先’으로 쓴다. ‘孫=’은 ‘子孫’의 합문이다.

9) ‘晉邦之墜者’ : ‘墜’는 ‘地’와 같은 자이다.

10) ‘及羣虖明者’ : ‘羣’은 ‘羣(군)’과 같은 자이고, ‘虖(호)’는 ‘呼(호)’와 같은 자이다. ‘羣虖明者’는 ‘群聚私盟者(패거리를 모아 개인적으로 맹약을 하는 자)’의 의미이다.

11) ‘虞君丌明亟覢之’ : ‘虞’자의 음성부분은 ‘魚’이며 代詞인 ‘吾(오)’의 의미이다. ‘覢’자는 ‘視(시)’와 같은 자이다.

12) ‘麻䒹非是’ : ‘麻’는 ‘摩(마)’와 통한다. ≪方言≫은 “摩, 滅也(‘摩’는 ‘滅’하다

의 의미이다)"라고 설명하고 있다 ; '辜'자는 음성부분이 '夷'이며, '夷(이)'와 통한다. ≪荀子 · 君子≫"故一人有罪而三族皆夷(그런고로 1인이 죄를 지으면 삼족을 멸한다)"에 대하여 楊倞(양경)은 "夷, 滅也"라고 풀이하고 있다. '非'자는 '匪(비)'와 통하며, '彼'의 의미인 대사의 용법으로 사용되고 있다. ≪詩經 · 檜風 · 匪風≫"匪風發兮, 匪車偈兮(그 바람은 거세게 휘몰아 치고, 수레는 힘차게 달려가네)."의 구절에 대하여 王引之 ≪經傳釋詞≫는 "言彼風發發然, 彼車偈偈然也(그 바람이 거세게 부는 모양과 그 수레가 힘차게 달려가는 모양)."라고 설명하고 있다. '是(시)'는 '氏(씨)'와 통하여 '氏族(씨족)'의 의미이다.

금문편

이 盟書(맹서)는 ≪금문편≫ 등이 銘文으로 간주하기 않기 때문에 수록하지 않고 있다. 갑골문 중에도 刻書(각서)가 朱書(주서)가 있듯이 이 盟書도 넓은 의미에서 금문으로 볼 수 있다. 臨書本(임서본 : 모사본)이 매우 선명하기 때문에 다른 명문을 참고하는 것은 생략하기로 한다. 만약 굳이 참고하자면 高明 ≪古文字類編≫ 중의 '簡書及其他刻辭'에 모사된 문자들을 참고할 수 있다.

丕

97.【丕伯罍(邳伯缶)】

【명문참고】

集成 16 · 10007 ; 銘文選 2 · 605 ; 總集 07 · 5584.

【소개】

출토 : 山東省 嶧縣.

銘文 : 1周 29자 ; 중문 2.

크기 : 높이 28.5㎝, 口徑 21.3㎝.

시기 : 戰國早期 邳.

소장 : 중국 山東省 박물관.

【주요참고문헌】

≪商周青銅器銘文選 · 四≫, 403~404쪽 참고.

【석문】

隹(唯)正月初吉丁亥. 不(邳)白(伯)夒(夏)子自乍(作)障(尊)罍.
用旛(祈)釁(眉)耆(壽)無彊(疆). 子子孫孫永寶用之(6278)

【해석】

正月 初吉 丁亥 일에 邳伯(비백) 夏子(하자)는 尊罍(준뢰 : 술독)을 만들어 장수를 기원하고자 한다. 자손들은 영원히 이 기물을 보배로 간직 할 지어라.

설 명

'不(邳)白(伯)夒(夏)子' : 邳國(비국)의 君主인 夏子(하자). '不'과 '丕(비)'는 같은 자이며 '邳國(비국)'을 가리킨다. ≪左傳 · 昭公元年≫은 "於是乎虞有三苗, 夏有觀扈, 商有姺, 周有徐奄(그래서 순임금 때에는 세 묘족이, 하나라 때에는 관나라와 호나라가, 상나라 때에는 姺(선)나라가, 주나라 때에는 서나라와 엄나라가 각각 국경의 일로 정벌되었다)"이라 하고 있다. '邳'는 지금의 江蘇省 邳縣(비현)이며, 山東省과 가깝다.

금문편

'隹(唯)' : ≪금문편≫ '0598 隹'(251~255쪽) 참고.

'夏(夏)' : ≪금문편≫ '0898 夏'(384~385쪽) 참고.

'障(尊)' : ≪금문편≫ '2418 尊'(1005~1014쪽) 참고.

'(畾)' : ≪금문편≫ '0944 畾'(398쪽) 참고.

'旂(祈)' : ≪금문편≫ '0028 祈'(14~16쪽) 참고.

蔡

98.【蔡侯𩐱盤】

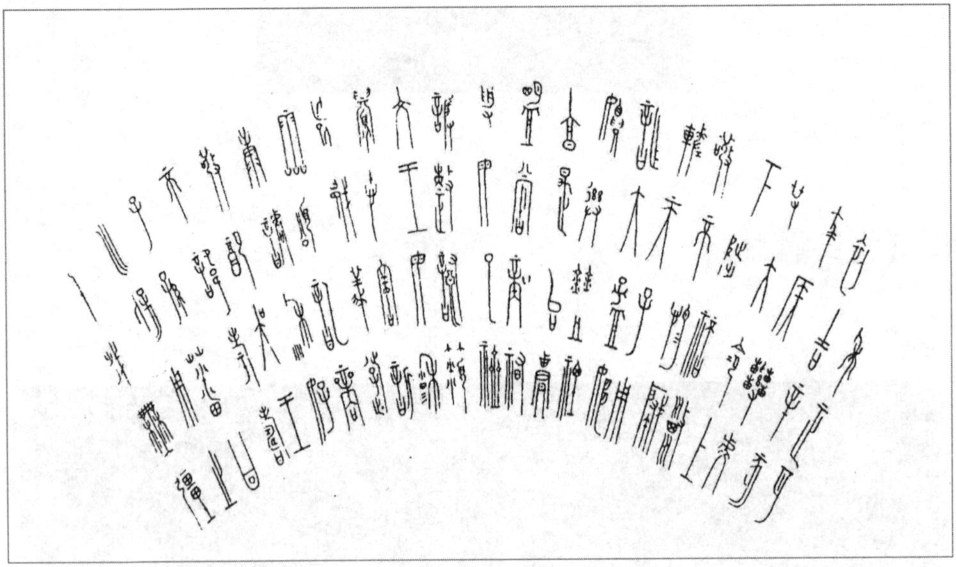

【명문참고】

≪蔡侯盤≫ : 集成 16 · 10171 ; 銘文選 2 · 589 ; 總集 06 · 6788.

≪蔡侯尊≫ : 集成 11 · 6010 ; 銘文選 2 · 587 ; 總集 06 · 4887.

【소개】

異名 : 蔡侯盤 ; 蔡侯盧.

출토 : 1955年 5月 安徽省 壽縣 蔡侯墓에서 출토.

명문 : 16行 92字 ; 重文 3字.

크기 : 높이 16.1㎝ ; 口徑 49.2㎝.

시기 : 春秋 蔡 昭侯.

【주요참고문헌】

≪壽縣蔡侯墓銅器銘文考釋≫, 于省吾, ≪古文字研究≫第1輯, 40~54쪽.

≪商周古文字讀本≫, 160~165쪽.

≪商周青銅器銘文選 · 四≫, 393~396쪽 참고.

≪安徽出土金文訂補≫, 崔恒昇, 131~212쪽 참고.

【석문】

元年正月
初吉辛亥,
蔡医(侯)[illegible][1]虔
共(恭)大命, 上下陟祐[2],
𢿓敬不惕[3],
肇輊(佐)天子. 用

詐(作)大孟姬
嬇(媵)彝盤＜盤＞[4]，禋
亯(亨)是台(以)[5]，𦘒(祗)
盟嘗啻[6]，祐受母(毋)巳. 禥(齊)
諁(嘉)整譱(肅)[7]，䈇(撫)
文王母[8]，穆穆
瞏瞏[9]，悤害訢旟[10].
威義(儀)遊(攸)遊(攸)，
霝(令)頌(容)託(妊)商(彰).
康虢龢好[11]，
敬配吳王，
不諱考耋(壽)，
子孫蕃昌，永保用之.
冬(終)＜千＞歲無疆[12](6249)

【해석】

元年 正月 初吉에 해당되는 辛亥(신해)일에 蔡侯(채후) 龖(紳 : 신)은 매우 공경한 마음으로 天命을 받들어 군주가 되었으며, 군주와 신하는 그 직위가 높건 낮건 상관없이 엄정하고 신중하여 걱정이 되지 않으며, 또한 온 정성을 다하여 天子를 보필코자 한다. 이를 기념하기 위하여 현재 長女가 시집갈 때 가지고 갈 제사용 盤(반)을 만들어, 이 기물로 禋亨(인향)의 제사를 지내고, 이외에도 정성을 다하여 각종 제사를 지내 영원히 神助가 있기를 기원한다.

엄숙하고 단정하며 공경하는 마음은 文王 母인 太任(태임)을 모범으로 삼고, 행실은 항상 공경근면하고 총명하며, 정절을 지켜 喜氣가 만면에 가득케 하고자 한다. 아름다운 용모는 항상 수려하고 명랑함을 유지하고, 즐겁고 백년 화해하는 하는 기쁜 마음으로 吳王을 기꺼이 존경하며 배필하고자 한다. 오래 오래 장수하며, 자손이 번창하고, 오래 동안 이 기물을 보배로 삼아 영원히 보존하기를 바란다.

설 명

이 기물은 蔡(채) 昭侯(소후) 元年 즉 周 敬王 元年(BC519년)에 만들어진 것이다(于省吾). 문자가 잘 보이지 않는 문자는 ≪蔡侯尊≫이나 ≪蔡侯鐘≫의 명문과 유사하기 때문에 상호 참고할 수 있다.

1) '龖' : '龖'자에 대해서는 약 십 여 가지의 해석이 있으나, 裘錫圭는 '紳(신)'자의 古文으로 풀이하고 있다. 본문도 '紳'으로 해석하기로 한다(崔恒昇,

13~135쪽 참고).

2) ‘上下陟䄏’ : ‘上下’는 ‘君臣’의 의미. ‘陟(척)’은 ‘높이 오르다’의 의미이며, ‘䄏’는 ‘否(부)’와 통한다. ‘陟’과 ‘䄏’는 서로 반대어이다.

3) ‘𢿢敬不惕’ : ‘𢿢’자의 음성부분은 ‘𤔔’로 ‘심하다’·‘엄정하다’의 의미인 ‘厲(려)’자와 통한다.

4) ‘用詐(作)大孟姬嬇(媵)彝鎜’ : ‘詐(사)’자는 ‘作(작)’과 통한다. ‘大孟姬’는 ‘長女’의 의미이다. ‘嬇’은 ‘媵(잉)’자와 같은 자이며 ‘시집갈 때 가지고 가는 물건’이다. ‘彝鎜(준반)’는 ‘제사지낼 때 사용하는 그릇’이다. ‘彝’자 다음의 자인 ‘’자는 ‘鎜’으로 예정할 수 있다. ≪蔡侯尊≫은 ‘(鎜)’으로 쓰고 있으나, 본 명문은 윗부분이 ‘酉’와 ‘舟’로 이루어진 ‘𥂕’으로 쓰고 있다. ‘盤’자와 같은 자이다. ≪금문편≫도 ‘0943 槃’(397~398쪽)에 이 자를 수록하고 있다.

5) ‘禋亯(享)是台(以)’ : 이 구절은 ‘台(以)是禋亯(享)’의 어순으로 해석하여야 한다.

6) ‘帚(祗)盟嘗啻’ : ‘帚’자는 魏三體石經의 ‘祗(지)’자와 유사한 형태다. 의미는 ‘敬’이다. ‘盟’은 ‘明’과 통하며 ‘명백하다’·‘성심성의’의 뜻이다. ‘嘗啻(상시)’는 제사명으로, ≪禮記·王制≫는 “天子諸侯宗廟之祭, 春曰礿, 夏曰禘, 秋曰嘗, 冬曰烝(天子나 諸侯가 宗廟에서 제사를 지내는데, 봄에는 礿祭(약제)를 지내고, 여름에는 禘祭(체제)를 지내고, 가을에는 嘗祭(상제)를 지내고, 겨울에는 烝祭(증제)를 지낸다)”라고 설명하고 있다.

7) ‘禬(齊)諁(嘉)整謮(肅)’ : ‘禬(제)’자는 ‘齊(제)’나 ‘齋(재)’와 통하며 ‘엄숙하다’·‘공경하다’의 의미이다. ‘諁’자의 음성부분은 ‘叚’로 ‘嘉(가)’와 통하다. 의미는 ‘善’이다. ‘整’은 ‘엄정하다’의 의미이다. ‘謮’자는 ‘肅(숙)’과 통하며 ‘엄숙하다’의 의미이다.

8) ‘𥸨(撫)文王母’ : ‘𥸨’자를 ‘節’·‘類’·‘菽’나 ‘籟’ 등으로 예정하기도 한다. 본문은 이 자의 음성부분을 ‘米’로 보고, ‘撫(무)’의 의미로 풀이하기로 한다. ‘文王母’는 ‘周 文王의 母’인 ‘大(太)任’을 가리킨다.

9) ‘穆穆釁釁’ : 공경하는 태도와 모양의 형용어이다. ‘釁’자는 ‘眉(미)’자로 ‘釁

釁'는 경전에서 '亹亹(미미)'로 쓴다.

10) '悤害訢旸' : '悤(총)'자는 '聰(총)'자와 같은 자이다. '害(해)'는 '介(개)'와 통한다. ≪爾雅 · 釋詁≫는 '介, 善也'라고 설명하고 있다(于省吾). '訢(흔)'자는 '欣(흔)'과 같은 자이다. '旸'의 음성부분은 '昜'이며, '暢(창)'과 통한다.

11) '康諕龢好' : '康'은 '康樂'의 의미. '諕'의 음성부분은 '虎(호)'이며 '諧(해)'와 통한다.

12) '冬(終)<千>歲無疆' : ''자를 ≪金文引得≫은 '冬(終)'으로 예정하고 있으나, ≪殷周金文集成引得≫은 '千'자로 예정하고 있다. 명문의 흔적으로 보아 '千'형에 가깝기 때문에 '千'으로 예정하기로 한다.

금문편

'''(元)' : ≪금문편≫ '0002 元'(1~2쪽) 참고.

'''(年)' : ≪금문편≫ '1164 年'(501~506쪽) 참고.

'(月)' : ≪금문편≫ '1121 月'(473~476쪽) 참고.

'(初)' : ≪금문편≫ '0684 初'(285~288쪽) 참고.

'(辛)' : ≪금문편≫ '2370 辛'(972~974쪽) 참고.

'(蔡)' : ≪금문편≫ '0080 蔡'(36~37쪽) 참고.

'医(侯)' : ≪금문편≫ '0869 侯'(370~372쪽) 참고.

'(䜌)' : ≪금문편≫ '0660 䜌'(279쪽) 참고.

'(虔)' : ≪금문편≫ '0769 虔'(332쪽) 참고.

'共(恭)' : ≪금문편≫ '0416 共'(164~165쪽) 참고.

'(命)' : ≪금문편≫ '0134 命'(59~61쪽) 참고.

‘(陟)’ : ≪금문편≫ ‘2323 陟’(940쪽) 참고.

‘(祏)’ : ≪금문편≫ ‘0035 祏’(17쪽) 참고.

‘(𢧵)’ : ≪금문편≫ ‘0556 𢧵’(224쪽) 참고.

‘(敬)’ : ≪금문편≫ ‘1526 敬’(652~653쪽) 참고.

‘(不)’ : ≪금문편≫ ‘1894 不’(761~763쪽) 참고.

‘(惕)’ : ≪금문편≫ ‘1754 惕’(722쪽) 참고.

‘(肇)’ : ≪금문편≫ ‘2030 肇’(822~823쪽) 참고.

‘𨌲(佐)’ : ≪금문편≫ ‘0729 差’(“从車假借作左(字符 ‘車’를 쓰며, ‘左’의 가차이다.)”, 311쪽) 참고.

‘(子)’ : ≪금문편≫ ‘2378 子’(981~985쪽) 참고.

‘詐(作)’ : ≪금문편≫ ‘0360 詐’(“假借爲作(‘作’의 가차자이다.)”, 146~147쪽) 참고.

‘(孟)’ : ≪금문편≫ ‘2382 孟’(987~988쪽) 참고.

‘(姬)’ : ≪금문편≫ ‘1950 姬’(787~790쪽) 참고.

‘’‘𡣍(媵)’ : ≪금문편≫ ≪부록하≫ ‘514’(“于省吾釋爲𡣍, 謂卽媵(于省吾는 ‘媵(잉)’과 같은 자인 ‘𡣍’으로 설명하고 있다.)”, 1256쪽) 참고.

‘(彝)’ : ≪금문편≫ ‘2122 彝’(864~871쪽) 참고.

‘(鎜 < 盤 >)’ : ≪금문편≫ ‘0943 槃’(397~398쪽) 참고.

‘(禋)’ : ≪금문편≫ ‘0019 禋’(11쪽) 참고.

‘𥘵(祇)’ : ≪금문편≫ ‘0016 祇’(10쪽) 참고.

‘(盟)’ : ≪금문편≫ ‘1130 盟’(481쪽) 참고.

‘(嘗)’ : ≪금문편≫ ‘0757 嘗’(326~327쪽) 참고.

‘(啻)’ : ≪금문편≫ ‘0161 啇’(76쪽) 참고.

‘(祜)’ : ≪금문편≫ ‘0020 祭’(11쪽) 참고.

‘諁(嘉)’ : ≪금문편≫은 ‘0385 [言肅]’(151쪽)자 아래에서 “[示齊]□整[言肅]”으로 쓰는 것으로 보아 이 자를 알 수 없는 자로 보고 있음을 알 수 있다. 편방 ‘叚’는 ≪금문편≫ ‘0465’(192쪽) 참고.

‘(整)’ : ≪금문편≫ ‘0510 整’(212쪽) 참고.

‘’‘[言肅](肅)’ : ≪금문편≫ ‘0385 [言肅]’(151쪽) 참고.

‘(文)’ : ≪금문편≫ ‘1489 文’(635~638쪽) 참고.

‘(穆)’ : ≪금문편≫ ‘1160 穆’(500~501쪽) 참고.

‘(釁)’ : ≪금문편≫ ‘0584 眉’(237~242쪽) 참고.

‘(悤)’ : ≪금문편≫ ‘1756 忤’(“說文作啎, 从午吾聲, 逆也(≪說文≫은 이 자를 ‘午’와 ‘吾’聲인 ‘啎(오)’자로 쓰고 있다. ‘逆(역)’의 의미이다.)”, 722쪽) 참고. ‘悤’자는 ≪금문편≫ ‘1663 悤’(692쪽) 참고.

‘(害)’ : ≪금문편≫ ‘1215 害’(531쪽)은 이 명문을 수록하지 않고 있으나, 다른 기물의 ‘害(해)’자에 대하여 “孫詒讓讀害爲介(孫詒讓은 ‘害’를 ‘介’로 해석하고 있다)”라고 설명하고 있다.

‘(訢)’ : ≪금문편≫ ‘0350 訢’(143쪽) 참고.

‘(威)’ : ≪금문편≫ ‘2050 戜’(830쪽) 참고.

‘義(儀)’ : ≪금문편≫ ‘2055 義’(832~833쪽) 참고.

‘遊(攸)’ : ≪금문편≫ ‘1104 游’(“从辵”, 463~464쪽) 참고.

‘霝(令)’ : ≪금문편≫ ‘1872 霝’(751~752쪽) 참고.

‘頌(容)’ : ≪금문편≫ ‘1469 頌’(625~626쪽) 참고.

‘託(奼)’ : ≪금문편≫ ≪부록하≫ ‘114’(1186쪽) 참고.

‘商(彰)’ : ≪금문편≫ ‘0316 商’(130~132쪽) 참고.

‘(康)’ : ≪금문편≫ ‘2369 康’(971~972쪽) 참고.

‘(虩)’ : ≪금문편≫ ‘0351 諧’(143쪽) 참고.

‘(龢)’ : ≪금문편≫ ‘0305 龢’(124~125쪽) 참고.

‘(好)’ : ≪금문편≫ ‘1977 好’(804쪽) 참고.

‘(敬)’ : ≪금문편≫ ‘1526 敬’(652~653쪽) 참고.

‘(配)’ : ≪금문편≫ ‘2404 配’(1002쪽) 참고.

‘(吳)’ : ≪금문편≫ ‘1676 吳’(699~670쪽) 참고.

‘(諱)’ : ≪금문편≫ ‘0345 諱’(142쪽) 참고.

‘(蕃)’ : ≪금문편≫ ‘0091 蕃’(39쪽) 참고.

‘(昌)’ : ≪금문편≫ ‘1089 昌’(457쪽) 참고.

‘(永)’ : ≪금문편≫ ‘1861 永’(744~749쪽) 참고.

‘(保)’ : ≪금문편≫ ‘1309 保’(556~558쪽)

‘(之)’ : ≪금문편≫ ‘0974 之’(414~417쪽) 참고.

‘冬(終)<千>’ : ≪금문편≫은 이 자가 잘 보이지 않기 때문에 수록하지 않고 있다. ‘2105 終’(859쪽) ; ‘1868 冬’(750쪽) ; ‘0322 千’(135쪽) 참고.

‘(歲) : ≪금문편≫ ‘0196 歲’(87쪽) 참고.

‘(無)’ : ≪금문편≫ ‘0966’(405~408쪽) 참고.

‘(疆)’ : ≪금문편≫ ‘2206 畺’(895~898쪽) 참고.

蔡侯䌛尊銘文

吳

99.【吳王光鑑】

【명문참고】

集成 16・10298；銘文選 2・538；總集 09・6888.

【소개】

출토：1955년 5월 安徽省 壽縣 西門蔡侯墓에서 출토.
명문：8行 53字；合文 1字.
크기：높이 35㎝；口徑 59㎝；低徑 33㎝.
시기：春秋 吳 闔廬.
소장：중국역사박물관.

【명문풀이 참고문헌】

≪商周青銅器銘文選・四≫, 365~366쪽 참고.
≪商周古文字讀本≫, 166~168쪽.
≪安徽出土金文訂補≫, 崔恒昇, 176~182쪽 참고.

【석문】

隹(唯)王五月, 旣字白
期[1]. 吉日初庚, 吳王
光[2]睪(擇)其吉金玄銑白銑[3],
台(以)乍(作)叔姬寺吁[4]宗彝薦鑑[5],
用言(亨)用孝, 釁(眉)耇(壽)無疆,
往己叔姬[6], 虔敬乃后,
孫孫勿忘[7](6872)

【해석】

吳王 五月 旣生霸(기생패) 기간에 해당되는 吉日인 처음 庚日 날, 吳王 光은 최상품의 청동과 주석과 납을 택하여 叔姬(숙희) 寺吁(사우)가 종묘에서 제사드릴 때 사용하는 제사용 물담는 독감을 만들었다. 이 기물은 제사를 드릴 때 사용하여 효행을 실행하고, 만수무강을 기원코자 한다. 잘 가거라 叔姬야! 항상 너의 군주를 공경하는 것을 자자손손 잊지 않도록 하라.

설 명

이 기물은 吳王 闔廬(합려)의 딸 蔡侯(채후)가 시집갈 때 가지고 간 예물 중의 하나.

1) '旣字白期'：≪廣雅・釋詁≫는 '字'를 '生'으로 해석하고 있다. '白'은 '伯'자와 같은 자이며, '霸(패)'와 통한다. 따라서 '旣字白'은 '旣生霸'와 같다. 旣生霸는 음력 7일 혹은 8일에서 음력 14일 혹은 15일 사이를 말한다.

2) '吳王光' : '吳王光'은 吳王 闔廬(합려 : BC514~BC496).

3) '玄銧白銧' : '銧(광)'은 '礦(광)'과 같은 자이다. '玄銧'은 '검붉은 색의 礦'으로 '朱錫(주석)'이고, '白銧'은 '하얀색의 礦'으로 '鉛'을 가리킨다.

4) '叔姬寺吁' : '叔姬(숙희) 寺吁(사우)'는 吳王 闔廬의 딸.

5) '宗彝薦鑑' : '彝'자는 음성부분이 '夷'이며, '彝(이)'와 통한다. '宗彝(종이)'는 宗廟(종묘)에서 제사드리는 祭器. '薦(천)'자는 '獻(헌)'과 통하며 '祭祀'라는 뜻이다. '薦鑑(천감)'은 '獻鑑'으로 '제사드릴 때 사용하는 鑑(감)'이다.

6) '往已叔姬' : '已'는 語氣詞의 용법으로 사용되고 있다.

7) '虔敬乃后' : '乃'는 二人稱 代詞의 용법으로 사용되고 있다.

금문편

'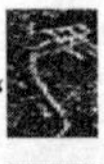隹(唯)' : ≪금문편≫ '0598 隹'(251~255쪽) 참고.

'(旣)' : ≪금문편≫ '0844'(359~360쪽) 참고.

'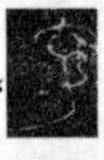(字)' : ≪금문편≫ '2379 字'(985쪽) 참고.

'(期)' : ≪금문편≫ '1125'(478~479쪽) 참고.

'(吉)' : ≪금문편≫ '0144'(68~70쪽) 참고.

'(初)' : ≪금문편≫ '0684'(285~288쪽) 참고.

'(庚)' : ≪금문편≫ '2368'(969~971쪽) 참고.

'(光)' : ≪금문편≫ '1654'(690쪽) 참고.

'睪(擇)' : ≪금문편≫ '0400'(159쪽) 참고.

'(銧)' : ≪금문편≫ '2261'(920쪽) 참고.

'乍(作)' : ≪금문편≫ '2058 乍'(835~839쪽) 참고.

'(姬)' : ≪금문편≫ '1950 姬'(787~790쪽) 참고.

'(薦)' : ≪금문편≫ '1610 薦'(679쪽) 참고.

'(鑑)' : ≪금문편≫ '2229 鑑'(912쪽) 참고.

'(孝)' : ≪금문편≫ '1407 孝'(600~601쪽) 참고.

'釁(眉)' : ≪금문편≫ '0584 眉'(237~242쪽) 참고.

'耇(壽)' : ≪금문편≫ '1405 壽'(590~595쪽) 참고.

'(無)' : ≪금문편≫ '0966 無'(405~408쪽) 참고.

'(疆)' : ≪금문편≫ '2206 畺'(895~898쪽) 참고.

'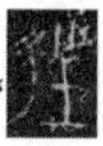(往)' : ≪금문편≫ '0267 往 '(112쪽) 참고.

'(已)' : ≪금문편≫ '2394 已'("書洛誥, 予往已, 義如矣(≪書經 · 洛誥≫ '予往已(나는 가게 되었다).' 중의 '已'와 같다. '矣(의)'의 의미이다.)". 995쪽) 참고.'(叔)' : ≪금문편≫ '1354 弔'("569~573쪽) 참고.

'(虔)' : ≪금문편≫ '0769 虔'(332쪽) 참고.

'(敬)' : ≪금문편≫ '1526 敬'(652~653쪽) 참고.

'(后)' : ≪금문편≫ '1497 后'(639쪽) 참고.

'(孫=)' : ≪금문편≫ '2092'(851~855쪽) 참고.

'(勿)' : ≪금문편≫ '1578 勿'(665~666쪽) 참고.

'(忘)' : ≪금문편≫ '1744 忘'(720쪽) 참고.

越

100.【越王者旨於賜矛】

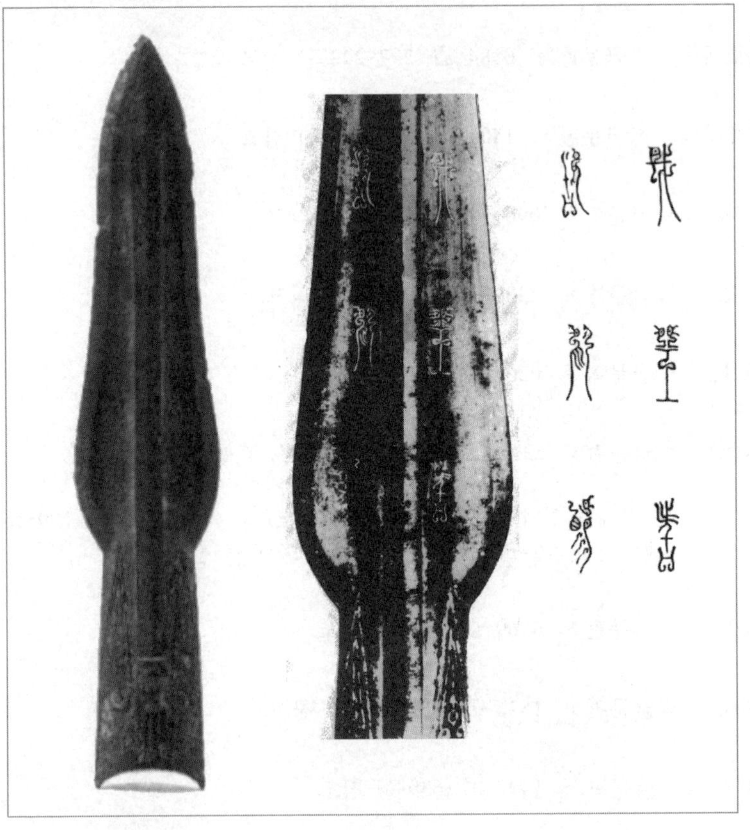

【명문참고】

集成 18・11511；總集 10・7634.

【소개】

異名：戉王者旨於賜矛；越鳥書矛.

발견：安徽省 壽縣에서 출토되었다고 전함.

명문：2行 6字.

크기：길이 37㎝.

소장：日本 永青文庫.

【명문풀이 참고문헌】

≪鳥蟲書通考≫, 曹錦炎, 67~69쪽.

≪商周古文字讀本≫, 169쪽.

【석문】

戉(越)王[1]者

旨於睗[2](7447)

【해석】

越王 鼫與의 矛(모).

설 명

錯金(착금)된 문자는 '者(자 : 제)'자를 제외하고는 모두 鳥蟲書(조충서)다. 명문 중 越王(월왕)이 '鼫與(석여)'·'不壽(불수)'·'翁(옹)'·'不揚(불양)' 혹은 '無疆(무강)'이라는 견해들이 있으나, 일반적으로 '鼫與(석여)'로 이해하고 있다.

1) '戉(越)王' : '戉'자는 경전에서 보통 '越(월)'자로 쓴다. '越王'은 句踐(구천)의 아들 '鼫與'로 보는 견해가 일반적이다.

2) '者旨於睗' : '者(자)'자는 '諸(제)'로 읽고, '旨(지)'자를 '稽(계)'로 읽기도 한다. '鼫(석 ; shí)'자의 음을 길게 하면 '者旨'로 발음되고, '與'의 음을 길게 발음하며 '於睗'라는 견해가 일반적이다.

금문편

'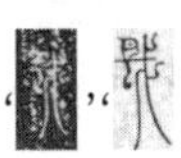戉(越)' : ≪금문편≫ '0173 越'("戉字重見('戉'字에도 보인다.)", 80쪽) 참고.

'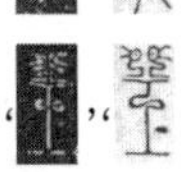(王)' : ≪금문편≫ '0038 王'(18~21쪽) 참고.

'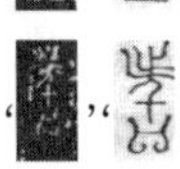(者)' : ≪금문편≫ '0592 者'(247~248쪽) 참고.

'(旨)' : ≪금문편≫ '0756 旨'(326쪽) 참고.

'(於)' : ≪금문편≫ '0633 烏'(265~266쪽) 참고.

'(睗') : ≪금문편≫ '0579 睗'(235~236쪽) 참고.

주요 참고문헌

容庚 編著；張振林・馬國權 摹補, ≪金文編≫, 中華書局, 1985年.
羅振玉 編, ≪三代吉金文存≫(全三冊), 中華書局, 1983年 12月 第1版.
中國社會科學院考古硏究所編, ≪殷周金文集成≫(全十八冊), 中華書局, 1984. 8~1994. 12.
張亞初 編著, ≪殷周金文集成引得≫, 中華書局, 2001年 7月 第1版.
華東師範大學中國文字與應用中心編, ≪金文引得・殷商西周卷≫, 廣西敎育出版社, 2001年 10月.
華東師範大學中國文字與應用中心編, ≪金文引得・春秋戰國卷≫, 廣西敎育出版社, 2002年 10月.
本書編寫組編寫, ≪金文今譯類檢・殷商西周卷≫, 廣西敎育出版社, 2003年 11月.
周法高 主編；張日昇・徐芷儀・林潔明 編纂, ≪金文詁林≫(全十八冊), 香港中文大學出版, 1974年 出版.
　　, ≪金文詁林補≫(全八冊), 臺灣歷史語言硏究所專刊之七十七, 中央硏究院歷史硏究所, 1982年 5月.
周法高 李孝定・張日昇 編著, ≪金文詁林附錄≫, 香港中文大學出版, 1977年 出版.
李孝定, ≪金文詁林讀後記≫, 臺灣歷史硏究所專刊之八十, 中央硏究院歷史硏究所, 1982年 6月.
陳初生, ≪金文常用字典≫, 陝西人文出版社, 1987年.
戴家祥, ≪金文大字典≫, 學林出版社, 1995年.
王文耀, ≪簡明金文辭典≫, 上海辭書출판사, 1994年.
郭沫若, ≪兩周金文辭大系圖錄考釋≫(上下卷), 上海書店出版社, 1999년 7月 第一版.
陳夢家, ≪西周銅器斷代≫(上下卷), 中華書局, 2004年 4月.
吳鎭烽 編, ≪金文人名匯編≫, 中華書局, 1987年.
劉志基 等主編, ≪金文今釋類檢(殷商西周卷)≫, 廣西敎育出版社, 2003年 11月.
馬乘源, ≪商周靑銅器銘文選≫(全四冊), 文物出版社, 1986・1987・1988・1990年.
　　, ≪中國靑銅器≫, 上海古籍出版社, 1988년 7月.
　　, ≪中國靑銅器硏究≫, 上海古籍出版社, 2002年 12月.
唐蘭, ≪西周靑銅器銘文分代史徵≫, 中華書局, 1986年.
　　, 故宮博物館編, ≪唐蘭先生金文論集≫, 紫禁城出版社, 1995年 10月.
楊樹達, ≪積微居金文說≫, 中華書局, 1977年 12月.
陳初生 等著, ≪商周古文字讀本≫, 語文出版社, 1989년 9月.
王煇, ≪中國古文字導讀~商周金文≫, 文物出版社, 2006년 1月.
趙誠, ≪二十世紀金文硏究述要≫, 書海出版社, 2003年 1月.
崔恒昇, ≪安徽出土金文訂補≫, 黃山書社, 1998年 11月.
何琳儀, ≪戰國古文字典≫, 中華書局, 1998年 9月.
湯餘惠 主編, ≪戰國文字編≫, 福建人民出版社, 2001年 11月.
陳漢平, ≪金文編訂補≫, 中國社會科學出版社, 1993年 9月.
董蓮池, ≪金文編校補≫, 東北出版社, 1995年 9月.
嚴志斌, ≪四版金文編校補≫, 吉林大學出版社, 2001年 8月.
渡邊隆男 發行, ≪中國法書選1・甲骨文金文≫, 日本 二玄社, 1990年 11月.
中國靑銅器全集編纂委員會, ≪中國靑銅器全集≫共16卷, 文物出版社, 1996년 7月~1998年 11月 第一版.
李建偉 等編著, ≪中國靑銅器圖錄≫(上下卷), 中國商業出版社, 2000年 6月.
國家文物局 主編, ≪中國文物精華大辭典≫, 上海辭書出版社, 1995年 8月 第一版.
叢文俊 主編, ≪中國書法全集2・商周金文≫, 寶榮齋, 1993年 4月 第一版.
　　, ≪中國書法全集3・商周~春秋戰國金文≫, 寶榮齋, 1997年 4月 第一版.
徐暢 主編, ≪中國書法全集4・商周~春秋戰國刻石簡牘帛書≫, 寶榮齋, 1996年 11月 第一版.
沃興華 主編, ≪中國書法全集5・秦漢編~秦漢簡牘帛書卷一≫, 寶榮齋, 1997年 11月 第一版.
　　, ≪中國書法全集6・秦漢編~秦漢簡牘帛書卷一≫, 寶榮齋, 1997年 110月 第一版.
高至喜 主編, ≪楚文物圖典≫, 湖北敎育出版社, 2000年 1月 初版.
劉彬徽, ≪楚系靑銅器銘文編年 考述≫, 湖北敎育出版社, 1995年 7月 初版.
朱歧祥, ≪圖形與文字~殷金文硏究≫, 里仁書局引行, 2004年 10月 初版.

저자 : 朴元圭(何石)

1987년 제10회 전라북도서예대전 금상
1979년 동아미술제 대상
≪癸丑集≫(1984년)부터 현재까지 매년 작품집 발간
五年 週期로 개인전 발표
영화「춘향전」·「취화선」·「천년학」등 서화제작 및 총괄

崔南圭(四於堂)

臺灣東海大學博士(1994年, 中國古代言語學)
中國南京大學博士(2000年, 中國古代詩律學)
中國南京藝術大學博士(2005年, 書藝學)
現 全北大學校 中語中文學科 教授

中國古代 金文의 이해

殷商兩周 青銅器 金文 100選 해설

1판 1쇄 찍음 • 2009년 9월 1일
1판 1쇄 펴냄 • 2009년 9월 10일

저 자 • 朴元圭 · 崔南圭
발행인 • 정 현 걸
발 행 • 신 아 사
인 쇄 • 성실문화

출판등록 • 1956년 1월 5일 (제9-52호)
서울특별시 은평구 녹번동 28-36번지(2F)
전화 (02)382-6411 • 팩스 (02)382-6401
홈페이지 • www.shinasa.co.kr
E-mail • shinasa@chol.com

ISBN : 978-89-8396-650-6

정가 *23,000* 원